最新校勘精注今译本

四書五經

原 著　春秋　孔子等

学术顾问　汤一介　文怀沙

四

中國書店

礼 记

〔西汉〕戴圣

曲 礼 上①

《曲礼》曰：毋不敬②，俨若思③，安定辞④。安民哉⑤！

敖不可长⑥，欲不可从⑦，志不可满，乐不可极⑧！

贤者狎而敬之⑨，畏而爱之。爱而知其恶⑩，憎而知其善。积而能散，安安而能迁⑪。

临财毋苟得⑫，临难毋苟免⑬，很毋求胜⑭，分毋求多。疑事毋质⑮，直而勿有⑯。

若夫坐如尸⑰，立如齐⑱。礼从宜⑲，使从俗⑳。夫礼者㉑，所以定亲疏㉒，决嫌疑，别同异，明是非也。

礼，不妄说人㉓，不辞费㉔。礼，不逾节㉕，不侵侮，不好狎。修身践言，谓之善行。行修言道，礼之质也㉖。

礼闻取于人㉗，不闻取人。礼闻来学，不闻往教。

道德仁义，非礼不成；教训正俗，非礼不备㉘；分争辩讼，非礼不决；君臣上下，父子兄弟，非礼不定㉙；宦、学事师，非礼不亲；班朝、治军㉚，莅官、行法，非礼威严不行；祷祠、祭祀，供给鬼神，非礼不诚不庄。是以君子恭敬撙节退让以明礼㉛。

鹦鹉能言，不离飞鸟；猩猩能言，不离禽兽。今人而无礼，虽能言，不亦禽兽之心乎㉜？夫唯禽兽无礼，故父子聚麀㉝。是故圣人作㉞，为礼以教人。使人以有礼，知自别于禽兽。

太上贵德㉟，其次务施报㊱。礼尚往来㊲，往而不来，非礼也；来而不往，亦非礼也。人有礼则安，无礼则危。故曰：礼者，不可不学也。

夫礼者，自卑而尊人。虽负贩者㊳，必有尊也。而况富贵乎？富贵而知好礼㊴，则不骄不淫㊵；贫贱而知好礼，则志不慑㊶。

【注释】

①郑玄说：名曰"曲礼"者，以其篇记五礼之事。任铭善说：首引《曲礼》之文，故取以为一篇之名耳。　②毋：不要、别。敬：谨慎、恭敬。　③俨：庄重、持重。　④辞：说话。　⑤哉：语气词，啊。　⑥敖：傲慢。长：产生、生长。　⑦从（zòng）：放纵。　⑧极：到极点。　⑨狎：亲近。　⑩恶（è）：不良行为。这里指不足、短处。　⑪前一"安"字是"适应"之意，后一"安"字是"安逸"之意。迁：变更、变化。　⑫临：遇到。苟得：不应得而得。　⑬难（nàn）：危难。苟免：不应逃避而逃避。　⑭很：相反、违逆。胜：超过。

⑮质：责问、质问。 ⑯直：这里指"无疑"。 ⑰夫：发语词。尸：古代祭祀时代受祭之人。他在祭祀过程中一直端正地坐着。 ⑱齐：祭祀时恭敬的样子。 ⑲宜：适合。 ⑳使：出使之人。俗：习俗。 ㉑夫：发语词。 ㉒以：用来。定：制定。 ㉓说：同"悦"，取悦于人。 ㉔费：言辞无用。 ㉕逾：越过。节：节度。 ㉖质：本质、实质。 ㉗于：从。 ㉘备：完备。 ㉙定：确定。 ㉚班：等级、次第。 ㉛是以：因此。 ㉜乎：语气词，吗。 ㉝聚麀（yōu）：共牝，指共妻。麀：母鹿。 ㉞是故：因此。作：兴起。 ㉟贵：重视、崇尚。 ㊱务：致力、追求。 ㊲尚：崇尚、尊重。 ㊳贩：疑是"版"字之误。负版：背着筑墙工具，指微贱。 ㊴好：爱好。 ㊵淫：淫侈。 ㊶慑：害怕。

【译文】

《曲礼》说：不要不谨慎，态度庄重像有所思虑，说话要安详确定。这样才能使人信服啊！

傲慢的念头不可产生，欲望不可放纵，志向不可自满，享乐不可到极点。

贤德之人要亲近、敬重他，畏服又爱重他。对自己爱重之人要知道他的短处，对自己憎恶之人要了解他的长处。能积聚财富，却可以散发给人；适应于安逸生活，且可以变化。遇到财物之事不要不该得而得，遇到危难之事不要不应逃避而逃避。遇到意见相反之人不要要求超过他，分派东西不要要求多得，自己疑虑的事不要责问，自己无疑虑的事要陈述看法。

如果坐着，要像尸那样端正，站着要像祭祀那样恭敬。礼要合适，出使之人要遵从当地习俗。

礼是用来制定人际关系亲疏，判断事情嫌疑，分别物类同异，阐明道理是非的。

依礼，不可随便讨人喜欢，不说些无用的话。依礼，行为不越过节度，不侵犯侮慢别人，不喜欢亲密而不庄重。修养身心，实践诺言，这叫做好的品行。品行修整，说话合道，这是礼的本质。

依礼，只听说从别人处取法，没听说使人从己。只听说愿学之人来，没听说去教。

道德仁义，没有礼就不能成就。教育训导，整饬风俗，没有礼就不完备。分歧争执、申辩诉讼，没有礼就不能判断。君臣上下，父子兄弟，没有礼就不能定名分。学习做官、六艺，奉事老师，没有礼就不能亲近。朝廷的职位品级、军队的管理、官吏到职执行法令，没有礼威严就不能实行。特殊和例行的祭祀，祭品供给鬼神，没有礼就无诚意、不严肃。因此，君子用恭敬、谦抑、退让的精神来显示礼。

鹦鹉虽能说话，终究是飞鸟；猩猩虽能说话，终究是走兽。现今之人如果无礼，虽能说话，不也是禽兽之心吗？因为禽兽无礼，所以父子共妻。因此，圣人出来，制礼教化人。使人有礼，知道自己有别于禽兽。

上古时代重视道德，其次讲究施报，受到别人恩惠就要报答别人。礼崇尚有往有来。往而不来，不合乎礼；来而不往，也不合乎礼。人有了礼就安定，没有了礼就不安定。所以说，礼不可以不学习。

礼是克制自己而尊重别人。虽是微贱之人，必定有可尊重的，何况富贵之人呢？富贵的人懂得爱好礼，那么就不骄奢淫侈；贫贱的人懂得爱好礼，那么志向不会怯惑。

人生十年曰幼，学①；二十曰弱，冠②；三十曰壮，有室③；四十曰强，而仕④；五十曰艾，服官政⑤；六十曰耆，指使⑥；七十曰老，而传⑦；八十九十曰耄；七年曰悼。悼与耄，虽有罪⑧，不加刑焉⑨。百年曰期，颐⑩。

大夫七十而致事⑪。若不得谢⑫，则必赐之几杖⑬，行役以妇人⑭，适四方⑮乘安车⑯。自称曰"老夫"，于其国则称名⑰。越国而问焉，必告之以其制⑱。

谋于长者，必操几杖以从之⑲。长者问，不辞让而对⑳，非礼也。

凡为人子之礼㉑，冬温而夏凊㉒，昏定而晨省㉓，在丑、夷不争㉔。

夫为人子者㉕，三赐不及车马㉖。故州闾乡党称其孝也㉗，兄弟亲戚称其慈也，僚友称其弟也，执友称其仁也㉘，交游称其信也㉙。

见父之执㉚，不谓之进不敢进，不谓之退不敢退，不问不敢对㉛，此孝子之行也。

夫为人子者，出必告，反必面㉜。所游必有常㉝，所习必有业，恒言不称老㉞。年长以倍，则父事之㉟；十年以长，则兄事之；五年以长，则肩随之㊱。群居五人，则长者必异席。

为人子者，居不主奥㊲，坐不中席，行不中道，立不中门，食飨不为概㊳，祭祀不为尸，听于无声，视于无形㊴，不登高，不临深㊵，不苟訾㊶，不苟笑。

孝子不服暗㊷，不登危㊸，惧辱亲也㊹。父母存，不许友以死，不有私财。

为人子者，父母存，冠衣不纯素㊺。孤子当室㊻，冠衣不纯采㊼。幼子常视毋诳㊽。童子不衣裘、裳㊾，立必正方，不倾听㊿，长者与之提携[51]，则两手奉长者之手[52]。负、剑、辟咡诏之[53]，则掩口而对。

从于先生，不越路而与人言。遭先生于道[54]，趋而进[55]，正立拱手。先生与之言则对㉛，不与之言则趋而退。

从长者而上丘陵，则必向长者所视。登城不指，城上不呼。

【注释】

①学：就学。　②冠（guàn）：行加冠之礼。　③室：家。　④仕：做官。　⑤服：从事、做。　⑥指使：指导使用。　⑦传（chuán）：传递、交付。　⑧虽：即使。　⑨焉：相当于"之"。　⑩颐：供养。　⑪致事：把所管之事送还君主。　⑫谢：辞别。　⑬几：矮而小的桌子，坐时可依靠它休息。　⑭行役：因公务而奔走在外。　⑮适：到……去。　⑯安车：坐乘的小车。　⑰其：自己。国：朝廷。　⑱制：法度。　⑲谋：谋划、商量。操：拿。从（cóng）：跟随。　⑳辞让：推辞、谦让。　㉑为：做。　㉒清（qīng）：寒、凉。　㉓定：铺床安枕。省：问候请安。　㉔丑：通"俦"，同辈。夷：平辈。　㉕为：作为。　㉖及：达、到。　㉗州闾乡党：《周礼》：二十五家为闾，四闾为族，五族为党，五党为州，五州为乡。称：称颂、赞许。　㉘执友：志同道合的朋友。　㉙交游：来往的人。信：诚实。　㉚执：朋友、至交。　㉛对：回答。　㉜反：返回、回来。面：见面。　㉝常：一定的地方。　㉞恒：平常、一般。　㉟事：侍奉。　㊱肩随：与人并行而略后，以表敬意。　㊲奥：屋子的西南角，尊长居住。　㊳概：量具。引申为"标准"之意。　㊴意为在言语动作之前就已揣知其意。　㊵临：从高处往低处看。　㊶訾：诋毁、非议。　㊷暗：暗事。　㊸危：危险的地方。　㊹辱：玷污、辜负。　㊺纯（zhǔn）：古代衣服鞋帽的镶边。　㊻当：掌管、主持。　㊼采：彩色。　㊽视：通"示"，显示、示意。　㊾衣：穿。　㊿倾：侧、斜。　51提携：牵、拉。　52奉：捧。　53负：背。剑：挟于胁下，指俯身。辟：侧。咡：口旁。诏：告诉。　54遭：遇到。　55趋：快走。　56之：自己。

【译文】

人从出生到十岁，称为"幼"，外出就学。二十岁称为"弱"，行加冠之礼。三十岁称为"壮"，结婚成家。四十岁称为"强"，可以出来做官。五十岁称为"艾"，从事官府的政事。六十岁称为"耆"，指导、使用别人。七十岁称为"老"，把事情交付后人。八十岁、九十岁称为"耄"。七岁称为"悼"。七岁的幼儿和八九十岁的老人，即使有犯法行为，也不施以刑罚。百岁称为"期"，待人供养。

大夫七十岁就把所管之事送还君主。如果不能辞谢，就一定赐给他几和杖。因公务而奔走在外，得有妇人伴随。到各地去，要乘坐安车。自称为"老夫"，在自己的朝廷上就称呼名字。到别国去访问，一定把那国的法度告诉他。

在长者那里商量事情，一定要拿着几杖跟随着他。长者有所问，不推辞谦让就回答，不合乎礼。

中华藏书

四书五经·最新校勘精注今译本

中国书店

做子女的礼节：使父母冬天温暖，夏天清凉，晚上铺床安枕，清晨问候请安。作为子女，再多不至于送人车马（此句与上下文均不衔接，当是窜入之句）。所以乡亲称赞他孝顺，兄弟亲戚称赞他善良，同僚们称赞他敬爱兄长，志同道合的朋友称赞他仁爱，有来往的人称赞他诚实。

拜见父亲的友人，不叫进就不敢进前，不叫退就不敢退出，不问就不敢回答。这是孝子的品行。

做子女的人：出门必须告知父母，返回必须面见父母，出游须有一定的地方，学习须有一定的内容。平常说话不自称"老"字。年龄比自己大一倍的人，要像父亲那样待他。大上十岁的人，要像兄长那样待他。大上五岁的人，就与他并行而略后。五人同在一处，那么长者一定另坐一席。

做子女的人，家居不要占据尊长的位置，不坐当中的席位，不走当中的道路，不要站在当中的门口。饮宴中，不要把自己当做标准，要听尊长的。祭祀时不要做代为受祭之人。在父母言语动作之前要揣知其意，不登高，不临深，不随意诋毁，不随便嘻笑。

孝子不做暗事，不登危险之地，怕连累玷污父母的声名。父母在世时，不许为朋友去死，不能有自己的私蓄。

做子女的人：父母在世，帽子、衣服的镶边不用素色。没有父母的人主持家事，帽子、衣服不用彩色镶边。

不要用谎话教示儿童，儿童不穿皮衣和裙子。站着一定端正，不要歪着头听。长者和自己拉手，就要双手捧着长者的手。长者俯身耳语，要用手遮口回答。

跟随先生走路，不越过道路和人讲话。在路上遇到先生，快步上前，正立拱手。先生和自己讲话就回答；不和自己讲话就快步退下。

跟随长者上高坡，一定要朝着长者所看的目标看。登上城墙，不要指手画脚；在城上不要呼叫。

将适舍，求毋固①。将上堂，声必扬②。户外有二屦③，言闻则入，言不闻则不入。将入户，视必下。入户奉扃④，视瞻毋回。户开亦开，户阖亦阖。有后入者，阖而勿遂⑤。毋践屦⑥，毋踖席⑦，抠衣趋隅⑧，必慎唯诺⑨。

大夫士出入君门，由闑右⑩，不践阈⑪。

凡与客入者，每门让于客。客至于寝门⑫，则主人请入为席，然后出迎客，客固辞⑬，主人肃客而入⑭。主人入门而右，客入门而左；主人就东阶⑮，客若降等⑯，则就主人之阶；主人固辞，然后客复就西阶。主人与客让登，主人先登，客从之，拾级聚足⑰，连步以上。上于东阶，则先右足；上于西阶，则先左足。

帷薄之外不趋，堂上不趋，执玉不趋。堂上接武⑱，堂下布武⑲，室中不翔⑳。并坐不横肱㉑，授立不跪，授坐不立。

凡为长者粪之礼㉒，必加帚于箕上。以袂拘而退㉓，其尘不及长者。以箕自向而扱之㉔。

奉席如桥衡㉕。请席何向㉖？请衽何趾㉗？席南向北向，以西方为上；东向西向，以南方为上。若非饮食之客，则布席㉘，席间函丈㉙。主人跪正席㉚，客跪抚席而辞，客彻重席㉛，主人固辞，客践席，乃坐㉜。主人不问，客不先举㉝。

将即席㉞，客毋作㉟，两手抠衣，去齐尺㊱。衣毋拨，足毋蹶㊲。先生书策琴瑟在前，坐而迁之，戒勿越㊳。

虚坐尽后㊴，食坐尽前。坐必安，执尔颜㊵。长者不及，毋儳言㊶。正尔容，听必恭，毋剿说㊷，毋雷同，必则古昔，称先王。

侍坐于先生，先生问焉，终则对。请业则起㊸，请益则起，父召无诺，先生召无诺，唯而起㊹。

侍坐于所尊敬，毋余席，见同等不起。烛至起，食至起，上客起。

烛不见跋㊺。尊客之前不叱狗㊻。让食不唾㊼。

侍坐于君子，君子欠伸㊽，撰杖屦㊾，视日蚤莫㊿，侍坐者请出矣。侍坐于君子，君子问更端○51，则起而对。侍坐于君子，若有告者曰："少间○52，愿有复也○53。"则左右屏而待○54。

毋侧听，毋噭应○55，毋淫视，毋怠荒○56。游毋倨○57，立毋跛，坐毋箕○58，寝毋伏。敛发毋髢○59，冠毋免，劳毋袒○60，暑毋褰裳○61。

侍坐于长者，屦不上于堂，解屦不敢当阶。就屦，跪而举之，屏于侧。向长者而屦，跪而迁屦，俯而纳屦。

离坐离立○62，毋往参焉○63。离立者，不出中间。男女不杂坐，不同椸枷○64，不同巾栉○65，不亲授。叔嫂不通问，诸母不漱裳○66。

外言不入于捆○67，内言不出于捆。女子许嫁，缨○68，非有大故，不入其门。姑、姊、妹、女子子○69，已嫁而反，兄弟弗与同席而坐，弗与同器而食。父子不同席。

男女非有行媒，不相知名；非受币○70，不交不亲。故日月以告君，齐戒以告鬼神，为酒食以召乡党僚友，以厚其别也。

取妻不取同姓，故买亲不知其姓则卜之。寡妇之子，非有见焉，弗与为友。

贺取妻者曰：“某子使某，闻子有客，使某羞[71]。”贫者不以货财为礼，老者不以筋力为礼。

名子者不以国，不以日月，不以隐疾，不以山川。男女异长。男子二十，冠而字。父前子名，君前臣名。女子许嫁，笄而字。

【注释】

①固：鄙固，粗鲁而不懂礼貌。②扬：扬声，提高声音。③屦（jù）：鞋子。④扃（jiōng）：自外关闭门户的门拴、门环等。⑤遂：终，这里是“关紧”之意。⑥践：踏、踩。⑦躐（jí）：跨越。⑧抠：提起。⑨慎：谨慎。⑩闑（niè）：门橛。⑪阈（yù）：门限、门槛。⑫寝门：卧室的门。⑬固：坚持、再三。⑭肃：恭敬。⑮就：趋向、走向。⑯降等：卑下之客。⑰聚足：登阶时一步一停。聚：并。⑱接武：脚印接着脚印，指细步。武：脚印。⑲布武：足迹散布而不相重叠，指用小步疾走。⑳翔：行走时两臂张开。㉑肱：胳膊由肘到肩的部分。㉒粪：扫除。㉓袂（mèi）：袖子。构（gōu）：遮蔽。㉔扱（xī）：敛取、收撮。㉕桥衡：桔槔上的横木，形容捧席的样子。㉖向：朝向。㉗衽：席子。㉘布席：有间隔的席位。㉙函丈：间隔一丈。函：容纳。㉚正：矫正、端正。这里是“整理”之意。㉛彻：去掉。㉜乃：才。㉝举：提出。㉞即：走近。㉟怍（zuò）：脸变色。㊱齐（zī）：古时指衣服下摆。㊲蹶：踩、踏。㊳戒：警戒。㊴虚坐：非饮食之坐。㊵执：保持。尔：你。㊶儳言：别人没说完话，插进去说。㊷剿（chāo）说：打断别人的话。剿：绝。㊸请：请教。㊹唯（wěi）：应答声。㊺跋：火炬或烛燃尽残余的部分。㊻叱：大声呵斥。㊼唾：吐唾沫。㊽欠：打哈欠。伸：伸懒腰。㊾撰：持、拿。㊿蚤：早。莫：暮晚。51更端：另一件事。52少间（shǎo jiàn）：等一会儿。53复：告诉。54屏（pǐng）：退。55噭（jiào）应：应答声音高急如号哭。56怠荒：无精打采。57倨：傲慢。58箕：两条腿像畚箕样分开伸着。59：髢（dì）：垂发。60袒：脱去上衣，露出身体的一部分。61褰（qiān）：提起衣裳。62离：并列。63参：参加。64椸（yí）：衣架。65巾栉（zhì）：洗沐用具。66诸母：庶母。67阃（kǔn）：妇女居住的内室。68缨：古时女子许嫁所佩带的香囊。69女子子：女儿。70币：财物。71羞：进献。

【译文】

将要拜访人家，不要粗鲁而不懂礼貌。将要走到堂屋，一定先高声探问。屋子外面有两双鞋子，听到说话声就可以进去，没有说话声就不能进去。将要进屋，目光一定向下。进入屋内要捧着门闩，不要回头去看；屋门原来开着，依旧开着；原来关着，依旧关着；如果后面有进屋的人，就不要关紧。不要踩上别人的鞋，不要跨越席子而坐，用手提起衣裳走向席位下角。一定要谨慎地回答"唯""诺"。

大夫和士进出国君的大门，沿门橛的右边走，不要踩着门槛。

凡是跟客人一同进门，每到一个门口都得让客人先过去。客人走到卧室门口，主人自请先进去铺席位，然后出来迎接客人。客人谦让，主人敬请客人进去。主人进门之后往右，客人进门往左。主人走向东阶，客人走向西阶。如果客人职位较低，就应随主人走向东阶。主人再三谦让，然后客人又走向西阶。主人和客人登阶前谦让，主人先登。客人跟着，沿台阶一级一级地走，一步一停，一步连一步走上去。上东阶就先迈右脚，上西阶就先迈左脚。

在分隔内外的帐子和帘子外面不要快步走，堂上或端着玉器不要快步走。堂上用细步，堂下用小步疾走。在室内不要双臂张开行走。和别人坐在一起不要横着膀子。把东西交给站着的人，不要屈膝。把东西交给坐着的人，不要站着。

凡是给长者扫除席前之礼，一定把扫帚遮住畚箕，用袖子挡着边扫边退。灰尘不要污及长者，用畚箕向自己方向收撮垃圾。

捧席子应像桔槔上的横木一样。要先问席子朝什么方向。席子朝南朝北，以西方为尊位。向东向西，以南方为尊位。如果不是请来吃饭的客人，那么席位的间隔要大些，席间的距离可容纳一丈。主人跪着替客人整理席位，客人要按着席子说不敢劳动。客人要去掉重叠的席子，主人要一再请他不要除去。客人准备坐下时，主人才坐下。主人不先问，客人不要先说话。

将要就席时不要变脸色。两手提起衣裳，离地一尺左右。不要掀动上衣，脚不要踩踏。如果先生的书本、琴瑟在眼前放着，跪着移开它，不要跨越而过。

非饮食之坐，尽量往后坐。饮食之坐，尽量往前坐。坐要安稳，保持自然的姿态。长者没有提及的，不要插进去说，表情要端庄，听讲要虔诚。不要打断别人的话，不要别人说什么也说什么。说话必须有古时的证据，或称引历史上贤明君主的格言。

侍奉先生坐着时，先生问话，要等到问话终了时再回答。请教学业上的事，要起立。进一步请教，也要起立。父亲和先生召唤时不要唱喏，要回答并同时起立。

中華藏書

四书五经·最新校勘精注今译本

中国书店

侍奉自己尊重的人坐着时，不要留空余席位，挨近坐。见到同辈之人不必起身。有端烛的来要起身。饭送来时要起身。尊贵的客人来要起身。

晚上，应在一根烛没燃尽之前告辞。在尊贵的客人面前不要大声呵斥狗。对主人分给的食物须谦让，同时不可吐唾沫。

侍奉君子坐着时，君子打哈欠，伸懒腰，准备拿拐杖和鞋，看时间的早晚，侍坐者就要告辞退出。侍奉君子坐着时，如果有人告诉说"等一会儿有话要说"，那么侍坐者要退避等候。

不要侧耳听，不要粗声大气地答应，不要眼睛流转斜视，不要无精打采的样子，走路不要大摇大摆，站着不要一条腿偏斜而立，坐着不要把两腿分开像畚箕，睡时不要趴在床上，聚拢头发不要垂下，帽子不要摘下，干活儿不袒衣露体，热天不要敞开下身的衣裳。

侍奉长者坐着，不要穿鞋子上堂，解开鞋子不可对着台阶。穿鞋时，跪着举起，退到一旁穿。面向长者穿鞋，跪着旋转鞋子，然后弯腰穿上鞋。

两人并坐或并立，不要插身进去。两人并立着，不要从他们中间穿过。男的、女的不要混杂着坐。不同用一个衣架，不要同用洗沐用具，不亲手递交东西。小叔和嫂子不互相问候，不要庶母洗涮内衣。

街谈巷议不要带入妇女居住的内室，内室中的言谈不要传扬到外面。女子订婚以后佩带香囊。不是重大变故，不进入她的住处。姑母、姊妹及自己女儿，已经出嫁又回家来，兄弟不要和她同席而坐，不要和她同器皿吃饭。父亲和儿子不要同席。

男子和女子不是有媒人来提亲，就不会知道对方姓名。不到女家接受聘礼时，双方不会交际往来，因此凡婚礼都要登记月日，在家庙中告诉祖先，备办筵席邀请乡邻、同事们，目的是加重男女之别。

娶妻不娶同姓女子，所以买妾不知她的本姓就占卜决定可否。寡妇的儿子，如果不是发现他有才能，不要和他往来。

庆贺别人娶妻，说：某君听说你家宴请乡亲、同事，派我进献礼物。贫穷的人不必用金钱财物为礼，年老的人不必劳动体力为礼。

不要用国名给孩子取名，不要用日月之名，不要用身上暗疾之名，不要用山川之名。有长男次男，有长女次女，男女的排行分开。男子二十岁，行加冠之礼，取字。在父亲前，子须称名。在君王前，臣须称名。女子订婚，用簪子别住盘起的头发，并且取字。

凡进食之礼，左殽右胾①。食居人之左，羹居人之右；脍炙处外②，醯酱处内③；葱渫处末④，酒浆处右。以脯脩置者⑤，左朐右末⑥。

客若降等，执食兴辞⑦，主人兴，辞于客，然后客坐。主人延客祭⑧，祭食，祭所先进，殽之序⑨，遍祭之。三饭，主人延客食胾，然后辩殽⑩。主人未辩，客不虚口⑪。

卒食，客自前跪。彻饭齐以授相者⑫。主人兴，辞于客，然后客坐⑬。

侍食于长者，主人亲馈，则拜而食；主人不亲馈，则不拜而食。共食不饱，共饭不泽手⑭。

毋抟饭⑮，毋放饭，毋流歠⑯，毋咤食⑰，毋啮骨⑱，毋反鱼肉，毋投与狗骨，毋固获⑲，毋扬饭，饭黍毋以箸，毋嚃羹⑳，毋絮羹㉑，毋刺齿，毋歠醢。客絮羹，主人辞不能亨㉒；客歠醢，主人辞以窭㉓，濡肉齿决㉔，干肉不齿决，毋嘬炙㉕。

侍饮于长者，酒进则起，拜受于尊所。㉖长者辞，少者反席而饮；长者举未釂㉗，少者不敢饮。

长者赐，少者贱者不敢辞。赐果于君前，其有核者怀其核。

御食于君㉘，君赐余，器之溉者不写㉙，其余皆写。馂余不祭㉚，父不祭子，夫不祭妻。

御同于长者，虽贰不辞㉛，偶坐不辞㉜。羹之有菜者用梜㉝，其无菜者不用梜。

为天子削瓜者副之㉞，巾以绨㉟；为国君者华之，㊱巾以绤㊲；为大夫累之㊳，士疐之㊴，庶人龁之㊵。

父母有疾，冠者不栉㊶，行不翔，言不惰㊷，琴瑟不御㊸，食肉不至变味㊹，饮酒不至变貌㊺，笑不至矧㊻，怒不至詈㊼。疾止复故。

有忧者侧席而坐㊽，有丧者专席而坐㊾。

水潦降㊿，不献鱼鳖。献鸟者佛其首[51]，畜鸟者则弗佛也[52]。献车马者执策绥[53]，献甲者执胄，献杖者执末[54]，献民虏者操右袂，献粟者执右契[55]，献米者操量鼓[56]，献孰食者操酱齐，献田宅者操书致[57]。

凡遗人弓者[58]，张弓尚筋[59]，弛弓尚角[60]，右手执箫[61]，左手承弣[62]，尊卑垂帨[63]。若主人拜，则客还辟[64]，辟拜。主人自受，由客之左，接下承弣，向与客并[65]，然后受。

进剑者左首，进戈者前其镈[66]，后其刃，进矛戟者前其镦[67]。

进几杖者拂之[68]。效马效羊者右牵之[69]，效犬者左牵之。执禽者左首，饰羞雁者以缋⑦。受珠玉者以掬，受弓剑者以袂。饮玉爵者弗挥⑦。凡以弓剑、苞苴、箪笥问人者，操以受命，如使之容⑦。

凡为君使者，已受命，君言不宿于家。君言至，则主人出拜君言之辱⑦。使者归，则必拜送于门外。若使人于君所，则必朝服而命之。使者反，则必下堂而受命。

博闻强识而让⑦，敦⑦善行而不怠，谓之君子。君子不尽人之欢，不竭人之中，以全交也。

礼曰：君子抱孙不抱子。此言孙可以为王父尸，子不可以为父尸。为君尸者，大夫士见之则下之，君知所以为尸者则自下之。尸必式⑦，乘必以几。

齐者不乐不吊，居丧之礼，毁瘠不形⑦，视听不衰，升降不由阼阶⑦，出入不当门隧⑦。

居丧之礼，头有创则沐，身有疡则浴，有疾则饮酒食肉，疾止复初。不胜丧，乃比于不慈不孝⑦。五十不致毁⑧，六十不毁；七十唯衰麻在身，饮酒食肉，处于内。

生与来日⑧，死与往日。知生者吊⑧，知死者伤。知生而不知死，吊而不伤；知死而不知生，伤而不吊。

吊丧弗能赙⑧，不问其所费；问疾弗能遗，不问其所欲；见人弗能馆⑧，不问其所舍。赐人者不曰来取，与人者不问其所欲。

【注释】

①殽（xiáo）：带骨熟肉。胾（zì）：大块的肉。　②脍炙：细切的烤肉。　③醢（hǎi）：肉酱。此处应为"醯"（xī），醋。　④葱渫（yè）：蒸葱。　⑤脯：肉干。脩：牛脯。　⑥朐（qú）：弯曲的肉脯。末：疑为"申"字，直的肉脯。　⑦兴：起来。　⑧延：请。　⑨序：顺序。　⑩辩：同"遍"，遍及。　⑪虚口：漱口。　⑫齐：菹，腌菜。相（xiàng）：辅助。这里是侍候吃饭。　⑬由"卒食"至此五句原在"毋嘬炙"后，依文义应在此。　⑭泽：搓揉、摩挲。　⑮抟（tuán）：用手团物。　⑯歠（chuò）：饮、喝。　⑰咤：进食时口中作声。　⑱啮（niè）：咬、啃。　⑲固获：专门就吃一种食物。　⑳嚃（tā）：不细嚼而吞咽。　㉑絮（chù）：调和食物。　㉒亨：通"烹"，烹饪。　㉓窭（jù）：贫而简陋。　㉔濡（rú）：柔软。　㉕嚾（chuài）：吞食。　㉖尊所：放酒器的地方。　㉗醮（jiào）：干杯。　㉘御：劝侑。　㉙溉：洗涤。写：倾注。　㉚馂（jùn）：吃完。　㉛贰：指同样的一份。　㉜偶：并。　㉝梜（jiā）：筷子。　㉞副（pì）：破开、剖分。　㉟绤（chī）：细麻布。　㊱华（huā）：从当中剖开，即半破。　㊲绤（xì）：粗麻布。　㊳裸（luǒ）：裸露。　㊴蔕（dì）：同"蒂"。　㊵龁（hé）：咬。　㊶栉：梳头。　㊷惰：不敬。　㊸御：驾驭、控制。这里是"弹奏"之意。　㊹变味：味道变。　㊺变貌：脸色改变。　㊻矧（shěn）：齿龈。　㊼詈（lì）：骂。

㊽忧：忧愁。侧：特、单独。　㊾专：单。　㊿潦（lǎo）：雨水大的样子。　51佛：同"拂"，扭转。　52畜鸟：家禽。　53策：马鞭。绥：登车用的引绳。　54末：杖尾。　55契：符契、契约。古代符契，刻字之后剖为两半，双方收存以作凭证。　56鼓：古量器名，四石为一鼓。　57书致：书券、契据。　58遗（wèi）：给予。　59筋：弓弦。　60角：弓背。　61箫：弓梢。　62弣（fǔ）：弓的把手处。　63帨（shuì）：古人腰际的佩巾。　64还避：退身避开。　65向：朝向。　66镎（zūn）：戈柄下端的锥状金属套。　67镦（duì）：矛戟柄端的平底金属套。　68拂：拂拭、揩抹。　69效：呈献。　70饰：装饰。缋：彩带。　71挥：挥扬。　72容：相貌、神态。　73辱：谦称，表示承蒙。　74让：谦让。　75敦：督促。　76式：古通"轼"，车前手扶的横木。　77形：显露、表现。　78阼阶：古时指大堂东面的台阶。　79隧：道路。　80比：比得上、相等。　81致：极、尽。　82与：以、从。　83知：相交、有交情。　84赙（fù）：送财物帮丧家办事。　85馆：居住、寓居。

【译文】

凡是摆列餐饭之礼，带骨的熟肉放在左边，大块的纯肉放在右边。饭食放在人的左边，羹汤放在人的右边。细切的烤肉放远些，醋酱之类放得近些。蒸葱等佐料放在旁边，酒浆之类放在右边。肉干牛脯等物放置时，弯曲的在左，直挺的在右。

如果是地位低的客人，要端着饭食起来，说些客气话。主人起来，对客人也说些客气话。然后客人坐下。主人请客人吃饭，先祭。祭食物，祭先吃的东西，然后按照吃的顺序都祭过。吃过三捏饭后，主人请客人吃大块纯肉，然后再吃带骨的肉。主人没有吃完，客人不要漱口不吃。

吃完，客人起身向前收拾饭食、腌菜等，交给在旁侍候的人。主人也起身，请客人不必收拾，然后客人坐下。

侍奉长者吃饭，遇到主人亲取菜肴送给自己时，就要拜谢，然后再吃。主人不亲取时，就不必拜谢再吃。共同吃饭，不能只顾自己吃饱，不要揉搓手。

不要搓饭团，不要把剩饭放回饭器中，不要喝得满嘴淋漓，不要吃得啧啧作声。不要啃骨头，不要把吃过的鱼肉放回盘里，不要把骨头扔给狗。不要专门就吃一种食物，不要簸扬饭，吃黍米饭不要用筷子，不要大口吞咽地喝汤，不要调和羹汤，不要剔牙，不要喝醋酱之类的调料。客人调和羹汤，主人要说做得不好。客人喝醋酱之类的东西，主人要说食物准备不足。柔软的肉用牙咬断，干肉不能用牙咬断，吃烤肉不要吞食。

侍奉长者喝酒，长者将要递酒过来时，就要起立走到放酒器的地方拜谢后接受。长者说不要客气，年轻人然后回到席位上喝酒。长者举杯未干，年轻人不可先喝。

长者赐给东西，后辈或地位低下之人不可推辞。国君赐给水果，有核的把果核放到怀里，不可随地吐核。

侍候国君吃饭，国君赐给多余的食物，如果是可以洗涤的器具盛着，不要倒出来，就原器取食；若不可洗涤，都要把食物倒在另外的器皿里。吃多余的食物不祭。父亲吃儿子的余食，丈夫吃妻子的余食，不祭。

陪同长者侍候国君吃饭，主人给长者一份，同时也给年轻人一份，年轻人不用客气。和长者坐在一起，无须年轻人说客气话。汤里如有菜，用筷子夹，无菜的汤不用筷子。

给天子削瓜，去皮切成四瓣，用细麻布盖上。给国君削瓜，去皮切成两瓣，用粗麻布盖上。给大夫削瓜，去皮不盖布。士只去掉瓜蒂。庶人就连皮带瓜蒂咬着吃。

父母有病，成人不梳理头发，走路不张开双臂，不说不敬的话，琴瑟不弹，吃肉只是尝尝味道，喝酒不至变了脸色，笑不要露出牙齿，发怒不至骂人，父母病好了，才恢复到原来的样子。

遭遇忧患的人，坐单独的席位。服丧的人只坐单层的席子。

雨水多的季节不把鱼鳖献人，献野鸟的人要扭转它的头以防啄人，献家禽的人不必如此。献车马的，要把马鞭和引绳送上；献铠甲的，要拿着头盔，献杖的要拿着杖的末端。献俘虏的要抓住他的右手，献粟的要拿着符契，献米的要拿着量鼓，献熟食的要拿上酱类和腌菜，献房屋土地的要拿着房地契约。

凡是送人弓的，张弓的，弓弦向上；未张弓的，弓背朝上。右手拿着弓梢，左手托着弓的把手处。授与纳双方彼此鞠躬。如主人下拜，客人就退身避开下拜。如主人亲自接受弓，从客人左手接过，另一手托住弓的把手处，主客朝着同一方向授受。

递剑的人剑柄向左，递戈的人戈柄向前，戈刃朝后，递矛戟的人柄端向前。

送人几杖的要擦拭干净，献马献羊的右手牵着，献犬的左手牵着。捉飞禽给人，把鸟头向左。送人小羊和大雁的，用彩带装饰。接受珠玉，用双手捧着；接受弓剑的用衣袖来接；用玉爵喝酒，不要挥扬。凡是被遣去递送弓剑、苞苴、箪笥的人，拿着它听从吩咐，像使者出使的神态。

凡是替国君出使的人，已经接受使命，不要在家滞留。君命到来，主人出来拜受君命，说承蒙使者送来。使者回去一定拜送到门外，如派人到国君的地方去，一定要穿着朝服像朝见国君那样派遣使者。使者回来，一定要下堂迎受君命。

见闻广博，记忆力强，且能谦让，修身践言，力行不懈，这可称为君子。君子不讨别人无尽的喜欢，不要别人无尽的爱戴，以保持友谊。

礼书说："君子抱孙不抱子。"这是说孙子可以充任祭祖时的尸，儿子却不可充任祭父时的尸。替国君充任尸的人，大夫士人见到他，就要下车致敬。如国君知道某人将充任尸，自己就要下车敬礼，而充任尸的人对敬礼的人一定凭轼答谢。尸登车必须用几垫足。

斋戒的人，不听音乐，不往丧家慰问。居丧之礼，因哀伤而消瘦，但不可瘦到骨头显露出来，视力听力不要衰减，才可应付丧事。上下不走家长常走的台阶，进出不走门当中的甫道。

居丧之礼，头上有疮，可以洗头。身上发痒，可以洗身。有病仍可喝酒吃肉，病愈恢复居丧之礼。担当不起丧事的哀痛而病倒，就等于不慈不孝。五十岁，不必极其哀伤。六十岁不哀伤。七十岁，只披麻戴孝，喝酒吃肉，而且住在屋里。

死者亲属服丧之事，从死者死的第二日起，死者殡殓之事从死之日起。和死者亲属有交情的人，就慰问死者亲属。和死者有交情的人，就哀悼死者。和死者亲属有交情而和死者没交情，慰问而不哀悼。反之，就哀悼而不止于慰问了。

慰问丧家不能提供钱物，就不要问他们花费多少。探问病人不能馈赠东西，不要问病人需要什么。接见来人不能留他在家住宿，不要问他住在什么地方。给人东西不要叫人来取，给人东西的人不要问对方愿不愿要。

适墓不登垄①，助葬必执绋②，临丧不笑，揖人必违其位③。望柩不歌，入临不翔。当食不叹④。

邻有丧，舂不相⑤；里有殡，不巷歌。适墓不歌，哭日不歌。送丧不由径⑥，送葬不辟涂潦。临丧则必有哀色，执绋不笑，临乐不叹，介胄则有不可犯之色。故君子戒慎⑦，不失色于人。

国君抚式，大夫下之；大夫抚式，士下之。礼不下庶人，刑不上大夫。刑人不在君侧。兵车不式，武车绥旌⑧，德车结旌⑨。

史载笔⑩，士载言⑪。前有水则载青旌⑫，前有尘埃则载鸣鸢，前有车骑则载飞鸿，前有士师则载虎皮，前有挚兽则载貔貅⑬。行，前朱雀而后玄武，左青龙而右白虎，招摇在上⑭，急缮其怒⑮。进退有度，左右有局⑯，各司其局。

父之仇弗与共戴天，兄弟之仇不反兵⑰，交游之仇不同国。四郊多垒，此卿大夫之辱也。地广大，荒而不治，此亦士之辱也。

临祭不惰。祭服敝则焚之⑱，祭器敝则埋之⑲，龟筴敝则埋之，牲死则埋之。凡祭于公者，必自彻其俎⑳。

卒哭乃讳㉑。礼不讳嫌名㉒，二名不偏讳㉓，逮事父母则讳王父母㉔，不逮事父母则不讳王父母。君所无私讳㉕，大夫之所有公讳㉖。诗书不讳㉗，临文不讳㉘。庙中不讳。夫人之讳，虽质君之前㉙，臣不讳也。妇讳不出门。大功、小功不讳㉚。入竟而问禁，入国而问俗，入门而问讳。

外事以刚日㉛，内事以柔日。凡卜、筮日㉜，旬之外曰远某日，旬之内曰近某日。丧事先远日，吉事先近日。曰："为日，假尔泰龟有常㉝，假尔泰筮有常。"卜、筮不过三，卜、筮不相袭㉞。龟为卜，筴为筮。卜、筮者，先圣王之所以使民信时日，敬鬼神，畏法令也；所以使民决嫌疑，定犹与也㉟。故曰：疑而筮之，则弗非也；日而行事，则必践之。

君车将驾，则仆执策立于马前；已驾，仆展軨效驾㊱。奋衣由右上，取贰绥跪乘㊲，执策分辔驱之，五步而立。君出就车，则仆并辔授绥，左右攘辟㊳。车驱而骎㊴，至于大门，君抚仆之手，而顾命车右就车㊵。门闾、沟渠必步。

凡仆人之礼，必授人绥。若仆者降等，则受，不然则否。若仆者降等，则抚仆之手，不然则自下拘之㊶。客车不入大门，妇人不立乘，犬马不上于堂。故君子式黄发㊷，下卿位；入国不驰㊸，入里必式。君命召，虽贱人，大夫士必自御之㊹。

介者不拜，为其拜而蓌拜㊺。祥车旷左㊻；乘君之乘车，不敢旷左，左必式。仆御妇人，则进左手，后右手。御国君，则进右手，后左手而俯。国君不乘奇车㊼。

车上不广欬㊽，不妄指。立视五巂㊾，式视马尾，顾不过毂㊿。国中以策彗恤勿驱㊿，尘不出轨。

国君下齐牛，式宗庙㊿；大夫士下公门，式路马㊿。乘路马，必朝服，载鞭策，不敢授绥，左必式。步路马，必中道。以足蹙路马刍㊿，有诛㊿。齿路马，有诛。

【注释】

①墓：茔域、墓地。垄：坟。　②绋（fú）：大绳，特指牵引灵柩的绳索。　③违：离开。

④当：对着。　⑤相：相和歌，舂米时唱。　㉞径：小路。　⑦戒慎：警戒而审慎。　⑧绥：舒垂。　⑨结：收敛。　⑩载：携带。　⑪言：盟会之辞。　⑫载：植立，即直立、树起。下四句同。　⑬挚：通"鸷"，凶猛。　⑭招摇：北斗第七星。　⑮急缮：坚持、坚定。怒：奋斗、发奋。　⑯局：部分。　⑰兵：兵器、武器。　⑱敝：破。　⑲敝：坏。下句同。　⑳俎（zǔ）：古代祭祀时盛牛羊等祭品的器具。　㉑卒哭：死者葬后的祭名。到此日停止哭泣。讳：旧时对帝王或尊长不敢直称其名。也指所讳的名字。　㉒嫌名：读音相近之名。　㉓偏讳：两字为名，只讳其一。　㉔逮：及、到达。　㉕私讳：家讳。　㉖公讳：国讳。　㉗诗书：读诗书。　㉘临文：写文章。　㉙质：对答。　㉚大功、小功：古时丧服五服中的两类，表示亲戚关系的远近。　㉛刚日：古人附会阴阳相生相克的说法。择日行事，谓十日有五刚五柔。单日为刚日，双日为柔日。　㉜筮（shì）：用蓍（shī）草占卜。　㉝假：藉、借。泰：大中之大，极大。有常：断定吉凶。　㉞袭：重复。　㉟犹与：犹豫。　㊱軨：车厢上的木栏。效：验、试。　㊲贰绥：副绥，仆右登车之绳。　㊳攘辟：让避。　㊴驱（qū）：通"趋"，急行。　㊵顾：回头看。车右：古时车乘位于仆者右边的武士。　㊶拘（gōu）：取。　㊷黄发：老人发白，白久则黄，因以黄发为寿高之像。　㊸驰：车马疾行。　㊹御（yà）：迎接。　㊺蓌（cuò）：蹲。　㊻祥车：吉车，平生所乘之车。葬时以之为魂车。鬼魂崇尚吉祥，葬魂即乘吉车。旷：空着。　㊼奇（jī）车：无偶（没陪驾）的车。　㊽广欬（ké）：大声咳嗽。　㊾巂（xī）：车轮转一周。　㊿毂（gǔ）：车轮中心的圆木。　51策彗：鞭子末梢的皮条。恤勿：搔摩。　52此句应依郑玄注改为"国君下宗庙，式齐牛"。　53路马：古天子、诸侯所乘路车之马。　54蹙：通"蹴"，踢。刍：牲口吃的草。　55诛：惩罚。

【译文】

到墓地上不要登坟，参加葬礼必须牵引柩车，参与丧事不要嬉笑，给人作揖一定要离开原位。看到运柩车不要歌唱，进入丧家哀悼不要张开两臂走路。面对饭食不要叹气。

邻居有丧事，即使舂米也不要歌唱；邻里中有未葬之事，街巷里不要有歌声。到墓地去不歌唱，吊丧之日也不要歌唱。护送柩车不要走小路，挽着柩车不要避忌路上的水潦。参加丧仪必须有悲哀的表情，挽着柩车不要嬉笑。参与听乐不要叹气。穿戴盔甲，就要有不可侵犯的神态。所以君子要警戒而审慎地生活，在人前不要失态。

遇见国君凭轼行礼，大夫要下车表示敬意；大夫凭轼行礼，士人要下车表示敬意。礼制不下达庶人，刑罚不上及大夫。受过刑罚之人不能在国君左右。出征的兵车上不凭轼行礼，田猎用的武车，旌旗是招展的，巡狩的德车，旌旗是垂敛的。

掌管文书的携带文具，司盟的人携带盟会的文辞。行进中前面有水，树起画有水鸟的旌旗；前面有尘埃，树起画有鸣鸢的旌旗；前面遇有车骑，树起画有飞鸿的旌旗；前面有军队，树起虎皮的旌旗；前有猛兽，树起画有貔貅的旌旗。行阵：前锋朱雀，后卫玄武，左翼青龙，右翼白虎。北斗七星旌旗树起在中军，坚定士卒战斗精神。前进后退有一定步伐。左右各部分军队，各管自己。

杀父之仇，不和仇人共存天下。兄弟之仇人，见就杀掉，不必返回去取兵器。朋友的仇人，不能共存一国。国的四境都构筑堡垒，这是卿大夫的耻辱。广阔的土地荒废而不治理，这也是士人的耻辱。参加祭祀，不可怠慢。祭服破了就烧掉。祭祀器皿坏了，卜筮的龟筴坏了，祭祀的牲口死了，都要埋掉。凡是在国君庙里祭祀的人，必须自己搬走祭祀用的器具。

卒哭之祭以后，避用死者之名。依礼，读音相同之名不避，双字之名只避其一。如果赶上侍奉父母，祖父母之名要避；如未赶上侍奉父母，就不避祖父母的名字。国君的地方不避家讳，大夫的地方须避国讳。读诗书，写文章，庙中祭辞可以不避。即使在国君面前对答，可不避夫人之名。妇女之名限于家内。大功、小功之类亲属不避。到了一个地方，要打听他们的禁忌；到了一个国家，要了解他们的风俗习惯；到了别人家里，要问问他们的讳名。

在单日举行庙外的典礼；在双日举行庙内的典礼。凡用卜筮择定吉日，十日以外的叫"远某日"，一旬之内的叫"近某日"。丧事先卜远日，吉事先卜近日。卜筮时说："为占吉日，借大龟或大筴断定吉凶。"卜筮不超过三次，用卜、用筮不重复。用龟、筴为卜、筮，是先代圣王用来使百姓相信择定的时日，崇敬所祭的鬼神，敬服法令；用来使百姓决定是不是、做不做。所以说，怀疑而卜筮，就不得三心二意。择定日子行事，就一定要做到。

国君的车将要套车，仆人要拿着鞭子站在马前。已经套好，仆人要察看车身试试是否牢固，掸去衣上尘土，从右边上车取上副绥，跪着乘坐，拿起鞭子，分开马的辔绳，赶马前行五步停住。国君出来登车，仆人把辔绳握于一手，一手将登车绳递给国君。左右的人避开，仆人驱车前行。到了大门，国君按住仆人的手，回头命武士上车。门间沟渠等地方，武士必须下车步行。

凡是驾车的仆人，依礼，一定要把登车绳交给乘车人，如仆人身份低于乘车人就接受。反之则不接受。如仆人身份低，乘车人就按住仆人之手，另一手接过。身份相当就从他手的下方取过登车绳。宾客之车不可直进大门，妇女不能站立乘车。犬马不可牵到堂上。君子遇见老人，在车上凭轼行礼，过大官的朝位要下车步行。进入国境车马不疾行。进入里门一定要凭轼行礼。国君命人召唤，即使来者身份低下，大夫士人一定亲自迎接他。

穿戴盔甲的人不跪拜，蹲一蹲就算拜了。魂车空着左方尊位，乘国君的车时不可空着左方。左方是尊位，必须凭轼行礼。为妇女驾车，左手拿着缰绳，用右手驾车。为国君驾车，就右手拿着缰绳，左手驾车，俯身向国君。国君不乘没陪驾的车。

车上不要大声咳嗽，不要胡乱指划。站立时目光要看着车轮转五周那么长的距离。凭轼行礼，目光到马尾。回头目光不超过车轮中心。进入国中用鞭梢搔摩马，慢行，尘土不能飞扬辙迹之外。

国君经过宗庙要下车，遇见祭牛须凭轼行礼。大夫士经过国君门口，要下车，看见国君所乘车之马须凭轼行礼。驾驭"路马"的，一定要穿朝服，携带马鞭，不可把登车绳给人，站在左边要凭轼俯身。牵"路马"步行，一定走中道。用脚踢"路马"的草料，要处罚。估量"路马"年龄，要处罚。

曲 礼 下

凡奉者当心①提者当带②。执天子之器则上衡③，国君则平衡④，大夫则绥之⑤，士则提之。

凡执主器，执轻如不克⑥。执主器，操币⑦、圭、璧，则尚左手，行不举足，车轮曳踵⑧。

立则磬折垂佩⑨。主佩倚则臣佩垂⑩，主佩垂则臣佩委⑪。执玉，其有藉者则裼⑫，无藉者则袭⑬。

国君不名卿老、世妇⑭，大夫不名世臣、侄、娣⑮，士不名家相、长妾⑯。君大夫之子，不敢自称曰"余小子"⑰。大夫士之子，不敢自称曰"嗣子某"⑱，不敢与世子同名⑲。

君使士谢，不能则辞以疾，言曰："某有负薪之忧⑳。"侍于君子，不顾望而对㉑，非礼也。

君子行礼，不求变俗。祭祀之礼，居丧之服，哭泣之位，皆如其国之故，谨修其法而审行之。去国三世，爵禄有列于朝㉒，出入有诏于国㉓。若兄弟宗族犹存㉔，则反告于宗后。去国三世，爵禄无列于朝，出入无诏于国。唯兴之日㉕，从新国之法。

君子已孤不更名，已孤暴贵，不为父作谥。居丧，未葬读丧礼㉖，既葬读祭礼，丧复常，读乐章。居丧不言乐，祭事不言凶，公庭不言妇女。

振书、端书于君前㉗，有诛。倒笑、侧龟于君前㉘，有诛。龟笑、几杖、席盖、重素、袗絺绤㉙，不入公门。苞屦、扱衽㉚、厌冠，不入公门。书方、衰、凶器㉛，不以告不入公门。公事不私议。

君子将营宫室㉜，宗庙为先，厩库为次㉝，居室为后。凡家造㉞，祭器为先，牺赋为次㉟，养器为后㊱。无田禄者不设祭器，有田禄者先为祭服。君子虽贫，不粥祭器㊲；虽寒，不衣祭服；为宫室，不斩于丘木。

大夫士去国，祭器不逾竟，大夫寓祭器于大夫㊳，士寓祭器于士。大夫士去国，逾竟，为坛位，向国而哭，素衣、素裳、素冠，彻缘、鞮屦、素簚㊴，乘髦马㊵，不蚤鬋㊶，不祭食，不说人以无罪，妇人不当御，三月而复服。

大夫士见于国君，君若劳之㊷，则还辟再拜稽首；君若迎拜，则还辟不敢答拜。大夫士相见，虽贵贱不敌㊸，主人敬客则先拜客，客敬主人则先拜主人。凡非吊丧，非见国君，无不答拜者。大夫见于国君，国君拜其辱㊹；士见于大夫，大夫拜其辱；同国始相见，主人拜其辱。君于士，不答拜也；非其臣则答拜之。大夫于其臣，虽贱，必答拜之。男女相答拜也。

国君春田不围泽㊺，大夫不掩群㊻，士不取麛卵㊼。岁凶，年谷不登，君膳不祭肺㊽，马不食谷，驰道不除，祭事不县㊾；大夫不食粱；士饮酒不乐。君无故玉不去身，大夫无故不彻县，士无故不彻琴瑟。

士有献于国君，他日，君问之曰："安取彼㊿？"再拜稽首而后对。大夫私行出疆，必请；反必有献。士私行出疆，必请；反必告。君劳之则拜，问其行，拜而后对。

国君去其国，止之曰："奈何去社稷也(51)？"大夫曰："奈何去宗庙也？"士曰："奈何去坟墓也？"国君死社稷，大夫死众，士死制。

君天下曰"天子"，朝诸侯，分职授政任功，曰"予一人"。践阼，临祭祀，内事曰"孝王某"，外事曰"嗣王某"。临诸侯，畛于鬼神(52)，曰"有天王某甫"。崩，曰"天王崩"；复(53)，曰"天子复"矣。告丧，曰"天王登假"。措之庙，立之主，曰"帝"。天子未除丧，曰"予小子"。生名之，死亦名之。

天子有后，有夫人，有世妇，有嫔，有妻，有妾。天子建天官，先六大，曰大宰、大宗、大史、大祝、大士、大卜，典司六典(54)。天子之五官，曰司徒、司马、司空、司士、司寇，典司五众。天子之六府，曰司土、司木、司水、司草、司器、司货，典司六职。天子之六工，曰土工、金工、石工、木工、兽工、草工，典制六材。

五官致贡曰享。五官之长曰伯，是职方(55)。其摈于天子也，曰"天子之吏"。天子同姓谓之"伯父"，异姓谓之"伯舅"。自称于诸侯曰"天子之老"，于外曰"公"，于其国曰"君"。九州之长，入天子之国曰"牧"。天子同姓谓之"叔父"，异姓谓之"叔舅"。于外曰"侯"，于其国曰"君"。其在东夷、北狄、西戎、南蛮，虽大曰"子"，于内自称曰"不谷"，于外自称曰"王老"。庶方小侯，入天子之国曰"某人"，于外曰"子"，自称曰"孤"。

【注释】

①奉：捧。当心：与心平齐。当：及。 ②当带：与腰部齐。带：腰带。 ③上衡：高于心，以示敬意。衡：与心平的位置。 ④平衡：与心平，与"当心"相当。 ⑤绥（tuǒ）：低于心。 ⑥不克：不胜。 ⑦币：古时用作礼物的丝织品。 ⑧曳（yè）：拖、拉。踵：脚跟。 ⑨磬折：曲身像磬之背，以示恭敬。磬，乐器，形状如矩。垂：悬挂。 ⑩倚：倚附、附着。 ⑪委：直垂到地。 ⑫藉：原义指草垫子。这里指用"束帛"做玉器的垫子。裼（xī）：脱去上衣。 ⑬袭：穿。 ⑭卿老：上卿。 ⑮世臣：父时老臣。侄：妻之兄女。娣：妻之

妹。　⑯家相：帮助处理家事之人。　⑰余小子：天子居丧时的自称。　⑱嗣子某：诸侯居丧时的自称。　⑲世子：帝王或诸侯的正妻所生的长子。也叫太子。　⑳负薪：士自称有病。㉑顾望：还视、观望。含有谦让、畏忌、踌躇之意。　㉒爵禄：爵位和俸禄。这里指卿大夫之类官吏。　㉓诏：告。多用于上对下。　㉔若：及、以及，㉕兴：起用。　㉖读：阅。这里是"研究"的意思。　㉗振：拂去灰尘。端：正、整理。　㉘倒：颠倒。侧：反侧。　㉙席盖：丧车上的东西。重素：衣裳皆素，丧服。袗（zhěn）：单衣。绤绤：内衣。　㉚菅屦：居丧的草鞋。扱（chā）衽：把衣襟扱起，丧事打扮。厌冠：丧冠的形状偃伏，故称。厌：伏。　㉛书方：条录送死者物体数目的方版。衰（cuī）：通"缞"，古代丧服，粗麻布制成。凶器：古时指丧葬用的器物，如棺木、陪葬品等。　㉜营：建、建造。　㉝厩：马棚。库：放财物之所。　㉞家：指大夫。造：制作。　㉟牺赋：祭牲。这里借用为养祭牲之处。　㊱养器：日常饮食用的器皿。　㊲粥（yù）：通"鬻"，卖。　㊳寓：寄存。　㊴彻缘：除掉衣边。鞮屦：没鞋鼻的草鞋。篾（mì）：车前栏上的覆盖物。　㊵髦马：不剪毛的马。　㊶蚤：修剪指甲。鬌：理发。　㊷劳：犒劳、慰劳。　㊸敌：相当、匹敌。　㊹辱：指屈驾来访。　㊺春田：春季狩猎。泽：聚水的洼地。　㊻掩群：偷袭捕猎兽群。　㊼麛（mí）：泛指幼兽。　㊽祭肺：用肺祭食，须杀牲取肺。　㊾县（xuán）：指悬挂的乐器。　㊿安：怎么。　51奈何：为什么。　52畛：致意、祝告。　53复：人病或死后招其魂归来。　54典：前一个是"主管"意，后一个是"制度""法则"之意。　55职方：官名。

【译文】

捧东西的人双手要与心的位置齐平，提东西的人，手要与腰部齐。拿天子的器物要高于心的位置；国君的东西，与心的位置平；大夫的还要低些；士人则提到腰就可以。

凡手里拿着主人的器物，要小心，像拿不动的样子。拿着主人的器物，或玉帛之类，左手在上，走路时像车轮滚过一样不抬脚，拖着脚跟走。

站立姿势，要像磬一样向前俯，腰佩悬垂。主人直立，腰佩倚附在身，那么臣的腰佩要悬垂。主人的腰佩悬垂，那么臣的腰佩要垂到地上。拿的是璧琮之类，垫着束帛的玉器，袒衣相授受。拿的是圭璋之类，没有垫子的玉器，就披外衣相授受。

国君对上卿、世妇，大夫对世臣、侄娣，士人对家相、长妾，不称他们的名字。国君或大夫的孩子不能自称"余小子"。大夫的孩子不能自称"嗣子某"，不能和太子同名。

国君让士陪贵宾比箭，如不能射，士就借口有病，说：我有负薪之病。侍奉君子，如不察言观色就回答，就要失礼。

君子在国之外不要改变原来的礼俗。祭祀的礼仪，居丧的服制，哭泣死者的位置，都像自己国内的原样，小心遵从法度而审慎去做。离开国家已有三代，家庭中还有在朝廷做官的，或有来往的，以及兄弟宗族还有在国内的，就要回去告诉族长的后人。离开国家已有三代，家中没有在朝廷做官的，没有来往，自己受任为居住国的官吏时，遵从新国的法度。

君子在父亡之后不更换名字。父亡后，即使显贵了，也不为父亲定美谥。居丧之礼，未出葬时要研究丧礼，已经埋葬，要研究祭礼；丧毕恢复正常，可以读诗歌。居丧不谈乐事，祭祀不谈凶事，在厅堂不谈论妇女。

在国君面前，掸拂簿书或整理簿书，要处罚。在国君面前，颠倒占卜用的龟，要处罚。龟是卜问吉凶的，几杖是老者扶持用的，席盖是丧车用的东西，衣裳皆素像丧服，单层的内衣近于不敬，不能进入公宫之门。穿丧鞋，戴丧冠，丧事打扮，不能进入公宫之门。条录送死者物件数目的方版，粗麻布丧服，丧葬用的器物，不通报经过许可，不能进入公宫之门。公家的事不能私下议论。

君子将要营建宫室，首先建造宗庙，其次马厩财库，最后是自己的居室。大夫家中制作器具，首先是祭器，其次是祭牲的圈牢，最后是日常饮食用器具。没有田产俸禄的人，不设置祭器；有田产俸禄的人，先制作祭服。君子即使贫穷，也不卖祭器；即使寒冷，也不穿祭服；建造宫室，不敢砍伐坟上的树木。

大夫或士人离开国家，不能携带祭器过境。大夫和士人把祭器寄存在同一官阶的人那里。大夫和士人离开国家，过境以后，作一坛位，向着国家哭泣。穿戴素衣、素裳、素冠，除掉衣边，穿着没有鞋鼻的草鞋，车前栏杆上是素色覆盖物，驾着没剪毛的马。指甲不剪，须发不理，吃饭时不祭食，不敢把自己的冤屈向人申说。不接近妇女。这样过三个月才复还原状，离此而去。

大夫或士人见到国君，国君如慰劳，就要退身避开，俯首至地再拜。如国君迎接先拜，就退身避开，也不敢回拜。大夫或士相见，即使主客的身份不相当，主人尊敬客人，就先拜客；客人尊敬主人，就先拜主人。凡不是吊丧，不是进见国君，没有不回拜的。别国的大夫进见国君，国君拜其见访。士见大夫，大夫也拜其见访。同国之人第一次相见，主人拜其见访。国君对士，不回拜；不是自己的臣属，就要回拜。大夫对自己的家臣，即使他地位低下，也要回拜。男女互相回拜。

国君在春天田猎，不包围猎场；大夫不可猎捕兽群；士人不可猎及幼兽或鸟卵。遇到水旱年头，收成不好，国君用膳不杀牲，马匹不吃谷类，驰车的大道不除草，祭事不奏乐。大夫们去掉加食的稻粱，士人宴客不得用乐待宾。国君不是遭到灾患丧病，佩玉不离身；大夫不去掉判县；士人不去掉琴瑟。

士呈献礼物给国君，国君不亲受，后来国君问士说："怎么得到这些东西的？"士人先稽首再拜，然后回答。大夫私事出境，必须申请；回来必定呈献礼物。士人私自出境，必须申请；回来要报告。国君如果慰劳，要拜；问起私行事情，先拜而后答。

国君离开自己的国家，劝阻他说："为什么放弃自己的社稷？"如是大夫，说："为什么抛弃自己的宗庙？"如是士人，说："为什么不顾及自己的祖坟？"国君应为国家而死，大夫应为民众而死，士人应为自己的责任而死。

君临天下的叫"天子"，在朝会诸侯，分派职位，授予政事，任用以政务，自称"予一人"。站在主人的地位，祭祖时称"孝王某"，祭郊、社等外神时称"嗣王某"。巡视诸侯国，向鬼神致祭时称"天王某（字）"。天子死，称"天王崩"。为天子招魂，称"天子"不称名。为天子发丧，称"天王登假"。灵位附入宗庙，立牌位称某"帝"。天子未除去丧服，曰"予小子"。这样的天子，活着时称"小子王某"。如此时死去，也称"小子王某"。

天子宫内有王后、夫人、世妇、嫔、妻、妾等职位的女性。天子设立官位先设六官，称太宰、太宗、太史、太祝、太士、大夫，掌管六类制度。天子设五官，称司徒、司马、司空、司士、司寇，各自掌管属下官员。天子设六个府库，称司土、司木、司水、司草、司器、司货，掌管各自的职能。天子设立六工，为土工、金工、石工、木工、兽工、草工，掌管各种器物的制作。

五官呈献一年的功绩叫"享"，五官之首叫"伯"，是主管之官。他辅佐天子，称"天子之吏"。与天子同姓的诸侯，称为"伯父"；非同姓的称为"伯舅"。他们对其他诸侯自称为"天子之老"，对国外之人称"公"，对国内之人称"君"。九州诸侯之首，进入天子的内畿称某州之"牧"。同姓的，天子称他为"叔父"；非同姓的，称为"叔舅"。国外之人称他为"侯"，国内之人称他为"君"。那些东夷、北狄、西戎、南蛮等地诸侯，即使土地辽阔，爵位是子爵，称他为"子"。在国内自称"不谷"，对外自称"王老"。其他众多的小诸侯，进入天子畿内称"某国之人"。国外之人称他为"子"，自称为"孤"。

天子当依而立①，诸侯北面而见天子，曰觐。天子当宁而立②，诸公东面，诸侯西面，曰朝。诸侯未及期相见曰遇③，相见于郤地曰会④。诸侯使大夫问于诸侯曰聘，约信曰誓⑤，莅牲曰盟⑥。诸侯见天子曰"臣某侯某"。其与民言，自称曰"寡人"。其在凶服⑦，曰"适子孤"。临祭祀，内事曰"孝子某侯某"，外事曰"曾孙某侯某"。死曰"薨"，复曰"某甫复矣"。既葬见天子，曰类见，言谥曰类。诸侯使人使于诸侯，使者自称曰"寡君之老"。

天子穆穆⑧，诸侯皇皇⑨，大夫济济⑩，士跄跄⑪，庶人僬僬⑫。

天子之妃曰后⑬，诸侯曰夫人，大夫曰孺人，士曰妇人，庶人曰妻。公、侯有夫人，有世妇，有妻，有妾。夫人自称于天子曰"老妇"，自称于诸侯曰"寡小君"，自称于其君曰"小童"。自世妇以下，自称曰"婢子"。子于父母则自名也。

列国之大夫，入天子之国曰"某士"，自称曰"陪臣某"，于外曰"子"，于其国曰"寡君之老"。使者自称曰"某"。

天子不言出，诸侯不生名⑭，君子不亲恶⑮。诸侯失地，名；灭同姓，名。

为人臣之礼，不显谏⑯，三谏而不听则逃之。子之事亲也，三谏而不听，则号泣而随之。

君有疾饮药，臣先尝之；亲有疾饮药，子先尝之。医不三世，不服其药。

拟人必于其伦⑰。问天子之年，对曰："闻之，始服衣若干尺矣。"问国君之年，长，曰"能从宗庙、社稷之事矣⑱"；幼，曰"未能从宗庙、社稷之事也"。问大夫之子，长，曰"能御矣"；幼，曰"未能御也"。问士之子，长，曰"能典谒⑲矣"；幼，曰"未能典谒也"。问庶人之子，长，曰"能负薪矣"；幼，曰"未能负薪也"。问国君之富，数地以对⑳，山泽之所出。问大夫之富，曰"有宰食力㉑，祭器、衣服不假"㉒。问士之富，以车数对。问庶人之富，数畜以对。

天子祭天地，祭四方，祭山川，祭五祀㉓，岁遍。诸侯方祀㉔，祭山川，祭五祀，岁遍。大夫祭五祀，岁遍。士祭其先㉕。凡祭，有其废之，莫敢举也；有其举之，莫敢废也。非其所祭而祭之，名曰淫祀㉖。淫祀无福。天子以牺牛㉗，诸侯以肥牛㉘，大夫以索牛㉙，士以羊豕。支子不祭㉚，祭必告于宗子㉛。

凡祭宗庙之礼，牛曰一元大武㉜，豕曰刚鬛㉝，豚曰腯肥㉞，羊曰柔毛，鸡曰翰音㉟，犬曰羹献㊱，雉曰疏趾，兔曰明视；脯曰尹祭㊲，槁鱼曰商祭㊳，鲜鱼曰脡祭㊴；水曰清涤，酒曰清酌，黍曰芗合㊵，粱曰芗萁，稷曰明粢，稻曰嘉蔬，韭曰丰本，盐曰咸鹾，玉曰嘉玉，币曰量币㊶。

天子死曰"崩"，诸侯曰"薨"，大夫曰"卒"，士曰"不禄"㊷，庶人曰

"死"。在床曰尸，在棺曰柩。羽鸟曰降，四足曰渍。死寇曰兵。

祭王父曰"皇祖考"，王母曰"皇祖妣"；父曰"皇考"，母曰"皇妣"；夫曰"皇辟"㊸。生曰父，曰母，曰妻；死曰考，曰妣，曰嫔。寿考曰卒，短折曰不禄。

天子视，不上于袷㊹，不下于带。国君绥视，大夫衡视，士视五步。凡视，上于面则敖，下于带则忧，倾则奸㊺。

君命，大夫与士肄㊻，在官言官㊼，在府言府㊽，在库言库㊾，在朝言朝㊿。朝言不及犬马。辍朝而顾[51]，不有异事[52]，必有异虑[53]。故辍朝而顾，君子谓之固[54]。在朝言礼，问礼，对以礼。

大飨不问卜[55]，不饶富[56]。

凡挚[57]，天子鬯[58]，诸侯圭，卿羔，大夫雁，士雉，庶人之挚匹[59]，童子委挚而退[60]。野外军中无挚，以缨、拾、矢可也[61]。妇人之挚，椇、榛、脯、脩、枣、栗[62]。

纳女于天子，曰"备百姓[63]"；于国君，曰"备酒浆"；于大夫，曰"备埽洒[64]"。

【注释】

①依：绣有斧文的屏风。　②宁：古代宫殿的屏和门之间，是朝见时帝王站立的地方。③期：约定的日期。　④邻地：空隙地带。　⑤约：预先规定共同遵守的条文。　⑥莅：临、到。　⑦凶服：丧服、孝衣。　⑧穆穆：深远的样子。　⑨皇皇：显赫盛大的样子。　⑩济济：整齐庄严的样子。　⑪跄（qiāng）跄：起坐时从容舒展的样子。　⑫僬（jiāo）僬：匆忙急促的样子。　⑬妃：配偶、妻。　⑭名：称名。　⑮亲恶：原谅恶人。　⑯显谏：明谏。⑰拟（nǐ）：比拟。伦：同类、同等。　⑱从从事。　⑲谒：谒见、请见。　⑳数：查点数目、计点。　㉑宰：采地，国君分给大夫的土地。　㉒假：借。　㉓五祀：春祭户，夏祭灶，季夏祭中溜，秋祭门，冬祭行。　㉔方祀：在封国内向四方遥祭山川。　㉕先：祖先。　㉖淫：过分、无节制。　㉗牷：纯毛。　㉘肥：在养祭牲之室特别喂养。　㉙索：求得而用。　㉚支子：庶子。　㉛宗子：嫡长子。　㉜一元大武：一头大牛。元：头。武：脚印。　㉝鬛（liè）：兽类颈领上的毛。　㉞腯（tú）：肥。　㉟翰音：羽美而善鸣。　㊱羹献：犬肥肉美而可献。㊲尹：方正。脯须方正。　㊳槁：干。　㊴脡（tǐng）：直。　㊵芗：香。　㊶量币：帛之长短有一定。币：帛。　㊷不禄：不能终其俸禄。　㊸辟：君主。　㊹袷（jié）：朝服、祭服的衣领。　㊺倾：侧。　㊻肄：研习、学习。　㊼官：版图文书之处。　㊽府：宝藏财帛之处。　㊾库：车马兵甲之处。　㊿朝：君臣谋政事之处。　[51]辍朝：中止朝见。　[52]异事：指题外之事。　[53]异虑：指不正当的念头。　[54]固：粗鲁无礼。　[55]大飨（xiǎng）：古代的一种祭祀。　[56]饶：富厚、丰足、多。富：完备。　[57]挚：通"贽"，见面礼。　[58]鬯（chàng）：

用黑黍酿的酒。 (59)匹：同“鸥”，鸭子。 (60)委：放弃、放下。缨：古时套在马、犬颈上或胸前的一种装饰物。拾：古人射箭用的、皮革制的护袖。 (62)椇（jǔ）：枳。 (63)备：充数。 (64)埽（sǎo）：扫除。

【译文】

天子站在绣有斧文的屏风前，诸侯面向北朝见天子称为“觐”。天子（朝南）站在屏风和门之间，诸公向东，诸侯面向西称为“朝”。诸侯与诸侯未到约定的日期相互见面称为“遇”。约定日期在两国之空隙地带相互见面称为“会”。诸侯派遣大夫相互访问称为“聘”。写下商量确定的条文称为“誓”。杀牛歃血以确实信守诺言称为“盟”。诸侯朝见天子称“臣某侯某”，和人民说话自称“寡人”。如果在服丧期内见国外的宾客，就称“适子孤”。主持祭祀时，在宗庙内自称“孝子某侯某”，外事称“曾孙某侯某”。诸侯死，称为“薨”。招魂时用“字”不用“名”。继位的诸侯行过葬礼后朝见天子，称为“类见”。为父请谥也称为“类”。诸侯派遣士人聘于诸侯，那个使者自称是“寡君之老”。

天子的仪容显出深远的样子，诸侯的仪容显赫盛大，大夫的样子整齐庄严，士的样子从容舒展，庶人的样子匆忙急促。

天子的配偶称为“后”，诸侯的配偶称“夫人”，大夫的配偶称“孺人”，士的配偶称“妇人”，庶人的配偶称“妻”。公、侯有夫人、世妇、妻、妾。公侯夫人对天子自称“老妇”；对诸侯自称“寡小君”；对自己国君自称“小童”。从世妇往下，都自称“婢子”。子女在父母面前称自己的名字。

各诸侯国的大夫，进入天子畿内称为某国的士，自称为陪臣某。国外人称他为“子”，国中之人对国外人说话，称他为“寡君之老”。出使之人自称某。

天子出奔，史书不用“出”字，诸侯生前史书不称其名。君子不原谅作恶的天子诸侯。诸侯失掉某地，或残害同胞，史书直称其名。

作为人臣的礼，不当众指责国君。数次劝谏仍不听从，就离开国君而去。子女侍奉双亲，数次劝说仍不听从，就大声哭泣，听任他们。

国君有病，服药时侍臣先尝尝。双亲有病，服药时子女先尝尝。如不是医术精通、经验丰富的医生，不要服用他的药。

比拟一个人必须符合那个人的身份。问天子的年龄，回答说：听说开始穿多长的衣服了。问国君的年龄，年长，回答说：能主持宗庙社稷的事情；年幼，回答说：不能主持宗庙社稷的事情。问大夫的儿子，年长，回答说：能驾驭车马了；年幼，回答说：不能驾驭车马。问士的儿子，年长，回答说：能替客人传话了；年幼，回答说：不能替客人传话。问庶人的儿子，年长，回答说：能负薪了；年幼，回答说：不能负薪。问国君的财富先计算国土，再说山泽的出产。问大夫的财富，说：有封邑人民供给衣食，祭器祭服不用借。问士的财富，可答车数多少。问庶人的财富，可答牲畜的数目。

天子祭天地之神，祭四方之神，祭山川之神，祭五祀之神，一年内祭遍。诸侯在自己封国内遥祭四方之神，祭山川五祀之神，一年内祭遍。大夫祭五祀之神，一年内祭遍。士人祭祀自己的祖先。凡是祭祀，有废止的，不敢再举行；有的要举行，不能废止。不应祭的而祭是无节制的祭祀。这种祭祀不会降福。天子祭祀用纯毛的祭牛，诸侯用特别喂养的祭牛，大夫则用普通的牛，士人只用羊、猪。庶出的子孙不主持祭祀，祭祀必须告诉嫡长子。

祭宗庙的礼有特殊祝号：牛称"一元大武"，猪称"刚鬣"，豚称"腯肥"，羊称"柔毛"，鸡称"翰音"，狗称"羹献"，雉称"疏趾"，兔称"明视"，干肉称"尹祭"，干鱼称"商祭"，鲜鱼称"脡祭"，水称"清涤"，酒称"清酌"，黍称"芗合"，粱称"芗萁"，稷称"明粢"，稻称"嘉蔬"，韭称"丰本"，盐称"咸醝"，玉称"嘉玉"，币称"量币"。

天子死用"崩"，诸侯死用"薨"，大夫死用"卒"，士死用"不禄"，庶人用"死"。死人在床称"尸"，已在棺内称"柩"。飞鸟死用"降"，四足之兽死用"渍"。死于寇难称死于"兵"。

祭已死的祖父称"皇祖考"，祖母称"皇祖妣"，父称"皇考"，母称"皇妣"，夫称"皇辟"。生前称"父"，称"母"，称"妻"，死后就称"考"，称"妣"，称"嫔"。长寿而死的称"卒"，短命夭折称"不禄"。

瞻视天子，视线不可高于交领，不低于腰部；瞻视国君，视线稍向下；瞻视大夫，可视线平直，面对面；士人，视线可及五步左右。凡是看对方，视线超过面部就显得傲慢；低于对方腰部显得不自然，斜眼看，显得心术不正。

国君有命，大夫和士研习。在版图文书处讨论版图文书；在宝藏财帛处讨论宝藏财帛；在车马甲兵之处讨论车马甲兵；在君臣议事之处，讨论政事施为。讨论政事不可涉及犬马之类。中止朝见，各自散归时，回头看望，没有题外之事，一定有不正当的念头。因此"辍朝而顾"君子视之为粗鲁无礼。朝廷上处处讲礼，问话有礼，答话也要有礼。

大飨之礼，不用卜定日期，礼数完备，无须增益。

凡是礼品，天子用酒，诸侯用圭，卿用羔羊，大夫用雁，士人用雉，庶人用鸭子。童子放下礼物就走。野外军中找不到礼品，用缨、拾、矢也可以。妇女们的礼物，有：枳棋、榛子、肉干、枣、栗子。

送女儿到天子那儿称"备百姓"，到国君那儿称"备酒浆"，到大夫那儿称"备埽洒"。

檀 弓 上①

公仪仲子之丧②，檀弓免焉③。仲子舍其孙而立其子④，檀弓曰："何居⑤？我未之前闻也。"趋而就子服伯子于门右⑥，曰："仲子舍其孙而立其子，何也⑦？"伯子曰："仲子亦犹行古之道也。昔者文王舍伯邑考而立武王⑦，微子舍其孙腯而立衍也⑧。夫仲子亦犹行古之道也。"子游问诸孔子⑨，孔子曰："否！立孙"。

事亲有隐而无犯⑩，左右就养无方⑪，服勤至死⑫，致丧三年⑬。事君有犯而无隐，左右就养有方⑭，服勤至死，方丧三年⑮。事师无犯无隐，左右就养无方，服勤至死，心丧三年⑯。

季武子成寝⑰，杜氏之葬在西阶之下，请合葬焉，许之。入宫而不敢哭。武子曰："合葬，非古也，自周公以来，未之有改也。吾许其大而不许其细。何居？"命之哭。

子上之母死而不丧⑱，门人问诸子思曰⑲："昔者子之先君子丧出母乎⑳？"曰："然。""子之不使白也丧之㉑，何也？"子思曰："昔者吾先君子无所失道，道隆则从而隆㉒，道污则从而污，伋则安能！为伋也妻者，是为白也母；不为伋也妻者，是不为白也母。"故孔氏之不丧出母，自子思始也。

孔子曰："拜而后稽颡㉓，颓乎其顺也㉔，稽颡而后拜，颀乎其至也㉕。三年之丧，吾从其至者。"

孔子既得合葬于防㉖，曰："吾闻之，古也墓而不坟㉗。今丘也，东西南北之人也，不可以弗识也㉘。"于是封之㉙，崇四尺㉚。孔子先反，门人后，雨甚，至，孔子问焉，曰："尔来何迟也？"曰："防墓崩。"孔子不应，三，孔子泫然流涕曰㉛："吾闻之，古不修墓。"

孔子哭子路于中庭㉜，有人吊者，而夫子拜之。既哭，进使者而问故。使者曰："醢之矣！"遂命覆醢㉝。

曾子曰："朋友之墓，有宿草而不哭焉㉞。"

子思曰："丧三日而殡㉟，凡附于身者㊱，必诚必信，勿之有悔焉耳矣。三月而葬，凡附于棺者，必诚必信，勿之有悔焉耳矣。丧三年以为极㊲，亡则弗之忘矣。故君子有终身之忧，而无一朝之患。故忌日不乐。"

孔子少孤，不知其墓，殡于五父之衢。人之见之者，皆以为葬也。其慎也[38]，盖殡也。问于郰[39]曼父之母，然后得合葬于防。

邻有丧，舂不相；里有殡，不巷歌。

丧冠不緌[40]。有虞氏瓦棺，夏后氏堲周[41]，殷人棺椁，周人墙置翣[42]。

周人以殷人之棺椁葬长殇[43]，以夏后氏之堲周葬中殇、下殇[44]，以有虞氏之瓦棺葬无服之殇[45]。

夏后氏尚黑[46]，大事敛用昏[47]，戎事乘骊[48]，牲用玄[49]。殷人尚白，大事敛用日中，戎事乘翰[50]，牲用白。周人尚赤，大事敛用日出，戎事乘騵[51]，牲用骍[52]。

穆公之母卒，使人问于曾子曰[53]："如之何？"对曰："申也闻诸申之父曰：'哭泣之哀，齐、斩之情[54]，饘粥之食[55]，自天子达。布幕，卫也；缟幕[56]，鲁也。'"

晋献公将杀其世子申生，公子重耳谓之曰："子盖言子之志于公乎[57]？"世子曰："不可，君安骊姬，是我伤公之心也。"曰："然则盖行乎？"世子曰："不可。君谓我欲弑君也。天下岂有无父之国哉！吾何行如之？"使人辞于狐突曰[58]："申生有罪，不念伯氏之言也[59]，以至于死。申生不敢爱其死[60]。虽然，吾君老矣，子少，国家多难，伯氏不出而图吾君[61]。伯氏苟出而图吾君，申生受赐而死。"再拜稽首，乃卒。是以为共世子也。

鲁人有朝祥而莫歌者[62]，子路笑之。孔子曰："由！尔责于人，终无已夫！三年之丧，亦已久矣夫！"子路出，夫子曰："又多乎哉！逾月则其善也。"

鲁庄公及宋人战于乘丘[63]，县贲父御[64]，卜国为右[65]。马惊败绩[66]，公队[67]，佐车授绥，公曰："末之卜也[68]。"县贲父曰："他日不败绩，而今败绩，是无勇也。"遂死之。圉人浴马[69]，有流矢在白肉[70]。公曰："非其罪也。"遂诔之。士之有诔，自此始也。

曾子寝疾[71]，病[72]，乐正子春坐于床下[73]，曾元、曾申坐于足[74]，童子隅坐而执烛。童子曰："华而睆[75]，大夫之箦与[76]？"子春曰："止！"曾子闻之，瞿然曰[77]："呼！"[78]曰："华而睆，大夫之箦与？"曾子曰："然。斯季孙之赐也[79]。我未之能易也，元起易箦！"曾元曰："夫子之病革矣[80]，不可以变。幸而至于旦[81]，请敬易之。"曾子曰："尔之爱我也不如彼。君子之爱人也以德，细人之爱人也以姑息[82]。吾何求哉？吾得正而毙焉，斯已矣。"举扶而易之，反席未安而没。

始死，充充如有穷㊸；既殡，瞿瞿如有求而弗得㊹；既葬，皇皇如有望而弗至㊺。练而慨然㊻，祥而廓然㊼。

邾娄复之以矢㊽，盖自战于升陉始也㊾。鲁妇人之髽而吊也㊿，自败于台鲐始也○61。

南宫绦之妻之姑之丧○62，夫子诲之髽，曰："尔毋从从尔○63！尔毋扈扈尔○64！盖榛以为笄○65，长尺而总八寸○66。"

孟献子禫○67，县而不乐，比御而不入○68。夫子曰："献子加于人一等矣○69。"

孔子既祥，五日弹琴而不成声，十日而成笙歌。

有子盖既祥而丝屦、组缨○70。

死而不吊者三：畏、厌、溺○71。

子路有姊之丧，可以除之矣，而弗除也。孔子曰："何弗除也？"子路曰："吾寡兄弟而弗忍也。"孔子曰："先王制礼，行道之人皆弗忍也。"子路闻之，遂除之。

太公封于营丘○72，比及五世，皆反葬于周。君子曰："乐，乐其所自生。礼，不忘其本。"古之人有言曰："狐死正丘首○73，仁也。"

伯鱼之母死，期而犹哭○74。夫子闻之，曰："谁与哭者○75？"门人曰："鲤也。"夫子曰："嘻！其甚也○76！"伯鱼闻之，遂除之。

舜葬于苍梧之野，盖三妃未之从也。季武子曰："周公盖祔○77。"

曾子之丧，浴于爨室○78。

大功废业○79。或曰：大功诵可也。

子张○80病，召申祥而语之曰："君子曰终，小人曰死。吾今日其庶几乎○81！"

曾子曰："始死之奠，其余阁也与○82！"

【注释】

①郑玄说：名曰"檀弓"者，以其记人善于礼，故著其姓名以显之。檀弓：春秋时鲁国人，姓檀名弓。　②公仪仲子：人名。　③免（wèn）：通"绖"，一种丧饰。　④孙：指嫡孙。子：庶子。立庶子不立嫡孙做丧主，不合周礼。　⑤居（jī）：语气词。　⑥子服伯子：人名。　⑦昔者：从前。伯邑考：人名。　⑧微子、腯、衍：均为人名。　⑨子游：人名。　⑩隐：对长者和气委婉的规劝。犯：毫无顾忌地劝谏。　⑪就养：就近奉养。无方：不分左右、不分彼此。方：左右。　⑫服勤：服侍辛劳。　⑬致丧：在丧时极其哀戚。致：极。　⑭有方：区分彼此，各司其职。　⑮方：比照、比方。　⑯心丧：哀痛如丧父而无丧服。　⑰季武子：人名。寝：住室、住宅。　⑱子上：孔子曾孙。　⑲子思：孔子之孙。　⑳出母：与父亲离了婚的母亲。　㉑白：即"子上"。　㉒隆：隆重。污：意同"杀"，削减、削除。　㉓

稽（qǐ）颡：跪拜，以头触地，居丧答拜之礼。　㉔颜：恭顺。　㉕顾（kěn）：通"垦"，诚恳。　㉖防：地名。　㉗墓：墓地。坟：墓上堆起的土。　㉘识（zhì）：记号、标志。　㉙封：堆土。　㉚崇：高。　㉛泫：滴下。　㉜庭：厅堂。　㉝覆：翻转、倒掉。　㉞宿草：隔年的草。　㉟殡：停枢。　㊱附：附带、附着。　㊲极：极限。　㊳慎：通"引"，用大绳牵引灵枢。　㊴郰（zōu）：地名。曼父：人名。　㊵绥（ruí）：帽带结好后下垂的部分。　㊶墍（jí）：烧土为砖。　㊷翣（shà）：棺饰。形似扇，在路以障车，入椁以障枢。　㊸长殇：十六岁至十九岁死去的人。　㊹中殇：十二岁至十五岁死去的人。下殇：八岁至十一岁的人。　㊺无服之荡：七岁以下死去的人。不足三月不为殇。　㊻尚：崇尚。　㊼大事：丧事。　㊽骊：黑色马。　㊾玄：黑色。　㊿翰：白色马。　51騵：赤色马。　52駵：赤色。　53曾子：人名。　54齐：齐衰（zī cuī），丧服，五服之一，次于斩衰。斩：斩衰，丧服，五服之中最重的一种。　55饘（zhān）：稠粥。　56縓：同"绡"，生丝。　57盍：同"盍"，何不。志：心意。　58辞：告诉。狐突：申生的师傅。　59念：考虑。　60爱：吝惜，舍不得。　61图：谋。这里是"谋划"的意思。　62详：除丧之祭名。莫：暮。　63乘丘：鲁国地名。　64县贲父：人名。　65卜国：人名。右：车右，武士。　66败绩：大败。郑玄释作"惊奔失列"。　67队：坠。　68末：前人解释不一，这里取清人的"未尝"之意。　69圉（yǔ）人：养马的人。　70白肉：马股内侧的肉。　71疾：病。　72病：病重。　73乐正子春：人名。　74曾元、曾申：曾参的儿子。　75睆（huǎn）：光泽。　76簀（zé）：竹席。与：语气词。　77瞿（jù）：惊视。　78呼：呼气声。　79斯：这。季孙：鲁国大夫。　80革（jí）：急。　81幸：希望。　82细人：小人。姑息：得过且过以取得安定。　83充充：悲哀充塞的样子。穷：尽、完结。　84瞿瞿：眼珠很快地转动的样子。　85皇皇：心中不安的样子。　86练：小祥（十三个月）之祭。　87祥：指大祥（二十五个月）之祭。　88邾娄：古国名。　89升陉：鲁国地名。　90髽（zhuā）：去掉发巾，露出发髻。　91台鲐（tái）：应为"壶鲐"，地名。　92南宫绦（tāo）：人名。姑：婆婆。　93从从：高高的。　94扈扈：大大的。　95笄（jī）：古代盘头发或别住帽子用的簪子。　96总：束在发根的带子。　97孟献子：人名。禫（dàn）：丧家除服之祭礼。　98比：及。御：指妻妾侍奉。　99加：超过、强过。　100厌（yā）：倾倒、压。　102太公：人名。营丘：地名。　103正：当、对。首：头向着。丘：狐穴。　104期（jī）：一周年。　105与：语气词。　106甚：过分。　107盖：大概。祔：合葬。　108浴：烧洗浴之水。　109废：停止。　110子张、申祥：人名。　111其：大概。庶几：差不多。　112阁：保存搁放食物之处。

【译文】

公仪仲子家里办丧事，檀弓打扮作"免"的丧饰去他家。仲子舍弃他的嫡孙而立庶子做丧主，檀弓说："为什么呢？我以前没听说过这种事。"他很快走近门右边对子服伯子说："仲子舍弃他的嫡孙而立庶子做丧主，为什么？"伯子说："仲子也是照前人的道理做的。从前周文王舍弃伯邑考而立武王，微子舍弃他的嫡孙而立衍。仲子是照前人的道理做的。"子游向孔子问这件事，孔子说："不对！应立嫡孙。"

　　侍奉双亲，双亲有过，要和气委婉地规劝，不要无所顾忌地指责，要就近侍候，辛劳服侍到他俩死去，极其哀痛地守丧三年。对国君可无所顾忌地劝谏，不要隐瞒，伺候在左右，各司其职，竭力侍奉到他死去，比照父亲去世守丧三年。侍奉老师不要指责，不要隐瞒。要就近侍奉，辛劳服侍到老师死去，哀痛地守丧三年。

　　季武子建成一座住宅，杜氏的墓葬在住宅西阶之下，杜氏后人请季武子允许迁出合葬。季武子同意了。他们进入新宅不敢哭泣。季武子说："合葬不是古代礼俗，但自周公以来，没有改变过。我们为什么允许迁葬而不许哭泣呢？"于是叫杜氏后人哭泣。

　　子上的母亲离婚后死了，子上未戴孝。门人向子思发问道："以前老师的父亲不是为离婚的母亲戴孝吗？"子思说："是的。""老师不让孔白戴孝，为什么呢？"子思说："以前我父亲没有失礼。该隆重的就跟着隆重，该削减的跟着削减。我怎么能呢？她如还是我的妻子，就是孔白的母亲；不是我的妻子了，就不是孔白的母亲。"所以孔氏不为离婚的母亲戴孝，是从子思开始的。

　　孔子说："先两膝着地拱手而拜，然后两手触地俯首以头叩地，这是非常恭顺的；先两手触地俯首以头叩地，然后两膝着地拱手而拜，这是非常诚恳的。守丧三年，我遵从后者。"

　　孔子已得到机会把双亲合葬在防，说："我听说古代的墓地是不堆土的，我现在是四处忙碌的人，不能不作个标志。"于是墓上堆土，高四尺。孔子先回家，门人们善后。下大雨了，门人们回来了，孔子问他们说："你们怎么回来得这么迟？"回答说："防地的墓塌了！"孔子不应声。门人们连说了三次，孔子流下了眼泪，说："我听说过，古人不在墓上堆土啊。"

　　孔子在正室的厅堂里哭子路，有人来慰问。孔子以主人身份答拜。哭过以后，召使者过来问子路死时的样子。使者说："已经砍成肉酱了！"孔子就让人把家里的肉酱倒掉了。

　　曾子说："朋友的墓上有了隔年的草，就不该再哭了。"

　　子思说："人死三天举行殡殓之礼，凡附带于死者入主殓的，必须真诚信实地处理，不要有所遗憾。三个月以后下葬，凡附带葬入的，必须真实信实地处理，不要有所遗憾。守丧以三年为极限，亲人死后不要忘掉他们。所以君子有终生的哀思，却没有一天敢让先人蒙受伤害，所以忌日不奏乐。"

　　孔子小时候死了父亲，不知道墓地在哪里。母亲死后，孔子在五父的大路上举行殡礼。见到他的人都以为是出葬。看他拉的灵柩，好像是举行殡礼。问过耶曼父的母亲，然后才能够将双亲合葬在防。

邻居有丧事，即使是舂米时也不要歌唱；邻里有殡殓之事，也不要在街巷歌唱。

戴丧冠不要使帽带结好后剩余的部分下垂着。

有虞氏用陶器作棺材，夏后氏烧砖砌在瓦棺四周，殷人才用木材作棺材和外棺，周人的灵柩外垒墙加上棺饰。

周人用殷人的棺葬十六到十九岁的殇子，用夏后氏的砖砌四周的瓦棺葬八到十五岁的殇子，用有虞氏的瓦棺葬不足八岁的殇子。

夏后氏崇尚黑色，办丧事入殓都在黄昏，兵事乘黑马，祭牲也用黑色的。殷人崇尚白色，办丧事入殓在中午，兵事乘白马，祭牲也用白色的。周人崇尚赤色，办丧事入殓在太阳出来的时候，兵事乘赤色马，祭牲也用赤色的。

鲁穆公的母亲去世了，派人去问曾子，说："该怎么办丧事？"回答说："我从我父亲那听说，哭泣这样的悲哀，穿齐衰、斩衰哀悼父亲这样的心情，喝稀粥这样的东西，从天子到庶人都是相同的，用麻布作幕是卫国的风俗，用绸布作幕是鲁国的习俗。"

晋献公要杀他的太子申生，公子重耳对申生说："你为什么不把你的想法告诉父亲呢？"太子说："不行。他有骊姬才安逸，我说了就是我伤了他的心。""这样，那你为什么不逃走呢？""不行。父亲说我要谋害他，天下难道会有没有父亲的国家？我能逃到哪里呢？"派人告诉他的师傅狐突说："申生有罪，没听您的话，才到死的地步。申生不敢贪生怕死。即使这样，国君年纪大了，儿子还小，国家多难，您又不肯出来为国君谋划。如您出来为国君谋划，申生就得到了您的恩赐，可以受死了。"再拜叩头，就自杀了。这是他谥为"恭世子"的原因。

鲁国有人早上除掉丧服，晚上就唱起歌来，子路笑话他。孔子说："由！你责备别人，总没个完吗？三年守丧，也已经是很久了。"子路出去了，孔子说："那个唱歌的人用不着再等多久，过一个月再唱歌就很好了。"

鲁庄公和宋国人在乘丘作战，县贲父驾车，卜国为车右。马受惊，乱了行列，鲁庄公从车上掉下来。副车赶快给他绳子，把他拉上去。庄公说："事先没有将驾车之人问卜，才会如此。"县贲父说："往常没有惊奔失列，今天如此是我没勇气。"于是，殉职而死。后来，马夫洗马时发现飞箭射在马腿内侧的肉上。庄公说："这次意外不是他的罪过。"于是就为县贲公作诔文。士这类人有诛，是从这开始的。

　　曾子卧病在床，病情加重。乐正子春坐在床下，曾元、曾申坐在脚旁，一个童子坐在角落里，端着蜡烛。童子说：“多么漂亮光滑，是大夫用的竹席吗？”子春说：“别作声！”曾子听到了，惊起看着童子，出了口气。童子又说：“多么漂亮光滑，是大夫用的竹席吧？”曾子说：“是的。这是季孙送的，我没能换掉它，曾元，起来把竹席换掉。”曾元说：“您的病很危急，不能换了，希望能到天亮，为您换掉。”曾子说：“你爱我的心意不如那童子，君子爱人要成全别人的美德，小人爱人要得过且过以取得安宁。我有什么要求呢？我能够规规矩矩死去这就可以了。”于是，抬起曾子，更换竹席，再放回席子上，未放平稳曾子就断气了。

　　亲人刚死时，被悲哀充塞，好像一切都完结了；殡殓以后，眼神不定，好像要求什么而没得到；下葬以后，心中不安，好像盼望亲人又等不到。周年以后，慨叹时间过得很快；除服之后觉得空虚寂寞。

　　邾娄用箭来招魂，从升陉之战开始。鲁国妇人去掉发巾、露出发髻去吊丧的习惯，从壶鲐之战失败后开始的。

　　南宫绦妻子死了婆婆，孔子教她做露髻的方法说：“你不要做得高高的，也不要做得大大的，用榛木做簪子，长一尺，可是束在发根的带子只能垂下八寸。”

　　孟献子禫祭除服，挂起乐器不奏乐，到可以妻妾侍奉时不进家门。孔子说：“献子超人一等啊。”

　　孔子已经除服，五日后弹琴而不成声调，十日就可用笙吹出曲子了。

　　有子似乎在大祥结束就穿有丝饰的鞋子，戴以丝组为缨的帽子。

　　人死而不吊问的有三种：畏惧自杀的，压死的，淹死的。

　　子路服姊的丧，可以除服了却不除。孔子说：“为什么不除呢？”子路说：“我兄弟少，不忍心除服啊。”孔子说：“先王制定的礼，履行仁义的人都不忍心。”子路听了，于是去掉丧服。

　　太公封在营丘，传到五世，都返回葬在周地。君子说：“音乐是生于心的，礼也在不忘根本。古人有句话说：狐狸死了，它的头对着狐穴的方向。这也是仁爱之心的表现。”

　　伯鱼死了母亲，满一周年还在哭。孔子听到说：“哭的人是谁呀？”门人说：“孔鲤在哭。”孔子嘻了一声说：“太过分了。”伯鱼听到，于是除服不哭了。

舜葬在苍梧的郊外，大概他的三位夫人都没跟他合葬。季武子说：“从周公起大概才有合葬。”

曾子家办丧事，洗浴尸体的热水是在厨房烧的。

服大功之丧要停止学业，以免干扰哀思。有的人说：“服大功之丧可以诵读。”

子张病重，召申祥来对他说：“君子去世称‘终’，一般人去世称‘死’。我现在大概差不多可以说‘终’了吧。”

曾子说：“刚死时设的奠，用的是剩余的食物吧？”

曾子曰：“小功不为位也者①，是委巷之礼也②。子思之哭嫂也为位，妇人倡踊③；申祥之哭言思也亦然④。”

古者，冠缩缝⑤，今也，衡缝⑥；故丧冠之反吉⑦，非古也。

曾子谓子思曰：“伋！吾执亲之丧也⑧，水浆不入于口者七日⑨。”子思曰：“先王之制礼也，过之者，俯而就之；不至焉者，跂而及之⑩。故君子之执亲之丧也，水浆不入于口者三日，杖而后能起。”

曾子曰：“小功不税⑪，则是远兄弟终无服也⑫，而可乎？”

伯高之丧⑬，孔氏之使者未至⑭，冉子摄束帛乘马而将之⑮。孔子曰：“异哉！徒使我不诚于伯高。”伯高死于卫，赴于孔子⑯。孔子曰：“吾恶乎哭诸⑰？兄弟，吾哭诸庙；父之友，吾哭诸庙门之外；师，吾哭诸寝；朋友，吾哭诸寝门之外；所知，吾哭诸野。于野则已疏，于寝则已重。夫由赐也见我⑱，吾哭诸赐氏。”遂命子贡为之主，曰：“为尔哭也来者，拜之；知伯高而来者，勿拜也。”

曾子曰：“丧有疾，食肉饮酒，必有草木之滋焉⑲。”以为姜桂之谓也。

子夏丧其子而丧其明⑳。曾子吊之曰：“吾闻之也，朋友丧明则哭之。”曾子哭，子夏亦哭，曰：“天乎！予之无罪也！”曾子怒曰㉑：“商！女何无罪也㉒？吾与女事夫子于洙、泗之间，退而老于西河之上，使西河之民疑女于夫子㉓，尔罪一也。丧尔亲，使民未有闻焉，尔罪二也。丧尔子，丧尔明，尔罪三也。而曰女何无罪与㉔？”子夏投其杖而拜曰：“吾过矣！吾过矣！吾离群而索居亦已久矣㉕。”

夫昼居于内，问其疾可也；夜居于外，吊之可也。是故君子非有大故，不宿于外；非致齐也㉖，非疾也，不昼夜居于内。

高子皋之执亲之丧也㉗，泣血三年㉘，未尝见齿㉙，君子以为难。

哀，与其不当物也㉚，宁无衰。齐衰不以边坐㉛，大功不以服勤。

孔子之卫㉜，遇旧馆人之丧㉝，入而哭之哀，出，使子贡说骖而赙之㉞。子贡曰："于门人之丧，未有所说骖，说骖于旧馆，无乃已重乎？"夫子曰："予乡者入而哭之，遇于一哀而出涕。予恶夫涕之无从也㉟，小子行之！"

孔子在卫，有送葬者，而夫子观之，曰："善哉为丧乎！足以为法矣。小子识之！"子贡曰："夫子何善尔也？"曰："其往也如慕㊱，其反也如疑。"子贡曰："岂若速反而虞乎㊲？"子曰："小子识之！我未之能行也。"

颜渊之丧，馈祥肉，孔子出受之；入，弹琴而后食之。

孔子与门人立，拱而尚右㊳，二三子亦皆尚右。孔子曰："二三子之嗜学也，我则有姊之丧故也。"二三子皆尚左。

孔子蚤作㊴，负手曳杖㊵，消摇于门㊶，歌曰："泰山其颓乎㊷！梁木其坏乎！哲人其萎乎㊸！"既歌而入，当户而坐。子贡闻之，曰："泰山其颓，则吾将安仰㊹？梁木其坏，哲人其萎，则吾将安放㊺？夫子殆将病也㊻！"遂趋而入。夫子曰："赐！尔来何迟也？夏后氏殡于东阶之上，则犹在阼也。殷人殡于两楹之间㊼，则与宾主夹之也。周人殡于西阶之上，则犹宾之也。而丘也，殷人也。予畴昔之夜㊽，梦坐奠于两楹之间㊾。夫明王不兴，而天下其孰能宗予㊿？予殆将死也！"盖寝疾七日而没。

孔子之丧，门人疑所服。子贡曰："昔者夫子之丧颜渊，若丧子而无服，丧子路亦然。请丧夫子若丧父而无服。"

孔子之丧，公西赤为志焉(51)。饰棺墙(52)，置翣设披(53)，周也。设崇(54)，殷也。绸练设旐(55)，夏也。

子张之丧，公明仪为志焉。褚幕丹质(56)，蚁结于四隅，殷士也。

子夏问于孔子曰："居父母之仇(57)，如之何？"夫子曰："寝苫枕干，不仕，弗与共天下也。遇诸市朝，不反兵而斗。"曰："请问居昆弟之仇如之何？"曰："仕弗与共国，衔君命而使(58)，虽遇之不斗。"曰："请问居从父、昆弟之仇如之何？"曰："不为魁，主人能，则执兵而陪其后。"

孔子之丧，二三子皆绖而出(59)；群居则绖，出则否。

易墓(60)，非古也。

子路曰："吾闻诸夫子：丧礼，与其哀不足而礼有余也(61)，不若礼不足而哀有余也。祭礼，与其敬不足而礼有余也，不若礼不足而敬有余也。"

曾子吊于负夏(62)，主人既祖填池(63)，推柩而反之，降妇人而后行礼。从者曰："礼与？"曾子曰："夫祖者，且也(64)。且，胡为其不可以反宿也(65)？"从者又问诸子游曰：“礼与？”子游曰：“饭于牖下⑯，小敛于户内，大敛于阼，殡于客位，祖于庭，葬于墓，所以即远也⑰。故丧事有进而无退。”曾子闻之曰：“多矣乎！予出祖者。”

曾子袭裘而吊⑱，子游裼裘而吊⑲。曾子指子游而示人曰：“夫夫也⑳，为习于礼者㉑，如之何其裼裘而吊也？”主人既小敛，祖、括发㉒，子游趋而出，袭裘、带、绖而入。曾子曰：“我过矣！我过矣！夫夫是也。”

子夏既除丧而见，予之琴，和之而不和㉓，弹之而不成声，作而曰：“哀未忘也，先王制礼而弗敢过也。”子张即除丧而见，予之琴，和之而和，弹之而成声，作而曰：“先王制礼，不敢不至焉。”

司寇惠子之丧㉔，子游为之麻衰㉕，牡麻绖㉖。文子辞曰㉗：“子辱与弥牟之弟游，又辱为之服，敢辞。”子游曰：“礼也。”文子退，反哭。子游趋而就诸臣之位。文子又辞曰：“子辱与弥牟之弟游㉘，又辱为之服，又辱临其丧，敢辞。”子游曰：“固以请㉙。”文子退，扶适子南面而立，曰：“子辱与弥牟之弟游，又辱为之服，又辱临其丧，虎也敢不复位？”子游趋而就客位。

将军文子之丧，既除丧而后越人来吊，主人深衣、练冠⑳，待于庙，垂涕洟㉛。子游观之曰：“将军文氏之子，其庶几乎！亡于礼者之礼也。其动也中㉜。”

幼名，冠字，五十以伯仲，死谥，周道也㉝。

绖也者，实也。

掘中霤而浴㉞，毁灶以缀足㉟，及葬，毁宗躐行㊱，出于大门，殷道也。学者行之。

子柳之母死㊲，子硕请具㊳。子柳曰：“何以哉？”子硕曰：“请粥庶弟之母。”子柳曰：“如之何其粥人之母以葬其母也？不可。”既葬，子硕欲以赙布之余具祭器㊴。子柳曰：“不可。吾闻之也，君子不家于丧㊵。请班诸兄弟之贫者㊶。”

君子曰：“谋人之军师，败则死之；谋人之邦邑，危则亡之。”

公叔文子升于瑕丘㊷，蘧伯玉从㊸。文子曰：“乐哉斯丘也！死则我欲葬焉。”蘧伯玉曰：“吾子乐之，则瑗请前。”

弁人有其母死而孺子泣者㊹，孔子曰：“哀则哀矣，而难为继也。夫礼，为可传也，为可继也，故哭踊有节。”

叔孙武叔之母死㊺，既小殓㊻，举者出户。出户袒，且投其冠㊼，括发。子游曰：“知礼。”

扶君，卜人师扶右⑱，射人师扶左⑲。君薨以是举。

从母之夫⑩，舅之妻，二夫人相为服⑩，君子未之言也。或曰：同爨缌⑩。

丧事欲其纵纵尔⑩，吉事欲其折折尔⑩。故丧事虽遽不陵节⑩，吉事虽止不怠⑩。故骚骚尔则野⑩，鼎鼎尔则小人⑩，君子盖犹犹尔⑩。

丧具⑩，君子耻具⑩。一日二日而可为也者，君子弗为也。丧服，兄弟之子犹子也，盖引而进之也；叔嫂之无服也，盖推而远之也；姑、姊妹之薄也，盖有受我而厚之者也。

食于有丧者之侧，未尝饱也。

曾子与客立于门侧，其徒趋而出。曾子曰："尔将何之?"曰："吾父死，将出哭于巷。"曰："反哭于尔次⑫!"曾子北面而吊焉。

【注释】

①位：亲疏序列的位次。　②委巷：曲折街巷。　③倡：先。踊：往上跳。　④言思：子游之子，申祥妻之兄弟。　⑤缩：直。　⑥衡：横。　⑦反：相反。　⑧执：守。　⑨浆：米汤。　⑩跂（qǐ）：通"企"，抬起脚跟站着。　⑪税（tuì）：补行服丧之礼。　⑫兄弟：族亲。这里指从祖兄弟。　⑬伯高：人名。　⑭使者：送给丧家办丧事用的东西的人。　⑮冉子：冉有，孔子弟子。摄：借贷。乘（shèng）马：四马。将（jiāng）：奉命。　⑯赴：同"讣"。　⑰恶乎：在哪里。诸：之于。　⑱由：通过。　⑲滋：味道。　⑳丧明：目失明。㉑怒：生气。　㉒女（rǔ）：你、你们。　㉓疑：拟、比作。　㉔何：王夫之说此字是衍文。㉕索：孤独。　㉖致齐：举行祭祀或典礼以前清整身心的仪式。齐（zhāi）：通"斋"，斋戒。㉗高子皋：孔子弟子。　㉘泣血：哭泣无声，像血流出一样毫无声音。　㉙见齿：露出牙齿。　㉚当：相当、相称。物：指衰。　㉛边：侧、偏。　㉜之：路过。　㉝馆人：馆舍主人。　㉞说（tuō）：通"脱"，解脱。赙（fù）：赠物给丧家。　㉟恶：厌恶，不愿意。　㊱慕：小孩子跟在父母身后啼哭。　㊲虞：葬后拜祭。　㊳尚右：拱手作揖时右手在外，是凶礼，反之是吉礼，妇女正好相反。　㊴蚤：早。作：兴、起。　㊵负：背。　㊶消摇：摇，闲暇自在。　㊷颓：坍塌。　㊸萎：凋零，喻病重。　㊹仰：仰望。　㊺放（fǎng）：通"仿"，效法。　㊻殆：大概、恐怕。　㊼两楹之间：门窗之间。堂上之位，以此为尊。　㊽畴昔：指前日。畴：助词，无义。　㊾坐奠：安坐。　㊿宗：尊崇。　51公西赤：孔子弟子。　52志：操办。　53墙：装饰灵柩的布帐。披（bì）：丧具。用帛做成，用来牵引柩车，防止倾覆。54崇：旌旗的齿状边饰。　55绸：缠绕。练：白色的熟绢。旐（zhào）：魂幡。　56褚幕：覆盖棺材的红布。　57居：处。　58衡：接受、奉。　59绖（dié）：古时服丧在头、腰处使用的麻布。而出：此二字在此出现，与下文不符。王夫之说是衍文。　60易：整修。　61礼有余：财物繁多，仪节详尽。　62负夏：地名。　63祖：出行以前，祭祀路神。引申为饯行送别。填（diàn）池：撤去出殡当天的遣奠，设立前一天的祖奠。　64且：暂时。　65胡：为什么。宿：停放。　66饭：饭含，把珠玉和米等放入死者口中。　67即远：渐渐远去。　68袭：掩藏遮

盖。　⑥裼：裳上覆加的外衣。露出裼衣是吉礼的装束。　⑩夫夫：这个人。　⑪习：通晓、熟悉。　⑫括发：束发。括：结扎、捆束。　⑬和：调弦。　⑭司寇惠子：人名。　⑮麻衰：以吉服之布为衰。　⑯牡麻经：齐衰的经。子游这种轻衰重经的打扮有其用意。　⑰辞：辞谢、不接受。　⑱弥牟：即文子。　⑲固：一再、坚决地。　⑳深衣：古时诸侯、大夫、士家居所穿的衣服，衣裳相连，前后深长，故称深衣。练冠：小祥之冠。　㉑涕：眼泪。洟：鼻涕。　㉒中：合适、适当。　㉓道：方式、主张、行为准则。　㉔中：室中。霤：滴下的水。死后在空中掘坎洗浴尸体，水入坎中。　㉕缀（chuò）：限制、拘束。　㉖蹑（liè）：超越、越过。　㉗子柳：人名。子硕之兄。　㉘具：丧葬之器用。　㉙赙布：送给丧家的钱帛。　㉚家：有利于家。　㉛班：分发。　㉜公叔文子：卫国大夫，卫献公之孙。　㉝蘧伯玉：卫国大夫。　㉟弁：地名。　㉟叔孙武叔：人名。　㊱小殓：给死者穿衣。　㊲投：扔掉、抛弃。　㊳卜人：仆人。卜当为仆。　㊴射人：官员。　㊺从母：姨母。　㊻二夫人：应为"二类人"。　㊼缌：缌麻，五服中最轻的。　㊽纵（zǒng）纵：紧迫、匆忙。　㊾扲（tí）扲：同"提提"，从容、安祥。　㊿陵：超越。　⑯止：站着等候做事的时间到来。　⑰骚骚：非常急迫。　⑱鼎鼎：懒散。　⑲犹犹：不急不慢。　⑳丧具：棺衣之类的东西。　⑪具：预备。　⑫次：住宿。

【译文】

　　曾子说："小功不序列亲疏号哭，是曲折街巷里的人做的事。于思哭他的嫂子就在规定的位上，妇人带头跳踊。申祥哭言思也是如此。"

　　古时的冠是直缝的，现在却是横缝。所以丧冠和吉冠相反改成直缝，并不是古来如此。

　　曾子告诉子思说："伋！我守父亲之丧，七天没喝一点儿水或米汤。"子思说："先王制定礼仪是过分委屈来迁就它。做不到的人，竭力来达到这个标准。所以君子在守父亲之丧时，三天不喝水或米汤，因此得扶杖才能站立起来。"曾子说："小功之服，丧期已过才闻丧，不用补行服丧之礼。那么，远道的从祖兄弟就没有丧服，可以吗？"

　　伯高死了，孔子送办事之物的人还没来，冉子代孔子准备一束帛四匹马，装作奉孔子之命去吊丧。孔子说："不对啊！这使我白白失去了对伯高的诚意。"

　　伯高死在卫国，报丧给孔子，孔子说："我在哪里哭他呢？兄弟，我在祖庙里哭他；父亲的朋友，我在庙门外哭他；老师，我在正寝哭他；朋友，我在正寝门外哭他；互相知名的，我在郊野哭他。对伯高，在野外哭他，过于疏远；在正寝又过重。伯高是通过子贡结识我的，我到子贡那里哭他。"于是就让子贡代做主人，说："为了你来哭的，你就拜谢；为了和伯高的交情来哭的，不要拜谢。”

曾子曰：“守丧时生病，吃肉喝酒一定要有草木的味道。”草木就是生姜、桂皮等调料。

子夏因死了儿子而哭瞎了眼睛，曾子去慰问他，说：“我听说过，朋友丧失视力就要去安慰他，为他哭泣。”曾子就哭了。子夏也哭，说：“天啊！我没有一点罪过啊！”曾子生气地说：“商！你怎么没有罪过呢？我和你在洙泗之间的地方共同服侍夫子，上年纪后，你回到西河的岸边，西河的人把你比作夫子，这是你的罪过之一。你守亲之丧，没做出什么使人知晓的事，这是你的罪过之二。死了儿子，哭瞎了眼睛，这是你的罪过之三。你却说你没什么罪过！”子夏扔掉拐杖下拜说：“我错了！我错了！我离开朋友，独自居住也太久了。”

白天还闷在屋里的，可以去探问他的病；夜晚睡在门外的，可以去吊丧。所以君子不是有丧事，不睡在门外。不是祭前的斋戒，不是生病，不会白天黑夜呆在屋里。

高子皋守父亲之丧时，哭泣三年，没有笑过，君子认为这是很难的。

披麻戴孝，如果举止和丧服不相当，守丧就无须披麻戴孝。齐衰在身，不可偏倚而坐，服大功之丧不可穿丧服出去办事情。

孔子路过卫国，碰上以前馆舍主人的丧事，进去吊丧，很悲伤，出来到外面，让子贡解下驾车的边马送给丧家，子贡说：“对门人的丧事，还没有如此。解下马匹送给旧馆舍主人，岂不是太重了吗？”夫子说：“我刚才进去哭他，正好触动悲哀流下泪来。我不愿光哭而没表示。你去做吧。”

孔子在卫国时，有人送葬，孔子在一旁观看，说：“丧事办得很好，可以作为准则了。你们好好记住。”子贡说：“您为什么称赞那丧事办得很好呢？”回答说：“孝子送葬时像小孩儿跟在父母身后啼哭。下葬返回时像不知神灵来否那样迟疑而不快回。”子贡说：“还不如赶快回去准备葬后的拜祭吧？”孔子说：“你们记住这个，我还做不到呢。”

颜渊去世那次丧事，丧家送来大祥的祭肉，孔子出门接受，回到屋里，弹琴以后吃祭肉。

孔子和门人一起站着，孔子拱手时右手遮盖左手，弟子们也都右手遮盖左手。孔子就说：“你们太喜欢学我了，我这样是有姊妹之丧的缘故啊。”弟子们就都用左手遮盖右手。

孔子早晨起来，背着手拖着手杖，消闲自在地在门外散步，歌唱道：“泰山要坍塌了吧？梁木要坏了吧？哲人要凋零了吧？"唱罢进入屋里，对着门坐着，子贡听到歌声说："泰山坍崩了，那么我们仰望什么呢？梁木坏了，哲人凋零了，那么我们仿效什么呢？夫子大概生病了吧？"于是快步走进屋去。夫子说："赐！你为什么来得这么迟啊？夏后氏停枢在东阶之上，那还是在主位上；殷人停枢在门窗之间，那是处在宾主之间；周人停枢在西阶之上，那就像是宾客了。我是殷人，我前夜梦见自己安坐在门窗之间。没有圣明的君王出现，天下有谁会尊崇我呢？我大概快死了。"孔子大约卧病七天就去世了。

孔子的丧事，门人们都不清楚穿哪种丧服。子贡说："以前夫子处理颜渊的丧事，好像死了儿子而没穿丧服；处理子路的丧事也是这样。请大家处理夫子的丧事，像死去父亲而不穿丧服。"

孔子的丧事，公西赤操办的。装饰棺木、装饰灵枢的布帐外设置和披风是周人的方式；设置有齿状边饰的旌旗是殷人的方式；用白色熟绢缠绕旗杆，设置魂幡是夏人的方式。

子张的丧事，公明仪操办的。用红布做成覆棺帐幕，四个角上画着像蚁行交错的纹路，是殷代的士礼。

子夏问孔子说："对杀害父母的仇人怎么处理？"夫子说："睡在草垫子上枕着盾牌，不做官，和他不共戴天。在集市、宫室遇到他，立即决斗，不必返回取兵器。""请问对杀兄弟的仇人怎么处理？"答："不和他在同一国做官。如奉君命出使，遇上他，也不可决斗。""请问对杀堂兄弟的仇人怎么处理？"答："不要自己带头报仇，如死者的人能带头，自己就拿武器跟在他的后面。"

孔子弟子守孔子之丧，在头上戴一麻布，腰上系着麻带，聚集在一起时这样，出门就不这样了。

整修坟墓，不是古来的习俗。

子路说："我听夫子说，举行丧礼，与其缺少哀痛却财物繁多、仪节详尽，不如缺少财物、仪节欠缺却充满哀痛。举行祭礼，与其缺少敬意、财物繁多、礼仪详尽，不如财物缺少、礼仪欠缺、充满敬意。"

曾子到负夏吊丧，主人已经祭过路神，准备出葬。见曾子来吊，又设置祖奠，推枢车回原位，让妇人到阶下，然后行礼。随从的人说："合乎礼吗？"曾子说："祖奠是短暂的事。既然短暂，为什么不可以推枢车回位呢？"随从的人又问子游："合乎礼吗？"子游说："在窗下饭含，在寝室中小殓，在主位大殓，在客位停枢，在前庭祖奠，葬在墓里，这种过程表示渐渐远去。因此，丧事有进无退。"曾子听到后说："他说的出祖方式，比我详尽多了。"

曾子遮盖住裼衣、裘衣去吊丧，子游露出裼衣去吊丧。曾子指着子游给别人看说：“这个人算是通晓礼仪的吗？怎么露出裼、裘去吊丧呢？”小殓过后主人袒露其臂，麻布束发。子游快步出去，遮盖住裼衣、裘衣，头上、腰上扎好麻布进来。曾子说：“我错了，我错了，这个人是对的。”

子夏去掉丧服以后去见孔子，孔子给他一张琴，他调弦而不成，弹奏也不成声调，站起来说：“悲哀还没有忘掉。先王制定了礼制，我不敢超过规定期限除丧。”子张去掉丧服以后去见孔子，孔子给他一张琴，他把琴弦调好了，弹奏成声调，站起来说：“先王制定了礼制，我不敢不到期限除丧。”

司寇惠子死了，子游穿上吉布做的麻衰，扎好齐衰丧服用的麻布、麻带去吊丧，文子辞谢说：“承蒙您和舍弟交往，现又承蒙您来吊丧，怎敢承当。”子游说：“这是礼啊。”文子退回原位继续哭泣，子游快步走向家臣们的位置，文子又辞谢说：“承蒙您和舍弟交往，又承蒙您来吊丧、参与丧礼，怎敢承当。”子游说：“我再次请您不必客气。”文子退下，扶出惠子的嫡子虎就主人正位，面向南站着说：“承蒙您和舍弟交往，又承蒙您来吊丧、参与丧礼，虎怎敢不到正位拜谢。”子游快步就宾客的位置。

将军文子去世了，已经除丧了，此后又有越人来吊丧，主人穿着深衣，戴着小祥之冠，在祖庙等待吊问，流着眼泪、鼻涕，子游见到了说：“将军文子的儿子差不多！这是常礼之外的礼了，他的举止都那么合适。”

幼年称名，成人称字，五十以后依据排行称伯仲，死后称谥，这是周人的制度。经是用来表示内心实在的哀思。

在室中掘坑来浴尸，毁灶用灶覽拘脚；出葬时，毁掉庙墙，超越行神之位，不经中门直接把柩车拉出大门，这是殷人的制度。学习孔子的人照此行事。

子柳母亲死了，弟弟子硕请求备办丧葬之器。子柳说：“用什么买呢？”子硕说：“把庶弟的母亲卖了。”子柳说：“怎么可以卖掉别人的母亲来葬自己的母亲呢？不可如此。”下葬以后，子硕想用送给丧家的钱帛的剩余部分备办祭器。子柳说：“不可如此，我听说过，君子不利用丧事得利，请分发给兄弟中贫困的人。”

君子说：“指挥军队征伐，战败就自杀，以承担责任；掌管邦国都邑，社会动荡就放逐国外，以承担责任。”

公叔文子登上瑕丘，蘧伯玉跟着他。文子说：“我真喜欢这座山丘啊，死了我愿意葬在这里。”蘧伯玉说：“您喜欢这里，那么我请求在您之前葬在这里。”

弁邑有人母亲死了而像小孩子一样哭泣，孔子说：“就悲哀言，真够悲哀了，很难有人跟得上。礼是为了可以传扬，可以有人去做。所以啼哭和踩脚有一定的节度。”

叔孙武叔的母亲死了，小殓之后，举尸的人举尸出寝门，叔孙武叔出门后袒露手臂，而且把小殓时戴的冠扔掉，用麻束发。子游说：“这可真懂得礼啊。”

挽扶国君时，仆人的头领扶右边，射人的头领扶左边；国君去世，也由这些人举尸。姨夫和舅母这两类人相对为服，君子没有说过此事。有人说：同在一起做饭吃饭的话，应为对方服缌麻。

丧事要有紧迫匆忙的样子；吉事应是从容安详的样子。因此丧事虽急办，但不可超越节度；吉事虽有时可站一会儿，但不可懈怠。所以非常急迫的样子显得粗野，懒懒散散的样子显得浅薄。君子是不紧不慢，适中得体。

丧葬用的衣物器具，君子不愿预备。一天两天就可赶制出的东西，君子预先不做。

丧服规定，兄弟的孩子和自己的众子一样服期，是为加深思情，关系拉得更近；叔嫂之间无服，是为别嫌而推得更疏远；姑、姊妹出嫁后降等服大功，是为了娶她的人，也就将深恩重服承受过去了。

孔子在有丧服的人旁边用饭，不曾吃饱过。

曾子和客人站在门旁，他的弟子快步出门。曾子说：“你要到哪儿去？”答：“我父亲死了，要出去到巷子里去哭。”曾子说：“回来，在你住宿的地方哭吧。”曾子面向北就宾位向他吊丧。

孔子曰：“之死而致死之[①]，不仁而不可为也；之死而致生之，不知而不可为也[②]。是故竹不成用[③]，瓦不成味，木不成斫，琴瑟张而不乎，竽笙备而不和，有钟磬而无簨虡[④]。其曰明器[⑤]，神明之也。”

有子问于曾子曰：“问丧于夫子乎？[⑥]”曰：“闻之矣。丧欲速贫，死欲速朽。”有子曰：“是非君子之言也。”曾子曰：“参也闻诸夫子也。”有子又曰：“是非君子之言也。”曾子曰：“参也与子游闻之。”有子曰：“然。然则夫子有为言之也？”曾子以斯言告于子游。子游曰：“甚哉！有子之言似夫子也。昔者夫子居于宋，见桓司马自为石椁，三年而不成。夫子曰：‘若是其靡也！死不如速朽之愈也。’死之欲速朽，为桓司马言之也。南宫敬叔反，必载宝而朝。

夫子曰：'若是其货也！丧不如速贫之愈也。'丧之欲速贫，为敬叔言之也。"曾子以子游之言告于有子。有子曰："然。吾固曰非夫子之言也。"曾子曰："子何以知之?"有子曰："夫子制于中都⑦，四寸之棺，五寸之椁，以斯知不欲速朽也。昔者夫子失鲁司寇，将之荆，盖先之以子夏，又申之以冉有，以斯知不欲速贫也。"

陈庄子死⑧，赴于鲁，鲁人欲勿哭⑨，缪公召县子而问焉⑩。县子曰："古之大夫，束脩之问不出竟，虽欲哭之，安得而哭之？今之大夫，交政于中国，虽欲勿哭，焉得而勿哭？且臣闻之，哭有二道：有爱而哭之，有畏而哭之。"公曰："然。然则如之何而可?"县子曰："请哭诸异姓之庙。"于是与哭诸县氏。

仲宪言于曾子曰⑪："夏后氏用明器，示民无知也⑫。殷人用祭器，示民有知也。周人兼用之，示民疑也。"曾子曰："其不然乎！其不然乎！夫明器，鬼器也。祭器，人器也。夫古之人胡为而死其亲乎⑬?"

公叔木有同母异父之昆弟死⑭，问于子游。子游曰："其大功乎！"狄仪有同母异父之昆弟死⑮，问于子夏。子夏曰："我未之前闻也。鲁人则为之齐衰。"狄仪行齐衰。今之齐衰，狄仪之问也。

子思之母死于卫⑯，柳若谓子思曰⑰："子，圣人之后也。四方于子乎观礼，子盖慎诸！"子思曰："吾何慎哉！吾闻之：有其礼，无其财，君子弗行也；有其礼，有其财，无其时，君子弗行也。吾何慎哉！"

县子琐曰："吾闻之：古者不降⑱，上下各以其亲。滕伯文⑲为孟虎齐衰，其叔父也；为孟皮齐衰，其叔父也。"

后木曰⑳："丧，吾闻诸县子曰：'夫丧，不可不深长思也。买棺外内易㉑。'我死则亦然。"

曾子曰："尸未设饰，故帷堂，小殓而彻帷。"仲梁子曰㉒："夫妇方乱，故帷堂，小殓而彻帷。"

小殓之奠，子游曰："于东方。"曾子曰："于西方。殓斯席矣㉓。"小殓之奠在西方，鲁礼之末失也。

县子曰："绤衰、缌裳㉔，非古也。"

子蒲卒㉕，哭者呼灭。子皋曰㉖："若是野哉！"哭者改之。

杜桥之母之丧，宫中无相㉗，以为沽也㉘。

夫子曰："始死㉙，羔裘、玄冠者㉚，易之而已。"羔裘、玄冠，夫子不以吊。

子游问丧具。夫子曰："称家之有亡。"子游曰："有亡恶乎齐？"夫子曰："有，毋过礼。苟亡矣，敛首足形，还葬^㉜，县棺而封^㉝，人岂有非之者哉？"

司士贲告于子游曰^㉞："请袭于床^㉟。"子游曰："诺。"县子闻之，曰："汰哉叔氏^㊱！专以礼许人。"

宋襄公葬其夫人，醯醢百瓮。曾子曰："既曰明器矣，而又实之。"

孟献子之丧^㊲，司徒旅归四布^㊳。夫子曰："可也。"

读赗^㊴，曾子曰："非古也，是再告也。"

成子高寝疾^㊵，庆遗入^㊶，请曰："子之病革矣，如至乎大病^㊷，则如之何？"子高曰："吾闻之也：生有益于人，死不害于人。吾纵生无益于人，吾可以死害于人乎哉！我死，则择不食之地而葬我焉^㊸。"

子夏问诸夫子曰："居君母与妻之丧^㊹，居处、言语、饮食衎尔^㊺。"

宾客至，无所馆。夫子曰："生于我乎馆，死于我乎殡。"

国子高曰："葬也者，藏也，欲人之弗得见也。是故衣足以饰身，棺周于衣^㊻，椁周于棺，土周于椁，反壤树之哉^㊼！"

孔子之丧，有自燕来观者，舍于子夏氏。子夏曰："圣人之葬人与？人之葬圣人也，子何观焉？昔日夫子言之曰：'吾见封之若堂者矣，见若坊者矣^㊽，见若覆夏屋者矣^㊾，见若斧者矣。从若斧者焉。'马鬣封之谓也^㊿。今一日而三斩板⁵¹而已封，尚行夫子之志乎哉！"妇人不葛带⁵²。

有荐新，如朔奠⁵³。

既葬，各以其服除。

池视重霤⁵⁴。君即位而为椑⁵⁵，岁一漆之，藏焉⁵⁶。

复，楔齿、缀足、饭、设饰、帷堂并作⁵⁷。

父兄命赴者⁵⁸。

君复于小寝、大寝、小祖、大祖、库门、四郊⁵⁹。

丧不剥⁶⁰奠也与？祭肉也与？

既殡，旬而布材与明器⁶¹。

朝奠日出，夕奠逮日。

父母之丧，哭无时；使必知其反也。

练⁶²，练衣黄里、縓缘⁶³，葛要绖，绳屦无绚，角瑱⁶⁴，鹿裘衡、长、祛⁶⁵。祛⁶⁶，裼之可也⁶⁷。

有殡，闻远兄弟之丧，虽缌必往；非兄弟，虽邻不往。

所识，其兄弟不同居者皆吊。

天子之棺四重，水、兕革棺被之⑱，其厚三寸，杝棺一⑲，梓棺二。四者皆周。

棺束缩二衡三，衽每束一⑳。

柏椁以端长六尺。

天子之哭诸侯也，爵弁㉑绖，紾衣㉒。或曰：使有司哭之，为之不以乐食。

天子之殡也，菆涂龙輴以椁㉓，加斧于椁上㉔，毕涂屋㉕，天子之礼也。

唯天子之丧，有别姓而哭㉖。

鲁哀公诔孔丘曰："天下遗耆老㉗，莫相予位焉㉘。呜呼哀哉！尼父㉙！"

国亡大县邑，公、卿、大夫、士皆厌冠，哭于大庙三日，君不举㉚。或曰：君举而哭于后土㉛。

孔子恶野哭者㉜。

未仕者不敢税人，如税人，则以父兄之命。

士备入而后朝夕踊㉝。

祥而缟㉞。是月禫，徙月乐㉟。

君于士，有赐帟㊱。

【注释】

①之：往。致：成。　②知：智、理智。　③成：完、善。　④簨（sǔn）虡（jù）：古代悬钟鼓的木架。其横木谓之簨。簨旁所立二柱谓之虡。　⑤明器：古时随葬的器。　⑥丧（sàng）：丧失。这里指官职、禄位的丧失。　⑦制：制定法度、法则。　⑧陈庄子：齐国大夫。　⑨鲁人：指鲁国国君。　⑩缪公：鲁国国君。县子：鲁国大夫。　⑪仲宪：孔子弟子原宪。　⑫示：使人知道。　⑬死：认为死了。　⑭公叔木：应为"公叔朱"。公叔文子之子。　⑮狄仪：人名。不可考。　⑯子思之母：伯鱼之妻。伯鱼死后，改嫁于卫。　⑰柳若：人名。　⑱降（jiàng）：降等。　⑲滕伯文：郑玄认为是殷时滕君，名文，而"伯"是爵位。他是孟虎之侄，孟皮之叔。　⑳后木：鲁孝公之子惠伯巩之后。　㉑易：平易。这里指棺材平整、精好。　㉒仲梁子：鲁国人。　㉓斯：句中表示语气。席：设席。　㉔绤：粗葛。缞（suì）：一种稀疏的细布，多用来制作丧服。　㉕子蒲：人名。名灭，姓不详。　㉖子皋：孔子弟子高柴。　㉗相：祭祀、典礼时唱读仪式的人。　㉘沽：粗略。　㉙始：刚。　㉚羔裘、玄冠：这是吉服的打扮。　㉛称：相当。亡：同"无"。　㉜还（xuán）：迅速、即。　㉝封（biǎn）：同"窆"，棺木下葬。　㉞司士贲：司士，官名。贲，以官为氏。　㉟袭：给死尸穿衣。　㊱汰：自矜、自大。叔氏：子游的别字。　㊲孟献子：鲁国大夫。　㊳司徒：孟献子的家臣。旅：古代天子、诸侯都设有士，分上、中、下，旅是下士。归：归还。四布：四方送给丧家的钱帛。　㊴读赗：助葬用的如车马束帛等财物叫赗，把物登记，柩车将行，主人之史读之以告死者叫读。　㊵成子高：齐国大夫。　㊶庆遗：人名。　㊷大病：死。讳言死，故称大

病。 ㊸不食之地：不能耕种的土地。 ㊹此句后可能有阙文，陈澔说应有“如之何，子曰”。 ㊺衎（kàn）尔：合适的样子。 ㊻周：环绕。 ㊼壤树：堆土为坟，植树作标记。 ㊽坊（fáng）：通“防”，堤。 ㊾覆：用瓦覆盖。夏屋：屋出两檐叫夏屋。 ㊿马鬣封：像马的毛部位形状的坟堆。这种形状像斧，下厚上薄。 (51)板：打土墙所用木板。斩：把固定木板的绳子斩断，每打一次斩一回。 (52)葛带：男人重头绖，女人重腰绖。丧礼到卒哭时要变麻为葛，男人头、腰均变，女人头变而腰不变。 (53)荐新：将刚收获的新鲜的五谷呈献尊者。朔奠：大夫以上，阴历每月初一、十五要大奠。 (54)池：柳车（丧车）上用竹做成的东西，形如笼，用青布蒙上，以承受车盖。视：比照。重霤：双重的霤。霤：屋檐水，也指承受屋檐水之处。这里指后者。 (55)君：指诸侯。椑（bì）：最里面的一层棺。 (56)藏：藏物。 (57)楔齿：用角顶住牙齿，以便浴后饭含。角柶（sì）：古代用兽角制成的一种礼器，样子像勺，用来取食物。缀足：用燕几（用来靠着休息的小几）将脚拘束，以便浴后穿鞋。设饰：给死者穿衣。 (58)父兄：叔伯、堂兄。 (59)小寝：燕寝，正寝之外的寝处。大寝：天子居住办事的地方，也叫正寝、路寝。小祖：四亲之庙。大祖：太祖的庙。 (60)剥：裸露。 (61)布：曝晒。 (62)练：小祥。 (63)练衣：熟丝织成缯，而后做的中衣。縓（quàn）缘：浅红色的中衣领及袖边。 (64)瑱：充耳。古时用玉制的，小祥四角。 (65)祛：袖子。 (66)袪：袖口。 (67)裼：裳、袖的边饰。 (68)被：遮盖。 (69)杝：椴木。 (70)衽：古时连接棺盖与棺木的木楔，两头宽中间窄。 (71)爵弁：冠名，次于冕之冠，又称雀弁，用极细的葛布或丝帛做成，色赤而微黑，和雀头相似，大祭时士和乐人所服。 (72)纣衣：缁衣。 (73)菆涂：用木棺，而四周涂白土。菆（cuán）：聚拢，周围堆叠。龙輴（chūn）：辕上画龙的载柩车。 (74)斧：黑白相间如斧形的花纹。 (75)屋：椁上加顶像屋之形。 (76)别姓：分别同姓、异姓、庶姓。 (77)耆（qí）老：老人。 (78)相：帮助。位：职位。 (79)尼父：孔子的字。 (80)举：杀牲的盛馔。 (81)后土：古时称地神或土神，在社庙。 (82)野哭：不在位上号哭。 (83)备：尽、全。国君之丧，群臣朝夕即位哭踊。踊要等诸臣到齐。士最卑，士都到了即全体到齐。 (84)缟：细白的生绢。 (85)徙月：越月，下个月。 (86)帟（yì）：小帐幕，灵柩上承尘的幕。大夫以上有之。

【译文】

孔子说：“把礼物送去给死者就认为死者没有知觉，这没有爱亲之心，不可以这样做。把礼物送去给死者就认为死者仍有知觉，这缺乏理智，也不可以这样做。所以，陪葬的竹器没有藤缘，不好使用。瓦器没烧过，也不能盛放汤水。木器也没好好雕斫，琴瑟虽张了弦却未调好，不能弹奏。竽笙虽已具备却未调好，不能吹。有钟磬而无悬挂的木架，不能敲击。这些叫做‘明器’，是把死者当做神明侍奉的。”

有子问曾子说：“你向夫子请教过丧失官职禄位以后如何自处吗？”曾子说：“听说过。丧失了官职禄位，赶快变成贫困，死了快点腐朽。”有子说：“这不是君子说的话。”曾子说：“这是我从夫子那里听到的。”有子还是说：

"这不是君子说的话。"曾子说:"我和子游都听到了这句话。"有子说:"这就是了。既是这样,那么夫子是为了什么而说的?"曾子把这些告诉给子游,子游说:"不得了啊。有子话说真像夫子。从前夫子住在宋国,见到桓司马亲自设计石椁,花了三年工夫,还没完工。夫子说:如果像这样奢侈,死了不如赶快腐朽好。死了让它赶快腐朽,这是专为桓司马说的。南宫敬叔失去官位后每次回朝,必定载了宝物来活动。夫子说:像这样用宝物来行贿,丧失官职禄位不如赶快贫困好。丧失官职禄位之后让他赶快贫困,这是专为南宫敬叔说的。"曾子把子游的话告诉有子,有子说:"这就对了。我本来就说过这不是夫子的话。"曾子说:"你怎么知道的?"有子说:"夫子以前在中都规定的规则,四寸厚的棺五寸厚的椁,根据这个我知道他不主张人死了赶快腐朽。以前夫子失掉了鲁国司寇的官职,要到荆去,先让子夏去安排,接着又派冉有去,根据这个我知道他不主张失去官职禄位就赶快贫困。"

齐国大夫陈庄子死了,向鲁国报丧,鲁国国君不打算为他哭泣。缪公召见县子,问他怎么办。县子说:"古代的大夫,连束脩这么微薄的馈赠都不出国境,和别国一点私交没有,即使想哭他,怎么能有机会哭呢?现在的大夫,把持政权,和中原诸国交往,即使想不为他哭,又怎么能不哭呢?而且我听说,哭的理由有两种:有爱他而哭的,有怕他而哭的。"缪公说:"对呀,那么这件事怎么做才可以啊?"县子说:"那就请到异姓的宗庙去哭吧!"于是缪公就到县氏宗庙去哭。

仲宪对曾子说:"夏后氏对死者用不能使用的明器,是让人知道死者是没有知觉的;殷人用可以使用的祭器,是让人知道死者是有知觉的;周人兼用明器和祭器,是让人知道他们疑惑不定。"曾子说:"恐怕不是这样吧?恐怕不是这样吧?明器,是鬼魂的器皿;祭器是人自己用的器皿;上古的人为什么认为死去的亲人就毫无知觉呢?"

公叔木有个同母异父的兄弟死了,向子游请教该服什么丧服。子游说:"该服大功吧?"狄仪有个同母异父的兄弟死了,向子夏请教该服什么丧服。子夏说:"我从未听说过有什么规定。鲁国人的习惯是服齐衰。"狄仪就服了齐衰。现在为同母异父兄弟服齐衰的习俗,是从狄仪这一问而确定下来的。

子思的母亲改嫁到卫国后,死在卫国,柳若对子思说:"您是圣人的后裔,四方之人都要看您办丧事的礼仪。您可要慎重一些。"子思说:"我有什么可慎重的?我听说,有那个礼仪而没有钱财,君子无法行礼;有那个礼仪;也有钱财,但没有时机,君子也无法行礼。我有什么可慎重的。"

县子琐说：“我听说，古时即使自己尊贵，也不将期以下丧服降等，长辈、晚辈都按亲属关系服丧。就像殷时滕伯文为孟虎服齐衰，孟虎是他的叔父；又为孟皮服齐衰，他却是孟皮的叔父。”

后木说：“办丧事的原则我听县子说过：‘办丧事，不可不深长考虑。买棺材一定要内外平滑、精致。’我死了也要这样。”

曾子说：“尸体还没修饰，所以用幕围着灵堂，小殓之后就撤掉幕帷。”仲梁子说：“夫妇正在忙乱还没就位，所以用幕围着灵堂。小殓以后就位，于是撤掉幕帷。”

小殓的祭奠，子游说：“祭品放在东边。”曾子说：“放在西边，小殓以后祭奠要设席。”小殓的祭奠在西边是沿用鲁国末世错误的礼文。

县子说：“用粗葛作衰，稀疏的细布作裳，这不是古代的习惯。”

子蒲死了，有人哭着喊他的名字“灭”。子皋说：“像这样就粗野失礼了。”那个哭喊的人改正过来。

杜桥母亲的丧事，殡宫（临时停放灵柩的地方）中没有赞礼的人，论者认为太粗略了。

夫子说：“亲戚刚死，穿戴羔裘玄冠这种吉服的人，就改为素冠深衣。”夫子从不穿戴着羔裘玄冠去吊丧。

子游向孔子请教棺衣之类的丧葬用具之事，夫子说：“与家中生活的丰实、俭薄相称。”子游说：“由家中丰实、俭薄决定，怎能合乎礼呢？”夫子说：“家中丰实不要越礼厚葬；如果家中俭薄，只要衣衾可以遮盖身体，殓毕即葬，用绳子拉着棺木下葬，尽力办理丧事，哪里还有人责难他失礼呢？”

司士贲告诉子游说：“请允许我在床上为死者穿衣。”子游说：“行。”县子知道了，说：“叔氏太自大了，好像一切礼仪都是他制定的。”

宋襄公安葬他的夫人时，陪葬了百瓮醋酱。曾子说：“殉葬的是不能使用的明器，却又装入实物。”

孟献子的丧事，司徒让下士把多余的赗布归还四方。夫子说：“这件事办得可以。”

读赗，曾子说：“不是古来就有的习俗，再次宣读也太重复。”

成子高卧病在床，庆遗进入请示说：“您的病很危急了，如病再重下去，那么该怎么办？”子高说：“我听说，活着时要有益于人，死后也不要害人。我纵然活着时无益于人，难道我死了还要害人吗？我死后，就找一块不能耕种的土地葬我吧。”

子夏请教夫子说："遇到君母、君妻的丧事该怎么办？"……"日常生活和言谈保持合适。"

有位宾客来了没地方住。夫子说："宾客来了住在我家；就是死了，也不妨殡在我家。"

国子高说："葬就是隐藏，隐藏就是不希望人们看见。所以，衣衾能够遮住身体，内棺能够包围衣衾，外椁能够包围住内棺、墓圹能够容纳外椁就行了。何必堆土为坟、植树作标记呢？"

在办孔子的丧事时，有人从燕国来看葬礼，住在子夏家里。子夏说："这是圣人葬人吗？这是普通人葬圣人啊。您看什么呢？以前夫子说过：'我见过筑坟筑成四方而高像堂屋的样子，见过狭长像堤防的样子，见过飞出两檐像夏代屋顶的样子，见过像斧的样子。'我赞成像斧状的坟。斧状的坟，就是俗间所谓的马鬣封。现在筑坟，一天换了三次板，将坟筑成。这也许还算实践了夫子的心愿吧。"

妇人在除服之前不用葛带。

用新鲜的五谷荐新的祭奠，如同朔奠一样。

下葬以后，亲属都除掉原先的丧服，小功以上的改服轻服。柩车上"池"的款式，比照他生前宫室的重霤。

诸侯一即位，就得为他做好内棺，每年油漆一遍，放些东西在里面，不可空着。

为死者招魂，楔齿、缀足、饭、设饰、帷堂，这些是人咽气后连续进行的事情。

报丧的人，一般是由叔伯、堂兄派出。

国君的招魂，必须在小寝、大寝、四亲庙、太祖庙、库门和四郊等处举行。

办丧事时，不能有暴露着的东西。是所有的祭品呢，还是只有祭肉呢？

停柩殡宫后十天，就得备办椁材与明器了。

在殡的期间，朝奠在日出时开始，夕奠在太阳未落时举行。

父母去世，要随时啼哭，使其神魂必定能返回。

小祥以后的练服，用熟丝织成缯做的中衣，黄色衬里，浅红色的中衣领及袖边，葛制的腰绖，没有鞋鼻儿的麻绳编的鞋，角质的充耳，鹿裘的袖子可以加宽加长，袖口可以镶边。

已经停柩，听到远房兄弟去世，即使关系再远，也必得赶去吊丧。如不是同宗的兄弟，即使住在邻近，也不必去。

相识的人，他遇上不同居的兄弟的丧事，朋友们都去慰问他。

天子的棺有四重：第一重用水牛、兕牛的革蒙住的棺，三寸厚；其次是椴木做的棺；外面还有两重梓木做的棺。四重棺上下四周密封。束棺的皮带中直二横三，每束有一连接木楔的地方。用柏树近根部分做椁材，每段材料六尺长。

天子哭诸侯之丧时，戴色赤而微黑的爵弁，葛绖，黑帛的衣服。另一种说法是：天子派官吏代他哭，吃饭时不奏乐。

天子殡的礼制是：柩四周堆叠木材，涂上白土，载柩车的辕上画着龙，外面加椁，把绣有黑白相间斧形花纹的幕，做成屋顶之形，全部涂满装饰起来，这是天子殡的礼制。

只有天子的丧事，是分别姓的不同、就不同的位来哭的。

鲁哀公诔孔丘的话是："上天不留下这位老人，没有人帮助我治国了。呜呼哀哉！尼父！"

国家的大县邑失守了，公卿大夫士都戴丧冠，到太庙哭三天，这三天君主不能享用杀牲的盛馔。另一种说法是：君主杀牲盛馔可以，到土神的社庙号哭。

孔子厌恶不在当处的位上号哭的人。

没有做官的人，不敢用财物去助丧；如果用财物助丧，就要秉父兄之意送去。

国君之丧，群臣朝夕哭踊。要等士全到齐后，群臣一齐哭踊。

大祥后可戴白色生绢的冠。这个月禫祭，下个月可以奏乐。

君对士，在特殊情况下可赐他一块小帐幕，用来作灵柩上的承尘。

檀　弓　下

君之适长殇①，车三乘②；公之庶长殇，车一乘；大夫之适长殇，车一乘。公之丧，诸达官之长杖③。

君于大夫，将葬，吊于宫，及出，命引之，三步则止。如是者三，君退。朝亦如之④，哀次亦如之⑤。

五十无车者，不越疆而吊人。

季武子寝疾⑥，蛴固不说齐衰而入见⑦，曰："斯道也，将亡矣。士唯公门说齐衰。"武子曰："不亦善乎！君子表微。"及其丧也，曾点倚其门而歌。

大夫吊，当事而至则辞焉⑧。

吊于人，是日不乐。

妇人不越疆而吊人。

行吊之日，不饮酒食肉焉。

吊于葬者必执引⑨；若从柩，及圹，皆执绋⑩。

丧⑪，公吊之，必有拜者，虽朋友、州里、舍人可也⑫。吊曰："寡君承事⑬。"主人曰："临。"

君遇柩于路，必使人吊之。

大夫之丧，庶子不受吊。

妻之昆弟为父后者死⑭，哭之适室，子为主，袒、免、哭、踊。夫入门右，使人立于门外，告来者，狎则入哭⑮。父在，哭于妻之室；非为父后者，哭诸异室。

有殡，闻远兄弟之丧，哭于侧室；无侧室，哭于门内之右。同国则往哭之。

子张死，曾子有母之丧，齐衰而往哭之。或曰："齐衰不以吊。"曾子曰："我吊也与哉！"

有若之丧，悼公吊焉⑯，子游摈由左⑰。

齐谷王姬之丧⑱，鲁庄公为之大功。或曰：由鲁嫁，故为之服姊妹之服。或曰：外祖母也，故为之服。

晋献公之丧，秦穆公使人吊公子重耳，且曰："寡人闻之，亡国恒于斯⑲，得国恒于斯。虽吾子俨然在忧服之中，丧亦不可久也，时亦不可失也。孺子其图之！"以告舅犯⑳，舅犯曰："孺子其辞焉！丧人无宝，仁亲以为宝。父死之谓何？又因以为利，而天下其孰能说之？孺子其辞焉！"公子重耳对客曰："君惠吊亡臣重耳，身丧父死，不得与于哭泣之哀，以为君忧。父死之谓何？或敢有他志，以辱君义。"稽颡而不拜，哭而起，起而不私。子显以致命于穆公㉑。穆公曰："仁夫公子重耳！夫稽颡而不拜，则未为后也，故不成拜。哭而起，则爱父也；起而不私，则远利也。"

帷殡，非古也，自敬姜之哭穆伯始也㉒。

丧礼，哀戚之至也。节哀，顺变也，君子念始之者也。

复，尽爱之道也，有祷祠之心焉。望反诸幽㉓，求诸鬼神之道也。北面，求诸幽之义也。

拜稽颡，哀戚之至隐也㉔。稽颡，隐之甚也。

饭用米、贝，弗忍虚也；不以食道㉕，用美焉尔。

铭，明旌也。以死者为不可别已㉖，故以其旗识之。爱之，斯录之矣；敬之，斯尽其道焉耳。

重㉗，主道也，殷主缀重焉㉘，周主重彻焉㉙。

奠以素器，以生者有哀素之心也。唯祭祀之礼，主人自尽焉尔，岂知神之所飨㉚，亦以主人有齐敬之心也！

辟踊㉛，哀之至也。有算㉜，为之节文也㉝。

袒、括发，变也。愠，哀之变也。去饰，去美也。袒、括发，去饰之甚也。有所袒，有所袭，哀之节也。

弁绖葛而葬㉞，与神交之道也，有敬心焉。周人弁而葬，殷人冔而葬㉟。

歠主人、主妇、室老㊱，为其病也，君命食之也。

反哭升堂，反诸其所作也。主妇入于室，反诸其所养也。

反哭之吊也，哀之至也。反而亡焉，失之矣，于是为甚。

殷既封而吊，周反哭而吊。孔子曰："殷已悫㊲，吾从周。"

葬于北方，北首，三代之达礼也，之幽之故也。

既封，主人赠㊳，而祝宿虞尸㊴。既反哭，主人与有司视虞牲，有司以几筵舍奠于墓左，反，日中而虞。

葬日虞，弗忍一日离也。是日也，以虞易奠。

卒哭曰"成事"。是日也，以吉祭易丧祭，明日祔于祖父㊵。其变而之吉祭也，比至于祔，必于是日也接，不忍一日未有所归也。

殷练而祔，周卒哭而祔。孔子善殷。

君临臣丧，以巫、祝、挑、荊、执戈㊶，恶之也，所以异于生也。丧有死之道焉，先生之所难言也。

丧之朝也，顺死者之孝心也。其哀离其室也，故至于祖、考之庙而后行。殷朝而殡于祖，周朝而遂葬。

孔子谓"为明器者知丧道矣，备物而不可用也"。哀哉！死者而用生者之器也。不殆于用殉乎哉㊷！"其曰明器，神明之也。"涂车、刍灵㊸，自古有之，明器之道也。孔子谓"为刍灵者善"，谓"为俑者不仁㊹"，不殆于用人乎哉！

穆公问于子思曰㊺："为旧君反服㊻，古与？"子思曰："古之君子，进人以礼，退人以礼，故有旧君反服之礼也。今之君子，进人若将加诸膝，退人若将队诸渊，毋为戎首，不亦善乎！又何反服之礼之有？"

悼公之丧，季昭子问于孟敬子曰[47]："为君何食？"敬子曰："食粥，天下之达礼也。吾三臣者之不能居公室也[48]，四方莫不闻矣。勉而为瘠[49]，则吾能，毋乃使人疑夫不以情居瘠者乎哉！我则食食。"

卫司徒敬子死[50]，子夏吊焉，主人未小殓，絻而往。子游吊焉，主人既小殓，子游出絻，反哭。子夏曰："闻之也与？"曰："闻诸夫子：主人未改服，则不絻。"

曾子曰："晏子可谓知礼也已，恭敬之有焉。"有子曰："晏子一狐裘三十年，遣车一乘，及墓而反。国君七个，遣车七乘；大夫五个，遣车五乘。晏子焉知礼？"曾子曰："国无道，君子耻盈礼焉[51]。国奢则示之以俭，国俭则示之以礼。"

国昭子之母死[52]，问于子张曰："葬及墓，男子、妇人安位？"子张曰："司徒敬子之丧，夫子相，男子西向，妇人东向[53]。"曰："噫！毋！"曰："我丧也斯沾[54]，尔专之[55]：宾为宾焉，主为主焉。"妇人从男子皆西向。

穆伯之丧，敬姜昼哭；文伯之丧[56]，昼夜哭。孔子曰："知礼矣。"

文伯之丧，敬姜据其床而不哭[57]，曰："昔者吾有斯子也，吾以将为贤人也，吾未尝以就公室。今及其死也，朋友诸臣未有出涕者，而内人皆行哭失声[58]。斯子也，必多旷于礼矣夫[59]！"

季康子之母死[60]，陈亵衣[61]。敬姜曰："妇人不饰不敢见舅姑。将有四方之宾来，亵衣何为陈于斯？"命彻之。

有子与子游立，见孺子慕者。有子谓子游曰："予壹不知夫丧之踊也[62]，予欲去之久矣。情在于斯，其是也夫！"子游曰："礼有微情者[63]，有以故兴物者[64]，有直情而径行者，戎狄之道也。礼道则不然。人喜则斯陶[65]，陶斯咏，咏斯犹[66]，犹斯舞，舞斯愠[67]，愠斯戚[68]，戚斯叹，叹斯辟，辟斯踊矣。品节斯[69]，斯之谓礼。人死，斯恶之矣；无能也，斯倍之矣[70]。是故制绞、衾[71]，设蒌、翣[72]，为使人勿恶也。始死，脯、醢之奠，将行，遣而行之，既葬而食之，未有见其飨之者也。自上世以来，未之有舍也[73]，为使人勿倍也。故子之所刺于礼者[74]，亦非礼之訾也[75]。"

吴侵陈，斩祀杀厉[76]。师还出竟，陈大宰嚭使于师[77]，夫差谓行人仪曰："是夫也多言。盍尝问焉[78]？师必有名[79]，人之称斯师也者，则谓之何？"太宰嚭曰："古之侵伐者，不斩祀，不杀厉，不获二毛[80]。今斯师也，杀厉与？其不谓之杀厉之师与？"曰："反尔地，归尔子，则谓之何？"曰："君王讨敝邑之罪，又矜而赦之[81]，师与有无名乎？"

颜丁善居丧⁸²：始死，皇皇焉如有求而弗得⁸³；及殡，望望焉如有从而弗及⁸⁴；既葬，慨焉如不及其反而息⁸⁵。

子张问曰："书云'高宗三年不言，言乃欢'⁸⁶，有诸？"仲尼曰："胡为其不然也！古者天子崩，王世子听于冢宰三年。"

知悼子卒⁸⁷，未葬。平公饮酒⁸⁸，师旷、李调侍⁸⁹，鼓钟。杜蒉自外来⁹⁰，闻钟声，曰："安在？"曰："在寝。"杜蒉入寝，历阶而升⁹¹，酌曰⁹²："旷饮斯！"又酌曰："调饮斯！"又酌，堂上北面坐饮之，降，趋而出。平公呼而进之，曰："蒉！曩者尔心或开予⁹³，是以不与尔言。尔饮旷何也？"曰："子、卯不乐⁹⁴。知悼子在堂，斯其为子、卯也大矣。旷也，大师也，不以诏，是以饮之也。""尔饮调何也？"曰："调也，君之亵臣也，为一饮一食，忘君之疾⁹⁵，是以饮之也。""尔饮何也？"曰："蒉也，宰夫也，非刀匕是共⁹⁶，又敢与知防⁹⁷，是以饮之也。"平公曰："寡人亦有过焉。酌而饮寡人！"杜蒉洗而扬觯⁹⁸。公谓侍者曰："如我死，则必毋废斯爵也。"至于今，既毕献，斯扬觯，谓之杜举。

【注释】

①适：嫡子。　②车：遣车，送葬时载遣奠牲体用的车。也叫鸾车。　③达官：由国君任命的官吏。　④朝：朝庙。　⑤次：孝子居丧之处。　⑥季武子：鲁国大夫。　⑦蟜（jiǎo）固：鲁士。说：脱。　⑧事：指殓殡之事。　⑨引：在路上牵引柩车的绳索。　⑩绋（fú）：下葬时牵引灵柩入墓穴的绳索。　⑪丧：指在他国死去的人。　⑫州里：和死者同一州里又同在他国的人。　⑬承：帮助。　⑭后：指继承人。　⑮狎：亲近、亲密。　⑯悼公：鲁哀公之子。　⑰摈：丧礼中的相。　⑱齐谷：齐僖公。王姬是他的妻子。　⑲恒：常常、经常。　⑳犯：狐偃，字子犯，重耳的舅舅。　㉑致命：复命。　㉒穆伯：鲁国大夫。　㉓幽：指鬼神处于幽阴之处。反：疑为衍文。　㉔隐：隐痛。　㉕食道：饮食之道。这里指熟食，例如熟饭。　㉖不可别：形貌不可见。　㉗重（chóng）：古丧礼中暂时代替神主牌位的木制物。　㉘缀：连。　㉙彻：撤。　㉚飨：古通"享"，享受。　㉛辟（pì）：古通"擗"，捶胸。　㉜算：次数。　㉝节文：节制修饰。　㉞弁：爵弁。　㉟冔（xǔ）：殷代冠名。　㊱室老：家臣之长。　㊲悫（què）：诚实、谨慎。　㊳赗：用束帛送死者下葬。　㊴祝：祠庙中司祭礼之人。宿：引进，引申为"邀请"。虞：下葬后返回，在殡宫举行的安神祭。　㊵祔（fù）：新死者与祖先合享之祭。　㊶菆（liè）：箐帚。用箐帚来扫除不祥。　㊷殆：近于、几乎。　㊸涂车：泥土做的车，古时送葬用的明器。刍灵：茅草扎成的人马。古时殉葬用品。　㊹俑：木偶人。　㊺穆公：鲁国君，哀公之曾孙。　㊻反服：已脱离隶属关系的臣下为过去的国君服丧。　㊼昭子、敬子：人名。　㊽三臣：仲孙、叔孙、季孙，鲁国强臣。公室：指诸侯国的政权。　㊾瘠：瘦弱。　㊿司徒敬子：人名。　51盈：没有缺欠。　52国昭子：齐国大夫。　53西向、东

沾：都来观看。斯：尽、都。沾：读曰觇，看。　⑤专：独自掌管。　⑤文伯：敬姜之子。丧

夫不夜哭，表示不为私情而哭。　⑤据：凭倚。　⑤内人：妻妾。　⑤旷：荒废。　⑥季康

子：人名。　⑥陈：陈列。小殓之前，先将殓衣陈列房中。袭衣：内衣。　⑥踊：跳。　⑥微

情：节制感情，即节哀。　⑥以故兴物：指睹物思哀，不使怠而忘哀以失礼。　⑥陶：内心受

鼓荡而欲发。　⑥犹：摇，身子摇动。　⑥愠（yùn）：怨恨、生气。　⑥戚：悲戚。　⑥品

节：品类节制。　⑦倍：背弃。　⑦绞：敛尸所用的束带。　⑦蒌（liǔ）：通“柳”。古代装

饰棺车的帷盖。　⑦舍：废弃、废止。　⑦刺：指责、讽刺。　⑦訾：毁谤、诋毁、非议。

⑦斩祀：砍伐祭神之所的树木。杀厉：杀害患疫病的人。　⑦洪迈、孙希旦均认为，此一节中

“大宰嚭”与“行人仪”应互调位置。　⑦尝：试。　⑦名：事物的称号。　⑧二毛：人老头

发斑白，故以此称老人。　⑧矜：怜悯、同情。　⑧颜丁：鲁人。　⑧皇皇：彷徨不安。　⑧

望望：一再瞻望，表示依恋。从：追随。　⑧慨：感慨、怅惘。　⑧欢：欢喜、高兴　⑧知

悼子：晋国大夫荀盈。　⑧平公：晋侯。　⑧师旷：晋国乐师。李调：平公嬖臣。侍：与君饮

酒。　⑨杜蒉：平公的膳宰。　⑨历阶：一步两级地登阶。　⑨酌：斟酒。　⑨曩者：刚才。

⑨子卯：子，甲子；卯，乙卯。这两个日子是殷纣自焚、夏桀被放逐的日子，后来成为君王

的忌日。　⑨疾：指过失。　⑨刀匕是共：宰夫分内之事。　⑨与：参与。知：主。防：谏

争。　⑨觯（zhì）：酒器、酒杯。

【译文】

国君的嫡子在十六岁到十九岁夭折，在葬礼中用三辆载牲肉的遣车，公的

庶子在同样情况下用一辆，大夫的嫡子也用一辆。

公的丧事，凡直接由国君任命的官吏，都要持丧杖。

国君对大夫的丧事，将葬时，先到殡宫吊丧，待到柩车离开殡宫时，就命

人拉柩车，拉三步就停下，像这样三次，国君才离开。在朝庙也如此，孝子哭

踊致哀的地方也如此。

五十岁以上没有座车的人，不必越过国境去吊丧。

季武子卧病在病，蟜固不脱齐衰就进去探问，说：“士只有进公门才脱齐

衰，这种礼仪将要消亡了。”武子说：“这不也很好吗？君子要表彰那些衰微

的好事。”在他去世以后，曾点倚在门上歌唱，表示不废乐。

大夫来吊丧，正当主人忙着殓殡之事时，就派人说明，请其少待。

向人吊丧这天不奏乐。

妇人不必越过疆界去向人吊丧。

吊丧的日子不饮酒吃肉。

在出殡时去吊丧，一定要拉柩车，如跟随柩车到墓穴，都要执绋帮助

下葬。

在他国死去的人的丧事，如该国国君来吊丧，一定要有人出来拜谢，即使是朋友、和死者同一州里又同在他国的人、馆舍主人都可以。国君吊丧，传话的人说："敝国君来助办丧事。"那代表主人的人说："承蒙光临。"

国君在路上遇到柩车，一定要派人过去慰问。

大夫的丧事，庶子不可做主人而接受慰问。

妻子的是岳父的继承人兄弟死了，就在正寝哭他，让自己的儿子做这里的丧主。袒露胳膊，脱帽扎发，用布缠头，号哭跳脚。自己则过去站在门的右边，派人站在门外，告诉听到哭声来慰问的人死者是谁，关系密切的人过去哭泣。父亲健在，在妻子的寝处哭泣。如死者不是岳父的继承人，就在别的房间哭他。

家中停着灵柩，听到远房兄弟死去的消息，在偏房哭他；没有偏房的，就在门内右侧哭；死者死在国内，就去他的灵堂哭他。

子张去世时，曾子正为母服丧，他穿戴齐衰去哭子张。有人说："自己有齐衰之服，不必去吊丧。"曾子说："我又不是去慰问活着的人。"

有若的丧事，悼公亲临吊丧，子游是赞助丧礼的相，由左边上下。

齐僖公的夫人王姬死了，鲁庄公为她服大功。有人说："王姬是由鲁国出嫁的，所以为她服姊妹之服。"也有人说："王姬是庄公的外祖母，所以为她服大功。"

晋献公死了，秦穆公派人到狄慰问逃亡中的公子重耳，并且对他说："我听说，这种时机常常使人丢掉君位，获得君位也常常在这个时候，虽然你肃穆地处在忧伤的丧服中，居丧也不可太久，时机也不可失掉。请你考虑。"重耳把这些话告诉舅犯。舅犯说："你还是辞谢他一番好意。逃亡的人再没有宝贵之物，只有爱慕他的亲长才是宝贵的。父亲死了意味着什么？利用这种机会图利，怎能向天下人解释清楚？你还是辞谢他吧。"公子重耳答复来客说："承蒙国君慰问我这逃亡之人。我逃亡在外，父亲死去，不能到灵位哭泣表达悲哀，成为国君担忧的事情。父亲死了意味着什么？怎么敢有别的念头，玷污了国君的情义。"说着叩头触地而不敢像主人一样拜谢。边哭泣边站起，起立后不再和来宾说私话。子显把这种情形向穆公复命，穆公说："公子重耳真是仁厚！他只叩头触地而不拜谢，可见不以继承人自居，所以不成拜。哭着起立是爱慕父亲，起来后不再讲私话，是没因丧图利的念头。"

殡时挂着帷幕哭，不是古来的习俗，是从敬姜哭穆伯时开始的。

丧礼中孝子悲哀到极点。用种种礼节节制悲哀，这是顺着孝子的心情以适应剧变，这是君子念及其先人的缘故。

招魂，是表现其爱慕不舍的方式，怀着祈祷时的虔诚，眺望着幽暗的地方，这是祈求鬼神的方法。招魂时面向北方，是向处于幽暗中的鬼神祈求。

拜和叩头触地是亲戚极其哀痛的表现。叩头触地是最痛苦的表现了。

饭含用生米和贝壳，是不忍心让亲长死后空着口；不用活着的人吃的熟饭，是因为自然生成的米、贝更好。

铭是神明的旌旗。因为死者形貌已不可见，所以用旗帜来做标志。爱他，所以记下姓名作为象征；敬他，所以用事生之道待他。重，和神主牌位的意义相同，使灵魂有所凭依。殷人作了神主将"重"连在一起，周人作了神主就将"重"撤掉了。

用朴素的器皿盛放祭品，是活着的人怀有哀痛，对任何东西都不加修饰的心情。只有在祭祀的吉礼中，主人才尽量加以修饰，备办周到。哪里知道神灵所以歆飨，是因为主人怀有庄严敬重的心情。

捶胸跳脚，是极哀痛的表现。但有规定的次数，是为了有所节制，使之适度。

赤膊，用麻束发，改变了平时的服饰；忧郁愤志，是悲痛至极的变态。去除修饰，是去除华美。赤膊，用麻束发，都是去除极端的修饰。有袒露的时候，有穿衣的时候，使悲哀有节制。

用爵弁上加葛绖的服饰行葬礼，这是和神明交往的礼节，对神明怀有崇敬的心情，所以周人戴着爵弁行葬礼，殷人戴着祭冠行葬礼。

丧三日后让主人、主妇、家臣之长喝些粥，为的是不要饿坏了，所以国君命令他们必须进食。

送葬后回家号哭，主要是在堂上，回到亲长生前做事的地方；主妇进入寝室，回到奉养亲长的地方。

送葬后回家号哭时，亲友要来慰问，因为这是哀痛至极的时候。回来后亲长的一切都不见了，消逝了，这才是最悲哀的时刻。殷人是在下葬之后慰问孝子，周人是下葬后回家号哭时才去慰问孝子。孔子说："殷人的做法太诚实质朴了，我赞同周人的做法。"

埋葬在国的北部、头朝北方，是三代通行的礼节，这是因为鬼神要到幽暗的地方去。

下葬之时，主人赠送束帛给死者下葬，祝回去邀约那充当虞祭的尸。回家哭过以后，主人和执事去看虞祭的牺牲，执事把几案筵席摆放在墓左，用脯醢作祭品，返回去，就在正午举行安神的虞祭。

下葬的那天举行虞祭，是孝子不忍有一天和亲人失去联系。就在这一天用虞祭取代奠祭。

到了举行卒哭之祭时，祝就要说，已经成为吉祭了，从这一天起，用吉祭取代丧祭。次日奉了神主到祖庙去祭死者，使其神祔于死者的祖父。丧祭变成吉祭，一直到祔于祖庙。必定于卒哭这天接连，孝子不忍心魂灵有一天无所归依。

殷人在周年练祭之后举行祔祭，周人在卒哭后举行祔祭，孔子认为殷人的方式好。

国君去吊唁臣子的丧事，让巫祝拿着桃枝、笤帚和戈护卫着，由于活着的人不喜欢死人的凶邪之气，所以与对待活着的人礼貌不同。办丧事有对待死人的礼节，这是先王不便说明的了。

丧礼中葬前要先朝祖庙，这是顺从死者"出必告"的孝子之心，由于他舍不得离开故居，所以先到祖父、父亲的庙里告辞后才启程。殷人是朝庙后就停柩在祖庙里，周人是朝庙后就出葬。

孔子认为用明器殉葬的人懂得办丧事的道理，备办了种种物件却又不能实际使用。死人如用活着的人使用的器皿来殉葬，那么，这不就是近于用活人殉葬了吗？把殉葬物品叫作"明器"，是尊奉死者为神明的意思。泥土做的车、草扎的人马自古就有了，这就是明器的原则。孔子认为，做草扎的人马殉葬，心地仁厚。他认为：刻木偶人来殉葬，太残忍了，雕刻得越逼真就越近于用活人殉葬。

穆公问子思说："旧君死了，过去的臣子为他服丧，是古代的礼仪吗？"子思说："古代的国君，在臣子上任或离任时依礼行事，所以有为旧君服丧的礼仪。现在的国君，用人时好像要把他抱到膝上似的，不用人时好像要把他推下深渊似的。离任的臣子不带领别国军队打来，也就够可以了，又怎会有反服的礼仪呢？"

鲁悼公死了办丧事，季昭子问孟敬子说："为国君的丧事，每天吃什么？"敬子说："吃粥，天下通行的礼仪，我们仲孙、叔孙、季孙三家不能以事君之礼奉侍国君，天下人都知道了，勉强节食而消瘦那我也能做到，那不是让人疑心我不是因悲痛心情而消瘦的吗？我还是照常吃饭吧。"

卫国的司徒敬子死了，子夏去吊丧。在主人还未举行小殓时，就戴了绖进去。子游穿常服去吊丧，在主人举行了小殓以后，子游出去戴上绖，再回屋里号哭。子夏问："从哪儿听说的这种做法？"子游说："听夫子说过，主人还没改服时，宾客还不能戴绖。"

曾子说："晏子可以说是懂得礼的人了，有谦恭的心意，肃敬的举动。"有若说："晏子一件狐裘穿了三十年，办丧事时出葬只用一辆遣车，下葬完毕就回家。依礼，陪国君下葬的牲体有七个，遣车也用七辆；大夫用五个牲体，五辆遣车。晏子怎么懂得礼仪？"曾子说："国君无道，君子耻于一一按礼仪去做。国人奢侈就表现出节俭的作风；国人太俭朴时，要处处显现出礼仪。"

国昭子的母亲死了，问子张说："出葬到墓地后，男子和妇人该就什么位置？"子张说："司徒敬子的丧事，我的老师掌管礼仪，是男子面向西，妇人向东。"国昭子说："啊！不要这样的。"接着又说："我办丧事有许多宾客来观礼。一切由你掌管，宾客在一边，主人在一边，主人这边的妇人跟男子一律向西。"

敬姜为她丈夫穆伯居丧，只在白天哭；为她儿子文伯居丧，白天夜里都哭。孔子说："她懂得礼仪。"

文伯死了，敬姜凭倚着文伯的床却不哭，说："以前这孩子活着时，我觉得他将会成为有才德的人，我从未到他做事的地方去。现在他死了，朋友众臣没有为他落泪的，可妻妾们都为她痛哭失声。这个孩子对礼一定早就荒废了。"

季康子的母亲死了，小殓之前，季康子连内衣也陈列出来。敬姜说："妇人没有装饰，连公婆也不敢见，何况将有四方来宾来吊问，为什么连内衣也陈列在这儿？"于是命人撤掉内衣。

有子和子游一起站着，见到有个孩子啼哭着找父母，有子对子游说："我的确弄不懂丧礼中跳踊的礼仪，我老早就想废除这陈规陋习。丧礼中的悲痛心情和这孩子相同，像这孩子的号哭就可以了。"子游说："礼的各种规定不同，有的用以节制感情，有的借衰绖之类来引发心中的情感。将情绪直率地表现在举止上是野蛮人的做法。依礼而行则不是这样。人们遇到高兴的事就开心了，开心了就歌唱，歌唱之余就会身体摇晃，摇晃还不行就舞蹈起来，舞蹈后空虚时就感到不高兴，不高兴就觉得悲戚，心中悲戚就会叹气，叹气还不行就捶胸，捶胸不行就要顿足了。将这些变化的情绪加以区别节制，这就叫做'礼'。人死了就讨人厌恶，而死者无能为力，人们就要背弃他了。所以制作殓尸用的束带、盖尸的被子来殓尸，在柩车上设置了盖子和四周遮挡的扇形屏障，为的是使人们不要见死而生厌。刚死时用肉脯肉酱祭他，将要出葬有送行的遣奠，葬后还有各种祭祀，从来没见过有鬼神来享用。自上古以来，未见有人废止这种做法，为的是人和死者保持连系而不背弃他。所以称对这种礼仪的批评，也就成了违背礼法的毁谤了。"

吴国入侵陈国，砍伐陈国的社树，杀害患疾病的陈国人，然后很快离开国境。陈国的太宰嚭（似应改作"行人仪"）出使到吴军。吴王夫差对行人仪（似应改作"太宰嚭"）说："此人很会说话，我们为什么不试着问他一下？凡是军队都有称号，试问对我们的军队，会加上什么称号。"太宰嚭（似应改作"行人仪"）在对方提出这一问题后回答说："古人在入侵攻伐敌人时，不砍伐敌国的社树，不杀敌国的病人，不俘获鬓发斑白的人。现在贵国的军队，不是杀害病人吗？那不是可以叫做杀害病人的军队吗？"吴王又问："把土地和俘获的民人归还给你们，那怎么称呼呢？"回答说："贵国君王讨伐敝国的罪过，然后又同情而赦免了我们，还怕公论不给以应有的美名吗？"

颜丁办丧事的态度很得体：亲人刚死时，他彷徨不安，表现出有所期望而没得到的样子；到殡的时候，他一再瞻望，好像要追随先人而没能追上的样子；下葬以后，他感到怅惘，好像先人的魂灵来不及跟他回家，且行且停地等待着。

子张问道："《书》载说：'殷高宗居丧，三年不说话，等他除服说话，大家高兴起来。'有这种事吗？"仲尼说："为什么不对呢？古代天子去世，王太子听凭冢宰摄政三年，当然可以不说话。"

知悼子死了，还没下葬，晋平公却喝起酒来，师旷、李调作陪，敲钟奏乐。杜蒉刚从外面进来，听到钟声，说："国君在哪里？"答道："在正寝。"杜蒉进入正寝，一跨两级地登上台阶，倒了一杯酒，说："旷，喝了这杯酒。"又倒了一杯说："调，喝了这杯酒。"又倒了一杯酒，在堂上向北坐着喝了这杯酒。然后走下台阶，快步走出正寝。平公喊他，命他进来，说："蒉！刚才你存心开导我，所以我没和你讲话。你为什么让旷喝酒呢？"答道："甲子、乙卯是忌日，不敢奏乐。知悼子的灵柩还停在堂上。大臣死而未葬，这比甲子、乙卯日子还严重得多。旷是掌乐的太师，不把这些告诉您，所以罚他喝杯酒。""你为什么又要调喝酒呢？"答道："调是您的近臣，为了吃喝，忘了您的过失，所以罚他喝杯酒。""你为什么罚自己一杯呢？"答道："我是个宰夫，不去做分内的事，反而越职谏争，所以也该罚一杯。"平公说："我也有过失。倒一杯酒，也该罚我一杯。"杜蒉洗过酒杯，将杯高举。平公对侍者说："如果我死了，不准废弃这个杯子。"直到现在，凡饮酒之后高举酒杯的动作叫做"杜举"。

公叔文子卒①，其子戍请谥于君②，曰："日月有时，将葬矣，请所以易其名者。"君曰："昔者卫国凶饥，夫子为粥与国之饿者，是不亦惠乎！昔者卫国有难，夫子以其死卫寡人，不亦贞乎！夫子听卫国之政③，修其班制④，以与四邻交，卫国之社稷不辱，不亦文乎！故谓夫子贞惠文子。"

石骀仲卒⑤，无适子，有庶子六人，卜所以为后者，曰："沐浴佩玉则兆⑥。"五人者皆沐浴佩玉。石祁子曰："孰有执亲之丧而沐浴佩玉者乎⑦？"不沐浴佩玉。石祁子兆，卫人以龟为有知也。

陈子车死于卫⑧，其妻与其家大夫谋以殉葬⑨，定而后陈子亢至⑩。以告曰："夫子疾，莫养于下，请以殉葬。"子亢曰："以殉葬，非礼也。虽然，则彼疾当养者孰若妻与宰？得已，则吾欲已；不得已，则吾欲以二子者之为之也。"于是弗果用。

子路曰："伤哉贫也！生无以为养，死无以为礼也。"孔子曰："啜菽饮水⑪，尽其欢，斯之谓孝。敛首足形，还葬而无椁，称其财，斯之谓礼。"

卫献公出奔，反于卫，及郊，将班邑于从者而后入。柳庄曰⑫："如皆守社稷，则孰执羁靮而从⑬？如皆从，则孰守社稷？君反其国而有私也，毋乃不可乎？"弗果班。

卫有大史曰柳庄，寝疾。公曰："若疾革，虽当祭必告。"公再拜稽首请于尸曰："有臣柳庄也者，非寡人之臣，社稷之臣也。闻之死，请往。"不释服而往，遂以襚之⑭，与之邑裘氏与县潘氏，书而纳诸棺曰："世世万子孙勿变也。"

陈乾昔寝疾，属其兄弟而命其子尊己曰⑮："如我死，则必大为我棺，使吾二婢子夹我。"陈乾昔死，其子曰："以殉葬，非礼也，况又同棺乎！"弗果杀。

仲遂卒于垂⑯，壬午犹绎⑰，《万》入去《籥》⑱。仲尼曰："非礼也。卿卒不绎。"

季康子之母死，公输若方小⑲。殓，般请以机封⑳，将从之。公肩假曰㉑："不可。夫鲁有初㉒：公室视丰碑，三家视桓楹㉓。般！尔以人之母尝巧，则岂不得以？其毋以尝巧者乎？则病者乎？噫！"弗果从。

战于郎㉔，公叔禺人遇负杖入保者息㉕，曰："使之虽病也㉖，任之虽重也㉗，君子不能为谋也，士弗能死也，不可。我则既言矣。"与其邻重汪踦往[28]，皆死焉。鲁人欲勿殇重汪踦，问于仲尼。仲尼曰："能执干戈以卫社稷，虽欲勿殇也，不亦可乎！"

子路去鲁，谓颜渊曰："何以赠我？"曰："吾闻之也：去国则哭于墓而后行，反其国不哭，展墓而入[29]。"谓子路曰："何以处我[30]？"子路曰："吾闻之也：过墓则式，过祀则下。"

工尹商阳与陈弃疾追吴师[31]，及之。陈弃疾谓工尹商阳曰："王事也，子手弓而可[32]。"手弓。"子射诸！"射之，毙一人，韔弓[33]。又及，谓之，又毙二人。每毙一人，掩其目[34]。止其御曰："朝不坐，燕不与[35]，杀三人，亦足以反命矣。"孔子曰："杀人之中，又有礼焉。"

诸侯伐秦，曹桓公卒于会[36]。诸侯请含，使之袭。

襄公朝于荆[37]，康王卒[38]，荆人曰："必请袭。"鲁人曰："非礼也。"荆人强之，巫先拂柩[39]。荆人悔之。

滕成公之丧，使子叔敬叔吊[40]，进书，子服惠伯为介[41]。及郊，为懿伯之忌不入[42]。惠伯曰："政也，不可以叔父之私不将公事。"遂入。

哀公使人吊蕢尚[43]，遇诸道，辟于路[44]，画宫而受吊焉。曾子曰："蕢尚不如杞梁之妻之知礼也。齐庄公袭莒于夺[45]，杞梁死焉。其妻迎其柩于路而哭之哀。庄公使人吊之。"对曰："君之臣不免于罪，则将肆诸市朝[46]，而妻妾执[47]。君之臣免于罪，则有先人之敝庐在，君无所辱命。'"

孺子䵋之丧[48]，哀公欲设拨[49]，问于有若。有若曰："其可也。君之三臣犹设之。"颜柳曰："天子龙輴而椁帱，诸侯輴而设帱，为榆霞沈[50]，故设拨。三臣者废輴而设拨，窃礼之不中者也，而君何学焉？"

悼公之母死，哀公为之齐衰[51]。有若曰："为妾齐衰，礼与？"公曰："吾得已乎哉？鲁人以妻我。"

季子皋葬其妻[52]，犯人之禾[53]。申祥以告，曰："请庚之[54]。"子皋曰："孟氏不以是罪予[55]，朋友不以是弃予，以吾为邑长于斯也。买道而葬，后难继也。"

仕而未有禄者[56]，君有馈焉曰献，使焉曰"寡君"。违而君薨[57]，弗为服也。

虞而立尸，有几筵。

卒哭而讳，生事毕而鬼事始已。既卒哭，宰夫执木铎以命于宫曰[58]："舍故而讳新。"自寝门至于库门。

二名不偏讳。夫子之母名徵在，言在不称徵，言徵不称在。

军有忧⁵⁹，则素服哭于库门之外，赴车不载櫜韔⁶⁰。

有焚其先人之室⁶¹，则二日哭。故曰："新宫火⁶²，亦三日哭。"

孔子过泰山侧，有妇人哭于墓者而哀。夫子式而听之，使子路问之曰："子之哭也，壹似重有忧者。"而曰："然。昔者吾舅死于虎，吾夫又死焉，今吾子又死焉！"夫子曰："何为不去也？"曰："无苛政⁶³。"夫子曰："小子识之！苛政猛于虎也。"

鲁人有周丰也者，哀公执挚请见之⁶⁴，而曰"不可"。公曰："我其已夫！"使人问焉，曰："有虞氏未施信于民，而民信之；夏后氏未失敬于民，而民敬之。何施而得斯于民也？"对曰："墟墓之间，未施哀于民而民哀；社稷宗庙之中，未施敬于民而民敬。殷人作誓而民始畔⁶⁵，周人作会而民始疑。苟无礼义、忠信、诚悫之心以莅之，虽固结之，民其不解乎！"

丧不虑居，毁不危身。丧不虑居，为无庙也。毁不危身，为无后也。

延陵季子适齐⁶⁶，于其反也，其长子死，葬于嬴、博之间⁶⁷。孔子曰："延陵季子，吴之习于礼者也。"往而观其葬焉。其坎深不至于泉，其殓以时服⁶⁸，既葬而封，广轮掩坎⁶⁹，其高可隐也。既封，左袒，右还其封且号者三，曰："骨肉归附于土，命也！若魂气则无不之也，无不之也。"而遂行。孔子曰："延陵季子之于礼也，其合矣乎！"

邾娄考公之丧⁷⁰，徐君使容居来吊、含⁷¹，曰："寡君使容居坐含，进侯玉，其使容居以含。"有司曰："诸侯之来辱敝邑者，易则易，于则于⁷²，易、于杂者，未之有也。"容居对曰："容居闻之：事君不敢忘其君，亦不敢遗其祖。昔我先君驹王，西讨济于河⁷³，无所不用斯言也。容居，鲁人也⁷⁴，不敢忘其祖。"

子思之母死于卫，赴于子思，子思哭于庙。门人至，曰："庶氏之母死⁷⁵，何为哭于孔氏之庙乎？"子思曰："吾过矣！吾过矣！"遂哭于他室。

天子崩，三日，祝先服⁷⁶；五日，官长服；七日，国中男女服；三月，天下服。

虞人致百祀之木⁷⁷，可以为棺椁者斩之。不至者，废其祀，刎其人⁷⁸。

齐大饥，黔敖为食于路，以待饿者而食之。有饿者蒙袂辑屦⁷⁹，贸贸然来⁸⁰。黔敖左奉食，右执饮，曰："嗟，来食！"扬其目而视之，曰："予唯不食嗟来之食，以至于斯也。"从而谢焉⁸¹。终不食而死。曾子闻之，曰："微与⁸²！其嗟也可去，其谢也可食。"

邾娄定公之时，有弑其父者，有司以告。公瞿然失席曰⁸³："是寡人之罪也。"曰："寡人尝学断斯狱矣：臣弑君，凡在官者，杀无赦。子弑父，凡在宫者，杀无赦。杀其人，坏其室，洿其宫而猪焉㊹。"盖君逾月而后举爵。

晋献文子成室㊺，晋大夫发焉㊻。张老曰㊼："美哉轮焉㊽！美哉奂焉㊾！歌于斯㊿，哭于斯⑪，聚国族于斯⑫。"文子曰："武也得歌于斯，哭于斯，聚国族于斯，是全要领以从先大夫于九京也⑬。"北面再拜稽首。君子谓之善颂、善祷⑭。

仲尼之畜狗死⑮，使子贡埋之，曰："吾闻之也：敝帷不弃⑯，为埋马也；敝盖不弃，为埋狗也。丘也贫，无盖，于其封也，亦予之席，毋使其首陷焉。"路马死，埋之以帷。

季孙之母死，哀公吊焉。曾子与子贡吊焉，阍人为君在⑰，弗内也。曾子与子贡入于其厩而修容焉。子贡先入，阍人曰："向者已告矣。"曾子后入，阍人辟之，涉内霤⑱，卿大夫皆辟位，公降一等而揖之。君子言之曰："尽饰之道，斯其行者远矣。"

阳门之介夫死⑲，司城子罕入而哭之哀⑳。晋人之觇宋者反报于晋侯曰㉑："阳门之介夫死，而子罕哭之哀，而民说，殆不可伐也。"孔子闻之曰："善哉觇国乎！《诗》云：'凡民有丧，扶服救之。'虽微晋而已，天下其孰能当之？"

鲁庄公之丧，既葬，而绖不入库门。士大夫既卒哭，麻不入㉒。

孔子之故人曰原壤，其母死，夫子助之沐椁㉓。原壤登木曰㉔："久矣予之不托于音也。"歌曰："狸首之斑然㉕，执女手之卷然㉖。"夫子为弗闻也者而过之。从者曰："子未可以已乎㉗？"夫子曰："丘闻之：亲者毋失其为亲也，故者毋失其为故也。"

赵文子与叔誉观乎九原㉘。文子曰："死者如可作也，吾谁与归？"叔誉曰："其阳处父乎㉙？"文子曰："行并植于晋国㉚，不没其身㉛，其知不足称也。""其舅犯乎？"文子曰："见利不顾其君，其人不足称也。我则随武子乎！利其君，不忘其身；谋其身，不遗其友。"晋人谓文子知人。文子其中退然如不胜衣㉜，其言呐呐然如不出诸其口㉝。所举于晋国㉞，管库之士七十有余家，生不交利，死不属其子焉。

叔仲皮学子柳㉟。叔仲皮死，其妻鲁人也，衣衰而缪绖㊱。叔仲衍以告㊲，请繐衰而环绖㊳，曰："昔者吾丧姑、姊妹亦如斯，未吾禁也。"退，使其妻繐衰而环绖。

成人有其兄死而不为衰者㊴，闻子皋将成为宰，遂为衰。成人曰："蚕则绩而蟹有匡㊵，范则冠而蝉有緌㊶，兄则死而子皋为之衰。"

乐定子春之母死，五日而不食，曰："吾悔之。自吾母而不得吾情，吾恶乎用吾情。"

岁旱，穆公召县子而问然，曰："天久不雨，吾欲暴尪而奚若⑫？"曰："天则不雨，而暴人之疾子，虐，毋乃不可与！""然则吾欲暴巫而奚若？"曰："天则不雨，而望之愚妇人，于以求之，毋乃已疏乎！""徙市则奚若⑬？"曰："天子崩，巷市七日；诸侯薨，巷市三日。为之徙市，不亦可乎！"

孔子曰："卫人之祔也离之⑭。鲁人之祔也合之，善夫！"

【注释】

①公叔文子：卫国大夫，献公之孙。　②谥：古代帝王、贵族、大臣或其他有地位的人死后被加的带有褒贬意义的称号。君：卫灵公。　③听：治理、判决。　④班：上下尊卑之序。制：享赠多寡之节。　⑤石骀仲：卫国大夫，石碏的族人。　⑥兆：古代占卜时烧灼龟甲所出现的裂痕，用来显示吉凶。这里指得到吉兆。　⑦孰：谁、哪个人。　⑧陈子车：齐国大夫。　⑨家大夫：冢宰。　⑩陈子亢：陈子车之弟。　⑪啜（chuò）菽：喝豆粥。　⑫柳庄：卫国的太（tài）史，随卫献公出奔。　⑬羁：马笼头。靮（dí）：马缰绳。　⑭襚（suì）：赠给死者的衣被。　⑮属（zhǔ）：嘱咐、托付。　⑯仲遂：鲁庄公之子。垂：齐国地名。　⑰绎：祭祀之次日又祭。　⑱万：文武二舞之总名。　⑲方：正。　⑳机：机械。　㉑公肩假：鲁国人。　㉒初：先例。　㉓桓：树立在四周。　㉔郎：王夫之认为是"郊"的传写之误。　㉕公叔禺人：昭公之子。保：城。　㉖使之病：指徭役。　㉗任之重：指赋税。　㉘重："童"的假借字。　㉙展：省视。　㉚处：安身。　㉛工尹：楚国官名。商阳：人名。陈弃疾：楚公子弃疾，因率兵灭陈，楚国人称为"陈弃疾"。　㉜手弓：手拿着弓。　㉝帐弓：把弓装进弓袋。帐（chàng）：弓袋。　㉞掩：将（眼睛）遮掩住。　㉟燕：古通"宴"，酒席。　㊱曹桓公：当为"曹宣公"。　㊲襄公：鲁国国君。　㊳康王：楚国国君。　㊴巫祝拂柩是君临臣丧之礼。　㊵子叔敬叔：鲁国大夫叔弓。　㊶子服惠伯：人名。介：副手。　㊷懿伯：惠伯的叔父。忌：忌日。　㊸哀公：鲁哀公。黄尚：鲁士。　㊹辟：避。　㊺夺：《左传》作"隧"，狭路。　㊻肆：陈尸。　㊼执：逮捕、捉住。　㊽赣（tūn）：黄色，这里是人名。　㊾拨：即"绋"。天子、诸侯用之。　㊿沈：沉。　⑤悼公之母是哀公之妾，应服缌麻。　㊽季子皋：人名。　㊼犯：侵犯。这里是"毁坏"的意思。　㊼庚：赔偿。　㊼孟氏：季子高的主人，是当地地主。罪：怪罪。　㊼禄：俸禄，官吏的俸给。　㊼违：离去、离开。　㊼木铎：以木为舌的大铃。古代宣布政教法令，巡行振鸣以引起众人注意。　㊼忧：被敌人打败。　㊼櫜（gāo）：收藏甲衣或弓箭的袋。　㊼先人之室：宗庙。　㊼新宫：鲁宣公庙。因鲁宣公神主新迁入庙，故言新宫。　㊼苛政：繁重的赋税和徭役。　㊼挚：即贽，初见拜见尊长时送的礼物。　㊼畔：古通"叛"，背叛。　㊼适：到。延陵季子是吴公子季札。延陵是他的封邑。　㊼嬴、博：齐国地名。　㊼时服：日常用的衣服。　㊼广轮：宽、长。　㊼邽娄：国名。　㊼徐：国名。容居：徐国的大夫。　㊼易：简略。于（yū）：广大。　㊼济：渡。　㊼鲁：鲁钝。

○75庶氏：别人家。　○76服：成服。旧时丧礼大殓后，死者亲属按同死者的关系的亲疏，穿着相应的丧服，叫做成服。　○77虞人：掌管山泽之官。致：招致，搜罗。　○78刿：杀。　○79蒙袂：垂着衣袖。辑屦：敛屦，力疲穿不住鞋。　○80贸贸然：眼睛看不清的样子。　○81谢：道歉。　○82微：非，不是，不对。　○83瞿（jù）：惊慌地看。　○84洿（wū）：挖。潴：水停聚的地方，后写作"潴"。　○85献文子：赵武。　○86发：启。　○87张老：晋国的大夫。　○88轮：高大。　○89奂：文采鲜明。　○90歌：祭祀作乐。　○91哭：居丧哭泣。　○92聚国族：和国中僚友及宗族聚会饮食。　○93全要领：脖子和腰都保全，没受刑戮，指善终。古时罪重腰斩，罪轻颈刑。九京：即九原，晋国卿大夫的墓地。　○94颂：赞美。祷：祈福。　○95畜狗：看家狗。　○96敝：破旧。　○97阍人：看门人。　○98内霤：最里面一进房屋的屋檐。　○99阳门：宋国门名。介夫：披甲卫士。　○100司城：司空。宋避武公讳，改司空为司城。子罕：人名。　○101觇（chān）：窥视，观测。　○102麻：这里指戴的孝。　○103沐：治。椁：椁材。　○104登：叩，敲。木：椁材。　○105斲：椁材的纹理。　○106卷（quán）：美好。　○107已：停止。这里指"绝交"。　○108叔誉：叔向。晋羊舌大夫之孙，名肸。　○109阳处父：晋襄公的太傅。　○110并：兼揽众权。植：固执。　○111没：终。　○112中：身。退然：柔和的样子。　○113呐（nè）呐然：说话迟钝的样子。　○114举：推荐。　○115叔仲皮：鲁国叔孙氏族人。子柳：人名。说法不一。　○116缪：当为"樛"字，音jiū。樛，结。樛绖：用一条绳自前额向后脑勺打结。　○117叔仲衍：叔仲皮之弟。　○118环绖：首尾相连如环，可戴头上。　○119成：鲁国邑名。　○120绩：蚕吐丝如绩。绩，把麻或其他纤维搓捻成绳或线。匡：筐，蟹的背壳像筐。　○121范：蜂。蜂头顶上有物似冠。緌：蝉喙长在腹下，好像冠缨打结后垂下的部分。　○122暴：晒。尪（wǎng）：指骨骼弯曲的病，泛指身体不好，多病。奚若：如何。　○123徙市：市场转移到街巷（巷市），因天旱，人们无心在市场谋利，不得已到巷市交易。徙市如同罢市。　○124离：分圹（墓穴）下葬。

【译文】

公叔文子去世了，他的嗣子戍向国君请求赐予谥号，说："出葬的时间已经定了，将要出葬。请赐给一种称呼来代替他的名字。"卫灵公说："以前卫国遇到凶年而发生饥荒，夫子做了粥来救济挨饿的国人，这不是仁惠的吗？以前卫国有了变乱，夫子用自己的性命来保卫我，这不是忠贞的吗？夫子治理卫国的政事，上下尊卑的序列，节度礼物的多寡都依照礼制，以此和四邻交往，卫国的声誉没有受到玷辱，这不是知礼的吗？所以可以称呼夫子为贞惠文子。"

石骀仲死了，没有嫡子，庶子有六个，用问卜的方式决定继承人。卜人说："先沐浴佩玉以后，龟甲的裂痕才会显示出正确的结果，得到吉兆。"当时有五个人沐浴佩玉，石祁子说："有哪个人居父之丧，却沐浴佩玉的呢？"他就不沐浴佩玉，石祁子得到了吉兆。卫国人认为龟甲是很灵验的。

陈子车客死在卫国，他的妻子和家宰商议用活人殉葬。已经决定了以后，陈子亢到了。他们把决定告诉他说："夫子有病，没有人在地下伺候他，所以想用活人殉葬。"子亢说："用活人殉葬不合礼制。即便这样，他的病确实需要伺候，谁能比得上他的妻子和家宰？如可取消决定，那我是很愿意的；如不能取消，那我想用那两个人殉葬。"因此，殉葬的事，结果没有实行。

子路说："没钱可真难啊！父母活着没法儿好好供养，死了又没法儿办丧事。"孔子说："尽管是吃粥喝清水，能使老人精神上愉快，这就是孝了；死后衣被可以遮住身体，殓毕就葬，没有棺椁，能根据自己的财力举办，这就是礼了。"

卫献公被逐逃亡，又回到卫国复位，到了城郊，要把一些封地赏给跟随他逃亡的人，然后进城。柳庄说："如果大家都留下捍卫国家，那还有谁牵着马笼头和缰绳跟您去逃亡？如果大家都跟您去逃亡，那么谁来捍卫国家？您返回国家就有了偏心，恐怕不太好吧？"结果没有颁赏。

卫国有个太史叫柳庄，卧病不起。卫公说："如果病况危急，即使在我祭典时也必须通报。"（柳果然此时去世）卫公拜了两拜，叩头触地，向神主请求道："有个叫柳庄的臣子，他不但是我个人的臣子，而且是整个国家的臣子，刚得到他的死讯，请允许我前往吊丧。"没换衣服就去了，于是就把自己身上穿的祭服送给死者，把袭氏邑和潘氏县封给柳庄，写了誓约放到他的棺里，说："这种封赠世代相传到万万子孙，也不能改变。"

陈乾昔卧病不起，嘱咐他的兄弟，并命令儿子尊己说："如果我死了，那一定要为我做个大棺，让两个妾躺在我的身边。"陈乾昔死了，他儿子说："用活人殉葬不合礼制，何况又殓在一个棺里呢？"结果没把两妾杀掉。

仲遂死在垂的地方，壬午讣告到达，鲁宣公还在绎祭，照常有舞蹈，只把籥舞取消了。仲尼说："不合礼制，国中有大臣之丧，可以不举行绎祭。"

季康子的母亲死了，匠师公输若的年纪还小，大殓以后，公输般请求用他的机械下葬，打算照他说的做，公肩假说："不行！鲁国有先例，国君比照四座大碑的方式，我们仲孙、叔孙、季孙三家比照四根大柱的方式。般，你用人家的母亲来试验你的技巧，那还怕得不到机会？不用这个机会试验你的技巧就不舒服吗？唉！"果然，季康子没听从他。

战争进行到城郊，公叔禺人遇到一个扛着兵杖的人走进城来休息，他说："虽然徭役使百姓很艰苦了，赋税也很沉重了，可卿大夫不能好好谋划，士又不能为国去死。不行啊，我既能这么说，就能这么做。"于是和邻里的少年汪踦一起上阵，二人都死了。鲁国人不想用孩子的丧礼办汪踦的丧事，于是向仲尼请教。仲尼说："能拿武器保卫国家，你们不想用孩子的丧礼给他举丧，不也是合乎礼制的吗？"

子路要离开鲁国，他对颜渊说："你用什么话赠我？"颜渊说："我听说，要离开国家，就要到先人的墓上哭告，然后上路，回来时不必去哭，省视一番墓地就可进城。"颜渊对子路说："你有什么话作我安身立命的原则？"子路说："我听说过，驾车经过墓地就得凭轼致敬，经过土神的社坛也要下车致敬。"

工尹商阳和陈弃疾一同追赶吴国的军队。追上敌人，陈弃疾对工尹商阳说："这是国君的使命，您可以把弓拿在手里了。"工尹商阳把弓拿在手里。陈弃疾说："您可以射箭了。"他把箭射出去，射死一人，将弓放回弓袋。又追上了敌人，陈弃疾又对他说了同样的话，他又射死了两个敌人。每射死一个人，他要将眼睛遮住不看。射死三个人，让御者停车，说："我是朝见时没有座位、宴会时没有席次的低贱的人，射杀了三个人，也足够回去复命了。"孔子说："杀人之中还是有礼节的。"

诸侯联合讨伐秦国，曹宣公死在诸侯会合之后，诸侯要求为宣公行含礼，而曹国人顺便请诸侯为他穿衣。

鲁襄公到楚国去，楚康王正好去世了。楚国人说："请您务必为康王穿衣。"鲁襄公的随从说："这不合礼制。"楚人勉强他做。于是，襄公就做"君临臣丧"的穿衣。楚人很后悔。

养成公的丧事，鲁国派子叔敬叔去吊丧，并呈递鲁君的书信，又派子服惠伯做他的副手。到了滕国郊外时，正好是惠伯的叔父懿伯的忌日，子叔敬叔不打算进城。惠伯说："这是政事，不能因为我叔父的忌日，不办公事。"于是进城。

黉尚办丧事，哀公派人去慰问他，使者在路上遇到枢车。黉尚让开道路，在地上画了殡宫以后就受吊。曾子说："黉尚不如杞梁之妻懂得礼仪。齐庄公从狭路偷袭莒国，杞梁死了。他的妻子在路上迎接灵枢，哭得很悲痛。庄公派人去安慰她，她回答说：'君的臣子杞梁如果有罪，就应陈尸于市朝，拘捕他的妻妾；如果他没有罪，那我们有一所破旧简陋的房屋可供行礼。此时此地不敢劳您大驾。'"

办少子赣的丧事时，哀公想在枢车上设绳子，向有若请教。有若说："可以的，国君的三家权臣已经设了。"颜柳说："天子用的是车辕上画龙的枢车，再加上棹和帷幔；诸侯用枢车再围帷幔，因为枢车是榆木做的，很沉重，所以用拉车的绳子。三家权臣既不敢用这种殡车，却又设了绋，盗用天子诸侯的礼又没做对，您何必学他们呢？"

悼公的母亲死了，哀公为她服齐衰。有若说："为妾服齐衰，合乎礼吗？"哀公说："能停止这样做吗？鲁国人把她当做我的妻子看待。"

季子皋埋葬他的妻子时，毁坏了人家的庄稼，申祥把情况告诉他说："请您赔偿人家的损失。"子皋说："主人不因这件事怪罪我，朋友不因这件事背弃我，因为我是这里的主管，即使我能买下一条路出葬，恐怕以后的人无法照办。"

替国家效力而没有田邑俸禄的人，国君送东西给他称"献"。使者传达君命称国君为"寡君"。离开自己的国家而国君去世，不为国君服丧。

下葬后的安神祭才开始设立尸，有几案和席子。

卒哭以后称讳，用活着的人的礼仪待他已经结束，而用鬼神的礼仪待他已经开始。卒哭之后，宰夫摇动木舌的大铃在宫里宣布："旧忌讳取消，新忌讳开始。"从正寝门口一直喊到库房门口。

两个字的名不同时避讳。孔夫子母亲名叫"徵在"，说"在"，不说"徵"；说"徵"，不说"在"。

军队打了败仗，国君就率领群臣戴着缟冠，到库门外号哭，而报告战败消息的车上的武士都不把武器放进袋里，表示要洗雪耻辱。

宗庙着火，就要为神灵哭三天，所以《春秋》上说："新宫着火，国君哭了三天。"

孔子从泰山旁经过，有个妇人在墓上哭得非常哀痛，夫子将手放在轼上致意，听她哭泣。于是派子路去问她，说："听您的哭声，确像怀有很深的痛苦。"妇人回答说："是的，以前我公公死于虎口，我的丈夫又死于虎口，现在我的儿子还是死于虎口。"夫子说："为什么不离开这里？"妇人说："这里没有繁重的赋税和徭役。"夫子说："你们好好记住，繁重的赋税和徭役比老虎还凶猛啊。"

鲁国有个叫周丰的人，哀公带了礼物去拜访他，他却说："不行。"哀公说："那就算了。"派了一个人去请教他，说："有虞氏没教给人民信诚，而人民却信任他；夏后氏没教给人民尊重，而人民却敬重他。他们用什么取得人民的信用和敬重呢？"周丰回答说："在先民的废墟和祖先的坟墓上，没有人教人民要哀痛而他们自然流露出悲哀；在神社或宗庙里，没有人教他们肃敬而他们自然表现出肃敬。殷人作出盟誓，人民才懂得背盟；周人要会盟，人民才起了疑心。如果先不用礼义、忠信、诚实对待人民，即使用各种方法来团结人民，难道人民不会瓦解吗？”

办丧事时，不要为自己的居处打算，为丧事哀伤悲痛不能危害健康。不考虑自己的居处，是先人还没入庙；不危害健康，是恐怕没有继承人。

延陵季子到齐国去，在他返回的途中，他的长子死了，就在嬴、博二邑之间下葬。孔子说：“延陵季子是吴国讲究礼仪的人。”于是前去参观他举办的葬礼。那个墓穴的深度，没到有泉水处，殓时穿的是日常的衣服，下葬以后在墓上堆了土，长宽和墓穴相当，高度可让人倚靠。堆好以后，他袒露左臂，往右绕着土堆走，并且哭了三遍，说：“骨肉又回到土里去，命该如此。你的魂灵无所不在，无所不在。”说完就上路了。孔子说：“延陵季子所行的礼，很合乎礼制。”

邾娄人办考公的丧事时，徐国国君派容居来慰问，并行含礼，说：“敝国君派我坐着行含礼，致送侯爵所含玉璧，请让我举行含礼。”邾娄的官吏说：“劳驾各国诸侯来敝国，根据来人身份，该简略就简略，该隆重就隆重，不按礼仪行礼从未有过。”容居回答说：“我听说，代表君主做事，不敢忘记君主的身份，也不敢忘记他的祖先。以前我国的先君驹王，向西征讨渡过黄河，没有不用这种口气的。我虽是迟钝的人，不敢忘记祖宗的话语。”

子思已改嫁的母亲死在卫国，向子思报丧，子思到宗庙去哭。门人见到，说：“别人家死了母亲，您为什么到孔氏的宗庙哭呢？”子思说：“我错了！我错了！”于是就到别的房间去哭泣。

天子逝世以后三天，祝先成服；五天，百官成服；七天，王畿内庶民成服；三个月，天下诸侯及大夫成服。

掌管山泽的官吏搜罗王畿内各神社的木材，凡是可以做棺椁的砍伐来用。不肯送来的，废掉他们的神社，杀掉他们的人。

齐国发生严重饥荒，黔敖在路边做饭，等饥民来吃。有个饥民垂着袖子，拖拉着鞋，迷迷糊糊地走来。黔敖左手端着饭，右手拿着汤，怜悯地喊道：“喂！来吃吧。”那个人瞪着眼望着他说：“我就是因不愿吃这没好声气的饭，才落到这样子。”黔敖追上去向他道歉，最后还是不吃，饿死了。曾子听到这件事说：“恐怕不大对吧？没好声地叫吃，当然可以不吃；道歉之后也就可以吃了。”

邾娄定公在位时，有个杀了父亲的人。官吏把此事报告定公，定公吃惊地瞪着眼，坐也坐不稳，说：“这是我的罪过。”又说：“我曾经学过判决这类案子的原则，臣子杀国君，凡是官府的人都可以杀掉这个臣子，不能宽赦；儿子杀父亲，凡在场的人都可以杀掉这个儿子，不能宽赦。把凶手处死后，要拆除出事的房子，把地基挖成池子，灌满水。而国君也得过了这个月以后才能喝酒。”

晋国献文子的新厦落成，晋国大夫都去参加启用典礼，张老说："多么高大，多么漂亮啊！今后主人就在这祭祀奏乐，在这居丧哭泣，在这和僚友、宗族聚会饮食。"文子说："我能够在这里祭祀奏乐，在这里居丧哭泣，在这里和僚友、宗族聚会饮食，这就表示我能善终，跟随先人合葬在九原。"然后向北再拜叩头表示感谢。知礼的人都说他们善于赞美，善于祈福。

仲尼的看家狗死了，叫子贡去埋掉，说："我听说，破旧的帷幔不要丢掉，为的是可以用来埋马；破旧的车盖不要丢掉，为的是可以用来埋狗。我很穷，没有车盖，可埋狗时也得用张席子裹住，不要让它的头埋在土里。"国君的驾车马死了，用帷幔裹好了再埋。

季孙的母亲死了，哀公去吊丧。曾子和子贡也去吊丧。看门人因国君在里面，不让进去。曾子和子贡进入马厩修饰仪容。子贡先过去，看门人说："刚才已经通报了。"曾子后进去，看门人让开路。走到寝门的檐下，卿大夫都让开位置，哀公从阼阶上走下一级，作揖，请二人就位。君子议论这件事说："整饰仪容，这是行之长远的事。"

宋国阳门有个卫士死了，司城子罕进灵堂，并且哭得很伤心。有个在宋国刺探情报的晋国人，把这报告给晋侯，说："阳门有个卫士死了，子罕哭得很伤心，人民很受感动，恐怕不能去讨伐他们。"孔子听到这件事说："这个刺探情报的人真行啊！诗云：'凡是邻里有了丧事，我都尽力去帮他们。'不只是晋国，天下有谁敢和宋国作对呢？"

鲁庄公去世的那次丧事，下葬以后，宾客就不戴绖而进入公门了；士大夫在卒哭之后也不再戴孝进入公门。

孔子的老朋友原壤的母亲死了，夫子帮他整修椁材。原壤敲着木头说："我好像没把我的心意寄托在歌声里。"于是就唱起来："椁材的纹理就像狸首一样，握住你的手心里真高兴。"夫子装作没听见就过去了，他的随从说："您还不和他绝交吗？"夫子说："我听说，亲人总归是亲人，老朋友总归是老朋友。"

赵文子和叔誉一同到九原去巡视。文子说："死者如能复活，我追随谁呢？"叔誉说："阳处父行吗？"文子说："在晋国他专权而固执，不得善终，他的智慧不值得称道。""舅犯行吗？"文子说："见到好处就不顾自己的君主，他的仁爱不值得称道。我还是追随武子吧，为国君谋利，又不忘顾全自己的利益，既为自己打算，又不忘记朋友。"晋国人说文子很了解人的贤否。文子的身体柔弱得像穿不起衣服来，说起话来迟钝得好像说不出口。他向晋国推荐七十几人为国家管库，生前和他们没有钱财上的交往，死时也不把孩子托付给他们。

叔仲皮跟子柳学。叔仲皮死了，子柳的妻子是个鲁钝的人，服了斩衰，头上用打结的樛绖。叔仲衍把这些告诉了子柳，要求改服质地较细的繐衰，头上用环状的绖，子柳说："以前我的姑姑、姊妹死了也就是这样的，没有人禁止我。"回去后，让他的妻子服繐衰，头上戴环绖。

成邑有个人的哥哥死了却不肯为他服齐衰，听到子皋要来任邑宰，于是服了齐衰。成邑的人唱道："蚕儿吐丝，螃蟹有筐，蜂儿戴帽子而蝉有帽带垂着，有个人死了哥哥，却等子皋来才肯戴孝。"

乐正子春的母亲死了，他五天不吃东西。后来说："我后悔这么做，我的母亲不能得到我的真情，我还能在何处用我的真情呢？"

年岁干旱，穆公召见县子，向他请教，说："很久没下雨了，我想让体弱多病的人晒太阳，祈求上天下雨，怎么样？"回答说："天不下雨，让人家有病的人晒太阳，这是残酷的事，恐怕不可以吧？""那么我想让巫婆晒太阳，怎么样？"答道："天不下雨，把希望寄托在愚昧的妇人身上，用这种方式祈雨，恐怕差得太远吧？""徙市怎么样？"答道："天子去世，巷市七天；诸侯去世，巷市三天。为了求雨而徙市，这没什么不可以。"

孔子说："卫国人祔葬方式是夫妇棺椁分两个墓穴下葬；鲁国人祔葬的方式是夫妇棺椁葬在同一墓穴。鲁国人的方式好。"

王　制①

王者之制禄爵②，公、侯、伯、子、男，凡五等。诸侯之上大夫卿、下大夫、上士、中士、下士，凡五等。

天子之田方千里③，公侯田方百里，伯七十里，子男五十里。不能五十里者④，不合于天子，附于诸侯，曰附庸。天子之三公之田视公侯，天子之卿视伯，天子之大夫视子男，天子之元士视附庸⑤。

制：农田百亩。百亩之分⑥：上农夫食九人⑦，其次食八人，其次食七人，其次食六人，下农夫食五人。庶人在官者[8]，其禄以是为差也[9]。

诸侯之下士视上农夫，禄足以代其耕也。中士倍下士，上士倍中士，下大夫倍上士；卿，四大夫禄；君，十卿禄。次国之卿，三大夫禄；君，十卿禄；小国之卿，倍大夫禄，君十卿禄。

次国之上卿，位当大国之中，中当其下，下当其上大夫。小国之上卿，位当大国之下卿，中当其上大夫，下当其下大夫。其有中士下士者，数各居其上之三分[10]。

凡四海之内九州，州方千里。州，建百里之国三十，七十里之国六十，五十里之国百有二十，凡二百一十国。名山、大泽不以封，其余以为附庸、闲田[11]。八州，州二百一十国。天子之县内，方百里之国九，七十里之国二十有一，五十里之国六十有三，凡九十三国。名山、大泽不以朌[12]，其余以禄士，以为闲田。凡九州千七百七十三国。天子之元士、诸侯之附庸不与[13]。

天子百里之内以共官[14]，千里之内以为御[15]。千里之外设方伯。五国以为属，属有长；十国以为连，连有帅；三十国以为卒，卒有正；二百一十国以为州，州有伯。八州八伯，五十六正，百六十八帅；三百三十六长。八伯各以其属[16]，属于天子之老二人，分天下以为左右，曰二伯。千里之内曰甸，千里之外曰采，曰流。

天子三公，九卿，二十七大夫，八十一元士。大国三卿，皆命于天子[17]，下大夫五人，上士二十七人。次国三卿，二卿命于天子，一卿命于其君，下大夫五人，上士二十七人。小国二卿[18]，皆命于其君，下大夫五人，上士二十七人。

天子使其大夫为三监，监于方伯之国，国三人。天子之县内诸侯，禄也；外诸侯，嗣也。

制：三公一命卷[19]，若有加，则赐也[20]，不过九命；次国之君不过七命；小国之君不过五命。大国之卿不过三命，下卿再命[21]，小国之卿与下大夫一命。

凡官民材[22]，必先论之[23]。论辨然后使之[24]，任事然后爵之[25]，位定然后禄之。爵人于朝，与士共之；刑人于市，与众弃之。是故公家不畜刑人[26]，大夫弗养士，遇之涂，弗与言也。屏之四方[27]，唯其所之，不及以政[28]，示弗故生也[29]。

诸侯之于天子也，比年一小聘[30]，三年一大聘，五年一朝。天子五年一巡守：岁二月东巡守，至于岱宗，柴而望祀山川[31]，觐诸侯[32]，问百年者就见之。命大师陈诗，以观民风；命市纳贾[33]，以观民之所好恶，志淫好辟[34]；命典礼考时、月，定日㉟，同律、礼、乐、制度、衣服，正之㊱。山川神祇有不举者为不敬，不敬者君削以地；宗庙有不顺者为不孝㊲，不孝者君绌以爵㊳；变礼易乐者为不从，不从者君流㊴；革制度衣服者为畔，畔者君讨㊵；有功德于民者，加地进律㊶。五月，南巡守至于南岳。如东巡守之礼。八月，西巡守至于西岳，如南巡守之礼。十有一月，北巡守至于北岳，如西巡守之礼。归，假于祖、祢㊷，用特㊸。

天子将出，类乎上帝㊹，宜乎社㊺，造尔祢㊻。诸侯将出，宜乎社，造乎祢。

天子无事与诸侯相见曰朝㊼，考礼、正刑、一德㊽，以尊于天子。天子赐诸侯乐，则以柷将之㊾，赐伯子男乐，则以鼗将之㊿。

诸侯，赐弓矢，然后征；赐斧钺，然后杀；赐圭瓒，然后为鬯[51]。未赐圭瓒，则资鬯于天子[52]。

天子命之教，然后为学。小学在公宫南之左，大学在郊。天子曰辟雍，诸侯曰泮宫。

天子将出征，类乎上帝，宜乎社，造尔祢，冯于所征之地[53]，受命于祖，受成于学[54]。出征，执有罪，反，释奠于学[55]，以讯馘告[56]。

天子诸侯无事，则岁三田[57]：一为干豆[58]，二为宾客，三为充君之庖[59]。无事而不田曰不敬，田不以礼曰暴天物。天子不合围，诸侯不掩群。天子杀则下大绥[60]，诸侯杀则下小绥，大夫杀则止佐车[61]。佐车止，则百姓田猎。獭祭鱼[62]，然后虞人入泽梁；豺祭兽[63]，然后田猎；鸠化为鹰[64]，然后设罻罗[65]；草木零落，然后入山林。昆虫未蛰[66]，不以火田。不麑、不卵，不杀胎，不殀夭[67]，不覆巢[68]。

【注释】

①郑玄说：名曰"王制"者，以其记先王班爵授禄祭祀养老之法度。　②禄：俸禄。爵：爵秩、爵位。　③田：禄田。方：方圆。　④能：相当。　⑤元士：官名。天子之士叫元士，有别于诸侯之士。　⑥分（fèn）：比率。　⑦食（sì）：养活。　⑧庶人在官者：指平民无田在官府服务的人。　⑨差（cī）：等级、分等级。　⑩数（shù）：礼数。引申为等级、等差。分（fèn）：职分、职位。　⑪闲田：古时封建以土地封国，封余之田谓之闲田。　⑫肦（bān）：古通"颁"，颁赐、分给。　⑬与（yù）：计算在内。　⑭共：供给。官：官府的文书财用。　⑮御：天子所用物品。　⑯以：率领、带领。　⑰命：任命。　⑱此句郑玄认为"小国亦三卿，一卿命于天子，二卿命于其君，此文似误脱耳"。　⑲卷（gǔn）：同"衮"，古代皇帝及王公穿的绣有衮龙的礼服。　⑳赐：这是在命服（古代帝王按等级赐给公侯至卿大夫士

的制服）之外特赐的服。　㉑再：二。　㉒官民材：使庶民之材为官。　㉓论：考论。　㉔辨：明。使：用做事来试验。　㉕任事：经试验能担负某种事情。爵：定位次。　㉖畜（xù）：容留。　㉗屏：放逐。　㉘政：征役之事。　㉙故：应是"欲"字。　㉚比年：每年。聘：通问致意。　㉛柴：燔柴祭天。望祀：遥望而祭。　㉜觐：接见。　㉝市：管理市场的官吏。纳：缴上。贾（jià）：物价。　㉞志：志趣。辟：怪僻。　㉟考：考校。　㊱同律：律法齐一。　㊲不顺：变乱昭穆辈分。　㊳绌（chù）：通"黜"，降级。　㊴君流：流放国君。　㊵君讨：讨伐国君。　㊶律：疑为"禄"字。进禄：加赐田禄。　㊷假：至。祢（nǐ）：父死在宗庙中立主。　㊸特：牲一头。　㊹类乎上帝：祭天。类，祭名，礼亡。　㊺宜乎社：祭地。宜：祭名，礼亡。　㊻造：祭告。　㊼无事：无兵戎、死丧之事。　㊽一德：道德风尚整顿齐一。　㊾柷（zhù）：打击乐器名。状如漆桶，中间有一椎，乐开始先击柷。　㊿鼗（táo）：小鼓，像今日的拨浪鼓。　(51)鬯（chàng）：用郁金香和黍酿造的香酒。　(52)资：供给。　(53)祃（mà）：出兵之前的祭祀，为战争祈祷。　(54)受成：决定战争谋略。　(55)释奠：置爵于神前而祭。　(56)讯：被抓获而要讯问的俘虏。馘（guó）：杀死敌人割取左耳。　(57)田：田猎、打猎。　(58)干豆：盛干肉的器皿。豆：古代盛肉之器。　(59)庖（páo）：厨房。指家常食用。　(60)大绥：天子田猎所立之旌旗，黑色垂旄。　(61)佐车：协助驱赶野兽的车。　(62)獭祭鱼：指正月。余见《月令》篇注。　(63)豺祭兽：指九月。　(64)鸠化为鹰：指八月。　(65)罻（wèi）罗：捕鸟的网。　(66)蛰（zhé）：隐藏。　(67)殀（yāo）：杀死、砍伐。夭（ǎo）：初生的禽兽。　(68)覆：翻、倾覆。

【译文】

王者规定俸禄爵位，分公、侯、伯、子、男，共五等爵位。诸侯的上大夫或卿、下大夫、上士、中士、下士，共五等。

天子的禄田方圆千里，公、侯的禄田方圆百里，伯爵的禄田方圆七十里，子、男五十里。不能相当于五十里的，不直辖于天子，归附于诸侯之国，称为"附庸"。天子的三公，禄田比照公、侯；天子的卿，比照伯爵；天子的大夫比照子、男；天子的元士比照附庸。

颁禄之制：农田百亩为一单位。百亩分配的比率：头等田可以养活九个人，二等养活八人，三等七人，四等六人，五等五人，区分为上农夫、中农夫、下农夫三类。平民在官府服务的人，他们的俸禄根据这个区分等级。

大国诸侯的下士比照上农夫，俸禄完全可以替代耕种所得。中士的俸禄多于下士一倍，上士多于中士一倍，大夫比上士多一倍。卿的俸禄四倍于大夫，国君则十倍于卿的俸禄。次国之卿的俸禄，三倍于大夫；国君十倍于本国之卿。小国之卿，比他们的大夫多一倍；国君十倍于本国之卿的俸禄。

次国的上卿，职位相当于大国的中卿，中卿相当于下卿，下卿相当于上大夫。小国的上卿，职位相当于大国的下卿，中卿相当于大国的上大夫，下卿相当于大国的下大夫。至于士的职位，凡次国、小国有中士、下士的，等级居于上国的第三位。

四海之内共有九个州，每州方圆千里。每州内封建百里之国三十个，七十里之国六十个，五十里之国一百二十个，共有二百一十国。名山、大川不封予诸侯，剩余的土地可作为诸侯的附庸，或作供给没有封地的士人俸禄用的闲田。这样的八个州，每州都是二百一十国。另一州是天子的畿辅地区。其中，方圆百里之国九个，七十里的二十一国，五十里的六十三国，共计九十三国。名山、大川不分封，分封剩余的作为士人俸禄的闲田。九州共有一千七百七十三国。天子的元士、诸侯的附庸不算在内。

天子用百里之内的田赋收入供应文书财用，用千里之内的田赋收入，供给天子日常生活费用。在王畿千里之外，设"方伯"为最高长官。其组织是：五国为一"属"，属有"属长"；十国为一"连"，连有"连帅"；三十国为一"卒"，卒有"卒正"；二百一十国为一"州"，州有"方伯"。共八个州，八个方伯，五十六个卒正，一百六十八个连帅，三百三十六个属长。八个方伯统领自己的属下。直属于天子之老二人。分天下为左右，这二人就是左右二伯。千里之内供给天子日常生活的地方叫"甸"。千里以外，近的叫"采"，远的叫"流"。

天子的属下有三公、九卿、二十一大夫、八十一元士。其他八州，大国有三卿，都由天子任命；下大夫五人，上士二十七人。次国有三卿，有二卿由天子任命，一卿由国君任命。下大夫五人，上士二十七人。小国三卿，一卿由天子任命，二卿都由国君任命。下大夫五人，上士二十七人。

天子派遣自己的大夫为三监，在方伯之国内监察，每一国三个人。天子王畿之内的诸侯，由封地供给俸禄；王畿之外诸侯的封地，世代承继。

制服规定：三公，最高一级命服，服衮衣。如有再加的服，就是赐服，不是命服。大国国君，不超过九命。次国国君，不超过七命。小国国君，不超过五命。大国的卿，不超过三命。下卿两命，小国的卿和下大夫一命。

凡从庶民之材为官，必须先行考试。考定才德之后，然后让他做事来试验，经试验能担负某种事情然后给他定品位，品位定了然后给予俸禄。定品位要在朝廷上，和士人一样供给。对人判罪要当众举行，和众人一起鄙弃他。因此公家不容留犯罪的人，大夫士人不供养犯罪的人，在路上遇见也不和他交谈，把他放逐出境，随便到什么地方，剥夺他的权利，表示不想让他活在世上。

诸侯对待天子，每年派大夫作代表去问候致意，每三年派卿作代表去问候致意，每五年诸侯要亲自朝见天子。天子每五年巡查诸侯职守一次：二月出发，向东巡守到达泰山，燔柴祭天，遥望并祭祀名山大川。接见诸侯。慰问老人，要去他的住处看他。命大师陈列出采集的诗歌，用来考察民间风尚。命管理市场的官吏，缴上物价，用来观察人民好恶，志趣是否奢华，或是否喜好怪僻的东西。命令典礼的官吏校定当地的季节、月份、日时，律法要同一，礼数、乐则、文物制度、衣服样式，使之有标准。有不举行山川神祇礼拜的就是不敬，如有不敬的，要夺削那个国君的封地。宗庙祭祀有变乱昭穆辈分的就是不孝，如有不孝的，要贬降那个国君。改变礼俗音乐就是不从，如有不从的，放逐那个国君。变革关乎政治的制度、衣服样式的就是叛逆，如有叛逆的要讨伐那个国君。有功德施于人民的，加封土地或加赐田禄。五月，向南巡守到达南岳，如同东巡守的礼仪。八月，向西巡守到达西岳，如同南巡守的礼仪。十一月，向北巡守到达北岳，如同西巡守的礼仪。巡守回来，用特牲祭告于父祖之庙。

天子将要出巡，先举行祭告天地和宗庙的礼仪。诸侯将要出巡，祭地和宗庙。

天子没有祭祀和战争时，和诸侯相见叫做"朝"，考论礼仪，校正刑书，整顿道德风尚，使之遵从于天子。天子赏赐诸侯乐悬，就把枳送给他；赏赐给伯子男乐悬，就把鼗送给他。

诸侯得到天子赐给的弓矢有权讨伐叛逆，才可以征伐；天子赐给斧钺有权判决死刑，才可以诛杀；天子赐给玉爵（圭瓒）有权敬神，才可以酿造鬯酒。没赐给玉爵的，就从天子那里取得鬯酒。

天子命诸侯施行教化，然后诸侯国可以设立学校。小学在国君宫室南方的左边，太学在郊外。天子设的太学叫"辟雍"，诸侯设的叫"泮宫"。

天子将要出兵征伐叛逆，要祭告天地和宗庙，在军队的驻扎地举行祃祭。出征前，在祖庙中祷告受命，在太学里决定战争谋略。出征后，抓获有罪的人回来，在太学里举行释奠之礼，上报抓获俘虏的情况。

天子诸侯没有祭祀和战争时，就每年打猎三次：首先是充实祭祀鬼神的干豆，其次是用来宴请宾客，再次是家常食用。没有祭祀、战争却不打猎就是不敬；打猎不依礼仪就是暴殄天物。天子打猎不可一网打尽，诸侯打猎不可成群捕杀。天子射杀野兽之后，要放下指挥用的大旗，诸侯要放下小旗。天子诸侯停止捕杀，大夫接着打猎，捕杀之后就下令协助捕猎的佐车停止。佐车停止后，百姓可以打猎。

正月獭祭鱼之后，掌管山泽、苑囿、田猎的官吏在沼泽河流中放入拦水捕鱼的工具；九月豺祭兽之后，可以田猎；八月鸠化为鹰之后，可以张设罗网捕鸟；九月草木凋零飘落之后，可以进入山林。昆虫还未蛰伏在草里，不可以焚草肥田。在打猎时，不可捕杀幼兽，不攫取鸟卵，不杀怀胎的母兽，不杀刚出生的鸟兽，不斩尽杀绝。

冢宰制国用①，必于岁之杪②。五谷皆入，然后制国用。用地小大，视年之丰耗③。以三十年之通制国用④，量入以为出。

祭用数之仂⑤。丧三年不祭，唯祭天地社稷，为越绋而行事⑥。丧用三年之仂。丧祭，用不足曰暴⑦，有余曰浩⑧。祭，丰年不奢，凶年不俭。国无九年之畜曰不足，无六年之蓄曰急，无三年之蓄曰国非其国也。三年耕，必有一年之食；九年耕，必有三年之食。以三十年之通，虽有凶旱水溢，民无菜色⑨，然后天子食，日举以乐。

天子七日而殡，七月而葬；诸侯五日而殡，五月而葬；大夫、士、庶人三日而殡，三月而葬。三年之丧，自天子达。庶人县封，葬不为雨止，不封不树。丧不贰事，自天子达于庶人。丧从死者，祭从生者。支子不祭。

天子七庙，三昭三穆，与大祖之庙而七。诸侯五庙，二昭二穆，与大祖之庙而五。大夫三庙，一昭一穆，与大祖之庙而三。士一庙。庶人祭于寝⑩。

天子诸侯宗庙之祭：春曰礿⑪，夏曰禘⑫，秋曰尝，冬曰烝。

天子祭天地，诸侯祭社稷，大夫祭五祀。天子祭天下名山大川，五岳视三公，四渎视诸侯。诸侯祭名山大川之在其地者，天子诸侯祭因国之在其地而无主后者。

天子犆礿⑬，祫禘，祫尝，祫烝⑭。诸侯礿则不禘，禘则不尝，尝则不烝，烝则不礿。诸侯礿犆，禘一犆一祫，尝祫，烝祫。

天子社稷皆大牢⑮，诸侯社稷皆少牢⑯。大夫士宗庙之祭，有田则祭，无田则荐。庶人春荐韭，夏荐麦，秋荐黍，冬荐稻。韭以卵，麦以鱼，黍以豚，稻以雁。祭天地之牛角茧栗⑰，宗庙之牛角握⑱，宾客之牛角尺。诸侯无故不杀牛⑲，大夫无故不杀羊，士无故不杀犬豕，庶人无故不食珍⑳。庶羞不逾牲㉑，燕衣不逾祭服㉒，寝不逾庙。

古者公田藉而不税㉓，市廛而不税㉔，关讥而不征㉕，林麓川泽以时入而不禁。夫圭田无征㉖。用民之力，岁不过三日。田里不粥㉗，墓地不请㉘。

司空执度度地㉙，居民山川沮泽㉚，时四时㉛，量地远近，兴事任力㉜。凡使民，任老者之事，食壮者之食。

凡居民材㉝，必因天地寒暖燥湿。广谷大川异制，民生其间者异俗，刚柔、轻重、迟速异齐㉞，五味异和㉟，器械异制㊱，衣服异宜㊲。修其教㊳，不易其俗；齐其政，不易其宜。

中国戎夷，五方之民，皆有性也㊴，不可推移㊵。东方曰夷，被发文身㊶，有不火食者矣㊷。南方曰蛮，雕题交趾㊸，有不火食者矣。西方曰戎，被发衣皮，有不粒食者矣㊹。北方曰狄，衣羽毛穴居，有不粒食者矣。中国、夷、蛮、戎、狄，皆有安居、和味、宜服、利用、备器。五方之民，言语不通，嗜欲不同。达其志，通其欲：东方曰寄，南方曰象，西方曰狄鞮，北方曰译。

凡居民，量地以制邑，度地以居民。地、邑、民居，必参相得也㊺。无旷土㊻，无游民，食节事时㊼，民咸安其居㊽，乐事劝功㊾，尊君亲上，然后兴学。

司徒修六礼以节民性㊿，明七教以兴民德；齐八政以防淫，一道德以同俗；养耆老以致孝，恤孤独以逮不足[51]；上贤以崇德，简不肖以绌恶[52]。

命乡简不帅教者以告[53]，耆老皆朝于庠[54]，元日习射上功[55]，习乡上齿[56]。大司徒帅国之俊士与执事焉[57]。不变，命国之右乡简不帅教者移之左，命国之左乡简不帅教者移之右，如初礼。不变，移之郊，如初礼。不变，移之遂[58]，如初礼。不变，屏之远方，终身不齿[59]。

命乡论秀士[60]，升之司徒[61]，曰选士。司徒论选士之秀者而升之学[62]，曰俊士。升于司徒者不征于乡[63]，升于学者不征于司徒，曰造士。乐正崇四术、立四教[64]，顺先王《诗》、《书》、《礼》、《乐》以造士[65]：春秋教以《礼》、《乐》，冬夏教以《诗》、《书》。王大子，王子，群后之大子[66]，卿、大夫、元士之适子，国子俊选[67]，皆造焉。凡入学以齿[68]。

将出学[69]，小胥、大胥、小乐正简不帅教者[70]，以告于大乐正，大乐正以告于王，王命三公、九卿、大夫、元士皆入学[71]。不变，王亲视学。不变，王三日不举[72]，屏之远方。西方曰棘，东方曰寄，终身不齿。

大乐正论造士之秀者以告于王，而升诸司马，曰进士。司马辨论官材[73]，论进士之贤者以告于王，而定其论。论定然后官之，任官然后爵之，位定然后禄之。

大夫废其事[74]，终身不仕，死以士礼葬之。有发[75]，则命大司徒教士以车甲。凡执技论力[76]，适四方，赢股肱，决射御。

凡执技以事上者，祝、史、射、御、医、卜及百工。凡执技以事上者，不贰事⑦⑦，不移官⑦⑧，出乡不与士齿。仕于家者，出乡不与士齿。

【注释】

①冢宰：周代官名。为六卿之首，一称太宰。用：费用。　②杪（miǎo）：末尾、末端。　③耗：凶歉之年。　④通：这是指预测三十年的收入，以年岁丰凶通融相较得出的一个中数，即平均数。　⑤仂（lè）：平均数的十分之一。　⑥越绋：指不为丧期所限。　⑦暴：损耗、糟蹋。　⑧浩：富足。　⑨菜色：用菜充饥而营养不良的脸色。　⑩寝：庶人供奉祖先的地方。　⑪礿（yuè）：古代祭名。夏商两代春祭曰礿，周代夏祭曰礿。　⑫禘（dì）：古代祭名。　⑬犆（tè）：单独。　⑭祫（xiá）：集合远近祖先神主于太庙大合祭。三年举行一次祫祭。　⑮社：祭地神。稷：祭谷神。大牢：用牛羊猪三牲祭祀。　⑯少牢：用羊猪祭祀。　⑰角茧栗：牛角初出，像蚕茧、栗子样。　⑱角握：郑玄称"长不出肤"为"握"。古时一指宽为一寸，四指为一肤。郑玄之意为：长度不超过四寸。　⑲故：祭飨。　⑳珍：珍美的食物。　㉑庶羞：日常的食物。　㉒燕衣：帝王退朝闲居所穿之衣。这里借指日常衣服。　㉓藉：借。借民力治公田。　㉔廛（chán）：市场中储藏、堆积和出售货物的地方。　㉕关：关口、关门。在边界上设关，稽查过往行旅。讥：稽查、察问。征：征税。　㉖圭田：古代卿大夫士供祭祀用的田地。　㉗田里：田地、住宅。粥：鬻、卖。　㉘请：请求。　㉙前一"度"字音dù，计量土地的工具；后一"度"字音duó，测量。　㉚居：安置。沮泽：水草丛生的沼泽地带。沮：音jù，湿润。　㉛前一"时"字是"测定气候"之意。　㉜兴事：兴役事。任力：使用民力。　㉝材：材质。　㉞齐：整齐、齐一。　㉟和：调和。　㊱制：形制、式样。　㊲宜：相称、适当。　㊳修、齐：整治。　㊴性：习性。　㊵推移：变迁、转易。　㊶被（pī）同"披"，披散。　㊷火食：用火烧制食物。　㊸雕题：用丹青在额上刺出花纹。题：额头。交趾：两足趾相向走路。　㊹粒：五谷。　㊺参相得：地域、城邑、民居三者相配得宜。参：叁。　㊻旷土：荒废的土地。　㊼食节：节省消费。事时：及时生产。　㊽咸：都。　㊾劝：努力。　㊿节：节制、调节。　51恤：救济。逮：及、到达。　52简：选择。绌：贬斥、废退。　53帅：遵循、服从。　54朝：聚会。庠：乡间官办学校。　55元日：吉日。习射：行射礼。上功：尚功。尚：崇尚，重视。　56习乡：行乡饮酒礼。上齿：尚齿，老者在上。　57俊士：周代称选取入学的人。　58遂：远郊之外。　59齿：录用、任用。　60论（lún）：挑选。　61升：移名。　62学：国学。　63征：徭役。　64乐正：乐官之长，掌管国学的教育。四术：《诗》、《书》、《礼》、《乐》。　65顺：依从、顺从。　66群后：指诸侯。　67俊选：俊士。俊士由选士而升，故名。　68齿：年龄。　69出学：学习结束。　70小胥、大胥、小乐正：国学官名。小胥掌管学士的征令，大胥掌管学士之版，小乐正掌管国学之政事。　71此处疑有脱文或省略，指入学所行之事似乡学之礼。　72不举：不举乐。　73官材：指可以担任某种官职的人才。　74废：废黜、罢官。　75发：派遣。这里指出兵作战。　76力：勇力。　77贰事：做别的事情。　78移官：改换行业。官、职业，行业。

冢宰制定国家费用计划，一定在年终。在五谷等收入之后，才制定国家费用计划。制定计划要看国土的大小，年成的好坏，再用三十年的平均数作为依据制定国家费用计划，根据收入的数量决定支出的限度。

一年中祭祀的费用是平均数的十分之一。遇到父母之丧，虽三年不亲祭，但祭祀天地和社稷之神，是不受丧期所限的事情。丧事费用是三年平均数的十分之一。丧事与祭祀，费用不够称为"暴"，费用有余称为"浩"。举办丧事和祭祀，丰年不可浪费，歉年不可苟简。国家没有九年的储备，是不充裕；没有六年的储备，是窘迫；连三年的储备都没有，就是国已不成为国了。耕种三年，确保存有一年的食用；耕种九年，确保存有三年的食用。用三十年的平均数通融相较，即使遇到荒年和水旱之灾，民众不致挨饿。这样，天子得以享乐，每日听乐。

天子死七天就移灵柩于殡宫，七个月以后下葬。诸侯五天移入殡宫，五个月以后下葬。大夫、士、庶人，三天移入殡宫，三个月以后下葬。三年的丧期，从天子通达庶人。庶人悬棺下葬，埋葬之事不因下雨而停止，不堆土为坟，也不植树。丧期之内，不做居丧之外的事，也是从天子通达庶人。丧事礼仪依死者的身份地位行事，祭礼的礼仪依主持祭祀人的身份地位行事。不是嫡子，不能主持祭祀。

天子宗庙有七座，三座昭庙，三座穆庙，加上太祖之庙共七座。诸侯宗庙有五座，两座昭庙，两座穆庙，加上太祖之庙共五座。大夫宗庙三座，一座昭庙，一座穆庙，加上太祖之庙共三座。士只有一庙。庶人无庙，在供奉祖先的地方祭祀。

天子诸侯的宗庙祭祀，每季一次：春祭曰礿，夏祭曰禘，秋祭曰尝，冬祭曰烝。

天子祭祀天地，诸侯祭祀社稷，大夫祭祀五祀。天子祭名山大川，五岳比照三公，四渎比照诸侯。诸侯可祭祀在自己境内的名山大川。天子诸侯祭祀自己境内已经灭绝之国的祖先。

天子的礿祭是单独的祭祀，夏秋冬三祭都是合祭。诸侯举行过礿祭，就不举行禘祭；举行过禘祭就不举行尝祭；有尝祭就无烝祭；有烝祭就无礿祭。诸侯的礿祭是单独的祭祀；夏祭是一年独祭，一年合祭；尝、烝二祭是合祭。

天子祭社稷之神都用牛羊猪三牲，诸侯祭社稷之神都用羊猪二牲。大夫士的宗庙之祭，有田的就祭，没田的行荐礼。庶人行荐礼，春献韭，夏献麦，秋献黍，冬献稻。献韭配以蛋，献麦配以鱼，献黍配以小猪，献稻配以雁。祭祀天地用的牛，要刚开始长角的，牛角像蚕茧、栗子大。祭祀宗庙用的牛，牛角有一握之长。宴飨宾客用的牛，牛角可到一尺。诸侯没有祭飨不杀牛，大夫没有祭飨不杀羊，士没有祭飨不杀犬猪，庶人没有祭飨不吃珍美、时鲜的东西。日常食物不要超过祭祀的牲牢，日常穿的衣服不要超过祭祀用的礼服，日常起居地方不要超过祖庙的殿堂。

古时候，助耕公家之田，不缴税；市场上，储藏、堆积和出售货物的地方，不缴税；边界关口稽查出入国境的行人，不缴税。丛林山麓、江河湖泊地区，按照时期进行伐木捕鱼，不禁止。卿大夫士祭祀用的田地不征税。国家使用民众劳力，一年不超过三天。田地房屋不许私自买卖，墓地不需申请购置。

司空执掌测量土地，安置人民到山野河川沼泽地区，测定各地四季的气候。斟酌距离远近，兴役事，使民力，营造城邑村镇。凡是使用民力，做老年人的事，给壮年人的食物。

凡安置民众的城邑村镇要看民众的材质，必须依据气候的寒暖燥湿。宽阔的谷地和大河流域地域不同，民众生活在不同的地区，风俗不一样：刚柔、轻重、迟速的性情不同，调和口味不同，器具的形制不同，衣着穿戴也不同。整治教化政治，不必改变他们的习俗和已适应的生活方式。

中原和边远地区各地方的民众，都有各自的习性，不可转易。东方叫夷人，披散头发，身上刺着花纹，食物不用火烧烤。南方叫蛮人，用丹青在额头刺花纹，走路时两脚趾相向，食物也不用火烧烤。西方叫戎人，披散头发，身着兽皮，不食五谷。北方叫狄人，披着羽毛，住在洞窟，也不吃五谷。中国、夷、蛮、戎、狄，都有安定的住处，适中的口味，适宜的服饰，便利的生活，齐备的器具。各地的民众言语不相通，嗜好不一样。他们传达心意，交换想法，于是就有了通译语言的人，这在东方叫寄，南方叫象，西方叫狄鞮，北方叫译。

凡安置民众，先测量地形来决定城邑的营建，并估量地方大小来安置民众。地域、城邑、安置民众数量，必须三者相配得当。没有荒废的土地，没有游荡之人，省吃俭用，及时努力生产，人人都有安定的住处，乐于和努力做事，敬重国君，拥戴上司，然后兴办学校。

司徒修习六礼以节制民众的性情，明辨七教以提高民众的道德；整齐八政以防止制度惑乱，统一行为道德规范以使风俗相同；赡养老人以促进民众孝心，救济孤独残废，使弱者不被遗弃；尊重贤能的人以提倡道德风尚，选择淘汰品行不好的人以贬斥邪恶。

命令乡官挑选不遵循教训的人报给司徒，在一个吉日，乡里的老人聚会到学校，练习射箭，以成绩高等为重；练习乡饮酒礼，以年龄辈分为重。大司徒带领国家的俊士参与、担任工作。这样做了，那些不遵循教训的人仍然不改变，命令国之右乡把那些不遵循教训的人移到左乡，左乡同样移到右乡，行的像初次一样的礼。还不改变，就移到郊外，仍像初次一样行礼。仍然不改变，就移到远郊之外，行礼如初次。再不改变，把他们驱逐到远方，终身不再录用。

命令乡官挑选有德行道义的人移名到司徒那里，称为"选士"。司徒挑选选士中优秀的人移名到国学，称为"俊士"。选士可免乡里的徭役，俊士可免除国内的徭役。选士和俊士称为"造士"。掌管国学的乐正提倡诗书礼乐四术，立下这四门课程，依从先王的诗书礼乐来造就人才。春秋二季教以礼乐，冬夏二季教以诗书。王太子，王子，诸侯的太子，卿大夫元士的嫡子，国内的俊士、选士，都送到国学造就。凡入国学的，以年龄长幼为序。

将要学习结束时，小胥、大胥、小乐正挑选出不遵循教训的人，报给大乐正，大乐正报告给王。于是王命三公九卿大夫元士都到国学，重新习礼感化他们。不改变，王就亲自视察国学。还不改变，王三天食时不奏乐，将这些人驱逐到远方——西方叫棘，东方叫寄——终生不再录用。

大乐正挑选造士中优秀的人报给王，并移名到司马，称为"进士"。司马考论可以充任官职的人才，挑选进士中贤德之人报给王，作最后的决定。决定之后，授以官职。胜任之后，决定品位。品位决定之后，发给俸禄。

大夫免官之后，终生不再做官的，死后用士礼埋葬。遇到出兵作战，就命大司徒把乘兵车、穿甲衣等教给国学之士。凡凭借技能、较论勇力的人，有事派他到各个地方，裸露股肱，较量射箭之胜负。

凡凭借技能服侍主人的有祝、史、射、御、医、卜和各种工匠。这些人不可兼做他事，不能改换行业，离开本土不和士人叙年辈。在大夫家作家臣的人，离开本土不和士人叙年辈。

司寇正刑明辟①，以听狱讼②，必三刺③。有旨无简不听④。附从轻⑤，赦从重⑥。

凡制五刑⑦，必即天论⑧，邮罚丽于事⑨。

凡听五刑之讼，必原父子之亲[10]，立君臣之义，以权之[11]；意论轻重之序[12]，慎测浅深之量，以别之；悉其聪明[13]，致其忠爱，以尽之[14]。疑狱，泛与众共之[15]；众疑，赦之。必察小大之比以成之[16]。

成狱辞，史以狱成告于正[17]，正听之。正以狱成告于大司寇，大司寇听之棘木之下[18]。大司寇以狱之成告于王，王命三公参听之。三公以狱之成告于王，王三又[19]，然后制刑。凡作刑罚，轻无赦。刑者侀也[20]，侀者成也。一成而不可变，故君子尽心焉。

析言破律[21]，乱名改作，执左道以乱政[22]，杀。作淫声、异服、奇技、奇器，以疑众，杀。行伪而坚[23]，言伪而辩[24]，学非而博，顺非而泽[25]，以疑众，杀。假于鬼神、时日、卜筮以疑众[26]，杀。此四诛者，不以听。凡执禁以齐众[27]，不赦过。

有圭璧、金璋，不粥于市；命服、命车，不粥于市；宗庙之器，不粥于市；牺牲不粥于市；戎器不粥于市；用器不中度[28]，不粥于市；兵车不中度，不粥于市；布帛精粗不中数[29]，幅广狭不中量，不粥于市；奸色乱正色[30]，不粥于市；锦文珠玉成器，不粥于市；衣服饮食，不粥于市；五谷不时，果实未孰，不粥于市；木不中伐，不粥于市；禽兽鱼龟不中杀，不粥于市。关执禁以讥，禁异服，识异言。

大史典礼，执简记[31]，奉讳恶[32]。天子齐戒受谏。

司会以岁之成[33]质于天子[34]，冢宰齐戒受质[35]。大乐正、大司寇、市，三官以其成从质于天子。大司徒、大司马、大司空，齐戒受质。百官各以其成质于三官，大司徒、大司马、大司空，以百官之成质于天子，百官齐戒受质。然后休老劳农[36]，成岁事，制国用。

凡养老：有虞氏以燕礼[37]，夏后氏以飨礼[38]，殷人以食礼[39]，周人修而兼用之[40]。五十养于乡，六十养于国，七十养于学，达于诸侯。八十拜君命[41]，一坐再至[42]，瞽亦如之[43]；九十使人受。

五十异粻[44]，六十宿肉[45]，七十贰膳[46]，八十常珍，九十饮食不离寝，膳饮从于游可也。

六十岁制[47]，七十时制[48]，八十月制[49]，九十日修[50]。唯绞、紟、衾、冒[51]，死而后制。

五十始衰，六十非肉不饱，七十非帛不暖，八十非人不暖，九十虽得人不暖矣。

五十杖于家，六十杖于乡，七十杖于国，八十杖于朝，九十者，天子欲有问焉，则就其室，以珍从。

七十不俟朝[52]，八十月告存[53]，九十日有秩[54]。五十不从力政[55]，六十不与服戎[56]，七十不与宾客之事，八十齐丧之事弗及也。

五十而爵，六十不亲学[57]，七十致政[58]，唯衰麻为丧[59]。

有虞氏养国老于上庠，养庶老于下庠；夏后氏养国老于东序，养庶老于西序；殷人养国老于右学，养庶老于左学；周人养国老于东胶，养庶老于虞庠。虞庠在国之西郊[60]。

有虞氏皇而祭[61]，深衣而养老；夏后氏收而祭[62]，燕衣而养老；殷人冔而祭，缟衣而养老[63]；周人冕而祭，玄衣而养老。

凡三王养老皆引年[64]。

八十者，一子不从政[65]；九十者，其家不从政；废疾非人不养者，一人不从政。父母之丧，三年不从政；齐衰、大功之丧，三月不从政；将徙于诸侯，三月不从政；自诸侯来徙家，期不从政。

少而无父者谓之孤，老而无子者谓之独，老而无妻者谓之矜，老而无夫者谓之寡。此四者，天民之穷而无告者也[66]，皆有常饩[67]。暗、聋、跛、躄、断者、侏儒、百工[68]，各以其器食之[69]。

道路，男子由右，妇人由左，车从中央。

父之齿随行，兄之齿雁行，朋友不相逾。

轻任并[70]，重任分，斑白不提挈[71]。

君子耆老不徒行[72]，庶人耆老不徒食。

大夫祭器不假[73]；祭器未成，不造燕器[74]。

方一里者为田九百亩[75]；方十里者，为方一里者百，为田九万亩；方百里者，为方十里者百，为田九十亿亩[76]；方千里者，为方百里者百，为田九万亿亩[77]。

自恒山至于南河，千里而近[78]；自南河至于江，千里而近；自江至于衡山，千里而遥[79]；自东河至于东海，千里而遥；自东河至于西河，千里而近；自西河至于流沙，千里而遥。西不尽流沙，南不尽衡山，东不尽东海，北不尽恒山，凡四海之内，断长补短，方三千里，为田八十万亿一万亿亩[80]。方百里者，为田九十亿亩：山陵、林麓、川泽、沟渎、城郭、宫室、涂巷[81]，三分去一[82]，其余六十亿亩。

古者以周尺八尺为步，今以周尺六尺四寸为步。

古者百亩，当今东田百四十六亩三十步[83]。

古者百里，当今百二十一里六十步四尺二寸二分。

方千里者，为方百里者百。封方百里者三十国，其余，方百里者七十。又封方七十里者六十，为方百里者二十九，方十里者四十。其余方百里者四十，方十里者六十。又封方五十里者百二十，为方百里者三十。其余，方百里者十，方十里者六十。名山大泽不以封。其余以为附庸闲田。诸侯之有功者，取于闲田以禄之。其有削地者，归之闲田。

天子之县内：方千里者，为方百里者百。封方百里者九，其余方百里者九十一。又封方七十里者二十一，为方百里者十，方十里者二十九。其余方百里者八十，方十里者七十一。又封方五十里者六十三，为方百里者十五，方十里者七十五。其余方百里者六十四，方十里者九十六。

诸侯之下士，禄食九人，中士食十八人，上士食三十六人，下大夫食七十二人，卿食二百八十八人，君食二千八百八十人。次国之卿，食二百一十六人，君食二千一百六十人。小国之卿，食百四十四人，君食千四百四十人。次国之卿命于其君者，如小国之卿。

天子之大夫为三监，监于诸侯之国者，其禄视诸侯之卿，其爵视次国之君，其禄取之于方伯之地。

方伯为朝天子，皆有汤沐之邑于天子之县内⁸⁴，视元士。

诸侯世子世国，大夫不世爵。使以德，爵以功。未赐爵，视天子之元士，以君其国。诸侯之大夫不世爵、禄。

六礼：冠、昏、丧、祭、乡、相见。

七教：父子、兄弟、夫妇、君臣、长幼、朋友、宾客。

八政：饮食、衣服、事为、异别、度、量、数、制⁸⁵。

【注释】

①正刑：正定刑书。明辟：明断罪法。　②听：审理。③刺：侦察、探询。　④无简：律无明文。简：刑书。　⑤附：施行法律。⑥赦：赦免。　⑦制：裁决、决定。　⑧郑玄注曰：即或为则，论或为伦，"必即天论"为"必则天伦。"　⑨邮：裁定罪刑。罚：责罚。丽：附丽、依附。　⑩原：推求本源、推究。　⑪权：衡量。　⑫意：内心。序：层次。　⑬悉：尽、尽其所有。聪明：听、看而能审察、分辨是非真假的能力。　⑭致：详审、推究。　⑮泛：普遍，广泛。　⑯此句似应在"邮罚丽于事"之后。察：详审、细究。小大：轻重。比：则例、成规。成：裁决。　⑰正：掌狱讼的官吏。　⑱棘木之下：借指审理狱讼的地方。周天子议政事的地方，种有棘木。　⑲又：郑玄说当做"宥"，宽宥，宽减其罪。　⑳例：形体、已成形之物。引申为成事不可改变的意思。　㉑析言：割裂文字。　㉒左道：邪术。　㉓坚：

顽固坚持。　㉔辨：辞理明辨。　㉕顺非：顺从邪恶之事。泽：文饰、掩饰。　㉖假：利用。　㉗齐众：约束民心。　㉘度：规格、法度。　㉙数：定数、定量。　㉚奸色：不正之色。　㉛简记：记事的竹简、策书。　㉜奉：进献。讳恶：忌讳的名称、日子。　㉝司会：冢宰部属。成：计要、统计的文书。　㉞质：评断、评量。　㉟受质：辅佐天子评断。　㊱休老：使老人安居休养。劳（lào）农：慰劳农民。　㊲燕礼：设宴于寝，行一献之礼，坐而饮酒至醉。此礼最轻。　㊳飨礼：设宴于朝，以尊卑为献数。此礼最重。　㊴食礼：有饭食，有菜肴，设酒而不饮。此礼以食为主，故名。　㊵修：遵循。　㊶君命：指国君有赏赐。　㊷坐：跪，古时席地而坐的姿势。至：到。这里指叩首到地。　㊸瞽（gǔ）：双目失明。　㊹粻（zhāng）：粮。　㊺宿：留存、常备。　㊻贰：另外、不同。　㊼岁制：每年都有所制作。这时指棺木之类。　㊽时制：每季都有所制作。这里指殓葬衣物之类。时：季节、季度。　㊾月制：每月都有所制作。这里指容易做的殓葬衣物。　㊿日修：每日都有所置备。　51绞、紟、衾、冒：殡殓之物。见《檀弓》篇。　52不俟朝：朝君之时，入门到达朝位，国君出来作揖后即退下，不等朝中之事结束。　53告（jú）存：官吏到八十岁以后，国君每月派人致送食物，讯问其人是否健在。　54秩：俸禄、廪食。这里指食物。　55力政：力役、劳役。　56服戎：从事军队或战争之事。　57亲学：到国学受业。郑玄说是"备弟子礼"。　58致政：告老辞官归居。　59此句似应接于"八十齐丧之事弗及也"之后。　60上庠、东序、右学、东胶均为大学；下庠、西序、左学、虞庠均为小学。国老、庶老：王闿运说，前者是国子师，后者是造士师。　61墿（huáng）：画有羽饰的冠。制式不详。　62收：夏代冠名。制式不详。　63缟（gǎo）衣：白衣。　64三王：夏商周三代君王。引年：引户校年。引户：相连之户、逐户。校年：校定年龄。　65政：读为"征"，征召。从征：赴征召。　66穷：贫困、缺少财物。　67饩（xì）：赠送人的谷物。　68喑（yīn）：哑，不能说话。跛（bǒ）：瘸腿。躄（bì）：两脚不能走路。断：肢体不全。　69器：才能、本领。　70任：担子。　71斑白：头发半白的老人。　72君子：大夫士。徒：空。　73假：借。　74燕器：日常生活用品。　75一里：方三百步。　76亿：郑玄说"今十万"。　77万亿：郑玄说"今万万也"。　78千里而近：不满千里。　79千里而遥：超过千里。　80八十万亿一万亿：孔颖达说"当云八十一万亿亩"。　81沟渎：沟渠。涂巷：道路。　82指山陵等约占三分之一。　83东田：东方之田。孙希旦说："汉初儒者皆齐鲁人，自据其地言之，故曰东。"　84汤沐之邑：郑玄说："给斋戒自洁清之用"；许慎说："诸侯朝天子，天子之郊皆有朝宿之邑，从泰山之下皆有汤沐之邑。"　85事为：百工技艺。异别：五方用器不同。制：指布帛幅度的宽窄。

【译文】

　　司寇正定刑书，明断罪法，审理一切诉讼，一定实行三次侦讯制度。如果看似有罪而律无明文规定就不审理。施行法律必取其罚轻的，如要赦免就取其罚重的。

　　凡制定五等轻重的刑罚，必须考虑到天伦关系，裁定罪刑加以责罚必须依附于事实，必须详审罪行轻重，比照成规裁定。

凡审理五等罪刑的案子，必须推究父子亲情和君臣关系，权衡其是否为忠爱而犯法，从内心论证其情节轻重的层次，仔细探查其罪行深浅的分量，区别对待。尽自己审察、分辨是非真假的能力。详审其忠爱之心来穷究罪案。案子可疑无法裁决，公开给民众共同审理；如民众有怀疑而不能裁决，就赦免他。

裁定判决后，"史"把裁决情况报告"正"，"正"审理一遍，把裁决结果报告给大司寇，大司寇亲自审理。然后把裁决结果报告给王，王命三公参与审理。三公把裁决情况报告给王，王给予三次宽宥，宽减其罪，最后裁定刑罚。凡是制定刑罚，罪刑再轻也不赦免。刑就是侀，而侀就是已成事而无可改变的意思。罪行一裁决就不可改变，所以必须尽心尽意审理诉讼。

凡是割裂文字曲解法律，改冒名义擅变法度，操邪术以惑乱民心的，杀掉。制作淫靡之声、奇装异服、诡幻技艺、奇特的器械以惑乱民心的，杀掉。行为诡诈而又顽固坚持，说话虚伪而又辞理明辨，充满邪恶的知识，顺从邪恶之事却加以掩饰以惑乱民心的，杀掉。利用鬼神、时日、卜筮以惑乱民心的，杀掉。触及这四种刑罚，不需审理。凡是执行禁令来约束民心，不赦免过失。

凡圭璧金璋等贵重的物品，不准在市上买卖；命服、命车、宗庙的祭器、牺牲，不准在市上买卖；兵器、不合规格的用具、兵车，不准在市上买卖；布帛之类，如质料、幅度、色彩不合法度，不准在市上买卖；锦文、珠玉等华丽之物及衣服食品，不准在市上买卖；未到时的五谷、未熟的水果、未成材的树木及幼小的禽兽鱼龟，不准在市上买卖。关口上执行禁令以稽查过往行旅、禁止奇装异服，辨识不同的言语，以防奸伪。

太史主管一切礼仪，执掌竹简、策书，把忌讳的名称、日子之类事情记载下来进献给天子，天子斋戒身心接受劝谏。

司会把一年来的统计文书报请天子评断，冢宰也要斋戒，辅佐天子评断功过。大乐正、大司寇和市官把各自的统计文书，附会于司会的文书请天子评断。大司徒、大司马、大司空斋戒以后执行评断，他们所统属的百官都要把自己的文书呈献这三个大官。他们把百官的文书转呈天子，请天子评断。然后百官斋戒，听候天子的评断。评断过后，举行使老人安居休养的宴会和慰劳农民。到这时，已完成一年的政事，制定明年国家的计划。

凡养老之礼：有虞氏用燕礼，夏后氏用飨礼，殷人用食礼，周人遵循前人，但一年中兼用燕礼、飨礼、食礼。五十岁就有资格受养于乡，六十岁受养于国，七十岁受养于大学。这方法从天子通达诸侯。八十岁时，如国君有赏赐，只需一跪再叩首。双目失明的人也是如此。九十岁时就让人代为接受。

五十岁的人，可吃较精细的粮。六十岁有常备的肉食。七十岁有另外储备的一份膳食。八十岁可常吃时鲜的食品。九十岁饮食之物常放在居室，出游在外也随供于左右。

六十岁，棺木之类丧具每年都应有所制作。七十岁，殓葬衣物之类每季都应有所制作。八十岁，这类衣物每月都应有所制作。九十岁时应每日都有所置备。只有绞、纷、衾、冒等等，可在死之后再制。

一个人五十岁时就开始衰老，六十岁时没有肉食就不会吃饱。七十岁没有丝棉就不能保暖，八十岁就须取暖于人。九十岁时即使有人也不暖了。

五十岁可在家中扶杖，六十岁可在乡里扶杖，七十岁有赐杖，行于国内，八十岁时上朝，可在朝廷扶杖，九十岁时，天子想有所请教，就要到他的家中，并带去时鲜的食品。

大夫到七十岁，可以不在朝廷上侍候。八十岁时，天子要每月派人问候。九十岁要每天馈送食物。

五十岁可以不服力役，六十岁不再参与兵戎之事，七十岁不参加宾客应酬，八十岁不参与丧祭之事，只披戴孝服。

大夫五十岁可以封爵位，六十岁就不必到国学受业，七十岁就告老辞官归居。

有虞氏时在大学奉养国老，在小学里奉养庶老；夏后氏、殷人也如此，但称上庠为东序、右学，称下庠为西序、左学；周人在东胶奉养国老，在虞庠奉养庶老。虞庠在国的西郊。

有虞氏时祭祀用皇冠，养老穿深衣；夏后氏时祭祀用"收"冠，养老穿便服；殷人祭祀用哻冠，养老穿白衣；周人祭祀用冕冠，养老穿黑衣。

夏殷周三代举行的养老会，那些老人都依据年龄而定。

八十岁的老人应留一子不赴征召；有九十岁的老人，全家不赴征召；家中有残疾人，没有人而不能生活的，留一人不征召。父母之丧守孝，三年不征召；齐衰、大功之丧，三个月不征召；将迁居其他诸侯国家的，三个月不征召；自其他诸侯国迁来的，一年不征召。

年幼失去父亲的人叫"孤"，年老没有子女的人叫"独"，年老而无妻室的人叫"矜"，年老而没有丈夫的人叫"寡"。这四种人都是穷困而得不到安慰的人，都应经常接济粮食。不能说话的，听不见的，瘸腿的，不能走路的，肢体不全的，身材矮小的及各种残疾的手工艺人，应根据各人的才能、本领使之能够生活。

在路上，男的靠右走，女的靠左走，车从中间通行。与父亲年龄相当的，应随在他后边走。与兄长年龄相当的，可并行而稍后。朋友走路不超越。

轻的担子可以合并起来挑着，重的担子可分开来挑，头发斑白的老人不提东西，应有人代劳。士大夫阶级的老人，出门必有车马，不徒步。庶民中的老人不无所事事而坐食。

大夫不向人借用祭器；祭祀器皿没制成，不制作日常生活用品。

方圆一里的土地，区分为九百亩田。方圆十里的土地，等于一百个一方里的土地，有田九万亩。方圆一百里的，等于一百个十方里的土地，有田九十个"十万"亩，即九百万亩。方圆千里的，等于一百个方百里的土地，有田九亿亩。

自北岳恒山南到黄河，距离不满千里。自黄河到长江，距离也不满千里。自长江到南岳衡山，距离超过千里。自东河到东海，距离也超过千里。自东河到西河，距离不满千里。自西河到西域沙漠地带，距离超过千里。西边不算沙漠以外之地，南边不算衡山以南之地，东边不算东海以外之地，北边不算恒山以北之地，总计四海之内，截下多余部分补上不足部分，方圆三千里，有田八十一万亿亩。方圆百里之国，虽有田九百万亩，其间须除去高山、森林、峻坂斜坡、江河湖泊、沟渠水道、城坊宫室、道路等，约占三分之一。其余有六百万亩。

古时候把周尺的八尺作为一步，现在把周尺的六尺四寸作为一步。

古时候一百亩地，相当于现在一百四十六亩又三十步。

古时候一百里，相当于现在一百二十一里六十步四尺二寸二分。

方圆千里的，包括一百个方圆百里的。如果分去三十个方圆百里的，剩余七十个方圆百里的。又分去六十个方圆七十里的，等于占去了二十九个方圆百里的，剩余四十个方圆百里的和六十个方圆十里的。再分为方圆五十里的一百二十个，等于三十个方圆百里的，剩余十个方圆百里的，六十个方圆十里的。名山大泽不作封地，其中剩余的土地，作为诸侯的附庸或闲田。诸侯有功的，用闲田的禄赋奖赏；诸侯有削去封地的，就把封地归并到闲田中。

天子之县内：方圆千里的土地，等于一百个方圆百里的。分封方圆百里的国九个，剩余方圆百里的九十一个。又封方圆七十里的二十一个，等于十个方圆百里、二十九个方圆十里的土地。剩余八十个方圆百里、七十一个方圆十里的。再封六十三个方圆五十里的，相当于方圆百里的十五个、方圆十里的七十五个。剩余的是六十四个方圆百里和九十六个方圆十里的土地。

诸侯的下士，俸禄可以养活九个人，中士可以养活十八人，上士养活三十六人。下大夫食七十二人之禄，卿是下大夫的四倍。大国国君十倍于卿的俸禄，可以养活二千八百八十人。次国之卿食禄二百一十六人，其国君十倍于卿，二千一百六十人。小国之卿食禄一百四十四人，其国君十倍于卿，一千四百四十人。次国三个卿，国君委任的，俸禄比照小国之卿，食禄一百四十四人。

天子的大夫作为三监，监察诸侯之国的，他的俸禄比照诸侯的卿，爵位比照次国的国君，他的俸禄从方伯之地获得。

方伯为着朝拜天子，在天子之县内都备有沐浴斋戒的地方，比照天子的元士。

诸侯的太子世袭封国，大夫之子不能世袭爵位。有德者使之为大夫，有功者封之爵位为诸侯。诸侯的太子世袭而未赐给爵位时，等于天子的元士，以元士的身份统治其封国。诸侯的大夫不世袭爵位和俸禄。

六礼：冠礼、婚礼、丧礼、祭礼、乡饮酒礼、士相见礼。

七教：父子、兄弟、夫妇、君臣、长幼、朋友、宾客等人伦关系。

八政：饮食方式、衣服制度、工艺标准、器具品类、尺寸、斗升、数码、规格等。

月　令①

孟春之月②，日在营室③，昏参中④，旦尾中⑤。其日甲乙⑥，其帝大皞⑦，其神句芒⑧，其虫鳞⑨，其音角⑩，律中大蔟⑪。其数八⑫，其味酸⑬，其臭膻⑭，其祀户⑮，祭先脾⑯。

东风解冻，蛰虫始振⑰，鱼上冰，獭祭鱼⑱，鸿雁来。

天子居青阳左个⑲，乘鸾路⑳，驾仓龙㉑，载青旂㉒，衣青衣，服仓玉。食麦与羊，其器疏以达㉓。

是月也，以立春。先立春三日，大史谒之天子曰："某日立春，盛德在木。"天子乃齐。立春之日，天子亲帅三公、九卿、诸侯、大夫以迎春于东郊。还反，赏公、卿、诸侯、大夫于朝。命相布德和令㉔，行庆施惠㉕，下及兆民。庆赐遂行㉖，毋有不当。

乃命大史守典奉法，司天日月星辰之行㉗，宿离不贷㉘，毋失经纪㉙，以初为常³⁰。

是月也，天子乃以元日祈谷于上帝³¹。乃择元辰³²，天子亲载耒耜³³，措之于参保介之御间³⁴，帅三公、九卿、诸侯、大夫躬耕帝藉³⁵。天子三推，三公五推，卿、诸侯九推。反，执爵于大寝，三公、九卿、诸侯、大夫皆御，命曰劳酒。

是月也，天气下降，地气上腾，天地和同³⁶，草木萌动。王命布农事³⁷：命田舍东郊³⁸，皆修封疆³⁹，审端径、术⁴⁰，善相丘陵、阪险、原隰土地所宜⁴¹，五谷所殖⁴²，以教道民⁴³，毕恭亲之。田事既饬⁴⁴，先定准直⁴⁵，农乃不惑。

是月也，命乐正入学习舞。乃修祭典，命祀山林川泽，牺牲不用牝。禁止伐木。毋覆巢，毋杀孩虫、胎、夭、飞鸟，毋麛，毋卵。毋聚大众，毋置城郭。掩骼埋胔⁴⁶。

是月也，不可以称兵⁴⁷，称兵必天殃。兵戎不起，不可从我始。毋变天之道，毋绝地之理，毋乱人之纪。

孟春行夏令，则风雨不时，草木蚤落，国时有恐⁴⁸；行秋令，则其民大疫，猋风暴雨总至⁴⁹，藜、莠、蓬、蒿并兴⁵⁰；行冬令，则水潦为败，雪霜大挚⁵¹，首种不久⁵²。

仲春之月，日在奎⁵³，昏弧中⁵⁴，旦建星中⁵⁵。其日甲乙，其帝大皞，其神句芒，其虫鳞，其音角，律中夹钟⁵⁶。其数八，其味酸，其臭膻，其祀户，祭先脾。始雨水，桃始华⁵⁷，仓庚鸣⁵⁸，鹰化为鸠⁵⁹。

天子居青阳大庙，乘鸾路，驾仓龙，载青旂，衣青衣，服仓玉，食麦与羊，其器疏以达。

是月也，安萌芽，养幼少，存诸孤⁶⁰。择元日⁶¹，命民社⁶²。命有司省囹圄⁶³，去桎梏⁶⁴，毋肆掠⁶⁵，止狱讼。

是月也，玄鸟至⁶⁶。至之日，以大牢祠于高禖⁶⁷，天子亲往，后妃帅九嫔御⁶⁸。乃礼天子所御，带以弓韣⁶⁹，授以弓矢，于高禖之前。

是月也，日夜分⁷⁰，雷乃发声，始电，蛰虫咸动，启户始出⁷¹。先雷三日，奋木铎以令兆民曰："雷将发声，有不戒其容止者⁷²，生子不备⁷³，必有凶灾。"日夜分，则同度、量，钧衡、石，角斗、甬，正权、概⁷⁴。

是月也，耕者少舍⁷⁵，乃修阖扇⁷⁶，寝庙必备。毋作大事，以妨农之事。

是月也，毋竭川泽，毋漉陂池⁷⁷，毋焚山林。天子乃鲜羔开冰⁷⁸，先荐寝、庙。上丁⁷⁹，命乐正习舞，释菜⁸⁰。天子乃帅三公、九卿、诸侯、大夫亲往视之。仲丁^{⑧⑴}，又命乐正入学，习乐。

是月也，祀不用牺牲，用圭璧，更皮币。

仲春行秋令，则其国大水，寒气总至，寇戎来征；行冬令，则阳气不盛，麦乃不熟，民多相掠；行夏令，则国乃大旱，暖气早来，虫螟为害。

季春之月，日在胃^{⑧⑵}，昏七星中^{⑧⑶}，旦牵牛中^{⑧⑷}。其日甲乙，其帝大皞，其神句芒，其虫鳞，其音角，律中姑洗^{⑧⑸}。其数八，其味酸，其臭膻，其祀户，祭先脾。桐始华，田鼠化为鴽^{⑧⑹}，虹始见，萍始生^{⑧⑺}。

天子居青阳右个，乘鸾路，驾仓龙，载青旗，衣青衣，服仓玉，食麦与羊，其器疏以达。

是月也，天子乃荐鞠衣于先帝^{⑧⑻}。命舟牧覆舟^{⑧⑼}，五覆五反，乃告舟备具于天子焉。天子始乘舟，荐鲔于寝庙^{⑼⑽}，乃为麦祈实。

是月也，生气方盛，阳气发泄，句者毕出^{⑼⑴}，萌者尽达^{⑼⑵}，不可以内^{⑼⑶}。天子布德行惠，命有司发仓廪，赐贫穷，振乏绝^{⑼⑷}，开府库，出币帛，周天下^{⑼⑸}。勉诸侯，聘名士，礼贤者。

是月也，命司空曰："时雨将降，下水上腾，循行国邑，周视原野，修利堤防，道达沟渎^{⑼⑹}，开通道路，毋有障塞。田猎、罝罘、罗罔、毕翳、喂兽之药^{⑼⑺}，毋出九门^{⑼⑻}。"

是月也，命野虞毋伐桑柘^{⑼⑼}。鸣鸠拂其羽^{⑽⑽}，戴胜降于桑^{⑽⑴}。具曲、植、籧、筐^{⑽⑵}，后妃齐戒，亲东向躬桑^{⑽⑶}。禁妇女毋观^{⑽⑷}，省妇使^{⑽⑸}，以劝蚕事。蚕事既登^{⑽⑹}，分茧称丝效功^{⑽⑺}，以共郊庙之服^{⑽⑻}，毋有敢惰。

是月也，命工师令百工审五库之量^{⑽⑼}：金铁、皮革筋、角齿、羽箭杆、脂胶丹漆，毋或不良。百工咸理^{⑾⑽}，监工日号，毋悖于时，毋或作为淫巧^{⑾⑴}，以荡上心^{⑾⑵}。

是月之末，择吉日，大合乐^{⑾⑶}，天子乃帅三公、九卿、诸侯、大夫亲往视之。

是月也，乃合累牛、腾马^{⑾⑷}，游牝于牧。牺牲、驹、犊，举^{⑾⑸}，书其数。命国难^{⑾⑹}，九门磔攘^{⑾⑺}，以毕春气^{⑾⑻}。

季春行冬令，则寒气时发，草木皆肃^{⑾⑼}，国有大恐^{⑿⑽}；行夏令，则民多疾疫，时雨不降，山陵不收^{⑿⑴}；行秋令，则天多沈阴，淫雨蚤降，兵革并起。

【注释】

①郑玄说：名曰"月令"者，以其记十二月政之所行也。　②孟春之月：春季第一个月，

即农历正月。　③营室：即室宿，二十八宿中北方七宿之一，今在飞马座。从我国看，其位置偏南。　④参（shēn）：星宿名，二十八宿中西方七宿之一，今在猎户座。中：指南方之中。

⑤尾：星宿名，二十八宿中东方七宿之一，今在天蝎座。　⑥甲乙：春季。十个天干配以五行、四季，为：甲乙属"木"，为春季；丙丁属"火"，为夏季；戊己属"土"，为中央；庚辛属"金"，为秋季；壬癸属"水"，为冬季。　⑦大皞：上古五帝之一。五帝也配以五行：春之帝曰太皞，夏之帝曰炎帝，秋之帝曰少皞，冬之帝曰颛顼，中央曰黄帝。　⑧句（gōu）芒：木盛在春，故称木神为句芒。　⑨虫：泛指动物。禽为羽虫，兽为毛虫，龟为甲虫，鱼为鳞虫，人为倮（luǒ）虫。分配五行，鳞属木，为春之虫。　⑩音：乐器之声。五音配五行，鳞属木，为春。　⑪大蔟（cù）：十二律之一。中（zhòng）：相应。　⑫五行生成次序的数目为：水一、火二、木三、金四、土五。地为土，所以地上的五行各加土之数，即木三加土五，数目为八。下仿此类推。　⑬味：味道。　⑭臭（xiù）：气味。郑玄说：酸、膻，木之臭味。　⑮五行配于建筑物：木为户，火为灶，金为门，水为井，土为中霤。故春天祀户。　⑯五行配于五脏：木为脾，火为肺，金为肝，水为肾，土为心。　⑰振：活动。　⑱祭：杀。　⑲青阳：明堂东方之堂名。个：青阳之室。明堂依五行构筑，分东西南北中五部分：东曰青阳，西曰总章，南曰明堂，北曰玄堂，中曰太庙太室。除当中的太庙只有一个太室之外，其余四者又各有左中右三室：左曰左个，右曰右个，中亦曰太庙。天子循五行之周转，每月换居一室。　⑳鸾：古通"銮"，铃铛。路：车。　㉑仓：古通"苍"，青色。龙：马高八尺以上叫龙。　㉒旂：指古代一种旗子，上面画龙，杆顶挂铃。　㉓疏：粗疏。达：通达。这里指容易透气。　㉔相：三公。　㉕行庆：褒扬善事。施惠：周济贫乏困穷。　㉖庆赐：褒扬赏赐。　㉗司：从事。　㉘宿：日之所在。离：月之所历。贷：差错、差误。　㉙经纪：天文进退迟速的度数。

　㉚初：原来、往常。　㉛元日：第一个辛日。古代以干支纪日，辛为天干。　㉜元辰：亥日。　㉝耒耜（sì）：古代一种耕地农具，像犁。　㉞措：放、置。参：参乘，陪乘的人。保介：衣甲。这里指使勇士穿衣甲居右参乘位置。御间：御者和车右之间。　㉟帝藉：天神借民所耕之田。藉：借助。　㊱和同：融合一致。　㊲布：布置。　㊳田：田畯（jùn），主农之官。　㊴封疆：并邑之界。　㊵径：步道。术：《周礼》作"遂"，小沟。　㊶相：察看。丘：土山。陵：大土山。阪：斜坡。险：山泽。原：宽广平坦的地面。隰（xí）：低湿的地方。　㊷殖：种植。　㊸道（dǎo）：古通"导"，引导。　㊹饬：清理、整治。　㊺准：平。这里借指种植方法。　㊻骼：枯骨。胔（zì）：腐烂的肉。　㊼称兵：兴兵，指采取军事行动。　㊽恐：火灾等祸事。　㊾猋（biāo）风：旋风、暴风。总：通"偬"，忽然。　㊿兴：生。　(51)挚：至。　(52)首种：头轮播种的谷物。　(53)奎：星宿名。二十八宿中西方七宿之一，今属仙女座。　(54)弧：二十八宿中无此名。唐《开成石经》月令篇改为"昏东井中"。东井即井宿，二十八宿南方七宿之一，今属双子座。　(55)建星：二十八宿中无此名。郑玄说"建星在南斗上"。他的理由是"弧近井，建近斗，故举弧、建以定昏旦之星也"。斗宿：二十八宿北方七宿之一，今属人马座。　(56)夹钟：十二律之一。　(57)华（huā）：开花。　(58)仓庚：黄鹂。　(59)鸠：布谷鸟。　(60)存：抚恤。诸孤：士大夫的遗族。　(61)元日：第一个甲日。　(62)社：祭地神。　(63)省：减去。图圄（líng yǔ）：监狱。　(64)桎梏（zhì gù）：枷锁。在足叫桎，在手叫梏。

㉕肆掠：《淮南子》作"笞掠"。笞掠：拷打。　㉖玄鸟：燕子。　㉗高禖：尊贵的禖神。禖：主婚嫁之神。　㉘九嫔：借此指全部宫眷。　㉙韣（dú）：弓套。弓矢为男子所用，以此为礼是希望生男孩。　㉚日夜分：指春分时日夜时间相等。　㉛启户：爬出洞穴。启：开。户：穴。　㉜戒：检点。容止：指私生活。　㉝备：全。　㉞同、钧、角、正：校正。衡石：古代对衡器的通称。衡：秤。石：古代重量单位，一百二十斤为一石。甬：斛。权：秤锤。概：量米粟时刮平斗斛用的木板。　㉟舍：止息。　㊱阖：用木头做的门。扇：用竹苇做的门。　㊲漉：滤。陂：蓄水之处。　㊳鲜：当为"献"。开冰：冬季储冰，至二月开冰为献。　㊴上丁：第一个丁日。　㊵释菜：用芹藻之属祭祀先师。　㊶仲丁：第二个丁日。　㊷胃：星宿名，二十八宿中西方七宿之一，今在白羊座。　㊸七星：即星宿，二十八宿中南方七宿之一，今属摩羯座。　㊹牵牛：即牛宿，二十八宿中北方七宿之一，今属长蛇座。　㊺姑洗：十二律之一。　㊻鴽（rú）：鹌鹑之类的鸟。　㊼萍（píng）：浮萍。　㊽鞠衣：黄桑色衣服。祈蚕时用。先帝：大皞之类古帝王。　㊾舟牧：主管船只的官吏。覆：翻，翻转过来。　㊿鲔（wěi）：一种鱼。今称鲟鱼。　(91)句：拳曲的萌芽。　(92)萌：有芒且直的萌芽。　(93)内：纳。不可征收财货。　(94)振：救。乏：暂时缺少。绝：居而无食。　(95)周：赐。供给不足的人。　(96)道：导。　(97)罝罦（jū fú）：捕兽的网。罔：捕鸟的网。毕：打猎用的有长柄的网。翳（yì）：射猎时掩蔽自己的工具。喂兽之药：毒药。　(98)九门：天子皇城的九处城门。　(99)野虞：看守田野及山林的人。桑柘：其叶可以喂蚕。　(100)鸣鸠：斑鸠。拂：抖动、拍打。　(101)戴胜：鸟名。状似雀，头有冠，五色，如方胜，故名。　(102)曲：蚕薄。植：放蚕薄的木架。籧（qú）：养蚕用具，圆形曰籧，方形曰筐。　(103)躬桑：亲手采桑。　(104)观：妆饰，打扮仪容。　(105)省妇使：减少妇女们的杂务。　(106)登：实现，完成。　(107)分茧：分配蚕茧使妇女缫丝。称丝：称量缫丝轻重。效功：考核功效。　(108)共：供给。郊：祭神。庙：祭祖。　(109)工师：司空之部属。五库：储藏各种物品的地方。　(110)理：操作、从事。　(111)淫巧：过度奇巧。　(112)荡：摇动、震动。　(113)合乐：众乐同时合奏。　(114)累（léi）牛：交配期的公牛，泛指公牛。腾马：公马。　(115)举：生育。这里指生下小牛小马。　(116)难（nuó）：古时驱除疫鬼之祭。后写作"傩"。　(117)磔：砍碎牲体。攘：通"禳"，去邪除恶之祭。　(118)毕：止、结束。　(119)肃：枝叶凋零。　(120)大恐：水灾之祸。　(121)山陵不收：高地没有收成。

【译文】

孟春正月，太阳的位置在营室。黄昏时参星在南方天中，黎明时尾星在南方天中。春之日天干为甲乙，春之帝叫太皞，木神名勾芒，春之虫为鳞虫，音是清浊中和的角音。十二律应在太蔟。数为土加木为八，口味为酸，气味为膻，祭祀对象为户，祭品以脾脏为上。

东风使冰冻的江河土地融化，冬眠的蛰虫开始活动，沉入水底的鱼儿游近水上的薄冰，獭杀鱼举行鱼祭，鸿雁由南而来。

春天，天子居住在明堂东边青阳之堂，正月住在左边之室。乘系有鸾铃的车，驾的是苍龙之马，打着青色旗帜，穿着青色衣服，佩戴青色玉佩。食物是麦子和羊，使用的器皿要粗疏而易透气的。

这个月定立春的节气。立春前三天，太史谒见天子说："某日立春，木德当令。"天子于是斋戒。立春那天，天子亲自率领三公、九卿、诸侯、大夫往东郊举行迎春之礼。礼毕返回，在朝赏赐公卿大夫，命三公发布恩德命令，褒扬善事，周济贫乏困穷，往下普及到万民。实行褒扬赏赐，要事事做得恰当。

于是命令太史，依据探测天文的方法和技术，从事推算日月星辰运行工作，使其运行的位置度数和轨道，没有一点儿差错，一切都和往常一样。

这个月，天子在第一个辛日举行祭天之礼，向上天祈祷谷物丰收。于是在亥日，天子亲自装载耒耜，放在车右和御者之间，率领三公、九卿、诸侯、大夫在藉田里亲自耕种。推耜入土之礼，天子推三下，三公推五下，卿诸侯推九下。返回后，天子在大寝举行宴会，三公、九卿、诸侯、大夫侍奉在旁，称为"劳酒"。

这个月，天气下降，地气上升，天地之气融合一致，草木开始抽芽。天子命令布置农事，派遣主农之官住在东郊，把耕地疆界全都修复，把小路、小沟查明修正。好好斟酌丘陵、阪险、原隰等土地适宜种植何种作物，把五谷的种植方法教给并引导农民去种，必须亲自去做。田地清理完毕，先确定种植方法，农民才能不迷惑。

这个月，命令乐正进入国学教练舞蹈。修定一年的祭祀的典则。命令祭祀山林川泽，牺牲不能用母的。禁止砍伐树木。不许捣鸟巢，不许残害有益的幼虫、未出生的和已出生的幼兽及刚学飞的小鸟。不许捕杀小兽、掏取鸟蛋。不要在这个月里聚集大批民众，不要建立城郭。掩埋枯骨腐肉。

这个月不可以举兵，举兵必遭到上天的惩罚。战争没有发生，不可以主动挑起事端。不要改变天道，不要断绝地理，不要惑乱人纪。

如果在正月里发布夏天的命令，就会雨水不按时落，草木过早凋落，国家经常有火灾等祸事。如发布秋天的命令，那么民众会有大瘟疫，狂风暴雨忽然到来，藜莠蓬蒿丛生。如果发布冬天的命令，就会洪水泛滥，大的雪霜到来，头轮的种子无法播下。

仲春二月，太阳的位置在奎宿，黄昏时井宿在南方天中，黎明时斗宿在南方天中。春之日天干为甲乙，春之帝是太皞，木神为勾芒。春之虫是鳞虫。音是清浊中和的角音。十二律应在夹钟。数为土加木为八，口味为酸，气味为膻，祭祀对象为户，祭品以脾脏为上。开始有雨水，桃树开始着花，黄鹂鸣叫，鹰鸟变形为布谷鸟。

天子居住在青阳堂的大庙，乘系有鸾铃的车，驾的是苍龙之马，打着青色旗帜，穿着青色衣服，佩戴青色玉佩。食物是麦子和羊，使用的器皿要粗疏而易透气的。

这个月植物刚开始萌芽，对于人要保养幼小的，抚恤士大夫的遗族子弟。选择第一个甲日，命民众祭地神，命司法官吏减少拘系的囚徒，去掉脚镣手铐，不要拷打，停止诉讼。

这个月燕子又来了。燕子来的那天，用牛羊猪三牲祭祀尊贵的禖神。天子要亲自参加，后妃率领全体宫眷同去。向怀孕的女眷行礼，在尊贵的神前把弓韣、弓矢交给她们，希望她们生的都是男孩。

这个月白天和黑夜的时间逐渐相等。可以听到雷声，开始出现闪电，冬眠的虫子全都蠕动，开始爬出土穴。雷声之前三天，先摇动木舌的铃警告天下万民说："快要打雷了，私生活不检点的人，会生下残缺不全的孩子，父母必将遭灾。"在那日夜相等的日子，就要校正各种度量衡。

这个月，农民们稍得休闲，就在此时修理门窗户扇，使家里、庙里全都齐备。不要大兴土木，以免妨碍农事。

这个月不可屙干河川湖泊之水，不可用渔网在陂池中捞鱼，不可用火焚烧山林。天子献上羊羔和新发的冰，先在寝庙荐礼。在第一个丁日，命乐正教练舞蹈，举行祭祀先师的释菜之礼。那天，天子就率领三公、九卿、诸侯、大夫亲自到国学里参观。在第二个丁日，又命乐正往国学里练习舞蹈。

这个月祭祀不用牺牲，改用圭璧和皮币代替。

仲春行秋令，那么国内将有大水灾，寒气忽然到来，有敌人侵犯边境。仲春行冬令，那么阳气不旺盛，麦子就不会结穗，引起饥荒，民众互相掠夺。仲春行夏令，那么国内就会大旱，热浪早来，虫螟就会成为灾害。

季春之月，太阳的位置在胃宿。黄昏时星宿在南方天中，黎明时牛宿在南方天中。春之日天干为甲乙，春之帝是太皞，木神名勾芒，春之虫为鳞虫。音是清浊中和的角音。十二律应在姑洗。数是土加木为八，口味为酸，气味为膻。祭祀的对象为户，祭品以脾脏为上。桐树开始开花，田鼠变化为鹌鹑，彩虹开始出现，池塘里开始长出浮萍，天子居住在青阳堂右边之室，乘系有鸾铃的车，驾的是苍龙之马，打着青色的旗帜，穿着青色衣服，佩戴青色玉佩。食物是麦子和羊，使用的器皿要粗疏而易透气的。

这个月天子向先帝献上黄桑色衣服，作为祈蚕使用。命主管船只的人翻看船只，船面船底翻看五次，这才向天子报告船只完全没问题。天子开始乘船，用小鱼在宗庙中祭献，并祈祷麦子结实良好。

这个月正是生气最盛之时，阳气往外发散，拳曲或尖锐挺直的萌芽都长出来了。为顺季节，不可收纳财货。天子广布恩德，周济贫乏困穷，命主管官吏打开粮仓把粮食赏给贫民，救济那些无米为炊的人们，同时打开储藏货物和金钱的府库，普施恩德于天下。勉励诸侯，礼聘有名学者和才德兼备的人。

这个月命令司空说："雨季即将来临，地下的水开始往上涌，要巡行国内各地，看看原野的形势，修整堤防，疏通淤塞的沟渠，开通道路，不要发生堵塞。捕猎鸟兽的工具和毒害野兽的药物，不要从九处城门放行。"

这个月命看守田野山林的官吏，不要砍伐桑条柘条。这时斑鸠抖动翅膀，戴胜也停留在桑林里，开始准备蚕箔、木架和盛桑叶用的筐篮。天子的后妃举行斋戒，亲自东向采摘桑叶，禁止妇女们过分打扮仪容，减少她们的杂务，以专心养蚕的工作。蚕事完毕，分配蚕茧让妇女缫丝，称量缫丝轻重，考核功效，供给祭神祭祖的礼服，不允许怠惰。

这个月命司空的部属，让百工检查五库的储藏：金铁、皮革筋、角齿、羽箭杆、脂胶丹漆等，不要有不好的。各种工匠都来从事制作，监工每日发出号令：不要违背程序制作，也不可制作过度奇巧的东西讨人喜欢。

这个月末，选择一个吉日，众乐同时合奏，天子亲自率领三公、九卿、诸侯、大夫前往观看。

这个月聚合种牛种马，把母牛母马散放到牧场上，任其交配。生下小牛小马及作祭祀用的，要记载数量。命令全国举行傩祭，在九个城门砍碎牲体以驱除邪恶之气，以结束春天之季节。

季春行冬令，那么寒气会不断发作，草木枝叶凋零，国内有大水大火等祸事。季春行夏令，那么民众多疾病，该下雨时不下，高地的作物没有收成。季春行秋令，那么这个月经常是阴沉的天气，雨季提早到来，而且到处都有战争。

孟夏之月，日在毕①，昏翼中②，旦婺女中③。其日丙丁④，其帝炎帝，其神祝融⑤，其虫羽，其音徵⑥，律中中吕⑦。其数七，其味苦，其臭焦。其祀灶，祭先肺。蝼蝈鸣⑧，蚯蚓出，王瓜生⑨，苦菜秀⑩。天子居明堂左个，乘朱路，驾赤骝⑪，载赤旂，衣朱衣，服赤玉。食菽与鸡。其器高以粗。

是月也，以立夏。先立夏三日，大史谒之天子曰："某日立夏，盛德在火。"天子乃齐。立夏之日，天子亲帅三公、九卿、大夫以迎夏于南郊。还反，行赏，封诸侯。庆赐遂行，无不欣说[12]。乃命乐师习合礼乐，命大尉赞桀俊[13]，遂贤良[14]，举长大[15]。行爵出禄，必当其位。

是月也，继长增高，毋有坏堕[16]，毋起土功，毋发大众，毋伐大树。

是月也，天子始绨[17]。命野虞出行田原，为天子劳农劝民，毋或失时，命司徒巡行县、鄙[18]，命农勉作，毋休于都[19]。

是月也，驱兽毋害五谷，毋大田猎。农乃登麦[20]。天子乃以彘尝麦，先荐寝、庙。

是月也，聚畜百药。靡草死[21]，麦秋至[22]。断薄刑[23]，决小罪，出轻系[24]。蚕事毕，后妃献茧。乃收茧税，以桑为均[25]，贵贱长幼如一，以给郊庙之服。

是月也，天子饮酎[26]，用礼乐。

孟夏行秋令，则苦雨数来[27]，五谷不滋，四鄙入保[28]；行冬令，则草木蚤枯，后乃大水，败其城郭；行春令，则蝗虫为灾，暴风来格[29]，秀草不实。

仲夏之月，日在东井[30]，昏亢中[31]，旦危中[32]。其日丙丁，其帝炎帝，其神祝融，其虫羽，其音徵，律中蕤宾[33]。其数七，其味苦，其臭焦，其祀灶，祭先肺。小暑至，螳螂生，鵙始鸣[34]，反舌无声[35]。天子居明堂大庙，乘朱路，驾赤骝，载赤旂，衣朱衣，服赤玉。食菽与鸡，其器高以粗。养壮佼[36]。

是月也，命乐师修鞀鞞鼓[37]，均琴瑟管箫[38]，执干戚戈羽，调竽笙篪簧，饬钟磬柷敔[39]。命有司为民祈祀山川百源，大雩帝[40]，用盛乐[41]。乃命百县雩祀百辟卿士有益于民者，以祈谷实。农乃登黍。是月也[42]，天子乃以雏尝黍，羞以含桃[43]，先荐寝庙。令民毋艾蓝以染[44]，毋烧灰，毋暴布[45]。门闾毋闭，关市毋索[46]。挺重囚[47]，益其食。游牝别群[48]，则絷腾驹[49]，班马政[50]。

是月也，日长至[51]，阴阳争，死生分。君子齐戒，处必掩身，毋躁[52]，止声色，毋或进。薄滋味，毋致和[53]，节耆欲，定心气。百官静事毋刑，以定晏阴之所成[54]。鹿角解[55]，蝉始鸣，半夏生，木堇荣[56]。

是月也，毋用火南方。可以居高明，可以远眺望，可以升山陵，可以处台榭。

仲夏行冬令，则雹冻伤谷，道路不通，暴兵来至；行春令，则五谷晚熟，百螣时起[57]，其国乃饥；行秋令，则草木零落，果实早成，民殃于疫。

季夏之月，日在柳[58]，昏火中[59]，旦奎中。其日丙丁，其帝炎帝，其神祝融，其虫羽，其音徵，律中林钟[60]。其数七，其味苦，其臭焦，其祀灶，祭先肺。温风始至，蟋蟀居壁，鹰乃学习，腐草为萤。天子居明堂右个，乘朱路，驾赤骝，载赤旂，衣朱衣，服赤玉。食菽与鸡，其器高以粗。命渔师伐蛟取鼍[61]，登龟取鼋[62]。命泽人纳材苇[63]。

是月也，命四监大合百县之秩刍[64]，以养牺牲，令民无不咸出其力，以共皇天上帝，名山大川，四方之神，以祠宗庙社稷之灵[65]，以为民祈福。

是月也，命妇官染采[66]，黼、黻、文、章必以法故[67]，无或差贷[68]，黑黄仓赤莫不质良[69]，无敢诈伪，以给郊庙祭祀之服，以为旗章，以别贵贱等级之度。

是月也，树木方盛，乃命虞人入山行木[70]，毋有斩伐。不可以兴土功[71]，不可以合诸侯，不可以起兵动众，毋举大事以摇养气[72]，毋发令而待[73]，以妨神农之事也。水潦盛昌，神农将持功[74]，举大事则有天殃。

是日也，土润溽暑[75]，大雨时行，烧薙行水[76]，利以杀草，如以热汤[77]，可以粪田畴[78]，可以美土强。

季夏行春令，则谷实鲜落[79]，国多风咳[80]，民乃迁徙；行秋令，则丘隰水潦，禾嫁不熟，乃多女灾[81]；行冬令，则风寒不时，鹰隼蚤鸷[82]，四鄙入保。

中央土，其日戊己，其帝黄帝，其神后土[83]，其虫倮[84]，其音宫，律中黄钟之宫[85]。其数五，其味甘，其臭香，其祀中霤，祭先心。天子居大庙大室，乘大路[86]，驾黄骝，载黄旂，衣黄衣，服黄玉。食稷与牛，其器圜以闳[87]。

【注释】

①毕：星名，二十八宿中西方七宿之一，今属金牛座。　②翼：星宿名，二十八宿中南方七宿之一。今分属巨爵座及长蛇座。　③婺女：星名，即女宿，二十八宿中北方七宿之一，今属宝瓶座。　④丙丁：火日。　⑤祝融：火神之号。　⑥徵（zhǐ）：五音之一。　⑦中吕：十二律之一。　⑧蝼蝈：其说不一。郑玄说是青蛙。　⑨王瓜：栝（kuò）楼。　⑩秀：植物抽穗开花。　⑪骝：黑鬃黑尾的红马。　⑫说：悦。　⑬赞：选拔、推荐。桀俊：有才的人。　⑭遂：举荐。　⑮长（cháng）大：身材高大有力的人。　⑯堕（huī）：古通“隳”，毁坏。　⑰絺：这里指夏季的衣服。　⑱鄙：五百家。县：两千五百家。　⑲休：此字《吕氏春秋》作“伏”。　⑳登：进、献。　㉑靡草：指荠菜、葶苈之类。　㉒麦秋：麦子成熟。　㉓薄刑：罪刑轻。　㉔系：关押、拘禁。　㉕以桑为均：根据每人所用桑叶数量的多少匀摊其应献出蚕茧多少的数量。　㉖饮酎：献酎酒于宗庙。酎（zhòu）：重酿的醇酒。　㉗苦雨：久下不停使人生厌的雨。数（shuò）：屡次。　㉘鄙：边境。保：小城。　㉙格：至、到。　㉚东并：即井宿。　㉛亢：星宿名，二十八宿中北方七宿之一，今属室女座。　㉜危：星宿名，二十八宿中北方七宿之一，今分属宝瓶座与飞马座。　㉝蕤宾：十二律之一。　㉞鵙（jú）：鹈。又名伯劳、子规、杜鹃。　㉟反舌：百舌鸟。　㊱壮佼：肥硕强健。此句当在“挺重囚，益其食”之后。　㊲鞀（táo）：同“鼗”，拨浪鼓。鞞（pí）鼓：古代用于祭祀之鼓，属六鼓中雷鼓一类。　㊴敔（yǔ）：古乐器名。在雅乐结束时击奏。　㊵大雩（yú）：求雨祭名。　㊶盛：隆

重。　㊷此句疑为错简，似应在"挺重囚，益其食"之前。　㊸羞：进献。含桃：樱桃。　㊹艾（yì）：通"刈"，割。　㊺暴（pù）：晒。　㊻关市：存放物品的地方，商贾在此隐藏货物以避征税。索：搜索。　㊼挺：宽缓。　㊽别群：分别牝牡之群。　㊾絷（zhí）：用绳子拴、捆。　㊿马政：饲养马匹的方法。　51日长至：日长之至极，白天最长。　52此句《吕氏春秋》作"处必掩身欲静毋躁"。　53和：调和。　54晏：安静、平静。阴主静，故曰"晏阴"。《小尔雅·广言》："晏、明，阳也。"故"晏阴"为"阳阴"。　55解：脱。　56荣：茂盛。　57螣（tè）：吃苗叶的害虫。　58柳：星宿名，二十八宿中南方七宿之一，今属长蛇座。　59火：火星。　60林钟：十二律之一。　61鼍（tuó）：一种鳄鱼。　62登：捕取。鼋（yuán）：鼋鱼，鳖。　63泽人：看管湖荡之官。材苇：蒲苇之类。　64四监：主管山林川泽之官。秩刍：经常供应的喂牲口的草料。　65以：及、连及。　66妇官：掌妇女工作的人。染采：染色彩绘。　67黼（fǔ）：黑白相配。黻（fú）：黑青相配。文：青红相配。章：红白相配。法：方法。故：习惯。　68差贷：差错。　69质：真、实。　70行：巡视。　71土功：治水筑城等工程。　72大事：指兴土功、合诸侯、起兵动众等。摇养气：摇动长养之气。　73毋发令而待：《吕氏春秋》作"毋发令以干时。"　74持功：持稼穑之功。指竭力助长万物。　75溽（rù）暑：夏天潮湿而闷热的气候。　76薙（tì）：割草。　77此句应在"利以杀草"前。　78粪：施肥。　79鲜：少、稀少。落：零落、零散。　80咳（kài）：咳嗽。　81女灾：失女之灾。　82鸷：凶猛。　83后土：土神。　84倮：保虫，指身上没有羽毛鳞甲的动物，也用来指人。　85黄钟：十二律之一。　86大路：大车。　87圜（yuán）：圆。闳（hóng）：宏大、宽广。

【译文】

　　孟夏四月，太阳的位置在毕宿，黄昏时，翼宿出现在南方天中，黎明时女宿出现在南方天中。夏季的天干是丙丁，夏之帝为炎帝，火神是祝融。夏之虫是羽虫，五音合于徵音，十二律应于中吕。其数是土加火为七。口味为苦，气味为焦。祭祀的对象为灶，祭品以肺为上。青蛙鸣叫，蚯蚓出土，栝楼结实，苦菜开花。天子居住在明堂左边之室，乘大红色车，驾的是红马，打着红色旗帜，穿红色衣服，佩戴红色玉佩。食物是豆类和鸡。用的器皿高且粗糙。

　　这个月定立夏的节气。立夏前三天，太史谒见天子说："某日立夏，火德当令。"天子于是斋戒。立夏那天，天子亲自率领三公、九卿、大夫往南郊举行迎夏之礼。礼毕回来，大行赏赐，进封诸侯爵位土地。施行庆赐，无不欢欣喜悦。于是命令乐师练习合奏礼乐，命令太尉推荐有才的人，举荐贤德善良的人，选择身材高大而有力的人，依其爵位授以俸禄，使德才爵禄配合恰当。

　　这个月一切生物都在继续生长增高，不可有毁坏行为。不要举办治水筑城等大工程，不要征发大众，不要砍伐大树。

　　这个月天子开始换上夏季的衣服，命主管田野山林的官吏到各处田原，代表天子慰劳和勉励农民，不可错过农事的季节。又命司徒到处巡视，使各地农官努力指导，不要停留在都市里。

这个月要常驱赶家禽野兽，不让它们伤害五谷结实，不可举行大规模的田猎。农官献上新麦，天子配合以猪，先献于寝庙为尝新麦之礼。

这个月要积蓄各种药物，预防疾疫。这时荞菜等野生植物已经死掉，到了麦子成熟的时候。司法上，凡罪刑轻的立即断决，罪刑小的立即判决，释放短期拘禁的人。养蚕的事结束后，后妃们举行献茧之礼。贵贱长幼都一样，依照所用桑叶之多少作比例抽取茧税，使蚕茧缴于公家，缫丝成绸，供给祭天祭祖的礼服之用。

这个月天子在宗庙举行"饮酎"，用礼乐伴奏。

孟夏四月行秋令，那么苦雨频繁到来，五谷不能生长，四方边境有寇盗侵犯；行冬令，那么草木早枯，以后又有洪水，冲坏城墙；行春令，就会有蝗蝗灾害，风暴时时来到，草木不能结实。

仲夏五月，太阳的位置在井宿。黄昏时亢宿在南方天中，黎明时危宿在南方天中。夏季的天干是丙丁，夏之帝是炎帝，火神是祝融。夏之虫是羽虫，五音合于徵音，十二律应在蕤宾。数是土加火为七，口味为苦，气味为焦。祭祀对象为灶，祭品以肺为上。节气交到小暑，螳螂生长，伯劳开始鸣叫，百舌鸟却不作声了。天子居住在明堂大庙，乘大红色的车，驾的是红马，打着红色旗帜，穿着红色衣服，佩戴红色的玉佩。食物是豆类和鸡，用的器皿高且粗糙。

这个月命乐师整修各式的小鼓大鼓，清理所有的弦管乐器，试用文武二舞的道具，调和吹奏的管乐，擦拭打击的乐器。命有关官吏替民众向山川百源祈祷，举行求雨祭，用隆重的音乐同时命各地官民举行雩祭，祭祀对民众有功德的百官卿士来祈求好收成。这时农官献上新的黍子，天子配以小鸡，先献于寝庙，并进献樱桃。命令人民不要割蓝草来染布，不要烧灰煮布，也不要晒布。同时顺着阳气发散，不要关闭门闾，不要搜索关市。

这个月，重囚给予缓刑，增加其食物。牛马养得肥硕壮健，散放外面的母牛母马已怀孕，要分别公母之群，把公马拴在别的地方，要公布饲养马匹的方法。

这个月夏至是一年白天最长的一天，阴气和阳气形成互争的局面。阳气生物，阴气杀物，阴阳互争正是万物死生的分界。君子们必须斋戒，居处也必须遮掩身体不裸露，安静而不急躁。停止声色娱乐，不再讲究口味，节制嗜好欲望，平心静气，百官静谋所事，不要动刑罚，以稳定阴阳的分野。这时鹿将脱角，蝉开始鸣叫，半夏生长，木堇花开得茂盛。

这个月不可在南方用火，否则火气过旺。人们可以居住在高爽的地方，可以远望，可以上山避暑，可以住在高敞的台榭上。

仲夏五月行冬令，就会下冰雹，冻坏庄稼，道路不通，不义的战争会发生；行春令，五谷不能按时成熟，各种害虫不断滋生，国家发生饥荒；行秋令，草木零落，果实早熟，民众为时疫伤害。

季夏六月，太阳的位置在柳宿。黄昏时火星在南方天中，黎明时奎宿在南方天中。夏季的天干是丙丁，夏之帝是炎帝，火神是祝融。夏之虫是羽虫，五音合于徵音，十二律应在林钟。数是土加火为七。口味为苦，气味为焦。祭祀对象为灶，祭品以肺为上。温风开始吹来了，蟋蟀躲在墙缝里，雏鹰开始学飞，腐草里生出萤火虫。天子居住在明堂右边之室，乘大红色的车，驾的是红马，打着红色的旗帜，穿着红色衣服，佩戴红色的玉佩，食物是豆类和鸡，用的器皿高且粗糙。命渔师捉蛟捕鼍，登龟抓鼋。命看管湖荡之官收缴可用的蒲苇。

这个月命主管山林川泽之官征集各地应缴的草料，用来喂养祭祀用的牺牲，让民众使出全力割刈，来供给祭祀皇天上帝、名山大川、四方神祇以及宗庙社稷，为民众祈求福利之用。

这个月命妇官从事染色彩绘，各种颜色的配合必须依照习惯的方法，不能有一点儿差错。黑黄青红，必用真材实料，不允许有一点儿诈伪，用来供给祭祀上天、祖先的礼服和旗帜，可以据此区别出贵贱不同的等级。

这个月树木长得最茂盛，命令掌管山泽的官吏进山巡查森林，不许有砍伐树木的事发生。同时不可以进行治水、筑城等工程，不可以会合诸侯，起兵动众，不要做这些事而摇动长养之气，不要发布悖时的命令来妨碍神农的工作。这时雨水正盛，神农借此竭力助长万物，如果做那些大事就会招来上天的惩罚。

这个月土地湿润，天气潮湿闷热，大雨经常下。如果先割掉野草，让它晒干，大雨来时淹没野草，加上日晒，如同热水一样，有利于除草，又可以对土壤施肥，并修整耕地。

季夏六月行春令，谷实稀少、零落，国内之人多患风寒咳嗽，民众多迁徙流散；行秋令，就会高地、低地常遭水淹，庄稼不能成熟，常有失女之灾；行冬令，就会热天时有风寒，鹰隼之鸟早就开始搏杀，边境也时常遭敌人侵犯。

一年之中央属土行，它的天干是戊己，中央之帝是黄帝，中央之神是后土，动物为倮虫，五音在于宫，十二律应在黄钟。数为五，口味为甘，气味为香，祭祀对象为中霤，祭品以心脏为上。天子居住在明堂正中央大庙之大室。乘大车，驾的是黄马，打着黄色旗帜，穿黄色衣服，佩戴黄色玉佩。食物是稷和牛，用的器皿圆而宽大。

孟秋之月，日在翼，昏建星中，旦毕中。其日庚辛，其帝少皞，其神蓐收①，其虫毛②，其音商，律中夷则③。其数九，其味辛，其臭腥，其祀门，祭先肝。凉风至，白露降，寒蝉鸣④。鹰乃祭鸟，用始行戮⑤。天子居总章左个，乘戎路⑥，驾白骆⑦，载白旂，衣白衣，服白玉，食麻与犬⑧，其器廉以深⑨。

是月也，以立秋。先立秋三日，大史谒之天子曰："某日立秋，盛德在金。"天子乃齐。立秋之日，天子亲帅三公、九卿、诸侯、大夫以迎秋于西郊。还反，赏军帅、武人于朝。天子乃命将帅选士厉兵⑩，简练桀俊⑪，专任有功，以征不义，诘诛暴慢，以明好恶，顺彼远方⑫。

是月也，命有司修法制，缮囹圄⑬，具桎梏，禁止奸，慎罪邪，务搏执⑭。命理瞻伤、察创、视折、审断⑮。决狱讼必端平，戮有罪，严断刑。天地始肃⑯，不可以赢⑰。

是月也，农乃登谷。天子尝新，先荐寝庙。命百官始收敛⑱，完堤防，谨壅塞，以备水潦。修宫室，坏墙垣⑲，补城郭。

是月也，毋以封诸侯，立大官，毋以割地，行大使，出大币。

孟秋行冬令，则阴气大胜，介虫⑳败谷，戎兵乃来；行春令，则其国乃旱，阳气复还，五谷无实；行夏令，则国多火灾，寒热不节，民多疟疾。

仲秋之月，日在角㉑，昏牵牛中，旦觜觿中㉒。其日庚辛，其帝少皞，其神蓐收，其虫毛，其音商，律中南吕。其数九，其味辛，其臭腥，其祀门，祭先肝。盲风至㉓，鸿雁来㉔，玄鸟归，群鸟养羞㉕。天子居总章大庙，乘戎路，驾白骆，载白旂，衣白衣，服白玉。食麻与犬。其器廉以深。

是月也，养衰老，授几杖，行糜粥饮食㉖。乃命司服具饬衣裳㉗，文绣有恒㉘，制有小大，度有长短，衣服有量㉙，必循其故，冠带有常。乃命有司申严百刑，斩杀必当，毋或枉桡㉚；枉挠不当，反受其殃。

是月也，乃命宰祝循行牺牲㉛，视全具㉜，案刍豢㉝，瞻肥瘠，察物色。必比类㉞，量小大，视长短，皆中度。五者备当，上帝其飨。天子乃难，以达秋气。以犬尝麻，先荐寝庙。

是月也，可以筑城郭，建都邑，穿窦窖㉟，修困仓㊱。乃命有司趣民收敛㊲，务畜菜，多积聚。乃劝种麦，毋或失时。其有失时，行罪无疑㊳。

是月也，日夜分，雷始收声，蛰虫坏户，杀气浸盛㊴，阳气日衰，水始涸。日夜分，则同度量，平权衡，正钧石，角斗甬。

是月也，易关市㊵，来商旅㊶，纳货贿，以便民事。四方来集，远乡皆至，则财不匮，上无乏用，百事乃遂。凡举大事，毋逆大数㊷，必顺其时，慎因其类。

仲秋行春令，则秋雨不降，草木生荣，国乃有恐；行夏令，则其国乃旱，蛰虫不藏，五谷复生；行冬令，则风灾数起，收雷先行㊸，草木蚤死。

季秋之月，日在房㊹，昏虚中㊺，旦柳中。其日庚辛，其帝少皞，其神蓐收，其虫毛，其音商，律中无射㊻。其数九，其味辛，其臭腥，其祀门，祭先肝。鸿雁来宾㊼，爵入大水为蛤㊽，鞠有黄华㊾，豺乃祭兽戮禽。天子居总章右个，乘戎路，驾白骆，载白旂，衣白衣，服白玉。食麻与犬，其器廉以深。

是月也，申严号令，命百官贵贱无不务内㊿，以会天地之藏51，无有宣出52。乃命冢宰，农事备收，举五谷之要，藏帝藉之收于神仓，祗敬必饬53。

是月也，霜始降，则百工休。乃命有司曰："寒气总至，民力不堪，其皆入室。"上丁，命乐正入学习吹。

是月也，大飨帝54，尝55，牺牲告备于天子。合诸侯，制百县56，为来岁受朔日57，与诸侯所税于民轻重之法，贡职之数，以远近土地所宜为度，以给郊庙之事，无有所私。

是月也，天子乃教于田猎，以习五戎58，班马政59。命仆及七驺咸驾60，载旌、旄61，授车以级62，整设于屏外63，司徒搢扑64，北面誓之。天子乃厉饰65，执弓挟矢以猎，命主祠祭禽于四方66。

是月也，草木黄落，乃伐薪为炭。蛰虫咸俯在内，皆墐其户67。乃趣狱刑，毋留有罪。收禄秩之不当68、供养之不宜者69。

是月也，天子乃以犬尝稻，先荐寝庙。

季秋行夏令，则其国大水，冬藏殃败，民多鼽嚏70；行冬令，则国多盗贼，边竟不宁，土地分裂；行春令，则暖风来至，民气解惰，师兴不居71。

【注释】

①蓐收：西方之神，意为秋时万物摧萎而收敛。　②毛：兽类。　③夷则：十二律之一。
④寒蝉：蝉的一种，夏末秋初在树上叫。　⑤用始：《吕氏春秋》作"始用"。戮：杀。
⑥戎路：兵车，以白色作装饰。　⑦骆：白马黑鬃。　⑧麻：大麻，古代九谷之一。　⑨廉：平直有边角。　⑩厉兵：磨砺兵器。　⑪简练：挑选。　⑫顺：顺服、驯服。这里是使动意

义。　⑬缮：修缮。　⑭搏执：捕捉拘禁。　⑮理：管理监狱的官吏。蔡邕说："皮曰伤，肉曰创，骨曰折，骨肉皆绝曰断。"　⑯肃：天气寒凉，草木萎缩、凋落。　⑰赢：缓、松懈。　⑱收敛：收聚、收藏。这里指秋季农作物的收获。　⑲坏（péi）：通"培"。　⑳介虫：甲虫。　㉑角：星宿名，二十八宿中东方七宿之一，今属室女座。　㉒觜觿（zīxī）：星宿名，二十八宿中西方七宿之一，今属猎户座。　㉓盲风：疾风。　㉔鸿雁来：此句"来"字疑有误，似应为"去"。　㉕羞：美味食品。　㉖行：赐。糜：碎、烂。　㉗司服：掌管衣服之官。　㉘文绣：指祭服。文：画祭服之制，画衣而绣裳。　㉙衣服：朝、燕及其他衣服。量：指大小长短等。　㉚枉桡：屈曲、弯曲。　㉛宰祝：主管祭祀之官。宰：大宰。祝：大祝。　㉜全：纯色。具：整体。　㉝刍：用草喂养。豢：用谷喂养。　㉞比类：比照祭祀的种类。　㉟穿：开凿、挖掘。窦：椭圆地洞。窖：方形地洞。　㊱囷（qūn）：圆形谷仓。仓：方形谷仓。　㊲趣（cù）：古通"促"，催促。　㊳罪：罚。　㊴浸：渐。　㊵易：给予便利。　㊶来：招致。　㊷大数：天道。　㊸收雷：收声之雷。先行：提早发声。　㊹房：星宿名，二十八宿中东方七宿之一，今属天蝎座。　㊺虚：星宿名，二十八宿中北方七宿之一，今分属宝瓶座、小马座。　㊻无射（yì）：十二律之一。　㊼来宾：指雁停留未去。　㊽爵（què）：古通"雀"。大水：指海水。蛤（há）：蛤蜊、文蛤等软体动物。　㊾鞠：《吕氏春秋》作"菊"。　㊿务内：从事收敛。内：纳、收缴。　51会：合。　52宣出：宣露散出。　53祗敬：恭敬。祗：敬。　54大飨帝：在明堂礼上天之帝。　55尝：宗庙秋祭，遍祭群神。　56制：合。　57受：授、给予、付与。　58五戎：五种兵器，即弓矢、殳、矛、戈、戟。　59马政：用马的方法。　60驺（zōu）：喂马兼驾驭的人。　61旐（zhào）：画有龟蛇的旗。　62级：级别、等别。　63整设：整队排列。　64揊：插。扑：教刑之具。　65厉饰：戎服威武。　66主祠：掌祭祀之官。　67墐（jìn）：用泥土涂塞门窗孔隙。　68禄秩：有位而有常禄。　69供养：无常禄而国家供给。　70鼽（qiú）嚏：鼻黏膜因受刺激而打喷嚏，即俗所谓伤风。　71不居：无休止。

【译文】

　　孟秋七月，太阳的位置在翼宿，黄昏时，斗宿在南方天中，黎明时，毕宿在南方天中。秋季的天干是庚辛，秋之帝是少皞，金神是蓐收，秋之虫是兽类，五音合于商音，十二律应在夷则。数是土加金为九，口味为辛，气味为腥，祭祀对象为门，祭品以肝脏为上。凉风吹来，白露出现，寒蝉鸣叫。鹰杀死鸟，开始杀戮。天子居住总章左边之室，乘兵车，驾白马，打白旗，穿白衣，佩白色玉佩。食物是大麻和犬，用的器皿平直有边角而且深。

　　这个月定立秋的节气。立秋前三天，太史谒见天子说："某日立秋，金德为令。"天子于是斋戒。立秋那天，天子亲自率领三公、九卿、诸侯、大夫在西郊举行迎秋之礼。礼毕回来，在朝廷上赏赐军帅武人。天子顺此时气，命令将帅挑选士兵，磨砺武器，选择有才有勇之人，专门任用有战功之人，来征伐不义之国，责罚暴虐悖慢之人，分清好坏，这才能使那些远方的人顺服。

这个月命有关官吏修正法制，修缮监狱，准备镣铐，禁绝奸慝邪恶行为，有就抓捕拘禁。同时命管理监狱官吏，视察那些受过轻重刑法而伤、创、折、断的囚犯。判决罪案必求正直公平，杀戮有罪的人，须审慎定刑。这时正是肃杀天气，不可懈怠。

这个月农官献上新谷，天子品尝时鲜的东西，必先献于寝庙。此时命百官收获秋季农作物，修补堤防，严禁堵塞，以防备雨水，修理宫室，增筑墙垣，补葺城郭。

这个月不可以封诸侯，立大官，不要做割地、出使、赐币等事。

孟秋行冬令，阴气太重，甲虫会祸害庄稼，故国军队会来犯；行春令，就天旱不雨，阳气又来，五谷不能结实；行夏令，就会国内经常发生火灾，寒热失去调节，民众多患疟疾。

仲秋八月，太阳的位置在角宿，黄昏时牛宿在南方天中，黎明时觜宿在南方天中。秋季的天干是庚辛，秋之帝是少皞，金神是蓐收。秋之虫是兽类，五音合商音，十二律应在南吕。数是土加金为九，口味为辛，气味为腥，祭祀对象为门，祭品以肝脏为上。疾风吹来了，鸿雁南去，燕子南归，群鸟养大可作美味食品。天子居住在总章大庙，乘兵车，驾白马，打白旗，穿白衣，佩白色玉佩。食物是大麻和犬，用的器皿平直有边角而且深。

这个月养护衰老的人，授给几杖，赐给糜粥作饮食。命掌管衣服之官，祭服全部整饬，绘画、刺绣、大小、长短都有一定的制度。朝燕及其他衣服的大小、长短，冠带样式，必须遵循成法。命管理监狱之官，重申戒令，使属下谨慎用刑，或斩或杀，必求至当，不要有任何枉曲；若有枉曲不当，司法之人要反受惩罚。

这个月要命令大宰大祝察看祭祀用的牺牲，看其毛色是否纯一，肢体是否完整，所食的草谷饲料是否充足，牺牲的肥瘦情形及颜色或黑或黄，然后比照祭祀的种类、用牲的要求，二者要相当。量度大小长短，均合乎标准。体型、肥瘠、物色、小大、长短全都合适，上帝才享用。此时天子举行傩祭，来通达秋气。天子品尝大麻，并配以犬，先献于寝庙。

这个月可以修筑内外城墙，建造城邑，挖掘椭圆或方形的地洞，修葺草围谷仓。命令司农之官，催促民众收藏谷物、存储干菜，多多积蓄过冬的粮食。鼓励种麦，不要荒误时日。如有误时的，实施惩罚毫无疑问。

这个月白天和黑夜的时间均等，不再有雷声。昆虫增添洞口的泥土准备蛰藏。肃杀之气渐深，阳气一天天减少，水开始枯干。当这日夜平分的时候，正好校正各种度量衡用具。

这个月宽减关口稽查和市场税收，以招徕各地商人旅客，购进他们带来的货物，以便利民众生活日用。四方的人来这里聚集，远方的人也来到这里，那么财用不会匮乏。国家不缺乏使用，任何事情都可办成。凡是劳民动众的事情，不可违犯天道，必须顺时行事，要找到合适的时间再举办类似的大事。

仲秋行春令就会不下秋雨，草木又再开花，国内常有火灾等祸事；行夏令就会国内大旱，昆虫不藏，五谷重新发芽；行冬令，就会风灾频繁发生，雷声响起，草木早死。

季秋九月，太阳的位置在房宿，黄昏时虚宿在南方天中，黎明时柳宿在南方天中。秋季的天干是庚辛，秋之帝是少皞，金神是蓐收。秋之虫是兽类，五音合于商音，十二律应在无射。数是土加金为九，口味为辛，气味为腥，祭祀对象为门，祭品以肝脏为上。鸿雁来后停留未去，雀入大海化为蛤，秋菊开出黄花，豺杀戮禽兽。天子居住在总章右边之室，乘兵车，驾白马，打白旗，穿白衣，佩白色玉佩。食物为大麻和犬，用的器皿平直有边角而且深。

这个月重申加紧号令，命百官都从事收缴工作，来配合天地即将收藏的季节，不能有宣露散出的行为。命令冢宰在农作物全数收齐之后，登记五谷收入簿记，并把藉田的收获恭敬严肃地贮藏于神仓。

这个月开始降霜，各种工艺匠人都休息。命有关官吏说："寒气会忽然到来，人们的体力不能忍受，应该离开田野回到屋里。"第一个丁日，命乐正到国学里教练管乐。

这个月举行大飨五帝和遍祭群神的尝祭，所用牺牲完备后，就报告天子。天子于是命各诸侯和畿内的各县官，颁布来年的朔日。同时，诸侯国内税率的轻重，贡献物品的多少，应依其距离远近和土地大小而制定等差，用来供给祭神祭祖，不能由个人决定。

这个月天子在田猎时教民众阵法，操练各种兵器以及用马的方法。命仆夫、御者将七种车都驾好，插上旗帜，依职位高低分派车辆，整队排列于猎场的屏障之外。司徒把教刑用具插在腰间，向着北面发誓。天子披戴盔甲，拿着弓矢来打猎，命主管祭祀之官向四方祭禽兽。

这个月草木枯黄落叶，可以砍柴烧炭。过冬的昆虫都蜷屈洞内，都用泥封了洞口。于是加紧处理狱刑案件，有罪的加以断决，收回虚报的俸禄和无功受禄人之所得。

这个月天子品尝新稻，并配以犬，先献于寝庙。

季秋行夏令，国内会有大水灾，冬藏的东西都将毁坏，民众常患伤风；行冬令，国内多盗贼，边境不安宁，土地为敌国所占；行春令，暖风重来，民众感到困倦，战争发生，不能止息。

孟冬之月，日在尾，昏危中，旦七星中。其日壬癸，其帝颛顼，其神玄冥①。其虫介②，其音羽，律中应钟③。其数六，其味咸，其臭朽④。其祭行⑤，祭先肾。水始冰，地始冻。雉入大水为蜃⑥，虹藏不见。天子居玄堂左个，乘玄路，驾铁骊⑦，载玄斾，衣黑衣，服玄玉。食黍与彘，其器闳以奄⑧。

是月也，以立冬。先立冬三日，大史谒之天子曰："某日立冬，盛德在水。"天子乃齐。立冬之日，天子亲帅三公、九卿、大夫以迎冬于北郊。还反，赏死事⑨，恤孤寡⑩。

是月也，命大史衅龟策⑪，占兆审卦⑫，吉凶是察，阿党则罪⑬，无有掩蔽。

是月也，天子始裘。命有司曰："天气上腾，地气下降，天地不通，闭塞而成冬。"命百官谨盖藏。命司徒循行积聚⑭，无有不敛⑮。坏城郭，戒门闾，修键闭，慎管籥，固封疆，备边竟，完要塞，谨关梁，塞徯径。饬丧纪⑯，辨衣裳，审棺椁之薄厚，茔丘垄之大小、高卑、厚薄之度⑰，贵贱之等级。

是月也，命工师效功⑱，陈祭器，按度程。毋或作淫巧以荡上心，必功致为上⑲。物勒工名⑳，以考其诚。功有不当㉑，必行其罪，以穷其情㉒。

是月也，大饮烝㉓。天子乃祈来年于天宗㉔，大割祠于公社及门闾㉕，腊㉖先祖五祀，劳农以休息之。天子乃命将帅讲武，习射御，角力㉗。

是月也，乃命水虞、渔师收水泉池泽之赋㉘，毋或敢侵削众庶兆民，以为天子取怨于下。其有若此者，行罪无赦。

孟冬行春令，则冻闭不密，地气上泄，民多流亡；行夏令，则国多风暴，方冬不寒，蛰虫复出；行秋令，则雪霜不时，小兵时起，土地侵削。

仲冬之月，日在斗，昏东辟中㉙，旦轸中㉚。其日壬癸，其帝颛顼，其神玄冥，其虫介，其音羽，律中黄钟。其数六，其味咸，其臭朽，其祀行，祭先肾。冰益壮，地始坼㉛，鹖旦不鸣㉜，虎始交㉝。天子居玄堂大庙，乘玄路，驾铁骊，载玄旂，衣黑衣，服玄玉。食黍与彘，其器闳以奄。

饬死者㉞。命有司曰："土事毋作，慎毋发盖，毋发室屋及起大众，以固而闭。地气沮泄㉟，是谓发天地之房，诸蛰则死，民必疾疫，又随以丧，命之曰畅月。"

中华藏书

四书五经·最新校勘精注今译本

中国书店

是月也，命奄尹申宫令㊱，审门闾，谨房室，必重闭㊲，省妇事，毋得淫㊳。虽有贵戚近习㊴，毋有不禁。乃命大酉秫稻必齐㊵，曲蘖必时㊶，湛炽必洁㊷，水泉必香，陶器必良，火齐必得㊸。兼用六物㊹，大酉监之，毋有差贷。天子命有司祈祀四海、大川、名源、渊泽、井泉。

是月也，农有不收藏积聚者，马牛畜兽有放佚者，取之不诘㊺。山林薮泽㊻，有能取蔬食㊼，田猎禽兽者，野虞教道之。其有相侵夺者，罪之不赦。

是月也，日短至。阴阳争，诸生荡㊽。君子齐戒，处必掩身㊾，身欲宁，去声色，禁耆欲，安形性，事欲静，以待阴阳之所定。芸始生㊿，荔挺出㉛，蚯蚓结㉜，麋角解，水泉动。日短至，则伐木，取竹箭。

是月也，可以罢官之无事，去器之无用者。涂阙廷、门闾㉝，筑囹圄，此以助天地之闭藏也。

仲冬行夏令，则其国乃旱，氛雾冥冥㉞，雷乃发声；行秋令，则天时雨汁㉟，瓜瓠不成，国有大兵；行春令，则蝗虫为败，水泉咸竭，民多疥疠㊱。

季冬之月，日在婺女，昏娄中㊲，旦氐中㊳。其日壬癸，其帝颛顼，其神玄冥，其虫介，其音羽，律中大吕。其数六，其味咸，其臭朽，其祀行，祭先肾。雁北向，鹊始巢，雉雊鸡乳㊴。天子居玄堂右个，乘玄路，驾铁骊，载玄旂，衣黑衣，服玄玉。食黍与彘，其器闳以奄。命有司大难，旁磔㊵，出土牛㊶，以送寒气。征鸟厉疾㊷。乃毕山川之祀，及帝之大臣㊸，天之神祇㊹。

是月也，命渔师始渔。天子亲往，乃尝鱼，先荐寝庙。冰方盛，水泽腹坚㊺，命取冰，冰以入。令告民出五种㊻，命农计耦耕事㊼，修耒耜，具田器。命乐师大合吹而罢。乃命四监收秩薪柴，以共郊庙及百祀之薪燎㊽。

是月也，日穷于次㊾，月穷于纪㊿，星回于天，数将几终㊱，岁且更始㊲，专而农民㊳，毋有所使。天子乃与公卿大夫共饬国典，论时令，以待来岁之宜。乃命大史次诸侯之列㊴，赋之牺牲㊵，以共皇天、上帝、社稷之飨。乃命同姓之邦共寝庙之刍豢㊶。命宰历卿大夫至于庶民㊷，土田之数，而赋牺牲，以共山林名川之祀。凡在天下九州之民者，无不咸献其力，以共皇天、上帝、社稷、寝庙、山林、名川之祀。

季冬行秋令，则白露蚤降，介虫为妖㊸，四鄙入保；行春令，则胎夭多伤，国多固疾㊹，命之曰逆；行夏令，则水潦败国，时雪不降，冰冻消释。

【注释】

①玄冥：水神。传说为少皞之子。　②介：甲壳类动物，以龟为首。　③应钟：十二律之

一。　④朽：郑玄说，气若有若无为朽。　⑤行：宫内道路之神。《白虎通》、《淮南子》及蔡邕《独断》皆云"冬祀井"。依后者。　⑥大水：指淮河。蜃：大蛤。　⑦铁骊：马色黑如铁。　⑧奄：覆盖。　⑨死事：为国捐躯的人。　⑩孤寡：为国捐躯者的妻子儿女。　⑪衅（xìn）：血祭，即用牲血祭祀。　⑫卦：筮所得结果。　⑬阿（ē）：逢迎上意。党：朋比为奸。　⑭积聚：禾稼露天堆积的。　⑮敛：放入仓。　⑯丧纪：丧事的规格。　⑰茔：墓域。丘垄：坟墓封土而高。　⑱效功：呈缴百工制作的器物。　⑲功致：精巧细致。　⑳勒（lè）：雕刻、刻。　㉑功有不当：用材精美而器不坚固。　㉒穷：揭穿。情：情形。　㉓饮烝：十月天子诸侯与群臣在大学饮酒。烝：把牲体盛放在俎上。　㉔天宗：日月星辰。　㉕大割：大杀群牲而割之。公社：社以上公家配祭，故名。这指天子祭祀天地鬼神的地方。　㉖腊：祭名。献田猎之兽名腊。　㉗角力：较量勇力。　㉘水虞：管理湖泊沼泽的官。　㉙东壁：壁宿，二十八宿中北方七宿之一，今分属仙女座和飞马座。　㉚轸：星宿名，二十八宿中南方七宿之一，今属乌鸦座。　㉛坼（chè）：裂开。　㉜鹖（hé）旦：鸟名。　㉝交：交尾。　㉞《吕氏春秋》无此句。　㉟沮：《吕氏春秋》作"且"。　㊱奄尹：主领太监之官。　㊲重（chóng）闭：内外关闭。　㊳淫：女人从事制作奢侈怪异的物品。　㊴近习：天子宠信之人。　㊵大酋：酒官之长。酋：酒熟。秫稻：制酒原料。必齐：秫稻不杂秕稗。　㊶曲蘖（qū niè）：酒曲。必时：必须达到一定的发酵时间。　㊷湛：渍米。炽：炊蒸。　㊸火齐：火候，指温度调节。　㊹六物：火齐、必时、必洁、必香、必良、必得六事。　㊺诘：追究。　㊻数：高诱说，无水曰数，有水曰泽。　㊼蔬食：草木的果实。　㊽荡：植物萌动而生芽。　㊾《吕氏春秋》此句无"身"字。掩：闭藏。　㊿芸：香草。　51荔挺：草名。郑玄说是"马薤"。　52结：屈。　53涂：堵塞。　54氛雾：雾气。冥冥：昏暗。　55雨汁：雨雪杂下。　56疥：疥疮。疠：恶疮。　57娄：星宿名，二十八宿中西方七宿之一，今属白羊座。　58氐：星宿名，二十八宿中东方七宿之一，今属天秤座。　59雊：雄鸣叫。乳：孵化。　60旁磔：磔牲于国门之旁。　61出：制作。　62此句依姜兆锡说在"雉雊鸡乳"之后。征鸟：鹰。厉疾：猛厉迅疾。　63帝之大臣：先帝之大臣。　64天之神祇：风师雨伯之属。　65腹：水之深处。　66五种：五谷的种子。　67耦（ǒu）耕：两人并耕。泛指耕种。　68薪：烹饪用柴。燎：引火或照明用柴。　69穷：尽、完结。这里指日、月都走完了各自的一个过程。次：太阳运行过程中经过、停留的地方。　70纪：会，指日月会合处。　71几：近、将近。　72且：将要。更始：从头开始。　73专：使用。而：你、你们。　74次：按顺序排列等次。列：国家之大小。　75赋：征收。　76牺牷：指牺牲。　77历：同"次"。　78介虫：鳖蟹之类。　79固疾：不易治愈的病。

【译文】

孟冬十月，太阳的位置在尾宿，黄昏时危宿在南方天中，黎明时星宿在南方天中。冬季的天干是壬癸，冬之帝是颛顼，水神是玄冥。冬之虫是介虫（甲壳类虫），五音合于羽音，十二律应在应钟。数是土加水为六，口味为咸，气味为朽。祭祀对象为井，祭品以肾脏为上。水开始结冰，地面开始冻裂。雉入淮河化为大蛤，彩虹躲藏起来不见了。天子居住在玄堂左边之室，乘黑车，驾黑马，打黑旗，穿黑衣，佩戴黑色玉佩。食物为黍子和猪，用的器皿宽大而有盖子。

这个月定立冬的节气。立冬前三日，太史谒见天子曰："某日立冬，水德当令。"天子于是斋戒。立冬的那天，天子亲自率领三公、九卿、大夫在北郊举行迎冬之礼。礼毕返回，奖赏为国捐躯的人，抚恤他们的妻子儿女。

这个月命太史祭祷龟与筮，审查龟所表示的兆和所布列的卦，察明是凶是吉。逢迎上意或朋比为奸的人就要治罪，使其不能隐匿、蒙蔽。

这个月天子开始穿皮裘。命有关官吏说："天气上腾，地气下降，上下不能通达，各自闭塞就成为冬天。"因此命令百官小心储藏工作。命司徒巡查各处是否有堆积在外的禾稼，都要放入囷仓。增筑城郭，警戒门闾，修理门闩，小心锁钥，巩固封疆，防备边境，完缮要塞，谨慎关门津梁，堵塞禽兽之道。整饬丧事的规格，备办衣裳，察看棺椁厚薄，墓域大小，坟墓高低的情况，要合乎贵贱等级。

这个月命工师呈缴百工制作的器物，陈列祭器，考查其样式法度，不准制作奢侈奇巧的物品惑乱上心，必须以精巧细致为上。物品刻上工匠的名字，来验证其真功夫。如果用材精美而器不坚固，必须课以应得之罪，来揭穿他的诈伪情形。

这个月举行大规模饮烝之礼。天子向天宗祈求来年，大杀群牲祭祷于公社门闾及先祖、五祀等神，并慰劳辛苦的农民，让其休息。天子命令诸将帅讲习武功，操练射御并较量勇力。

这个月命管理湖泊的官吏和渔师，收取水泉池泽的赋税。如有敢于侵夺庶民百姓的利益，因而使他们归怨于天子的，必施行责罚，决不宽赦。

孟冬行春令，就会冻闭得不紧密，而地气随着向上发泄，民众多流失逃亡；行夏令，则国内经常有风暴，正值冬季而不寒冷，蛰伏的虫类又重新出土；行秋令，就会雪霜下得不合时，并有刀兵之警，国土常被侵夺。

仲冬十一月，太阳的位置在斗宿，黄昏时壁宿在南方天中，黎明时轸宿在南方天中。冬季的天干是壬癸，冬之帝是颛顼，水神是玄冥。冬之虫是介虫，五音合于羽音，十二律应在黄钟。数是土加水为六，口味为咸，气味为朽。祭祀对象为井，祭品以肾脏为上。冰冻得更加结实，地面冻得开始裂开，鹖旦不再鸣叫，老虎开始交尾。天子居住在玄堂大庙，乘黑车，驾黑马，打黑旗，穿黑衣，佩黑色玉佩。食物是黍子和猪，用的器皿宽大而有盖子。

命令有关官吏说："凡土地诸事不可兴作，有盖子的地方和房屋宫室不可揭开覆盖的东西，也不可劳民动众，来固定阴气的闭藏。否则地气将要发泄，这就是发天地之房，诸多蛰虫就会死掉。不和之邪气泄出传染于人，就成为瘟疫，甚至死亡，名之为畅月。"

这个月命太监首领重申宫内法令，查看门间开合、房室封闭的情况，必须做到宫内外均关闭。同时减少妇女们的劳动，不要制作奢侈怪异的物品，保养阴气。即使是尊贵的亲戚或天子宠信的人，都服从这个禁令。命令酿酒的大酋监督酿酒过程：秫稻必须纯净，酒曲必须适度，渍米炊蒸必须清洁，使用泉水必须甘甜，贮酒陶器必须完好，酿造时间必须充分。以上六项，大酋负责监察，不可有一点差误。天子命典礼官吏祭祀四海、大川、河源、深泽、井泉的神。

这个月农民如有不收藏露天堆积的谷物，马牛畜兽仍散放在外面的，任人取之而不追究。山林薮泽之中，如有可以捡取的草木果实，或围猎鸟兽的，主管田野山林的官吏教育民众获取。如果互相侵夺，治罪而不宽赦。

这个月，白天最短，正是阴阳互为消长的时候，各种植物萌动而生芽。君子要斋戒，居处闭藏，休养身体，摒弃声色娱乐，禁止嗜好欲望。稳定身心，不妄动作，听候阴阳消长。这时芸草始生，荔挺抽芽，蚯蚓蜷曲土中，麋角脱落，水泉流动。白天最短时，可以伐木取竹箭。

这个月，可以罢免无事可做的冗官，废弃无用的器物。关闭堵塞宫阙门间，修筑牢狱，这是用来助成天地闭藏之气。

仲冬行夏令，那么国内将有大旱，雾气冥冥，就会有雷声；行秋令，就经常雨雪交下，瓜瓠不能结实，国内有大战役发生；行春令，就会蝗虫毁害庄稼，水泉枯涸，民众皮肤多病。

季冬十二月，太阳的位置在女宿，黄昏时娄宿在南方天中，黎明时氐宿在南方天中。冬季的天干是壬癸，冬之帝是颛顼，水神是玄冥。冬之虫是介虫，五音合于羽音，十二律应在大吕。数是土加水为六，口味为咸，气味为朽。祭祀对象为井，祭品以肾脏为上。雁向着北方，鹊开始筑巢。雉鸣叫，鸡孵化，鹰鸟变得猛厉迅疾。天子居住在玄堂右边之室，乘黑车，驾黑马，打黑旗，穿黑衣，佩戴黑色玉佩，食物是黍子和猪，用的器皿宽大而有盖子。命典礼之官举行傩祭，磔牲于国门之旁，并制作土牛以送寒气。于是结束一年之中对山川神鬼的祭祀。

这个月命渔师开始打鱼，天子亲自前往，开始尝鱼，先贡献于宗庙。这时天寒地冻，有水的地方凝结很厚的冰。天子命人取冰，冰块放入凌室。命农官告示民众，挑选出五谷的种子，计划耦耕之事，修理耒耜，备办耕田用具。命乐师举行管乐大合奏，然后放学。命主管山林川泽的官吏，收缴民众应供薪柴，来供给祭天祭祖及各种祭祀的烹饪、引火或照明之用。

这个月，日月星辰都运行了一周匝，一年的天数将近结束，新年即将从头开始。专使用你们农民，不再有别的劳役。此时天子公卿大夫共同修订国家法典，论次四时的政纲，使能适合来年的应用。命太史排列大小诸侯的次序，使其如数献上牺牲，来供给皇天、上帝、社稷祭祀之用。命同姓之国，供给祭祀宗庙所用的牺牲。又命小宰排列卿大夫禄田次序及百姓土地数量多少，使其供给祭祀山林名川所用的牺牲。总之，天下九州之人都要尽力贡献，用来供给祭祀皇天、上帝、社稷、宗庙及山林名川所用的物品。

季冬行秋令，就白露早降，甲壳动物作怪，四境民众避兵躲入城堡；行春令，母腹中的动物多伤败，国内民众多患不易治愈的病，叫做"逆"；行夏令，就会有水灾，该下雪而不下，冰冻也融化了。

曾 子 问①

曾子问曰："君薨而世子生，如之何？"孔子曰："卿、大夫、士从摄主②，北面，于西阶南。大祝裨冕③，执束帛④，升自西阶，尽等⑤，不升堂，命毋哭。祝声三⑥，告曰：'某之子生⑦，敢告。'升，奠币于殡东几上⑧，哭降。众主人、卿、大夫、士，房中皆哭，不踊⑨，尽一哀，反位，遂朝奠。小宰升⑩，举币。三日，众主人、卿、大夫、士如初位，北面，大宰、大宗、大祝皆裨冕，少师奉子以衰⑪，祝先，子从，宰、宗人从，入门，哭者止。子升自西阶，殡前北面，祝立于殡东南隅。祝声三，曰：'某之子某⑫，从执事敢见。'子拜稽颡，哭，祝、宰、宗人、众主人、卿、大夫、士哭，踊三者三⑬，降，东反位，皆袒。子踊，房中亦踊三者三，袭，衰，杖，奠，出⑭。大宰命祝、史以名遍告于五祀、山川。"

曾子问曰："如已葬而世子生，则如之何？"孔子曰："大宰、大宗从大祝而告于祢⑮。三月，乃名于祢，以名遍告，及社稷、宗庙、山川。"

孔子曰："诸侯适天子，必告于祖⑯，奠于祢⑰，冕而出视朝⑱。命祝、史告于社稷、宗庙、山川，乃命国家五官而后行⑲，道而出⑳。告者五日而遍㉑，过是非礼也㉒。凡告用牲、币㉓，反亦如之。诸侯相见，必告于祢，朝服而出视朝。命祝、史告于五庙、所过山川㉔，亦命国家五官道而出。反必亲告于祖、祢，乃命祝、史告至于前所告者㉕，而后听朝而入㉖。”

曾子问曰：“并有丧㉗，如之何？何先何后？”孔子曰：“葬，先轻而后重，其奠也，先重而后轻，礼也。自启及葬不奠㉘，行葬不哀次，反葬奠，而后辞于殡㉙，遂修葬事㉚。其虞也㉛，先重而后轻，礼也。”

孔子曰：“宗子虽七十㉜，无无主妇；非宗子，虽无主妇可也。”

曾子问曰：“将冠子，冠者至㉝，揖让而入，闻齐衰、大功之丧，如之何？”孔子曰：“内丧则废㉞。外丧则冠而不醴㉟，彻馔而埽㊱，即位而哭。如冠者未至，则废。如将冠子而未及期日，而有齐衰、大功、小功之丧，则因丧服而冠。”“除丧不改冠乎？㊲”孔子曰：“天子赐诸侯、大夫冕弁服于大庙，归设奠，服赐服。于斯乎有冠醮，无冠醴㊳。父没而冠，则已冠埽地而祭于祢㊴，已祭而见伯父叔父，而后飨冠者。”

曾子问曰：“祭如之何则不行旅酬之事矣㊵？”孔子曰：“闻之，小祥者，主人练祭而不旅，奠酬于宾㊶，宾弗举，礼也。昔者鲁昭公练而举酬行旅，非礼也；孝公大祥㊷，奠酬弗举，亦非礼也。”

曾子问曰：“大功之丧，可以与于馈奠之事乎㊸？”孔子曰：“岂大功耳，自斩衰以下皆可㊹，礼也。”曾子曰：“不以轻服而重相为乎㊺？”孔子曰：“非此之谓也。天子诸侯之丧，斩衰者奠㊻，大夫齐衰者奠㊼，士则朋友奠㊽。不足则取于大功以下者㊾，不足则反之。”曾子问曰：“小功可以与于祭乎㊿？”孔子曰：“何必小功耳，自斩衰以下与祭，礼也。”曾子曰：“不以轻丧而重祭乎？”孔子曰：“天子诸侯之丧祭也，不斩衰者不与祭，大夫齐衰者与祭。士祭不足，则取于兄弟大功以下者。”曾子问曰：“相识，有丧服可以与于祭乎？”孔子曰：“缌不祭(51)，又何助于人？”曾子问曰：“废丧服，可以与于馈奠之事乎？”孔子曰：“说衰与奠(52)，非礼也，以摈相可也(53)。”

曾子问曰：“昏礼既纳币(54)，有吉日(55)，女之父母死，则如之何？”孔子曰：“婿使人吊。如婿之父母死，则女之家亦使人吊。父丧称父，母丧称母(56)。父母不在，则称伯父世母(57)。婿已葬(58)，婿之伯父致命女氏曰：‘某之子有父母之丧，不得嗣为兄弟(59)，使某致命。’女氏许诺而弗敢嫁(60)，礼也。婿免丧(61)，女之父母使人请，婿弗取而后嫁之，礼也。女之父母死，婿亦如之。”

曾子问曰：“亲迎，女在涂，而婿之父母死，如之何？”孔子曰：“女改服，布深衣，缟总(62)，以趋丧。女在涂，而女之父母死，则女反。”“如婿亲迎，女未至，而有齐衰、大功之丧，则如之何？"孔子曰："男不入，改服于外次^{⑥③}；女人，改服于内次；然后即位而哭。"曾子问曰："除丧则不复昏礼乎？"孔子曰："祭过时不祭，礼也。又何反于初？"

孔子曰："嫁女之家，三夜不息烛^{⑥④}，思相离也。取妇之家，三日不举乐，思嗣亲也^{⑥⑤}。三月而庙见，称'来妇'也。择日而祭于祢，成妇之义也。"曾子问曰："女未庙见而死，则如之何？"孔子曰："不迁于祖^{⑥⑥}，不祔于皇姑^{⑥⑦}，婿不杖、不菲、不次^{⑥⑧}，归葬于女氏之党，示未成妇也。"

曾子问曰："取女，有吉日而女死，如之何？"孔子曰："婿齐衰而吊，既葬而除之。夫死亦如之。"

曾子问曰："丧有二孤^{⑥⑨}，庙有二主^{⑦⓪}，礼与？"孔子曰："天无二日，土无二王。尝、禘、郊、社，尊无二上，未知其为礼也。昔者齐桓公亟举兵^{⑦①}，作伪主以行^{⑦②}，及反，藏诸祖庙。庙有二主，自桓公始也。丧之二孤，则昔者卫灵公适鲁^{⑦③}，遭季桓子之丧^{⑦④}，卫君请吊。哀公辞，不得命。公为主，客入吊，康子立于门右，北面。公揖让，升自东阶，西向，客升自西阶吊，公拜，兴哭，康子拜稽颡于位。有司弗辩也^{⑦⑤}。今之二孤，自季康子之过也。"

曾子问曰："古者师行，必以迁庙主行乎^{⑦⑥}？"孔子曰："天子巡守，以迁庙主行，载于齐车^{⑦⑦}，言必有尊也。今也取七庙之主以行，则失之矣。当七庙五庙无虚主^{⑦⑧}。虚主者，唯天子崩，诸侯薨，与去其国，与祫祭于祖，为无主耳。吾闻诸老聃曰：'天子崩，国君薨，则祝取群庙之主而藏诸祖庙，礼也。卒哭成事，而后主各反其庙。君去其国，大宰取群庙之主以从，礼也。祫祭于祖，则祝迎四庙之主，主出庙入庙，必跸^{⑦⑨}。'老聃云。"曾子问曰："古者师行，无迁主，则何主？"孔子曰："主命^{⑧⓪}。"问曰："何谓也？"孔子曰："天子、诸侯将出，必以币、帛、皮、圭告于祖、祢^{⑧①}，遂奉以出，载于齐车以行。每舍，奠焉而后就舍。反必告，设奠，卒，敛币、玉，藏诸两阶之间，乃出。盖贵命也^{⑧②}。"

【注释】

①郑玄说：名为"曾子问"者，以其记所问多明于礼，故著姓名以显之。任铭善说：此亦以篇首字名篇也。　②摄主：代理作为丧事主人。摄：代理。丧事必须有主人。如死者无子嗣，以他人权充主人。　③裨（pí）冕：古代诸侯卿大夫觐见天子时著裨衣，戴玄冕，称为裨冕。但此处指的是麻冕，稍有不同。　④束帛：一束祭祀所供的帛。束：五匹，十端。　⑤尽等：走到台阶的最高一级。　⑥声三：发出声音通告神灵三次，使其听到，前来享用祭品。⑦某：指国君夫人某氏。　⑧奠：进献。　⑨房中：房中的妇女们。　⑩小宰：官名。《周礼》

为天官的属官，助大宰管理政令。后世称少宰，经传也单称宰。　⑪少师：负责扶养世子的官。子：指始生的世子。下言"子"者，均为少师捧着世子所做。　⑫前一"某"指国君夫人某氏，后一"某"指世子之名。　⑬哭踊三者三：三哭三踊的动作三遍。　⑭袭、衰、杖：袭而衰杖，成子之礼。这里指成为丧主。奠：朝奠。　⑮祢：父亲殡宫之神主。已葬，无灵柩，只有神主在，故告于主，同庙主之称，故称"祢"。　⑯祖：大祖。　⑰奠与祢：皆设奠以告之。言"告"与"奠"互见。　⑱冕：裨冕。　⑲五官：主管国事的五大夫。　⑳道：祭行道之神于国城之外，祈求道路无险阻。　㉑告：告祭。诸侯出而朝聘，往返皆举行告祭。　㉒是：这，指五日之限。　㉓牲币：郑玄说"牲"当为"制"。制币即束帛。　㉔五庙：诸侯五庙。　㉕告至：返回时告祭，言已返国。　㉖听朝：帝王主持朝会以听政。　㉗并有丧：父母或其他亲人同月死。　㉘启：将移柩埋葬，先请移柩时间。不奠：指先葬恩轻者，因恩重者尚未葬，故不设奠。　㉙殡：郑玄说，殡当为宾，声之误。辞于宾：告诉将要埋葬的日期。　㉚修：营修、筹划。　㉛虞：虞祭。　㉜宗子：嫡长子，主持宗庙祭祀之人。祭时必夫妇亲往，所以不可以没有主妇。　㉝冠者：为人行加冠之礼的人。　㉞内丧：同姓之丧。废：作罢。　㉟外丧：异姓之丧。醴礼有醮有醴，醮用清酒，醴用醴酒，冠礼醴重而醮轻。　㊱馔：陈设。埽（sǎo）：扫除。　㊲改冠：指补行冠礼而改吉服。　㊳无冠醴：即不设醴，也即不再行冠礼了。　㊴已冠埽地：行过冠礼之后布置祭告亡父之礼。　㊵旅酬：古时祭祀完毕要宴请，举杯酬谢，互相劝饮。旅：众。　㊶奠酬：主人洗盏斟酒以酬客人，客人接受后放置。后客人用放置的酒盏酬答长兄弟，就是奠酬。这里是讲客人不以劝酒为欢。　㊷大祥之时已可行奠酬。　㊸与：参与。馈奠：灵柩在殡宫时的祭奠。　㊹斩衰：古时丧服中最重的一种。五服（五种丧服）依重轻排列依次为：斩衰、齐衰、大功、小功、缌麻。　㊺轻服：不重视自己所服的丧服。重相为：重视参与别人的丧事。　㊻天子诸侯之丧，服丧者都是斩衰。　㊼大夫之家臣为大夫服丧，为避与天子丧同，服齐衰。　㊽朋友：僚属。士无家臣，所以僚属为之奠。　㊾不足：执事人数不够。大功：指异姓大功之亲。　㊿在殡之祭曰奠，出殡之后之奠曰祭。这里泛指。　51缌：缌麻。丧服中最轻的一种。　52说（tuō）：通"脱"，解脱。　53摈相：傧相。　54纳币：古时婚制有六礼：纳采、问名、纳吉、纳征、请期、亲迎。纳征即纳币。　55吉日：迎娶日期。　56称父、称母：用父或母的名义去吊丧。　57世母：伯母。　58已葬：埋葬死者完毕。　59兄弟：婚姻。　60嫁：另嫁他人。　61免：除去。　62缟：白绢。总：束发的带子，长八寸。　63外次：大门之外临时停留休息之处。　64息烛：指成寝，睡觉。　65嗣亲：宗嗣接续。　66迁：朝庙。　67皇姑：称丈夫的亡母。　68菲（fèi）：草鞋。　69孤：丧主。　70主：指神主。　71亟（qì）：屡次。　72伪主：假主。古时作战，必载迁庙之主同行，以示奉王之命。　73此处与史实不符，当是虚拟之辞。　74季桓子：名斯，是季康子（名肥）之父。　75辩：正、纠正。　76迁庙之主：祧内之神主，即嫡系祖先之最尊者。迁庙即祧。　77齐车：斋车，即祭祀时所乘的金辂。　78虚主：空虚的神主之位，即无主。　79跸（bì）：开路清道，禁止通行。　80主命：受命而出，以命为主。　81此句中"皮"字衍文。　82贵：尊、尊重。

　　曾子问道："国君死后停枢在殡宫，此时太子出生，怎么行礼？"孔子说："在太子出生那天，卿大夫都跟随摄主面朝北站在西阶的南边。大祝戴着麻冕，手里端着祭祀用的帛，登上西阶，到台阶尽头，不立即登堂，先吩咐大家停止哭泣，祝发出声音三次，向灵枢报告说：'夫人某氏生了太子，敢以奉告。'然后登堂，进献制币在灵枢东边的灵几上，哭泣着退下。死者的亲属、卿大夫士、房中的妇女们都号哭不顿足。哭过一阵以后，返回平常朝夕哭泣的位置，举行朝奠之礼。礼毕，小宰登上台阶，拿起制币，把它埋藏在台阶间。到第三天，死者亲属、卿大夫士等又面朝北站在西阶的南边，大宰、大宗、大祝都戴着麻冕，少师抱着太子和丧服，大祝走在前，少师跟随着，大宰和宗人们跟随着，进入殡宫之门，停止哭泣。少师抱着太子登上西阶，站在灵枢前，面朝北，大祝站在殡宫的东南角。大祝发出声音三次，说：'某夫人生的太子某某，跟随执事来见。'接着，少师抱着太子跪拜叩头，哀哭，大祝、大宰、宗人、死者亲属、卿大夫士都三哭三踊，如此哭踊三次，然后退到灵堂下边，向东返回原位，都解上衣露左臂，少师抱着太子顿足哭泣，房中的妇女们也三次顿足哭泣，这样哭泣三次，然后给太子披上丧服，正式成为丧主，举行朝奠之礼返回原位。大宰命祝、史把太子的名字遍告五祀和山川神。"

　　曾子问道："如果灵枢已经埋葬，此时太子出生，怎么行礼？"孔子说："大宰、大宗跟随大祝向殡宫的神主报告。再过三月，又拜神主而取名，并把名字遍告于社稷、宗庙、山川诸鬼神。"

　　孔子说："诸侯去朝见天子，必须祭告于祖祢之庙。然后服冕服临朝听政，命祝、史祭告社稷、宗庙、山川诸鬼神，又交托国家大事给五大夫，然后出发。出发时在国城之外祭行道之神，祈求旅途平安。举行告祭在五日内结束，超过五日就不合乎礼了。凡祭告用束帛，出去时如此，返回时也如此。诸侯互相见面，必须祭告近亲之庙，服皮弁之服临服，命祝史把自己经过的山川告祭五庙，也把国家大事托付五大夫，祭行道之神然后出发，返回时必须亲自祭告五庙。于是命祝、史把返回事祭告于出行时所祭告各处，然后上朝主持朝会。"

　　曾子问道："同时有两位亲人的丧事，怎么办？哪个在前，哪个在后？"孔子说："埋葬，恩轻者在前；祭奠，恩重者在前。这是正礼。先葬恩轻者，从启请移枢到埋葬，都不设奠；移枢时从殡宫发引，经过殡宫在门外不踊袭受吊，这是因恩重者尚在殡宫。葬毕回来就要祭请启期，告诉宾客埋葬恩重者的日期，于是就筹划埋葬之事。葬毕回来举行安神的虞祭，恩重者在前而恩轻者在后，这是正礼。"

孔子说："嫡系的宗子，虽然七十岁，不能没有主妇；如果不是宗子，即使没有主妇也可以。"

曾子问道："将为儿子举行成人的冠礼，行加冠之礼的人到了，并延请他们进入宗庙里。这时得到亲人去世的讣告，怎么办？"孔子说："同一宗庙的亲人有丧事，不能在同一庙内行吉礼和丧礼，那冠礼只好作罢。如不是同一宗族的人，可将冠礼简化，不宴请宾客。行礼后，撤掉陈设的礼器、食物。布置之后，依自己和死者的关系就位而哭。如果行加冠之礼的人还没到，就不举行冠礼。如果将给儿子行加冠之礼而没到时间，却先有了齐衰、大功、小功的丧事，那就依自己该服的丧服，加以丧冠。"曾子问："服丧结束不补行冠礼吗？"孔子说："天子赐给诸侯大夫冠服在大庙之中，他们拿到冠服回去要奠告家庙，再穿戴起来。在那时只用清酒而没醴酢，就像冠礼不醴宾，等于不行冠礼。父亲已去世而举行冠礼，那么在行过冠礼之后，布置祭告亡父之礼。祭告以后出来拜见伯父叔父，然后宴请参加冠礼的人。"

曾子问道："哪一类祭礼才不举行旅酬之类的事？"孔子说："我听说过，小祥，主人改服练冠而祭不举行旅酬，向客人敬酒，客人搁置酒杯不向别人敬酒，这是正礼。以前鲁昭公在练祭时举行旅酬，这不合乎礼。孝公到了大祥之祭，却不举行奠酬，这也不合乎礼。"

曾子问道："服大功丧服的人，可以参加殡宫的祭奠之事吗？"孔子说："还不只是大功，身有斩衰以下丧服的人都可以参加，是合乎礼的。"曾子说："这不是轻忽自己的丧服而太重视参与别人的丧事了吗？"孔子说："不是这种说法。天子诸侯的丧事，穿斩衰丧服的人参与祭奠。大夫的丧事，穿齐衰服的人参与祭奠。士，没有臣下，就由僚属祭奠。如人数不够，还可以取大功以下的亲属参加祭奠。如果还不够，那么可以使人往返帮助祭奠。"曾子问道："出殡以后的各种祭祀，穿小功丧服的人可以参与吗？"孔子说："何止是小功，从穿斩衰丧服以下都可以参与祭祀，这是合乎礼的。"曾子又问："这不是轻忽丧服而看重祭祀了吗？"孔子说："天子诸侯丧事的祭祀，不穿斩衰丧服的人就不能参与。大夫的丧事，穿齐衰丧服的人参与祭祀。士，祭祀的人不够，才取兄弟大功以下的亲属参与。"曾子问道："相识的人，身有缌麻丧服，可以参与祭祀吗？"孔子说："身有缌麻丧服的人不参与祭祀，又怎能帮助别人祭祀呢？"曾子问道："丧期终了，脱下丧服之后，可以参与馈奠的事吗？"

孔子说："脱下丧服就参与别人的馈奠,这不合乎礼。作为傧相还可以。"

曾子问道："婚礼已到纳征之时,定下了迎娶日期,遇上女方父亲或母亲的丧事,那该怎么办?"孔子说："婿家派人去吊丧。如果婿的父亲或母亲死了,那么女方家也要派人吊丧。一方死的是父亲,另一方用父亲的名义去吊丧;一方死的是母亲,另一方用母亲的名义去吊丧。父母不在世的,就用伯父伯母名义。婿家的葬事已结束,婿的伯父向女家致意说:'某人的儿子因有父或母的丧事,不能和府上联姻,特使我(某名)申明此意。'女家答应了,不敢把女儿另嫁他人。这是合乎礼的。婿家已经除去丧服,女方的父母派人到婿家请他们择定婚期,婿家如仍不肯娶,然后女方另嫁他人,这是合乎礼的。女方的父亲或母亲死了,婿家也是如此。"

曾子问道："迎亲时,新娘已在途中,可是婿家的父亲或母亲死了,怎么办?"孔子说："新娘要改换衣服,穿起布制深衣,用白绢带子束发,赶往婿家参加丧礼。如新娘在途中,她的父亲或母亲死了,那么新娘就返回家中守丧。"曾子又问:"新郎迎娶时,新娘还未到,就有齐衰、大功的丧事,那该怎么办?"孔子说:"在这种情形下,新郎不进大门,就在大门外临时休息之处改换孝服。如是新娘,就进入大门,在门内的临时休息处改换孝服,然后各就自己的位置而哭泣。"曾子又问:"丧期已满后,就不再举行婚礼了吗?"孔子说:"祭礼,过了时日就不再祭,这是合乎礼的。又何必再补行婚礼呢?"

孔子说："嫁女儿的人家,一连三夜不吹灭蜡烛,不睡,思念着骨肉就要分离。娶媳妇的人家,一连三天不作乐,思念着生死无常才娶媳妇来传宗接代。父母死后成亲的,成亲三个月以后要到公婆的庙里拜见,称自己是'来妇'。选择日期,到庙里用素食供献公婆的神主,来完成妇人之义。"曾子问:"新娘尚未举行庙见之礼,就死了,那该怎么办?"孔子说:"如果这样,出殡时不朝祖庙,她的神主也不祔于皇姑,她的丈夫不祔为她执丧棒、穿丧鞋、居丧次,把她的灵柩归葬于娘家的坟山,表示她没有成为男家的媳妇。"

曾子问道："已经择定日期迎娶,女的却死了,怎么办?"孔子说:"因已有夫妻名分,所以男方要穿齐衰之丧服去吊丧,等她下葬以后就可去掉丧服。男的死了也如此对待。"

曾子问道："丧事有两个丧主,庙里有两个神主,这合乎礼吗?"孔子说:"天上没有两个太阳,一国没有两个君主,宗庙天地之祭也没有两个主神,不知道那件事是合乎礼的。从前齐桓公时常出兵,来不及回到祖庙告祭,所以载着假的神主同行。到他得胜回来,把假主藏在宗庙中。庙有二主,从齐桓公开始。至于丧有二孤，那是以前卫灵公到鲁国去，正遇上季桓子的丧事。卫公请求吊丧，鲁哀公推辞不掉，于是鲁哀公做丧主。客人来吊，季桓子之子季康子站在门的右边，面朝北。哀公作揖让客，登上主人的台阶，面朝西站着，客人从西阶上来作吊，鲁哀公拜客人，起立，哭泣。季康子在丧主的位置上跪拜叩头，司仪也不纠正。现在的丧有二孤，从季康子这个过错开始。"

曾子问道："古时军队出发，必须载上迁庙之主同行吗？"孔子说："天子出行巡守，要把迁庙之主载在金饰在车上同行，表示有尊崇的对象在。现在军队出发，竟用七庙的神主随行，就错了。本来天子七庙，诸侯五庙，每庙不能空着没有神主。空着没有神主，只有在天子驾崩，诸侯去世，或离开自己的国家，或者群庙之主移到祖庙合祭时没有神主。我从老聃那里听说：'天子驾崩，诸侯去世，就由大祝取群庙之神主藏到大祖的庙里，这是合乎礼的。卒哭之祭完成以后，把神主放回各自的庙里。如果诸侯离开自己的国家，由大宰取群庙的神主同行，这是合乎礼的。合祭时就由大祝迎接二昭二穆的神主到大祖之庙，神主出庙入庙，必须禁止通行，排列仪仗。'这是老聃说的。"曾子问："古时军队出发，没有迁庙之主，那用什么神主？"孔子说："用祖先交付的使命做神主。"曾子又问："什么是祖先交付的使命？"孔子说："天子诸侯将要出行，必须用制币、圭玉告祭于祖先之庙。祭告完毕，捧着币玉出来，把它载在金饰的车上。每到一个停息的地方，祭奠币玉以后休息。回来的时候必须祭告，祭奠完毕，收起币玉，埋藏在两阶之间，然后出去。这样做是为尊重祖先交付的使命。"

子游问曰："丧慈母如母①，礼与？"孔子曰："非礼也。古者男子外有傅②，内有慈母，君命所使教子也，何服之有？昔者鲁昭公少丧其母③，有慈母良，及其死也，公弗忍也，欲丧之。有司以闻曰：'古之礼，慈母无服。今也，君为之服，是逆古之礼而乱国法也。若终行之，则有司书将之以遗后世，无乃不可乎④！'公曰：'古者天子练冠以燕居。'公弗忍也，遂练冠以丧慈母。丧慈母自鲁昭公始也⑤。"

曾子问曰："诸侯旅见天子⑥，入门不得终礼，废者几⑦？"孔子曰："四。"请问之。曰："大庙火、日食、后之丧、雨沾服失容⑧，则废。如诸侯皆在而日食，则从天子救日，各以其方色与其兵⑨。大庙火，则从天子救火，不以方色与兵。"曾子问曰："诸侯相见，揖让入门，不得终礼，废者几？"孔子曰："六。"请问之。曰："天子崩，大庙火，日食，后、夫人之丧，雨沾服失容，则废。”

曾子问曰："天子尝、禘、郊、社、五祀之祭，簠、簋既陈⑩，天子崩，后之丧，如之何？"孔子曰："废。"曾子问曰："当祭而日食，大庙火，其祭也如之何？"孔子曰："接祭而已矣⑪。如牲至未杀，则废。天子崩，未殡，五祀之祭不行，既殡而祭。其祭也，尸入，三饭，不侑⑫，酳不酢而已矣⑬。自启至于反哭，五祀之祭不行，已葬而祭，祝毕献而已⑭。"曾子问曰："诸侯之祭社稷，俎豆既陈⑮，闻天子崩，后之丧，君薨，夫人之丧，如之何？"孔子曰："废。自薨比至于殡⑯，自启至于反哭，奉帅天子⑰。"曾子问曰："大夫之祭，鼎、俎既陈⑱，笾、豆既设⑲，不得成礼，废者几？"孔子曰："九。"请问之。曰："天子崩、后之丧、君薨、夫人之丧、君之大庙火、日食、三年之丧、齐衰、大功，皆废。外丧自齐衰以下行也⑳。其齐衰之祭也，尸入，三饭，不侑，酳不酢而已矣。大功，酢而已矣。小功、缌，室中之事而已矣。士之所以异者，缌不祭，所祭，于死者无服，则祭。"

曾子问曰："三年之丧吊乎？"孔子曰："三年之丧，练不群立㉑，不旅行。君子礼以饰情，三年之丧而吊哭，不亦虚乎！"

曾子问曰："大地士有私丧㉒，可以除之矣。而有君服焉㉓，其除之也如之何？"孔子曰："有君丧，服于身，不敢私服，又何除焉？于是乎有过时而弗除也。君之丧服除而后殷祭㉔，礼也。"曾子问曰："父母之丧，弗除可乎？"孔子曰："先王之礼，过时弗举，礼也。非弗能勿除也，患其过于制也㉕，故君子过时不祭，礼也。"

曾子问曰："君薨既殡，而臣有父母之丧，则如之何？"孔子曰："归居于家，有殷事则之君所㉖，朝夕否㉗。"曰："君既启而臣有父母之丧，则如之何？"孔子曰："归哭而反送君。"曰："君未殡，而臣有父母之丧，则如之何？"孔子曰："归殡，反于君所，有殷事则归，朝夕否。大夫室老行事㉗，士则子孙行事。大夫内子㉘，有殷事，亦之君所，朝夕否。"

贱不诔贵㉙，幼不诔长，礼也。唯天子称天以诔之。诸侯相诔，非礼也。

曾子问曰："君出疆以三年之戒㉚，以椑从㉛。君薨，其入如之何？"孔子曰："共殡服㉜，则子麻弁绖、疏衰、菲、杖㉝，入自阙㉞，升自西阶。如小敛，则子免而从柩，入自门㉟，升自阼阶。君、大夫、士一节也㊱。"

曾子问曰："君之丧既引㊲，闻父母之丧，如之何？"孔子曰："遂㊳。既封而归㊴，不俟子㊵。"曾子问曰："父母之丧既引及涂，闻君薨，如之何？"孔子曰："遂。既封，改服而往。"

曾子问曰：“宗子为士，庶子为大夫，其祭也如之何？”孔子曰：“以上牲祭于宗子之家[41]，祝曰：‘孝子某，为介子某荐其常事[42]。’若宗子有罪，居于他国，庶子为大夫，其祭也，祝曰：‘孝子某，使介子某执其常事。’摄主不厌祭[43]，不旅[44]，不假[45]，不绥祭[46]，不配[47]，布奠于宾[48]，宾奠而不举[49]，不归肉[50]。其辞于宾曰：‘宗兄、宗弟、宗子在他国，使某辞。’”

曾子问曰：“宗子去在他国，庶子无爵而居者，可以祭乎[51]？”孔子曰：“祭哉！”“请问其祭如之何？”孔子曰：“望墓而为坛[52]，以时祭[53]。若宗子死，告于墓，而后祭于家[54]。宗子死，称名不言‘孝’[55]，身没而已[56]。子游之徒，有庶子祭者，以此，若义也[57]。今之祭者，不首其义[58]，故诬于祭也[59]。”

曾子问曰：“祭必有尸乎？若厌祭，亦可乎？”孔子曰：“祭成丧者必有尸[60]，尸必以孙[61]。孙幼，则使人抱之。无孙，则取于同姓可也[62]。祭殇必厌，盖弗成也，祭成丧而无尸，是殇之也。”孔子曰：“有阴厌，有阳厌。”曾子问曰：“殇不祔祭[63]，何谓阴厌、阳厌？”孔子曰：“宗子为殇而死，庶子弗为后也。其吉祭[64]特牲[65]。祭殇不举肺，无肵俎[66]，无玄酒[67]，不告利成[68]，是谓阴厌。凡殇与无后者，祭于宗子之家，当室之白[69]，尊于东房，是谓阳厌[70]。”

曾子问曰：“葬引至于堩[71]，日有食之，则有变乎？且不乎？”孔子曰：“昔者吾从老聃助葬于巷党[72]，及堩，日有食之，老聃曰：‘丘！止柩就道右，止哭以听变。’既明反[73]，而后行，曰：‘礼也。’反葬而丘问之曰：‘夫柩不可以反者也。日有食之，不知其已之迟数[74]，则岂如行哉？’老聃曰：‘诸侯朝天子，见日而行，逮日而舍奠[75]。大夫使，见日而行，逮日而舍。夫柩不蚤出，不莫宿。见星而行者[76]，唯罪人与奔父母之丧者乎！日有食之，安知其不见星也[77]？且君子行礼，不以人之亲痁患[78]。’吾闻诸老聃云。”

曾子问曰：“为君使而卒于舍，礼曰：‘公馆复[79]，私馆不复。’凡所使之国，有司所授舍，则公馆已。何谓私馆不复也？”孔子曰：“善乎问之也！自卿大夫之家曰私馆，公馆与公所为曰公馆[80]。公馆复，此之谓也。”

曾子问曰：“下殇土周葬于园，遂舆机而往[81]，涂迩故也。今墓远，则其葬也如之何？”孔子曰：“吾闻诸老聃曰：‘昔者史佚有子而死，下殇也，墓远。’”召公谓之曰：“何以不棺敛于宫中？”史佚曰：“吾敢乎哉！”召公言于周公。周公曰：“岂不可？‘史佚行之。’下殇用棺衣棺[82]，自史佚始也。”

曾子问曰：“卿大夫将为尸于公，受宿矣[83]，而有齐衰内丧，则如之何？”孔子曰：“出，舍于公馆以待事[84]，礼也。”孔子曰：“尸弁冕而出，卿、大夫、士皆下之，尸必式，必有前驱[85]。”

子夏问曰："三年之丧卒哭，金革之事无辟也者(86)，礼与？初有司与(87)？"孔子曰："夏后氏三年之丧，既殡而致事，殷人既葬而致事。《记》曰：'君子不夺人之亲，亦不可夺亲也。'此之谓乎！"子夏曰："金革之事无辟也者，非与？"孔子曰："吾闻诸老聃曰：'昔者鲁公伯禽有为为之也。今以三年之丧从其利者，吾弗知也。'"

【注释】

①慈母：指抚育子女成长的庶母；宫廷里管抚养子女的妾。　②傅：师傅。古时特指帝王的相或帝王、诸侯之子的老师。　③此句与《左传》所记不合。　④无乃：用在句首或句中，表示委婉语气，可以译为"恐怕"、"只怕"。　⑤由子游问可推知"丧慈母"之后似应有"如母"二字。　⑥旅：众。　⑦废：停止。几：多少。　⑧沾：浸湿。　⑨方：方位。色：颜色。兵：兵器。三者配合关系是：东方，青色，矛；南方，赤色，戟；西方，白色，戈；北方，黑色，铩。　⑩簠（fǔ）：祭器。祭时盛稻粱的器皿，大多为方形。簋（guǐ）：祭器。祭时盛黍稷的器皿，大多为圆形。　⑪接（jié）：迅速。　⑫侑（yòu）：用奏乐或献玉帛劝人饮食。　⑬酳（yìn）：食毕以酒漱口。酢（zuò）：客人饮酒毕，回敬主人。这里指尸饮酒后回敬主人。　⑭毕：完。献：指摄主饮酒毕，献酒于祝。　⑮俎豆：古代宴客、朝聘、祭祀用的器皿。俎：放肉的几。豆：盛干肉一类食物的器皿。　⑯比至：等到、到。　⑰奉帅：遵循、按照。　⑱鼎俎：烹调用锅和切肉用的砧板。　⑲笾（biān）豆：祭祀的礼器。因以笾豆代指祭器。　⑳外丧：不同门之丧。　㉑练：指服丧一年到小祥练祭（十三个月）之时。　㉒私丧：家属之丧。　㉓君服：为国君穿孝。　㉔殷祭：小祥、大祥之祭。　㉕患：担忧、忧虑。　㉖殷事：每月初一、十五进献食品的祭奠。因其事较早晚二次的祭奠为盛大，故曰殷事。殷：盛。　㉗室老：家臣之长。　㉘内子：嫡妻。　㉙诔：累述死者功德以示哀悼。　㉚三年之戒：预备国君的丧事。三年，指君之丧。戒：预备。　㉛椑（bì）：最里面的一层棺。　㉜共：全体。殡服：大殓与移柩殡宫时所穿的丧服。在家死去的，大殓与殡相连续，大殓之服就是殡服。大殓在外面的，虽然未殡但已穿殡服。　㉝疏衰：粗衰，即斩衰。　㉞阙：诸侯宫门外的阙门。　㉟门：指宫门。　㊱一节：一律。　㊲引：出殡时牵引柩车。　㊳遂：往、行、进。指继续送国君。　㊴封：郑玄说当为"窆"，下棺入土。　㊵子：指继位的国君。　㊶上牲：指少牢，用羊猪。士祭用特性，大夫用少牢。　㊷介：副。介子：副子，指庶子。常事：通常的祭祀。　㊸厌：用食品直接供奉祖先，不用尸作代表。分阴厌、阳厌。　㊹旅：旅酬。　㊺假：郑玄认为，假读为嘏。假即嘏辞。嘏辞是尸代表祖宗祝福主人之语。摄主不是主人，所以不祝福。　㊻绥祭：孙希旦说，绥祭有二：一是尸绥祭，一是主人绥祭。绥祭是用黍、稷、肺三物祭祀。绥：减少。　㊼不配：指祝辞中不言"以某妃配某氏。"　㊽布奠：主人酬宾置觯于宾俎之北。宾奠：取觯奠于俎南。　㊾举：指旅酬。　㊿归：馈。肉：指俎上之肉。　(51)祭：作为摄主而代宗子祭。　(52)望墓：对着被祭者的墓。　(53)以：按。　(54)家：指家庙或寝。"家"与"墓"对言。　(55)称名不言孝：前文祝曰"孝子某使介子某执其常事"，宗子死后只

说“子某使介子某执其常事”，不再言“孝”。 (56)身没：庶子死。没：死亡。 (57)若：顺从。 (58)首：本。 (59)诬：妄。 (60)成：成人。 (61)尸必以孙：祖孙昭穆相同，而尸代表祖辈受祭，所以必须用孙子作尸。 (62)同姓之孙与祖辈昭穆也相同，所以也可为尸。 (63)祔：郑玄说此字当为“备”字。祭殇不用尸，是不完备的祭礼。 (64)吉祭：殇者已葬，祔庙之后不再祭。祔祭属吉礼，不同于丧祭。 (65)特牲：用一豚。 (66)肵（qí）俎：主人敬尸之器皿。肵：敬。 (67)玄酒：上古祭祀用水。上古无酒，以水当酒。水本无色，古人习以为黑色，故称“玄酒”。后也指薄酒。玄：黑。 (68)利：供养。 (69)白：房屋西北角得到光亮的地方。祭殇在此处。白：光亮。 (70)阳：光明。 (71)堩（gèng）：道路。 (72)巷党：里党之名。 (73)明反：恢复光明。 (74)已：停止。数（sù）：通“速”，快。 (75)逮日：天还没黑。逮：及。舍奠：到馆舍祭奠行主。 (76)见星：指夜里。 (77)日食好像黑夜，故有此言。 (78)痁（diàn）患：濒近危患。痁：通“阽”，临近。 (79)公馆：公家设立的馆舍。复：始死招魂。 (80)公所为：指国君指定招待使者的地方。 (81)舆机：抬尸体用的活动的床。舆：舁、抬。 (82)棺衣：棺木衣裳。 (83)受宿：受命斋戒。 (84)祭前三日卜尸，既卜为吉，于是宿尸。尸受宿，祭日迫近，不可改卜他人，所以尸有齐衰内丧也无法改变，只有应命。祭是吉事，丧是凶事，吉丧不同处，所以只能住在公馆等待行礼。 (85)前驱：走在前驱赶路上闲杂人等让开道路。 (86)金革之事：指战争。 (87)初有司：指有先例而规定。

【译文】

子游问道：“为慈母办丧事像待自己生母一样，合乎礼吗？”孔子说：“不合乎礼。古时，男孩子在外面有师傅，在家里有慈母。是国君命慈母教养孩子，有什么丧服？以前，鲁昭公小时候母亲死了，慈母待他很好。到慈母死时，昭公不忍心，想为她戴孝。典礼的官吏知道了，说：‘古礼规定，慈母没有丧服。现在国君要为她戴孝，这是违背古礼而变乱国家法度，如果实行了，那么有关官吏将把它记录下来，流传后世。这恐怕不可以吧？”昭公说：“‘古代天子有戴练冠而不改变日常生活的。’昭公不忍心，于是就为慈母戴了练冠。像待生母一样为慈母戴孝，从鲁昭公开始。”

曾子问道：“众诸侯会同觐见天子，进入宫门而不能行礼完毕，使行礼中止的原因有几个呢？”孔子说：“四个。”曾子问是哪四个。孔子说：“太庙失火、日食、天子之妃死、大雨淋湿衣服而失去容仪不能行礼，就要停止。如果诸侯都在而发生日食，就要跟随天子去救太阳，各自按照日食所在方向，用相应色的衣和兵器：东方，青衣，执矛；南方，赤衣，执戟；西方，白衣，执戈；北方，黑衣，执铩。如大庙失火，就要跟随天子去救火，大庙有固定方向，而且不许带兵器进入，所以不按方向使用相应的色衣和兵器。”曾子问道：“诸侯互相见面，彼此作揖谦让进入宫门，不能行礼完毕，中止的原因有几个？"孔子说："六个。"曾子又问是哪六个。孔子说："天子驾崩、大庙失火、发生日食、天子之妃死、国君夫人死、大雨淋湿衣服而失去容仪不能行礼，就要停止。"

曾子问道："天子举行尝、禘、郊、社、五祀等祭祀，祭品已经摆列出来，遇上天子驾崩、天子妃死，怎么办？"孔子说："停止。"曾子问道："正在祭祀的时候，发生日食或大庙失火，那祭祀怎么办？"孔子说："那就迅速简捷地祭祀，如作牺牲用的祭牲到了，还没杀掉，就停止不祭。天子驾崩，在始死到移柩于殡的七天内不举行五祀之祭。停殡七个月内，可以祭祀，但简化。祭时，尸进入，只三食而止，不再劝侑。尸受敬酒而酳，但不回敬主人。从启请出殡到葬后返哭于庙期间，不举行五祀之祭。葬事结束时祭祀，只进行向祝献酒就算礼毕。"

曾子问道："诸侯举行社稷之祭，祭品已经摆列出来，听到天子驾崩、天子妃死、国君去世、国君夫人死去，该怎么办？"孔子说："停止祭祀。在始死到移柩于殡期间，从启请出殡到葬毕返哭阶段，遵循天子的成规。"曾子问道："大夫举行庙祭，祭器祭品已经摆列出来，可是不能完成行礼，中止的原因有几个？"孔子说："九个"。曾子问是哪九个。孔子说："天子驾崩、天子妃死、国君去世、国君夫人死亡、国君的大庙失火、发生日食、父母去世、齐衰之丧、大功之丧，都要停止。不同门之丧，从齐衰丧服以下，都可继续举行，但要简化。那种齐衰的祭祀，尸进门以后，三食而止，不劝侑，献酒于尸，尸不回敬主人，就算礼毕。大功的祭祀，再加上尸回敬主人。小功、缌麻之类，可在尸回敬主人后再进行到主妇、主宾献酒于尸，献酒于祝及佐食为止。士的阶级不同于此，缌麻之亲不祭，所祭的对死者来说没服属关系，就可以祭。"

曾子问道："身上戴着三年的孝，可以到别人家吊问吗？"孔子说："戴着三年的孝，即使到改服练冠时，仍不和大家站在一起，走在一起。君子是用礼来表现感情的，三年之丧尚且自衰不暇，哪有心情去哭别人？如果没有心情而衰哭，不是虚假的吗？"

曾子问道："大夫士为自己的亲人去世而戴孝，到可以去掉丧服的时候，却有为国君服丧的事，那脱掉丧服的事该怎么办？"孔子说："如果有国君的丧服在身，做臣子的就不再说私人的丧服了，又怎么能去掉丧服呢？由于这个原因，大夫士常有超过时间不能去掉丧服的。必须等到去掉为国君而服的丧服以后，才可以举行小祥、大祥等盛大之祭，这是合乎礼的。"曾子说："为父母服的丧服，可以不去掉吗？”孔子说：“先王制定礼，超过规定时间的可不举行，这是合乎礼的。先王不是不能规定永不去掉丧服的礼，而是担忧他们超过礼的规定。所以君子超过规定的时间就不再祭了，这是合乎礼的。”

曾子问道：“国君逝世，已经停枢在殡宫了，可是臣子有父母去世的事，那该怎么办？”孔子说：“回家料理丧事。在初一、十五两次举行祭奠的时候，就到国君的地方参加行礼，每天早晚的祭奠可以不去。”曾子问：“在国君的灵柩将要出殡的时候，臣子遇到父母去世的事情，那该怎么办？”孔子说：“那要回去哭踊，然后返回去送国君出殡。”曾子问：“如果国君死而未殡，臣子却遇上父母去世的事，那该怎么办？”孔子说：“因为臣子三日而殡，可以回去料理丧事到移入殡宫，然后返回到国君的地方守丧。初一、十五回家祭奠，每天早晚的祭奠不回去。在大夫家，早晚的祭奠由家臣之长代为行事；在士家就由他的子孙代行。大夫的嫡妻，初一、十五祭奠时，也要到国君的地方去参加，每天早晚的祭奠不参加。”

卑贱的人不能为尊贵的人作诔，晚辈不能为长辈作诔，这是合乎礼的。只有天子最尊贵，无人能诔，由臣子在南郊告天，用天的名义来诔他。诸侯地位相同，互相作诔，这不合乎礼。

曾子问道：“国君离开自己的国境，要随身带着棺木和丧殓用物。如果国君逝世，那怎么运回来呢？”孔子说：“全体都服殡服，而孝子披麻戴孝，穿着丧鞋，拿着丧杖，迎入阙门，从庙内西阶抬上去。如还未大殓，孝子服免服随着灵柩进入宫门，从阼阶抬上去。随从灵柩的礼仪，君、大夫、士都一样。”

曾子问道：“国君的丧事到灵柩发引时，得知父母去世的消息，该怎么办？”孔子说：“继续给国君送葬。等到棺木已入土就回去，不必等继位的国君一起回。”曾子问：“父母的丧事已经出殡到路上，听到国君逝世消息，怎么办？”孔子说：“继续送下去。等到棺木入土以后，改换成为国君的丧服，前往国君的地方。”

曾子问道：“宗子是士，庶子是大夫，那种祭礼怎么举行？”孔子说：“在宗子的家里用少牢祭，祝辞说：‘孝子某为介子某进其常事。’如果宗子获罪而住在国外，庶子是大夫，祭祀时说：‘孝子某让介子某代行常事。’代替主人祭祀的不用厌祭，不旅酬，尸也不代表祖宗祝福主人，也不分食给主人，他的祝辞也不说以某配某氏。主人用酒酬谢宾客，宾客将酒杯放置而不旅酬，也不用馈肉给宾客。摄主向宾客致辞，只说：‘主人的宗兄、宗弟、宗子现在他国，使某代以报告。’”

曾子问道："宗子离开本土在他国，庶子无大夫的爵位但住在国内，可以代宗子祭祀吗？"孔子说："可以。""那种祭祀该怎么举行？"孔子说："对着被祭者的墓筑一个坛，按四季的时间举行祭祀。如果宗子死在他国，要先告于墓而后在家中祭祀。宗子已死，祝辞只称呼宗子的名字而不再称'孝子某'，一直用到庶子去世为止。子游一派的人，有庶子而以这种方式祭祀的，他们也依顺这个义理。现今举祭的人，不本着这个义理，因此妄行祭祀。"

曾子问道："凡是祭祀都必须有尸吗？像厌祭那样也可以吗？"孔子说："成人死，祭祀必须有尸，尸必须让同昭穆的孙子担当。如果孙子年幼，就让人抱着做尸。没有孙子，就选取同姓的孙辈担当也可以。至于祭殇，必须用厌祭，因为他还没成为成人。成人死去祭祀而没有尸，这是把他当做'殇'了。"孔子说："厌祭有阴厌，有阳厌。"曾子问："祭殇不用完备的礼节，为什么还有阴厌，阳厌呢？"孔子说："宗子还没有成人就死了，庶子不能成为他的后嗣。当庶子举行最后一次卒哭、祔于祖庙的吉祭时，用特牲。因祭时没有尸，所以也不举肺，不用主人献俎，不设玄酒，祝也不说'供养完毕'等等。这叫阴厌。殇者不是宗子，或没有后嗣的，在宗子的家庙中举行祔于祖庙之祭，在室的西北角有光亮的地方举祭，但要设奠在东房。这叫阳厌。"

曾子问道："出葬，已经发引，柩车到了路上，发生日食，是改变呢，还是不改变呢？"孔子说："以前我跟着老聃在巷党助葬，到路上发生日食，老聃说：'丘！停下灵柩，靠近路右边，大家停止哭泣，等待自然的变化。'不久，太阳又恢复光明，然后继续进行。老聃说：'这是合乎礼的。'到葬毕回来，我问他道：'灵柩已出殡是不可以返回来的。发生日食，谁也不知道什么时候停止。如果等着耽误时间，还不如继续进行呢。'老聃说：'诸侯朝见天子，一早见到太阳就出发，没到太阳落山就歇息。大夫出使也是如此。出葬时灵柩不可在天没亮就早早出发，也不可在天黑以后才歇息。披星戴月行走的，只有犯罪的人和奔父母之丧的人吧！发生日食，不见太阳，怎么能说不和夜里一样？再说，君子施行礼，不能让别人的父母濒近危害啊！'这是我听老聃说的。"

曾子问道："为国君出使他国而死于馆舍，礼载：'死在公家馆舍，可行招魂之礼；如果死在私人家里就不举行。'凡出使到某国，那个国家的有关官吏要安排休息的地方，这就是公馆了。怎能说私人馆舍不行招魂的事呢？"孔子说："这个问题问得好啊！从卿大夫往下的人家都叫做私馆。至于公馆，国君指定招待使者的地方才叫公馆。所谓公馆复，说的就是这些地方。"

曾子问道："八岁到十一岁的孩子死了，在园里用砖砌成圹坑，然后就用活动的床抬着棺木前往，这是路近的缘故。如果墓穴远，那么这种下葬该怎么办呢？"孔子说："我从老聃那里听说：'以前史佚有个儿子死了，属于下殇，墓穴又远。当时召公对史佚说：为什么不先在家中装殓之后再抬去？史佚说：那不是埋葬下殇之礼，我怎么敢那样做！召公就把这件事告诉周公旦。周公旦说：怎么不可以？史佚就那样做了。'葬下殇而用棺木衣裳成殓的规矩是从史佚开始的。"

曾子问道："卿大夫将要作为国君祭祀的尸，已经受命斋戒了，家中却有齐衰之亲的丧事，那该怎么办？"孔子说："那是要去国君那的，不过要住在公馆里等待行祀，这是合乎礼的。"孔子说："作为尸的臣子出来时，服弁或服冕要看他代表的祖先身份而定。卿大夫在路上遇见他，必须下车致敬，他也必须凭轼答礼。作为尸的人出门时，有人在前方驱赶闲杂人等让开道路。"

子夏问道："父母的丧事到了卒哭时，不能逃避兵役之类的事，这合乎礼吗？还是沿着某种成例而规定下来的呢？"孔子说："父母之丧，夏后氏时是已殡之后就退役，殷人是已葬之后就退役。所以《古记》有句话说：君子不能剥夺人亲子的恩情，也不可剥夺自己的亲情。就是说的这个吧？"子夏问："难道'金革之事无避'不对吗？"孔子说："我听老聃说：以前鲁国伯禽在卒哭之后出兵伐徐，做过这样的事。如今从父母之丧中得到好处而进行战争，我就不知道了。"

文王世子①

文王之为世子，朝于王季日三②。鸡初鸣而衣服，至于寝门外，问内竖之御者曰③："今日安否何如？"内竖曰："安。"文王乃喜。乃日中又至，亦如之；及莫又至④，亦如之。其有不安节⑤，则内竖以告文王。文王色忧，行不能正履⑥。王季复膳，然后亦复初。食上，必在视寒暖之节⑦；食下，问所膳。命膳宰曰："未有原⑧！"应曰："诺。"然后退。

武王帅而行之，不敢有加焉⑨。文王有疾，武王不说冠带而养⑩，文王一饭亦一饭，文王再饭亦再饭。旬有二日乃间⑪。

文王谓武王曰："女何梦矣？"武王对曰："梦帝与我九龄⑫。"文王曰："女以为何也？"武王曰："西方有九国焉，君王其终抚诸⑬。"文王曰："非也。古者谓年龄，齿亦龄也。我百，尔九十。吾与尔三焉。"文王九十七乃终，武王九十三而终。

成王幼，不能莅阼⑭。周公相，践阼而治⑮。抗《世子法》于伯禽⑯，欲令成王之知父子、君臣、长幼之道也。成王有过，则挞伯禽⑰，所以示成王世子之道也⑱。《文王之为世子也⑲》。仲尼曰："昔者周公摄政，践阼而治，抗世子法于伯禽，所以善成王也。闻之曰：为人臣者，杀其身有益于君则为之。况于其身以善其君乎！周公优为之。"是故知为人子，然后可以为人父；知为人臣，然后可以为人君；知事人，然后能使人。成王幼，不能莅阼，以为世子则无为也。是故抗世子法于伯禽，使之与成王居。欲令成王之知父子、君臣、长幼之义也。周公践阼⑳。

凡学世子及学士㉑，必时：春夏学干戈㉒，秋冬学羽籥，皆于东序。小乐正学干，大胥赞之；籥师学戈㉓，籥师丞赞之。胥鼓《南》㉔。春诵夏弦，大师诏之㉕；瞽宗秋学《礼》㉖，执《礼》者诏之；冬读《书》，典《书》者诏之。《礼》在瞽宗，《书》在上庠。

凡祭与养老乞言㉗、合语之礼㉘，皆小乐正诏之于东序。大乐正学舞干、戚㉙，语说㉚，命乞言，皆大乐正授数㉛，大司成论说在东序㉜。凡侍坐于大司成者，远近间三席㉝，可以问，终则负墙㉞，列事未尽㉟，不问。

凡学，春官释奠于其先师㊱，秋冬亦如之。凡始立学者，必释奠于先圣先师，及行事，必以币。凡释奠者，必有合也㊲，有国故则否㊳。凡大合乐，必遂养老。凡语于郊者㊴，必取贤敛才焉。或以德进，或以事举，或以言扬。曲艺皆誓之㊵，以待又语㊶。三而一有焉㊷，乃进其等㊸，以其序㊹，谓之郊人。远之于成均，以及取爵于上尊也㊺。始立学者，既兴器用币㊻，然后释菜，不舞不授器，乃退。傧于东序㊼，一献，无介、语可也㊽。

教世子㊾。凡三王教世子必以礼乐。乐，所以修内也㊿；礼，所以修外也51。礼乐交错于中，发形于外，是故其成也怿52，恭敬而温文。立大傅少傅以养之53，欲其知父子君臣之道也。大傅审父子君臣之道以示之，少傅奉世子，以观大傅之德行而审喻之54。大傅在前，少傅在后；入则有保55，出则有师，是以教喻而德成也。师也者，教之以事而喻诸德者也；保也者，慎其身以辅翼之而归诸道者也。《记》曰："虞、夏、商、周，有师、保，有疑、丞56，设四辅及三公57。不必备，唯其人。"语使能也，君子曰德，德成而教尊58，教尊而官正59，官正而国治，君之谓也。君之于世子也，亲则父也，尊则君也。有父之亲，有君之尊，然后兼天下而有之。是故，养世子不可不慎也。行一物而三善皆得者60，唯世子而已，其齿于学之谓也。故世子齿于学，国人观之曰："将君我而与我齿让，何也？"曰："有父在，则礼然。"然而众知父子之道矣。其二曰："将君我而与我齿让，何也？"曰："有君在，则礼然。"然而众著于君臣之义也㉛。其二曰："将君我而与我齿让，何也？"曰："长长也。"然而众知长幼之节矣。故父在斯为子，君在斯谓之臣，居子与臣之节，所以尊君亲亲也。故学之为父子焉，学之为君臣焉，学之为长幼焉，父子、君臣、长幼之道得而国治。语曰："乐正司业，父师司成㉜，一有元良㉝，万国以贞㉞。"世子之谓也。

庶子之正于公族者㉟，教之以孝弟、睦友、子爱，明父子之义，长幼之序。其朝于公，内朝则东面北上㊱，臣有贵者以齿。其在外朝则以官㊲，司士为之㊳。其在宗庙之中，则如外朝之位。宗人授事㊴，以爵以官。其登馂、献、受爵㊵，则以上嗣㊶。

庶子治之㊷，虽有三命㊸，不逾父兄㊹。其公大事㊺，则以其丧服之精粗为序㊻。虽于公族之丧亦如之，以次主人㊼。若公与族燕㊽，则异姓为宾，膳宰为主人，公与父兄齿。族食，世降一等㊾。

其在军，则守于公祢㊿。公若有出疆之政，庶子以公族之无事者守于公宫：正室守太庙[81]，诸父守贵宫贵室[82]，诸子诸孙守下宫下室[83]。五庙之孙，祖庙未毁，虽为庶人，冠、取妻，必告；死必赴；练、祥则告。族之相为也，宜吊不吊，宜免不免，有司罚之。至于赗、赙、承、含[84]，皆有正焉[85]。

公族其有死罪，则磬于甸人[86]。其刑罪，则纤剸[87]，亦告于甸人[88]。公族无宫刑，狱成，有司谳于公[89]。其死罪，则曰"某之罪在大辟[90]"；其刑罪，则曰"某之罪在小辟[91]"。公曰"有之"，有司又曰"在辟"。公又曰"宥之"，有司又曰"在辟"。及三宥，不对，走出，致刑于甸人。公又使人追之，曰："虽然，必赦之。"有司对曰："无及也。"反命于公。公素服不举，为之变[92]，如其伦之丧[93]。无服，亲哭之。

公族朝于内朝，内亲也。虽有贵者以齿，明父子也。外朝以官，体异姓也[94]。宗庙之中，以爵为位，崇德也[95]。宗人授事以官，尊贤也。登馂、受爵以上嗣，尊祖之道也。丧纪以服之轻重为序，不夺人亲也。公与族燕则以齿，而孝弟之道达矣。其族食，世降一等，亲亲之杀也[96]。战则守于公祢，孝爱之深也。正室守大庙，尊宗室，而君臣之道著矣。诸父诸兄守贵室，子弟守下室，而让道达矣。五庙之孙，祖庙未毁，虽及庶人，冠、取妻必告，死必赴，不忘亲也。亲未绝而列于庶人，贱无能也。敬吊、临、赙、赗，睦友之道也。古者，庶子之官治，而邦国有伦。邦国有伦，而众向方矣。公族之罪，虽亲，不以犯有司，正术也，所以体百姓也。刑于隐者，不与国人虑兄弟也[97]，弗吊，弗为服，哭于异姓之庙，为忝祖，远之也[98]。素服居外，不听乐，私丧之也，骨肉之亲无绝也。公族无宫刑，不翦其类也[99]。

天子视学，大听鼓征[100]，所以警众也。众至，然后天子至。乃命有司行事。兴秩节[101]，祭先师先圣焉。有司卒事，反命。始之养也[102]：适东序，释奠于先老[103]，遂设三老、五更、群老之席位焉。适馔省醴[104]，养老之珍具；遂发咏焉。退，修之以孝养也。反，登歌《清庙》，既歌而语，以成之也。言父子、君臣、长幼之道，合德音之致，礼之大者也。下管《象》[105]，舞《大武》[106]。大合众以事，达有神[107]，兴有德也[108]。正君臣之位，贵贱之等焉，而上下之义行矣。有司告以乐阕[109]，王乃命公、侯、伯、子、男及群吏曰："反养老幼于东序[110]。"终之以仁也。是故圣人之记事也，虑之以大，受之以敬，行之以礼，修之以孝养，纪之以义，终之以仁。是故古之人一举事，而众皆知其德之备也。古之君子，举大事必慎其终始，而众安得不喻焉？《兑命》曰[111]："念终始典于学。"

《世子之记》曰：朝夕至于大寝之门外，问于内竖曰："今日安否何如？"内竖曰："今日安。"世子乃有喜色。其有不安节，则内竖以告世子，世子色忧，不满容[112]。内竖言："复初。"然后亦复初。朝夕之食上，世子必在，视寒暖之节；食下，问所膳羞。必知所进[113]，以命膳宰，然后退。若内竖言疾，则世子亲齐玄而养[114]。膳宰之馔，必敬视之；疾之药，必亲尝之。尝馔善，则世子亦能食；尝馔寡，世子亦不能饱，以至于复初，然后亦复初。

【注释】

①郑玄说：名曰"文王世子"者，以其记文王世子时之法。任铭善说：此篇所记文王、武王、成王诸为世子之法，而但云文王者，亦以篇首云"文王之为世子"因以名篇也。　②王季：文王之父。　③内竖：古代在宫中传达王令的小吏，后用来称宦官。御者：当值的人。　④莫：暮。　⑤安节：安适。　⑥正履：正常的步法。　⑦节：程度。　⑧未有：无有。原：原来的饭菜。　⑨不敢有加：不敢胜过父亲。　⑩说（tuō）：脱。　⑪间：松闲。　⑫据下文文王答话，此"龄"似应为"齿"字。　⑬抚：据有、占有。　⑭莅阼：临朝治理政事。莅：临。　⑮践阼：帝王登基。　⑯抗：举、施行。世子法：文王做世子的方法。　⑰挞：打。　⑱此句后似有阙文，错讹在"教世子"章，今移于此句后。　⑲此句似应为篇首之句，错讹在此。　⑳此句为本篇题目。　㉑学（jiào）：教授、教育。后作"教"。此一小节中均为此义。　㉒干戈：武舞小舞用干戈，大舞用干戚。　㉓此"戈"字当是"龠"字之误。　㉔南：乐名。　㉕诏：指导。　㉖瞽宗：殷时学校名，在周代为西学。　㉗乞言：在老者处乞取

善言。　㉘合语：在旅酬的时候，谈论乐舞的含义，以合于祭祀、宴会登堂所奏之歌。　㉙此句应在上节"胥鼓南"之前。　㉚语说：合语之说。　㉛数：次序。　㉜论说：言其含义道理。　㉝三席：距离一丈。　㉞负墙：背墙而立，让后面来问的人可以过来。　㉟列事：问事的时候，尊长序列事情。这个时候发问的人不能打断。　㊱官：指教授诗书礼乐之官。释奠：学校祭典之名。进献食物和酒于神前而祭。先师：传道授业的创始人。　㊲合：合乐。　㊳国故：指灾荒、瘟疫、战争等事。　㊴语：考论。郊：指京城外百里以内的学校分布在四郊的。　㊵曲艺：祝史医卜射御之属。誓：告诫。　㊶又语：另外考论。　㊷三而有一：德、事、言三者有一可取。　㊸等：学校高低的等级。　㊹序：名次高下的顺序。　㊺成均：五帝时学校名，周时大学沿用之。取爵于上尊：举行乡饮酒时担任"宾"、"介"，向主人敬酒。　㊻兴器：摆列释奠用的器物。　㊼傧：敬宾之礼。　㊽介：傧相之属。凡饮酒有介以辅宾，又至旅酬而合语。　㊾此名是篇名。　㊿修内：指内心精神的教育。　51修外：指外在行为的教育。　52怿（yì）：快乐。　53养：教育熏陶以成就其德。　54喻：明白。　55保：太保。　56疑丞：《尚书大传》云：古者天子必有四邻：前曰疑，后曰丞，左曰辅，右曰弼。天子有问无以对，责之疑；可志而不志，责之丞；可正而不正，责之辅；可扬而不扬，责之弼。　57四辅：指四个辅佐之人。三公：太师、太傅、太保。　58尊：庄重而威严。　59正：公正。　60物：事。　61著：明了、知道。　62父师：大司成。　63一：一人。元：大。良：善。　64贞：正。　65庶子：司马的属官。正：政事。　66内朝：指在宫内朝见国君。　67外朝：指朝廷上的朝见。　68司士：司马之属，掌管朝廷礼仪。　69宗人：掌礼及宗庙。授事：祭祀时分派职务。　70登：登堂。馂：吃祭后的食物。受爵：登堂献尸，并接受尸的奠酢而饮之。　71上嗣：嫡长子。　72之：指公族礼节。　73三命：指官拜三命，可不按年龄区分尊卑，而按官位。但对于父兄则仍为低辈。　74这三句话依孔颖达说移入上节"臣有贵者以齿"之后。　75公大事：国君的丧事。　76精粗：丧服精或粗是按疏关系不同而有别的，以精粗为序即是以亲疏的关系为序。　77以次主人：位次于主人。　78燕：宴。　79世：上古父子相继为一世。　80公祢：指无迁主而以先王之命为主的神主，行军时所奉的神主叫行主。　81正室：公族之嫡子。　82贵宫：说法不一，王引之说此二字是衍文。贵室：国君的宫殿。　83下宫：说法不一，据后文，此二字也似应为衍文。下室：居处。　84承：孔颖达认为是"襚"，即赠死者衣服。　85正：正礼。　86磬（qìng）：勒颈绝气而死。甸人：掌管郊野之官。公族死罪，杀之不在市朝，目的是掩盖隐瞒。　87纤：郑玄说"读为针"，刺。刌（tuán）：切、割。　88告：俞樾说当为"造"，押到。　89谳：报告审判结果。　90大辟：死刑。　91小辟：死刑以外的刑罚。　92变：变礼。　93伦：亲疏之序。　94体：体贴。　95崇：崇尚。　96杀（shài）：差、等差。　97不与国人虑兄弟：不使国人联想到残杀兄弟。　98忝（tiǎn）：辱没、有愧于。　99翦：断绝。　100大昕：天刚亮。征：征召、召集。　101兴：举。秩：常、节礼。　102养：行养老礼。　103先老：先世的三老、五更。　104省：检视。　105下：堂下。管：吹奏管乐的乐队。象：模仿武王伐纣之事的乐章。　106大武：舞蹈之名。　107达有神：指文王、武王治化之神通达于天下。　108兴有德：道德之盛兴起而受命。　109阕：完毕、终了。　110此句郑玄注无"幼"字。　111兑命：《尚书·兑命》。　112色忧：脸色显现忧虑。不满容：

没布满整个脸庞。 ⑬必知所进：预先拟定下次所进之膳食为何物。 ⑭齐玄：服玄色的斋戒衣冠。

【译文】

文王做太子的时候，每天三次探视他的父亲王季。每天早晨雄鸡刚叫就起来穿衣，走到他父亲的寝门外面，问内竖中当值的人："今天睡得怎么样？"内竖说："睡得安稳。"文王听了就很高兴。到了中午又来探视一次，也像这样问一遍。到傍晚时又来探视，照样问一遍。如果王季有点不舒服，那么内竖就把这个情况报告给文王。文王脸色忧愁，走路也失去了正常。王季的饮食恢复正常，然后文王才恢复常态。饮食送上的时候，文王一定在，察看冷热的程度。饮食端下来时，文王还要问吃了多少。同时吩咐膳宰说："不要总是这几样菜！"内竖回答："是。"然后文王才离开。

武王遵循文王的孝行，不敢奢求自己做得超过父亲。文王有病时，武王就不脱冠带日夜侍候在旁。文王能吃一口饭，武王也吃一口饭。文王能吃两口饭，武王也吃两口。直到十二天时文王痊愈，武王才松闲下来。

文王对武王说："你梦见过什么？"武王回答说："我梦见上天给我九个牙齿。"文王说："你认为是什么意思呢？"武王说："西方有九个国。您大约最终要获得它们了。"文王说："不是这样。古时称年龄为年齿，齿也是龄的意思，你梦见九齿，应获寿九十岁。我百岁你九十，我给你三岁吧。"果然，后来文王活到九十七岁，武王活到九十三岁。

成王小时候，不能临朝治理政事。周公辅佐他，暂居天子之位而统治天下。周公把文王做太子的方法，施用到自己儿子伯禽身上。以伯禽为模范，让成王懂得父子君臣长幼的道理。成王有了错，周公就打伯禽，用这种方法告诉成王做太子的道理。孔子说："从前周公代替成王为天子，暂居天子之位而统治天下，他把做太子的方法施用到伯禽身上，目的是使成王做好。我听说：作为人的臣子，只要对国君有益，即使杀了自己也要去做。何况不必杀身就有益于国君呢？周公却是做得最好的。"因此，懂得做儿子，然后才会懂得怎样做父亲；懂得做臣子，然后才会懂得做国君；懂得侍候别人，然后才会懂得差使别人。成王年幼，不能临朝治理政事，如把他当做太子就不必这样做了，因成王是王，所以要把做太子的方法施用于伯禽，让他和成王住在一起，想让成王体会到为父为子、为君为臣、为长为幼的道理。

凡是教授太子和士子，必须按四季来教：春夏二季教干戈武舞，秋冬二季教羽龠文舞，教学都在东序。小乐正教干戈武舞，由大胥协助；龠师教授羽龠文舞，由龠师丞协助。大乐正教武舞，就由大胥用南乐掌鼓。春天背诵乐诗，夏天弦乐伴奏，都由大师指导。秋天在瞽宗学行礼，由司仪指导；冬天就在上庠读书，由掌管书籍的人指导。

凡学校里举行祭典、养老、乞言、合语的礼，都是小乐正在东序中指导。合语、乞言，都由大乐正授给进行的次序，大司成在东序中阐述其含义道理。凡是陪伴大司成坐着的人，坐的远近要距离一丈，便于发问。问完后退下，背靠墙站立。如问事过程中，有尊长序列事情，没有说完，不能打断而问。

凡学校开学，春秋冬各季的教授诗书礼乐之官都要向先师举行释奠之祭。凡开始设立学校，必须向先圣先师举行释奠之祭，到祭祀时必用制币。凡是举行释奠，必须有大合乐，有灾荒、瘟疫、战争等事就免除。凡是大合乐，必举行养老之礼。凡是在四郊学校进行考论必选录有德有才的人，或是以德行受到录用，或是以通达政事而被录取，或是以擅长言语而被录取。祝史卜医射御等技艺，都告诫其学习以待他日考论。德行、政事、言语三者有一可取，按名次高低的顺序提升等级，称为"郊人"。比大学学生和充任乡饮酒的"宾""介"的人要差得多。开始设立学校，已经布置好祭器和制币，然后举行释菜之礼，不歌舞就不分发舞具。结束后就退下，在东序举行敬宾之礼，以一献为度，没有傧相及合语也可以。

三王的时代必定用礼乐教育太子。乐是内心精神方面的教育；礼是外在行为方面的教育。礼和乐的道理涵养在内心而表现在外表，所以融合成快乐、恭敬、温文尔雅的风度。设立太傅、少傅教育熏陶太子，让他了解做父子君臣的道理，太傅要分辨这些道理开导太子；少傅侍奉太子，来观察太傅的德行而分析给太子听，使他明白。太傅在前，少傅在后，太子回到后宫，有太保护卫；出就宫外，有老师教管。因此教导分明而德行成就。所谓老师，是用具体事例教育开导并用它说明各种德行的人。所谓太保，是谨慎自己的言行来辅佐太子而使他合乎正轨。古《记》说：虞夏商周四代，设有师、保、疑、丞，四辅和三公，要因人而设，没有适当人选，不必求全，可以不设。这就是说，要使用能干的人。君子的德行成就了，教化国人就会庄重威严，因而国中之官就会公正，这样国家就可达到大治。这才叫做国君。国君对于太子，从亲缘讲是父亲，从尊位讲是国君。有父之亲，有君之尊，然后才能兼并天下并占有它。所以教育太子不能不谨慎。做一件事而同时有三种好处的，只有太子的教育了。这种教育说的就是在学校里按年龄论尊卑而不按身份论尊卑的事。所以太子在学校不论年龄论尊卑，国人看到了说："他将要成为我们的国君却和我们按年龄大小谦让，为什么呢？"回答说："因为他还有父亲在，就礼应如此。"这样，就使人人都懂父子之道了。其二说："他将要成为我们的国君却和我们按年龄大小谦让，为什么呢？"回答说："他的上面还有国君在，礼应如此。"这样就使人人懂得了君臣的意义了。其三说："他不久就成为我们的国君却和我们按年龄大小谦让，为什么呢？"回答说："他的上面还有长辈在，礼应如此。"这样就使人人懂得了长幼的秩序。所以父亲在，他是子；国君在，他是臣。他处于子与臣的地位，因此要尊敬国君、亲爱父母。所以太子要学习为父为子、为君为臣、为长为幼的道理，父子、君臣、长幼的道理学会了就可以治理国家了。古语说："乐正负责学业的教育，司成负责德行的培养，为国造就一位最好的君主，天下因此就太平了。"这说的就是教育太子。

庶子掌管国君族人的政事，用孝弟、睦友、子爱来教育他们，明了为父为子的道理，为长为幼的秩序。族人朝见国君，如在宫内朝见，位置就是面朝东靠北，遇到朝中贵臣，按年龄大小分上下。庶子掌管公族礼节，即使官至三命，可以不和族人按年龄排大小，但不能逾越父兄。如在朝廷上朝见，就按官爵大小分上下，司士掌管这件事。在宗庙之中，就像朝廷上的位置一样。祭祀时宗人分派职务，按爵位、官位的大小为标准。登堂分食祭后的食物，献尸并受尸的奠酢之类的事，就由嫡长子去做。

遇到国君的丧事，就按丧服规定的亲疏关系作为排列次序。即使同姓中有丧事也照此办理，关系再亲也排列在主人之后。如国君和族人举行宴会，那么异姓的人算宾客，要让膳宰作为主人行酒劝酬，国君和父兄按年龄就位。国君的族人吃饭，按亲疏关系每一世递降一等。

公族之人在军中，就要守卫主。国君如有政事出国，庶子就让公族中无事可做的人守卫公宫，嫡子守卫太庙，同宗族伯叔守卫贵室，同宗族的子孙守卫下室。五世的子孙，祖庙还没迁入祧庙，即使成为平民，遇到举行冠礼或娶妻，都要祭告。死了必须发讣闻。练祭和大祥之祭，也要报告。公族之间相待，应该吊丧不去吊，应戴孝而不戴，主管公族的官吏要责罚这些人。至于赠送丧主车马、财帛、衣物，都有正式礼仪。

公族之人如果有犯有死罪，就由甸人绞死他。如犯有应判刑之罪，或刺或割，也押赴甸人执行。公族不用宫刑。罪案判决后，有关官吏向国君报告判决结果。如是死罪，就说某人所犯的是大辟；如是判刑之罪，就说某人所犯的是小辟，国君说宽减刑罚。官吏说应是死罪，不能宽减。国君又说宽减，官吏仍说应是死罪。到国君第三次说宽减时，官吏不回答，走出去，把犯人交给甸人执行死刑。国君又派人追上他，说即使犯人死罪也必须宽减。官吏说已经来不及了。官吏返回向国君报告。国君为族人穿素服，食不举乐，依照亲属之丧的礼仪而改变生活。不为他戴孝，亲自到异姓之庙哭他。

公族在宫内朝见，是因亲人可以留在宫内侍候。即使是尊贵之人也按年龄排大小，是显示父子昭穆的关系。在朝廷上朝见，按官位大小是体贴异性之人。在宗庙中，按爵位大小排列位置，是为崇尚德性。宗人按官位分派职务，是尊重贤能。登馂、受爵由嫡长子处理，是尊重祖先的传统。丧事的办理按丧服的亲疏排列次序，是不能改变人们的亲疏关系。国君和族人举行宴会就按年龄排大小，是通达孝悌之道。国君和族人吃饭就按亲疏关系每一代递降一等，是区别亲疏的等差。战争时守卫行主，是表示深切地孝敬祖先。嫡子守卫太庙，是尊重宗庙的规矩，并且君臣之道也显明了。同宗族伯叔守卫贵室，而子孙守卫下室，是通达谦让的道理。五世的子孙，祖庙还没迁入桃庙，即使成为平民，举行冠礼和娶妻都要祭告，死了也必须发布讣闻，是不忘血缘之亲。血缘之亲没有断绝却列入平民，是看不起无能的人。祭吊丧主赠送奠仪，是为朋友和睦之道。古时候庶子的官治理得好，那么国家就有伦常。国家有了伦常，各地的人都循规蹈矩了。公族的人犯罪，即使是亲人，不因此侵犯有关官吏的权力，这是正确的方法，用来体贴平民百姓。对公族的人要在隐僻的地方行刑，不使国人联想到残杀自己的兄弟。犯死罪的公族的人死了，不吊问，不为他戴孝，在异姓之庙哭他，是因为他辱没了祖宗。为他穿素服，不住平常住的地方，不听音乐，这是私下的悼念，表示骨肉之亲没有断绝。公族的人犯刑罪不用宫刑，是不让他断绝后代。

天子视察学校之礼：天刚亮，国学里敲起征召的鼓号，用来提醒大家准备。全体到达，然后天子驾到，于是命令有关官吏开始行事。举行常礼，祭祀先师先圣。有关官吏行过释奠之礼，报告天子。然后再开始养老之礼：天子到达东序，向先老行释奠之礼，于是就布置三老、五更及庶老的席位。检视肴馔，省察酒醴，供养诸老的珍美食品全都齐备，于是就奏乐。乐毕就举行孝养之礼。敬献之后诸老返回席位，再由乐正率领登堂歌唱《清庙》之诗。歌毕诸老议论，补充歌词的含义。谈论父子、君臣、长幼的道理，合于古乐的韵致。这是礼仪中最重大的事。

接着堂下的管乐吹奏模仿武王伐纣的乐章，同时表演《大武》之舞。这是武王联合诸侯起身，武王治化的神通达于天下，道德之盛兴起而受天命。明定君臣的地位，贵贱的等差，上下尊卑之义通行。有关官吏报告乐舞结束，天子就命令公、侯、伯、子、男和文武百官说："回去在国学里举行养老之礼。"这就是天子用自己的仁爱之心结束养老之礼。所以圣人记录古今发生的大事，从大处考虑，用恭敬之心爱惜诸老，按礼仪行事，以孝养之礼办理，用义作为纲纪，以仁爱之心结束。所以古时的人举行一次典礼，就人人都知道他的德行完美。古代的君子，举行大的典礼，从头至尾必定恭敬谨慎，人人怎会不明白呢？《兑命》说："记住从始至终注意教育。"

《世子之记》说：太子每天早晚都要到他父亲的寝门外面，向内竖问道："今天睡得怎么样？"内竖说："今天睡得安稳。"于是太子脸上有了喜色，如果有点不舒服，那么内竖就把这个情况报告给太子，太子脸色出现了忧愁。内竖说："饮食恢复正常。"然后太子才恢复了常态。每天早晚饭食端上来，太子必定在场，察看冷热的程度；饭食端下来时，太子要问吃的饭菜是哪一种，预先拟定下次所进膳食为何物，把它吩咐给膳宰，然后才退出。如果内竖说父王有病了，太子就改穿玄色斋戒衣服亲自侍候父王，膳宰做的食物，太子必定细心检视；治病的药物，必定亲口尝一尝。父王吃饭好起来，那么太子也就能吃下饭去了，如果吃得少了，太子也跟着吃得少了，总要等到恢复原状，然后太子也就恢复了常态。

礼　运①

昔者仲尼与于蜡宾②，事毕，出游于观之上③，喟然而叹④。仲尼之叹，盖叹鲁也⑤。言偃在侧⑥，曰："君子何叹？"孔子曰："大道之行也⑦，与三代之英⑧，丘未之逮也⑨，而有志焉⑩。大道之行也，天下为公，选贤与能，讲信修睦⑪。故人不独亲其亲，不独子其子，使老有所终，壮有所用，幼有所长，矜、寡、孤、独、废、疾者⑫，皆有所养。男有分⑬，女有归⑭。货恶其弃于地也⑮，不必藏于己⑯；力恶其不出于身也，不必为己。是故谋闭而不兴⑰，盗窃乱贼而不做，故外户而不闭⑱。是谓大同。今大道既隐⑲，天下为家，各亲其亲，各子其子，货力为己，大人世及以为礼⑳，城郭沟池以为固，礼义以为纪㉑。以正君臣，以笃父子㉒，以睦兄弟，以和夫妇，以设制度，以立田里，以贤勇、知㉓，以功为己。故谋用是作㉔，而兵由此起。禹、汤、文、武、成王、周公，由此其选也㉕。此六君子者，未有不谨于礼者也㉖。以著其义㉗，以考其信，著有过，刑仁讲让㉘，示民有常㉙。如有不由此者，在势者去，众以言偃复问曰:"如此乎礼之急也㉛?"孔子曰:"夫礼,先王以承天之道㉜,以治人之情,故失之者死,得之者生。《诗》曰:'相鼠有体㉝,人而无礼㉞。人而无礼,胡不遄死㉟?'是故夫礼必本于天,殽于地㊱,列于鬼神,达于丧、祭、射、御、冠、昏、朝、聘。故圣人以礼示之,故天下国家可得而正也。"

言偃复问曰:"夫子之极言礼也㊲,可得而闻与?"孔子曰:"我欲观夏道,是故之杞,而不足征也㊳,吾得《夏时》焉㊴。我欲观殷道,是故之宋,而不足征也,吾得《坤乾》焉㊵。《坤乾》之义㊶,《夏时》之等㊷,吾以是观之。"

夫礼之初,始诸饮食,其燔黍捭豚㊸,污尊而抔饮㊹,蒉桴而土鼓㊺,犹若可以致其敬于鬼神㊻。及其死也,升屋而号㊼,告曰:"皋㊽,某复!"然后饭腥而苴孰㊾,故天望而地藏也㊿。体魄则降㊿①,知气在上,故死者北首,生者南向,皆从其初。

昔者先王未有宫室,冬则居营窟㊿②,夏则居橧巢㊿③。未有火化㊿④,食草木之实,鸟兽之肉,饮其血,茹其毛㊿⑤;未有麻丝,衣其羽皮。后圣有作,然后修火之利,范金,合土㊿⑥,以为台榭、宫室、牖户。以炮以燔,以亨以炙㊿⑦,以为醴酪;治其麻丝,以为布帛,以养生送死,以事鬼神上帝,皆从其朔㊿⑧。

故玄酒在室㊿⑨,醴、盏在户㊽⓪,粢醍在堂㊽①,澄酒在下㊽②。陈其牺牲,备其鼎、俎,列其琴、瑟、管、磬、钟、鼓,修其祝、嘏㊽③,以降上神与其先祖,以正君臣,以笃父子,以睦兄弟,以齐上下,夫妇有所㊽④。是谓承天之祜㊽⑤。

作其祝号㊽⑥,玄酒以祭,荐其血、毛,腥其俎㊽⑦;孰其殽㊽⑧,与其越席㊽⑨,疏布以幂㊿⓪,衣其浣帛㊿①;醴、盏以献,荐其燔、炙㊿②。君与夫人交献,以嘉魂魄㊿③。是谓合莫㊿④。然后退而合亨㊿⑤,体其犬豕牛羊㊿⑥,实其簠、簋、笾、豆、铏羹㊿⑦,祝以孝告,嘏以慈告。是谓大祥。此礼之大成也。"

孔子曰:"於呼哀哉㊿⑧!我观周道,幽、厉伤之㊿⑨,吾舍鲁何适矣?鲁之郊、禘⑧⓪,非礼也。周公其衰矣⑧①!杞之郊也,禹也;宋之郊也,契也。是天子之事守也⑧②。故天子祭天地,诸侯祭社稷。"

祝、嘏莫敢易其常古⑧③,是谓大假⑧④。祝、嘏辞说藏于宗、祝、巫、史,非礼也。是谓幽国⑧⑤。盏、斝及尸君⑧⑥,非礼也。是谓僭君。冕、弁、兵、革藏于私家⑧⑦,非礼也。是谓胁君⑧⑧。大夫具官⑧⑨,祭器不假,声乐皆具,非礼也。是谓乱国⑨⓪。故仕于公曰臣⑨①,仕于家曰仆⑨②。三年之丧,与新有昏者,期不使⑨③。以衰裳入朝,与家仆杂居齐齿⑨④,非礼也。是谓君与臣同国。故天子有田以处其子孙⑨⑤,诸侯有国以处其子孙,大夫有采以处其子孙⑨⑥。是谓制度。

故天子适诸侯，必舍其祖庙，而不以礼籍入⑨，是谓天子坏法乱纪。诸侯非问疾吊丧，而入诸臣之家，是谓君臣为谑⑱。

是故礼者，君之大柄也⑲。所以别嫌明微，傧鬼神，考制度，别仁义⑩，所以治政安君也。故政不正则君位危，君位危则大臣倍⑩，小臣窃⑩。刑肃而俗敝⑩，则法无常⑩，法无常而礼无列⑩。礼无列，则士不事也，刑肃而俗敝，则民弗归也。是谓疵国⑩。

【注释】

①郑玄说：名曰"礼运"者，以其记五帝三王相变易、阴阳转旋之道。礼运：礼的运行。这里的"运行"除"循环"之义外，还有"演变"之义。　②与：参与、参加。蜡（zhà）：周代年终十二月合聚鬼神，求其神而祭之。周时曰蜡，秦时曰腊。宾：参与蜡祭饮酒的宾客，以国中有地位的人物充任。　③观（guàn）：古代宫殿、宗庙、墓门等外面的门楼。　④喟：叹息的声音。　⑤从上下文看，此句出现于此不合逻辑，似是注语而入正文。　⑥言偃：字子游，孔子弟子。　⑦大道：道之广大而不偏私。道：政治主张或思想体系。行：通达天下。这是指五帝时代。　⑧与：和。三代：夏、商、周。英：德才出类拔萃的人。这里指禹、汤、文王、武王、成王、周公等人。　⑨逮：及、达到、赶上。　⑩志：古文"识"。识：记、记载。⑪讲信：讲究诚实。修睦：重视亲睦。⑫矜（guān）：通"鳏"，年老无妻的人。⑬分：职分、名分。　⑭归：女子出嫁。这里指家庭。⑮货：财物，金钱珠玉布帛的总称。恶（wù）：憎恨、讨厌、厌恶。弃：弃置、抛弃。⑯藏：收存。⑰谋：互相图谋。闭：杜绝。⑱户：门。　⑲今：指三代以来。隐：衰微。⑳大人：诸侯。世及：父子曰世，兄弟曰及，指父传国给儿子，没有儿子就传国给兄弟。㉑纪：纲纪、法度。㉒笃：专一。㉓知：智，才智。㉔用：以、因。㉕由：用。选（xuàn）：才德出众之人。㉖谨：严守。㉗著：表明、明了。㉘刑：效法。㉙示：昭示。㉚殃：灾祸。㉛急：急需。㉜承：承奉。㉝相（xiàng）：视、看。㉞礼：礼貌。㉟胡：为什么。遄（chuán）：快、迅速。㊱斅（xiào）：通"效"，效法。㊲极言：尽力主张，尽情说出。㊳征：证明、证验。㊴夏时：夏四时之历书。今存《夏小正》。㊵坤乾：殷时阴阳之书。熊安生说：殷《易》以坤为首，故曰坤乾。㊶义：功用。指阴阳的功用。㊷等：等次，区别等次。㊸孔颖达说：燔黍是将黍米用水淘洗，放在烧石之上烤熟。捭（bā）豚：孔颖达说是分开，撕裂豚肉放在烧石之上烧熟。㊹污（wā）尊：凿地为坑当做酒尊。污：凿地。抔（póu）：用手捧东西。㊺黄（kuài）桴：用土块做鼓槌。黄：土块。桴：鼓槌。一说用草做鼓槌。土鼓：筑土为鼓。㊻犹若：好像。㊼号：大声喊叫。㊽皋（gāo）：拖得又长又慢的声音。㊾饭腥：用生米行饭含之礼。苴孰：包裹熟食以送死者出葬。苴：包裹。㊿天望：望天而招魂。地藏：埋到地下以隐藏尸体。51体魄：身体。52营窟：四周垒土为窟而居住。53橧（zēng）巢：聚集柴木为巢而居住。54火化：用火使食物变熟。55茹：吃。56范：用模子浇铸。57亨（pēng）：古通"烹"，煮。58朔：开始的时候。59室：庙中鬼神所在之

处，地位最尊。　⑥醴：甜酒。盏：微清的浊酒。户：由室到堂经过的地方，地位次于室。　⑥粢醍（zītǐ）：较清的红色的熟酒。堂：国君行礼的地方。　⑥澄酒：已酿成而无沉淀物的淡酒。堂：指堂下，地位最卑。　⑥祝：替主人传话给上神或祖先的祭告的话。嘏：由尸代表上神或祖先向主人祝福的话语。　⑥此五句与本篇第一节中的略有不同，这里指在祭祀仪式中所行的，有不同作用。　⑥祜（hù）：福。　⑥祝号：祝辞的名号，用来尊神显物。《周礼》祝号有六种，即神、鬼、祇、牲、齍、币。例见《曲礼》篇。　⑥腥：生肉。　⑥骰：骨体。　⑥越席：结蒲草为席。越（huó）：结。　⑦疏布：粗布。幂：覆盖酒杯。　⑦浣（huàn）帛：祭服用帛。把生丝煮得柔软洁白，然后织成帛，再做成祭服。　⑦燔：烤肉。炙：烤肝。　⑦嘉：欢乐、欢娱。　⑦合莫：古祭祀时称祭者所祭鬼神在精神上互相感通、合而为一为合莫。合：指活着的人精神上和合于寂寞。莫：指死去的人精神虚无寂寞。　⑦合亨：合烹，把献尸用的半生不熟的牲体合起来烹煮。　⑦体：区分骨肉贵贱。　⑦实：填、充塞。铏羹：把调和好五味的肉做成有浓汁的食物放入盛羹器中。　⑦於（wū）乎：同"呜呼"，表示感叹语气。　⑦伤：损害、败坏。　⑥郊：天子在南郊祭天。禘：嫡系子孙在太庙祭始祖。鲁既非天子，又非嫡子之国，举行郊禘之祭是僭越天子的行为。　⑥衰：衰微，由强盛渐趋微弱。　⑥事守：从事分内之事。　⑥常古：旧有的制式。　⑥假：通"嘏"，福佑。　⑥幽国：典礼幽暗不明之国。　⑥盏、斝（jiǎ）：先代君王所用的酒具。　⑥冕弁：国君有命才可以穿的卿大夫之尊服。　⑧胁：威胁。　⑧具官：完备的执事官吏。　⑨乱国：法纪紊乱之国。　⑨臣：诸侯称君，对君而言，这是公臣。　⑨仆：大夫称主，对主而言，这是家臣。　⑨期不使：一年之内，不因公事使用。　⑨齐齿：不分尊卑上下，平等而并列。　⑨处：置、安置。　⑨采：古代卿大夫受封的土地。　⑨礼籍：太史执掌的典章簿记，记载其国忌讳。　⑨谑：戏谑、玩笑。　⑨柄：指器物的把，通过"把"操纵器物，借指通过"礼"来治理国家。　⑩仁义：亲其所亲为仁，尊其所尊为义。　⑩倍：悖逆犯上。　⑩小臣：低级的臣子。窃：盗窃、非法占有。　⑩肃：严。俗：习俗、风气。敝：衰敝、败坏。　⑩无常：经常变化。　⑩无列：秩序紊乱。　⑩疵：病。

【译文】

从前，孔子曾经参与蜡祭，充任蜡祭饮酒的宾客。蜡祭完毕，他外出到门楼上游览时唉声叹气。当时子游在旁边，问道："老师为什么叹气呢？"孔子说："大道通达于天下的时代和夏商周三代的德才出类拔萃的几位当政的时代，我都没有赶上，无法看到，所看到的只是一些记载了。大道通达于天下时，把天下作为大家所共有的，选举贤能之人，讲究诚实，重视亲睦，所以人们不只是爱自己的亲人，不只是把自己的孩子当做孩子，要使社会上的老人安享天年，壮年之人能贡献自己的才力，年幼的人可以得到抚育成长，鳏寡孤独和残废、有病的人，都能得到供养。男人尽力于自己的职分，女人各有自己的家庭。人们厌恶把钱物抛弃在地上不管，但也不自己收存、据为己有；人们厌恶自己有力而不肯出力的人，但也不让别人为自己出力。所以各种图谋都杜绝了而不发生，也没人去做劫掠偷窃的盗贼，因而从外面合住门而不关紧，这就叫做大同世界。三代以来，大道已经衰微，天下成为一家一姓的财产，各人只亲爱自己的亲人，各人也只把自己的孩子当做孩子，财物或出力都是为自己，诸侯将国家传给儿子、没儿子传给兄弟当做礼，把城郭沟池搞得更坚固，把礼制仁义作为纲纪，用它来确定君臣名分，专一父子的慈孝，亲睦兄弟的友爱，和合夫妻的感情，并用礼义来设立制度，划分田里，尊重勇力才智，把功绩作为个人所有，因此图谋从这儿产生，战争也从这儿兴起，夏禹、商汤、文王、武王、成王和周公用这种礼义治理天下，而成为才德出众的人。这六位君子没有一人不严守礼制的，用它来表现道义，考验信实，昭示过错，效法仁爱，讲究谦让，昭示民众以正常的行为。如果出现有不按照礼义去做的，有权势的人也要被斥逐，人人都把他视为灾祸。这就叫做小康。"

子游又问道："礼，果真像这样急需吗？"孔子说："礼是先代君王用来承奉自然法则，用来控制人们的行为的，所以人们失去这自然法则就会死掉，得到它才可以生存。《诗》曰'看那只老鼠还有个形，人却没有个人样的礼貌。如果人没有人样的礼貌，为什么不快点儿去死？'由此看来，礼必须依据着天，效法着地，充满着过去未来，而表现在丧、祭、射、御、冠、婚、朝、聘等礼仪上，因此圣人就用礼来昭示天道人情，而天下国家才能做到合乎规范。"

子游又问道："老师这么极力推崇礼，可以让我听听吗？"孔子说："我曾想看看夏朝的礼，因此到杞国去，年代久远，无法得到证验了，我得到了他们的历书《夏时》。我又想去看看殷朝的礼，所以到宋国去，也是无法得到证验，我得到他们的易书《坤乾》。我从《夏时》《坤乾》中看到的是阴阳的功用和礼的区分等次，并由此看到了礼的演变道理及周转的程序。"

本来礼最初是开始于饮食行为的，他们将黍米用水淘洗后，放在烧石上烧熟；把豚肉分开放在烧石上烤熟，在地上凿个坑当做酒尊，用手捧着当酒杯来喝。用土块做鼓槌敲打土做的鼓当做鼓乐，好像可以按他们的这种生活方式来敬鬼神。到他们死的时候，活着的人就登上屋顶对天空大声喊叫，他们喊道："啊——某人你回来呀！"可是死者不能复生，他们就用生米举行饭含之礼，并且在下葬时给死者包裹一些熟食，不让他挨饿。所以招魂时望着天而隐藏尸体于地下。身体埋到地下，灵魂却在天上。北方是阴，所以死人的头朝北；南方是阳，所以活着的以南为尊，这都是从最初的时候传下来的。

以前先代君王没有宫殿房屋，冬天就居住在四周都是用土垒成的土窟里，夏天就居住在用柴木聚集而成的巢里。当时不知道用火使食物变熟，生吃草木的果实和鸟兽的肉，喝动物的血，连毛也吃下去。当时未有麻丝，穿羽毛和兽皮。后世有圣人出现，然后利用火的热力，用模子浇铸金属，调和泥土烧制砖瓦，用来建造台榭、宫室和门窗。同时用火来炮、烤、煮炙食物，酿制醴酒、乳酪，处理麻丝，用它织成麻布和丝绸，来供养人们的生活，料理丧事和祭祀鬼神上帝。后世的人在这些方面都遵从原始时候的做法。

因为遵从原始，所以祭祀时，玄酒最古，放在地位最尊的屋内，醴、酪放在户内，粢醍放在行礼的堂上，而清酒却放在堂下。摆列出那些牺牲，备齐那些鼎俎，安排琴瑟管磬钟鼓，撰写祝辞嘏辞，用来迎接上神和先祖的降临。在祭祀进行中要辨正君臣的意义，专一父子的慈孝，亲睦兄弟的友爱，沟通上下的声气，夫妇各有自己应处的地位，这就叫做承奉上天的福佑。

"制定祝辞的名号，用玄酒来祭神，进献牲血和牲毛，再进献俎上的生肉，还要进献半熟的牲体。行礼时，主人主妇都要亲自踩踏蒲草结的席，端着用粗布覆盖的酒尊，穿着新织的绸衣，献上醴酒和酪酒，进献烤肉和烤肝。主人和主妇相互交替进献，使祖先的灵魂十分欢娱，这叫做人神感通，合而为一，祭祀以后退下，把半生不熟的牲体合在一起烹煮，再区别犬猪牛羊的牲体，盛入簠簋笾豆之中，祝辞把主人的孝顺告诉鬼神，嘏辞把神的慈爱转达主人，这叫做大祥。这是礼的大功告成。"

孔子说："唉，可悲啊！我考察周代的制度，自幽王、厉王起周礼就败坏了。当今只有鲁国秉承周礼，我舍弃鲁国到什么地方去呢？可是，鲁国举行郊禘之祭，不合乎周礼，周公之礼衰微了！杞国人祭天是祭禹，宋国人祭天是祭契，这是天子的分内之事，因为天子可以祭天地，诸侯只能祭自己国内的社稷之神。"

祝辞嘏辞不敢更改旧有的制式，这叫做大假。祝辞嘏辞不藏到宗庙而藏到宗、祝、巫、史的家中，这不合乎礼。这就叫做典礼幽暗不明的国家。玉盏、玉瓒是先王重器，诸侯用来献尸，这不合乎礼。这叫做僭拟君王。冕弁是国君有命才可以穿的尊服，兵器甲革是国家的武器装备，却藏在大夫家中，这不合乎礼。这叫做威胁国君。大夫家中有完备的执事官吏，祭器自备不用去借，声乐全部具备，这不合乎礼。这叫做纲纪悖乱的国家。为国君效力的官叫臣；为大夫效力的官叫仆。父母的丧事要守丧三年，新婚就给假一年，在此期间，不因公事而使用他们。在此期间，穿着丧服入朝，或是和家仆杂居一起平等并列，这都不合乎礼。把朝廷当做他的家，这叫做君臣共国。所以天子有田地来安置自己的子孙，诸侯有国土来安置自己的子孙，大夫有封地来安置自己的子孙，这叫做制度。因而天子到诸侯国去，必须止宿在诸侯的祖庙，如果不按典章礼制进入祖庙，这叫做天子坏乱法纪。诸侯不是探问病人或吊丧，而随便进入诸臣的家中，这叫做国君与诸臣相戏谑。

因此，礼是国君用来治理国家的重要工具，用礼来判别是非，洞察幽隐，接待神祇。孝敬祖先，划分等级，规定秩序，建立伦常，区别尊亲，礼是政事得到治理、国君能够安乐的东西。所以政事不能行正道，那么，国君的地位就危险，国君的地位一危险，那么大臣就悖逆犯上，小臣就非法据有权力。刑罚严峻，却习俗风气败坏，那么法令就经常变化，法令经常变化，礼就秩序紊乱。礼的秩序紊乱，那么士人就无所事事。刑罚严峻却习俗风气败坏，那么民众不归顺。这叫病疵的国家。

故政者，君之所以藏身也①。是故夫政必本于天，殽以降命②。命降于社之谓殽地③，降于祖庙之谓仁义，降于山川之谓兴作④，降于五祀之谓制度⑤。此圣人所以藏身之固也⑥。故圣人参于天地⑦，并于鬼神⑧，以治政也。处其所存⑨，礼之序也；玩其所乐⑩，民之治也。故天生时而地生财，人，其父生而师教之，四者君以正用之⑪，故君者立于无过之地也。

故君者所明也⑫，非明人者也；君者所养也⑬，非养人者也；君者所事也⑭，非事人者也。故君明人则有过，养人则不足，事人则失位。故百姓则君以自治也⑮，养君以自安也，事君以自显也⑯。故礼达而分定⑰，故人皆爱其死而患其生⑱。故用人之知去其诈⑲，用人之勇去其怒⑳，用人之仁去其贪。故国有患，君死社稷谓之义，大夫死宗庙谓之变㉑。故圣人耐以天下为一家㉒，以中国为一人者，非意之也㉓，必知其情，辟于其义㉔，明于其利，达于其患㉕，然后能为之。

何谓人情？喜、怒、哀、惧、爱、恶、欲，七者弗学而能。何谓人义？父慈、子孝、兄良、弟弟、夫义、妇听、长惠、幼顺、君仁、臣忠㉖，十者谓之人义。讲信修睦，谓之人利；争夺相杀，谓之人患。故圣人之所以治人七情，修十义，讲信修睦，尚辞让㉗，去争夺，舍礼何以治之？饮食男女，人之大欲存焉。死亡贫苦，人之大恶存焉㉘。故欲恶者，心之大端也㉙。人藏其心，不可测度也。美恶皆在其心，不见其色也㉚。欲一以穷之㉛，舍礼何以哉？

故人者，其天地之德㉜，阴阳之交，鬼神之会，五行之秀气也㉝。故天秉阳㉞，垂日星㉟；地秉阴，窍于山川㊱。播五行于四时㊲，和而后月生也㊳。是以三五而盈[39]，三五而阙[40]。五行之动，迭相竭也[41]。五行四时十二月，还想为本也[42]。五声六律十二管[43]，还相为宫也。五味六和十二食[44]，还相为质也。五色六章十二衣[45]，还相为质也[46]。故人者，天地之心也，五行之端也[47]，食味、别声、被色而生者也。

故圣人作则[48]，必以天地为本，以阴阳为端，以四时为柄，以日星为纪[49]，月以为量[50]，鬼神以为徒[51]，五行以为质[52]，礼义以为器[53]，人情以为田[54]，四灵以为畜[55]。以天地为本，故物可举也。以阴阳为端，故情可睹也。以四时为柄，故事可劝也。以日星为纪，故事可列也。月以为量，故功有艺也[56]。鬼神以为徒，故事有守也[57]。五行以为质，故事可复也[58]。礼义以为器，故事行有考也[59]。人情以为田，故人以为奥也[60]。四灵以为畜，故饮食有由也[61]。

何谓四灵？麟、凤、龟、龙谓之四灵。故龙以为畜，故鱼鲔不淰[62]；凤以为畜，故鸟不獝[63]；麟以为畜，故兽不狨[64]；龟以为畜，故人情不失[65]。故先王秉蓍龟[66]，列祭祀[67]，瘗缯[68]，宣祝嘏辞说，设制度。故国有礼，官有御[69]，事有职[70]，礼有序。

故先王患礼之不达于下也[71]，故祭帝于郊，所以定天位也[72]；祀社于国[73]，所以列地利也[74]；祖庙，所以本仁也[75]；山川，所以傧鬼神也；五祀，所以本事也[76]。故宗祝在庙，三公在朝，三老在学，王前巫而后史[77]，卜筮瞽侑皆在左右[78]。王中心无为也，以守至正。故礼行于郊而百神受职焉[79]，礼行于社而百货可极焉[80]，礼行于祖庙而孝慈服焉[81]，礼行于五祀而正法则焉。故自郊、社、祖庙、山川、五祀，义之修而礼之藏也。

是故夫礼，必本于大一[82]，分而为天地，转而为阴阳，变而为四时，列而为鬼神。其降曰命，其官于天也[83]。夫礼必本于天，动而之地，列而之事，变而从时，协于分艺。其居人也曰养[84]，其行之以货、力、辞让、饮食、冠、昏、丧、祭、射、御、朝、聘[85]。

故礼义也者，人之大端也[86]。所以讲信修睦，而固人肌、肤之会，筋、骸之束也；所以养生送死，事鬼神之大端也；所以达天道，顺人情之大窦也[87]。故唯圣人为知礼之不可以已也[88]。故坏国、丧家、亡人，必先去其礼。故礼之于人也，犹酒之有糵也[89]：君子以厚，小人以薄。故圣王修义之柄[90]，礼之序，以治人情。故人情者，圣王之田也，修礼以耕之，陈义以种之，讲学以耨之，本仁以聚之[91]，播乐以安之[92]。

故礼也者，义之实也[93]，协诸义而协[94]，则礼虽先王未之有，可以义起也。义者，艺之分[95]，仁之节也[96]。协于艺，讲于仁，得之者强。仁者，义之本也，顺之体也^⑰，得之者尊。故治国不以礼，犹无耜而耕也；为礼不本于义^⑱，犹耕而弗种也；为义而不讲之以学，犹种而弗耨也；讲之以学而不合之以仁，犹耨而弗获也；合之以仁而不安之以乐，犹获而弗食也；安之以乐而不达于顺，犹食而弗肥也^⑲。

四体既正，肤革充盈，人之肥也。父子笃^⑩，兄弟睦，夫妇和，家之肥也。大臣法，小臣廉^⑪，官职相序^⑫，君臣相正^⑬，国之肥也。天子以德为车，以乐为御^⑭，诸侯以礼相与^⑮，大夫以法相序，士以信相考^⑯，百姓以睦相守，天下之肥也。是谓大顺。大顺者，所以养生、送死、事鬼神之常也^⑰。故事大积焉而不苑^⑱，并行而不缪^⑲，细行而不失^⑩，深而通，茂而有间^⑪，连而不相及也，动而不相害也。此顺之至也。故明于顺，然后能守危也^⑫。

故礼之不同也^⑬，不丰也^⑭，不杀也^⑮，所以持情而合危也^⑯。

故圣王所以顺，山者不使居川，不使渚者居中原^⑰，而弗敝也^⑱。用水、火、金、木、饮食必时。合男女、颁爵位，必当年、德^⑲，用民必顺^⑳。故无水旱昆虫之灾，民无凶饥妖孽之疾^㉑。故天不爱其道，地不爱其宝，人不爱其情。故天降膏露^㉒，地出醴泉^㉓，山出器、车，河出马图^㉔，凤凰、麒麟皆在郊棷^㉕，龟、龙在宫沼^㉖，其余鸟兽之卵胎，皆可俯而窥也^㉗。则是无故^㉘，先王能修礼以达义，体信以达顺故^㉙。此顺之实也^㉚。

【注释】

①藏身：托身以保安定。藏：托。　②毅：效，仿照。降命：制定政令。降：给予。　③命降于社：政令本于地而降，即政令用于地上。之谓：叫做。　④兴作：兴建。　⑤五祀：五行之神。五行交替含有依时运行之义。　⑥固：稳固。　⑦参：配合。　⑧并：比并、并立。　⑨处：分辨、分别。　⑩玩：研习、玩味。乐（yào）：喜好、爱好。　⑪正：使之各得其正。　⑫陈澔说：三明字皆当做则，即"所明""明人"为"所则""则人"。所则：为人所取法。则人：取法于人。　⑬所养：为人所供养。　⑭所事：为人所服事。　⑮则：仿效、取法。　⑯显：声誉著称。　⑰分：职分。　⑱爱：过分爱惜，舍不得。患：通"串"。串（guàn）：习惯。　⑲诈：作假。　⑳怒：奋，指冲动。　㉑变：通"辨"，正当。　㉒耐（néng）：同"能"。　㉓意：以私意猜测。　㉔辟：通晓。　㉕患：祸害。　㉖弟（tì）：古同"悌"，敬爱兄长。义：情谊、情义。听：听从。惠：仁爱。顺：顺从。　㉗尚：推崇、注重。　㉘恶（wù）：畏惧、害怕。　㉙心：心情、心理。大端：事物的主要方面。　㉚色：脸上的神情、气色。　㉛穷：穷尽。　㉜德：客观规律。　㉝秀气：灵秀之气。　㉞窍：《孔子家语》此字作"载"。　㉟秉：秉持。　㊱垂：从上面照临于下。　㊲播：分散。　㊳月：月形，指月亮的弦、望、晦、朔。　㊴三五：指十五天。盈：满，指月亮圆。　㊵阙：空缺。　㊶竭：承载。　㊷还：旋转。本：主。四时有所本，如春为木，夏为火之类。十二月也各有所

长。　㊸五声：古乐五声音阶的五个阶名，即宫、商、角、微、羽。六律：乐律有十二个，阴阳各六个，阳为律，阴为吕。名称见《月令》。十二管：十二律中阴阳律吕共十二管。　㊹五味：酸、苦、辛、咸、甘。六和：郑玄说五味"调以滑甘，是为六和"。此说颇牵强。十二食：十二月之所食。　㊺五色：青、赤、黄、白、黑。六章：五色加上天玄为六章。十二衣：十二月之所衣。　㊻质：本　㊼端：起始、开头。　㊽则：法则。　㊾纪：法度、准则。　㊿量：界限、限度。　51徒：侣、伴侣。　52质：体　53器：工具。　54田：指治理的对象。圣人所治人情就像农夫所耕的田。　55四灵：四种灵物。　56艺：事之界限。　57守：循守。　58复：终而复始。　59考：成。　60奥：主。　61由：来由。　62鲔（wěi）：鲟鱼。渖（shěn）：水动而鱼惊走。　63獝（xù）：惊飞。　64狘（xuè）：惊走。　65失：失误。　66蓍（shī）：卜筮。蓍草和龟都是古时的卜筮用具。筮用蓍草，卜用龟甲。　67列：安排。　68瘗（yì）：埋。缯：帛。埋帛以降神，为祭地之礼。　69御：统治、执掌。　70职：职分，身任之职所应尽的本分。　71患：忧虑、担忧。　72天位：阳位，因天秉阳。　73国：指国中。　74列地利：陈列地的养人之功而报答。　75本仁：应为"本仁义"，本着亲尊关系的差等。　76本事：按制度之所自出而报答，　77巫：接事鬼神之人。史：记录言行的官吏。　78瞽：乐师。侑（yòu）：在筵席上助兴、劝食或陪侍的人。　79百神：天之群神。受职：各率其职。　80极：可尽得而用。极：尽。　81服：行。　82大一：天地未形成以前存在的混沌物质元气。　83官：取法、效法。　84养：养人身心。　85行：施行。　86大端：重要的方面。　87窦：孔穴。　88已：废止。　89蘖：酒曲。　90柄：根本。　91聚：积蓄、储备。　92安：习惯。　93实：内容。　94协：协调、相合。协诸义：合于事理之宜。　95艺：才能、技艺。　96节：节次。　97体：事物的本性、主体。　98本：按照、依照。　99肥：多肉，指健康，喻指兴旺、强盛。　100笃：深厚。　101廉：廉洁，非分不取。　102序：配合有序。　103正：匡正。　104御：施行、推行。　105与：交往。　106考：成效。　107养：供养。送：指料理。事：祭祀。常：法则。　108苑（yùn）：积聚、郁结。　109缪（jiū）：交错。　110细行：微末小事。　111茂：茂盛、繁密。　112危：高，指高位。　113不同：指尊卑贵贱等级不同。　114丰：增加。　115杀：减少。　116持情：维持人情。合危：保合上下，不使为乱。　117渚（zhǔ）：小洲，水中小块陆地，岛，水边。　118敝：疲惫、衰败。　119当：合适。年德：年龄德行。　120用民必顺：指不夺农时。　121妖孽：《说文》称"衣服、歌谣、草木之怪谓之妖，禽兽、虫蝗之怪谓之孽"。　122膏：甘。　123醴泉：甘美的泉水。　124马图：龙马驮出河图洛书。　125椒（sǒu）：同"薮椒"。野草丛生、低洼积水的地方。　126沼：池沼。　127窥：看。　128无故：没有别的原因。　129体：依循。　130实：结果。

【译文】

　　政治是国君托身以保安定之处。所以政治的原理，必定依照天理来制定政令。政令应用到地上叫做效法；应用到祖庙中叫做仁义；应用到山川叫做兴建；应用到依时运行叫做制度，这就是圣人托身之处稳固的原因。因而圣人配合天地，与鬼神比并，以治理政事。分别存在的事物，是礼制的秩序。研习喜好的事物，是民众的作为。

天有四季，地有资财，人的身体是父母生养，知识才能是老师教给，这四者国君用来使它们各得其正，所以做国君的必须正身立于无有过错之地。

国君是别人所仿效的，而不是仿效别人。国君是别人所供养的，而不是供养别人。国君是别人所服事的，而不是服事别人。如果国君仿效别人就会有差失，供养别人就会有不足，服事别人就会失去自己的地位。百姓仿效国君来管理自己，供养国君来定安自己，服事国君来显扬自己。礼通达天下并职分得到确定，因而人们习惯于安定生活而舍不得去死。国君利用人们的智慧而去掉作假的成分，利用人们的勇气而去掉冲动情绪，利用人们的仁心而去掉贪欲。所以国家有危难，国君为国家去死叫做义，大夫为宗庙去死叫做变，圣人能把天下当做一家，把天下人看作同自己一样，这不是私意猜度出来的，他必须懂得人情，通晓义理，明白利害所在，然后才可能做到这个地步。

什么是人情？喜、怒、哀、惧、爱、恶、欲，这七情不学就会。什么是人义？为父须慈，为子须孝，为兄须良，为弟须悌，为夫须义，为妇须听，为长须惠，为幼须顺，为君须仁，为臣须忠，这十种叫做人义。讲究诚实，重视亲睦，叫做人利；争夺而互相残杀，叫做人患。因而君子要协调人们的七情、十义，讲究诚实，重视亲睦，推崇辞让，摒弃争夺。舍弃礼制，用什么去协调呢？人们最强烈的欲望存在于饮食男女之中，人们最畏惧的存在于死亡贫苦之中。因此欲望和畏惧是人们心理的主要内容。人们为某种原因隐藏自己的感情，别人无法猜测。喜爱和憎恶都藏在心里，而不表现在神情上。要想整个穷尽人们的心理，舍弃礼制用什么呢？

人类是天地的客观规律造就的，交错着阴阳两性，会合着过去未来，是五行的灵秀之气。天秉持阳性，太阳和群星从天空照临到大地；地秉持阴性，负载着山川大河，把五行分散到四季之中，阴阳两气交融而后生出各种月形。因此月亮十五日充盈圆满，又十五日趋于残缺。五行的消长，轮流承载。五行四时十二月，旋转着互相为主；各有所本。五声六律十二管，旋转着互相为宫。五味六和十二食，五色六章十二衣也都旋转着互相为主，因而人类顺从自然法则而生，是五行消长的起始，是饮食有不同口味、能辨别各种声音、穿彩色衣裳的动物。

圣人制作法则，必以天地作为根据，阴阳为大端，四时为总纲，太阳和群星为准则，月亮为限度，鬼神为伴侣，五行为主体，礼义为工具，人情为治理对象，四灵为家畜。以天地作为根据，所以包罗万物。以阴阳为大端，所以两方的情形都可以看见。以四时为总纲，所以可劝勉人们做事。以太阳和群星为准则，所以事情有条有理。以月亮为限度，所以做事有界限。以鬼神为伴侣，所以循守职事。以五行为主体，所以事情可以终而复始。以礼义为工具，所以做事情就有成效。以人情为治理对象，所以把人作为主要对象。以四灵为家畜，所以饮食有所由来。

什么叫四灵？麟、凤、龟、龙，这毛、羽、介、鳞诸动物之首叫做四灵。所以养了龙，水生的大鱼小鱼就不会被惊走；畜养了凤和麟，鸟兽就不会受到惊吓而乱飞乱窜；畜养灵龟，可以预卜人情真伪而不失误。所以先王秉持卜筮用的蓍草和龟甲，安排鬼神的祭祀，埋帛以降神，宣示祝辞，订立制度。于是国家有礼制，官吏有执掌，事情有职分，礼制有秩序。

先王忧虑礼不能通达天下，所以在南郊，祭上天用来明定天的阳位；在国中祭地祇，陈列土地的养人之功；祖庙的祭祀是依照亲尊关系的差等；祭祀山川是为了接待鬼神；祭祀户、灶、中雷、门、行等五祀之神，是按着制度之所出而报答。因此，宗祝在庙里帮助君王行礼，三公在朝谈论政道，三老在学可以乞言，君王前有接事鬼神的巫，后有记录言行的史，卜筮、乐师和侑都守在身旁，君王处于中心无所作为，以保持最纯正的态度，作为万民的仿效对象。在郊外行礼，那么天之群神就各率其职；在社中行礼，那么百物可尽得而用；在祖庙行礼，那么孝顺、慈爱就可施行；在五祀行礼，那么法则可以匡正。在郊、社、祖庙、山川、五祀这些地方的祭祀中，修饰了义而礼又寄托在其中。

由此可知，礼必定本于天地未形成以前的混沌物质元气，这元气分化而成天地这具体的世界，旋转而成为阴阳这对立的事物，演变成为四季这轮流交替的现象，排列成为过去未来这屈伸变化的世界，天理运行而赋予万物的就是命，它取法于天理，礼必定出自于天，应用到地上，就成为朝、庙、乡、党之异；罗列于事物中，就成为吉、凶、军、宾之分；演变就依照四季的更替，而且必须合于分界。对于人来说，可以养人身心，并施用到物产、饮食这行礼器物，辞让这行礼之文和冠、婚、丧、祭、射、御、朝、聘这行礼之事上。

礼义是人类的重要特征，人类依据礼义，才能讲究诚实，重视和睦，如同"肌肤之会"、"筋骸之束"对人的作用一样，使社会上的人们聚合在一起，人类凭借礼义来进行供养自己生活，料理死者身后诸事、祭祀鬼神等重大事情；人类用礼义通达天理，沟通人类的感情。因此，只有圣人知道礼是不可废止的，那些败坏国家和亡命的人，肯定先抛弃了礼义。因此礼对于人来说，就像

四书五经·最新校勘精注今译本

中国书店

酒曲对酒一样，酒曲厚重酒就美，酒曲轻薄酒就劣，礼义厚重就成为君子，礼义轻薄就变成小人。圣人遵循义的根本，礼的秩序，来培育人情。因此人情是圣王的田地，用修礼耕田，用陈义种田，用讲学锄田，用本仁储备，用播乐来习惯这礼义的行为。

礼是义的内容，凡是合于事情之宜的行为，要加以协调。虽然先王没有礼，那么可以依据义来制定。义是人类天赋的才分，仁心的节次，协调人们的才能，讲究仁爱之心，能做到的人是强大的。仁是义的根本，顺的主体，能做到的人无人不尊崇。所以说，治理国家不用礼，就像没有农具却要耕田一样；制定礼制不依据义，就像耕田而不播种；有义却不加以研习，就像播种以后却不去锄草；研习却不把仁合于义，就像锄草却没有收获；把仁合于义而不能做到以乐来安定生活，就像收获了却不能享受果实；做到以乐来安定生活，却不能通达于礼的终极，就像享受到了果实，却没有能使身体健康起来。

四肢正常，皮肤丰满，这是健康的身体。父子情深，兄弟和睦，夫妇相爱，是健康的家庭。大臣守法，小臣廉洁，官吏配合有序，君臣互相匡正，这是健康的国家，天子以德行为车，以乐来推行德政，诸侯之间以礼让互相交往，大夫们用法令相配合，士人们把信用作为成效，百姓们用和睦来相处生活，这就是健康的世界，这就叫做大顺。大顺是供养人们生活、料理死者身后之事、祭祀鬼神的法则。所以诸事堆积却不郁结窒塞，两事并行去做却不互相错杂，微末小事也不会遗忘，深奥却可以通晓，繁密却有条理，接连运动却不互相侵害，这是顺的至极，因此了解"顺"的意义，然后才可守住高位而不危乱。

礼是讲究差别的，既不过分，也不减少，用来维持人情，和合上下，不使危乱。圣王用天地人的和顺来制礼。所以不让居住在山区的人到平川居住生活，也不让居住在海岛水边的人到平原地区生活。这样人们的生活不会感到疲惫、衰败，使用水、火、木材和金属都不同，饮食必须合于四季。男婚女嫁，颁授爵位，必须年龄和德行相当。用人必须顺应天地人等条件。这样，就不会有水旱昆虫等灾害，也不会发生饥荒怪异等祸事。天不吝惜自己的道，地不吝惜自己的宝，人也不吝惜自己的情。因此天才降下甘露，地才涌出甘美的泉水，山才出现宝器车辆，河才跃出龙马驮着河图洛书，凤凰麒麟都在郊外草泽，龟、龙供奉畜养在宫殿、池沼，其余鸟兽的卵和胎，都可以俯身而看。这没有别的原因，这是先王能够遵循礼而通达义，依循信诚而通达和顺的缘故。这是顺应天理人情的结果。

礼　器①

礼器，是故大备②。大备，盛德也③。礼释回④，增美质⑤，措则正⑥，施则行。其在人也，如竹箭之有筠也⑦，如松柏之有心也。二者居天下之大端矣⑧，故贯四时而不改柯易叶⑨。故君子有礼，则外谐而内无怨⑩。故物无不怀仁⑪，鬼神飨德⑫。

先王之立礼也，有本有文⑬。忠信，礼之本也；义理，礼之文也。无本不立，无文不行。礼也者，合于天时，设于地财⑭，顺于鬼神，合于人心，理万物者也⑮。是故天时有生也⑯，地理有宜也⑰，人官有能也⑱，物曲有利也⑲。故天不生，地不养，君子不以为礼，鬼神弗飨也。居山以鱼鳖为礼，居泽以鹿豕为礼，君子谓之不知礼。故必举其定国之数⑳，以为礼之大经㉑。礼之大伦㉒，以地广狭；礼之薄厚，与年之上下㉓。是故年虽大杀㉔，众不匡惧㉕，则上之制礼也节矣㉖。

礼，时为大㉗，顺次之㉘，体次之㉙，宜次之㉚，称次之㉛。尧授舜，舜授禹，汤放桀，武王伐纣，时也。《诗》云：“匪革其犹㉜，聿追来孝㉝。”天地之祭，宗庙之事，父子之道，君臣之义，伦也。社稷山川之事，鬼神之祭，体也。丧祭之用，宾客之交，义也。羔、豚而祭㉞，百官皆足㉟，太宰而祭，不必有余，此之谓称也。诸侯以龟为宝㊱，以圭为瑞㊲。家不宝龟㊳，不藏圭，不台门㊴，言有称也。

礼有以多为贵者：天子七庙，诸侯五，大夫三，士一。天子之豆二十有六㊵，诸公十有六，诸侯十有二，上大夫八，下大夫六。诸侯七介、七牢㊶，大夫五介、五牢。天子之席五重㊷，诸侯之席三重，大夫再重。天子崩，七月而葬，五重八翣㊸；诸侯五月而葬，三重六翣；大夫三月而葬，再重㊹四翣。此以多为贵也。

有以少为贵者：天子无介㊺，祭天特牲㊻。天子适诸侯，诸侯膳以犊㊼。诸侯相朝，灌用郁鬯㊽，无笾、豆之荐。大夫聘礼以脯、醢。天子一食㊾，诸侯再，大夫士三，食力无数㊿。大路繁缨一就㈤，次路繁缨七就。圭、璋特㈤，琥、璜爵㈤。鬼神之祭单席㈤。诸侯视朝㈤，大夫特㈤，士旅之㈤。此以少为贵也。

有以大为贵者：宫室之量㈤，器皿之度㈤，棺椁之厚，丘封之大㈤。此以大为贵也。

有以小为贵者：宗庙之祭，贵者献以爵，贱者献以散；尊者举觯，卑者举角㊿。五献之尊㊿，门外缶㊿，门内壶㊿。君尊瓦甒㊿。此以小为贵也。

有以高为贵者：天子之堂九尺㊿，诸侯七尺，大夫五尺，士三尺。天子诸侯台门㊿。此以高为贵也。

有以下为贵者：至敬不坛㊿，扫地而祭㊿。天子诸侯之尊废禁㊿，大夫士棜、禁㊿。此以下为贵也。

礼有以文为贵者：天子龙衮㊿，诸侯黼㊿，大夫黻㊿，士玄衣纁裳㊿。天子之冕，朱绿藻㊿，十有二旒㊿，诸侯九，上大夫七，下大夫五，士三。此以文为贵也。

有以素为贵者：至敬无文㊿，父党无容㊿。大圭不琢㊿，大羹不和㊿，大路素而越席㊿，牺尊疏布鼏㊿，椫杓㊿。此以素为贵也。

孔子曰："礼不可不省也㊿。礼不同、不丰、不杀㊿。"此之谓也。盖言称也。礼之以多为贵者，以其外心者也㊿。德发扬，诩万物㊿，大理物博㊿，如此，则得不以多为贵乎？故君子乐其发也。礼之以少为贵者，以其内心者也㊿。德产之致也精微㊿，观天下之物无可以称其德者㊿，如此，则得不以少为贵乎？是故君子慎其独也㊿。古之圣人，内之为尊，外之为乐，少之为贵，多之为美。是故先王之制礼也，不可多也，不可寡也，唯其称也。

【注释】

①礼器：郑玄说，名为"礼器"者以其记礼使人成器之义也。方悫说："《礼器》言器之用。"孙希旦说："此篇以忠信义理言礼，而归重于忠义；以内心、外心言礼之文，而归重于内心。"　②大备：一切具备、完备。　③盛德：天德之盛行。　④释回：解除邪僻。回：邪僻、奸邪。　⑤美质：美好的事物。　⑥措：安置、安放。正：平正。　⑦竹箭：细小的竹子。筠：竹子的青皮。　⑧二者：竹、松柏。大端：本原。　⑨贯：通、贯通。柯：草木的枝茎。　⑩谐：和谐、协调。怨：怨悔。　⑪物：人。　⑫飨：歆，羡慕。　⑬本：事物的基础或主体。文：外在表现，外在形式。　⑭设：合。　⑮理：理顺。　⑯天时：自然运行的时序。　⑰地理：山川土地的环境形势。　⑱人官：人体五官。能：功能。　⑲物曲：物体的性能。利：利益、功用。　⑳定国：立国，指分封诸国时而言。数：赋税收入的数目。　㉑大经：大法、常法、常规。　㉒大伦：次第。　㉓与：以。年：收成、年景。　㉔杀：指谷物未熟。　㉕匡：通"恇"，畏惧。　㉖节：适度。　㉗时：时代。　㉘顺：人伦。　㉙体：事物的法式、规矩。　㉚宜：义理。　㉛称（chèn）：恰当、合适。　㉜匪：非。革（jí）：通"亟"，急迫。犹：谋略、计策。　㉝聿：虚词，用在动词前，无意义。来孝：自古以来的美德。来：指从过去到现在的一段时间。　㉞羔、豚而祭：郑玄说，大夫荐用羔，士荐用豚。可知是大夫士的祭祀，规模不大。　㉟百官：助祭之人。皆足：助祭之人都可得到牲畜的体骨。

㊱以龟为宝：诸侯有守土之重任，需占卜吉凶，所以把龟作为宝物。　㊲以圭为瑞：诸侯对天子就像天子对上天。天子得天之物叫做瑞，诸侯得天子之圭也看作吉祥的征兆。　㊳家：卿大夫。　㊴台门：在门两旁筑土为台，高出于门，天子诸侯有之。大夫则不能。　㊵豆：古代食器，形似高足盘，盛行于商周时，后世也作礼器。这是指食礼之豆数。　㊶介：古代宾方传达宾主之言的人。牢：古代祭祀或宴享用的牲畜。　㊷席：坐席。凡席以一为一重。　㊸再：两、二。　㊹重：孙希旦说，古丧礼中茵（棺材下面垫的垫褥）、折（像床无脚的葬具，承受抗席用）、抗席（在折之上铺的遮挡土用的席子）、抗木（加在抗席之上的木架）四者为一重。翣（shà）：形如扇，以木作框，饰以有图案的白布，在路遮挡柩车，入坟遮挡灵柩。　㊺天子无介：天子所到之处均是主人，非宾客，故不用传话之人。　㊻特牲：指一牛。　㊼膳：膳食款待。　㊽灌用郁鬯：朝享礼毕，主君用郁鬯招待宾客。灌：献。　㊾一食：一餐。　㊿食力：指工、商、农、庶人之类，以劳动换取衣食，故名。　51大路：大车。孔颖达说：以木为路，别无雕饰，乘以祭天。繁（pán）缨：诸侯所用的马腹带饰。繁：马腹带。这是传统说法。另一说是"繁"通"盘"。繁缨就是盘在马颈上的缨。一就：一匝、一圈。此句与下句，和《郊特牲》有不同　52圭、璋：贵重之玉，朝聘用圭璋，无束帛。特：不用他物相配，单独。璋是半圭。　53琥、璜：劣于圭璋之玉，琥为虎形，半璧曰璜。天子酬酒诸侯，或诸侯互相酬酒时，以琥、璜为币，和爵一同献上，不单独使用。爵：古代酒器。　54孙希旦说：此谓祭外神之席。　55视朝：临朝听政。　56大夫特：国君临朝见到大夫要一一作揖见礼。　57士旅之：士地位低，见到众多士时只须一揖见礼。　58量：容量，这里指容纳量、规模。　59度：尺寸。　60丘封：指坟墓。　61郑玄说：凡觞，一升曰爵，二升曰觚（gū），三升曰觯（zhì），四升曰角，五升曰散。均为饮酒器。"爵"的容量最小，"散"的容量最大。献：献尸。　62五献：孙希旦说，子、男飨礼五献。　63缶：盛酒浆的瓦器，大腹小口，有盖。郑玄说缶大小未闻。　64壶：郑玄说壶大一石。　65君尊：子男所用的酒尊。瓦甒（wǔ）：瓦制酒器，郑玄说瓦甒五斗。　66堂：殿。古时称殿或堂，多指正房而言。汉以后曰殿。古代堂、殿上下通称。　67天子、诸侯均有台门，无高下之分，不能说明以高为贵，疑此句有脱文。王梦鸥说此句应为"天子两观，诸侯台门"。依此说。　68至敬：祭天。祭天需在坛上举行。　69埽地：扫地，清扫出一块地方。　70废：废弃、不用。禁：古代举行祭礼时承放酒樽之器，长四尺，宽二尺四寸，高五寸，有足，高三寸。　71梡（yù）：长、宽、高尺寸和"禁"相同，上有四周，下有两杠，但无足。　72龙衮：古帝王朝服，上绣龙纹。　73黼（fǔ）：古代礼服上绣的黑白相间如斧形的花纹。　74黻（fú）：古代礼服上绣的黑青相间像两个"己"字相背形的花纹。　75缲：浅绛色。　76藻：五彩相合的颜色。　77旒（liú）：冕冠前后悬垂的玉串，用五彩丝绳串连起来，每一个玉串按就的数目称为多少旒。如十二个就为一玉串就叫十二旒。　78至敬无文：祭天时只穿大裘，不加华丽的裼衣，即无文饰。　79党：王念孙释作"所"字，地方。容：打扮、装扮。　80大圭：天子朝日月之圭。琢：雕琢。　81大羹：肉汁。不和：不加咸盐、酸梅等调味品。　82素：素朴，没有金玉等装饰物。越席：祭天之席，与《礼运》篇中"越席"用途不同，编结材料也不同。　83牺尊：古代酒器，作牺牛形，也有在尊腹刻画牛形的。牺也读为（suō）。　84槫杓：不加雕饰的木勺。槫（shàn）：陆佃说凡木不饰为槫。　85

省：省察、考察。　㊏不丰：应少不可多。不杀：应多不可少。　㊐外心：用心于外，起至朝廷，以至扩大到九州四海。　㊑诩（xǔ）：普及、遍及。　㊒大理物博：治理的范围广大，管理的事物很多。　㊓内心：专心于内。　㊔德产：德性。致：极至。精微：精深微妙。　㊕称其德：与其德性相配。　㊖慎：谨慎不苟。独：独处。王梦鸥说：指自己内心的虔诚。依此说。

【译文】

礼器因此而变得完备。完备是因天德的广为流行。礼可以解除邪僻，增多美好的事物，安置起来就能平正，施用起来就可通行。礼在于人身，好像细小的竹子也有青皮，松柏之木也有圆心。外表和内心是天下万物的本原，本原很好，所以历经春夏秋冬却不改变直挺的枝茎和繁茂的叶子。而君子有了礼，外表和谐，内心也没有怨悔。所以没有人不怀念他的仁慈，即使鬼神也很羡慕他的美德。

先王制定的礼，有其道德基础和外在形式。忠信是礼的道德基础，义理就是礼的外在形式。没有道德基础，那么礼就不能成立；没有外在形式，那么礼就不能施行。礼是符合自然运行的时序，也契合于山川土地的环境形势，既顺应鬼神，又合于人心，而治理万事万物的。因而能因自然运行的时序，万物生生不已，能因山川土地的环境形势生长适宜的五谷，人的各种器官也有各自的功能，各种物体的性能也有它们的功用。所以凡是天地不能生养的，君子不把它作礼物，而鬼神也不会享用。居住在山里的人用山里没有的鱼鳖为礼物，居住在水边的人用水里没有的鹿豕为礼物，君子都把他们叫做"不知礼"。制礼的原则必须把诸侯立国的时候赋税收入的数目，作为礼的常法。礼的等级次第，要看其国土的大小而定；礼物的厚薄，要以年景的好坏而定。所以即使遇到谷物不熟的年景，众人并不感到畏惧，那时君主制定礼是适度的。

制定礼时要考虑的，首先是时代环境，其次是人伦关系，再次是事物的法式规矩，再其次是体现出的义理，最后是恰当而合适的配合。尧把天下传给舜，舜再把天下传给禹，是时代环境促成的。商汤放逐夏桀，周武王讨伐商纣，也是时代环境决定的。《诗经》有句话说："不是急迫要施展自己的谋略，而是为了追求自古以来的美德。"至于天地和宗庙的祭祀之事，父子之间，君臣之间的道、义，那是尊卑贵贱，父子君臣的人伦关系的事情。高山大川和众鬼神的祭祀，因被祭对象的不同，要符合事物的法式规矩。丧事和祭祀的费用，宾客交往的开支，这都属于义理。大夫士的小规模的羔、豚之祭，助祭的人们都可以得到牲畜的体骨；三牲的太牢之祭，也不一定有余，这就叫做"相

中華藏書　礼记　中国书店　一三九三

称"。诸侯把龟作为宝物，把圭也看作吉祥的象征。大夫们不能有宝龟、瑞圭，大门旁边不能有台门，这也是适合身份的。

礼有以多为尊贵的：天子有七座祖庙，诸侯五座，大夫三座，士一座。天子饭食有二十六豆，各个公爵十六豆，诸侯十二豆，上大夫八豆，下大夫六豆。诸侯出行有七个负责为诸侯传话的介，招待宾客可以有七席菜肴。大夫只有五个介，五席菜。天子的坐席有五重，诸侯之席三重，大夫两重。天子驾崩，七个月以后埋葬，茵、折、抗席、抗木共五层，障扇有八个。诸侯五个月以后埋葬，有三重六扇。大夫三个月以后埋葬，两重四扇。这些不同就是以多为尊贵。

礼有以少为尊贵的：天子出门不用一个为他传话的人，诸侯却有七个，祭天的郊祭只有一头牛，祭社稷却要用三牲。天子到诸侯那里，诸侯请天子吃饭，只有一头牛犊，相反却要用三牲。诸侯互相转聘，彼此敬献时用郁鬯之酒，不用献脯、醢等物。天子祭天却两者都不用。大夫们互相聘问，要有脯、醢等物。天子吃饭只一餐，诸侯两餐，大夫士都是三餐，劳力的人没有餐数。驾驭大路（祭车）的马，马腹只有一圈带饰，副车却有七圈带饰，朝见用的圭、璋等贵重玉器，献上时不用它物相配。劣于圭、璋的琥、璜等玉，献上时需和爵相配。祭外神之席只有一重，天子之席却有三重。诸侯临朝听政，见到大夫，要一一相见行礼，而见到士人，则对全体行一次礼即可。这就是以少为尊贵。

礼有以大为尊贵的：宫殿的规模，器皿的尺寸，棺椁的厚度，坟墓的大小。这是以大为尊贵。

礼有以小为尊贵的：宗庙的祭祀，地位高的人用"爵"敬献，地位低的人用"散"敬献。尊贵的人举觯敬献，卑微的人用角敬献，子爵男爵饮宴，最大的放酒瓦器——缶，放在门外，较大的壶放在门内，子爵、男爵互酬却用瓦瓶。这是以小为尊贵。

礼有以高为尊贵的：天子殿堂高九尺，诸侯七尺，大夫五尺，士三尺。天子门外有两观，诸侯只有台门。这是以高为尊贵。

礼有以低为尊贵的：天子燔柴祭天不在坛上，而在坛下清扫出地方祭祀。天子诸侯的酒尊不用托盘，大夫用无足的托盘，士就要用有足的托盘。这是以低为尊贵。

礼有以文采为尊贵的：天子的礼服绣有龙纹，诸侯礼服上绣有黑白相间如斧形的花纹，而大夫的礼服上绣有黑青相间像两个"己"字相背形的花纹，士人是赤黑色上衣，浅绛色裳，没有文采。天子的冕，有红绿五彩丝绳串连十二个玉的"旒"，诸侯有九个，上大夫七个，下大夫五个，士人只有三个。这是以文采为尊贵。

礼有以朴素为尊贵的：天子燔柴祭天时只穿大裘，不加华丽的裼衣。去父亲所待的地方，不必装饰打扮。天子朝日月之圭，不加雕琢。肉汁不加咸盐、酸梅等调味品。大路素朴，不加金玉等装饰，铺着草席。牺尊用粗布覆盖，使用的木勺也同样不加雕饰。这是以朴素为尊贵。

孔子说："礼，不可不加以思考啊！礼有不容混同的，有不可增加的，也有不可减少的。"说的就是这些啊，为的是求其相称。礼以多为尊贵的原因是用心在外。君王的德性发扬，遍及万物，治理事物范围广大而且众多，像这样是因为用心到九州四海的君王，那么行礼能够不以多为尊贵吗？所以君子喜欢用心于外。礼以少为尊贵的原因是因为专心于内，德性到达极至，精深微妙，看看天下万物没有与其德性相称的，像这样崇尚德性，那么行礼能够不以少为尊贵吗？因此君子对自己内心的虔诚谨慎不苟。古时的圣人，内心虔诚，外心欢娱，少可以成为尊贵，多也能够成为完美。所以先王制定礼制，不能够增加，也不可以减少，只求其相称就行。

是故君子大牢而祭谓之礼①，匹士大牢而祭谓之攘②。管仲镂簋、朱纮③、山节、藻棁④，君子以为滥矣⑤。晏平仲祀其先人⑥，豚肩不掩豆⑦。浣衣濯冠以朝⑧，君子以为隘矣⑨。是故君子之行礼也，不可不慎也⑩，众之纪也⑪。纪散而众乱⑫。孔子曰："我战则克⑬，祭则受福⑭。盖得其道矣⑮。"

君子曰："祭祀不祈⑯，不麾蚤⑰，不乐葆大⑱，不善嘉事⑲，牲不及肥大⑳，荐不美多品㉑。"孔子曰："臧文仲安知礼㉒？夏父弗綦逆祀而弗止也㉓，燔柴于奥㉔。夫奥者，老妇之祭也㉕。盛于盆，尊于瓶。"礼也者，犹体也。体不备，君子谓之不成人。设之不当，犹不备也。

礼有大有小，有显有微㉖，大者不可损㉗，小者不可益㉘，显者不可掩，微者不可大也。故《经礼》三百㉙，《曲礼》三千㉚，其致一也㉛。未有入室而不由户者㉜。君子之于礼也，有所竭情尽慎㉝，致其敬而诚若㉞，有美而文而诚若㉟。君子之于礼也，有直而行也㊱，有曲而杀也㊲，有经而等也㊳，有顺而讨也㊴，有摲而播也㊵，有推而进也㊶，有放而文也㊷，有放而不致也㊸，有顺而摭也㊹。

三代之礼一也，民共由之㊺，或素或青㊻，夏造殷因㊼。夏立尸而卒祭㊽，殷坐尸[49]。周坐尸，诏侑武方[50]，其礼亦然。其道一也[51]。周旅酬六尸[52]。曾子曰："周礼其犹醵与[53]？"

君子曰：礼之近人情者，非其至者也[54]。郊血[55]，大飨腥[56]，三献爓[57]，一献孰[58]。是故君子之于礼也，非作而致其情也[59]，此有由始也[60]。是故七介以相见也，不然则已悫[61]；三辞三让而至[62]，不然则已蹙[63]。故鲁人将有事于上帝，必先有事于頖宫[64]；晋人将有事于河，必先有事于恶池[65]；齐人将有事于泰山，必先有事于配林[66]。三月系[67]，七日戒[68]，三日宿[69]，慎之至也。故礼有摈诏[70]，乐有相步[71]，温之至也[72]。

礼也者，反本、修古[73]，不忘其初者也。故凶事不诏[74]，朝事已乐[75]；醴酒之用，玄酒之尚[76]；割刀之用[77]，鸾刀之贵[78]；莞簟之安[79]，而槁鞂之设[80]。是故先王之制礼也，必有主也[81]，故可述而多学也[82]。

君子曰："无节于内者[83]，观物弗之察也，欲察物而不由礼，弗之得矣；故作事不以礼，弗之敬矣；出言不以礼，弗之信矣。故曰：礼也者，物之致也[84]。"是故昔先王之制礼也，因其财物而致其义焉尔[85]。故作大事必顺天时，为朝夕必放于日月，为高必因丘陵，为下必因川泽。是故天时雨泽，君子达亹亹焉[86]。是故昔先王尚有德，尊有道，任有能，举贤而置之[87]，聚众而誓之。是故因天事天，因地事地，因名山升中于天[88]，因吉土以飨帝于郊。升中于天，而凤凰降，龟龙假[89]；飨帝于郊，而风雨节，寒暑时[90]。是故圣人南面而立而天下大治。

天道至教[91]，圣人至德。庙堂之上，罍尊在阼[92]，牺尊在西[93]；庙堂之下，县鼓在西[94]，应鼓在东[95]。君在阼[96]，夫人在房[97]，大明生于东[98]，月生于西，此阴阳之分，夫妇之位也。君西酌牺象，夫人东酌罍尊，礼交动乎上[99]，乐交应乎下，和之至也。

礼也者，反其所自生；乐也者，乐其所自成。是故先王之制礼也以节事，修乐以道志[100]，故观其礼乐，而治乱可知也。蘧伯玉曰[101]："君子之人达[102]。"故观其器而知其工之巧，观其发而知其人之知。故曰：君子慎其所以与人者[103]。

大庙之内敬矣：君亲牵牲，大夫赞币而从[104]；君亲制祭[105]，夫人荐盎[106]；君亲割牲[107]，夫人荐酒。卿大夫从君，命妇从夫人[108]。洞洞乎其敬也[109]，属属乎其忠也[110]，勿勿乎其欲其飨之也[111]！纳牲诏于庭[112]，血、毛诏于室，羹定诏于堂[113]。三诏皆不同位，盖道求而未之得也[114]。设祭于堂，为祊乎外[115]。故曰：于彼乎？于此乎？一献质[116]，三献文[117]，五献察[118]，七献神[119]。

大飨[120]，其王事与[121]？三牲、鱼、腊[122]，四海九州之美味也。笾、豆之荐，四时之和气也⑫。内金⑭，示和也。束帛加璧，尊德也。龟为前列，先知也。金次之⑮，见情也⑯。丹、漆、丝、纩、竹、箭，与众共财也。其余无常货⑰，各以其国之所有，则致远物也⑱。其出也，《肆夏》而送之⑲，盖重礼也。祀帝于郊，敬之至也。宗庙之祭，仁之至也。丧礼，忠之至也。备服器⑭，仁之至也。宾客之用币，义之至也。故君子欲观仁义之道，礼其本也。

君子曰："甘受和⑪，白受采⑫。忠信之人，可以学礼，苟无忠信之人，则礼不虚道⑬。是以得其人之为贵也。"孔子曰："诵《诗》三百，不足以一献⑭；一献之礼，不足以大飨；大飨之礼，不足以大旅⑮；大旅具矣，不足以飨帝⑯。毋轻议礼⑰！"

子路为季氏宰，季氏祭，逮暗而祭⑱，日不足⑲，继之以烛，虽有强力之容⑩，肃敬之心，皆倦怠矣。有司跛倚以临祭⑪，其为不敬大矣。他日祭，子路与⑫，室事交乎户⑬，堂事交乎阶⑭，质明而始行事⑮，晏朝而退⑯。孔子闻之，曰："谁谓由也而不知礼乎！"

【注释】

①牢：盛牲的食器叫牢。　②匹士：士。孔颖达说，士地位低下，不能单独出使，作为"介"才可出行，故称"匹士"。孙希旦说：大夫常祭少牢，殷祭太牢，故太牢而祭谓之礼；士常祭特牲，殷祭少牢，故太牢而祭谓之攘。攘，盗窃。　③管仲：春秋时齐国人，名夷吾，字仲。镂簋：用刻镂花纹的玉装饰的簋。镂：雕刻，刻镂。朱：朱红色。纮（hóng）：系于领下的帽带。　④山节：刻有山形的柱上承梁的方木。节通"楶"，斗拱，柱上承梁的方木。藻：古代指水藻。这里指刻有水藻。梲（tuō）：梁上的短木。　⑤滥：放纵且过分。　⑥晏平仲：即晏婴，春秋时齐国人，字平仲。先人：祖先。　⑦肩：动物的腿根部。掩：遮盖，掩蔽。　⑧浣（huàn）：洗涤。濯（zhuó）：洗。孔颖达说：大夫须鲜华之美，浣衣濯冠，是不华也。　⑨隘：小气。　⑩慎：慎重，谨慎。　⑪纪：法度，准则。　⑫散：丧失，失去，指管仲的"滥"和晏平仲的"隘"，使礼失去了法度准则。乱：混乱。指尊卑上下之分。　⑬克：战胜，攻破。　⑭受：得到。　⑮道：指相称之道。这是孔子解释他"战则克，祭则受福"的原因。　⑯祈：祈福，祈求福气。　⑰麾：郑玄、孔颖达均说是"快"。蚤：早。郑玄说：祭有时，不以先之为快。　⑱乐：以此为乐。葆：高。葆大：指器币。　⑲嘉事：指冠、婚之事。嘉，好。　⑳牲：祭牲。不及：不必等到。孙希旦说：奉姓以告……或贵大，或贵小，各有所宜，不必皆及肥大。　㉑荐：荐祭。多品：品味多。孔颖达说：荐祭品味各有其定，不以多为美。　㉒臧文仲：即臧孙辰。鲁国庄公、文公年间为大夫，当时称为贤大夫。　㉓复父弗綦：《左传·文公二年》作"夏父弗忌"。逆祀：《左传·文公二年》载：此年八月丁卯祭于太庙，本应把僖公的神主放在闵公神主下面。文公是僖公之子，夏父为宗伯，借口"新鬼大，故鬼小"，将僖公神主放在闵公的上面，闵公是嫡子，僖公是庶子；闵公为君时，僖公为臣，这样

臣在君上，逆乱昭穆的祭祀就是"逆祀"，当时文公不能谏止，所以说他"安知礼"。　㉔奥：郑玄说：奥当为"爨"字之误也，指炉灶。燔柴：郑玄说：礼，尸卒食而祭馔爨，饔爨也。时人以为祭火神，乃燔柴。　㉕老妇：炊事之神，最先从事炊事之人。　㉖显：显明。微：隐微。　㉗损：减损。　㉘益：增益。　㉙经礼：常行之礼。　㉚曲礼：礼仪曲折之礼。三百、三千：喻其少或多。　㉛致：事理。　㉜由：经由，经过。　㉝竭：尽。　㉞致：传达。若：顺。指顺乎天理。　㉟有美而文：指礼的外在表现。　㊱直而行：感情率直流露。如父母死哭踊无节制。　㊲曲而杀：感情曲折流露而使礼减少。如丧礼的变服、除服。　㊳经而等：常规是相同的，如三年之丧，不分贵贱皆同。　㊴顺而讨：自上顺序而下，依次有所去除。讨：去除，去掉。如天子崩七月而葬，诸侯五月，大夫三月等等。　㊵摲（shān）而播：取之于上而传播于下。摲，芟除。播：流布。如祭礼旅酬从贵到贱均有。　㊶推而进：从下之所有推动而进于上。如祭礼事尸。　㊷放而文：仿效而加以文饰。如天子之服仿自日月星辰。依王梦鸥说。　㊸放而不致：仿效而有所减损。如诸侯以下的章服依次而减少文饰。依王梦鸥说。　㊹顺而摭：从上顺序至下而递有所取。如天子一食，诸侯二食，等等。　㊺由：遵从，遵照。　㊻或素或青：指民众崇尚服色不同，圣人可以进行变革。　㊼造：作，制定。因：因袭，继承。此句是说礼之大体圣人不可变革。　㊽卒：结束，完毕。郑玄说：夏礼，尸有事乃坐。　㊾郑玄说：殷尸无事犹坐。　㊿武：郑玄说："武"当为"无"，声之误也。方：常。武方即无常，即尸无常所之意。诏：告。侑：劝。　51道：至诚之道。　52六尸：郑玄说：周旅酬六尸，使之相酬也。后稷之尸，发爵不受旅。孔颖达说大致相同。　53醵（jù）：会聚凑钱饮酒。其：难道。犹：如，像。　54至：最好的，最高的。　55郊：祭天。血：牲血。　56大飨：拾祭先王。腥：生肉。　57三献：郑玄说是祭社稷、五祀；孙希旦说是祭山川林泽。爓（xún）：同"焊"，将肉放入热水中稍煮。　58一献：小规模的祭祀。孰：熟。　59作而致其情：本无此情，冲动起来表达出自己的感情。　60由始：由于内心恭敬之情而产生的。　61愨（què）：忠厚、诚实。　62辞：辞谢主人以客礼待己。让：请客人进门。　63蹙：急迫。　64泮（pàn）宫：郊外的学校。　65恶（hū）池：水名。　66配林：林名。　67系：把祭牲系在圈里。　68七日戒：祭祀前七天散斋，即不御不乐不吊。　69三日宿：祭祀或典礼前三天致斋，即清整身心。　70摈诏：宾主行礼时的司仪。　71相（xiàng）步：古代乐师多用盲人，扶助导引他们的人叫相步。　72温：从容和顺。　73反本：返回其本心。修古：遵古，遵从传统。　74凶事：丧亲之事。孝子丧亲，痛由心发，不等诏告就痛哭。　75朝事：朝廷燕乐群臣之事。以乐：奏音乐。　76祭祀有醴酒之美，陈尊以玄酒为上。　77割刀：今刀，言其便利。　78鸾刀：古刀，言其迟钝，宗庙不用今刀而用古刀。　79莞簟（guān diàn）：今席，精细。　80稿鞂：草荐，粗席。　81主：事物的根本。　82述：指传其义。学：指习其事。　83节：郑玄说是"经验"。　84致：法度准则。　85财物：才性。　86达：都。亹亹（wěi）：委婉动听。　87置：放到应有的位置上。　88中：成、成果。升中于天：把治理功绩成效，升天而告之。　89假（gé）：通"格"，至、到。　90时：适时。　91至教：垂教。　92罍（léi）：大尊，上面画有云雷图饰。　93牺尊：依下文"君西酌牺象"，此也应为"牺象"。牺象：饰有鸟形、鸟羽或象骨的酒器。一说为牺尊和象尊的合称。　94县鼓：大鼓。　95应鼓：小鼓。堂上击拊，

中华藏书

四书五经·最新校勘精注今译本

中国书店

堂下击鼓以应，故名。　⑨在阼：位于阼阶之下。　⑨房：东房。　⑨大明：太阳。　⑨乎：在。　⑩道：导，疏导、引导。　⑩蘧（qú）伯玉：春秋时卫国大夫，名瑷，字伯玉，以字行。　⑩达：通晓、明白。　⑩与人：做出来给人看，即指表现。　⑩赞币：帮助拿着币帛。　⑩制祭：指朝践之祭时献血、腥以及牲体。　⑩盎：盎齐，即白酒。　⑩割牲：祭牲煮至半熟时切割牲体。　⑩命妇：受有封号的妇女。　⑩洞洞乎：恭敬的样子。　⑩属属乎：忠诚的样子。　⑪勿勿乎：殷切的样子。　⑪纳牲：迎接牲牛。诏：告神。　⑪羹：肉。定：熟。煮肉必滚沸，熟即停火而沸水停定，故曰羹定。　⑭道：言，求：求神。　⑯祊：庙门旁祭。　⑯一献：古代祭祀和宴饮时进酒一次为一献。质：简略。　⑰文：有文饰。指更讲究一些。　⑱察：明察。指更为完备一些。　⑲神：神灵。指更加尊敬。　⑳大飨：即大祫。合祭神主，诸侯都来助祭。　㉑王事：天子之礼。　㉒腊（xī）：干肉。　㉓和气：和气之所生。　㉔内金：指放在庙内的钟。金：钟。　㉕金：矿产。　㉖见：显现、表现。　㉗常：固定不变的，永久的。　㉘致：引来、招致。　㉙肆夏：大飨结束送宾之曲。郑玄说应为"陔夏"。　㉚服：袭殓之衣。器：明器。　㉛甘受和：甘为众味的本原，不偏主某一味，可接受五味的调和。　㉜白受采：白为五色的本原，不偏主某一色，可以接受各种色彩。　㉝道：引导。　㉞这两句说：只会说，不会做，还不能一献。　㉟大旅：祭祷上天诸神。旅：祷于上帝及四望。　㊱飨帝：祭祀上天的正礼。　㊲轻：轻率、随便。　㊳逮：及。暗：天未亮。　㊴日：白天。　㊵容：指身体。　㊶跛倚：一只脚站立而倚靠着物体。　㊷与：参与。　㊸室事：正祭时，尸在室。　㊹交乎户：室外之人取饭食送入户内。　㊺堂事：傧尸之礼在堂。交乎阶：堂下之人取饭食到阶，堂上之人接受之后进献给尸。　㊻质明：天刚亮时。　㊼晏朝：傍晚时。

【译文】

　　由于礼必须相称，所以大夫以上的官吏祭祀用太牢，把它叫做"礼"。士人祭祀用太牢，把它叫做"攘"。从前，齐国的管仲，使用用刻镂花纹的玉来装饰的簋，系着朱红色的帽带，居住的房屋梁柱上刻有山和水藻，和天子诸侯一样。君子说他放纵而且过分了。齐国的晏平仲祭祀他的祖先，使用的猪大腿，小到遮不住豆。穿着洗涮过的旧衣帽去参加朝会。君子说他太小气了。因此君子行礼，不可以不谨慎。礼是法度准则，失去了法度准则，那么众人的尊卑上下之分就混乱了。孔子说："我战就要胜，祭祀就要得到福气。原因就是有相称之道。"

　　君子说："祭祀不祈求福气，不抢先提早举行，不以器币的高大为乐，不只顾冠婚之事办得完善，祭牲不必等到肥大，荐祭也不以品味多为美。"孔子说："臧文仲怎么懂得礼呢？夏父弗綦把僖公的神主放到闵公的上面祭祀，可管仲不制止他，而且在炉灶上举行燔柴之祭。炉灶所祭的是主炊事的老妇。祭祀只需用盆盛祭品，用瓶作酒尊。"所谓礼就好像人的身体，身体不完备，君子把他叫做"不成人"。礼安排得不恰当，就和身体不完备的人一样。

礼有大礼和小礼，有的礼仪意义非常明显，有的就隐微不明，大礼不可减，小礼不可加。明显的礼不可遮掩，隐微的礼也不必使之明显，所以常行的礼有三百，礼仪曲折的礼有三千，它们的事理是相同的。这正像不经过门就不能进入室一样。君子对于礼，要竭尽自己的恭敬心情，传达自己的敬意要诚心并顺乎天理，形式上也要如此。君子对于礼，有时感情率直地流露，有时感情曲折地表现出来，有时体现出相同的常规，有时是依顺序自上而下有所去除，有时取之于上而传播于下，有时以下之有所推动而进于上，有时仿效而加以文饰，有时仿效而不能完全做到，有时从上至下顺序递有所取。

夏商周三代的礼有相同之处，民众共同遵从。民众崇尚服色不同，圣人可以进行变革。夏代制定的礼，殷代承袭下来，这里有圣人不能变革的因素。夏代祭祀，尸到祭祀结束一直站立，殷代时尸始终坐着。周代尸也是坐着，但无固定的地方，听从主人告诉并接受劝请饮食。周代的祭礼也和殷代一样。三代的礼至诚之道都是相同的，周代有旅酬六尸的仪式。曾子说："周代的礼难道像会聚一起凑钱饮酒吗？"

君子说：接近人们常情的礼，不是至高无上的。祭天时用牲血，祫祭先王用生肉，祭山川林泽用半生不熟的肉，一献的祭祀用熟肉。可见，越不近人情的祭祀也就越有崇高的敬意。君子对于礼不是冲动地表达出自己的感情。这是由于内心恭敬之情而产生出来的。因此，诸侯相见，必须用七个传话的人传达，然后见面，不这样，就是愚钝了；相见时宾客要再三辞谢，主人须数次邀请，然后到府，不这样就显得太急迫了。所以鲁国人将要祭祀上天，必定事先在郊外的学校祭告后稷；晋国人将要祭祀黄河，必定事先在恶池祭告；齐国人将要祭礼泰山，必定要事先在配林祭告。凡大祭，需要三个月前养牲。祭前七天要不御、不乐、不吊进行散斋。祭前三天要清整身心进行致斋，恭敬之极。因而行礼必有所需的司仪，举乐必有扶助导引乐师的人，从容和顺之至。

礼是返回人的本心，遵从古来的传统，不忘它自己的原始的状态的。所以丧亲之事，不待诏告孝子就痛哭起来。朝廷燕乐群臣之事要奏乐。祭礼有醴酒之美，但陈设时以玄酒为上。割刀很锋利，但宗庙中却不用割刀而用鸾刀。细软的席子很精美，祭祀时却用草编粗席。由此看来，先王制定的礼，必有所本，因此可以传达其义并修习这些事情。

君子说："内心没有礼的经验，观察事物不会看清楚，想观察事物而不依循礼，不会有结果。所以，不用礼而做事，不会有敬意，不按礼来交往，不会有诚意。因而说：礼是事物的法度准则。"从前先王制礼，是依照事物的本性而赋予它意义的，举行祭祀等大事，必须顺应天时季节。划出早晚必须仿照着太阳和月亮的运行，祭祀崇高必须借助于丘陵的高度，祭祀低卑必须借助于河川草泽。关于天时雨泽之事，君子都可以讲述得委婉动听。古代先王推崇有德的人，尊重有义的人，任用有才的人，举荐贤德的人安置到应在的位置上，集合在位的众人表明决心，借天地所生之万物用来祭天、祭地，借助名山把治理的功绩成效祭告给上天，借吉土在郊外举行祭祀上天的正礼祈求丰年，因而风调雨顺，寒暑得当，圣人可以南向而立，天下达到大治了。

自然的法则把教诲流传给后人，圣人则把美德传播给后人。在庙堂之上，罍尊陈设在阼阶上，牺尊、象尊陈列在西阶上。庙堂之下，大鼓在西边，小鼓在东边。国君站在阼阶上，夫人站在东房，如同太阳出升在东方，月亮出现在西方，这是天上太阳、太阴之分，地上夫妇之位。举行祭礼时，国君向西走，在牺樽、象尊中斟酒；夫人到东边，在罍尊中斟酒。堂上交互行礼，堂下应和着音乐，这是和谐之极。

礼要返回到它所以产生的本原，乐是欢娱自己成功的心情。因此，先王制礼是为了征验前事，习乐可用来引导志趣。观察他的礼和乐，那么是治是乱就可以知道了。卫国大夫蘧伯玉说："君子这类人都通达、明白。"观察那些器物，就可知道制作功夫的精巧，观察他的表现就可以明白那个人的智慧。因此，君子与人交往中的表现很谨慎。

太庙之内的祭礼真是出于内心的敬意了，国君亲自从庙门外牵进祭牛，大夫帮助捧着束帛跟在后面。杀牲之后，国君捧着血毛供祭在室中，夫人则进献白酒。荐腥之后，国君亲自切割未熟的牲体，供在堂上，夫人再次进献白酒。卿大夫跟随国君，有封号的妇女跟随夫人，所有的人既恭敬，又忠诚，而且殷切地想看到祖先们享用祭品似的。开始从庙门外牵祭牲进来时，在庭中告神；供献血毛时，在室中告神；进献煮熟的牲体时，又在堂上告神。三次告神都有不同的位置，大概是说求神而没找到地方，把祭品陈设在堂上，又在庙门旁祊祭。因而说：神在那边呢，还是在这边呢？只进献一次酒，就比较简略，三献就讲究一些，五献就更加完备，七献就更加尊敬了。

大飨是天子之事吗？祭品要用牛羊豕、鱼、干肉之类，这都是四海九州的珍美食物，笾、豆里的祭品，是四季和合之气所生的食物。把钟放在庙内，诸侯到来钟鼓欢迎，以显示众人和合。诸侯进献的束帛放上玉璧献于堂上，表示崇敬其德。堂下陈列贡品：宝龟在前，因它能预知；其次是矿产，表现出情意；丹、漆、丝、纩、竹、箭等物，表示天子与众人共有这些财物。其余的没有固定的贡物，各自根据他的国家所有而进献，这样就连远方的物品也引来了。诸侯离去的时候，奏《肆夏》乐曲送宾客，这是因为注重礼节。天子在郊外祭上天，恭敬之至。

祭宗庙是广布仁恩；丧礼哀痛，尽心尽意；置备袭殓之衣物及明器，是仁义之至，宾客使用束帛，无论多少，是合理的事。所以君子想观察仁义之道，礼就是依据。

君子说："甘味可以接受五味的调和，白色可以承受五色印染。忠信的人可以学习礼，如果没有忠信之人，那么礼不白白地引导他，所以要能够得到那个人的忠信。"孔子说："诵读《诗》三百首而没有学过礼，不能了解一献之礼。学得一献之礼，不能够了解大飨之礼；学得大飨之礼，不能够了解大旅之礼；大旅之礼规模完备，还不能够了解祭祀上天的正礼。不要轻率议论礼的长短。"

子路做季氏的家臣之长，季氏举行祭礼，天没亮就开始祭祀，白天没祭完，点上蜡烛继续进行，虽然有强壮有力的身体，严肃敬重的心情，还是都疲惫不堪。执事的人只好一条腿站着靠在物体上，来应付祭礼，这真是大不敬了。另一次祭礼，子路参加了，举行室内之正祭时，室外的人取饭食送入户内，举行傧尸之礼时，堂下人取送饭食到阶，堂上之人接受之后进献给尸。天刚亮就开始举行，傍晚时就结束了。孔子听到这件事说："谁说仲由（子路）不懂得礼啊！"

郊 特 牲①

郊特牲而社稷大牢，天子适诸侯，诸侯膳用犊②，诸侯适天子，天子赐之礼大牢，贵诚之意也。故天子牲孕弗食也，祭帝弗用也。大路繁缨一就，先路三就③，次路五就。郊血，大飨腥，三献爓，一献孰，至敬不飨味而贵气臭也④。诸侯为宾，灌用郁鬯⑤，灌用臭也。大飨⑥，尚腶脩而已矣⑦。

大飨⑧，君三重席而酢焉⑨；三献之介⑩，君专席而酢焉⑪。此降尊以就卑也。飨、禘有乐，而食、尝无乐，阴阳之义也。凡饮⑫，养阳气也；凡食，养阴气也。故春禘而秋尝，春飨孤子⑬，秋食耆老，其义一也，而食、尝无乐。饮，养阳气也，故有乐；食，养阴气也，故无声。凡声，阳也。俎、鼎奇而笾、豆偶⑭，阴阳之义也。笾、豆之实，水土之品也。不敢用亵味而贵多品⑮，所以交于旦明之义也⑯。

宾入大门而奏《肆夏》，示易以敬也⑰，卒爵而乐阕⑱。孔子屡叹之。奠酬而工升歌⑲，发德也⑳。歌者在上，匏、竹在下，贵人声也。乐由阳来者也，礼由阴作者也，阴阳和而万物得。旅币无方㉑，所以别土地之宜㉒，而节远迩之期也㉓。龟为前列，先知也。以钟次之，以和居参之也㉔。虎豹之皮，示服猛也㉕。束帛加璧，往德也㉖。

庭燎之百㉗，由齐桓公始也。大夫之奏《肆夏》也，由赵文子始也㉘。朝觐，大夫之私觌㉙，非礼也。大夫执圭而使，所以申信也㉚。不敢私觌，所以致敬也。而庭实私觌何为乎诸侯之庭？为人臣者无外交，不敢贰君也㉛。大夫而飨君，非礼也。大夫强而君杀之㉜，义也，由三桓始也㉝。天子无客礼㉞，莫敢为主焉㉟。君适其臣，升自阼阶，不敢有其室也㊱。觐礼，天子不下堂而见诸侯。下堂而见诸侯，天子之失礼也，由夷王以下㊲。

诸侯之宫县㊳，而祭以白牡㊴，击玉磬，朱干、设钖㊵，冕而舞《大武》，乘大路，诸侯之僭礼也。台门而旅树㊶，反坫㊷，绣黼丹朱中衣㊸，大夫之僭礼也。故天子微，诸侯僭；大夫强，诸侯胁。于此相贵以等㊹，相觊以货，相赂以利，而天下之礼乱矣。

诸侯不敢祖天子，大夫不敢祖诸侯㊺。而公庙之设于私家，非礼也，由三桓始也。天子存二代之后㊻，犹尊贤也㊼，尊贤不过二代。诸侯不臣寓公㊽，故古者寓公不继世㊾。君之南向，答阳之义也㊿。臣之北面，答君也。大夫之臣不稽首，非尊家臣，以辟君也[51]。大夫有献弗亲，君有赐不面拜，为君之答己也[52]。

乡人祷[53]，孔子朝服立于阼，存室神也[54]。孔子曰："射之以乐也[55]，何以听[56]，何以射？"孔子曰："士使之射，不能，则辞以疾，县弧之义也[57]。"孔子说："三日齐，一日用之，犹恐不敬。二日伐鼓，何居[58]？"孔子曰："绎之于库门内[59]，祊之于东方，朝市之于西方，失之矣。"

社祭土而主阴气也[60]，君南向于北墉下[61]，答阴之义也。日用甲，用日之始也。天子大社[62]，必受霜露风雨，以达天地之气也[63]。是故丧国之社屋之[64]，不受天阳也。薄社北牖[65]，使阴明也[66]。社所以神地之道也。地载万物，天垂象，取财于地，取法于天，是以尊天而亲地也，故教民美报焉[67]。家主中霤而国主社[68]，示本也。唯为社事，单出里[69]。唯为社田，国人毕作。唯社，丘乘共粢盛[70]，所以报本返始也[71]。季春出火，为焚也。然后简其车赋[72]，而历其卒伍[73]，而君亲誓社[74]，以习军旅，左之右之，坐之起之，以观其习变也[75]。而流示之禽㊂，而盐诸利㊄，以观其不犯命也。求服其志，不贪其得，故以战则克，以祭则受福。

天子适四方㊆，先柴㊇。郊之祭也，迎长日之至也㊈，大报天而主日也㊀。兆于南郊，就阳位也。埽地而祭，于其质也。器用陶、匏㊁，以象天地之性也。于郊，故谓之郊。牲用骍，尚赤也。用犊，贵诚也。郊之用辛也，周之始郊，日以至㊂。卜郊㊃，受命于祖庙，作龟于祢宫㊄，尊祖亲考之义也。卜之日，王立于泽㊅，亲听誓命㊆，受教谏之义也。献命库门之内，戒百官也㊇。大庙之命，戒百姓也㊈。祭之日，王皮弁以听祭报，示民严上也。丧者不哭，不敢凶服㊀，泛埽反道㊁，乡为田烛㊂，弗命而民听上。祭之日，王被衮以象天，戴冕璪十有二旒㊃，则天数也。乘素车，贵其质也。旂十有二旒，龙章而设日月㊄，以象天也。天垂象，圣人则之，郊所以明天道也。帝牛不吉，以为稷牛㊅。帝牛必在涤三月㊆，稷牛唯具㊇，所以别事天神与人鬼也。万物本乎天，人本乎祖，此所以配上帝㊈。郊之祭也，大报本反始也。

天子大蜡八㊀。伊耆氏始为蜡。蜡也者，索也，岁十二月，合聚万物而索飨之也。蜡之祭也，主先啬而祭司啬也㊀，祭百种以报啬也㊁。飨农及邮表畷、禽兽㊂，仁之至，义之尽也。古之君子，使之必报之：迎猫，为其食田鼠也；迎虎，为其食田豕也。迎而祭之也。祭坊与水庸㊃，事也。曰："土反其宅，水归其壑，昆虫毋作，草木归其泽。"皮弁、素服而祭㊄。素服以送终也㊅。葛带、榛杖，丧杀也㊆。蜡之祭，仁之至，义之尽也。黄衣、黄冠而祭㊇，息田夫也㊈。野夫黄冠。黄冠，草服也。大罗氏㊀，天子之掌鸟兽者也。诸侯贡属焉。草笠而至，尊野服也。罗氏致鹿与女㊁，而诏客告也㊂。以戒诸侯曰："好田、好女者亡其国。天子树瓜华㊃，不敛藏之种也。"八腊以记四方。四方年不顺成，八蜡不通，以谨民财也㊄。顺成之方，其蜡乃通，以移民也㊅。即蜡而收，民息已。故既蜡，君子不兴功。

【注释】

①任铭善说：篇端云"郊特牲"，因取以为名郊特牲；祭祀上天只用一牛，此言以少为贵。②用犊：此言以诚为贵。　③先路：用象牙装饰的车。　④气臭（xiù）：气味。　⑤灌：敬献。　⑥大飨：天子饮宴诸侯。　⑦殷脩：笾中之物。　⑧大飨：诸侯相朝，主君招待饮宴。　⑨酢：敬酒。　⑩三献之介：指诸侯宴请他国来聘问的大夫，向大夫之介敬酒，因其是士人，按礼一重席，所以主君减三为一，使主宾地位相当而敬酒。　⑪专：单一。　⑫饮：飨礼以饮酒为主。　⑬孤子：为国捐躯者的遗子。　⑭奇：单数。偶：双数。　⑮此句中"用亵味而贵多品"是一并列结构。亵味：人所吃的食物。　⑯旦：郑玄说：旦当为"神"篆字之误。

⑰易：和悦，与《礼器》“示和”义近。 ⑱卒：喝完。阕：止、停止。这里指乐曲与礼仪相配得当。 ⑲奠酬：王劝宾客喝酒，宾客接过酒杯，未喝，放置，准备劝主人喝。奠：放置。工：乐工。升：登。 ⑳发：颂扬。 ㉑旅币：指诸侯来助祭带的贡品。无方：无常。 ㉒别：区别。宜：指各国适宜出产之物。 ㉓节：限制、节制。迩：近。 ㉔之：指庭实。周礼，诸侯国之间互相访问，或谒见周天子，参与聘、觐和享礼时，把礼物或贡物陈列在中庭，称庭实。 ㉕猛：威猛的人。 ㉖往：归往。 ㉗庭燎：庭中照明的火炬。礼：天子百燎，上公五十，侯伯子男三十。 ㉘赵文子：晋国大夫。 ㉙私觌（dí）：私下以礼相见。大夫跟随国君朝觐，却私下同主国国君以礼相见。 ㉚申信：申明自己的使命。 ㉛贰君：对国君有二心。指同时侍奉两个国君。 ㉜强：强过国君。 ㉝三桓：公子庆父、公子牙、公子友，这三人是鲁桓公之子，鲁庄公之弟。 ㉞客礼：作为宾客的礼节。 ㉟为主：作为天子的主人。 ㊱室：家、家属。 ㊲夷王：周康王玄孙之子，当时地位微弱，不敢自尊于诸侯。 ㊳宫县：四面悬乐，像宫室一样。这是天子之礼。诸侯悬东西北三面，称“轩县”。 ㊴白牡：白色公牛。殷尚白，除宋国外，其余各国不得用。 ㊵干：盾牌。钖（yáng）：盾背的金属饰物。 ㊶旅树：道上的屏障。旅：道。树：屏。 ㊷反坫（diàn）：把酒爵送回坫上。坫：土台，在酒樽南边。 ㊸此句是说：用丹朱为里衣的领缘，上绣斧文。 ㊹等：贵贱之等列。 ㊺此二句中“诸侯”“大夫”指作为支子的，支子不祭。祖：祭祖庙。 ㊻二代：夏、殷二代。指封夏之后于杞，殷之后于宋，见《礼运》篇。 ㊼犹：还。 ㊽寓公：诸侯失国寄寓在他国诸侯处。 ㊾不继世：只一代。寓公曾为诸侯，他国诸侯不敢以之为臣，至其子则为臣。 ㊿答：对。 (51)辟：回避。 (52)答：答谢而回拜。 (53)裼（shāng）：强鬼，即遭横死之鬼，也指驱除强鬼之祭。 (54)存：依存、保全，这里指让室神得到安定。 (55)射：射礼。 (56)何以：根据什么、怎样。 (57)县弧之义：男子不能说自己不会射。县弧：生男孩在门左悬一弧。射，是男子应该会做的事。 (58)居（jī）：语气词，用于句末，表示疑问。 (59)绎：祭名。周代称正祭之次日又祭叫绎。这是傧尸之礼。库门：诸侯之外门。内：内塾。 (60)社：祭五土之总神。 (61)墉：墙。 (62)大社：天子之社的尊称。 (63)达：通。 (64)屋：建屋以覆盖。大社不为屋，使天之阳气下通于地，以成生物之功。 (65)薄社：亳社，在殷的故都。 (66)阴明：通其阴而绝其阳。薄社屋在上方，又塞其东西南三面，只开北牖，让它阴方偏明，故言。 (67)美报：完美的报答。 (68)中霤：土神。主：主祭。 (69)单：尽。 (70)丘乘（shèng）：丘甸。古代划分田地和政区的单位名称。古井田制，四丘为甸，也叫乘。粢：稷。 (71)与前称“社祭土而主阴气”矛盾，应为“季秋出火”。 (72)简：记、登记。车赋：车马器械之类。 (73)历：察视。 (74)誓社：在社举行田猎之誓。 (75)变：战阵的变化。 (76)流：行、行田。田猎时设驱赶之车以驱赶禽兽。 (77)盐（yàn）：通“艳”，欣羡。 (78)适：巡视。 (79)柴：燔柴告天。 (80)迎长日之至：冬至祭天。 (81)大报天：冬至白天开始加长，故迎祭。冬至之礼最盛，礼之盛者叫大，故称大报天，即以盛大的祭礼报答上天。 (82)陶：瓦器。匏：指以匏为爵。 (83)始郊日以至：冬至之祭。 (84)卜郊：龟卜郊祭日期。 (85)作龟：问卜。 (86)泽：古代习射选士宫。 (87)誓命：卜人定龟的誓命之辞，依王梦鸥说。 (88)百官：郑玄说，公卿以下。 (89)百姓：郑玄说，王之亲。

(90)此句似缺“入国门”三字。见《祭义》篇。 (91)反道：铲路上之土，反过来让新土铺在道上。　⑨田烛：在田头点上火烛。　⑨璪：用五彩丝绳贯玉为冕饰。　⑨天数：天之大数为十二。所以冕有十二旒。　⑤龙章：绣有龙的花纹、文彩。这是指十二旒旗上的图案。　⑨帝牛：指祭天之用牛。稷牛：指祭周人始祖后稷之用牛。　⑨涤：古代畜养祭牲的宫名。　⑨具：完整。　⑨此：指人的祖先。　⑩八：祭八神，先啬一，司啬二，百种三，农四，邮表畷五，禽兽六，猫虎七，坊和水庸八。　⑩先啬：郑玄说是神农。司啬：郑玄说是后稷。啬：稷黍之类谷物。　⑩百种：谷神。　⑩农：农官之神。邮表畷：农田、田间房舍之神。　⑩坊：堤防。水庸：沟。　⑩皮弁：以白鹿皮为弁。素服：以素缯为衣裳。　⑩送终：这里借喻庄稼为人。每年庄稼一轮回。收割就好像人去世，所以穿素服，像送终。　⑩杀：减杀、减少。　⑩黄衣、黄冠：参与蜡祭农夫的衣服。　⑩息：休息。　⑩大罗氏：张设大罗网以捕鸟兽之人，这里指为天子管理鸟兽之官。　⑪鹿：田猎所获之物，这里指田猎的事情。女：以女色亡国的故事。　⑫客：进贡鸟兽的使者。　⑬树：种。瓜华：瓜果，这是一时的食物。　⑭谨：严守。　⑮移：去、除。

【译文】

祭祀上天只用一牛，祭祀社稷却用牛羊豕三牲。天子到诸侯那里，诸侯向天子进食只用一只牛犊。诸侯朝见天子，天子赐宴的礼是牛羊豕三牲，以诚敬为贵的意思。所以天子不食用怀孕的牛，祭祀上天也不用怀孕的牛。天子祭天的大路，马腹上的带饰只有一圈，先路有三圈，次路五圈。祭天用牲血，祭祖庙用生肉，祭山川草泽用半生不熟的肉，小规模一献之祭用熟食。祭祀上天，天上诸神不享用品味而享受气味，诸侯互相作为宾客时，只敬献郁鬯之酒，是用气味敬献。天子宴饮诸侯，只上干肉而已。

诸侯相朝，主君招待饮宴，国君之间是坐在三重席上敬酒，如向来聘问的大夫之介敬酒，国君就坐一重席献酒，使宾主地位相当，这就是"降尊以就卑"。禘祭饮酒并且有音乐，但尝祭没有音乐，这是阴与阳的义理啊。凡是饮酒，目的是保养阳气；凡是饭食，目的是滋养阴气。因而春天举行禘祭，而秋天举行尝祭。春祭用酒食招待为国捐躯者的遗子，秋祭只用饭食款待老人，其中的义理和春禘秋尝是相同的，只是食尝没有音乐。饮酒是保养阳气，所以有音乐；饭食是滋养阴气，因此没乐声。凡是乐声，都属于阳，酒席上的俎、鼎都是单数而笾、豆都是双数，这是阴阳的义理，笾、豆里面盛放的东西是水生和地上出产的食物。既不敢用人们所吃的食味，也不敢有过多的品味，这是用来供给鬼神享用的。

大飨之时，宾客进入大门就奏《肆夏》乐章，用和悦表示敬意。到主人一爵饮酒尽，那音乐就正好结束。孔子数次对这样的酒、乐配合表示赞叹。到主人敬酒，宾客也准备向主人敬酒时，唱歌的人登堂歌唱，这是颂扬功德的。唱歌的人在堂上，乐器都在堂下，这是以人声为高贵。音乐是从阳气而来的，礼仪是从阴气而来的，阴阳和合而万物生长。众诸侯进贡的物品，不是固定的，这有各国适宜出产之物的区别，也受远近所用时间的限制。龟在前边，因龟能事先知晓；矿产其次，可以铸钟进行调和，因而放在贡物中间；虎皮豹皮，表示天子可以制服威猛的人；米帛之上再加玉璧，表示归顺天子的德性。

诸侯庭中摆放照明的火炬达一百之数，这是从齐桓公开始的；大夫入门而奏《肆夏》乐章，是从晋大夫赵文子开始的。朝觐时，大夫私下同主国国君以礼相见，这不合乎礼。大夫拿着玉圭出使他国，这是用来证明自己的使命的。不能用私人名义进见，是尊重自己的使命，如果另外携带进贡的物品，私下进见，为什么会在诸侯之庭？作为别人的大臣，不能有自己的外交。否则，那就等于对国君有二心，同时侍奉两个国君了。大夫宴请国君是不合乎礼的。大夫富强超过国君，那国君就可以杀掉他，这就是义。天子没有作为宾客的礼节，没有人敢作为天子的主人。国君到自己的大臣家中，从主人的台阶走上去，是因为大臣的家室也是属于国君的。诸侯进见天子之礼，天子不走下堂来会见诸侯。走下堂来会见诸侯，是天子失礼，这种事是周夷王以后才有的。

诸侯家四面悬乐，像宫室一样，用白色公牛祭祀，敲击玉磬，使用盾背有金属饰物的朱红盾牌，戴冕而舞《大武》，乘大路之车，这是超越诸侯礼节，冒用天子职权行事。门外有台门，过道上立屏障，设立反坫，穿着丹朱色绣有斧文的衣裳，这是超越大夫礼节，冒用诸侯职权行事。所以，天子衰微，诸侯就越权行事；大夫强大，诸侯就感受到了威胁。这个时候，诸侯以同等身份互相拥戴，用财货互相进贡，彼此用好处互相贿赂，那么天下之礼就混乱不堪了。

诸侯不敢有天子的祖庙，大夫不敢有诸侯的祖庙，把诸侯的祖庙设立在大夫家里，这不合乎礼。这是从鲁国的三桓开始的。天子保存前代的天子祖庙而使其后代能祭祀，表示天子还是尊重前代贤人的，但只限两个朝代。诸侯不把失国而寄住自己国家的诸侯当做臣子，所以古时候这种寄居的诸侯只限一代。国君面向南而坐，表示他对得往天，臣子朝见国君，都是面向北而拜见，表示他对得起国君。大夫的家臣不对大夫叩头，并非尊重家臣，这是大夫为回避国君，因家臣见国君也仅是叩头，大夫有献给国君之物，不要自己亲自去。国君有赏赐也不用当面拜谢。这是为使国君免去答谢自己的礼节。

乡里人举行驱除强鬼之祭，孔子穿朝服站在阼阶上，目的是让室神有所依存而安定。孔子说："射礼配合以音乐，因此听到什么样的音乐，就知道是怎样射。"孔子说："士人，如果主人让他射，不能说不会射，那么应该说有病而辞谢，因为男孩子出生，门上就悬挂着弓，说不会射是不行的。"孔子说："祭祀前三天要清整身心，用一天还怕不恭敬，为什么接连两天敲鼓？"孔子说："在库门之内举行绎祭，向东方举行祊祭，这就像早市应在东方而设在西方一样的错误。"

秋社是祭祀五土之神而以阴气为主的，行礼时国君面向南站在北墙下，是对着阴面之理。祭社的日子用甲日，是用日子的开始。天子的社祭，必然要承受霜露风雨，目的是通达天地的阴气阳气。因此，亡国的社祭，要建屋以覆盖，使之不能接受天的阳气，殷代的薄社只在北面有个小窗以通阴阳。社稷是把地之道作为神灵。大地载育万物，天有日月星辰，从土地上获取各种生活必需的东西，从天上获得生长万物的法则，因为人类尊敬上天而亲爱大地，所以社稷教育民众给大地以完美的报答。在个人家中主祭中霤，因为有中霤才有家。国家主祭社稷，因为有土地才有国，这都是告诉人们不忘自己的本原。只要为着社稷的事，凡是里中的人都要参加，只有举行社祭，才有田猎，凡是国人全部出来。只要是社祭，各个丘乘的人都要拿出粮食来供应祭祀，这是报答大地，而返回自己本始的行为。季秋时，农事已毕，拿出火种焚烧野草。然后，记录车马器械的数量，察视民众的军事组织，而国君亲自在社举行田猎之誓，并开始军事操练，左右坐立地观察他们是否熟悉战阵的变化，驱赶田野上的禽兽，用好处引起他们的欣羡之情，据此来观察他们有否违抗命令的。力求服从自己的意志，不贪图所得猎物，因此用来作战才能胜利，用来祭祷才能得到福气。

天子到四方巡视，先要燔柴告天，郊外祭天是迎接长日的到来，用盛大的祭礼来报答上天，用白天作为祭拜的主体。祭天要在南郊划定区域，这是就近阳位，扫地而祭，是由于祭天的质朴。器物用瓦器瓠瓜，以象征天地自然的本性，因为祭天在郊外，所以把它叫做郊。祭牲用黄赤色的牛，是因为周代崇尚红色。用牛犊是珍视其诚信。祭天用辛日，是因为周代开始，祭天是在冬至之日。祭天要用龟卜决定日期，先从太祖之庙受命，又在父亲之庙中问卜，这是尊重祖、父的意思。在龟卜的那天，天子站在泽宫前，亲自听取卜人的命龟之辞，受其教导或劝谏的意思。然后把誓命献于库门之内，用以告诫公卿以下，用太庙之命告诫天子之亲。祭天的那天，天子戴着皮弁听取有关祭祀的报告，告诉民众要严格听从天子。祭天这天，有丧事的人不能哭泣，披麻戴孝的人不能进入国门，各处清扫，把路上的土铲起来，让新土盖在上面。各乡要在田头点上火炬，不用命令而民众已听从了。祭天这天，天子披上龙衮，图案仿效天的样子。戴着冕冠，垂着十二旒玉琭，这是仿效天有十二个月之数。乘坐没有金玉装饰的木车，取其质朴。打着十二旒的旗帜，上有龙纹、日月，也仿效天的样子，天有日月运行，圣人就用它作为标准，祭天就是用来显明天道。如祭天的牛不吉，可以把它作为祭祀后稷用牛。祭天用的牛犊须在畜养祭牲的地方饲养三个月，祭后稷用的牛犊须体形毛色完整，这是用来区别"祭天神"和"祭人鬼"的。万物原本来自上天，世人的本原是从其祖先而来，所以人的祖先能够和上天相配接受祭祀。祭天就是大规模的"报本返始"。

天子的大蜡有八位神，伊耆氏时开始有了蜡祭。蜡就是寻求、探寻。周历每年十二月，合聚万物神灵，求其神而祭祀它。蜡祭的祭祀对象，以最先种植谷物的先啬为主，并祭祀主管谷物的司啬，用祭祀谷神来报答先啬司啬，还要祭祀农官以及田、舍之神和禽兽的幽灵。这是仁至义尽的举动。古时候的君子，对使用过的东西，必定要报答：迎猫的幽灵，是因为它吃掉了田鼠；迎虎的幽灵，是因为它吃掉了田豕。所以要迎接并祭祀它们的幽灵。祭堤防和沟渠，是有功于农事。祝辞说："土壤返回自己的地方，水也回到自己的沟壑，各种虫子不要为害，草木都得到必要的润泽。"蜡祭之时，天子戴白鹿皮的弁，穿着素缯做的衣裳。穿着素服是用来送农事之终的，腰系葛带，手拿棒杖，比丧服降低一些。蜡祭是人们全部的仁义之情，穿黄衣、戴黄冠来祭祀的是休息的农夫们。村野之人戴黄冠，黄冠是用草编结的。大罗氏是为天子掌管鸟兽的官吏，诸侯的贡物归他所管。大罗氏戴着草帽来了，因为这天尊重村野之人的服饰，大罗氏率领人们表演打猎和女色亡国的故事，告诉给进贡鸟兽的使者，并告诫诸侯："如果热衷于打猎和女色必定要亡国，天子种植瓜果，不是作为收藏的种子而与农夫争利。"用八蜡的祭祀标志四方的收成，四方的年景不好，不行八蜡之祭，以严守民众财物，不使浪费；四方的年景好，可以行八蜡之祭，以去除农夫终年的劳苦。蜡祭之后，就把各种作物收藏起来，农民就可以休息了。因此，蜡祭之后，国君不再兴起劳役。

恒豆之菹[①]，水草之和气也；其醢，陆产之物也。加豆[②]，陆产也；其醢，水物也[③]。笾、豆荐之，水土之品也。不敢用常亵味而贵多品，所以交于神明之义也，非食味之道也。先王之荐，可食也，而不可耆也[④]。卷冕、陆车[⑤]，可陈也，而不可好也。《武》，壮而不可乐也。宗庙之威，而不可安也，宗庙之器，可用也，而不可便其利也。所以交与神明者，不可以同于所安乐之义也。酒醴之美，玄酒、明水之尚⑥，贵五味之本也。黼黻、文绣之美，疏布之尚，反女功之始也。莞簟之安，而蒲越、稾鞂之尚⑦，明之也⑧。大羹不和，贵其质也；大圭不琢，美其质也。丹漆雕几之美⑨，素车之乘，尊其朴也。贵其质而已矣。所以交于神明者，不可同于所安亵之甚也。如是而后宜。鼎、俎奇而笾、豆偶，阴阳之义也。黄目⑩，郁气之上尊也⑪。黄者，中也。目者，气之清明者也。言酌于中，而清明于外也。祭天，埽地而祭焉，于其质而已矣，醯醢之美而煎盐之尚⑫，贵天产也。割刀之用，而鸾刀之贵，贵其义也⑬。声和而后断也。

冠义，始冠之，缁布之冠。大古冠布⑭，齐则缁之⑮。其緌也⑯，孔子曰："我未之闻也，冠而敝之可也⑰。"适子冠于阼，以著代也⑱。醮于客位⑲，加有成也⑳。三加弥尊㉑，喻其志也。冠而字之，敬其名也。委貌，周道也㉒。章甫，殷道也。毋追，夏后氏之道也。周弁、殷冔、夏收。三王共皮弁、素积㉓。无大夫冠礼，而有其昏礼。古者五十而后爵㉔，何大夫冠礼之有？诸侯之有冠礼，夏之末造也㉕。天子之元子，士也。天下无生而贵者也。继世以立诸侯，象贤也㉖。以官爵人，德之杀也。死而谥，今也，古者生无爵死无谥。

礼之所尊，尊其义也。失其义，陈其数㉗，祝、史之事也。故其数可陈也，其义难知也。知其义而敬守之，天子之所以治天下也。

天地合而后万物兴焉。夫昏礼，万世之始也。取于异姓㉘，所以附远厚别也㉙。币必诚㉚，辞无不腆㉛，告之以直信㉜。信，事人也。信，妇德也。壹与之齐㉝，终身不改，故夫死不嫁。男子亲迎，男先于女，刚柔之义也。天先乎地，君先乎臣，其义一也。执挚以相见㉞，敬章别也㉟。男女有别，然后父子亲；父子亲，然后义生；义生然后礼作，礼作然后万物安。无别无义，禽兽之道也。婿亲御授绥，亲之也㊱。亲之也者，亲之也㊲。敬而亲之，先王之所以得天下也。出乎大门而先㊳，男帅女，女从男，夫妇之义由此始也。妇人，从人者也：幼从父兄，嫁从夫，夫死从子。夫也者，夫也㊴。夫也者，以知帅人者也。玄冕齐戒，鬼神阴阳也。将以为社稷主㊵，为先祖后㊶，而可以不致敬乎？共牢而食㊷，同尊卑也。故妇人无爵，从夫之爵，坐以夫之齿。器用陶、匏，尚礼然也㊸。三王作牢㊹，用陶、匏。厥明㊺，妇盥馈㊻。舅姑卒食，妇馂余㊼，私之也㊽。舅姑降自西阶，妇降自阼阶，授之室也㊾。昏礼不用乐，幽阴之义也。乐，阳气也。昏礼不贺㊿，人之序也[51]。

有虞氏之祭也，尚用气。血、腥、爓祭，用气也。殷人尚声，臭味未成(52)，涤荡其声(53)。乐三阕(54)，然后出迎牲。声音之号，所以诏告于天地之间也。周人尚臭，灌用鬯臭(55)，郁合鬯(56)，臭阴达于渊泉。灌以圭璋，用玉气也。既灌然后迎牲，致阴气也(57)。萧合黍、稷，臭阳达于墙屋，故既奠，然后焫萧合膻芗(58)。凡祭，慎诸此。

魂气归于天，形魄归于地，故祭，求诸阴阳之义也。殷人先求诸阳，周人先求诸阴。诏祝于室，坐尸于堂，用牲于庭，升首于室。直祭祝于主(59)，索祭祝于祊(60)。不知神之所在，于彼乎，于此乎？或诸远人乎？祭于祊尚曰求诸远者与(61)？祊之为言倞也(62)，肵之为言敬也。富也者，福也。首也者，直也(63)。相，飨之也。嘏，长也，大也。尸，陈也。毛、血，告幽全之物也(64)。告幽全之物者，贵纯之道也。血祭，盛气也。祭肺、肝、心，贵气主也(65)。祭黍稷加肺，祭齐加明水(66)，报阴也。取膟菅燔燎升首(67)，报阳也。明水涚齐(68)，贵新也(69)。凡涚，新之也(70)。其谓之明水也，由主人之洁著此水也。

君再拜稽首，肉袒亲割，敬之至也。敬之至也，服也(71)。拜，服也。稽首，服之甚也。肉袒，服之尽也。祭称“孝孙”、“孝子”以其义称也。称曾孙某，谓国家也(72)。祭祀之相(73)，主人自致其敬，尽其嘉(74)，而无与让也(75)。腥肆、爓、腍祭(76)，岂知神之所飨也？主人自尽其敬而已矣。举斝、角，诏妥尸(77)。古者尸无事则立，有事而后坐也。尸，神象也。祝，将命也(78)。

缩酌用茅(79)，明酌也(80)。盏酒涚于清，汁献涚于盏酒(81)，犹明清与盏酒于旧泽之酒也(82)。祭有祈焉，有报焉，有由辟焉(83)。齐之玄也，以阴幽思也。故君子三日齐，必见其所祭者。

【注释】

①恒：平常、普通。菹（zū）：腌菜。　②加豆：祭末献尸时进献之豆。　③水物：水里的物产。　④耆：嗜好、欲望。　⑤卷冕：衮冕。卷（gǔn）：通“衮”。　⑥明水：敬神用的水。明：神明，泛指祭神、供神之物。施用于神的都叫“明”。　⑦蒲越：结蒲为席，宗庙之席。槁鞂：祭天之席。　⑧明之：郑玄说是“神明之也”。　⑨幾（qí）：沂鄂，器物上线画隆起之纹。沂（yín）：凹纹；鄂：凸纹。　⑩黄目：周代礼器，祭时灌地所用之尊。其器画目形，饰以黄金，故名。　⑪郁气：黄目贮存郁鬯之酒，故云郁气，即郁鬯之气味。　⑫煎盐：煎煮自然之盐。　⑬义：仪式。　⑭冠布：以白布为冠。　⑮缁（zī）：黑色。　⑯緌（ruí）：古代帽带结子的下垂部分。　⑰蔽：破旧。陈澔说是敝弃。　⑱著：显示。　⑲醮：冠礼用酒曰醮。客位：户牖之间的宾客之位。　⑳有成：有成效。　㉑三加：加冠三次。据《仪礼·士冠礼》，三次加的冠依次为缁布冠、皮弁、爵弁。布、皮、爵，越来越尊。　㉒道：制度。㉓共：同。　㉔爵：大夫的爵位。　㉕末造：末世。　㉖象：效法。　㉗数：礼数。这里指礼

的形式。 ㉘异姓：不同祖。姓：标志家族的字。 ㉙附远：使疏远者转为亲密。厚别：注重区别。 ㉚币：纳征之币。诚：信诚。 ㉛腆：善。 ㉜直：正直。信：诚实。 ㉝齐：郑玄说“或为醮”。 ㉞挚：亲迎时所献之雁。 ㉟敬：恭敬。章：明、表明。 ㊱亲：尊敬。㊲亲：爱。 ㊳大门：女家大门。 ㊴夫：说法不一。此处从朱骏声说，释作“傅”。傅：老师。 ㊵社稷主：国君是社稷内主，妻子是家庭内主，此处以家比国。故言。 ㊶后：生育后代，传宗接代。 ㊷共牢：同一个食器。 ㊸尚礼：上古之礼器。尚：上。 ㊹牢：共牢之礼。 ㊺厥：助词，用于句首，无意义。 ㊻盥：梳洗打扮。馈：烹调的豚肉。 ㊼馂（jùn）：吃剩下的食物。 ㊽私：恩、恩宠。 ㊾室：家中的事。 ㊿昏礼不贺：公婆把家事交儿媳，儿子又有把丧祭及宗庙之重责传给孙子的责任，表示亲有代谢，作为儿子不忍心说这类事，所以无人祝贺。 (51)序：相传之次第。 (52)臭：气味。未杀牲，无血腥，故无气味。味：味道。未煮熟而味道未成，故无味道。 (53)涤荡：播散。 (54)三阕：音乐三节而止，正乐有四节，降神只有三节。 (55)灌：灌地降神。 (56)郁：郁金香草。 (57)致：求。 (58)焫（ruò）：烧。萧：香蒿。此句讲：用香蒿合于黍稷而焚烧。膻芗：孙希旦释为牛羊肠子间的脂油。此句后应有“致阳气也”与灌地相应。王梦鸥说是。 (59)直祭：直接供祭神主。 (60)索祭：求神之祭。 (61)尚：差不多。 (62)倞（liàng）：索取。依郑玄说。 (63)直：指牲首为一体之正。 (64)幽：血及内脏在体内，故称。全：皮毛在外表无所杂。 (65)气主：决定生气的器官。 (66)齐：五齐。五种味薄的酒。 (67)膟营：古代祭所用牲血和肠脂。 (68)说（shuì）：过滤使五齐浊酒澄清。 (69)新：使之明洁。 (70)洁：清洁。著：显示。 (71)服：服从、顺服。(72)据《曲礼》“称曾孙某”的则为“外事”。外事非血亲，祭者代表国家，故言。 (73)相：劝饮、劝食之人。 (74)嘉：使之欢娱。 (75)让：谦让。 (76)肆：剔、切割。这里指切割的牲体。腍（rèn）：煮熟。 (77)妥：使之安坐。 (78)将命：传话。 (79)缩：滤去酒滓。 (80)明：使之透明。 (81)汁献：郑玄说是用郁金香草和以鬯酒，摩莎而过滤出其香汁。献，当读为莎。(82)泽：郑玄说，泽读为醳。旧醳之酒，谓昔酒。可知“旧泽”为“陈年醇酒”。 (83)由：用。辟：郑玄释作“弭”，消灾弭祸。

【译文】

普通的豆中所盛的腌菜，是水中四季和美之气所生的菜蔬。肉酱，是陆地上所产的动物之肉。增设的豆，所盛的是陆地出产的菜蔬。肉酱，是水中动物之肉。笾、豆中所盛进献的，是水中和土生的出产之物，不敢用人们平常吃的口味，也不敢品味过多。这是用来进献神灵的，不是吃食的味道。先王的祭品，可偶尔吃，但是不可以经常吃。穿戴的衮冕，乘坐的路车，可以陈列，但不是可以穿戴和乘坐的。《大武》，虽然雄壮，但不可常奏作为娱乐。宗庙的建筑虽然巍峨，但不可以居住。宗庙中的器皿，虽然可以用，但不可以随便地使用，这些是用来进献神灵的，不能把它同人们的安乐等同起来。醴酒香甜甘美，祭祀却以玄酒、明水为上，这是以五味之本原为贵。黼黻文绣很华美，祭祀却以粗布为上，这是返回到女功的原始状态。莞簟轻软安适，祭祀时却以蒲席、粗席为上，这是要神灵明白。肉汁不再加调味品，这是以质朴为贵。圭玉不再雕饰，这是以质地为美。祭车不用丹漆、雕饰，只坐素车，这是以简朴为尊贵，都是重视其质朴罢了，这些是用来进献神灵的，不能和人们安逸舒适等同起来。祭礼像这样才合适，鼎、俎是单数而笾、豆是偶数，这是属于阴、阳不同的义理。黄目是贮存郁鬯最上等的酒器，黄色，五行排列居中。目是透明的。斟酒在黄目中，从外面看就是透明的。祭天时要扫地而祭，是在于质朴罢了。醯醢的美味，却以盐为上，贵重在天然的产物。割刀是平时使用的，祭祀要用鸾刀，是重视它的义理。鸾刀上鸾铃的声音协合，然后才可切割牲肉。

冠礼的含义：开始戴的冠，是黑布做的。太古人们用白布做冠，祭祀时就染成黑色。至于冠上的帽带，孔子说："我从来没有听说过，行礼以后帽子就可以扔掉了。"嫡子加冠时要站在主人的台阶上，以显示他是传宗接代的人。请他站在宾客之位上，向他敬酒。每戴一次冠敬一次酒，以表示礼的成功。三次戴冠一次比一次贵重，晓谕他要有志向。加冠以后，人们用字来称呼他，这是尊重他的名。常冠，周代的制度叫"委貌"，殷代叫"章甫"，夏后氏时代叫"毋追"。祭祀之冠，周代是"弁"，殷代是"冔"，夏代是"收"。夏殷周三代都同样用皮弁、素积。没有大夫的冠礼，而只有婚礼。古代到五十岁以后才能有爵位，冠礼是二十岁举行，那时哪里有大夫的冠礼呢？诸侯有冠礼，是夏代末世的事情。天子的长子，才是个"士"。天下没有出生后就尊贵的人，诸侯的继承人封为诸侯，这是尊重他先人的功德，用官爵封赏人，是其功德略降。人死了就有谥号，这是现在的事情。古代的时候，活着的人无功即无爵，死了也就无谥。

礼之所以尊贵，就在它的义理。如失去义理，只陈列礼数，是祝、史的事情。所以，礼数可以陈列，它的义理有的却难以理解，了解它的义理并恭敬地保持它，这就是天子能够治理天下的原因。

天气下降，地气上升，天气地气互相合配，然后万物才能产生。婚礼，是万世的开始。从不同的宗族娶回妻子，用这个方法来使疏远的人成为亲密关系，并注重异姓血统的配合。送订婚聘礼必须诚心诚意，也不说客气的话。女家告诫女儿要正直，诚实。诚实是侍奉人的本分，也是妇人的美德。只要和男人喝过结婚喜酒，一辈子不变心，因此丈夫死了就不再改嫁。结婚时，男子先去亲自迎接女的，这是阳刚和阴柔的义理。天先于地，君先于臣，它们的义理是相同的。男子拿着雁去见女方，恭恭敬敬，表明男女之区别。男女有分别以后，父子才有亲恩可言；父子有了亲恩，然后人伦义理产生；人伦产生以后才有礼节；有了礼节以后，社会才能安定。没有区别，没有人伦义理，这是禽兽的方式。男女相见以后，男的亲自驾车，把上车用的引手绳交给女方拉她上车，男方这样做是尊重女方，尊重女方就是喜爱女方。对妻子又敬又爱，先王就是由齐家而平天下的。走出女方大门，男方领先，女方随后，夫唱妇随之义就由这儿开始。妇人就是听从于人的人。幼年时听从父兄，出嫁以后听从丈夫，丈夫死后听从儿子。夫就是师傅、老师的意思。老师就是用知识来引导别人的人。举行婚礼要穿祭时的礼服并斋戒沐浴，如同侍奉鬼神阴阳一样。婚后，女方将成为家庭内主，为祖先传续后代，可以不恭恭敬敬吗？夫妻共用一个食器吃饭，说明夫妻尊卑相同。因此，妇人没有爵位，随着丈夫的爵位，坐席也按丈夫的辈分排列。器具用陶匏，上古的礼器就是这样。夏商周三代有共用同一食器的习俗，用的也是陶匏。结婚第二天，新娘早晨起来梳洗打扮，然后向公公婆婆奉上亲自烹调的豚肉，公公婆婆吃了以后，新娘吃公婆尝过的，这是恩宠新娘。公公婆婆从西边的宾阶下来，新娘从东边的主阶下来，这表示公婆已经把家中的事交给她了。婚礼不用音乐，这是幽阴的义理决定的，乐是属阳，婚礼是阴。婚礼不必祝贺，因为这是人生相传的次序。

有虞氏时的祭礼，特别崇尚"生气"。祭礼用鲜血、生肉、半生不熟的肉，都是用生气。殷人崇尚声音，在没有气味和口味之前，一直播散声音，奏过三个乐章以后，走出庙门迎接祭牛。他们大声喊叫，用声音在天地之间昭告。周人崇尚气味，灌地降神用郁鬯的气味。是郁金香草合着鬯酒，气味可以通到地下。用有柄的玉勺来灌地降神，就是用那玉的气味。灌地以后，才迎祭牲。这是乞求阴气。用点着的香蒿合着黍稷，刺鼻的阳气充满墙屋。向尸献酒以后，用祭牲的肠脂合着香蒿点燃产生气味，这是乞求阳气。凡是祭礼都想求鬼神降临，对这些仪式非常谨慎郑重。

人死后魂气回归到上天，形魄回归到地下。所以祭祀，有先求阴、求阳的仪式。殷人先求魂于阳，周人先求魄于阴。祭祀内容，在家中告神，在堂上献尸，在庭中杀牲，并在室内献上牲首。有直接供祭神主，有求神之祭在门旁，这样仍然不知道神在的地方，在那边呢？还是在这边呢？还是远离人们的地方？在大门旁访祭，几乎就可以说求神到很远的地方了。"祊"就是说"倞"，在亮处寻找神灵。"肵"就是说"敬"，恭敬的意思，"富"就是说"福"。"首"就是说"直"，牲首为一体之正的意思，相就是向尸劝饮劝食之人，也就是缩神。嘏是长大的意思，尸就是陈列的意思。

祭祀用毛、血，是将内外均无伤病的祭牲告神。告神祭牲内外完好，是重视纯粹的意思。用血祭神，以示生气旺盛。用祭牲的肺肝心，是重视决定生气的器官。用黍稷加肺祭祀，用浊酒加清水祭祀，这些都是报阴。用祭牲肠脂合香蒿点燃，并供奉牲首，这些是为报阳。用清水使浊酒变清，这是以明洁为贵。凡是用清水渗入，都是使它们变得明洁。称那个为"明水"，是因为主人的明洁之心可从这里显示出来。

国君祭祀时要一拜再拜，叩头至地，并亲自切割牲体，恭敬到极点了。恭敬之极，就是服从。跪拜也是服从。一拜再拜并叩头至地，是特别服从的表示。肉袒去掉了衣饰，表示服从到极点了。祭祀时称"孝孙""孝子"，根据人伦义理称呼；称"曾孙某"，说的是代表国家祭神祇时的称呼。那些祭品都是主人自己表示敬意，想使神灵得到欢娱。但祭祀时的"相"，也不必谦让，要像主人一样尽职尽责，敬献生肉、牲体、半生不熟的肉、熟食，怎么知道是神灵享用了呢？这是主人尽自己的敬意罢了。尸进入室，举起玉杯、祝告，主人拜请尸安坐。古时尸没有事就站立着，有事然后才坐下。尸是神的象征，祝是个传话的人。

醴酒过滤使用茅束，为使酒透明。盎酒用清水冲和，郁鬯酒用盎酒冲和，就如同清酒和盎酒调和在陈年醇酒中。祭祀有祈求，有报答，有消灾弭祸。斋服用黑色，使人思虑在阴幽之中。因此君子致斋三日，清整身心，祭祀时必定会看见那个被祭祀的人。

内 则①

后王命冢宰降德于众兆民②：子事父母，鸡初鸣，咸盥、漱③，栉、縰、笄、总④，拂髦、冠、緌、缨⑤、端、韠、绅⑥，搢笏⑦。左右佩用，左佩纷帨、刀、砺、小觿、金燧⑧，右佩玦、捍、管、遰、大觿、木燧⑨，偪、屦、著綦⑩。

妇事舅姑，如事父母：鸡初鸣，咸盥、漱，栉、縰、笄、总，衣绅。左佩纷帨、刀、砺、小觿、金燧，右佩针、管、线、纩⑪，施縏袠⑫，大觿、木燧、衿缨⑬，綦屦。

以适父母舅姑之所。及所，下气怡声⑭，问衣燠寒，疾痛苛痒⑮，而敬抑搔之⑯。出入则或先或后，而敬扶持之。进盥，少者奉盘，⑰长者奉水，请沃盥⑱，盥卒，授巾。问所欲而敬进之，柔色以温之，饘、酏、酒、醴、芼、羹、菽、麦、蕡、稻、黍、粱、秫唯所欲[19]，枣、栗、饴、蜜以甘之，堇、荁、枌、榆、免、薨、滫、瀡以滑之[20]，脂、膏以膏之，父母舅姑必尝之而后退。

男女未冠笄者[21]，鸡初鸣，咸盥、漱，栉、縰、拂髦，总角，衿缨，皆佩容臭[22]。昧爽而朝[23]，问："何食饮矣?"若已食则退，若未食，则佐长者视具[24]。

凡内外[25]，鸡初鸣，咸盥、漱，衣服，敛枕、簟，洒埽室堂及庭，布席[26]，各从其事。孺子蚤寝晏起，唯所欲，食无时。

由命士以上[27]，父子皆异宫[28]，昧爽而朝，慈以旨甘[29]；日出而退，各从其事；日入而夕，慈以旨甘。

父母舅姑将坐，奉席请何向；将衽[30]，长者奉席请何趾[31]。少者执床与坐[32]，御者举几，敛席与簟，县衾箧枕，敛簟而襡之[33]。

父母舅姑之衣、衾、簟、席、枕、几不传[34]，杖、屦祗敬之，勿敢近，敦、牟、卮、匜[35]，非馂莫敢用。与恒食饮[36]，非馂莫之敢饮食。父母在，朝夕恒食，子妇佐馂，即食恒馂。父没母存，冢子御食[37]，群子妇佐馂如初[38]。旨甘柔滑，孺子馂。

在父母舅姑之所，有命之，应、唯敬对。进退、周旋慎齐，升降、出入、揖游[39]，不敢哕、噫、嚏、咳、欠、伸、跛、倚、睇视[40]，不敢唾、洟[41]。寒不敢袭，痒不敢搔，不有敬事[42]，不敢袒裼，不涉不撅[43]，亵衣衾不见里。

父母唾、洟不见[44]。冠带垢，和灰请漱[45]；衣裳垢，和灰请浣；衣裳绽裂，纫针请补缀。五日则燂汤请浴[46]，三日具沐[47]。其间面垢，燂潘请靧[48]；足垢，燂汤清洗。

少事长，贱事贵。共帅时[49]。

男不言内[50]，女不言外[51]。非祭非丧，不相授器。其相授，则女受以篚[52]；其无篚，则皆坐奠之而后取之。外内不共井，不共湢浴[53]，不通寝席，不通乞假[54]。男女不通衣裳，内言不出，外言不入。

男子入内，不啸不指[55]，夜行以烛，无烛则止。女子出门，必拥蔽其面[56]，夜行以烛，无烛则止。道路，男子由右，女子由左。

子妇孝者敬者，父母舅姑之命，勿逆勿怠。若饮食之，虽不耆，必尝而待；加之衣服，虽不欲，必服而待；加之事，人代之，己虽弗欲，姑与之，而姑使之，而后复之。

子妇有勤劳之事，虽甚爱之，姑纵之而宁数休之[57]。子妇未孝未敬，勿庸疾怨㊿，姑教之。若不可教，而后怒之㊾。不可怒，子放妇出㊿，而不表礼焉㉑。

父母有过，下气怡色柔声以谏。谏若不入，起敬起孝㉒，说则复谏㉓。不说，与其得罪于乡、党、州、闾，宁孰谏㉔。父母怒，不说而挞之流血，不敢疾怨，起敬起孝。

父母有婢子若庶子庶孙㉕，甚爱之，虽父母没，没身敬之不衰㉖。子有二妾，父母爱一人焉，子爱一人焉，由衣服饮食㉗，由执事，毋敢视父母所爱，虽父母没不衰。子甚宜其妻㉘，父母不说，出。子不宜其妻，父母曰"是善事我"，子行夫妇之礼焉，没身不衰。

父母虽没，将为善，思贻父母令名㉙，必果；将为不善，思贻父母羞辱，必不果。

舅没则姑老㉚，冢妇所祭祀宾客，每事必请于姑，介妇请于冢妇。舅姑使冢妇，毋怠、不友、无礼于介妇㉛。舅姑若使介妇，毋敢敌耦于冢妇，不敢并行，不敢并命，不敢并坐。

凡妇，不命适私室，不敢退。妇将有事㉜，大小必请于舅姑。子妇无私货，无私畜，无私器，不敢私假，不敢私与。妇或赐之饮食、衣服、布帛、佩帨、茝兰㉝，则受而献诸舅姑。舅姑受之则喜，如新受赐㉞；若反赐之，则辞；不得命㉟，如更受赐㊱，藏以待乏。妇若有私亲兄弟，将与之，则必复请其故㊲，赐而后与之。

适子、庶子祗事宗子、宗妇㊳，虽贵富，不敢以贵富入宗子之家；虽众车徒，舍于外㊴，以寡约入㊵。子弟犹归器，衣服、裘衾、车马则必献其上㊶，而后敢服用其次也。若非所献，则不敢以入于宗子之门，不敢以贵富加于父兄宗族。若富，则具二牲，献其贤者于宗子㊷，夫妇皆齐而宗敬焉，终事而后敢私祭。㊸

饭：黍、稷、稻、粱、白黍、黄粱、稰、穛㊹。膳：膷、臐、膮、醢、牛炙㊺；醢、牛胾、醢、牛脍㊻；羊炙、羊胾、醢、豕炙；醢、豕胾、芥酱、鱼脍；雉、兔、鹑、鷃㊼。

饮：重醴㊽，稻醴，清糟；黍醴，清糟；粱醴，清糟；或以酏为醴，黍酏，浆、水、醷、滥㊾。

酒：清、白。

羞：糗饵、粉酏㊿。

食：蜗醢而苽食㉑、雉羹，麦食、脯羹、鸡羹，折稌，犬羹、兔羹㉒，和糁不蓼㉓，濡豚㉔、包苦实蓼㉕，濡鸡、醢酱实蓼，濡鱼、卵酱实蓼㉖，濡鳖、醯酱实蓼，腶脩、蚳醢㊼，脯羹、兔醢，麋肤㊽、鱼醢，鱼脍、芥酱，麋腥㊾、醯、酱，桃诸㊿、梅诸、卵盐[101]。

凡食齐视春时[102]，羹齐视夏时，酱齐视秋时，饮齐视冬时。凡和，春多酸，夏多苦，秋多辛，冬多咸，调以滑甘。

牛宜稌，羊宜黍，豕宜稷，犬宜粱，雁宜麦，鱼宜苽。春宜羔、豚，膳膏芗[103]；夏宜腒、鱐，膳膏臊[104]；秋宜犊、麛，膳膏腥；冬宜鲜、羽，膳膏膻[105]。

牛脩，鹿脯，田豕脯，麋脯，麇脯，麋、鹿、田豕、麇皆有轩[106]，雉、兔皆有芼，爵、鷃、蜩、范、芝、栭、菱、椇、枣、栗、榛、柿、瓜、桃、李、梅、杏、楂、梨、姜、桂[107]。

大夫燕食[108]，有脍无脯，有脯无脍；士不贰羹、胾[109]，庶人耆老不徒食。

脍，春用葱，秋用芥。豚，春用韭，秋用蓼。脂用葱，膏用薤，三牲用藙[110]，和用醯，兽用梅[111]。鹑羹、鸡羹、鴽，酿之蓼[112]；鲂、鱮烝[113]，雏烧，雉、芗[114]，无蓼。

不食雏鳖。狼去肠，狗去肾，狸去正脊，兔去尻，狐去首，豚去脑，鱼去乙[115]，鳖去丑[116]。

肉曰脱之[117]，鱼曰作之[118]，枣曰新之[119]，栗曰撰之[120]，桃曰胆之[121]，楂、梨曰攒之[122]。

牛夜鸣则庮[123]，羊泠毛而毳，膻[124]；狗赤股而躁，臊[125]；鸟麛色而沙鸣，郁[126]；豕望视而交睫，腥[127]；马黑脊而斑臂，漏[128]。雏尾不盈握弗食，舒雁翠[129]，鹄、鸮胖[130]，舒凫翠[131]，鸡肝、雁肾、鸨奥[132]、鹿胃。

肉腥细者为脍，大者为轩，或曰：麋、鹿、鱼为菹[133]，麇为辟鸡，野豕为轩，兔为宛脾[134]，切葱若薤，实诸醯以柔之。

羹食[135]，自诸侯以下至于庶人，无等[136]。

大夫无秩膳[137]，大夫七十而有阁[138]。天子之阁，左达五[139]，右达五。公侯伯于房中五，大夫于阁三，士于坫一[140]。

【注释】

①郑玄说此篇"记男女居室事父母舅姑之法，闺门之内，仪轨可则，故曰《内则》"。
②后：君、天子。德：教化。 ③咸：都。盥（guàn）：洗手洗脸。 ④栉（zhì）：梳头。縰（xǐ）：古时束发的缯帛。笄：簪子。总：用练缯做成束发之物，所余部分垂于髻后。总：聚束、系扎。 ⑤拂：装饰。髦：齐眉发饰。 ⑥端：玄端，士服。韠（bì）：蔽膝。绅：大带。
⑦搢：插。笏（hù）：古代朝见时君臣所执的狭长板子，用以记事备忘。 ⑧纷帨：拭物的佩巾。砺：磨刀石。觿（xī）：古代解结的用具，用骨、玉制作，形状像锥，也用为佩饰。金

燧：金属做成的取火于日的工具。　⑨玦：射箭时钩弦的用具，戴在大拇指上，一般用象牙制作。捍：射者左臂所戴皮制袖套。管：毛管。遰（shì）：刀鞘。木燧：钻木取火的用具。　⑩偪（bī）：绑腿。綦（qí）：鞋带。　⑪管：放针的用具。纩（kuàng）：丝棉絮。　⑫繁（pán）：小囊。帙（zhì）：口袋。　⑬衿（jìn）：系结。　⑭怡：和悦的样子。　⑮苛：通"疴"，病患。　⑯抑：按摩。　⑰盘：古代洗脸用具。　⑱沃盥：用水浇手以洗。　⑲饘（zhān）：厚粥、稠粥。酏（yí）：稀粥。笔羹：用菜杂肉为羹。菽：豆。蕡（fén）：大麻的籽实，俗称麻子。秫（shú）：谷物之有黏性者，如糯米、黄米。　⑳堇：菜名。荁（huán）：菜名，古时用作调味。枌：白榆。榆：刺榆。免（wèn）：新鲜的食物。槀（kǎo）：干的食品。滫（xiǔ）：古代烹调方法，用植物淀粉拌和食物使之柔滑。瀡（suǐ）：滑。　㉑笄（jī）：古时女子成年所行之礼，十五岁。相当于男子的冠礼。　㉒容臭：香物。　㉓昧爽：天将明而未明。　㉔视：照顾、照看。具：饭食。　㉕内外：尊卑长幼全数在内。　㉖布席：布置坐席。　㉗命士：这里指子是命士。　㉘异宫：命士父子各有寝室之门，叫做异宫。　㉙慈：指对父母孝敬奉养。　㉚衽：铺床褥。　㉛趾：止、停止。　㉜床：供人坐卧的器具。　㉝襡（dú）：收藏。　㉞传：移动。　㉟敦牟：盛放黍稷的食器。卮匜（zhìyí）：盛水、酒的器具。　㊱恒：常、平常。　㊲冢子：嫡长子。　㊳群子妇：嫡长子之弟及众弟妇。　㊴揖：俯身。　㊵哕：气逆声。噫：打饱嗝。睇视：斜视。　㊶唾：唾沫。　㊷敬事：重大事情。　㊸涉：过河。撅：撩起。　㊹洟：鼻涕。　㊺灰：指草本植物燃烧后剩下的粉末状的东西，可用来充当肥皂。漱：洗。　㊻燂汤：温水。　㊼沐：洗头。　㊽潘：淘米水。靧（huì）：洗脸。　㊾帅：遵循。时：是、这。　㊿内：内事，指家事。　51外：外事，指国家。　52筐（fěi）：盛物的圆形竹器。　53湢（bì）：浴室。　54乞假：求借。　55啸：蹙口出声。　56拥蔽：遮蔽。　57数：屡次。　58疾怨：生气埋怨。　59怒：谴责。　60出：休。　61表：明、明说。　62起：更加振作。　63说：悦。　64孰：纯熟、殷勤。　65婢子：妾。若：及。　66没身：本人死亡，即终身。　67由：于、在。　68宜：善、好。　69贻：遗、留。　70老：指把家中之事交给长子之妻。　71友：俞樾释作"有"。不有：不得。　72事：私事。　73苣兰：香草。　74新：初。　75不得命：没有允许。　76更：再。　77复请其故：向公婆说明赠物的理由。　78适：嫡。祇：恭敬。宗子：嫡长子。　79舍：停。　80寡约：俭省。这里是单人进去的意思。　81犹：如果。归：馈、赠送。上：最上等的、最好的。　82贤：良、好。　83终事：指宗子的祭祀之事。　84稌（xǔ）：晚熟稻。稬（zhuō）：同"糕"，早熟稻。　85胹（xiāng）：牛肉羹。臐（xūn）：羊肉羹。脪（xiāo）：猪肉羹。醢：郑玄据《公食大夫礼》校，此字为衍文。牛炙：烤牛肉。　86牛胾（zì）：切牛肉。脍：细切肉。　87鹦：鸟名。　88重醴：醴有清，有糟，故言重（chóng）。清：过滤的。糟：醇。　89醷：梅浆。滥：用水浸泡干桃、干梅而成的清凉饮料。　90糗（qiǔ）：炒熟的米、麦等干粮。饵：糕饼。酏：应为"餈"字。餈（cí）：稻饼。　91蜗（luó）：同"螺"。芤（gū）：菰米。　92折稌：孔颖达说，细折稻米为饭。　93蓼：蓼菜。　94濡：烹肉得汁以和羹。　95苦：苦荼。实：充实。这里指放入。　96卵（kūn）酱：鱼子酱。　97蚔：蚁卵。　98麋肤：熟肉。　99麋腥：生肉。　100诸：收藏。将桃制成桃干而收藏叫桃诸。　101卵盐：大盐。　102齐：调和。　103膳：煎和。　104脯：干雉。鱐：干鱼。　⑩鲜：生鱼。羽：雁。　⑩轩：郑玄说音宪，切成藿叶大。王梦鸥注说：薄切以蓼包揉而干之。从王注。　⑩范：蜂。爵：雀。蜩：指蝉。芝：其说不一，从“木椹”。栭（ér）：枯木上生的菌类植物。菱：菱。椇：积椇。　⑩燕食：朝夕常食。　⑩贰：重、双。　⑩薁：苿萸。　⑪梅：酸浆。　⑫酿：切碎放在一起煮。　⑬烝：蒸。　⑭芗：用作调料的香菜。　⑮乙：《尔雅》释作“鱼肠”。　⑯丑：指动物肛门处。　⑰脱：去除筋膜。　⑱作：刮去鱼鳞。　⑲新：枣易有尘埃，擦拭使之干净。　⑳撰：挑选。　㉑胆：擦掉桃毛。　㉒攒：去掉其核。　㉓脜（yǒu）：木烂发出的臭气。也泛指恶臭。　㉔泠：稀泠。毳：毛头结聚。　㉕赤股：股里无毛。　㉖黸色：色变而无光泽。沙：声嘶哑。郁：腐臭。　㉗望视：盲视。交睫：睫毛交叉。　㉘般臂：马前胫色泽斑斑。漏：郑玄说当为“蝼”，如蝼蛄臭。　㉙舒雁：鹅。翠：尾肉。　㉚胖：胸部两侧薄肉。　㉛舒凫：鸭子。　㉜奥：脾肚。　㉝菹：粗切成片。　㉞辟鸡、宛脾：切成薄片再切成丝。　㉟羹食：主食。　㊱无等：不分尊卑贵贱皆有羹食。　㊲秩膳：常置美食于左右，以备食用。　㊳阁：以板为之，放食物的地方。　㊴达：夹室。正室之外的左右有夹室。　㊵坫：土坫。士无阁。

【译文】

　　天子命令冢宰，教化众兆民：已冠的儿子孝敬父母，应该是鸡刚刚啼叫，都要起来，洗脸，漱口，梳头，用束发的缁帛做成发髻，用簪子固定，将剩余的练，垂于髻后。戴上齐眉的发饰，帽带系好，穿上玄端士服，套好蔽膝，系上大带，把笏板插进大带里，用来记事。左右两边佩戴用具。左边是拭物的佩巾、小刀和磨刀石、细小的解结的小觿和金属做的取火于日的工具，右边戴着射箭用的钩弦用具和皮制袖套、笔管和刀鞘、解大结用的大觿、钻木取火的木燧。腿上扎好绑腿，穿鞋系上鞋带。然后去见父母。

　　妇人侍奉公婆如同侍奉父母。鸡刚刚啼叫，就要起来，洗脸，漱口，梳头，扎好发髻，系上大带。左右也要佩戴，左面五件和男人相同，右边的针、针囊和线是女人特有的。

　　接着来到父母公婆的住处。到了地方，低声下气和悦地问寒问暖。如有病痛疴痒，要谨慎地按摩搔挠。父母公婆出入走动，要或先或后恭敬地搀扶着。洗漱时，年轻的要端着盘，年长的端着水，请父母公婆洗手洗脸，洗完以后递上擦拭的巾。然后问询一天想吃些什么，并按时恭恭敬敬地送上，脸色和蔼。早饭是狎酏酒醴茥羹，午晚两餐是菽麦稻黍粱秫，尽量依照他们的要求，用枣栗饴蜜，堇苣粉榆脂膏来调和饭食，使之甘滑可口，且必须在父母公婆品尝以后才能退下。

　　未举行成年之礼的男女，鸡刚刚啼叫就起来，洗脸，漱口，梳头，男扎总角，女扎衿缨，都佩戴香囊，天色微明就去向父母请安，问询吃些什么。如父母已吃过早饭可以退下，如果没吃，就要帮助、照顾父母吃饭。

家中不论尊卑长幼，都应鸡刚啼叫就起来，洗漱，穿衣，然后收拾枕头、席子，再打扫住室庭堂，安排坐席，各人干各人的事情。小孩子早睡晚起，可以随心所欲，吃饭也可没有一定的时间。儿子是朝廷命士，地位较尊，父子各有自己的寝门和居室。天色微明，到父母住处问安，把旨味甘甜的食物孝敬他们。太阳出来以后就退下，各人做自己的事情。太阳落山再去问候，又把好吃的食物再送上表示孝敬。

父母公婆打算坐着时，要问坐席放在哪。将要铺床安寝，年长的要听父母的意思。起床后，年轻的要拿坐卧的器具让父母坐下，侍奉的人捧上小几，供他们倚靠，然后收拾簟席、被子、枕头，并且要把席子收藏好。

父母公婆的衣、被、簟席、枕头、小几不能随便更换地方，对手杖和鞋要恭敬，不能靠近。父母公婆的吃饭用具，没有用完的，不能随便动。平常吃饭，必须父母吃剩下以后，才可吃。父母在世，早晚吃饭，由儿媳在旁照料，并吃剩余的饭食。父亲去世，母亲尚在，嫡长子侍奉母亲吃饭。他的弟弟、弟媳们也要像原来一样在旁照料。甜美柔滑的食物，由小孩子吃光。

在父母公婆的地方，有所使唤时，应该立即恭恭敬敬地答应。在他们面前出来进去，要恭敬严肃，外貌齐庄。上下台阶，出入大门要俯身而行，不敢气逆打嗝、打喷嚏、咳嗽、伸懒腰，不能一脚站立，倚着靠着，或斜眼看人，也不能流口水和鼻涕。天气变冷，不能在父母面前加衣裳，也不能挠痒。没有重大的事情，不能宽衣露臂，不涉水就不能撩起衣裳，内衣也不能露出来。

要时时为父母擦去口水和鼻涕。冠带和衣裳脏了，要掺和木灰洗涮干净。衣裳绽线、开裂，要即时缝纫好。五天烧一次温水请父母洗浴，三天洗一次头发。在这之间，父母脸上有污垢，应用水清洗。脚脏了，也要用温水洗净。

年轻的对年长的，地位卑贱对地位尊贵的，也同样遵循这种礼节。

男人不问家中之事，妇女不问外面之事。不是祭祀和丧事时，男女互相之间不能交递东西。如果非要交递，那女人用盛物的竹器来接。如果没有竹器，那么就要放在地下，然后女人再去拿。内外不共用一个井，不共用浴室，不共用寝席，互相不能借东西。男女不能通用衣裳，闺阃的言语不能传到外面，外面的语言也不可传进闺阃。

男子进入内宅，不能口出声音，指指划划。晚上走路要点烛火，没有烛火就不要走动。女子出门，要遮蔽面孔。晚上没有烛火不要走动。走路时，男人走右边，女人走左边。

　　孝敬的儿媳妇们，对父母公婆的吩咐，不能违背、怠慢。如果父母公婆赐给饮食，即使不爱吃，也必须尝一些；赐给衣服，即使不想穿，也必须得穿上；吩咐办的事情，有人代劳，自己虽然不愿意，已经交给人家了就姑且让她去办，然后自己再做。

　　对子妇们的辛勤劳苦的事情，父母公婆虽然特别疼爱他们，只好任他们去做，但不时地让他们休息。子女不敬不孝，不用生气埋怨，应该教育他们。如果不听教导，然后才责备他们。实在不服管教，只好驱逐儿子休掉媳妇了。并且不明说他们失礼，这才合乎忠厚之道。

　　父母有过错，要低声下气和蔼地劝说。如劝说听不进去，就要更加恭敬孝顺，待父母和颜悦色了就再一次劝说。结果又不高兴了，与其得罪了乡党州闾，不如继续劝说。父母发怒，不高兴甚至打得自己头破血流，也不能生气埋怨，还要更加恭敬孝顺。

　　父母有贱妾和庶子庶孙，特别宠爱他们，即使父母去世了，做子女的要终身尊重他们，丝毫不能衰减。儿子有两个小妾，父母喜欢一个，儿子喜欢另一个。那么儿子喜欢的那个，在衣服、饮食、做事方面，不能和父母喜欢的那个相比。即使父母去世了也如此。儿子特别喜爱妻子，如父母不喜欢，就要休掉。儿子如果不爱他的妻子，但父母说：她服侍我们很好。那么儿子就得履行夫妇的礼节，至死不变。

　　父母去世以后，将要做善事的时候，想到会带给父母好名声，必须去做。将要做不好的事情时，想到这会羞辱父母的名声，就必定不去做。

　　公公去世以后，婆婆把家政传给长子之妻。长子之妻祭祀时招待宾客，每件事情必须向婆婆请示，各妯娌有事要请示长子之妻。公婆平日要让长子之妻知道，不要懒惰，不要对妯娌们失礼。公婆如让其他儿媳妇去做事，也要告诉她们不要和长子之妻作对，不能和她并行、并命、并坐。

　　凡做儿媳妇的，公婆不让她回到自己房里去，就不能退下。如果有私事要办，无论事情大小，必须向公婆请求同意。儿子和媳妇不能有自己的财物，自己喂养的家畜，自己的器物，不能借给别人东西，不能把东西给人。儿媳妇如从娘家得到饮食、衣服、布帛、佩巾、香草之类的馈赠，就应该收下并把它献给公婆。公婆收下很高兴，就像刚得到亲友的馈赠似的。如果公婆把东西转送给自己，就要推辞不受。实在无法推辞，就要像再接受公婆赏赐的一样，把它收藏好，等到公婆乏用时再拿出来。如果是儿媳自己的亲兄弟，打算送给他东西，就必须向公婆说明赠物的理由，公婆拿出来赏给自己，然后才能送给他。

嫡子庶子要恭敬地对待嫡长子夫妇，即使自己富贵了，也不能用富贵姿态到嫡长子家。所带的车马随从都停在门外，自己一人进去。如果子弟得到了馈赠的器物、衣服、袭袋、车马，就必须把最好的献给嫡长子，然后才敢使用次等的。如果不是应该献给嫡长子的，就不能拿着它进入嫡长子家门。不能把富贵的姿态强加于父兄宗族。祭祀时，家境富裕的应准备二牲，把最好的献给嫡长子。自己夫妇二人都要斋戒助祭，等嫡长子祭祀完毕，自己才可以私祭。

吃的主食：黍米、小米、稻米、高粱、白黍、黄粱，还有晚稻、早稻。膳食有牛肉羹、羊肉羹、猪肉羹、肉酱、烤牛肉，这是第一行。肉酱、切牛肉、牛脍排在第二行。烤羊肉、切羊肉、肉酱、烤猪肉排在第三行。肉酱、切猪肉、芥子酱、鱼脍排在第四行。这是下大夫的食礼。再加上雉、兔、鹑、鹌四样，就是上大夫的食礼了。

喝的饮料：醴酒有清、糟之分，用稻米、黍米、高粱米酿制的醴酒都有清糟两类。或者用稀粥及黍米稀粥代替醴酒，其余还有米汤、水、梅浆、桃梅浸泡的饮料。酒分为两类：清酒、白酒（浊酒）。

美味食品：糗、糕、粉、饼。燕食：螺酱、菰米饭、雉羹。麦饭，肉羹、鸡羹。稻米饭，犬羹、兔羹。这些羹都加入米糁使之成糊，不加蓼菜。烹小豚时，把蓼菜放入豚腹中，加苦茶同煮。烹鸡加肉酱、蓼等。烹鱼加鱼子酱、蓼菜。烹鳖加肉酱、蓼菜。干肉要加蚁卵酱，肉羹加兔酱，麋肉加鱼酱，鱼脍加芥子酱，生麋肉加肉酱。桃和梅子制成桃干、梅干，加上卵盐。

调和食物要看四季的气候：食物宜温，羹宜热，酱宜凉，饮宜寒。味道的调配也如此：春季多用酸味，夏季多用苦味，秋季多用辣味，冬季多用咸味，而且要用滑润、甘甜的调料来调和，以适合老人的口味。

肉食和主食的搭配：牛肉配稻米、羊肉配黍米、猪肉配谷米、犬肉配高粱米、雁配麦、鱼配菰米。四季也各有所宜：春季小羊小猪，夏季干肉干鱼，秋季小牛小鹿，冬季鲜鱼大雁，并按四季分别配以牛油、犬油、鸡油、羊油，各取香、臊、腥、膻的气味，调和肉食。

牛、鹿、田豕、麇麋的肉切成薄片制成脩、脯。其中麋、鹿、田豕、麇是先切成薄片，然后用蓼菜包揉以后再制成脯的。雉、兔只用菜煮。还有爵、鹌、蜩、范、芝、栭、菱、椇、枣、栗、榛、柿、瓜、桃、李、梅、杏、楂、梨、姜、桂等，都是国君燕食的庶羞。

大夫的饭食，有脍无脯，有脯无脍。士人的饭食，有羹和切肉，但不能设双份。六十岁以上的老人没肉吃不饱，羹则庶人都有。

切细的肉类调和配料，春秋两季不同：春季用葱、秋季用芥。豚，春用韭菜，秋用蓼菜。脂用葱，膏用薤，牛羊豕三牲用茱萸，用醋来调味，其他兽类的肉用梅浆调味。鹑羹、鸡羹、鴽同蓼菜放在一起来煮。鲂、鳜要蒸，雏鸟和雉要烧，用一种香菜作调味，不用蓼菜。

不吃雏鳖。狼要去肠，狗去肾，狸去正脊，兔去臀，狐去头，猪去脑，鱼去肠，鳖去后窍。这些都不宜食用。

夜间鸣叫的牛，必定是臭肉。毛稀而且结聚的羊，肉膻。股里无毛的狗，急躁，肉味必定臊。家禽野鸟毛变色而无光泽，叫声嘶哑，肉必定腐臭。目光不明，睫毛相交的猪，肉味定腥。黑脊而前胫色泽斑驳的马，肉味难闻。这些肉均不宜食用。雏尾不够一把的，不要吃。鹅尾，鹄鸮胸部两侧的薄肉，鸭尾、鸡肝、雁肾、鸨奥、鹿胃，都不要吃。

把肉切细叫做脍，切成大的薄片叫做轩。麋、鹿、鱼也切成大而薄的肉片，麇、兔应先切成薄片，再切成丝。再切葱、薤，放入醋中用来拌和肉类。

主食，从诸侯往下到平民百姓，不论尊卑，贵贱均有。

大夫没有常置的美食放在身边。到七十岁才有专门存放食物的阁。天子的阁在正室外的夹室里，左右各有五个。公侯伯在正室两旁的房中有五个阁。大夫有三个。士不能有阁，只有一个土垱放食物。

凡养老，有虞氏以燕礼，夏后氏以飨礼，殷人以食礼，周人修而兼用之。凡五十养于乡；六十养于国；七十养于学，达于诸侯；八十拜君命，一坐再至，瞽亦如之；九十者使人受。五十异粻，六十宿肉，七十贰膳，八十常珍，九十饮食不违寝，膳饮从于游可也。六十岁制，七十时制，八十月制，九十日修，唯绞、衿、衾、冒，死而后制。五十始衰，六十非肉不饱，七十非帛不暖，八十非人不暖，九十虽得人不暖矣。五十杖于家，六十杖于乡，七十杖于国，八十杖于朝，九十者，天子欲有问焉，则就其室以珍从。七十不俟朝，八十月告存，九十日有秩。五十不从力政，六十不与服戎，七十不与宾客之事，八十齐丧之事弗及也。五十而爵，六十不亲学，七十致政。凡自七十以上，唯衰麻为丧。凡三王养老，皆引年。八十者一子不从政，九十者，其家不从政。瞽亦如之。凡父母在，子虽老不坐。有虞氏养国老于上庠，养庶老于下庠；夏后氏养国老于东序，养庶老于西序；殷人养国老于右学，养庶老于左学；周人养国老于东胶，养庶老于虞庠，虞庠在国之西郊。有虞氏皇而祭，深衣而养老；夏后氏收而祭，燕衣而养老；殷人冔而祭，缟衣而养老；周人冕而祭，玄衣而养老①。

曾子曰："孝子之养老也，乐其心，不违其志，乐其耳目②，安其寝处③，以其饮食忠养之④。孝子之身终，终身也者，非终父母之身，终其身也。是故父母之所爱亦爱之，父母之所敬亦敬之。至于犬马尽然，而况于人乎！"

凡养老，五帝宪⑤，三王有乞言。五帝宪，养气体而不乞言⑥，有善则记之为惇史⑦。三王亦宪，既养老而后乞言，亦微其礼⑧，皆有惇史。

淳熬：煎醢⑨加于陆稻上，沃之以膏，曰淳熬。淳毋：煎醢⑩加于黍食上，沃之以膏，曰淳毋。

炮⑪：取豚若将⑫，刲之刳之⑬，实枣于其腹中，编萑以苴之⑭，涂之以谨涂⑮。炮之，涂皆干，擘之，濯手以摩之，去其皽⑯，为稻粉，糔、溲之以为酏⑰，以付豚⑱，煎诸膏，膏必灭之⑲。钜镬汤⑳，以小鼎，芗脯于其中，使其汤毋灭鼎，三日三夜毋绝火，而后调之以醯醢。

捣珍：取牛、羊、麋、鹿、麇之肉，必脄㉑，每物与牛若一㉒，捶反侧之，去其饵㉓，熟，出之，去其皽，柔其肉。

渍：取牛肉，必新杀者，薄切之，必绝其理㉔，湛诸美酒㉕，期朝而食之以醢若醯、醷㉖。

为熬㉗：捶之，去其皽，编萑，布牛肉焉。屑桂与姜，以洒诸上而盐之，干而食之。施羊亦如之。施麋、施鹿、施麇皆如牛羊。欲濡肉，则释而煎之以醢。欲干肉，则捶而食之。

糁：取牛、羊、豕之肉，三如一，小切之，与稻米，稻米二肉一，合以为饵，煎之。

肝膋㉘：取狗肝一，幪之以其膋㉙，濡炙之，举燋其膋，不蓼。取稻米，举糔、溲之，小切狼臅膏㉚，以与稻米为酏。

礼始于谨夫妇㉛，为宫室，辨外内，男子居外，女子居内。深宫固门，阍、寺守之㉜，男不入，女不出。

男女不同椸枷㉝，不敢县于夫之楎、椸㉞，不敢藏于夫之箧、笥㉟，不敢共湢浴。夫不在，敛枕箧，簟、席襡器而藏之㊱。少事长，贱事贵，咸如之。

夫妇之礼，唯及七十，同藏无间㊲。故妾虽老，年未满五十，必与五日之御㊳。将御者，齐㊴，漱、浣，慎衣服，栉、縰、笄、总角，拂髦，衿缨，綦屦。虽婢妾，衣服饮食必后长者㊵。妻不在，妾御莫敢当夕。

妻将生子，及月辰，居侧室。夫使人日再问之，作而自问之。妻不敢见，使姆衣服而对㊶。至于子生，夫复使人日再问之。夫齐，则不入侧室之门。

子生，男子设弧于门左，女子设帨于门右。三日，始负子[42]，男射女否[43]。

国君世子生，告于君，接以大牢[44]，宰掌具[45]。三日，卜士负之，吉者宿齐[46]，朝服寝门外，诗负之[47]。射人以桑弧、蓬矢六[48]，射天地四方，保受[49]，乃负之。宰醴负子[50]，赐之束帛。卜士之妻，大夫之妾，使食子[51]。

凡接子择日，冢子则大牢[52]，庶人特豚，士特豕，大夫少牢，国君世子大牢。其非冢子[53]，则皆降一等。

异为孺子室于宫中[54]，择于诸母与可者[55]，必求其宽裕、慈惠、温良、恭敬、慎而寡言者，使为子师，其次为慈母，其次为保母，皆居子室。他人无事不往。

三月之末，择日剪发为鬌[56]，男角女羁[57]，否则男左女右。是日也，妻以子见于父，贵人则为衣服[58]，由命士以下皆漱、浣，男女夙兴[59]，沐浴衣服，具视朔食[60]。夫人门，升自阼阶，立于阼西向。妻抱子出自房，当楣立，东面。

姆先[61]，相曰[62]："母某敢用时日抵见孺子。"夫对曰："钦有帅[63]。"父执子之右手，咳而名之[64]。妻对曰："记有成[65]。"遂左还，授师子，师辩告诸妇、诸母名[66]，妻遂适寝。夫告宰名，宰辩告诸男名，书曰"某年某月某日生"而藏之。宰告闾史，闾史书为二：其一藏诸闾府，其一献诸州史。州史献诸州伯[67]，州伯命藏诸州府。夫入食，如养礼[68]。

世子生，则君沐浴朝服，夫人亦如之，皆立于阼阶，西向。世妇抱子升自西阶，君名之，乃降。适子庶子见于外寝[69]，抚其首，咳而名之。礼帅初，无辞。

凡名子，不以日月，不以国，不以隐疾[70]。大夫士之子，不敢与世子同名。

妾将生子[71]，及月辰，夫使人日一问之。子生三月之末，漱、浣，夙齐，见于内寝[72]，礼之如始入室[73]。君已食[74]，彻焉，使之特馂，遂入御。

公庶子生[75]，就侧室。三月之末，其母沐浴，朝服见于君，摈者以其子见[76]。君所有赐，君名之，众子则使有司命之。庶人无侧室者，及月辰，夫出居群室[77]。其问之也，与子见父之礼无以异也。

凡父在，孙见于祖，祖亦名之，礼如子见父，无辞。

食子者三年而出[78]，见于公宫则劬[79]。大夫之子有食母[80]，士之妻自养其子。由命士以上及大夫之子，旬而见[81]。冢子未食而见，必执其右手；适子庶子已食而见，必循其首[82]。

子能食食，教以右手；能言，男唯女俞[83]。男鞶革，女鞶丝[84]。

六年，教之数与方名[85]。七年，男女不同席，不共食。八年，出入门户及即席饮食，必后长者，始教之让。九年，教之数日[86]。十年，出就外傅[87]，居宿于外，学书计[88]，衣不帛襦裤[89]。礼帅初[90]，朝夕学幼仪[91]，请肄简谅[92]。十有三年，学乐、诵诗、舞《勺》[93]。成童舞《象》[94]，学射御。

二十而冠，始学礼[95]，可以衣裘帛，舞《大夏》[96]，惇行孝弟，博学不教，内而不出[97]。三十而有室[98]，始理男事[99]，博学无方[100]，孙友视志[101]。四十始仕，方物出谋发虑[102]，道合则服从，不可则去。五十命为大夫，服官政，七十致事。凡男拜，尚左手。

女子十年不出，姆教婉、娩、听从[103]；执麻枲，治丝茧，织纴、组紃[104]，学女事，以共衣服；观于祭祀，纳酒浆、笾豆、菹醢，礼相助奠。十有五年而笄[105]，二十而嫁，有故[106]，二十三年而嫁。聘则为妻[107]，奔则为妾[108]。凡女拜，尚右手。

【注释】

①这一小节的注释见《王制》篇注释。　②乐：愉快、欢乐。　③安：安适、安逸。　④忠养：尽心奉养。　⑤宪：效法。　⑥气：指人体内流动着的富有营养、能使各器官正常发挥机能的精微物质。　⑦惇（dūn）史：有德行之人的言行记录。　⑧微：微略。指请老者述道不坚决。　⑨淳（zhūn）：浇。熬：文火慢煮或煎干。　⑩淳毋：孔颖达说，淳毋，法象淳熬为之，但用黍为异耳。　⑪炮：一种烹调方法。把带毛的肉用泥裹住放在火上烧烤。　⑫将：郑玄说当为"牂"，牡羊。　⑬刲（kuī）：杀、刺杀。刳（kū）：挖出、挖空。　⑭萑（huán）：荻类植物。苴（jū）：包、裹。　⑮谨：通"墐"，黏土。　⑯皵（zhǎn）：同"戭"，皮肉上薄膜。　⑰糔溲（xiǔ sóu）：用水调和粉面。　⑱付：同"傅"，附着、加上。　⑲灭：没。　⑳钜：巨、大。　㉑脄（méi）：脊侧肉。　㉒若：如。即各取一份合为一份。　㉓饵：筋腱。　㉔理：肌肉的纹理。　㉕湛：渍。　㉖期朝：匝一日，即一天。　㉗熬：郑玄说，于火上为之，今之火脯是也。可知类似烤肉。　㉘膋：肠间脂肪。　㉙蒙：裹住。举燋：全都烤遍。　㉚狼臅膏：郑玄说，臆中膏。即胸部的脂油。　㉛谨夫妇：实行夫妇的礼节。谨：仪节、礼节。有夫妇然后有父子，有父子然后有君臣，有君臣然后有上下，有上下然后礼义有正轨，所以礼从实行夫妇的礼节开始。　㉜阍：阍人。掌守中门之禁。寺：寺人，掌内人之禁令。　㉝楎：郑玄释作"竿"。　㉞楎、椸：架衣服之物。孙希旦说：直曰楎，横曰椸。　㉟箧、笥：藏放衣服之物。孙希旦说：方曰箧，圆曰笥。　㊱襡器：收藏到放簟席的器具里。因夫不在家，不必每天取放。故"襡器而藏之"。　㊲藏：居藏、居处。　㊳五日之御：郑玄说，诸侯制也。诸侯娶九女，侄、娣两两而御，则三日也；次两媵，则四日也；次夫人专夜，则五日也。御，指与女子交合。　㊴齐：郑玄说，齐其心志。　㊵后：在后，不超过。　㊶姆：女师。年五十而无子，出不复嫁，能以妇道教人者。　㊷负：抱。　㊸女否：女子没有这类礼节，故曰"否"。　㊹接：接子。在子生之室，陈设馔具，以礼接待之。　㊺具：接子之具。

㊻宿齐：前一天晚上斋戒。　㊼诗负：以手承下而接负。　㊽蓬：蓬草。　㊾保：保姆。

㊿醴：一献之礼。　51食：哺乳。　52冢子：指天子世子。　53非冢子：冢子之弟及妾子。

54异：另外。　55诸母：众庶母。可者：傅御之属，即照看、教育孺子。　56鬌（duǒ）：小儿

剪发时留下的头发。　57角：夹囟门的头发。羁：中间通达前后的头发。　58贵人：指卿大

夫。　59夙：早。　60朔食：天子大牢，诸侯少牢，大夫特豕，士特豚。　61先：侧面稍前。

62相：帮助传话。　63钦：恭敬之意。有帅：遵循善道。　64咳：领。　65记有成：记住父

亲的话，将来有所成就。　66辩：遍告。　67州伯：州长。　68如养礼：如同夫妇平时互相供

养之常礼。　69适子庶子：嫡子之同母弟。　70隐疾：隐处的瑕疵或疾病。　71妾：大夫士之

妾。　72内寝：夫之燕寝。　73始入室：当初嫁来时。　74君：丈夫。　75公：诸侯。　76摈

者：傅姆之属。　77群室：夹室之类的房屋。　78食子者：指哺育世子的士妻、大夫之妾等。

79劬（qú）：劳苦、劳累。　80食母：乳母。　81旬而见：指三个月既见之后，每十天见一

次面。　82循：抚。　83唯、俞：孙希旦说皆应辞。但唯之声直，俞之声婉，故以为男女之

别。　84鏧：带，大带。　85方名：四方之名。　86数日：郑玄说，塑望与六甲。此九年以

内，宫中女师之教，兼男女而言者也。　87外傅：教学之师。　88书计：即六艺中六书、九数

之学。　89襦：里衣，裤：下衣。　90礼帅初：说法有异。王梦鸥释作"服孩提之服"，符合

文义。依王说。　91幼仪：年幼时所应学的礼仪。　92肄：学习。简：简要。谅：使人相信。

93乐：琴瑟之乐。诗：乐章。《勺》：文舞。　94《象》：武舞。　95礼：吉凶军宾嘉之礼。

96《大夏》：禹乐。　97内而不出：记识前人的言行来培养自己的德性，而才学还未在社会

上使用。　98室：妻。　99男事：受田给政役。　100方：常。无方：学无常，在志所向。　101

孙：逊，谦逊。　102方：比度、衡量。此句为：谋虑所出发要衡量事物轻重。　103婉：委婉、

婉转。娩（wǎn）：容貌媚好。　104织纴：织布、缯。组纫：结丝为带。　105指女子许嫁者，

十五岁笄而字之。未许嫁者，二十而笄。　106故：父母之丧。　107聘：以礼聘问。　108奔：女

子未经聘问而嫁人。

【译文】

凡养老之礼：有虞氏用燕礼，夏后氏用飨礼，殷人用食礼，周人遵循前

人，但一年中兼用燕礼、飨礼、食礼。五十岁就有资格受养于乡，六十岁受养

于国，七十岁受养于太学，这方法从天子通达诸侯。八十岁时，如国君有赏

赐，只须一跪再叩首。双目失明的人也是如此。九十岁时就让人代为接受。五

十岁的人可吃较精细的粮。六十岁就有常备的肉食。七十岁就有另外储备的一

份膳食。八十岁可常吃时鲜的食品。九十岁饮食之物常放在居室，出游在外也

随供于左右。六十岁棺木之类丧具每年都应有所制作。七十岁，殓葬衣物之类

每季都应有所制作。八十岁，这类衣物每月都应有所制作。九十岁时应每日都

有所制备。只有绞、给、衾、冒等等，可以在死之后再制作。一个人五十岁就

开始衰老，六十岁时没有肉食就不会吃饱。七十岁没有丝棉就不能保暖，八十

岁就需取暖于人。九十岁时即使有人也不暖了。五十岁可以在家中扶杖，六十岁可以在乡里扶杖。七十岁有赐杖，行于国内。八十岁时上朝，可在朝廷扶杖。九十岁时，天子想要有所请教，就要到他的家中，并带去时鲜的食品。大夫到七十岁，可以不在朝廷上侍候。八十岁时，天子要每月派人问候。九十岁时要每天馈送食物。五十岁的人可以不服力役，六十岁不再参与兵戎之事。七十岁不参加宾客应酬。八十岁不参与丧祭之事。大夫五十岁可以封爵位，六十岁就不必到国学受业。七十岁就告老辞官归居。凡七十岁以上的人，参与丧事只披麻戴孝，不行其他的礼。夏殷周三代举行的养老之礼，那些老人都依据年龄而定。八十岁的老人应当留一子不赴征召。有九十岁的老人，全家不赴征召。双目失明的人也是如此。凡是父母还在世，儿子即使老了也不坐着。有虞氏时在太学奉养国老，在小学奉养庶老。夏后氏、殷人也如此。但称上庠为东序、右学，称下庠为西序、左学。周人在东胶奉养国老，在虞庠奉养庶老，虞庠在国的西郊。有虞氏时祭祀用望冠，养老穿深衣。夏后氏祭祀用收冠，养老穿便服。殷人祭祀时用冔冠，养老穿白衣。周人祭祀用冕冠，养老穿黑衣。

曾子说："孝子养老，要使父母心身快乐，不违背他们的意志，备礼乐以悦耳目，使他们的寝处安适。饮食方面，要尽心照料、奉养，直到孝子去世。所谓终身，并非止于父母的一生，而是指孝子的终生。因此，父母喜爱的，自己也要喜爱。父母崇敬的，自己也要崇敬。就是对犬马也都要这样，更何况对于人呢！"

凡养老之礼，五帝时是效法老人，三王时要乞言。五帝认为老人适于安静，注意养他们的"气"和"体"，而不劳动他们。老人有善言善行就记载下来作为"史"。三王也效法老人，既让他们养老，又想请老人陈述善道，但又不坚决，也都有"惇史"。

用早稻的米做饭，煎肉酱并煎干，放在米饭上，恐怕味道不够，又浇以油脂，叫做淳熬。用黍米做饭，煎肉酱并煎干，也同样浇以油脂，叫做淳毋。

烧烤食物：取豚或羊，杀了然后挖空肚肠，把香枣放在它们的腹中，用萑编结把豚或羊包住，用黏土包好，放在火上烤。外面的泥干了，将泥掰开，并洗手，然后搓去肉上的薄膜，用水调和稻米粉成糊状，把豚包住，放在小鼎中煎，鼎中的油脂淹没豚肉。然后再用一大镬热水，把小鼎、芗脯放进大镬中，不要让热水溢入小鼎内，继续加热，三天三夜不停火，等到肉烂了，用醯醢调和以后即可食用。

捣珍：取牛、羊、麋、鹿、麕的背脊之肉，把除牛肉外的其余的肉各一份，与一份牛肉放在一起捣，去掉筋腱，并烹熟，然后去掉薄膜，加调汁调和即成。

渍：用刚杀好的牛肉，按肉的纹理横切成薄片，在好酒中浸渍一整天，然后调以肉酱或醯醢等酸味即成。

做烤肉：把牛肉捶好，去掉肉的薄膜筋腱，用萑编成放牛肉的架子，把捶好的牛肉撒上桂屑和姜末，用盐腌渍，然后烤干而食。用羊肉，或者麋、鹿、麇，都像牛羊肉一样制作。如果不想吃干肉，用水泡开，用肉酱煎吃。如果想吃干肉，那么捶捶就可以吃了。

糁：取牛、羊、猪肉，每三份合为一份。切得细碎一些，与稻米粉调和，粉两份肉一份，调和做成饼，煎而食之。肝营：取狗肝一副，外面用脂油包住，调以肉酱，放在火上烤，等到全部烤遍，脂油烤干，无须蓼菜都可食用。用米粉，将胸臆间脂油切碎，加水调和煮食，这就是酏。

礼从实行夫妇的礼节开始。造宫室，分别内外，男子住在外面，女子住在里面，幽深的宫院，坚固的窗门，有阍人和寺人分别把守，禁止男子入内，女子外出。

男女不能共用一个挂衣的竿子。妻子不能把自己的衣服挂在丈夫的衣架上，也不能放在丈夫的箧笥内，不能和丈夫共用一间浴室。丈夫不在家，把枕头放在箧内，簟席放入器具中，再收藏起来。年轻的对年老的，地位卑贱的对尊贵的，都是如此。

夫妇的礼节，只有到了七十岁，才可以同处居止，不避嫌疑。所以妾即使老了，只要年龄不到五十岁，丈夫必定要按五日之御的礼节，到她的房中过夜。将要侍奉过夜的妻妾要洗浴，挑选好衣服，梳妆打扮，用恭敬的心态来准备。即使是被宠爱的妾，衣服饮食等，不能超越正礼。妻子不在家，妾侍御而不敢侍寝。妻子将要生孩子，到了临产那个月，就要住在侧室里。丈夫每天两次派人问候。到即将分娩，丈夫亲自去问候。妻子因衣裳不整，不能出来见他，请女师用她的衣裳来回答。到了孩子出生，丈夫又派人每天两次问候。如果分娩时正遇上丈夫为祭祀而斋戒，就不亲自问候。又因斋戒在正寝，所以就不进侧室的门。

孩子出生后，如果是男孩，就在侧室门的左边挂一张木弓。如果是女孩，就在侧室的右边挂一条佩巾。让众人知道是男是女。三天以后，才抱婴儿出来。是男孩就行射礼，女孩就不用了。

国君的太子出生，要向国君报告，用太牢的礼节来接太子，由膳宰掌管接子的馔具。三天以后，占卜挑选宫内小臣来抱太子。被选中的，前一天要斋戒，然后穿上朝服在寝门外等候。以手承接并抱着太子，射人用桑木弓和蓬草做的矢射天地四方。然后保姆接过太子抱着，膳宰向抱太子的人行醴礼，并赐给她束帛。再占卜挑选士妻或大夫的妾来做太子的乳母。

凡接子之礼，要占卜选择三天之内的某天举行。天子的太子用太牢，庶人的孩子用一豚，士用一豕，大夫少牢，国君的太子太牢。如果不是冢子，礼就都降低一等。

在宫中为太子另辟一室居住，在众庶母中挑选可以照看、教育太子的人，必须要求她宽裕、慈惠、温良，恭敬、慎重、寡言，让她做太子的老师。慈母、保姆，都住在太子的室内，其他的人没事不能去那里。

孩子出生三个月之后，要选一个吉日为孩子剪头发，要保留部分胎发。男孩在囟门两旁留"角"，女孩留下中间通达前后的头发，叫"羁"。否则就男的留左边，女的留右边。这天妻子带着孩子去见父亲，这些卿大夫就换上新衣，从命士往下不换新衣，但要洗涮干净。

大家早早出来，沐浴换衣，夫妇入食的馔具要比照朔食的等级。丈夫进入侧室之门，从主人的台阶走上来，脸向西站立。妻子抱孩子走出房门，对着楣站在东面。

女师站在妻子的侧面稍前，帮助她传话说："小孩子的母亲某氏，恭恭敬敬地来见孺子。"丈夫代替儿子答道："我将恭敬地遵循善道。"父亲拉着孩子的右手，另一只手托着孩子的下巴并给他取名。妻子说："记住父亲的话，将来有所成就。"于是把孩子交给女师，女师向诸妇、诸母通告孩子的名字。妻子返回燕寝去了。丈夫把孩子的名字告诉冢宰，冢宰就遍告家中的父兄子弟，在简策上写道：某年某月某日生，并收藏起来。冢宰报告闾史，闾史写成两份，其中一份献给州史，州史献给州伯，州伯命令收藏在州府中。丈夫行完礼仪后返回燕寝，与妻子同食。如同夫妻平时互相供养的常礼一样。

太子出生以后，在剪发那天，国君夫妇沐浴。穿上朝服，面向西站立在阼阶之上，世妇抱着太子从西阶走上来，国君给他取名，然后退下去。如果不是太子，就在外寝和国君相见，国君抚摸着孩子的头、下巴并给取名，礼节和太子一样，只是没有对答辞。

凡是给孩子取名，不用日月的名，不用国名，不用身上隐疾名。大夫士的孩子，不能和太子同名。

大夫士的礼节：妾将要生孩子，到了临产那个月，丈夫派人每天问候一次。孩子出生三个月之后，众人洗漱斋戒，在丈夫的内寝见面，对生孩子的妾，要用初来嫁时的礼对待她，丈夫吃过饭后，撤去，让她一个人吃，不必等众妾一起吃，然后就留下侍夜。

诸侯的妾生子就在侧室。孩子出生三个月之后，母亲沐浴，穿上朝服去见国君。傅母抱着孩子见国君，国君如有所赐，就为孩子取名。其他的妾生的孩子，就由有司来取名。平民家中无侧室的，到了临产的那个月，丈夫就出去住到另外的房子里。问候妻子和子见父的礼节，与大夫士没有不同。

凡是祖父在世的，刚出生的孩子见祖父，祖父也可以取名。礼节如同孩子见父亲，只是没有对答辞。

哺乳太子的士妻或大夫的妾，三年之后可以回家，国君在公室接见，感谢她们的辛劳。大夫的孩子有乳母，士的妻子自己哺育他们的孩子。由命士往上及大夫的孩子，十天见一次面。冢子没有断奶，相见时，父亲必定会拉着他的右手。冢子的弟弟和妾的孩子已断奶，相见时，必定要抚摸孩子的头。这是为正名分，别尊卑。

孩子能吃饭了，要教他用右手。开始学说话时，教他们答话，男孩答唯，女孩答俞。所扎的带：男孩子用皮革，女孩儿用丝缯。

孩子六岁时，教给他数目与四方之名。七岁时，男孩、女孩不同席吃饭。八岁时，进出门户和就席饮食，必须在年长者的后面，开始教他们懂得谦让。九岁时，教给他们朔望、天干地支。十岁时，男女分别教育。男孩出外求学，居宿在外面，学习六书、九数，衣裤不用帛做，还穿孩提时的衣服，为的是防止奢侈。每天早晚学习相应的礼仪，学习内容要简要并使人诚信。十三岁时，要学琴瑟之乐，诵读乐章和学习文舞。十五岁时学习武舞和五射五御之法。

二十岁加冠，开始学成人之礼。可以穿裘帛衣服，舞《大夏》之舞。要笃行孝弟。广见博闻但还未行善及人；记识前人的言行来培养自己的德性，但才学还未在社会上使用。三十岁娶妻成家，开始从事受田、政役等男人的事情，学习无常，志向未定。对朋友要谦逊、互勉。四十岁以后可以做官，谋虑做事要衡量事物的轻重，道合就听从，不合就离去。五十岁受命为大夫，参与国政大事。七十岁告老还乡。凡是男子互相拜见，左手在上。这是由于左主阳而男属阳的缘故。

女子十岁时不再出门。女师教她们言语委婉，容貌媚好，听从长者教训。又教她们修治麻枲、缫丝织布等妇功，以供给衣服之用。对于祭祀、纳酒浆、笾豆、菹醢等事也要观看学习，以备将来参加祭祀之礼。到了十五岁，已经许嫁的举行笄礼，二十岁出嫁。遇有父母的丧事，延至到二十三岁出嫁。行过聘问之礼而嫁的是正妻，没经聘问就嫁的是妾。凡是妇女相拜，右手在上，这是由于右主阴而女属阴的缘故。

玉　藻①

天子玉藻②，十有二旒③，前后邃延④，龙卷以祭⑤。

玄端而朝日于东门之外⑥，听朔于南门之外⑦，闰月则阖门左扉，立于其中。

皮弁以日视朝，遂以食；日中而馂⑧，奏而食。日少牢，朔月大牢⑨。五饮：上水⑩，浆，酒，醴，酏。卒食，玄端而居⑪。

动则左史书之⑫，言则右史书之⑬，御瞽几声之上下⑭。年不顺成⑮，则天子素服，乘素车，食无乐。

诸侯玄端以祭⑯，裨冕以朝⑰，皮弁以听朔于大庙，朝服以日视朝于内朝⑱。

朝⑲，辨色始入⑳。君日出而视之，退适路寝听政，使人视大夫，大夫退，然后适小寝释服㉑。

又朝服以食，特牲，三俎㉒，祭肺，夕深衣㉓，祭牢肉㉔。朔月少牢，五俎四簋㉕。子卯稷食菜羹。夫人与君同庖㉖。

君无故不杀牛㉗，大夫无故不杀羊，士无故不杀犬豕。君子远庖厨㉘，凡有血气之类，弗身践也㉙。至于八月不雨，君不举㉚。年不顺成，君衣布搢本㉛，关梁不租，山泽列而不赋㉜，士功不兴，大夫不得造车马㉝。

卜人定龟㉞，史定墨㉟，君定体㊱。

君羔幭虎犆㊲；大夫齐车鹿幭豹犆，朝车；士齐车鹿幭豹犆。

君子之居恒当户㊳，寝恒东首。若有疾风、迅雷、甚雨，则必变㊴，虽夜必兴，衣服冠而坐。

日五盥㊵，沐稷而靧粱㊶，栉用樿栉㊷，发晞用象栉㊸，进禨进羞㊹，工乃升歌。浴用二巾，上绤下绤。出杅㊺，履蒯席㊻，连用汤㊼，履蒲席，衣布晞身，乃屦，进饮。

将适公所，宿齐戒，居外寝，沐浴。史进象笏，书思对命㊽。既服㊾，习容观、玉声㊿，乃出，揖私朝[51]，煇如也[52]，登车则有光矣[53]，天子搢珽[54]，方正于天下也。诸侯荼[55]，前诎后直[56]，让于天子也。大夫前诎后诎，无所不让也。

侍坐，则必退席[57]，不退则必引而去君之党[58]。登席不由前，为躐席[59]。徒坐不尽席尺[60]。读书，食，则齐。豆去席尺。

若赐之食而君客之，则命之祭然后祭，先饭，辩尝羞，饮而俟[61]。若有尝羞者，则俟君之食，然后食，饭，饮而俟。君命之羞，羞近者[62]，命之品尝之，然后唯所欲。凡尝远食，必顺近食[63]。

君未覆手[64]，不敢飧[65]；君既食，又饭飧。饭飧者，三饭也[66]。君既彻，执饭与酱，乃出授从者。凡侑食，不尽食[67]。食于人不饱[68]。唯水浆不祭，若祭，为已僭卑[69]。

君若赐之爵，则越席再拜稽首受，登席祭之。饮，卒爵而俟，君卒爵，然后授虚爵[70]。君子之饮酒也，受一爵而色洒如也[71]，二爵而言言斯[72]，礼已三爵，而油油以退[73]。退则坐取屦，隐辟而后屦[74]，坐左纳右[75]，坐右纳左。

凡尊必上玄酒。唯君面尊[76]。唯飨野人皆酒[77]。大夫侧尊[78]，用棜；士侧尊，用禁。

始冠缁布冠，自诸侯下达[79]。冠而敝之可也。玄冠朱组缨[80]，天子之冠也。缁布冠缋緌，诸侯之冠也。玄冠丹组缨[81]，诸侯之齐冠也。玄冠綦组缨[82]，士之齐冠也。缟冠玄武[83]，子姓之冠也[84]。缟冠素纰[85]，既祥之冠也。垂緌五寸，惰游之士也[86]。玄冠缟武，不齿之服也[87]。居冠属武[88]，自天子下达，有事然后緌。五十不散送[89]。亲没不髦[90]。大帛不緌[91]。玄冠紫緌[92]，自鲁桓公始也。

朝玄端[93]，夕深衣。深衣三袪[94]，缝齐倍要[95]，衽当旁[96]，袂可以回肘。长、中继掩尺[97]，袷二寸[98]，袪尺二寸，缘广寸半[99]。以帛里布[100]，非礼也。

士不衣织[101]。无君者不贰采[102]。衣正色[103]，裳间色[104]。非列采不入公门[105]，振絺、绤不入公门[106]，表裘不入公门[107]，袭裘不入公门。纩为茧，缊为袍，禅为絅，帛为褶[108]。

朝服之以缟也，自季康子始也[109]。孔子曰："朝服而朝，卒朔然后服之[110]。"曰："国家未道[111]，则不充其服焉。"

唯君有黼裘以誓省[112]，大裘非古也[113]。君衣狐白裘，锦衣以裼之[114]。君之右虎裘，厥左狼裘[115]。

士不衣狐白。君子狐青裘豹袖[116]，玄绡衣以裼之[117]；麝裘青犴袖[118]，绞衣以裼之[119]；羔裘豹饰，缁衣以裼之；狐裘，黄衣以裼之。

锦衣狐裘，诸侯之服也。犬羊之裘[120]，不裼；不文饰也，不裼。裘之裼也，见美也。吊则袭，不尽饰也。君在则裼，尽饰也。服之袭也，充美也[121]。

是故尸袭，执玉，龟袭。无事则裼，弗敢充也。

【注释】

①郑玄说：名曰"玉藻"者，以其记天子服冕之事也。　②玉藻：古代王冠垂挂的玉饰。孔颖达说：藻，谓杂采之丝绳以贯于玉，以玉饰藻，故曰玉藻也。　③前后都有十二旒。　④前后邃延：在冕版前后悬垂。邃：深远。延：古代冕顶上的覆版。后作"綖"。　⑤龙卷：画龙形卷曲在衣上。　⑥端：郑玄说，端当做"冕"字之误。玄冕：天子祭群小祀的冕服。朝日：春分之日迎日的祭礼。东门：国门。　⑦听朔：每月朔日用特牲告于太庙，颁布一月之政。南门：国门。　⑧日中而馂：每日早、晚各一餐，为正食。朝夕之间加一餐，非正食，而食早餐之余。　⑨朔月：即月朔，农历每月初一。　⑩上水：以水为上。　⑪玄端：玄冠，玄衣，黄裳或杂裳。　⑫左史：太史。左属阳，动属阳，故左史记动。　⑬右史：内史。右属阴，言属阴，故右史记言。　⑭御瞽：瞽人侍侧，故名。御：侍。瞽：乐人。几：察、察觉。声：音、音响。　⑮不顺成：气不顺物不成，则水旱至、饥馑生。　⑯端：应为"冕"。　⑰裨冕：副冕。裨：副。服冕的人各以自己的上服之次为裨冕。入天子之国，应该自己降下，所以服裨冕。　⑱朝服：玄端而缁衣，素裳。内朝：路寝门外之正朝。　⑲朝：朝见国君。　⑳辨色：天色微明。　㉑小寝：燕寝。诸侯正寝一，燕寝三。释：脱去，脱去朝服。　㉒三俎：豕、鱼、腊。　㉓夕：夕食之时。　㉔祭牢肉：把肉切成小段祭祀。　㉕五俎：豕、鱼、腊三牲加上羊、羊肠胃。四簋：黍、稷、稻、粱。　㉖同庖：指不专门杀牲。　㉗故：祭祀之事。　㉘庖厨：厨房。王筠《说文句读》说，周初名庖，周末名厨。　㉙践：郑玄说，践当为"翦"。翦：杀。　㉚不举：不杀牲。　㉛揥本：佩戴士用的竹笏。国君笏用象，故此竹笏以饰象。　㉜列：通"迾"，遮拦。　㉝造：制作新的车马。　㉞卜人：卜师。定：占卜，然后视之而定吉凶。　㉟史：太史。墨：以火烧灼龟甲，裂纹中的巨纹叫墨。　㊱体：兆纹，以定吉凶。　㊲幦（mì）：古代车前横木上的覆盖物。犆（zhí）：镶边加饰。此是国君斋车之饰。臣之朝车与斋车同饰。此句依王梦鸥说。　㊳君子：卿大夫以下。恒：永远，总是。　㊴变：变换、改变。　㊵盥：洗手。　㊶沐：洗头，用稷粱之汤汁洗头、面，可使之润滑。　㊷桦：白理木，木质坚硬，纹白，可作梳勺等物。　㊸晞：干燥。　㊹扎：酒。羞：菜肴。　㊺杆：浴器。　㊻蒯席：蒯席涩而不滑。　㊼连（liàn）：释，去掉。　㊽思：想说的话。对：答君所问。命：所受君命。　㊾服：指朝服。　㊿客观：容仪使人观看。玉声：玉佩之声。　51揖私朝：在家与家臣作揖问候。　52辉：光。指天色微明。　53光：亮。　54珽：天子之笏。　55荼：诸侯之笏。　56诎：指笏为圆头。与天子之笏方如锤头有别。　57退席：旁边、侧面。　58引：退却。去：离开。党：地方。　59蹍席：失去礼节而践踏席子。　60徒坐：空坐。指不是吃饭和讲问时间。　61俟：等待。　62羞近：吃离自己近的菜。　63顺近：由近及远地吃。　64覆手：用手抚摸嘴边，表示已经吃饱，不再吃了。　65飧：劝食。　66三饭：吃三捏饭。　67不尽食：陪尊长吃饭，主要是劝尊长吃饱，所以陪者不能尽先吃饱。　68不饱：不敢吃足，以示谦让。　69已：太。偯：陆德明释为偰。偰（xiè）：迫于势，惧而自卑。　70授虚爵：把空杯交给旁边辅佐的人。　71洒如：肃敬的样子。之：无意义，助词。　72言言：和敬

的样子。斯：语气词。　⑦油油：悦敬的样子。侍宴之礼止于三爵，故三爵而退。　⑦隐辟：指堂下序东。因不能对着国君穿鞋，故在隐蔽之处。　⑦纳：穿。　⑦面：向。设尊于君前而向之。　⑦孔颖达说：缩野人……故唯酒而无水。　⑦侧尊：设尊于旁侧，以示不是主人专有，与宾客共享。椸、禁见《礼器》。　⑦下达至士。　⑧朱：大红色，古代称为正色。组缨：结冠的丝带。　⑧丹：比赤色稍浅，略带黄色。　⑧綦：苍艾色。　⑧武：帽带。　⑧姓：生。子生则为孙。用缟为冠，用玄为武，缟为凶，玄为吉。冠在上，武在下，好像父有丧而子已服吉。戴此冠者，从父言则为子，自父所为服者而言则为孙，故名"子姓之冠"。　⑧素：白色绫。纰：冠缘。　⑧惰游：懒散而不事生产的人。　⑧不齿：被放逐的不服管教的人。⑧居：燕居。属（zhǔ）：佩、系。　⑧散：经端散垂。送：送葬。指送葬散麻。　⑨髦：为人子之饰。　⑨大帛：白缯冠，即素冠，示凶。不缕：凶服去饰。　⑨紫：间色不正，不宜作冠缕，时人尚紫，故鲁桓公用之。　⑨此大夫士燕居之服。玄端：玄冠端衣。　⑨祛：袖口。三祛指三倍于袖口。　⑨齐：裳之下边。要：腰。　⑨纴：衣襟。　⑨继：系结。掩：盖过、超过。　⑨袷：曲领。　⑨缘：边饰。广：阔、宽。　⑩里：指中衣之里。　⑩织：染丝织之。如同今日之缎。士衣染缯，像今之绫绸。　⑩无君者：大夫士离开国家的。不贰采：不能有两种颜色。　⑩正色：青赤黄白黑等五色的纯色。　⑩间色：杂色。　⑩列采：衣裳异色。　⑩振绤绤：郑玄说，振读为"袗"，夏天穿的内衣。　⑩裘：冬天穿的内衣。孙希旦说，二者外面"必有中衣与礼衣"，"以裘葛为外服"。　⑩纩：新棉。茧：把棉放入夹衣之中叫茧。缊：旧絮。袍：把絮放入夹衣中叫袍。禅：衣无里者。绌：麻葛之类。褶：夹衣。　⑩天子朝服皮弁服、素衣，诸侯朝服玄冠缁衣。季康子朝服用缟是僭越天子之礼。　⑩卒朔：结束视朔。⑪未道：指国政乱。　⑫黼裘：以羔与狐白杂为黼文。誓省：孙希旦说当做"誓社"，为社田而誓众。　⑬大裘：天子祭天之服。　⑭裼：袒而有衣。　⑮左、右：国君护卫。　⑯君子：大夫士。袖：衣袖。　⑰绡：生丝。　⑱麛：鹿，白色。豻：胡地之犬。　⑲绞：苍黄色。⑳犬羊之裘：庶人之服。　㉑充：覆、遮掩。

【译文】

天子在祭祀时戴的冕冠上玉藻有十二旒，在冕版前后悬垂着，一直到肩部，身上要穿上龙袍，然后才能祭祀。

在国门东门的外面举行春分之日迎日的祭礼，每月初一在国门南门外面举行听朝之礼，天子都要穿冕服。逢闰月要合上左边的门扉，打开右边门扉，站在里面行听朔之礼。

天子每日视朝戴着白鹿皮冠。朝食的时候也是如此。到了中午增加一餐，吃的是早饭的剩余东西。吃饭时要奏乐。每天的饭食，只用猪羊二牲，朔日就增为牛羊猪三牲。饮料有五种，以水为上，还有浆、酒、醴、酏等。饭后换衣冠：玄冠和玄衣黄裳。而后入内寝休息。

天子的行动由左史记载，言语由右史记载。乐人侍奉在旁。他可以察觉天子说话的声响，随时进谏。年景不好，遇上水旱之灾或饥馑，那么天子要穿素服，乘素车，吃饭时也不奏乐。

诸侯祭祀先君时要戴玄冕。朝见时就戴副冕，在天子之国应该自降，不穿上服。在太庙听朔要戴皮弁，平日视朝在路寝门外，穿玄衣素裳的朝服。

大臣朝见国君，天色微明时才开始入朝。国君在日出后接见群臣，然后退到路寝听政，大夫有事要讲就入内，没有就退下。然后到君国燕寝，脱去朝服。

诸侯朝食的时候要穿朝服，用的是特牲、三俎、祭肺。晚上吃饭要穿深衣，祭礼用切成小段的肉。初一用猪羊二牲，加上五俎、四簋。子卯祭日时要吃谷米饭和菜羹。国君夫人和国君同样饭食，不专门杀牲。

国君没有祭祀之事不杀牛，大夫则不杀羊，士就不杀狗和猪。君子远离厨房，凡是有杀牲烹煮之类的事情，不要亲自去做。

如果天旱，八个月没下雨，国君每天吃饭就不杀牲。遇到灾荒、饥馑，国君要穿布衣，插竹笏，关口津梁不缴租税，山林川泽禁止伐猎而不缴租税，不建土木工程，大夫也不能制作新的车乘。

占卜时，由卜师审定龟甲的裂纹，由太史判定裂纹的大小，最后由国君决定吉凶。

国君的齐车以羔皮作足踏，虎皮为缘饰。大夫的齐车，以鹿皮作足踏，豹皮为缘饰。国君的朝车、士人的齐车都用鹿皮作足踏，豹皮为缘饰。

君子居处总是对着门，寝时一定南向，衽席横设，而头总是对着门。如果有疾风、响雷、暴雨天气，就必须改变居处、燕寝的位置，即使是夜里也要起来，穿衣戴冠，坐在房中等待天气变化。

国君每天洗手五次，用稷粱的汤汁洗头、洗脸，使之润滑。洗头以后，用白理木的梳子梳头，头发干了再用象牙梳子梳通，然后再喝些酒，吃点菜。然后让乐工登堂唱歌。洗澡用两种浴巾，一种是细麻布，一种是粗麻布，上半身用细麻布洗，下半身用粗麻布洗。出浴之后要脚踩蒯席，不会滑倒，再用水冲洗双脚，然后脚踩蒲席，穿上布衣，这样可以使身体快干，穿上鞋以后再喝一点酒，解除疲劳。

大夫要朝见国君时，前一天就要斋戒沐浴，慎重得如同祭祀。大夫之史献上象笏，把想说的话以及答问、受命等事记上，以免忘记。穿好朝服以后，反复检查自己的仪容及玉佩是否得当，然后到庭院和家臣们作揖问候，这时天色微明。到了登车的时候，天色更亮了一些。

天子用的笏叫"珽"，上端方如锤头，四角方正，取义为公平正直于天下的意思。诸侯用的笏叫"荼"，上端圆形，下角方正，是降让于天子的意思。大夫用的笏上下两端都是圆的，因为上有天子，下有国君，必须谦逊退让，因此前后都是圆形。

大夫侍君坐时，要向旁边移席。如国君有命不许移动，就必须往后坐，离国君远一些。入座时，不能从前面过去，从前面过就是蹑席，是失礼的事情。吃饭、读书以外的时间坐时，要离席边一尺多。吃饭、读书时，就和席边相齐，豆要离席一尺远。

如果国君赐臣饭食，并把他当做宾客对待，国君命令他先祭，然后他就祭。上菜以后，侍奉国君吃饭的这个臣子，要代替膳宰遍尝各菜，然后喝饮料，等待国君先开始。如果有膳宰代尝，臣子就不尝了，等国君开始吃，然后自己才可以吃。但吃饭、喝饮料也得等国君开始。国君让菜时，要先吃近处的菜，如国君命令品尝菜肴就要先品尝，然后才可以按自己爱好来吃。想吃远处的菜，必须从近处的菜开始。

国君还没吃饱，臣子不能先吃饱。国君不吃了，臣子要对国君劝食，但以三饭为限度。国君吃完撤席后，臣子要拿着饭和酱，出去分给随从们。凡是侍奉吃饭，自己不能尽先吃饱。在别人那儿吃饭不能吃饱。只有水浆不必先祭，如果祭了，就显得太卑微了。

如果国君赐酒，就要越席一拜再拜叩头接受，回到席上先祭，喝完一爵然后等国君喝干，把爵交给辅佐的人。君子喝酒，饮一爵时脸色肃敬，饮两爵时脸色和敬，到饮三爵时脸色就更悦敬了。但侍宴之礼止于三爵，此时臣子应退下，坐着拿起鞋，在隐蔽之处穿上，左脚跪着穿右脚，然后右脚跪着穿左脚。

凡是设尊必以玄酒为上，只有国君对着酒尊，表示国君专有赐予臣下。只有乡野人才都是酒而无水。大夫士饮酒，设尊于旁侧，以示不是主人专有，与宾客共享。但大夫用棜，士用禁放尊。

始行冠礼都是缁布冠，从诸侯到士都是如此。用过之后扔掉就是了。玄色的冠，大红色的结冠丝带，是天子的冠。缁布冠，帽带下垂，这是诸侯的冠。玄色的冠，赤色的结冠丝带，是诸侯的齐冠。玄色的冠，苍艾色的结冠丝带，是士的齐冠。要是祖、父辈居丧而子孙已除服或无服，就戴白绢的冠，配一条玄色的冠带，这种上白下玄的冠是半凶半吉的意思。白绢的冠，白色缕的冠缘是已除孝服的孝子的冠。帽带下垂五寸长，是懒惰而不事生产的人。玄色的冠，白绢的冠带，是被放逐而不服管教的人。平日燕居的冠，系着一条冠带，有齐戒之事把它放下来。从天子到士人都如此。五十岁时身体衰弱，参加丧事不必拘礼，送葬时不必散麻。双亲亡故，作为人子可以去掉象征孩子的头饰。用白缯做冠，而且没有冠饰，是灾荒之年国君的凶冠。玄冠用紫色的冠带，是从鲁桓公开始的。

朝食要穿玄冠端衣，晚饭要穿深衣。深衣的腰要三倍于袖口的长度，缝制衣裳的下摆比腰长一倍，衣襟开在旁边，左襟掩住右襟，袖子宽大，胳膊肘在里面回转自如。衣服做好后，中央稍长，前襟系结处要盖过一尺，曲领二寸，袖口一尺二寸，滚边宽度一寸半。用帛做中衣的里儿，违背礼制。

士人不能穿染丝织成的衣裳。大夫士离国而去的，所穿衣裳不能有两种颜色。上衣用五种正色之一的纯色，下裳可用杂色。不是衣裳异色的、不穿中衣和礼衣的、以袭葛为外衣的都不能进入公门。把新棉絮入夹衣叫做茧，把旧棉絮入夹衣叫做袍，以麻葛布类做成的单衣叫做禅，用帛做的夹衣叫做褶。

用缟做朝服，是从季康子开始的。孔子说："视朝应该穿朝服，视朔穿皮弁服，礼毕又换上朝服。"即季康子的这种做法不合乎礼。又说："国政混乱，国君的服饰就不必充实了。"

只有国君能穿羔与狐白交杂的衣服去参加社田誓众的仪式，穿大裘不是古制。国君穿狐白裘，要穿朱锦领缘的中衣。国君的护卫，右边的穿虎裘，左边的穿狼裘，以示勇猛。

士人不穿狐白裘。大夫士穿狐青裘，用豹皮缘饰袖口，并穿玄色生丝的中衣。这是爵弁服的皮衣。穿麛皮裘，用青色豻皮缘饰袖口，并穿苍黄色的中衣，是升弁服的皮衣。穿羔衣裘，用豹皮缘饰袖口，配以黑色的中衣，这是玄端服的皮衣。穿狐皮裘配黄色中衣，这是燕居及蜡祭所穿的皮衣。

锦衣狐裘是诸侯的服制。犬羊皮裘是庶人之服，没有裼衣，也不加文饰。裼褶袭衣，是为显示衣饰的华贵，是尊君。吊祭时就加穿一件衣服遮掩住白边文饰的衣裳。国君面前，要裼衣表示敬意。衣服外面再加一件衣服，为的是遮掩华贵。在神圣的场合要去掉文饰，所以尸要再穿一件以示尊严。执玉圭出使时，执龟甲占卜时，都要加穿衣服以示郑重。没有事时可以裼衣，不能遮掩华美，这才合乎礼制。

笏，天子以球玉[①]；诸侯以象[②]；大夫以鱼须文竹[③]；士竹，本象可也[④]。

见于天子以射，无说笏[⑤]。入大庙说笏，非古也。小功不说笏，当事免则说之[⑥]。既搢必盥，虽有执于朝，弗有盥矣。

凡有指画于君前⑦，用笏。造受命于君前⑧，则书于笏⑨。笏，毕用也，因饰焉。笏度二尺有六寸，其中博三寸⑩，其杀六分而去一⑪。

韠⑫，君朱，大夫素，士爵韦⑬。圆、杀、直⑭：天子直，公侯前后方⑮，大夫前方后挫角⑯，士前后正⑰。韠，下广二尺，上广一尺，长三尺，其颈五寸⑱，肩，革带，博二寸。一命缊韨幽衡⑲，再命赤韨幽衡，三命赤韨葱衡⑳。

天子素带，朱里，终辟㉑；而素带，终辟㉒；大夫素带，辟垂㉓；士练带，率，下辟㉔；居士锦带㉕；弟子缟带。

并纽约用组㉖，三寸，长齐于带㉗。绅长制：士三尺，有司二尺有五寸。子游曰："三分带下㉘，绅居二焉。"绅、韠、结三齐。

大夫大带四寸㉙。杂带㉚，君朱绿，大夫玄华㉛。士缁辟二寸㉜，再缭四寸㉝。凡带，有率无针功㉞。肆束及带㉟，勤者有事则收之㊱，走则拥之㊲。

王后袆衣㊳，夫人揄狄㊴，君命屈狄㊵，再命袆衣㊶，一命襢衣㊷，士褖衣㊸。唯世妇命于奠茧㊹，其他则皆从男子。

凡侍于君，绅垂，足如履齐㊺，颐霤㊻，垂拱，视下而听上，视带以及袷㊼，听向任左。

凡君召以三节㊽，二节以走，一节以趋，在官不俟屦㊾，在外不俟车㊿。

士于大夫[51]，不敢拜迎，而拜送[52]。士于尊者[53]，先拜，进面，答之拜则走。

士于君所言，大夫没矣，则称谥若字，名士。与大夫言，名士，字大夫。于大夫所，有公讳，无私讳[54]。凡祭不讳[55]，庙中不讳[56]，教学临文不讳[57]。

古之君子必佩玉，右徵角，左宫羽。趋以《采齐》[58]，行以《肆夏》[59]，周还中规，折还中矩，进则揖之，退则扬之，然后玉锵鸣也。故君子在车则闻鸾、和之声[60]，行则鸣佩玉，是以非辟之心[61]无自入也。

君在不佩玉，左结佩[62]，右设佩，居则设佩，朝则结佩。齐则绪结佩而爵韠[63]。

凡带必有佩玉，唯丧否。佩玉有冲牙[64]，君子无故玉不去身，君子于玉比德焉。

天子佩白玉而玄组绶[65]，公侯佩山玄玉而朱组绶[66]，大夫佩水苍玉而纯组绶[67]，世子佩瑜玉而綦组绶[68]，士佩瓀玟而缊组绶[69]，孔子佩象环五寸而綦组绶[70]。

童子之节也[71]，缁布衣，锦缘，锦绅并扭，锦束发，皆朱锦也。童子不裘不帛，不屦绚[72]，无缌服听事不麻[73]。无事，则立主人之北，南面。见先生，从人而入。

侍食于先生、异爵者⁷⁴，后祭先饭⁷⁵。客祭，主人辞曰："不足祭也。"客飧⁷⁶，主人辞以"疏"⁷⁷。主人自置其酱，则客自彻之⁷⁸。一室之人⁷⁹，非宾客，一人彻。壹食之人⁸⁰，一人彻。凡燕食，妇人不彻。

食枣、桃、李，弗致于核。瓜祭上环⁸¹，食中，弃所操。凡食果实者后君子，火孰者先君子。

有庆⁸²，非君赐不贺。有忧者⁸³，勤者有事则收之，走则拥之⁸⁴。

孔子食于季氏，不辞，不食肉而飧。

君赐车马，乘以拜赐。衣服，服以拜赐。君未有命，弗敢即乘、服也。君赐，稽首，据掌，政诸地⁸⁵。酒肉之赐弗再拜。凡赐，君子与小人不同日。

凡献于君，大夫使宰，士亲，皆再拜稽首送之。膳于君⁸⁶，有荤、桃、茢⁸⁷，于大夫去茢，于士去荤，皆造于膳宰⁸⁸。

大夫不亲拜，为君之答己也。大夫拜赐而退，士待诺而退，又拜，弗答拜。

大夫亲赐士，士拜受，又拜于其室。衣服弗服以拜。敌者不在，拜于其室。凡于尊者有献，而弗敢以闻。士于大夫不承贺⁸⁹，下大夫于上大夫承贺。亲在，行礼于人称父。人或赐之，则称父拜之。

礼不盛，服不充⁹⁰，故大裘不裼，乘路车不式。

父命呼，唯而不诺，手执业则投之⁹¹，食在口则吐之，走而不趋。亲老，出不易方，复不过时。齐痎，色容不盛⁹²，此孝子之疏节也。父没而不能读父之书，手泽存焉尔。母没而杯、圈不能饮焉⁹³，口泽之气存焉尔。

君入门，介拂闑⁹⁴，大夫中枨与闑之间⁹⁵，士介拂枨。宾入不中门，不履阈⁹⁶，公事自闑西，私事自闑东。君与尸行接武⁹⁷，大夫继武⁹⁸，士中武⁹⁹。徐趋皆用是，疾趋则欲发¹⁰⁰，而手足毋移¹⁰¹。圈豚行，不举足¹⁰²，齐如流¹⁰³，席上亦然。端行¹⁰⁴，颐霤如矢。弁行¹⁰⁵，剡剡起屦¹⁰⁶。执龟、玉，举前曳踵，踽踽如也¹⁰⁷。

凡行，容惕惕¹⁰⁸，庙中齐齐¹⁰⁹，朝廷济济翔翔¹¹⁰。君子之容舒迟¹¹¹，见所尊者齐遬¹¹²。足容重¹¹³，手容恭，目容端，口容止，声容静，头容直，气容肃，立容德¹¹⁴，色容庄，坐如尸。燕居告温温¹¹⁵。

凡祭，容貌颜色如见所祭者。丧容累累¹¹⁶，色容颠颠¹¹⁷，视容瞿瞿梅梅¹¹⁸，言容茧茧¹¹⁹。戎容暨暨¹²⁰，言容诎诎¹²¹，色容厉肃，视容清明。立容辨¹²²，卑毋谄¹²³，头颈必中。山立，时行，盛气颠实扬休¹²⁴，玉色¹²⁵。

凡自称，天子曰"予一人"，伯曰"天子之力臣"⑫。诸侯之于天子，曰"某土之守臣某"⑫。其在边邑，曰"某屏之臣某⑫"。其于敌以下⑬，曰"寡人"。小国之君曰"孤"，摈者亦曰"孤"⑫。

　　上大夫曰"下臣"，摈者曰"寡君之老"。下大夫自名，摈者曰"寡大夫"。世子自名，摈者曰"寡君之适"。公子曰"臣孽⑬"。

　　士曰"传遽之臣⑬"，于大夫曰"外私⑬"。大夫私事使，私人摈则称名，公士摈则曰"寡大夫"、"寡君之老"。大夫有所往，必与公士为宾也⑬。

【注释】

　　①球：美玉。一说"球玉"即美玉；一说"玉"字为衍文。　②象：象牙。　③鱼须：其说不一。姑取"鱼须"为文饰图形说。　④本：原来。象：形象、形态。这是指士用的竹笏保持本来的面目，没有文饰。　⑤说：脱、取下。　⑥事：殡殓之事。　⑦指画：比画。　⑧造（cào）：进。　⑨毕：尽。指画记事都用笏。　⑩博：宽度。　⑪杀：即杼，削薄，削尖。　⑫韠：蔽膝。此处指玄端服的。郑玄说：凡韠，以韦为之，必象裳色。　⑬爵：赤色而微黑。韦：熟皮。　⑭圆、杀、直：韠制三等。直：四角皆直无圆杀。　⑮方：上下左右均正裁五寸。　⑯挫角：挫去直角成圆形。　⑰正：前方后直。　⑱其：指韠上端。即颈加上两肩。　⑲缊（wēn）：赤黄色。韍（fú）：祭服的蔽膝。其他服饰称"韠"。两者为一物。幽：黑。衡：玉衡。　⑳葱：青色。　㉑终：整、全。辟：郑玄说读如裨，以缯彩饰其侧。即今之滚边。　㉒此句指诸侯之带。　㉓辟垂：镶饰大带之下垂部分，即纽与绅。　㉔率下：指练带的下垂部分。　㉕居士：有学问、技能而未仕的士人。　㉖纽：指带子打结的地方。约：以物穿纽，将带子束住。组：结丝成带。　㉗长：指用组打结以后，组的剩余部分。　㉘带下：指大带自扎带处以下的部分，长度四尺五寸。　㉙此处"大夫"，隐含天子诸侯在内。　㉚杂带：杂服之带。　㉛华：郑玄说是"黄色"，俞樾说应为"赤色"。依俞说。　㉜缁辟：用缁帛滚边。　㉝此句解说不一，姑且用王梦鸥说。　㉞率（lù）：通"缞"，缉边。　㉟肆：郑玄说应读为"肆"，余。余束：指用组打结后的下垂部分。　㊱勤：从事劳作。　㊲拥：执持。　㊳袆衣：王后的祭服，衣上有翚（野鸡）的图纹。　㊴揄（yáo）狄：指三夫人之命服，上画有雉的图纹。　㊵屈（quē）狄：指子男之妻的命服。再命：指子男之卿。　㊶袆：当为"鞠"。　㊷一命：指子男之大夫。禫衣白色。　㊸褖衣是黑色。　㊹奠茧：献茧。世妇乃诸侯之妾，只有奠茧时才可穿屈狄。　㊺齐：衣裳下边。　㊻颐霤：指下巴像屋檐下垂。　㊼袷：交领。　㊽三节：以玉为之。君召臣，有时二节，有时一节，故合云"三"。　㊾官：官署、任所。　㊿外：在家。对"官"则为外。　51指大夫来见士。　52拜迎：地位对等之人的礼节。　53尊者：指卿大夫。　54公讳：君讳。　55祭：祭群神。　56庙中：指祝嘏之辞。　57教学：指师长。临文：孔颖达说是"简牒及读法律之事"。　58《采齐》：齐外之乐节。　59《肆夏》：登堂之乐节。　60鸾：车衡上铃。和：轼前铃。　61非辟：邪恶。　62结佩：将两璜结在一起，不让发出响声。　63绖（zhēng）：通"绖"，屈曲。爵韠：齐服玄端。　64冲牙：佩玉有

三组。中组之末悬挂一两端尖锐之玉，名冲牙。它碰撞其他两组末端的玉璜，会发出响声。
⑥组绶：系佩玉的丝带。　⑥山玄、水苍：视玉的纹理颜色所似而取名。　⑥纯：郑玄说当为"缁"。　⑥瑜：美玉。瑳：杂色。　⑥璓玖：仅次于玉的石。　⑦象环：以象牙为环。燕居佩之，非礼服之正配。　⑦童子：未冠之男孩。　⑦绚（qù）：屦头上的装饰，可以穿结鞋带。
⑦听事：去给丧家出力帮忙。不麻：不加麻绖。　⑦先生：退休养老之人。异爵：指卿大夫。　⑦先饭：为长者尝食。　⑦飧：已饱犹食，以示主人饭食丰美。　⑦疏：粗疏。　⑦彻：撤。　⑦指同事共食，各设馔具的情况。　⑧壹：聚。　⑧上环：将瓜的根蒂部横切呈环状。　⑧庆：喜庆之事。　⑧有忧者：此句后有阙文。　⑧此两句重出。　⑧据掌：以左手覆按右手。　⑧膳：熟食。　⑧荤：姜等辛辣之物。桃茢：能解不祥。茢：笤帚，扫不祥。　⑧造：纳、接受。　⑧承：受。　⑨充：充实。　⑨业：指手中的东西。　⑨疢：病。　⑨疏节：疏忽之处。　⑨圈：卮、匜之类的用具。　⑨拂：接近。闑：门中所竖短木。　⑨枨（chéng）：门两旁所竖的木柱。　⑨阈：门限。　⑨接武：踩半个脚迹。　⑨继武：脚迹接着脚迹，没有空余。　⑨中武：两迹相离中间的脚迹。　⑩疾趋：直行。欲：郑玄注说欲或为"数"。数：速。发：抬脚起步。　⑩毋移：手不摇，脚不摆动。　⑩豚（dùn）：同"腞"，拖着脚跟走。　⑩齐：衣裳下摆。流：流水。　⑩端行：直行。　⑩弁行：走。　⑩刬（yǎn）：举起的样子。　⑩蹜（sù）蹜如：步伐局促的样子。　⑩怡怡（shāng）：身体笔直且步伐很快。　⑩齐齐：恭谨诚实。　⑩济济翔翔：庄严肃敬。　⑩舒迟：闲雅从容。　⑪齐遬（sù）：谦恭拘谨。　⑬重：稳重。　⑭德：通"植"，笔直。朱骏声说，德，假借为植。　⑮告：教使。温温：脸色温和。　⑯累累：羸弱疲惫的样子。　⑰颠颠：忧思的样子。　⑱瞿瞿梅梅：不审、不辨的样子。　⑲茧茧：声气微弱。　⑳暨暨：果敢、刚毅。　㉑诇诇：教令严明。　㉒辨：辨尊卑上下。　㉓谄：谄媚。　㉔瑱（tián）：填塞。扬休：发扬美善于外。　㉕玉色：形容人的容色、品性。　㉖伯：州伯。力臣：天子宣力之臣。　㉗屏：屏蔽。　㉘敌：他国诸侯。　㉙摈者：传达话语之人。　㉚公子：诸侯庶子。孽：林之从旁萌生，故为庶子称呼。　㉛传遽：乘车马的驿使。　㉜私：家臣。对他国大夫称"外私"。　㉝与：以。宾：介。

【译文】

　　笏：天子的笏是用美玉做的；诸侯的笏是用象牙做的；大夫的笏是用竹做的，上面刻有鱼须的图纹；士笏也是用竹做的，保持本来面目，不加文饰就可以了。

　　诸侯大夫在太庙见礼，以及参与射事，要笏不离身，进入太庙取下笏，不合古制。小功之丧不取下笏，在举行殡殓的事情时，悲痛哀哭时就可以插笏。插笏入朝见君之前，必须洗手，以后即使在朝执笏，不用再洗手了。

　　凡是在国君面前需用来比划时，要用笏来代替。进而受命于君前，应把有关事情写在笏上。笏，指画记事都要用它，因而就要装饰。笏的长度是二尺六寸，它中间的宽度为三寸，它的两头如果削减，应减去六分之一，也就是二寸韨是用熟皮革做的蔽膝，它的颜色和裳一样。国君用大红的，诸侯用素色的，士是赤色微黑的。韨的式样有三种：圆、杀、直。天子的韨，上下四角都是直的，没有削减成圆形；公侯的韨上（后）下（前）都是方的，只是挫去直角成圆形；士的韨上下都是直方的。韨的尺寸是：下端宽二尺，上端宽一尺，长三尺，上端分为颈和两肩，颈宽五寸，两肩各二寸，韨在祭服中叫作"韍"。士人是赤黄色的韨，黑色玉衡；大夫是赤色的韨，黑色玉衡；卿是赤色的韨，青色玉衡。

天子的大带是素带，大红衬里，并且整条大带都有滚边；诸侯的大带里外都是素色，也是整个加滚边；大夫用素带素里，纽及大带的下垂部分有滚边。士是熟绢的大带，没有衬里，只在下垂部分加滚边；有学问、技能却没有做官或不愿做官的士人，用锦带；在学的弟子用缟带。

纽、约都要用三寸宽的编织的丝带，打结之后的下垂部分和大带的绅平齐。绅的长度规定：天子到士三尺，有司二尺五寸。子游说："大带以下分三份，绅占据其中两份。"绅、韨、结的长度都是三尺，下端是平齐的。

从天子到大夫的大带都是四寸宽。杂服之带，天子诸侯是红、绿两色，大夫是黑、红两色。士无杂带，大带是用缁帛滚边。滚边二寸宽，如果连折进里面的滚条计算，共有四寸宽。凡是带都是两条边对着缝起来，看不见针脚。纽、约和大带的下垂部分，从事劳作的人做事时就收起，在疾走的时候要拿在手中。

王后穿袆衣，是上有彩色雉鸡图纹的黑色衣裳。夫人穿揄狄，是上有彩色雉鸡图纹的青色衣裳。子男的妻子穿屈狄，是上有无色雉鸡图纹的赤色衣裳。诸侯臣下的妻子所穿命服由丈夫的封命而定：卿的妻子穿鞠衣，大夫的妻子穿襢衣，士的妻子穿褖衣。世妇只有在献茧时才受命穿屈狄。其他的妇人，自公侯夫人直至士妻就都按照自己丈夫的地位穿相应的命服。

凡侍奉在君前，身体要稍前倾，使绅下垂，衣裳下边也随着身体前倾，好像能和鞋相接。低着头，下巴垂得像屋檐似的，双手交拱，恭敬地听国君的教导，但目光不能直视国君，只能停留在国君的交领和腰带之间。头微偏，侧过左耳来听。

国君臣下用三节。臣下接到二节要跑步去见国君，接到一节也要疾走前去。由于紧急，在官署时等不及穿屦，在官署外面则等不及乘车。

大夫来见士人，因地位不相等，士不敢到门外拜迎，只在大夫走时拜送。

士人去见卿大夫，对方在门内，士先在门外行拜，然后进门相见。如果对方在门内答拜，那么士要赶快避开，以示不敢承当。

士在国君的面前说话，对已去世的大夫，要称呼谥和字，对士就称呼名。和大夫讲话，对士称呼名而对大夫称呼字，在大夫那里，要有公讳，没有私讳。在祭祀中不避讳，祝嘏之辞中也不避讳，老师教学生，以及简牒法律之事中，都可以不避讳。

古时的君子身上必定佩玉，左右两边都佩，走起路来使玉相撞发出徵角宫羽之声。疾走时要和《采齐》之乐节相应，慢步行走时要与《肆夏》之乐节相和，转身时合乎圆形，拐向旁边要走方形，前行时要用手稍按，后退时要使玉稍扬，这样然后玉佩才铿锵和鸣。所以君子乘车时，就可以听到车衡及轼上鸾和的铃声。走路的时候使玉佩发出响声，因此一切邪恶的念头就无法进入君子心中。

有国君在场时不应戴全部的玉佩，那就要把左边的两块玉璜结在一起，不让发出声音，右边的可以垂下。燕居时两边都要佩戴，朝见时把左边玉佩结起，斋戒时就把玉佩的绶带折叠起来，结在衡上，穿玄端斋服，以示致敬。

凡有革带的必须有佩玉，只有服丧不戴。佩玉的中间一组末端悬有一块两头尖的玉叫"冲牙"。玉佩能发出响声就是因为璜撞击在冲牙处。君子没有丧事、疾病，玉佩不离身，君子用玉来象征德行。

天子佩戴的玉，用黑色的系玉丝带；诸侯佩的是有黑色山形图纹的玉，红色丝带；大夫是苍色水纹的玉，缁色丝带；太子佩美玉，杂色丝带；士是仅次于美玉的石，赤黄色丝带。孔子佩的是五寸大的象牙做的环，也是杂色丝带。

未成年的男孩，衣着与成人有别：穿着用朱锦滚边的缁布衣，绅带、并纽也是用朱锦滚边，束发也是用朱锦。童子不穿皮衣，不穿丝帛，也不用鞋头上的装饰，有丧事也不服绥，去给丧家出力帮忙不加麻绖。没事时，就站立在丧主的北面，面向南等候。见先生的时候，要跟随着人进入。

侍奉告老还乡的老人或地位尊贵的人吃饭，必须先为长者、尊者尝食，然后才可以祭。客人祭的时候，主人推辞说："不值得祭。"客人赞美主人的盛馔，主人要客气地说粗茶淡饭，主人自己放置的酱，要由客人代为撤去。同事共食的人，没有宾客，由年少的人撤去食品。相聚进食，也由年少的人一人撤去。凡是燕食的时候妇人不动手撤去食物。

吃枣、桃、李子等，不能吃到果核才扔。吃瓜时要先祭上环部分，并且吃中段，把手拿过的部分也扔掉。吃有果实的东西，不能先尝，要在君子后面吃；烹煮烧熟的东西，恐调味不好，所以要在君之前先尝。

有喜庆之事，没有得到国君的赏赐就不接受祝贺。

孔子在季氏那里吃饭，季氏失礼没有言辞，因此孔子也不以礼对他，还没吃肉就盛赞馔食之美。

国君赏赐车马，除了当时拜谢，第二天还要乘车马登门拜谢。衣服也是如此，拜谢之后，国君没有命令，就不敢再乘或穿了。拜谢国君赏赐，要叩头到地，左手按住右手覆在地上。酒肉之类的赏赐，不必再次去拜谢。凡是赏赐，君子和小人不在同一天。

凡是有物品献给国君，大夫派家宰去拜献，士人就要亲自去献，都要再拜叩头行礼。把熟食献给国君，必用荤、桃、茢，以避不祥。献给大夫要去掉茢，士人要去掉荤，并且都要请膳宰代为接受。

大夫不亲自拜献，是怕国君回拜自己。大夫拜谢国君赏赐，请门人通报就可回去了。士要等待回音才可退去，并还要拜谢国君的回诺，国君不再答拜。

大夫亲自赏赐给士，士要拜受，第二天再到大夫家去拜谢。赐予衣服，就不必穿上衣服去拜谢。地位相当的人馈赠物品，如被赠人正好不在家，改天要登门回拜，凡是有物品献给尊者，不能直说献给某人，而要婉转地赠予从者或有司。士人不能接受大夫道贺，而下大夫可以接受上大夫的道贺。凡遇到庆节馈问之事，双亲在世，向别人行礼时要用父亲的名字。有人赐予物品，就要说父亲使自己拜谢。

礼不盛，服饰不充实，而礼盛是专其敬于内心，不需服充，所以天子穿大裘祭天，不需裼衣，外面再穿衮服，乘路车可以不式。

父亲呼喊的时候，儿子要立刻答应，如果手中拿着东西，就扔掉；食物在嘴里就吐掉，要跑步去而不能疾走。双亲老了，儿子出门要有一定的地方，回来时不要超过预定的时间，双亲病了，或脸上充满忧愁，这就是儿子的疏忽了。父亲去世后，儿子不能读父亲的书，要好好保存，因为书上有父亲的手迹。母亲去世后，她用过的杯子等饮具，也不能再用，那上面也有母亲的口饮的痕迹。

两君相见时，来见的国君进入大门，上介站在靠近门中短木的地方，大夫介站在靠近门旁所竖木柱与短木之间，士介站在靠近门旁木柱的地方。大夫聘问于邻国做宾客时，不能站在木柱和短木之间，也不能停留在门限处。凡为公办事，是宾客，站在短木西边；私事，非宾客，站在短木的东边。在宗庙里，国君和尸走路要缓慢，前后两步的足迹要重叠一半，大夫走路快一些，两步的

中华藏书

四书五经·最新校勘精注今译本

中国书店

足迹相接，没有空余。士还要快一些，两步之间还留有一步的间隔。他们走路快慢不同，但步法都是这样。平时走路，直行要快走，手脚不能摇摆。转圈时拖着脚跟走，不抬脚，衣裳下摆就像流水。在席上也是如此。直行走路，微低着头，下巴垂得像屋檐，行走步伐直得像箭。走路时，要刬刬地举起脚来。拿着龟甲和玉圭走路时，举足向前又拖着脚跟，步伐显得很局促。

在路上，走路姿态是身体笔直而且步伐很快，在庙中的仪容要恭敬诚实，在朝廷上应是庄严肃敬的样子。君子的举止要闲雅从容，见到尊长要谦恭拘谨。走路要稳重，手不要乱指划，目光不斜视，说话嘴不要乱动，声音不轻佻。头颈要正，不歪着头看，气势要严肃，站立要笔直，面色要庄重，坐姿要端正。燕居时有事教使人，要脸色温和。

祭祀的时候，显露出来的容貌脸色，如同看见了所祭的人。居丧时，更是赢弱疲惫的样子，满脸忧愁，看东西也不能辨别清楚，说话声气微弱。临战的态度要果敢刚毅，发号施令要威严明断。站立时，明辨尊卑上下，要谦恭，但不能近乎谄媚。头颈必须保持正直，像山一般坚定地站立，按规定时间移动。浩然之气充实，发扬美善于容色上。

凡是自称，天子称"予一人"，州伯称"天子之力臣"。诸侯对天子，自称为"某地之守臣某"，那些在边邑的官吏称"某屏之臣某"。诸侯对邻国诸侯或臣民，称"寡人"。小国国君称"孤"，传达话语的人也称"孤"。

上大夫对国君，自称"下臣"。如出使他国，传达话语之人称他为"寡君之老"。下大夫对国君自称名，出使他国，传话之人称他为"寡大夫"。太子对国君自称名，传话人称他为"寡君之适"。诸侯庶子自称"臣孽"。

士对国君自称"传遽之臣"，对他国大夫自称"外私"。大夫因私事派人到邻国，家臣传话的人要称大夫名。奉命出使，公士传话之人要称他为"寡大夫"、"寡君之老"。大夫奉命出使，必定以公士为介。

明 堂 位①

昔者周公朝诸侯于明堂之位②，天子负斧依，南向而立③。三公，中阶之前，北面，东上④。诸侯之位，阼阶之东，西面，北上。诸伯之国，西阶之西，东面，北上。诸子之国，门东，北面，东上。诸男之国，门西，北面，东上。九夷之国，东门之外，西面，北上。八蛮之国，南门之外，北面，东上。六戎之国，西门之外，东面，南上。五狄之国，北门之外，南面，东上。九采之国，应门之外⑤，北面，东上。四塞，世告至⑥。此周公明堂之位也⑦。明堂也者，明诸侯之尊卑也。

昔殷纣乱天下，脯鬼侯以飨诸侯⑧，是以周公相武王以伐纣⑨。武王崩，成王幼弱，周公践天子之位⑩，以治天下。六年，朝诸侯于明堂，制礼作乐，颁度量⑪，而天下大服。七年，致政于成王⑫。成王以周公为有勋劳于天下⑬，是以封周公于曲阜，地方七百里，革车千乘⑭，命鲁公世世祀周公以天子之礼乐。

是以鲁君孟春乘大路，载弧韣⑮，旂十有二旒，日月之章⑯，祀帝于郊，配以后稷，天子之礼也。季夏六月，以禘礼祀周公于大庙，牲用白牡，尊用牺、象、山罍⑰，郁尊用黄目，灌用玉瓒大圭⑱，荐用玉豆、雕篹⑲，爵用玉盏仍雕⑳，加以璧散、璧角㉑，俎用梡嶡㉒。升歌《清庙》，下管《象》㉓，朱干玉戚㉔，冕而舞《大武》㉕；皮弁素积㉖，裼而舞《大夏》。《昧》，东夷之乐也。《任》，南蛮之乐也。纳夷蛮之乐于大庙㉗，言广鲁于天下也㉘。

君卷冕立于阼，夫人副袆立于房中㉙。君肉袒迎牲于门，夫人荐豆、笾，卿大夫赞君㉚，命妇赞夫人，各扬其职㉛。百官废职服大刑㉜，而天下大服。是故，夏礿、秋尝、冬烝，春社、秋省而遂大蜡㉝，天子之祭也。

大庙，天子明堂㉞。库门，天子皋门。雉门，天子应门。振木铎于朝，天子之政也。山节，藻棁，复庙，重檐，刮楹，达向，反坫，出尊，崇坫，康圭，疏屏㉟，天子之庙饰也。

鸾车㊱，有虞氏之路也。钩车㊲，夏后氏之路也。大路㊳，殷路也。乘路㊴，周路也。有虞氏之旂，夏后氏之绥㊵，殷之大白，周之大赤。夏后氏骆马黑鬣㊶，殷人白马黑首，周人黄马蕃鬣㊷。夏后氏牲尚黑，殷白牡，周骍刚㊸。

泰㊹，有虞氏之尊也。山罍，夏后氏之尊也。著，殷尊也㊺。牺、象，周尊也。爵，夏后氏以盏，殷以斝，周以爵。灌尊，夏后氏以鸡夷㊻，殷以斝，周以黄目。其勺㊼，夏后氏以龙勺㊽，殷以疏勺㊾，周以蒲勺㊿。土鼓、蒉桴、苇龠(51)，伊耆氏之乐也。拊搏、玉磬、揩击，大琴、大瑟，中琴、小瑟(52)，四代之乐器也。

鲁公之庙，文世室也(53)。武公之庙，武世室也。米廪，有虞氏之痒也(54)。序，夏后氏之序也。瞽宗，殷学也。泮宫，周学也。崇鼎、贯鼎、大璜、封父龟(55)，天子之器也。越棘、大弓(56)，天子之戎器也。夏后氏之鼓足(57)，殷楹鼓(58)，周县鼓(59)。垂之和钟(60)，叔之离磬(61)，女娲之笙簧。夏后氏之龙簨虡，殷之崇牙，周之璧翣㉒。

有虞氏之两敦，夏后氏之四琏，殷人六瑚，周之八簋㉓。俎，有虞氏以梡，夏后氏以嶡，殷以椇㉔，周以房俎㉕。夏后氏以楬豆㉖，殷玉豆，周献豆㉗。有虞氏服韨，夏后氏山，殷火，周龙章。有虞氏祭首，夏后氏祭心，殷祭肝，周祭肺。夏后氏尚明水，殷尚醴，周尚酒。有虞氏官五十，夏后氏官百，殷二百，周三百。有虞氏之绥，夏后氏之绸练，殷之崇牙，周之璧翣㉘。

凡四代之服、器、官，鲁兼用之。是故鲁，王礼也，天下传之久矣，君臣未尝相弑也，礼乐、刑法、政俗未尝相变也㉙。天下以为有道之国，是故天下资礼乐焉㉚。

【注释】

①明堂：关于明堂的制度，其说不一。此文所写"明堂"是祭祀之大庙。明堂，据孙希旦说：明堂盖以其在国之阳而洞然通明，故以为名。　②王梦鸥据《逸周书》说此句"之位"当在"三公"之后，与"诸侯之位"应相应，依王说。　③负：背靠。斧依：画有斧文的屏风。依（yǐ）：通"扆"，户牖之间的屏风。　④中阶：明堂南面三阶之一。东上：以东为上，为尊。以下"北上""南上"类此。　⑤九采之国：蛮服诸侯。应门：明堂四面有门，南门之内有应门。　⑥四塞：四方边塞之国。世告至：遥远之国只在父死子立、嗣王即位的换代的情况下才来朝见一次。　⑦位：位置。　⑧脯：熟肉，指做成熟肉。鬼侯：即九侯。九侯为纣王三公之一。　⑨相：辅佐。　⑩践：履行。　⑪度：尺度。量：重量、容量。　⑫致政：归还政事。　⑬以：因、因为。勋劳：功勋劳绩。　⑭革车：兵车。　⑮弧：以竹为之，其形像弓，以张旌旗之幅。韣：装弧用的袋子。　⑯章：标记、徽号。　⑰罍（léi）：古代一种盛酒的容器。　⑱玉瓒：用玉制成的瓒。瓒：形如盘，以大圭为柄。　⑲簋（suǎn）：古代笾一类的食器。　⑳玉盏：夏后氏之爵。仍：因，因爵之形为之饰。　㉑璧散、璧角：用璧装饰散、角的口。　㉒梡（kuǎn）：俎，祭祀用的陈列全牲等祭品的礼器，有四足如几案。嶡（jué）：祭神时陈列的器具。有足，足间有横距。　㉓《象》：象乐。　㉔玉戚：以玉饰斧。　㉕《大武》：周舞。　㉖素积：《释名》释作"素裳"。积：衣裙的褶子。　㉗纳：容受。　㉘广：传播、扩大。　㉙副：首饰，郑玄说是"步摇"。袆（huī）：王后的祭服。衣上有野鸡的图纹。　㉚赞：辅佐。　㉛扬：举，"尽职"的意思。职：庙中的职事。　㉜大刑：重罪。　㉝省：当做"社"，见《玉藻》。　㉞这句是说：大庙就像天子的明堂。　㉟复庙：郑玄说是"重屋"。孙希旦据《考工记》注释作"复笮"，即椽上有笮，椽下复为笮。笮：以竹木为之，在瓦下椽上。重檐：在外檐下壁再安板檐。刮楹：刮摩楹柱。达向：疏达夹户窗户使之明亮。崇坫：高坫。康（kàng）：通"亢"，举置。疏：雕刻、画饰。　㊱鸾车：装饰有鸾铃的车。　㊲钩车：前阑弯曲的车。　㊳大路：木车。　㊴乘路：用玉装饰的车。　㊵孙希旦说：有虞氏始为交龙之旗，夏后氏于旗之外又为绥，殷人又增为大白，周人又增为大赤。王梦鸥说"旗""绥"，应互换位置，并释作"旐"。依王说。　㊶骆：白马黑鬃。　㊷蕃：赤。　㊸驿：黄赤

色。刚：牡。指牡牛。 ㊹泰：瓦尊无饰。 ㊺著：无足的酒尊。 ㊻鸡夷：鸡彝，上有鸡形的彝器。 ㊼勺：斟酒用具。 ㊽龙勺：上有龙头之勺。 ㊾疏勺：通疏刻画云气之勺。 ㊿蒲勺：刻为凫头的勺，因凫口微开像蒲草，故名。 (51)苇籥：用苇做的籥，像笛，三孔。 (52)拊搏：郑玄说，以韦为之，充之以糠，形如小鼓。揩击：机、敔之类乐器。 (53)世室：世世代代之室，即百世不毁。 (54)郑玄说：庠、序等学校之名，鲁谓之米廪。依郑说。 (55)郑玄说：崇、贯、封父，都是古国名。大璜为夏后氏之璜。 (56)越棘：越国的戟。 (57)足：四足。 (58)楹鼓：两柱夹持的鼓。 (59)县鼓：用木架悬起之鼓。 (60)垂：人名。和：调和。 (61)叔：人名。离：偏离。 (62)簨虡（sǔn jù）：古代悬挂钟磬的架子。横杆曰簨，两旁的柱子曰虡。簨两端有龙头装饰。叫龙簨虡。殷又在龙上刻画重牙，以挂悬纮。周又画缯为翣，用璧装饰，名璧翣。 (63)敦、琏、瑚、簋：均为盛放黍稷的器具。 (64)椇、俎：俎足曲挠似树枝多曲。 (65)房俎：俎足下有跗，两跗似堂之东西两头各有房。 (66)楬豆：木制无饰之豆。 (67)献豆：以玉装饰，且雕刻其柄之豆。献（suō）：刻镂纹饰。 (68)此处“崇牙”“璧翣”都是丧葬旌旗的饰物。前“绥”“绸练”同。 (69)郑玄说这两句话“亦近诬矣”。 (70)资：采用。

【译文】

以前，周公在明堂接待朝见的诸侯，定下明堂之内尊卑上下的位置。天子背靠绣有斧文的屏风向南站立。三公的位置，在南面中阶的前边，朝北站立，以站在东边为上位。各侯爵的位置，在阼阶的东边，朝西站立，以站在北边为上位。各伯爵的位置，在西阶的西面，朝东站立，以站在北边为上。各子爵的位置，在明堂应门的东边，朝北站立，以东边为上。各男爵的位置，在应门的西边，朝北，以东边为上。九夷之国在明堂东门的外边，朝西，以北为上。八蛮之国，在明堂南门的外边，朝北，以东边为上。六戎之国，在明堂西门的外边，朝东，以南为上。五狄之国，在明堂北门的外边，朝南，以东为上。九采之国，在应门的外边，朝北，以东为上。四方边塞，遥远之国，国君一个世代来朝一次。这就是周公明堂的位置。明堂是表明诸侯地位尊卑的。

以前，殷纣王惑乱天下，把九侯杀了做成肉脯来宴请各个诸侯。因此，周公辅佐周武王征伐商纣王。周武王驾崩，成王还年幼，周公代行天子职权，治理天下。六年之后，各诸侯在明堂朝见，周公判定礼节乐章等典章制度，颁布统一的度量衡，天下宾服。转年，周公把政事归还成王。成王因为周公对天下有功勋劳绩，因此封周公于曲阜，曲阜方圆七百里，兵车一千乘，命令鲁国国君世世代代用天子的礼乐祭祀周公。

由于这个缘故，鲁国国君可以在孟春正月乘坐大路之车，载着弧和装弧的袋子，打着有十二旒的旗，上面画着日月的徽号，到郊外祭天，并用周的祖先后稷配享，这是周天子的礼。季夏六月，鲁国国君用禘礼在大庙祭祀周公，祭牲用白色公牛，酒尊有牺尊、象尊、山罍，盛郁酒的酒器是黄目，酌酒浇地之礼用大圭为柄的玉瓒，进荐的器皿用玉豆，雕饰的簠，爵用就爵形而雕饰的玉盏，还有用玉装饰的散角，盛肉的几案有四足的，还有四足间有横木的。登堂歌唱《清庙》之诗，堂下管乐奏《象》乐，跳舞的人拿着红色盾牌和玉斧，戴冠冕跳《大武》之舞，着皮弁穿素裳，显露裼衣，跳《大夏》之舞。《昧》是东夷的音乐，《任》是南蛮的音乐。他们在大庙祭祀时容受夷蛮音乐，就是说在天下传播鲁国的影响。

国君穿衮冕站在阼阶之上，国君夫人戴首饰、穿袆衣站在房中。国君袒上衣在门外迎接祭牲，馈食时夫人进献豆、笾。在行礼时，卿大夫辅佐国君，命妇辅佐夫人，各自尽自己的职责。众多执事人，如果不尽职责，要定重罪，这样使天下之人慑服。夏天礿祭，秋天尝祭，冬天烝祭，春社祈天，秋社报天，一直到蜡祭，这都是天子的祭祀。

鲁国大庙就像周天子的明堂。库门，如同天子的皋门。雉门，如同周天子的应门。在朝中摇动木舌的铜铃，发号施令，是天子布政的方式。房屋梁柱上刻有山和水藻的图形，双层的笮，重叠的檐，刮摩的楹柱，敞宽的窗户，反还爵杯的坫，放置在酒尊南边，还有安放大圭的高坫，镂花的屏风，这是天子大庙之内的装饰。

装饰有鸾铃的车，是有虞氏时代的祭车。前阑弯曲有钩车，是夏后氏时代的祭车。木制的大路是殷代的祭车。用玉装饰的车是周代的祭车。有虞氏用的是旃，夏后氏用的是交龙的旗杆上有旌铃的旗，殷代是有白旂的旗，周代是有赤旂的旗。夏后氏时驾车用有黑鬣的马，殷人用黑头的白马，周人用赤鬣的黄马。夏后氏时祭牲用黑牛，殷人用白色公牛，周人用黄色公牛。

泰是有虞氏时代的酒器。山罍是夏后氏时代的酒器。著是殷代的酒器。牺象是周代的酒器。酒杯，夏后氏用盏，殷人用斝，周人用爵。灌地之礼用的酒尊，夏后氏用鸡彝，殷人用斝，周人用黄目。斟酒器具，夏后氏用龙勺，殷人用疏勺，周人用蒲勺。土鼓，用泥土做鼓槌。苇籥，是伊耆氏时的乐器。用熟皮内充糠做的小鼓，玉磬，柷，敔之类，大琴大瑟，中琴小瑟，是虞、夏、殷、周四代传下的乐器。

鲁国的鲁公之庙，相当于周天子的文世室。武公之庙，相当于周天子的武世室。鲁国的米廪相当于有虞氏的庠；夏后氏的序，殷人的瞽宗，周人的泮宫，鲁国均有，共有四学。

崇国的鼎，贯国的鼎，大璜，封父的宝龟，是天子的器物。越国的戟，大弓，是天子的乐器。夏后氏时用的是有四足的鼓，殷人用的是用柱夹持的鼓，周人用的是悬挂在木架上的鼓。垂作和钟，叔作离磬，女娲氏作笙簧。悬挂钟磬的架，夏后氏用的是有龙头装饰的簨虡，殷人又在龙上装饰崇牙，周又用璧翣装饰。

有虞氏进献黍稷的器具是两"敦"，夏后氏用的是四"琏"，殷人用的是六"瑚"，周人用的是八"簋"。俎，有虞氏用的是四足的几案，夏后氏用的是两足之间加横木的，殷人是曲挠的两足之间也有横木，周人用的是足下有跗的，像堂之两侧有房。夏后氏用的是木制无装饰的豆，殷人用的是玉豆，周人用的是以玉装饰、且柄有刻饰的豆。有虞氏的祭服加蔽膝，夏后氏的蔽膝上有山的图纹，殷人又加上火状的图纹，周人用的是有龙的图纹。有虞氏祭祀献牲头，夏后氏献的是心，殷人献肝，周人献肺。夏后氏祭祀以清水为上，殷人以醴为上，周人以清酒为上。有虞氏祭祀需用执事人员五十人，夏后氏是一百人，殷是二百人，而周是三百人。有虞氏用旄，夏后氏是绸练之旗，殷人的旗上有崇牙装饰，周人的旗上装饰的是璧翣。

虞、夏、商、周四代人礼服、礼器、执事人员，鲁国是同时采用。因此，鲁国行的是周天子的礼，天下传播很久，早都知道。鲁国的君臣不曾有过君臣相杀的事，礼乐、刑法、政俗等也不曾发生变化。天下人把鲁国作为有道的国家看待，所以天下的人都采用鲁国的礼乐。

丧服小记^①

斩衰^②，括发以麻^③。为母，括发以麻，免而以布^④。箭笄终丧三年^⑤。齐衰，恶笄、带以终丧^⑥。男子冠而妇人笄，男子免而妇人髽^⑦。其义：为男子则免，为妇人则髽。苴杖^⑧，竹也。削杖^⑨，桐也。

祖父卒，而后为祖母后者三年。为父、母、长子稽颡^⑩。大夫吊之，虽缌必稽颡。妇人为夫与长子稽颡，其余则否。

男主必使同姓^⑪，妇主必使异姓。

为父后者，为出母无服。

亲亲以三为五^⑫，以五为九^⑬，上杀、下杀、旁杀而亲毕矣^⑭。

礼不王不禘^⑮。王者禘其祖之所自出^⑯，以其祖配之。而立四庙^⑰。庶子王亦如之。别子为祖^⑱，继别为宗^⑲。继祢者为小宗。有五世而迁之宗^⑳，其继高祖者也。是故祖迁于上，宗易于下，尊祖故敬宗，敬宗所以尊祖、祢也。庶子不祭祖者，明其宗也，庶子不为长子斩㉑，不继祖与祢故也。庶子不祭殇而无后者，殇与无后者从祖祔食。庶子不祭祢者，明其宗也。亲亲、尊尊、长长，男女之有别，人道之大者也。

从服者㉒，所从亡则已。属从者㉓，所以虽没也服。妾从女君而出㉔，则不为女君之子服。世子不降妻之父母㉕；其为妻也，与大夫之适子同。

父为士，子为天子诸侯，则祭以天子诸侯，其尸服以士服。父为天子诸侯，子为士，祭以士，其尸服以士服㉖。

妇当丧而出㉗，则除之。为父母丧，未练而出则三年㉘，既练而出则已；未练而反则期，既练而反则遂之。再期之丧，三年也。期之丧，二年也。九月、七月之丧，三时也。五月之丧，二时也。三月之丧，一时也。故期而祭，礼也。期而除丧，道也。祭不为除丧也。

三年而后葬者必再祭㉙，其祭之间不同时，而除丧。大功者主人之丧，有三年者则必为之再祭，朋友虞、柑而已。士妾有子而为之缌，无子则已。

生不及祖父母、诸父、昆弟而父税丧㉚，己则否。降而在缌、小功者则税之。为君之父、母、妻、长子，君已除丧而后闻丧，则不税。近臣，君服斯服矣㉛。其余从而服，不从而税。君虽未知丧，臣服已㉜。

虞，杖不入于室。柑，杖不升于堂㉝。为君母后者㉞，君母卒，则不为君母之党服。经杀，五分而去一㉟。杖大如经㊱。妾为君之长子，与女君同。除丧者先重者㊲，易服者易轻者㊳。无事不辟庙门㊴，哭皆于其次㊵。

复与书铭㊶，自天子达于士，其辞一也。男子称名，妇人书姓与伯仲，如不知姓，则书氏。斩衰之葛与齐衰之麻同㊷，齐衰之葛与大功之麻同，麻同皆兼服之。报葬者报虞㊸，三月而后卒哭。父母之丧偕，先葬者不虞、祔，待后事。其葬，服斩衰。

大夫降其庶子㊹，其孙不降其父。大夫不主士之丧。为慈母之父母无服。夫为人后者㊺，其妻为舅姑大功。士祔于大夫则易牲㊻。继父不同居也者，必尝同居。皆无主后㊼，同财而祭其祖、祢，为同居；有主后者为异居。

哭朋友者于门外之右㊽，南面。祔葬者不筮宅㊾。士大夫不得祔于诸侯㊿，祔于诸祖父之为士大夫者。其妻祔于诸祖姑，妾祔于妾祖姑，亡则中一以上而祔[51]，祔必以其昭穆。诸侯不得祔于天子，天子诸侯大夫可以祔于士[52]。

为母之君母，母卒则不服。宗子，母在为妻禫[53]。为慈母后者[54]，为庶母可也，为祖庶母可也。为父、母、妻、长子禫。慈母与妾母[55]，不世祭也。

丈夫冠而不为殇，妇人笄而不为殇。为殇后者，以其服服之。久而不葬

者，唯主丧者不除⑤⑥，其余以麻终月数者⑤⑦，除丧则已。齐衰三月，与大功同者绳屦⑤⑧，

练，筮日、筮尸、视濯⑤⑨，皆要绖、杖、绳屦，有司告具而后去杖⑥⑩。筮日、筮尸，有司告事毕，而后杖拜送宾。大祥，吉服而筮尸。庶子在父之室，则为其母不禫。庶子不以杖即位⑥①。父不主庶子之丧，则孙以杖即位可也。父在，庶子为妻，以杖即位可也。

诸侯吊于异国之臣，则其君为主。诸侯吊，必皮弁锡衰⑥②。所吊虽已葬，主人必免。主人未丧服⑥③，则君亦不锡衰。养有疾者不丧服，遂以主其丧。非养者入主人之丧，则不易己之丧服。养尊者必易服，养卑者否。

妾无妾祖姑者，易牲而祔于女君可也⑥④。妇之丧⑥⑤，虞、卒哭，其夫若子主之；祔则舅主之。士不摄大夫，士摄大夫唯宗子⑥⑥。主人未除丧⑥⑦，有兄弟自他国至，则主人不免而为主。

陈器之道⑥⑧，多陈之而省纳之可也，省陈之而尽纳之可也。奔兄弟之丧⑥⑨，先之墓而后之家，为位而哭。所知之丧，则哭于宫而后之墓。父不为众子次于外⑦⑩。

与诸侯为兄弟者服斩。下殇小功，带澡麻不绝本，诎而反以报之⑦①。妇祔于祖姑。祖姑有三人，则祔于亲者，其妻，为大夫而卒，而后其夫不为大夫而祔于其妻，则不易牲。妻卒而后夫为大夫，而祔于其妻，则以大夫牲。为父后者，为出母无服。无服也者，丧者不祭故也。

妇人不为主而杖者，姑在为夫杖。母为长子削杖。女子子在室为父母⑦②，其主丧者不杖，则子一人杖。缌、小功，虞、卒哭则免。既葬而不报虞，则虽主人皆冠，及虞则皆免。为兄弟，既除丧已，及其葬也，反服其服。报虞，卒哭则免，如不报虞则除之。远葬者，比反哭者皆冠⑦③；及郊而后免，反哭。君吊，虽不当免时也，主人必免，不散麻。虽异国之君，免也，亲者皆免。

除殇之丧者，其祭也必玄。除成丧者，其祭也朝服缟冠。奔父之丧，括发于堂上，袒，降、踊，袭绖于东方。奔母之丧，不括发，袒于堂上，降、踊，袭免于东方。绖即位，成踊，出门，哭止，三日而五哭三袒。适妇不为舅后者，则姑为之小功。

【注释】

①吴澄说："此篇记丧服各章，又以补《丧服经》后记之所未备。又广记丧礼杂事，其事琐碎，故名《小记》，所以别于经后之记也。"　②斩衰（cuī）：古时五种丧服中最重的一种。

用粗麻布制成丧服，左右和下边不缝。　③括发：小殓以后，去掉笄缅，头发下垂，为防散乱，用麻从脖项向前向上交于前额，然后再绕到头后，以约束头发。　④免：同"绕"，去掉笄缅以后，用布将头发包住。　⑤箭笄：用小竹子做的卷发用的簪。　⑥恶笄：女子服丧用的榛木笄。　⑦髽：妇人丧髻，用麻与头发合结。　⑧苴杖：斩衰之杖。　⑨削杖：齐衰之杖。　⑩稽颡（sǎng）：居父母之丧时跪拜宾客之礼，以额触地。这里指先稽颡后拜的重礼。　⑪死者无后，使人代为丧主。男主用同姓，妇主用异姓。　⑫三：三代，即父、己、子。五：五代，即祖、父、己、子、孙。　⑬九：九代，即高祖、曾祖、祖、父、己、子、孙、曾孙、玄孙。　⑭杀（shài）：衰减。　⑮禘：王肃说是宗庙五年祭之名。　⑯祖之所自出：指传说中的各族始祖。　⑰四庙：指高祖、曾祖、祖和父之庙。　⑱别子：指庶子。有别于嫡，故名。　⑲宗：指大宗。指别子的世世长子。　⑳祢：别子之庶子。由于"杀"以五世为原则，所以高祖之上的祖要迁入大宗庙内。　㉑斩：斩衰。　㉒从服：即徒从。徒：空。指非亲属而服。　㉓属从：指有亲属关系而服。　㉔女君：指主妇。　㉕降：降低、减退。　㉖依上句，此句似不通。郑玄解作"谓父以罪诛，尸服以士服，不成为君"。　㉗当丧而出：正逢公婆之丧而被夫遣出。　㉘练：小祥祭。三年：指妇人自己父母之丧尚未小祥，随兄弟服三年丧。　㉙再祭：指小祥、大祥二祭。　㉚税（tuì）：古代丧礼规定的追服。　㉛君服斯服：国君追服，近臣也就追服。　㉜指国君在外而国内有亲丧。　㉝郑玄说：虞于寝，祔于祖庙。　㉞君母：庶子对父亲正妻的称呼。　㉟绖：指首绖。五服中的绖，重者大，轻者小。每服从重至轻依次递减五分之一的长度。　㊱大：指大小、长短。　㊲除丧：指练祭时。重者：指男子首绖，女子腰绖。　㊳易服：在卒哭前又遇小丧而换丧服。轻者：男子腰绖，女子首绖。　㊴辟：开、打开。庙门：殡宫之门。　㊵次：指倚庐，古人居父母丧时住的地方。在中门外，东墙下，倚木为庐。　㊶复：招魂。铭：铭旌，即灵柩前的旗幡。　㊷葛：指既虞、卒哭受服之葛绖带。麻：始丧时的麻绖带。　㊸报（fù）：通"赴"，急速。　㊹降其庶子：指降服大功。　㊺夫为人后：指夫过继给他人。　㊻易牲：变换祭牲。士与大夫尊卑不同，祔庙后要换祭牲。　㊼无主后：没有大功以上之亲主持其丧事，没有儿子。　㊽门外：寝门外。　㊾宅：指墓圹。因祔葬已有一定次序，无须再筮。　㊿士大夫：指诸侯之子、孙为士大夫的人。　51亡：无、没有。中一：中间空一位，以区别昭穆。　52士：指天子诸侯大夫的祖、父为士的。　53禫（dàn）：除丧服的祭礼。　54慈母后：母死，为慈母抚养长大之人。　55妾母：庶母。　56主丧者：子为父母，嫡孙承重为祖父母之类。　57其余：指期以下至缌的旁亲。　58绳屦：麻绳编的屦。　59灌：洗涤祭器。　60有司：执事人。　61不以杖：不主丧。　62皮弁：弁绖。锡衰：细麻布做的丧服。　63未丧服：未成服。　64女君：嫡祖姑。但祭牲低于嫡祖姑一等。　65妇：嫡妇、庶妇。　66宗子：指大宗子。　67陈器：陈列明器。　68所知：交游之人。　69外：中门之外。　70澡：整治。这里指将麻漂白。绝：断、剪断。本：根。　71报：合。　72女子在室：指未出嫁之女。　73远葬：墓在四郊之外。比：及。

【译文】

　　父亲去世服斩衰。小殓以后，去掉笄缅，用麻括发。母亲去世，也要用麻括发，同时都用麻布做"免"。父亲去世，未嫁女用箭笄卷发，麻经束腰，服丧三年。母亲去世，用榛木为笄，一直到除服时。成人之礼，男子行冠礼，女子有及笄。居丧时，男子用"免"，而女子用麻与发合结为髻。这是说，是男子就用"免"，是女子就用"髻"。父亲去世的哀杖叫苴杖，是竹制的；母亲去世的哀杖叫削杖，是桐木的。

祖父去世，作为祖母的承重孙的人要服丧三年。父母去世，长子见宾客要先叩头而后拜。大夫来吊问，即使是服缌麻丧服的人也必须先叩头而后拜。妇人为丈夫和长子的去世，见宾客要先叩后拜，其余的就不是这样。

没有子孙的丧家，必须使用同姓的男人代替男主，使用异姓的女人代替女主。作为父亲的继承人，被弃逐的母亲去世，不穿丧服。

人亲其所应该亲的，从父、己、子三辈扩展为祖、父、己、子、孙五辈，然后再扩至高、曾、祖、父、己、子、孙、曾孙、玄孙九辈。这种亲亲之情，往下，往旁系，越扩展越疏远，亲情也就为止了。

依礼制，不是王就不能举行宗庙的五年禘祭。王者对他们的始祖举行祭祀，并以自己的祖辈配天祭祀。因而就立了高、曾、祖、父四个庙。庶子为王的，也是如此。以庶子为祖的，继承庶子的则为大宗，继承庶子子辈的则为小宗。小宗传至五世就要将高祖迁入大宗之庙，那就是继承高祖以下的一个支系。因此高祖庙的往上移动，继祢的宗同时在下变易。尊崇祖先所以要敬循宗法，敬循宗法也就是尊崇祖祢。庶子不祭祖，为的是使宗法显明。庶子不为长子服斩衰之服，是因为庶子不继承祖祢的缘故。庶子不祭未成人而死去的和没有子嗣的人，是因为这两种人祔从祖庙而由宗子供祭。庶子不祭祢庙，也是为使宗法显明，因为祭祢是宗子的权力。亲亲、尊尊、长长以及男女的分别，是人类社会的常理正道。

从服的人，那个所跟从的人不在了，就停止。如果有亲属关系，那个人即使死了也仍旧要服。妾随着主妇一同被弃逐，那么就不为主妇的儿子服丧。太子对妻子的父母不降低丧服规格。他为妻子服丧，和大夫的嫡子为妻服丧相同。

父亲是士，儿子是天子诸侯，就用天子诸侯的规格祭祀，但作为父尸的人仍服士人之服。父亲是天子诸侯，子却为士，可知已换了国君，那就用士的规格祭祀，而尸仍服士人之服。

妇人在公婆丧期内被弃逐，与夫家已无关系就可除服。为自己的父母去世服丧，未到小样就被弃逐，就要随自己的兄弟为父母服丧三年。已经过了小样而被弃逐，就不必再服丧。如果未到小祥又返回夫家，就服丧一年，已经小祥了又返回夫家，就要服满三年。再期之丧是超过两年不满三年。期丧，是超过一年而不够两年。九月、七月之丧，已经在第三个季节。五月之丧，是两个季节。三月之丧只是一个季节了。所以满一期或再期要举行祭祀，这是不忍忘其亲的存亲之礼。满一期或再期渐次除去丧服，这是不敢过哀的顺天之道，祭礼不是除丧。

三年之后才举行安葬之事，在此期间一定要举行小祥、大祥之祭。两次祭祀不在同月举行而除去丧服。服大功之丧的人为人主持丧事，如果那是三年之丧就必须再祭后才可除服。朋友关系到虞、祔之祭为止。士的妾如果有儿子，妾死后为她服三个月的缌服；如无子，就不服丧了。

自己生在异邦，从未见过祖父母、伯叔父和堂兄弟，他们的凶耗传来，父亲追服丧服，而自己却不追服。那些本在齐衰、大功之丧而降服为小功、缌麻者，要追服。为国君的父、母、妻、长子，国君已经除去丧服以后才听到消息，就无须追服。阍、寺之类的近臣，君服丧也就跟着服丧，其余的官吏，在丧期内就从服，丧期之后就不追服。如国君在外，虽然不知道国内已有丧事，但国内的诸臣已经从服了。

虞祭，不把哀杖带入神室。祔祭，不把哀杖带到庙堂上。过继给君母为后嗣的庶子，君母去世了，就不再为君母娘家的人服丧。首绖的减杀，依丧服重轻递减五分之一，和五服相配。哀杖的大小长短如同首绖的减杀，妾为夫君和长子服丧，和主妇相同。除去丧服，先去掉重的；改换丧服，先换掉轻的。无事就不开殡宫之门，哭泣都在倚庐。

招魂和旗幡上书写的，从天子到士人，招魂之辞都和旗幡之辞是一样的。男的招呼他的名，女的就写她的姓和排行，如果不知道她的姓，就写她的氏。斩衰在虞祭和卒哭以后换成葛绖带，大小和齐衰始丧时的麻绖带相同。齐衰易服的葛绖带，与大功始丧时的麻绖带相等。因为两者相等，先后遭遇两次丧事的人都可以兼服葛麻。因某种原因不到期限就提前埋葬的，也要提前举行安神的虞祭，但是到百日才可举行卒哭之礼。同时遇到父母二人的丧事，先葬母，并且不接着举行虞、祔之祭。葬父以后，先为父亲举行虞祔之祭，然后再为母亲举行。母亲葬时，父亲还在停柩，所以葬母时仍穿着斩衰丧服。

大夫降服庶子的丧服，但庶子之子却不降服他父亲的丧服。大夫不主持士人的丧礼。对慈母的父母亲无须服丧。丈夫过继给他人为后嗣，他的妻子为丈夫的父母降服大功。士人的神主祔于祖庙，如其祖为大夫，就须改特牲之礼为少牢。称为继父而不共同生活的，原来必定曾经共同生活过，不然就不会叫他为继父。同居和不同居，都是因为他（继父）没有儿子，也没有大功以上的亲戚。共同占有财产，并祭祀祖、祢叫同居。有大功以上亲戚或儿子的，叫作异居。

为朋友之丧哭泣在寝门之外右方南面。祔葬于祖茔的，不必再卜筮。诸侯的子孙是士大夫的，死后不能祔于诸侯，而要祔于诸祖父是士大夫的。他的妻子祔于诸祖姑，妾祔于妾祖姑，如果没有妾祖姑，就在其间空一位以上而祔。凡是祔葬必须按照他自己的昭穆。诸侯不能祔于天子，但天子诸侯都可以祔葬于曾经是士人的祖先。

为母亲的君母服丧，母亲去世以后就不再为母亲的君母服丧。宗子之父死，传重给宗子夫妇，宗子之妇位尊。宗妇死后，即使母亲在世，宗子也要为她服丧三年。妾子为慈母之后嗣，慈母死要服丧三年。那么为庶母、祖庶母之后嗣的，都应该服丧三年。为父、母、妻、长子服丧都是三年。为慈母、庶母之后嗣的，祭祖只限于本人一辈，不世代祭祀。

男子已行过冠礼，死了，就不算是殇。妇人及笄，死，也不算殇。承继为殇者之后嗣的人，不服父子之服，服本亲之服。因事而久未下葬，只主丧人不除丧服，其他的人戴孝到丧期终了。除丧之后就不再服。齐衰三月之丧与大功九月之丧相同的，穿绳屦。

小祥之祭祀，用占卜选择日期及为尸之人。那天，要束腰绖，拿哀杖，穿绳屦，要检视祭器的洗涤。执事人报告已经准备好，然后放下哀杖行礼，这种占卜活动都有来宾，执事人报告事情完毕，然后拿起哀杖，拜送宾客。大祥之祭，换吉服并占卜选择为尸之人。庶子在父亲的家里，不能为自己的母亲举行禫祭。庶子不能拿哀杖就主位。父亲不主持庶子的丧礼，由庶孙拿哀杖就主位就可以了。

诸侯在他国吊问该国大臣之丧事，就由该国国君代为丧主。诸侯吊问时，必须戴弁绖，穿细麻布做的丧服，如果被吊者已经埋葬，丧主必须戴免。如果丧主还未成服，那么诸侯也不穿细麻丧服。侍候有病的人不能穿丧服，病人已死就为他主持丧事。不是侍候病人的人，为没有后嗣的亲戚主持丧事，就不必变换自己的丧服。侍候尊长病人必须换掉丧服，对地位卑微的人则不必。

妾没有妾祖姑可以祔葬的，变换祭牲祔葬于嫡祖姑就可以了。妇人死了，虞祭、卒哭，由她的丈夫和儿子主持；祔葬由她公公主持。

大夫死而无后嗣，其亲属为士人的不可代为丧主。如果是宗子，代为大夫的丧主是可以的。主人尚未除丧，如有兄弟辈从他国到来，那主人可以不免而为丧主。

陈列明器的原则，别人馈赠的都要陈列出来，但不必全部放进墓圹中。自备的明器，不必一一陈列，但要全部附葬。奔兄弟之丧，要先至墓地哭泣，然后再到家中就位哭泣。交游之人的丧事，要先到殡宫哭泣，然后再到墓上。父亲不为庶子之丧而在中门之外设丧次。

和诸侯是兄弟的，即使在异邦也要服斩衰。下殇小功的丧服，腰绖是漂白过的麻连根制成，屈曲过来绞合在一起。妇人祔葬于祖姑。如祖姑有三人，就祔葬于最亲的。妻子在丈夫为大夫时死去，以后丈夫不是大夫了，死后祔于妻子，不改换祭牲，用士特牲。妻子死了以后，丈夫成为大夫，死后祔于妻子就用大夫祭牲。作为父亲的后嗣，不为被弃逐的母亲服丧。不服丧服的原因是因弃逐之母已成他人，就不应祭祀。

妇人不主丧而也有哀杖的是：婆婆在世，妇人为丈夫拿哀杖或母为长子拿桐木哀杖；未嫁女子，为父母服斩衰，请人代为主丧，那么主丧的人不拿哀杖，而由此女一人拿哀杖。缌麻、小功之亲，参与虞祭、卒哭就要戴孝。已经埋葬，因故未行虞祭，即使是主人都要戴丧冠，到虞祭时就都要去冠戴孝。为兄弟之丧，已经除掉丧服，到为他举行葬礼时，仍旧穿应穿的丧服，葬毕立即举行虞祭、卒哭之祭就去冠戴孝，如不即刻举行虞祭，就除去丧服。葬在四郊之外直到反哭的，都要戴丧冠，到郊外以后去冠戴孝，然后反哭于庙。国君来吊，即使不在免之时，主人也必须免，不散垂麻绖。即使是他国的国君来吊，主人免，亲属也都是如此。

殇者的丧事，除丧时的祭礼必须玄衣玄冠。成人丧事除丧时的祭祀是朝服白冠。奔父亲的丧事，在堂上括发，脱去上衣，下堂而踊，在东墙下穿上丧服，束上麻绖。奔母亲的丧事，不括发，在堂上脱去上衣，下堂而踊，然后在东墙下戴孝，束上腰绖，就自己的位而踊，出门时哭泣停止。奔丧的人三天之中要五哭三袒。嫡妇因故没给公婆留下后嗣，她死后公婆只为她服小功丧服。

大　传①

礼，不王不禘。王者禘其祖之所自出，以其祖配之。诸侯及其大祖②。大夫士有大事③，省于其君④，干祫及其高祖⑤。

牧之野⑥，武王之大事也。既事而退，柴于上帝⑦，祈于社，设奠于牧室，遂率天下诸侯执豆、笾，逡奔走⑧，追王大王亶父、王季历、文王昌⑨，不以卑临尊也⑩。上治祖、祢⑪，尊尊也。下治子孙，亲亲也。旁治昆弟，合族以食，序以昭缪⑫，别之以礼义，人道竭矣⑬。

圣人南面而听天下，所且先者五⑭，民不与焉：一曰治亲，二曰报功，三曰举贤，四曰使能，五曰存爱⑮。五者一得于天下⑯，民无不足，无不赡者⑰。五者一物纰缪⑱，民莫得其死。圣人南面而治天下，必自人道始矣⑲。

立权、度、量⑳，考㉑文章，改正、朔㉒，易服色㉓，殊徽号，异器械㉔，别衣服，此其所得与民变革者也。其不可得变革者则有矣。亲亲也，尊尊也，长长也，男女有别，此其不可得与民变革者也。

同姓从宗㉕，合族属㉖。异姓主名㉗，治际会㉘，名著而男女有别。其夫属乎父道者㉙，妻皆母道也；其夫属乎子道者，妻皆妇道也。谓弟之妻"妇"者，是嫂亦可谓之"母"乎？名者，人治之大者也，可无慎乎！四世而缌，服之穷也㉚。五世祖免㉛，杀同姓也。六世，亲属竭矣。其庶姓别于上而戚单于下㉜，昏姻可以通乎？系之以姓而弗别，缀之以食而弗殊㉝，虽百世而昏姻不通者，周道然也。

服术有六：一曰亲亲，二曰尊尊，三曰名㉞，四曰出入㉟，五曰长幼㊱，六曰从服。从服有六：有属从，有徒从，有从有服而无服，有从无服而有服，有从重而轻，有从轻而重㊲。

自仁率亲㊳，等而上之至于祖，名曰轻；自义率祖㊴，顺而下之至于祢，名曰重。一轻一重，其义然也㊵。

君有合族之道，族人不得以其戚戚君㊶，位也㊷。

庶子不祭，明其宗也。庶子不得为长子三年，不继祖也。别子为祖，继别为宗，继祢者为小宗。有百世不迁之宗，有五世则迁之宗。百世不迁者，别子之后也。宗其继别子之所自出者，百民不迁者也。宗其继高祖者，五世则迁者也。尊祖故敬宗，敬宗，尊祖之义也。有小宗而无大宗者，有大宗而无小宗者，有无宗亦莫之宗者，公子是也㊸。公子有宗道㊹。公子之公，为其士大夫之庶者宗其士大夫之适者，公子之宗道也。绝族无移服㊺，亲者属也㊻。

自仁率亲，等而上之至于祖，自义率祖，顺而下之至于祢，是故人道亲亲也。

亲亲故尊祖，尊祖故敬宗，敬宗故收族㊼，收族故宗庙严，宗庙严故重社稷，重社稷故爱百姓，爱百姓故刑罚中，刑罚中故庶民安，庶民安故财用足，财用足故百志成，百志成故礼俗刑㊽，礼俗刑然后乐。《诗》云："不显不成㊾，无斁于人斯⑤。"此之谓也。

【注释】

①郑玄说：名曰"大传"者，以其记祖宗人亲之大义。　②大祖：始封之君。　③大夫士：孔颖达说是诸侯之庶子为大夫士的。大事：指祭祀。　④省：简省、节约。　⑤干祫：赵匡说，干者逆上之意，言逆上及高祖也。孙希旦说，干者自下而进取乎上之意。祫本诸侯以上之礼，而大夫士用之，故曰干祫。　⑥牧之野：牧野，周武王联合各族战败商纣王的地方。⑦柴：祭告天地及先祖。　⑧逡（jùn）：急速。指匆匆忙忙的样子。奔走：有事于庙中。　⑨追王：追尊为王。　⑩临：孔颖达说，谓位居其上俯临其下。　⑪治：立法以别亲疏厚薄。⑫缪：郑玄说，缪读为穆，声之误。　⑬竭：尽。　⑭且：取。　⑮存爱：说法不一。王梦鸥说：存爱当是审察所要爱的人。依王说。　⑯一得：尽得。　⑰赡：充足。　⑱纰缪：错误。⑲人道：人类社会的道德规范。　⑳权：衡，指斤两的标准。　㉑考：校。文章：礼法。㉒正朔：年始月初，指历法。　㉓服色：借指所崇尚的颜色。　㉔器械：礼器兵甲。　㉕从宗：服从宗子。　㉖合族属：合聚族人以排列昭穆。　㉗异姓：他姓之女嫁来为己姓之妻者。名：称呼，即名分。　㉘际会：孙希旦说，谓于吉凶之事相交际而会合。　㉙道：昭穆之行列，即辈分。　㉚穷：尽，最后的。　㉛五世：指高祖的兄弟。　㉜戚：亲、亲情。单：尽、穷尽。　㉝缀之以食：指同姓的人。　㉞名：名分。即"母道"、"妇道"。　㉟出：己族之女嫁人。入：己族未嫁之女和被弃逐返回而在家的。　㊱长幼：指未成人之丧，即殇。　㊲"从服"之具体例子见《服问》。　㊳自：从、由。仁：天然的恩情。率：循、依循。亲：亲疏关系。　㊴祖：祖先。　㊵义：据理所作的推断。　㊶前一"戚"字指亲戚、亲属。后一"戚"字作动词，即让国君以亲戚关系待己。　㊷位：指君王或诸侯的地位。　㊸公子：郑玄说是先君之子，今君昆弟。　㊹公子：指别子。　㊺绝族：族属断绝。移：延及。　㊻属：续，恩相连续。　㊼收族：团结同族之人。　㊽形：同"型"，法式规范。　㊾不显不成：大显大成。⑤斁（yì）：厌恶、厌倦。斯：语气词。

【译文】

依礼制，不是王就不能举行宗庙的五年之祭。王者对他们的始祖进行禘祭，并以自己的祖辈配天祭祀。诸侯的祭祀要推及到那个封国时的祖先。至于诸侯的那些庶子封成大夫士的，有了祭祀的事情，要比诸侯简省。这些大夫僭用了诸侯的上推及高祖的祫祭之礼。

牧野大战，是武王一生中的重大事情。大战取胜之后，武王就退回去，并且祭告上天，祈祷土地之神，在牧野搭起祖庙祭祀祖先。武王率领天下各诸侯拿着祭品，匆匆忙忙跟随他祭祀。武王追尊古公亶父、季历、西伯昌为王，这样就可以使武王不会位居其上而俯临他的尊长。武王立法以别亲疏厚薄，订立祖祢次序，是尊敬其尊亲；订立后代子孙的次序，是亲爱其亲人。从旁订立堂兄弟的关系，聚合族人会食于宗庙，排列昭穆的次序，用礼义加以区别，而人类的道德规范就都在这里了。

圣明的人成为统治者，他将要先做五件事，民事还不在内。第一订立亲疏关系，第二酬谢建立国家的有功之人，第三举荐贤德之人才，第四是使用有才能的人，第五审察自己所宠信的人。这五件事在天下都做到了，那么民众就没有不满意，没有不富足的。这五件事如有一件有差误，民众就没有自己的活路。所以圣明的人成为统治者，必定从人类的社会道德规范开始做起。

统治者设立度量衡，校正礼法，改订历法，变换所崇尚的颜色，使用特定的徽章、旗号，改变礼器兵甲，区别各类人等所应穿的服饰，这些就是那些能够和民众一同进行改变革新的东西。至于那种不可能改变革新的也有。如亲亲，尊尊，长长，以及男女的分别，这些就是那种不可能进行改变革新的。

同姓的人都要追从他们的宗子，合聚成一个族属。异姓的人，就靠"名分"，并用名分来确立人和人互相间的关系。名分明确了，那么男女之间就可以分辨区别了。一个嫁过来的女子，她的丈夫是属于"父亲"那个辈分的，那她应属于"母亲"那个辈分。她的丈夫是属于"儿子"那个辈分的，那她就属于"媳妇"那个辈分。如果把弟媳叫做"媳妇"，那么嫂子也可以叫做"母亲"吗？名分，是人伦关系中重要的事，难道可以不慎重吗？同一高祖的族人有丧，只穿缌麻之服，这是丧服中关系最疏远的一级了。而五世同祖的人有丧只须袒免，这是减杀同姓之间的名分关系。六世同祖的人，可以说亲戚关系已经没有了。这些族人从他们的上几代开始分枝，后代的亲情已经穷尽了。大概可以互相通婚了吧？既是同姓之人，又在同一宗庙聚会吃饭，没有分别与不同。所以即使过了一百代，只要同姓就不可以通婚，周代的制度就是这样。

表示亲疏的丧服制度有六种：一是血缘的亲疏关系，二是地位的尊卑关系，三是异姓女子的名分关系，四是同姓女子的出入关系，五是未行冠笄之礼的人，六是从服。从服也有六种：一是亲属关系从服，二是非亲属关系从服，三是从服变为无服，四是本没有服而成为有服，五是从重服变为轻服，六是从轻服转为重服。

从人们天然的亲情开始，依循亲疏关系，一级一级地逐渐往上推及，可到达最远的祖先，亲情也越往上就越薄。从据理所作的推断开始，依循着与祖先的关系，顺次往下推移，就到了父亲一代，亲情也越往下就越重。一轻一重，宗法的义理就是这样。

国君有会合族人之道，但族人不能以亲戚身份让国君以亲戚关系待己，因为这是国君的地位决定的。

庶子不祭祖，为的是宗法显明。庶子不为长子服斩衰之服，是因为庶子不继承祖祢的缘故。以庶子为祖的，继承庶子的则为大宗，继承庶子子辈的则为小宗。有百世不迁入大宗之庙的，也有五世就迁入大宗之庙的。百世不迁入的，是庶子的后代；以庶子的嫡子为宗的，百世不迁入。以继承高祖者为宗的，五世就要迁入大宗。尊崇祖先所以要敬循宗法，敬循宗法是尊崇祖先的义理。有小宗而没有大宗，有大宗却没有小宗，还有没有宗也没有人以他为宗的。国君的昆弟就有此三事。公子有宗道的是，公子的国君为他的做士大夫的庶弟立个同母弟作他们宗子，这就是公子的宗道。族属已断绝的不延及丧服。只有亲者恩相连续。

从人们的天然亲情开始，依循亲疏关系，一级一级地往上推及，要到达最远的祖先。从据理所作的推断开始，依循着与祖先的关系，顺次往下推移，也就到了父亲一代。因此人类的道德规范就是亲其所亲。

亲其所亲所以尊崇始祖，尊崇始祖所以敬循宗法，敬循宗法所以团结同族之人。同族之人团结所以宗庙祭祀庄严，宗庙庄严所以重视自己的国土，重视国土所以爱护百姓，爱护百姓所以刑罚得当，刑罚得当所以庶民安居乐业，庶民安居乐业所以资财充裕，资财充裕所以各种愿望都能实现，愿望都能实现所以礼俗就成为法式规范，礼法成为法式规范，然后人人安乐。《诗》云："文王能发扬光大并承继先人的事业，所以人们喜欢他。"说的正是这个意思。

少　仪①

闻始见君子者②，辞曰："某固愿闻名于将命者③。"不得阶主④。

敌者，曰"某固愿见⑤"。

罕见曰"闻名"，亟见曰"朝夕"⑥。

瞽曰"闻名"。

适有丧者曰"比"⑦，童子曰"听事"⑧。适公卿之丧，则曰"听役于司徒"⑨。

君将适他⑩，臣如致金玉货贝于君⑪，则曰"致马资于有司"⑫。敌者曰"赠从者"。

臣致襚于君⑬，则曰"致废衣于贾人"⑭。敌者曰"襚"。亲者兄弟不⑮以襚进。

臣为君丧，纳货贝于君⑯，则曰“纳甸于有司⑰”。

赗马入庙门⑱。赙马与其币⑲，大白兵车⑳，不入庙门。

赙者既致命㉑，坐委之㉒，摈者举之，主人无亲受也。

受立授立，不坐。性之直者，则有之矣㉓。

始入而辞，曰“辞矣”。既席，曰“可矣”。

排阖说屦于户内者㉔，一人而已矣。有尊长在，则否。

问品味，曰：“子亟食于某乎？”㉕问道艺，曰㉖：“子习于某乎？子善于某乎？”

不疑在躬㉗，不度民械㉘，不愿于大家㉙，不訾重器㉚。

泛埽曰埽，埽席前曰拚。拚席不以鬣㉛，执箕膺擖㉜。

不贰问。问卜、筮，曰：“义与㉝，志与㉞？”义则可问，志则否。

尊长于己逾等㉟，不敢问其年。燕见不将命。遇于道，见则面㊱，不请所之。丧俟事，不犆吊㊲。侍坐弗使，不执琴瑟，不画地㊳，手无容㊴，不翣也㊵。寝则坐而将命。侍射则约矢㊶，侍投则拥矢㊷。胜则洗而以请㊸，客亦如之。不角㊹，不擢马㊺。

执君之乘车则坐㊻。仆者右带剑㊼，负良绥㊽，申之面㊾，拖诸幦㊿，以散绥升(51)，执辔然后步。

请见不请退。朝廷曰退，燕游曰归，师役曰罢(52)。

侍坐于君子，君子欠伸，运笏(53)，泽剑首(54)，还屦(55)，问日之蚤莫，虽请退可也。

事君者量而后入(56)，不入而后量。凡乞假于人、为人从事者亦然。然，故上无怨而下远罪也。

不窥密(57)，不旁狎(58)，不道旧故(59)，不戏色(60)。

为人臣下者，有谏而无讪(61)，有亡而无疾(62)，颂而无讇，谏而无骄(63)，怠则张而相之(64)，废则埽而更之(65)，谓之社稷之役(66)。

毋拔来(67)，毋报往(68)，毋渎神(69)，毋循枉(70)，毋测未至(71)。

士依于德(72)，游于艺(73)。工依于法，游于说(74)。

毋訾衣服成器，毋身质言语(75)。

言语之美，穆穆皇皇(76)。朝廷之美，济济翔翔(77)。祭祀之美，齐齐皇皇(78)。车马之美，匪匪翼翼(79)。鸾和之美，肃肃雍雍(80)。

问国君之子长幼，长，则曰“能从社稷之事矣”；幼，则曰“能御”、“未能御”。问大夫之子长幼，长，则曰“能从乐人之事矣[81]”；幼，则曰“能正于乐人”、“未能正于乐人”。问士之子长幼，长，则曰“能耕矣”；幼，则曰“能负薪”、“未能负薪”。

执玉、执龟筴不趋，堂上不趋，城上不趋。武车不式，介者不拜。

妇人吉事，虽有君赐，肃拜[82]；为尸坐[83]，则不手拜[84]，肃拜；为丧主，则不手拜。

葛绖而麻带。

取俎、进俎不坐。

执虚如执盈，入虚如有人。

凡祭，于室中、堂上无跣[85]，燕则有之。

未尝不食新[86]。

仆于君子[87]，君子升、下则授绥，始乘则式，君子下行，然后还立[88]。

乘贰车则式[89]，佐车则否[90]。贰车者，诸侯七乘，上大夫五乘，下大夫三乘。

有贰车者之乘马、服车不齿[91]。观君子之衣服、服剑、乘马，弗贾[92]。

其以乘壶酒[93]、束脩、一犬赐人；若献人，则陈酒、执脩以将命[94]，亦曰“乘壶酒、束脩、一犬”。其以鼎肉[95]，则执以将命。其禽加于一双[96]，则执一双以将命，委其余。犬则执绁[97]；守犬、田犬[98]，则授挺者，既受乃问犬名。牛则执纼[99]，马则执靮[100]，皆右之，臣则左之[101]。

车则说绥[102]，执以将命。甲，若有以前之[103]，则执以将命；无以前之，则袒橐奉胄[104]。器则执盖。弓则以左手屈韣执拊[105]。剑则启椟[106]，盖袭之[107]。加夫襓与剑焉[108]。笏、书、脩、苞苴、弓、茵、席、枕、几、颖、杖、琴、瑟、戈有刃者椟、筴、龠[109]，其执之皆尚左手。刀，却刃授颖[110]，削授拊[111]。凡有刺刃者，以授人则辟刃[112]。

乘兵车，出先刃，入后刃。军尚左，卒尚右。

宾客主恭，祭祀主敬，丧事主哀，会同主诩[113]。军旅思险[114]，隐情以虞[115]。

燕侍食于君子，则先饭而后已，毋放饭，毋流歠，小饭而亟之[116]，数噍，毋为口容[117]。

客自彻，辞焉则止。

客爵居左[118]，其饮居右[119]。介爵、酢爵、僎爵皆居右[120]。

羞濡鱼者进尾[121]，冬右腴[122]，夏右鳍[123]，祭膴[124]。

凡齐[125]，执之以右，居之于左[126]。赞币自左[127]，诏辞自右[128]。

酳尸之仆^{⑫⑨}，如君之仆。其在车，则左执辔，右受爵，祭左右轨、范^⑬，乃饮。

凡羞有俎者，则于俎内祭。君子不食圂腴^⑬。小子走而不趋，举爵则坐祭立饮。凡洗必盥^{⑬⑫}。牛羊之肺，离而不提心^⑬。凡羞有湆音^⑭，不以齐，为君子择葱薤，则绝其本末。羞首者^⑬，进喙，祭耳^{⑬⑥}。

尊者以酌者之左为上尊^{⑬⑦}。尊壶者面其鼻^{⑬⑨}。饮酒者、机者、醮者^{⑬⑨}，有折俎不坐^⑭。未步爵^⑭，不尝羞。

牛与羊鱼之腥，聂而切之为脍^{⑭⑫}。麋鹿为菹，野豕为轩，皆聂而不切。麇为辟鸡，兔为宛脾，皆聂而切之，切葱若薤，实之醯以柔之。

其有折俎者，取祭肺，反之，不坐，燔亦如之。尸则坐。

衣服在躬，而不知其名为罔^{⑭③}。

其未有烛而后至者^⑭，则以在者告。道瞽亦然。

凡饮酒，为献主者执烛抱燋^{⑭⑤}，客作而辞，然后以授人。执烛，不让、不辞、不歌。

洗、盥、执食饮者勿气^{⑭⑥}，有问焉，则辟咡而对。

为人祭曰致福^{⑭⑦}，为己祭而致膳于君子曰膳，祔、练曰告。

凡膳告于君子^{⑭⑧}，主人展之^{⑭⑨}，以授使者于昨阶之南，南面，再拜稽首送；反命，主人又再拜稽首。其礼，大牢则以牛左肩、臂、臑折九个^⑮，少牢则以羊左肩七个^{⑮①}，犆豕则以豕左肩五个。

国家靡敝，则车不雕几，甲不组縢^{⑮②}，食器不刻镂，君子不履丝屦，马不常秣^{⑮③}。

【注释】

①郑玄说：名曰"少仪"者，以其记相见及荐羞之少威仪，少犹小也。　②君子：郑玄说是卿大夫及有异德的人。　③固：一再，坚决地。愿：希望。闻名：通达姓名。将命：传辞出入之人。　④阶：进阶。　⑤固：故、特意、特地。　⑥亟：屡次、一再。　⑦比：并。指来此和传话之人共同做些事情。　⑧听事：听候使唤。　⑨听役：听从役使差遣。司徒：主管国事。公卿之丧事，也由司徒掌管。　⑩适他：郑玄说"行朝会"。　⑪货贝：钱财。　⑫资：费用。　⑬襚：送给死人的衣服。　⑭废：无用。贾人：孙希旦说，王府掌王之燕衣服，有贾八人。　⑮亲者兄弟：兄弟之亲者，大功以上。　⑯纳货贝：赠送赙金。　⑰纳甸：缴纳田赋。　⑱赗马：以马赠送死者，供其驾驭魂车。　⑲赙马：以马帮助生者料理丧事。　⑳大白兵车：上面插有大白之旗的兵车。　㉑致命：致辞。　㉒委：置放。　㉓性：身体。直：高大。　㉔排闼：推开门扇。　㉕亟：常常。　㉖道艺：六艺。孙希旦解释说：道艺人容有能

否，故须问；若德性，则不当问矣。　㉗躬：自身。　㉘度：测量、计算。械：用具。㉙愿：羡慕、倾慕。大家：富贵人家。　㉚訾（zī）：诋毁、指责。重器：宝器。　㉛鬣：扫地的扫帚。　㉜膺：胸部。揲（yè）：箕舌，畚箕的伸出部分。　㉝义：正事。　㉞志：私意。　㉟逾等：辈分比自己高。　㊱见：被看见。面：相见。　㊲俟：等待。事：朝夕哭时。犆：特。　㊳画地：在地上指划。　㊴手无容：不摆弄手。　㊵翣：扇。　㊶约矢：束矢，指一次取完箭矢。凡射两人一组，先在中庭设置放箭的器具，将箭放入。取箭时更替进行，共取四支。卑者不能如此取箭，须等尊者取完，然后卑者一次取走，故称"约矢"。　㊷投：投壶。拥：抱。投壶之礼也是宾主各四矢，放在面前的地上，一一取之以投，卑者侍投，不能放在地上，用手抱着。　㊸洗：洗爵。射与投壶，输者如是尊者或宾客，则卑者或主人要洗爵请对方饮酒。如卑者或主人输则自饮。　㊹不角：角是罚爵，对尊者不能用，而要用爵。　㊺不擢马：不立马。《投壶》篇说"为胜者立马"即此，并说"庆多马"。如卑者胜，不敢为己立马，故曰不擢马。㊻执：执辔。㊼仆者：驾车的人。㊽良绥：君绥。负：指绥从驾车人左肩上绕后背到右腋下。㊾申之面：把绥放到面前。㊿拖：搭置。幦：车前横木上的覆盖物。51散绥：副绥。　52师役：兵众、徒役。罢：休。53运：摇动。54泽：抚弄。55还：转。56量：思考、考虑。57密：隐密。58旁狎：与旁人狎昵。59旧故：旧事。60戏色：朱熹说是"嬉笑侮慢之容"。61讪：诽谤、讥刺。62亡：离去。疾：恨、憎恶。63骄：傲慢、怠慢。64急：急惰。张：增强、扩大。相：辅助。65废：政教坏乱。更：更迭。66役：助，效力。67拔：急速、猝然。68赴（fù）：同"赴"，急促。69渎：因次数多而不恭敬。70枉：不正当、邪曲。71测：揣测、意度。72依：依托。73游：求学、学习。74说：道理。75质：验证、证成。76穆穆：深远。皇皇：博大。77济济：齐一、一致。翔翔：同"跄跄"，合乎礼节。78齐齐：谨慎诚实。皇皇（wǎng wǎng）：心情向往。79匪匪：车马行进不止。翼翼：飞翔的样子。80肃肃：庄重。雍雍：和谐。81乐人：大司乐，教国子音乐的人。82肃拜：跪而引手下垂。妇人以肃拜为正。83为尸：为祖姑之尸。84手拜：跪而手至地，头至手。妇人以手拜为丧拜。85跣：脱屦赤足。86尝：进献新物于寝庙。87仆于君子：为尊者驾车。88还：转车靠在旁边。立：停车。89贰车：朝觐祭祀的副车。90佐车：戎猎的副车。91服车：所乘之车。齿：孔颖达说是"论其年数多少"。92贾：议论价钱贵贱。93乘壶：四壶。束脩：十条干肉。94陈：陈列。孔颖达说：酒重脯轻，故陈列重者于门外，而执轻者进以奉命。95鼎肉：祭牲已切割，可放入鼎中之肉。96加：多。97泄（xiè）：牵狗的绳索。98守犬、田犬：孔颖达说，犬有三种，守犬、田犬、食犬。守犬、田犬有名，食犬无名。99纼（zhèn）：穿在牛鼻子上以备牵引的绳子。100靮（dí）：马缰。101臣：征伐所获俘虏。102说绥：脱绥，将车绥解下。103有以前之：孔颖达说是"陈甲而执他物轻者以将命"。104袒：开。櫜（gāo）：收藏盔甲、弓箭的器具。胄：头盔。105屈执拊：将弓衣折曲至拊处，左手拿着；右手拿着弓的末端。106椟：放剑的盒子。107袭之：将剑盒的盖与底重叠合在一起。108夫：无意义。语气助词。襓（ráo）：剑套。109苞苴：用萑苇编成用来包裹鱼肉等东西。颖（jiǒng）：警枕。用圆木做成的枕头，熟睡时会倾斜过来，使人警醒，故名。笄（cè）：简策。篇：书篇。110却刃：刀刃向后。颖：

刀头的环。　⑪削：曲刀。柎：刀把。　⑫辟刃：不把刃向着人。　⑬会同：诸侯以事朝见天子叫会，众诸侯相见叫同。诩：言辞敏捷而勇。　⑭军旅：军事、战争。险：失败。　⑮虞：戒备。　⑯小饭：小口吃饭，防备哕噎。亟之：很快咽下，防备尊长问话。　⑰数噍：快嚼。口容：指饭留在嘴里不咽，以致两腮鼓胀。　⑱容爵：主人酬宾之爵。　⑲其饮：指主人献宾之爵，及一人举觯之爵。　⑳介爵：主人献介之爵。酢爵：宾酢主人之爵。僎：乡人为卿大夫而来观礼的。　㉑羞：进献食品。濡：同"胹"，用调味的汤汁烹煮。　㉒腴：鱼腹之肉。㉓鳍：鱼脊。右：放在宾客右边，右手取用方便。　㉔肷（hū）：大块鱼腹之肉。　㉕齐：用盐梅调和所食羹酱饮等。　㉖居：放。　㉗赞币：为君授币。赞：助。　㉘诏辞：为君传辞。㉙仆：驾车之人。下句同。　㉚轨：车轴两头。范：通"軓"，车轼前。　㉛圂（huàn）：猪狗之类。腴：猪狗的肠子。　㉜洗：洗爵。　㉝离：分开。提：断绝。心：中央。　㉞渍（qì）：羹汁。　㉟羞：进献。　㊱喙：嘴。　㊲尊者：设尊的人。上尊：玄酒之尊。　㊳面其鼻：壶嘴向着人。　㊴饮酒：燕居饮酒。朼：洗过头以后饮酒。醮：向行冠礼者进酒。　㊵折俎：折牲体为俎。　㊶步爵：行爵。　㊷聂（zhé）：通"牒"。切肉成薄片。　㊸名：意义。罔：无知。　㊹献主：国君宴请臣下，使宰夫代做主人。　㊺燋：未点着的烛。　㊻勿气：不让口中气体喷及器物。　㊼为人祭：摄主祭。致福：把祭祀之福气带给君子。　㊽此"子"字俞樾说是衍文。　㊾展：省视。　㊿臑（nào）：牲畜前肢。九个：九段。　⑤羊臑也用肩臂，此处省略。　⑤滕（téng）：边饰。　⑤秣：以粟喂马。

【译文】

听说古人初次拜见有异德或官爵的人，要说："我一再希望将贱名报告给您的传话之人。"不能进阶直接见主人。

如果被拜见之人与自己地位相当，就说："我特地前来拜见。"

很少见面的人，同初见一样。常常见面的人，就说："时时刻刻烦您通报。"

失明的人，只能说"请通报姓名"。

到办丧事的人那里说："来此和传命之人同去做些事情。"小孩子就说"听候使唤"。去参与公卿的丧事，就说"听从役使差遣"。

国君将到他国朝会，臣下如果致送金玉钱财给国君，就说"送养马费用给有关官吏"。如果赠给地位相当的人，说"赠送给随从官吏"。

臣下送寿衣给国君，就说"送些没用的衣服给贾人"。如果地位相当，就说"赠送寿衣"。送给亲近的兄弟，就直接把寿衣送去。

臣下为国君的丧事赠送赙金，就说"这是缴纳给有关官吏的田赋"。

赠送给死者的马可以进入祖庙大门。赠送给生者的马及币帛，插有大白之旗的兵车，不进入祖庙大门。

赠送赗币之人致辞之后，跪着把赗币放在地上，由接待宾客的人接受收藏，主人不亲自接受。

接受赗金之人站立，赠送的人也站立不跪。赠送的人身材高大，而接受的人较矮，也有跪下将赗礼放在地上的。

宾客刚入门，摈者代主人说"不敢承受"。众人走到坐席时，摈者说"请坐"。

开门进入室内，在坐席边脱鞋的，只有地位最尊的一个人，其他人脱在门外。如果有尊贵的人在室内，后来之人就脱在门外。

询问别人的口味嗜好，说"您经常吃某种食物吗？"询问别人六艺的情况，说"您经常修习某种技艺吗？您擅长某种技艺吗？"

不要使别人猜疑自己，不要测量别人的器具，不要羡慕富贵人家，不要非议宗庙的宝器。

普遍打扫叫埽，扫坐席的前面叫拚，扫坐席前面不用扫帚。拿着参箕去倒垃圾时，箕舌要对着自己。

卜筮不要一心二用。问卜筮时要自问是为公事，还是私意。公事就可问卜占筮，私意就不可以。

尊长比自己辈分高，不能询问他的年龄。家宴见面卑幼的人不使用传辞之人。在路上遇见尊长，看到自己时就要上前相见，并不要问他到哪里去。参与丧事，要等主人朝夕哭时才吊问。侍奉尊长坐时，不命令自己就不练奏琴瑟，不在地上指划，不摆弄手，也不摇晃手。尊长躺卧，卑幼的人要坐而等候为他传话。侍奉尊长射箭时，要等他取完箭，然后自己一次取完四箭。侍奉投壶时，要抱着箭，不能放在地上。尊长输了，自己要清洗酒杯，斟酒请尊长喝。对待客人也这样。不要用罚酒用的角杯，赢了尊长也不要立马。

驾驭国君乘坐的车，驾车人可以先坐着。把剑挂在右边，将君绥搭在左肩，绕过后背，从后背伸出面前，将绥尾放在车前横木的覆盖物上，准备国君拉着绥登车。驾车人登车用副绥，登车后，执鞭分辔，调好马步，停下，让国君登车。

对尊长可以请求见面，但谈话后不能请求退下，得尊长示意，然后告退。在朝廷叫退，饮宴游玩叫归，兵众徒役之事叫罢。

侍奉有身份的人座谈，如他打哈欠，伸懒腰，摇动筈板，抚弄剑柄，把鞋转过来，询问时间早晚，这时就可以请求退下了。

有事求见国君，要考虑好再进见，不能进见以后再考虑，凡向人求借，为别人做事，也是这样。这样做了，就可以上无怨言，下也不会得罪。

不窥探别人的隐秘，侍坐时不要和侍坐之人狎昵，不说以往的旧事，待人不可轻浮嬉笑。

作为臣下的人，应当面劝谏，不要背后讥刺，国君不听而自己离去，也不能有怨恨。颂扬但不能谄媚，劝谏时不应傲慢。国君怠惰，要增强他的信心并辅佐他，政教坏乱要荡涤并加以更迭，这才叫为国家效力。

往来做事不可仓促。不要因祭祀次数过多而不恭敬，不要依循不正当的途径达到目的，不要对未来之事揣测意度。

士人要以道德为依托，熟习六艺。工匠要以法度为依托，熟习其中的道理。

不要谤毁已成的衣服、器皿，也不要亲身去验证那无稽的言谈话语。

言谈辞令的美，在于旨意深远、博大。朝廷上的美，在于行动一致，举止合礼。祭祀的美，在于恭敬诚实，心神向往。乘驾车马的美，在于行进不息如同飞翔。鸾铃和合的美，在于声音的庄重和谐。

有人问国君儿子的年龄，如果成人，就说"能够从事国家的大事了"；如果年幼，就说"能够侍奉国君"或"还不能侍奉国君"。有人问大夫儿子的年龄，如果成人，就说"能够从事大司乐的事了"；如果年幼，就说"能够接受大司乐的教正了"，或"还不能接受大司乐的教正"。有人问士的儿子的年龄，如果成人，就说"能够耕种了"；如果年幼，就说"能够背柴了"或"还不能背柴"。

拿着玉和龟筴时，不要快步走。在堂上，在城上，也不要快步走。在兵车上，不凭轼行礼。身穿甲胄的人不拜。

妇人参加吉礼，即使君王有赏赐，也只用肃拜。作为祖姑之尸而坐时，不用手拜，而用肃拜。在丧事中作为丧主时，不手拜而要磕头。

妇人在既虞、卒哭之后，首经改用葛经，腰带仍为麻带。

祭祀中取俎升堂，进俎于席前时，因俎有足，所以人们都不坐。

拿着空的器皿像拿着装满东西的器皿一样，小心谨慎；进入空房间内，像进入有人的房间一样恭敬有礼。

凡是祭祀，在室中或堂上都不脱鞋，宴饮之时就可以了。

没将新的谷物进献于寝庙，就不能吃这些新的谷物。

为尊长驾车，尊长上车下车都要把绥给他，开始乘车时，驾车人要凭轼行礼。尊长下车离去后，驾车人转车靠在旁边，停车等待。

中華藏書

四书五经·最新校勘精注今译本

中国书店

乘朝觐、祭祀的副车就要凭轼行礼,乘戎猎的副车就不必。朝觐、祭祀的副车,诸侯有七辆,上大夫五辆,下大夫三辆。

不要议论大夫以上官吏乘的车马的年数长短。看到尊长的衣服、佩剑、乘马,不要议论价钱贵贱。

把四壶酒、十条干肉和一条食用的狗赏赐给属下,或把同样物品送给上司,就把酒陈列在堂下,拿着干肉上堂表达辞命,说的也是"四壶酒、十条干肉、一条狗"。赠送已经切好的肉,就拿着肉表达辞命。赠送禽鸟之类,数量超过一双,只拿一双表达辞命,其余放在堂下。赠狗,就要牵着系狗绳索。守犬、田犬,就交给摈者,摈者接过后就问狗的名字。赠牛,就要拉着牵牛的绳索;赠马,就要拉着马缰,都是用右手。如果送的是俘虏,就要用左手,空着右手以防不备。

赠送车辆,就把绥解下来,拿着它传达辞命。赠送盔甲如有其他物品,就拿这些物品传达辞命。没有这些物品,就把放盔甲的器具打开,捧着头盔传达辞命。送器具,拿着它的盖子传达辞命。赠送弓箭,就将弓衣折曲到拊处,用左手拿着。赠剑,就打开剑盒的盖子,将它放在盒底下面,把剑衣放进盒里,用剑压着。凡送笏、书、干肉、苞苴、弓、茵、席、枕、几、警枕、杖、琴、瑟、装入盒中的有刃的戈、简策、书篇等,拿着它时用左手表示恭敬。送刀,要刀刃向后,把刀头的环交给对方。递曲刀时,把刀把交给对方。凡有刃锋之物,把它交给人时不要把刃锋对着人。

乘兵车出城时刀锋向前,进城时刀锋向后。军队列队,将领以左边为上,士卒们以右边为上。

宾客交际,以容貌恭谨为主。祭祀神灵,以心情崇奉为主。料理丧事,以哀痛为主。诸侯会同,以言辞敏捷且勇为主,战争要戒备失败,隐蔽己方的实情,以防备不测。

侍奉尊长吃便饭时,要先吃,但要最后吃完。不要弄得满桌是饭,满桌是汤。要小口吃饭,很快咽下。要快嚼并咽下,不要把饭留在嘴里,弄得两腮鼓胀。

饭后,客人自己撤去餐具。如主人劝阻,就停下。

主人酬谢宾客的酒杯放在左边,主人敬献宾客的酒杯放在右边。主人献介的酒杯,宾客酬酢主人的酒杯,主人敬献僕人的酒杯,都放在右边。

进献汤汁烹煮的鱼时,鱼尾对着宾客。冬天鱼腹向着宾客的右方,夏天鱼脊向着宾客的右方。祭祀,用大块的鱼腹之肉。

凡是用盐梅调和羹酱饮等，右手拿盐梅，左手拿着羹酱等，加以调和。

替国君授予币帛时，从国君左边出来。替国君传达命令，从国君的右边出来。

向尸的驾车人敬酒，如同向国君的驾车人敬酒一样。如驾车人在车上，就要左手拿缰绳，右手接杯，祭车轴的两头及车轼前面以后才能喝。

凡进献食物，用俎放的就在俎内先祭。尊长不吃猪狗的肠子。弟子参加宴会，只供役使，不能快步疾走，举杯喝酒时先坐祭然后站起来喝。在洗酒杯以前要先洗手。牛羊的肺，切开时，中央部分不要切断，祭时才分开。凡菜肴有汤汁的，不再加盐梅调和。为尊长择葱薤之物，要去掉根叶。进献牲首，把嘴对着宾客，用耳作祭。

设尊的人以斟酒人的左方为上尊，斟入玄酒。如果是壶，使壶嘴对着人。家居饮酒，洗头之后饮酒，向行冠礼的人敬酒，未撤折俎时都不坐着饮酒。未到行爵而随意饮酒时，不吃菜肴。

牛和羊的生肉，先切成薄片，再细切成脍。麋鹿、野豕都切成薄片，但不再细切成脍。麕、兔都要先切成薄片，再细切成肉丝。切葱和薤之后，放在醋中拌和肉片、肉丝，使之变嫩。

折骨在俎中，又在俎中取祭肺而祭，祭完放回俎中，这一切都要站着做。烤肉也像这样。但做这些事时，尸是坐着的。

衣服穿在身上，都不知道它的意义，就是无知。

晚间聚会未点烛火，如有人后来，主人就要把在座的人告诉他。引导盲人也是这样。

饮酒时做献主的人，日暮时拿着点着的火烛，抱着未点的火烛来劝酒，客人站起辞谢，然后把烛交给仆从。

拿着烛火时，不辞让，不说话，不歌唱。

为尊长洗酒杯，倒水洗手和拿饮食时，不能让口中气体喷及器物，尊长有询问时，就要侧过头回答。

作为摄主祭祀时，把祭祀余物送给别人叫"致福"。为自己祭祀，把所余膳食送给尊长，就说"膳"。祔、练等祭祀就说是"告"。报告事成。

凡是膳或告于君主，主人展示所送物品，在堂下把它授给使者，面向南再拜稽首相送。使者返回复命，主人又再拜稽首受命。按礼，太牢就要用牛左肩、臂、前肢，砍折为九段。少牢就用羊的左肩、臂、前肢，砍折为七段。特豕就用豕的左肩、臂、前肢，砍折为五段。

国家侈靡凋敝，遭值灾变，那么所乘之车不用雕饰，盔甲不用组带做边饰，食器也不刻缕花纹，君子也不穿丝制鞋，不要用粟喂马。

学　记①

发虑宪②，求善良，足以谀闻③，不足以动众④。就贤体远，足以动众，未足以化民⑤。君子如欲化民成俗，其必由学乎⑥！

玉不琢不成器，人不学不知道。是故古之王者建国君民，教学为先。《兑命》曰："念终始典于学⑦。"其此之谓乎！

虽有佳肴，弗食不知其旨也。虽有至道，弗学不知其善也。是故学然后知不足，教然后知困。知不足，然后能自反也⑧。知困，然后能自强也⑨。故曰：教学相长也。《兑命》曰："学学半⑩。"其此之谓乎！

古之教者，家有塾⑪，党有庠，术有序⑫，国有学。比年入学⑬，中年考校⑭。一年视离经辨志⑮，三年视敬业乐群⑯，五年视博习亲师，七年视论学取友⑰，谓之小成。九年知类通达⑱，强立而不反⑲，谓之大成。夫然后足以化民易俗，近者说服而远者怀之⑳。此大学之道也。《记》曰："蛾子时术之㉑。"其此之谓乎！

大学始教㉒，皮弁祭菜㉓，示敬道也。《宵雅》肄三㉔，官其始也。入学鼓箧㉕，孙其业也㉖。夏、楚二物㉗，收其威也。未卜禘不视学，游其志也㉘。时观而弗语㉙，存其心也㉚。幼者听而弗问，学不躐等也㉛。此七者，教之大伦也。《记》曰："凡学，官先事㉜，士先志㉝。"其此之谓乎！

大学之教也，时教必有正业㉞，退息必有居学㉟。不学操缦㊱，不能安弦；不学博依㊲，不能安诗；不学杂服㊳，不能安礼；不兴其艺㊴，不能乐学。故君子之于学也，藏焉，修焉，息焉，游焉㊵。夫然，故安其学而亲其师，乐其友而信其道，是以虽离师辅而不反也㊶。《兑命》曰："敬孙务时敏㊷，厥修乃来㊸。"其此之谓乎！

今之教者，呻其占毕㊹，多其讯㊺，言及于数㊻，进而不顾其安㊼，使人不由其诚㊽，教人不尽其材㊾，其施之也悖㊿，其求之也佛[51]。夫然，故隐其学而疾其师[52]，苦其难而不知其益也。虽终其业，其去之必速。教之不刑，其此之由乎！

大学之法，禁于未发之谓豫[53]，当其可之谓时[54]，不陵节而施之谓孙[55]，相观而善之谓摩[56]。此四者，教之所由兴也。

发然后禁，则捍格而不胜[57]；过时然后学，则勤苦而难成；杂施而不孙，则坏乱而不修[58]；独学而无友，则孤陋而寡闻；燕朋逆其师[59]；燕辟废其学[60]。此六者，教之所由废也。

君子既知教之所由兴，又知教之所由废，然后可以为人师也。故君子之教喻也，道而弗牵[61]，强而弗抑[62]，开而弗达。道而弗牵则和，强而弗抑则易[63]，开而弗达则思。和、易以思，可谓善喻矣[64]。

学者有四失，教者必知之。人之学也，或失则多[65]，或失则寡，或失则易，或失则止。此四者，心之莫同也。知其心，然后能救其失也。教也者，长善而救其失者也[66]。

善歌者使人继其声，善教者使人继其志。其言也约而达[67]，微而臧[68]，罕譬而喻[69]，可谓继志矣。

君子知至学之难易而知其美恶[70]，然后能博喻[71]，能博喻然后能为师，能为师然后能为长[72]，能为长然后能为君。故师也者，所以学为君也，是故择师不可不慎也。《记》曰："三王、四代唯其师[73]。"此之谓乎！

凡学之道，严师为难[74]。师严然后道尊，道尊然后民知敬学。是故君之所不臣于其臣者二：当其为尸，则弗臣也；当其为师，则弗臣也。大学之礼，虽诏于天子，无北面[75]，所以尊师也。

善学者，师逸而功倍[76]，又从而庸之[77]；不善学者，师勤而功半，又从而怨之。善问者如攻坚木[78]，先其易者，后其节目[79]，及其久也，相说以解[80]；不善问者反此。善待问者如撞钟，叩之以小者则小鸣，叩之以大者则大鸣，待其从容[81]，然后尽其声；不善答问者反此。此皆进学之道也。

记问之学[82]，不足以为人师，必也其听语乎[83]！力不能问，然后语之。语之而不知，虽舍之可也。

良冶之子[84]，必学为裘[85]；良弓之子，必学为箕[86]；始驾马者反之[87]，车在马前[88]。君子察于此三者，可以有志于学矣。

古之学者，比物丑类[89]。鼓无当于五声[90]，五声弗得不和；水无当于五色，五色弗得不章；学无当于五官[91]，五官弗得不治；师无当于五服，五服弗得不亲。

君子曰："大德不官，大道不器，大信不约，大时不齐[92]。察于此四者，可以有志于本矣。"

三王之祭川也，皆先河而后海，或源也，或委也[93]。此之谓务本。

中华藏书

四书五经·最新校勘精注今译本

中国书店

【注释】

①郑玄说：名曰"学记"者，以其记人学教之义。　②宪：拟度法式。　③谀：小。④动：感应、感动。　⑤化：感化，转变人心、风俗。　⑥学：学习，接受教育。　⑦典：经、常。　⑧自反：要求自己。　⑨自强：自己努力向上。　⑩第一个"学"字音 jiào，教，教授。　⑪塾：郑玄说，古时不再做官之人回家教书，每天坐在门处，"门侧之堂谓之塾"。⑫术（suì）：遂。一万二千五百家为遂。　⑬比年：每年。　⑭中：间、隔。　⑮离经：断句读。离：析。辨志：辨别志向所趋。　⑯敬业：专心致志，以事其业。乐群：乐于使众人得益。　⑰论学：谈论学术上的是非得失。　⑱知类通达：闻一知十，触类旁通。　⑲强立：临事不惑。不反：不违失师道。　⑳说：悦。怀：来、来归附。　㉑蛾子：蚂蚁。术：学，指学衔泥垒窝。　㉒始教：开学。　㉓皮弁：朝服。祭菜：对先圣先师行礼。　㉔宵：小。肆：学习。三：指《鹿鸣》《四牡》《皇皇者华》。　㉕鼓：击鼓召学子。箧：书箧。　㉖孙：逊，恭顺。　㉗夏楚二物：用榎、荆之木制作的扑打责问的工具，引申为鞭笞。夏（jiǎ）：通"榎"，楸木。楚：荆。　㉘游：悠闲。指使学子们情绪悠闲，轻松，而不急切。　㉙观：示，揭示所学之端绪。语：告诉。　㉚存其心：以求自有所得。　㉛躐（liè）：超越。　㉜官：做官。　㉝士：学士。　㉞时：依时、按时。正业：正规科目。　㉟退息：下学及放假。居学：私居之所学。　㊱操缦：调协弦音。　㊲博依：郑玄说是"广譬喻"。指诗歌的比兴手法。　㊳杂服：冕服皮弁各种服饰。　㊴艺：郑玄说是礼乐射御书数。　㊵藏：孙希旦说入学受业。修：修习正业。息：放假休息。游：悠闲轻松。　㊶辅：佐助。指同学、朋友。　㊷时敏：无时不疾。敏：疾。指学习不停息。　㊸厥：助词，无意义。来：指有所成就。　㊹呻：吟，吟读。占：视。毕：书简。　㊺讯：问。指难题。　㊻数：朱熹说是"形名度数"。　㊼此句是说：只管往下讲，而不管是否听得懂。　㊽使：教。由：用。诚：诚心。　㊾尽：度量、估计。材：资质、能力。　㊿悖：违背道理。　51佛：乖戾、悖逆。　52隐：不称扬。　53未发：念头、欲望还没产生。豫：预防。　54可：正逢可以教育的时机。　55陵：超过。节：限度。孙：顺。56善：受益，得到好处。　57捍（hàn）格不胜：通过教育也不能制止其念头的产生。　58修：通"条"，条理。　59燕朋：朱熹说是"私亵之友"，即不庄重、不恭敬的朋友。　60燕辟：朱熹说是"私亵之谈"。　61道：导、引导。牵：强制。　62强（qiǎng）：勉力、勤勉。63易：平易。　64喻：晓谕。　65则：之。　66长：增长。　67约：简约。达：通晓、明白。　68微：隐微。藏：善、好。指使人得益。　69罕：少。　70至学之难易：孙希旦说是"学者入道之深浅次第"。美恶：孙希旦说是"无失者为美，有失者为恶"。　71喻：晓谕、开导。　72长：首领、官长。　73师：择师。　74严：尊敬。　75北面：朝见时臣下面向北。76逸：闲适、安乐。　77庸：功。庸之：归功于老师。　78坚木：坚硬的木头。　79节目：树木枝干交结和纹理纠结不顺的地方。　80说：脱、脱离。解：分开。　81从容：不急迫。　82记问：记诵诗书以待问。　83听语：学子发问才给以解答。　84冶：冶炼铸造。　85此句孔颖达释为：积世善冶之家，其子弟见父兄陶铸金铁，使之柔和以补破器，使之完好。故子弟仍能学为裘袍补续兽皮，片片相合，以至完成。　86此句孔颖达释为：善为弓之家，使角干挠曲调

中华藏书　礼记

中国书店　一四七五

和以成弓，故其子弟观之，仍学挠之成器。　⑧始驾：马开始学驾车。　⑧此句意为将学驾车的马拴在车后，使之习惯而不惊。　⑧比物丑类：即比较事物异同而划分类别。　⑨当：相当、相应。　⑨五官：五种官职。　⑨大时：天时。　⑨委：指海。

【译文】

　　萌发思虑，拟度法式，广求善良之士，能够做到小有声闻，但不能够感动民众。就教于贤良之人，体悉远方之士，能够感动民众，但不能够化育民众。君子如果想化育民众，造成良好的风俗，一定要从教育入手。

　　玉质虽好，但不经过雕琢，就不能够成为玉器。人不学习就不会明白道理。因此古时的王者建设国家，统治民众，把教育和学习作为首要的事情。《尚书·兑命》说："从始至终都想着学习。"大概说的就是这个吧。

　　虽然有鱼肉等菜肴，不吃，就不知道它的味美；虽然有最好的道理，不学就不明白它的美好。因此学习以后才知道自己的知识不足，教人以后才知道自己的知识窘迫。知道不足，这样以后就能够要求自己省察；知道窘迫，这样以后就能够努力向上。所以说，教和学是互相促进增长的。《兑命》说："教别人，能收到学习的一半效果。"说的就是这个意思。

　　古时教学，家中有塾，党中有庠，遂中有序，国中有学。每年入学一次，隔一年一次考试。入学一年考经文的句读，辨别志向所趋。三年考察是否专心事业，乐于使众人得益。五年考察是否广博学习，亲敬师长。七年考察在学术上的见解，对朋友的选择。这叫做小成。九年应闻一知十，触类旁通，临事不惑，不违失师道。这叫做大成。这样然后就能够化育民众改变风俗，附近的人心悦诚服，而远方的人都来归附。这是太学教育的方法。古书说："蚂蚁时时学习衔泥垒窝，然后能垒成大窝。"说的就是这意思。

　　太学开学，学子穿着礼服，对先圣先师行礼，表示崇敬他们的道德学术。学习《小雅》中《鹿鸣》、《四牡》、《皇皇者华》三首诗歌，用为官之道进行开学时的教育，以期将来用于国家。入学时要击鼓召集学子，打开书箧，出示所学之业，使他们恭顺专心于此。夏、楚二物警策学子，使之收敛，建立威仪。夏天还没禘祭，天子不到学校视察，使学子们情绪悠闲，确立志向。教学经常提示所学之端绪，但不讲解什么，是要使学子们自己能有所得。年幼的学子只听不问，是因为学习不能超越等级。这七项是教育的大纲。古书说："凡学习，做官的人要学习管理事情，做学问的人先坚定志向。"说的就是这个意思。

　　太学的教学，要顺着四季时序而教，而且必须有正规科目。放学及放假时必须在家中学习，不学调协弦音就不能安放琴弦；不学比兴手法就不能做诗；不学冕服皮弁各种服饰就不能行礼；不学礼乐射御书数等六艺就不能引起兴趣。所以君子对待学习的态度，表现在入学就业、修习正业、放假休息和悠闲轻松之中。这样才能安心学习并且尊敬师长，同学相处融洽而且信奉道德学术。所以即使离开师长、同学，也不会违背道义。《尚书·兑命》说："恭敬谦顺，勉力学习，修业就有成就。"说的就是这个意思。

现在教书的人，只会看着书简吟读，自己也不明白，专出些难题来问学子，又讲些形名度数之类，只管往下讲，不管是否听得懂，教人不用诚心，又不考虑学子的资质能力。教育学子时违背情理，要学子也乖戾不通。这样，学子们不称扬师长的教学，反而憎恶师长，苦于学习之难却不知道有什么好处。虽然结束了学业，很快就会忘得干干净净。教育所以不能成功，就是这个缘故。

太学教人的方法是，在欲望还没产生之前就加以禁止，叫做预防。正逢可以教育的时机加以教育，叫做适时。不超越等级进行教学，叫做顺应。相互观摩学习而得到好处，叫做切磋。这四种就是使教育兴盛的方法。

欲望已经产生后才加以禁止，那么教育也不起作用；适当的学习时机过去才去学习，就是辛勤刻苦也难学成；杂乱无章地施教而没有顺应，就会使施教混乱而失去条理；单独学习而没有学友，就会孤陋寡闻；结交不好的朋友会违背师长的教训；不庄重的交谈，会贻误自己的学习。这六项是导致教育旷废的原因。

君子知道了教育兴盛的原因，又知道教育旷废的原因，这样就可以作为人家的师长。所以君子的教育是晓谕别人、加以引导而不强制，让人勉力学习又不使之压抑，加以启发又不直接告诉结论。引导而不强制就会关系融洽可亲，勉力学习而不使之压抑就会平易近人，加以启发而不必全部说出就会使人能够思考。融洽可亲、平易近人，这才算是善于晓谕别人。

学习的人有四种过失，教育人的人一定要知道。人在学习时，有的失之于贪多而未能贯通，有的失之于太少而知识褊狭，有的失之于心有旁骛而不专一，有的失之于学习畏难而停滞不前。这四种过失，心理都不相同。知道了属于哪种心理，然后才能挽救其过失。教育就是增长其长处而挽救其过失。

善于歌唱的人，能使人继承他的美妙歌声。善于教育的人，能使人继承他的远大志向。教育的言语要简练而使人通晓，隐微而使人受益，少用譬喻而让人明白，这才算是能使人继承志向了。

　　君子了解求学的深浅的次序，求学之人的资质优劣，然后才能广博地加以晓谕，能广博晓谕然后才能成为别人的师长，能够成为师长然后才能做官长，能做官长然后才能做国君。所以学做师长就是学做国君。由此可知，选择师长不可不慎重。古书说："虞夏殷周时代，对选择师长都很慎重。"说的就是这个意思。

　　求学时最难做到的是尊敬师长。师长受到尊敬，然后师道才受到敬重，师道受到敬重然后民众才知道恭敬严肃地对待学习。因此君主不以对待自己臣下的态度来对待臣子有两种情形：一是当他做尸的时候，一是做君主老师的时候。太学的礼制，即使对天子讲授，也不必面居臣位，这是为了表示尊敬师长。

　　善于学习的人，师长很闲适，可效果反而加倍，学子们都归功于师长；不善于学习的人，师长很辛勤，可效果反而减半，学子们都归怨于师长。善于发问的人，如同砍伐坚硬的木头，先从较软的部位开始，然后再伐枝干交叉或有结的部位，时间一长，木头自然脱落分开；不善于发问的人，正好与此相反。善于答问的人如同撞钟，轻轻敲打，钟声就小，重重敲打，钟声就大，等到敲钟人面色很从容，钟声余音才尽；不善于答问的人正好与此相反。这都是使学问有进益的方法。

　　只能记诵诗书以待发问的人，不能做别人的师长。师长一定是学子发问而给以解答的人。学子没能力表示出自己的疑问，师长这才给以解答。解答以后学子还不清楚，即使舍弃也可以。

　　好铁匠的儿子大概会做皮衣，好弓匠的儿子大概会做畚箕。刚学驾车的马都先拴在车的后面。君子观察到这三件事，就可以有学习的志向了。

　　古时的治学之人，能够比较事物的异同而将其划分类别。鼓的声音并不相当于五声中的某一声，但没有鼓的节奏五声就不谐和；水的颜色并不相当于五色中的某一色，但没有水的调和就没有花纹；治学的人并不相当于五官中的某一官，但不学习五官就不会管理事情；师长并不相当于人伦关系中的某一亲属，但任何亲属不经过教育就不会懂得人伦关系。

　　君子说："高尚的品德，不偏治一种职务。至高的道理，不局限于一种事物。最大的信诚，无须任何盟誓的要约。天时四季，寒暑错行，不曾齐一。考察了这四种情形，就可以有学习的志向了。"

　　夏商周三代王者祭祀河川，都是先祭河而后祭海。河是海水的源头，海是河水汇聚之处，先本后末，这就叫做"务本"。

乐　记①

凡音之起，由人心生也。人心之动，物使之然也。感于物而动，故形于声②。声相应，故生变，变成方③，谓之音；比音而乐之，及干戚、羽旄④，谓之乐。

乐者，音之所由生也；其本在人心之感于物也。是故其哀心感者，其声噍以杀⑤；其乐心感者，其声啴以缓⑥；其喜心感者，其声发以散⑦；其怒心感者，其声粗以厉⑧；其敬心感者，其声直以廉⑨；其爱心感者，其声和以柔。六者，非性也，感于物而后动。是故先王慎所以感之者。故礼以道其志，乐以和其声，政以一其行，刑以防其奸。礼、乐、刑、政，其极一也⑩：所以同民心而出治道也⑪。

凡音者，生人心者也。情动于中，故形于声。声成文，谓之音。是故，治世之音安以乐，其政和；乱世之音怨以怒，其政乖⑫；亡国之音哀以思⑬，其民困。声音之道，与政通矣。宫为君，商为臣，角为民，徵为事，羽为物。五者不乱，则无怙懘之音矣⑭。宫乱则荒⑮，其君骄；商乱则陂⑯，其官坏；角乱则忧，其民怨；徵乱则哀，其事勤；羽乱则危，其财匮。五者皆乱，迭相陵，谓之慢。如此，则国之灭亡无日矣。郑、卫之音，乱世之音也，比于慢矣⑰。桑间、濮上之音，亡国之音也，其政散，其民流，诬上行私而不可止也⑱。

凡音者，生于人心者也。乐者，通伦理者也⑲。是故，知声而不知音者，禽兽是也⑳；知音而不知乐者，众庶是也。唯君子为能知乐。是故，审声以知音，审音以知乐，审乐以知政㉑，而治道备矣。是故，不知声者不可与言音，不知音者不可与言乐。知乐则几于礼矣。礼乐皆得，谓之有德。德者，得也。

是故，乐之隆，非极音也。食飨之礼，非致味也㉒。《清庙》之瑟，朱弦而疏越㉓，壹倡而三叹㉔，有遗音者矣。大飨之礼，尚玄酒而俎腥鱼，大羹不和，有遗味者矣㉕。是故先王之制礼乐也，非以极口腹耳目之欲也，将以教民平好恶而反人道之正也㉖。

人生而静，天之性也；感于物而动，性之欲也。物至知知㉗，然后好恶形焉。好恶无节于内，知诱于外，不能反躬，天理灭矣㉘。夫物之感人无穷，而人之好恶无节，则是物至而人化物也㉙。人化物也者，灭天理而穷人欲者也。于是有悖逆诈伪之心㉚，有淫佚作乱之事。是故，强者胁弱，众者暴寡，知者诈愚，勇者苦怯，疾病不养，老幼孤独不得其所。此大乱之道也。

是故先王之制礼乐，人为之节；衰麻哭泣，所以节丧纪也；钟鼓干戚，所以和安乐也；昏姻冠笄，所以别男女也；射乡食飨，所以正交接也㉛。礼节民心，乐和民声，政以行之，刑以防之。礼、乐、刑、政，四达而不悖，则王道备矣。

乐者为同，礼者为异㉜。同则相亲，异则相敬。乐胜则流㉝，礼胜则离㉞。合情饰貌者，礼乐之事也㉟。礼义立㊱，则贵贱等矣；乐文同，则上下和矣；好恶著，则贤不肖别矣。刑禁暴㊲，爵举贤㊳，则政均矣㊴。仁以爱之，义以正之。如此，则民治行矣。

乐由中出，礼自外作。乐由中出，故静；礼自外作，故文㊵。大乐必易，大礼必简。乐至则无怨，礼至则不争㊶，揖让而治天下者，礼乐之谓也。暴民不作，诸侯宾服㊷，兵革不试㊸，五刑不用，百姓无患，天子不怒，如此，则乐达矣。合父子之亲，明长幼之序，以敬四海之内天子㊹，如此，则礼行矣。

大乐与天地同和，大礼与天地同节。和，故百物不失；节，故祀天祭地。明则有礼乐，幽则有鬼神。如此，则四海之内合敬同爱矣。礼者，殊事合敬者也㊺；乐者，异文合爱者也㊻。礼乐之情同，故明王以相沿也㊼；故事与时并，名与功偕㊽。

故钟鼓管磬，羽籥干戚，乐之器也。屈伸俯仰，缀兆舒疾㊾，乐之文也㊿。簠簋俎豆，制度文章(51)，礼之器也。升降上下，周还裼袭(52)，礼之文也。故知礼乐之情者能作，识礼乐之文者能述(53)。作者之谓圣，述者之谓明。明圣者，述作之谓也。

乐者，天地之和也；礼者，天地之序也。和，故百物皆化(54)；序，故群物皆别。乐由天作，礼以地制。过制则乱(55)，过作则暴(56)。明于天地，然后能兴礼乐也。

论伦无患(57)，乐之情也(58)；欣喜欢爱，爱之官也(59)。中正无邪，礼之质也；庄敬恭顺，礼之制也。若夫礼乐之施于金石(60)，越于声音(61)，用于宗庙社稷，事乎山川鬼神，则此所与民同也。

王者功成作乐，治定制礼。其功大者其乐备，其治辩者其礼具(62)。干戚之舞，非备乐也。孰亨而祀，非达礼也。五帝殊时，不相沿乐；三王异世，不相袭礼。乐极则忧，礼粗则偏矣。及夫敦乐而无忧(63)，礼备而不偏者，其唯大圣乎？

天高地下，万物散殊(64)，而礼制行矣。流而不息，合同而化(65)，而乐兴焉。春作夏长，仁也；秋敛冬藏，义也。仁近于乐，义近于礼。乐者敦和(66)，率神而从天^㉘；礼者别宜^㉘，居鬼而从地^㉙。故圣人作乐以应天，制礼以配地。礼乐明备，天地官矣^⑦。

天尊地卑，君臣定矣。卑高已陈^⑦，贵贱位矣。动静有常，小大殊矣。方以类聚^⑦，物以群分^⑦，则性命不同矣^⑦。在天成象，在地成形，如此，则礼者天地之别也。地气上齐^⑦，天气下降，阴阳相摩，天地相荡^⑦，鼓之以雷霆^⑦，奋之以风雨^⑦，动之以四时，煖之以日月^⑦，而百化与焉^⑧。如此，则乐者天地之和也。

化不时则不生^⑧，男女无辨则乱升^⑧，天地之情也^⑧。及夫礼乐之极乎天而蟠乎地^⑧。行乎阴阳而通乎鬼神，穷高极远而测深厚^⑧。乐著大始^⑧，而礼居成物^⑧。著不息者天也，著不动者地也。一动一静者，天地之间也。故圣人曰"礼乐"云。

昔者，舜作五弦之琴以歌南风，夔始制乐以赏诸侯。故天子之为乐也，以赏诸侯之有德者也。德盛而教尊，五谷时熟，然后赏之以乐。故其治民劳者，其舞行缀远^⑧；其治民逸者，其舞行缀短^⑧。故观其舞，知其德；闻其谥，知其行也。《大章》，章之也。《咸池》^⑨，备矣。《韶》，继也。《夏》，大也。殷、周之乐^⑨尽矣。

天地之道，寒暑不时则疾，风雨不节则饥。教者^⑨，民之寒暑也，教不时则伤世；事者，民之风雨也，事不节则无功。然则先王之为乐也，以法治也^⑨，善则行象德矣^⑨。夫豢豕为酒^⑨，非以为祸也，而狱讼益繁，则酒之流生祸也^⑨。是故先王因为酒礼。壹献之礼，宾主百拜^⑨，终日饮酒而不得醉焉，此先王之所以备酒祸也。故酒食者，所以合欢也。乐者，所以象德也；礼者，所以缀淫也^⑨。是故先王有大事^⑨，必有礼以哀之；有大福^⑩，必有礼以乐之。哀乐之分，皆以礼终。乐也者，圣人之所乐也，而可以善民心。其感人深，其移风易俗，故先王著其教焉^⑩。

夫民有血气心知之性，而无哀乐喜怒之常^⑩，应感起物而动，然后心术形焉^⑩。是故志微、噍杀之音作^⑩，而民思忧；啴谐、慢易^⑩、繁文、简节之音作^⑩，而民康乐；粗厉、猛起^⑩、奋末、广贲之音作^⑩，而民刚毅；廉直、劲正、庄诚之音作，而民肃敬；宽裕、肉好、顺成、和动之音作^⑩，而民慈爱；流辟、邪散、狄成、涤滥之音作^⑪，而民淫乱。

是故，先王本之情性，稽之度数^⑪，制之礼义^⑪，合生气之和^⑪，道五常之行^⑭，使之阳而不散^⑮，阴而不密，刚气不怒，柔气不慑，四畅交于中而发作于外，皆安其位而不相夺也。然后立之学等^⑰，广其节奏^⑱，省其文采^⑲，以绳德厚⑳，律小大之称㉑，比终始之序㉒，以象事行㉓，使亲疏、贵贱、长幼、男女之理㉔皆形见于乐，故曰：乐观其深矣。

土敝则草木不长㉕，水烦则鱼鳖不大㉖，气衰则生物不遂㉗，世乱则礼慝而乐淫㉘。是故其声哀而不庄，乐而不安；慢易以犯节，流湎以忘本㉙；广则容奸，狭则思欲；感条畅之气，而灭平和之德㉚。是以君子贱之也。

【注释】

①郑玄说：名曰"乐记"者，以其记乐之义。　②形：表现。　③方：郑玄说是"文章"，即如同五色交错而成文章，五音具备即成歌曲。　④干戚：武舞的道具。羽旄：文舞的道具。　⑤噍杀（jiāo shài）：声音急促而低微。　⑥啴（chǎn）缓：声音宽舒而徐缓。　⑦发：高昂。散：悠扬。　⑧厉：猛烈。　⑨廉：洁净、纯净。　⑩极：最终目的。　⑪治：治平，太平安定。　⑫乖：乖差、乖误。　⑬哀：（声音）凄清。思：悲伤。　⑭怗懘（zhān zhì）：不和谐。　⑮荒：孔颖达说是"放散"。　⑯陂（pō）：郑玄说是"倾颓"。　⑰比：接近。　⑱诬：欺骗。　⑲伦理：人伦物理。　⑳禽兽知道声音，但不能了解宫商的变化。　㉑从不同心情的乐声中可以了解各种政治情况。　㉒致：极。　㉓越（huó）：瑟底小孔。　㉔倡：唱。叹：赞和。指歌尾曳声以相助。　㉕遗：遗失，不在。指不在乎"音"和"味"。　㉖平好恶：郑玄说是"教之使知好恶"。　㉗至：到来。指给人的刺激。知知：指刺激被人的心智感觉到，也就是人的心智产生感觉。前一"知"是"智"，心智。后一"知"字是知觉、感觉。　㉘天理：天性，天生的本性。　㉙人化物：指人随外物而变化。　㉚悖逆：违乱忤逆。　㉛交接：交往。　㉜同、异：陈澔说是"统同"、"辨异"。　㉝流：放纵、淫放。　㉞离：隔离、隔膜。　㉟合：融洽。　㊱礼义：礼仪。　㊲暴：指不肖的人。　㊳爵位。举：举荐　㊴政均：治理国事公允。均：公允。　㊵静：依王引之说释作"情"。情：诚实。文：依韦昭说释为"德"，美德。　㊶至：通行、施行。　㊷宾服：诸侯入贡朝见天子。也指归顺、臣服。　㊸试：用，动用。　㊹从上句"暴民不作……则乐达矣"，可知此句结构混乱。"乐""礼"两句对举，仿上句结构，应将此句改动为"四海之内以敬天子"。　㊺殊事：事类不同。　㊻异文：曲调有别。　㊼沿：沿袭、沿用。　㊽偕：俱、并。　㊾缀兆：指舞者进退的位置。缀：舞者的位置。兆：舞位的界域。　㊿文：指情状。　51制度：指车器宫室的制式尺度。文章：器物的雕琢装饰。　52周还：周旋。　53识（zhì）：记住。　54化：化生。　55乱：紊乱。　56暴：指淆乱。　57论伦：论说乐的伦理。患：悖害。　58情：本情。　59官：《史记·乐志》作"容"。　60施：用。金石：指钟磬等乐器。　61越：扬、发。　62辩：遍。　63敦：尊重。　64散：散布、分散。殊：不同的地方。　65合同：合会齐同。　66敦和：敦重合同。　67率：循。　68别宜：辨别不同。　69居：率、循。　70官：职分。　71卑：泽。高：山。陈：成列。　72方：虫禽走兽。　73物：草木花卉。群：群落。　74性：天生的性质。命：后天的禀受。　75齐：郑玄说"读为跻"，升。　76荡：激荡。　77鼓：振动。　78奋：《易·系辞上》作"润"。　79煖：《易·系辞上》作"烜"。烜（xuān）：明亮。

指照耀。　⑧《史记·乐志》为"百物化兴"。化兴：即化生。　⑧化：化养。　⑧升：成。　⑧情：本性。　⑧燔：致。　⑧测：《说文》释作"深所至"。至：到达极点。　⑧大始：原始。　⑧居：俞樾释作"辨别"。　⑧缀远：舞位的距离远，说明人相对减少。　⑧缀短：舞位的距离近，说明人相对增多。　⑨池：施、施与。　⑨殷周之乐：孔颖达说是殷的《大濩》、周的《大武》，歌颂汤武革命。　⑨教：乐教。　⑨以法治：郑玄说是"以乐为治之法"。　⑨象：仿效。　⑨豢：饲养。为：制作。　⑨流：指过度。　⑨百拜：言其次数多。　⑨缀：停止。淫：过分。　⑨大事：郑玄说是指死丧。　⑩大福：吉庆之事。　⑩著：明白规定。　⑩常：固定不变。　⑩心术：指哀乐喜怒。　⑩志微：《汉书·乐志》作"纤微"。　⑩慢易：平易。　⑩繁文：含义丰富。简节：节奏简明。　⑩粗厉：粗犷。猛起：起始猛烈。　⑩奋末：终结昂奋。广贲：宏大而愤激。　⑩肉好：圆润。　⑩流辟：流宕怪僻。邪散：散乱。狄成、涤滥：孔颖达说是乐曲折、速成速止。　⑪稽：参考。　⑪礼：理，准则。　⑪生气：阳阴之气。　⑪道：循。　⑪散：杂乱。　⑪密：闭塞。　⑪等：等次。　⑪广：增习。　⑪省：审查。文采：指音曲是否五音和应。　⑫绳：度量。　⑫律：校正。　⑫比：排列。　⑫事行：事功、行能。　⑫理：伦理。　⑫敝：衰敝。　⑫水烦：经常搅动的水。　⑫遂：成。　⑫慝（tè）：邪恶。　⑫流湎：流连沉湎。　⑬条畅：条直通畅。

【译文】

凡是声音的发出，都是由人的内心活动产生出来的。人的内心活动，是受到了外物的刺激作用。对外物的刺激产生感应而活动，就表现为声音。不同的声音互相应和，就会发生变化。抑扬高下的变化，如同五色交错成为文章一样，使五声具全而产生歌曲。比照歌曲而用乐器演奏，加上干戚的武舞，羽旄文舞，这就是乐。

乐是歌曲生发出来的，它的本源在于人的内心活动受到外物的刺激作用。因此，内心产生悲哀的感应，发出的声音急促而低微；内心产生快乐的感应，发出的声音宽舒而徐缓；内心产生喜悦的感应，发出的声音高昂而悠扬；内心产生愤怒的感应，发出的声音粗壮而猛烈；内心产生恭敬的感应，发出的声音直正而纯净；内心产生爱慕的感应，发出的声音温和而柔顺。这六种感应，不是人们本性不同，而是外物的不同刺激作用引发的。所以古代的圣王重视可以用来产生刺激的事物。用礼引导人们的志向，用乐调谐人们的声音，用政令统一人们的行为，用刑罚防止人们的奸邪。礼、乐、政、刑的终极目的是一个，使民众齐心而实现国家的太平安定。

声音是由人的内心产生出来的。内心的感情活动就表现为声音。声音节奏和谐，这就是乐。因此太平盛世的乐，安详而愉快，是因为政治宽和；乱世的乐，哀怨而愤怒，是因为政治乖差；亡国的乐，凄清而悲伤，是因为人民流离困苦。声音的道理是和政治相通的。宫、商、角、徵、羽就是君、臣、民、事、物。这五音不杂乱，就没有不和谐的声音了。宫音杂乱就显得声音放散，如同国君骄逸，贤人背离；商音杂乱就显得声音倾颓，如同官常败坏，国事倾危；角音杂乱就显得声音忧愁，如同人民怨恨，隐忧四伏；徵音杂乱就显得声音哀苦，如同徭役不休，人民劳苦；羽音杂乱，就显得声音危急，如同赋税沉重，民用贫乏。五音混乱，交相侵凌，这就叫做慢音，是亡国之音。照这样下去，国家灭亡就没有几天了。古代郑卫地方的乐，就是乱世的乐，接近于灭亡的"慢音"。桑间、濮上的乐，就是亡国之音，国君政教放散，人民四处流亡，官吏欺骗上司，各行其是，而无法制止。

声音是由人的内心产生出来的。音乐是通达人伦物理的。所以只知道声音而不懂得音理，这是禽兽。只知道音理而不了解音乐的效用，这是凡人。只有君子能够了解音乐的效用。因此，分辨声音可以懂得音理，分辨音理可以知道音乐的作用，辨别音乐的作用可以了解政事的治理。这才能有一套治理国家的方法。所以，不知道声音的人，不可以和他谈论音理；不了解音理的人，不可以和他谈论音乐的作用。了解音乐的作用就几乎接近于礼治了。礼、乐都得到了，就叫做有德。德就是得啊！

音乐隆盛，不一定就是最好听的音乐。飨宴盛大，不见得就是最味美的酒席。歌唱《清庙》之诗伴奏用的瑟，朱红的丝弦和稀疏的底孔，一人唱诗而三人赞和，声音迟浊质素，显然不在乎音乐是否好听；祭享盛大，把水放在首位，俎上放的是生肉生鱼，肉汁中不加调料，食物清寡质素，显然不在乎口味是否合适。由此可知，古代圣王制定礼乐的目的，不在于满足口腹耳目的欲望，而在于教育人们辨别爱憎，回归到道德规范的正途上。

安静是人的天性。由于外物的刺激产生活动，这是人的感情的某种冲动，也就是欲望。外物的刺激使人的心智产生了感觉，就表现为喜好和厌恶两种感情。内心中的喜好和厌恶没有节制，外物还在诱惑着，又不能反过来要求自己，加以节制，那么在外物的刺激下，人就随着发生变化。人随外物发生变化，是灭绝天性而穷尽人的欲望的结果。因此就会产生违乱忤逆、诡诈虚伪的心计，出现纵欲放荡、为恶作乱的事情。因而强硬的人胁迫软弱的人，多数的人欺压少数的人，有才智的人诈骗愚笨的人，胆大的人欺辱怯懦的人，有病无人侍奉，老幼孤独流离失所。这就是大乱的世道了。

古代圣王制定礼乐，是为人制定出节制的限度。衰麻哭泣，用来节制丧纪；钟鼓干戚，用来谐和安乐；婚姻冠笄，用来分别男女；射乡食飨等礼仪，用来纠正交往。用礼节制人们的性情，用乐调和人们的声音，用政令加以推行，用刑罚加以防止，礼乐刑政四方面发生作用而不互相冲突，那么王道政治就完备了。

乐的功用在于统同，礼的功用在于辨异。统同就会使人们互相亲近，辨异就会使人们相互尊敬。乐超过限度会使人们放纵，礼超过限度会使人们隔膜。统同使人们感情融洽，辨异使外貌庄重，这是礼乐的功用。建立了礼仪，就形成了尊卑的等差；乐音统同，就出现了上下的和睦。有了明显的好恶标准，那么贤和不肖就区别开了。不肖的，用刑罚加以禁止；贤良的，用封爵加以举荐。这样，治理国家就公允了。用仁爱之心来施爱，又用礼仪保持仁爱之心。这样，民治就可施行了。

乐由内心产生，礼是外在表现。乐由内心产生，因此可以知道其真情；礼是外在表现，因此可以见其美德。盛大的音乐必定是平易的，隆重的礼仪必定是简单的。乐教通行，人们的心情可以表达出来，再也没有怨恨；礼教施行，人们的言语行为有了规范，不会再有冲突。揖让而治天下，说的就是这种礼乐政教。暴民不作乱，大小诸侯都来朝拜臣服，不动用军队征伐，各种刑罚都不使用，百姓无忧无虑，天子没有不满，像这样就是乐教通行了。父子的亲情融洽，长幼的次序分明，四海之内的人们都尊敬天子，像这样就算礼教施行了。

盛大的音乐有着自然的和谐，隆重的礼仪有着自然的节限。百物得和谐而生长，各自持其本性；万物有节限而成就，祭祀天地以报答。在显明的地方用礼乐教人，在幽冥的地方有鬼神相助。这样，四海之内的人们就能相互敬爱了。礼仪的事类不同，但恭敬的心情一样；音乐的曲调有别，但仁爱的心情无异。礼乐表达的感情相同，都在于相互敬爱。所以历代的圣明君王都沿袭不变，用礼乐治国。但他们制定的礼乐及其名目，是和所处的时代环境及建立的功绩相适合的。

钟鼓管磬等乐器，羽龠干戚等舞具，都是乐的器具。屈伸俯仰的姿势，进退快慢的动作，是乐的情状。簠簋笾豆，制度文章，是行礼的用具。升降上下，周旋裼袭，是行礼的情状。所以了解礼乐表达的感情的人，能够创制新的礼乐；而记住举乐和行礼的情状的人，只能复述旧的礼乐。能够创制的人叫做"圣"，能够复述的人叫做"明"。明、圣，就是指那能够复述或创制的人。

乐是表示自然的和谐，礼是体现自然的秩序。和谐能够化生万物，秩序能够分别万品。乐和礼是效法天地阳阴制作出来。错误地制作出礼乐就会引起尊卑紊乱、乐体淆乱。通晓天地的秩序、和谐，然后才能制作礼乐。

论伦无患，是乐的内情。欣喜欢爱，是乐的形貌。中正无邪，是礼的本质。庄严恭敬，是礼的节制。至于礼乐施用于钟磬，发出声音，用在宗庙社稷的祭祀，山川鬼神的奉事上，这和庶民是相同的。

为王的人功业成就，开始作乐；天下平定，创制礼教。功绩越大，政治越安定，礼乐就越完备。只是干戚的武舞，还不算是完备的乐。只知熟烹的祭祀，也没通晓礼的本意。五帝、三王的时代各不相同，他们不沿用前代的乐名，不袭用前代的礼制。极尽于乐，就会有流连忘返的忧虑；礼制粗疏就会失去中正无邪。然而能做尊重乐而又无忧虑，礼制完备而又不偏颇，恐怕只有通晓礼乐的大圣人了！

天在上，地在下，万物散布在不同的地方，礼就依其不同而施行。万物流移不停，合会齐同而变化，乐在其变化中产生。春生夏长是仁的表现，秋敛冬藏是义的反映。仁主仁爱，乐主和同，所以仁近于乐；义主断割，礼为节限，因此义近于礼。乐敦重和同，依循神气的伸展本性，像天一样流动不息；礼崇尚别异，按照鬼气的收敛本性，像地一样凝定不动。所以圣人们作乐制礼来应天配地。礼乐如此显明完备，天地已是各尽其职分了。

天尊在上，地卑在下，君臣的名分已经确定。山泽成列，已经有了贵贱的位置。阳动阴静自有一定的规律，万物的大小也各不相同。虫禽走兽按照同类聚集一起，草木花卉依照群落加以区分。这是因为它们的本质与禀受不同。在天上就表现为不同的天象，在地上就表现为不同的地形，礼就效法天地的差别而定。地气上升，天气下降，阴阳摩擦，天地激荡，雷霆震动，风雨滋润，四季运行，日月照耀，在天地阴阳的作用下，万物于是化生出来。乐就仿效天地的和谐而作。

天地化养不得其时，万物不长；男女杂乱无别就会乱成。效法天地则生则治，反之则亡则乱，这是天地的本性。至于礼乐，极致天地上下，通达阴阳鬼神，穷尽高远深厚。乐显示原始的动机，礼辨别既成的事物。显示着不停运动的是天，显示着凝固静止的是地。又动又静的在天地之间，这就是圣人所说的礼乐。

以前，舜弹奏五弦琴，歌唱南风之诗，夔始作乐来赏赐诸侯。所以天子作乐，赏赐给诸侯中有德行的人。德行深厚，教化尊崇，五谷丰足，然后天子用乐赏赐。凡是治下人民劳苦的，参加乐舞的人就少；凡是治下人民安逸的，参加乐舞的人就多。所以，看参加乐舞的人数多少，就可以知道他的德政如何；听到他的谥号，就能够知道他的行义怎样。《咸池》是黄帝所作乐名，是因他将恩德全部施与人民。《大章》是尧的乐名，是因他发扬光大黄帝的德行。《韶》是舜的乐名，是因他继承了尧的品德。《夏》是禹的乐名，是因他弘大了尧舜的美德。到了殷周时，殷的乐名为《大濩》，周的乐名为《大武》，是因汤、武为民除残伐暴，使人民能够生存下去。

自然的规律，寒暑没有定时就会发生疾病，风雨失去节制就会发生饥荒。教化就是人们的寒暑，没有定规，就会伤害世道人心；事功就是人们的风雨，失去节制，就不会有成效。既然这样，那么古代圣王作乐，把乐作为治理的方法，教化善良，人们的行为举动就会仿效圣王的德行。养猪酿酒，本来是为行礼，不是为了制造祸乱。然而官司却逐渐增多，是饮酒过量生出的祸患。所以古代圣王为此制定饮酒的礼仪，喝一杯酒，宾主有许多礼节，这样即使一天到晚喝酒，也不会喝醉。这就是古代圣王用来防止酒祸的办法。喝酒吃饭的目的是聚会欢乐。乐是使人们仿效圣王的品德，礼是使人们停止过分的行为。所以古代圣王有死丧的事情，一定有衰麻哭泣等礼节表示悲哀；有吉庆的事情，也一定有钟鼓歌舞等礼节来抒发欢乐。哀乐都用礼节，各自终止在自己的分界。乐是圣人喜欢的，能使人心向善。它感人至深，并能改变风俗，所以古代圣王都明白规定施行乐教。

每个人都有血气心知的本性，但没有固定不变的哀乐喜怒的心情。必须感受到外物的刺激，才会产生情感活动，然后就表现出哀乐喜怒。所以，创作出细微、低沉的音乐，那人民是愁思忧虑的；创作出宽和而平易、含义丰富而节奏简明的音乐，那人民是安逸欢乐的；创作出粗犷、起始和结束猛烈、昂奋的音乐，那人民是刚强坚毅的；创作出纯净直正、庄严诚恳的音乐，那人民是严肃恭敬的；创作出宽舒、圆润、和顺的音乐，那人民是慈祥仁爱的；创作出流宕、怪僻、散乱、曲折、急成速止的音乐，那人民是淫侈混乱的。

古代圣王作乐，依据人们的本性和情感，参考音律的度数，制定出准则意义。既适合阴阳生气的和畅，又依循五行的流转，使阳气发散而不至杂乱，阴气收敛而不至闭塞，刚强而不粗暴，柔顺而不怯懦，阳阴刚柔四气交汇于中而表现在外，安于各自的位置而不相互侵凌。然后根据才质设立学习的等次，增习乐的节奏，审查音曲是否和应，来量度他是否道德高厚。同时，校正五音度数的匀称，排列章节终始的次序，来模拟事功和行能，使亲疏、贵贱、长幼、男女的伦理都表现在乐中。所以说：欢乐就要观察乐中所含的深义。

土壤衰敝，草木就不能生长；经常搅动的水，养不大鱼鳖；阴阳之气衰竭，生物无法长成；世道衰乱，礼乐就会邪恶、放荡。因此，声音悲哀但不庄重，喜悦但不安分，过分宽缓会冲犯节奏，流连沉湎会失去本性；节奏宽缓就会容纳邪恶，狭迫就要思念嗜欲，感受到一股条直通畅之气，却毁灭了平和的美德。这是君子所鄙视的。

凡奸声感人①，而逆气应之，逆气成象，而淫乐兴焉。正声感人②，而顺气应之，顺气成象，而和乐兴焉。倡和有应，回邪曲直③各归其分④，而万物之理⑤各以其类相动也。是故，君子反情以和其志⑥，比类以成其行⑦。奸声、乱色不留聪明⑧，淫乐、慝礼不接心术，惰慢、邪辟之气不设于身体⑨，使耳目鼻口心知百体⑩，皆由顺正以行其义。

然后发以声音，而文以琴瑟，动以干戚，饰以羽旄，从以箫管⑪。奋至德之光⑫，动四气之和⑬，以著万物之理。是故清明象天，广大象地，终始象四时，周还象风雨。五色成文而不乱⑭，八风从律而不奸⑮，百度得数而有常⑯。大小相成⑰，终始相生。倡和清浊，迭相为经⑱。故乐行而伦清⑲，耳目聪明，血气和平⑳，移风易俗，天下皆宁。故曰："乐者乐也㉑。"君子乐得其道，小人乐得其欲。以道制欲，则乐而不乱；以欲忘道，则惑而不乐。是故，君子反情以和其志，广乐以成其教，乐行而民向方㉒，可以观德矣。德者，性之端也㉓。乐者，德之华也㉔。金石丝竹，乐之器也。诗，言其志也。歌，咏其声也㉕。舞，动其容也㉖。三者本于心，然后乐器从之。是故情深而文明㉗，气盛而化神。和顺积中而英华发外，唯乐不可以为伪。

乐者，心之动也；声者，乐之象也。文采节奏，声之饰也㉘。君子动其本，乐其象，然后治其饰㉙。是故先鼓以警戒，三步以见方㉚，再始以著往㉛，复乱以饬归㉜。奋疾而不拔㉝，极幽而不隐㉞。独乐其志，不厌其道；备举其道㉟，不私其欲。是故情见而义立，乐终而德尊。君子以好善，小人以听过㊱。故曰："生民之道㊲，乐为大焉。"

乐也者，施也；礼也者，报也。乐，乐其所自生；而礼，反其所自始。乐章德，礼报情、反始也。所谓大辂者，天子之车也。龙旂九旒，天子之旌也。青黑缘者，天子之宝龟也。从之以牛羊之群，则所以赠诸侯也。

乐也者，情之不可变者也；礼也者，理之不可易者也。乐统同，礼辨异，礼乐之说，管乎人情矣㊳。穷本知变，乐之情也；著诚去伪，礼之经也㊴。礼乐偩天地之情㊵，达神明之德，降兴上下之神㊶，而凝是精粗之体㊷，领父子君臣之节㊸。是故，大人举礼乐，则天地将为昭焉㊹。天地䜣合㊺，阴阳相得，煦妪覆育万物㊻，然后草木茂，区萌达㊼，羽翼奋，角觡生㊽，蛰虫昭苏㊾，羽者妪伏[50]，毛者孕鬻，胎生者不殰[51]，而卵生者不殈[52]，则乐之道归焉耳。

乐者，非谓黄钟、大吕、弦歌、干扬也，乐之末节也，故童者舞之[53]。铺筵、席，陈尊、俎，列笾、豆，以升降为礼者，礼之末节也，故有司掌之。乐师辨乎声诗，故北面而弦；宗祝辨乎宗庙之礼，故后尸；商祝辨乎丧礼，故后主人。是故，德成而上，艺成而下；行成而先，事成而后。是故先王有上有下，有先有后，然后可以有制于天下也。

魏文侯问于子夏曰[54]："吾端冕而听古乐[55]，则唯恐卧；听郑、卫之音，则不知倦。敢问：古乐之如彼何也？新乐之如此何也？"子夏对曰："今夫古乐，进旅退旅[56]，和正以广[57]。弦、匏、笙、簧，会守拊、鼓[58]，始奏以文[59]，复乱以武[60]，治乱以相[61]，讯疾以雅[62]。君子于是语，于是道古，修身及家，平均天下。此古乐之发也。今夫新乐，进俯退俯，奸声以滥[63]，溺而不止，及优、侏儒[64]，猱杂子女[65]，不知父子。乐终，不可以语，不可以道古。此新乐之发也。今君之所问者乐也，所好者音也！夫乐者，与音相近而不同。"

文侯曰："敢问何如？"子夏曰："夫古者，天地顺而四时当，民有德而五谷昌，疾疢不作而无妖祥[66]，此之谓大当[67]。然后圣人作为父子君臣，以为纪纲。纪纲既正，天下大定。天下大定，然后正六律，和五声，弦歌《诗》、《颂》。此之谓德音；德音之谓乐。《诗》云：'莫其德音[68]，其德克明。克明各类[69]，克长克君。王此大邦[70]，克顺克俾[71]。俾于文王，其德靡悔[72]。既受帝祉，施于孙子[73]。'此之谓也。今君之所好者，其溺音乎？"

文侯曰："敢问溺音何从出也？"子夏对曰："郑音好滥淫志[74]，宋音燕女溺志[75]，卫音趋数烦志[76]，齐音敖辟乔志[77]。此四者皆淫于色而害于德，是以祭祀弗用也。《诗》云：'肃雍和鸣，先祖是听。'夫肃肃，敬也；雍雍，和也。夫敬以和，何事不行？为人君者，谨其所好恶而已矣。君好之，则臣为之；上行之，则民从之。《诗》云：'诱民孔易。'此之谓也。

然后圣人作为鞉、鼓、椌、楬、埙、篪[78]，此六者，德音之音也。然后钟、磬、竽、瑟以和之，干、戚、旄、狄以舞之[79]。此所以祭先王之庙也，所以献、酬、酳、酢也，所以官序贵贱各得其宜也，所以示后世有尊卑长幼之序也。

钟声铿，铿以立号[80]，号以立横[81]，横以立武。君子听钟声，则思武臣。石声磬[82]，磬以立辨[83]，辨以致死[84]。君子听磬声，则思死封疆之臣。丝声哀，哀以立廉[85]，廉以立志。君子听琴瑟之声，则思志义之臣。竹声滥[86]，滥以立会[87]，会以聚众。君子听竽、笙、箫、管之声，则思畜聚之臣[88]。鼓鼙之声谨^{⑧⑨}，谨以立动，动以进众^⑩。君子听鼓鼙之声，则思将帅之臣。君子之听音，非听其铿锵而已也，彼亦有所合之也。"

宾牟贾侍坐于孔子^⑪，孔子与之言及乐，曰："夫《武》之备戒之已久^⑫，何也？"对曰："病不得其众也^⑬。""咏叹之^⑭，淫液之^⑮，何也？"对曰："恐不逮事也^⑯。""发扬蹈厉之已蚤^⑰，何也？"对曰："及时事也。""《武》坐，致右宪左^⑱，何也？"对曰："非《武》坐也。""声淫及商何也^⑲？"对曰："非《武》音也。"子曰："若非《武》音，则何音也？"对曰："有司失其传也^{⑩⑩}。若非有司失其传，则武王之志荒矣^{⑩①}。"子曰："唯！丘之闻诸苌弘，亦若吾子之言是也。"

宾牟贾起，免席而请曰："夫《武》之备戒之已久，则既闻命矣。敢问迟之迟而又久，何也？"子曰："居^{⑩②}！吾语女。夫乐者，象成者也^{⑩③}。总干而山立，武王之事也。发扬蹈厉，大公之志也。《武》乱皆坐，周、召之治也。

且夫《武》，始而北出，再成而灭商^{⑩④}，三成而南，四成而南国是疆，五成而分周公左、召公右，六成复缀，以崇天子。夹振之而驷伐^{⑩⑤}，盛威于中国也。分夹而进，事蚤济也。久立于缀，以待诸侯之至也。

且女独未闻牧野之语乎^{⑩⑥}？武王克殷反商^{⑩⑦}，未及下车而封黄帝之后于蓟，封帝尧之后于祝，封帝舜之后于陈；下车而封夏后氏之后于杞，投殷之后于宋^{⑩⑧}，封王子比干之墓，释箕子之囚，使之行商容而复其位^{⑩⑨}。庶民驰政^{⑩⑩}，庶士倍禄。

济河而西^{⑩①}，马散之华山之阳而弗复乘，牛散之桃林之野而弗复服^{⑩②}，车甲衅而藏之府库而弗复用，倒载干戈，包之以虎皮，将帅之士，使为诸侯，名之曰：'建橐^{⑩③}。'然后，天下知武王之不复用兵也。散军而郊射，左射《狸首》，右射《驺虞》，而贯革之射息也^{⑩④}。裨冕搢笏，而虎贲之士说剑也^{⑩⑤}。祀乎明堂而民知孝。朝觐，然后诸侯知所以臣。耕藉，然后诸侯知所以敬。五者，天下之大教也。食三老、五更于大学，天子袒而割牲，执酱而馈，执爵而酳，冕而总干，所以教诸侯之弟也。若此，则周道四达，礼乐交通。则夫《武》之迟久，不亦宜乎？"

君子曰：礼乐不可斯须去身^{⑩⑥}。致乐以治心^{⑩⑦}，则易、直、子、谅之心油然生矣^{⑩⑧}。易、直、子、谅之心生则乐，乐则安，安则久，久则天^{⑩⑨}，天则神^{⑩⑩}。天则不言而信，神则不怒而威，致乐以治心者也。致礼以治躬则庄敬，庄敬则严威。心中斯须不和不乐，而鄙诈之心入之矣^{⑩①}。外貌斯须不庄不敬，而易慢之心入之矣。故乐也者，动于内者也；礼也者，动于外者也。乐极和，礼极顺，内和而外顺，则民瞻其颜色，而弗与争也；望其容貌，而民不生易慢焉。故德辉动于内，而民莫不承听，理发诸外，而民莫不承顺。故曰："致礼乐之道，举而错之，天下无难矣。"

乐也者，动于内者也；礼也者，动于外者也。故礼主其减⑫，乐主其盈⑬。礼减而进⑭，以进为文⑮；乐盈而反⑯，以反为文。礼减而不进则销⑰，乐盈而不反则放⑱，故礼有报而乐有反⑲。礼得其报则乐，乐得其反则安。礼之报，乐之乐，其义一也。

夫乐者，乐也，人情之所不能免也。乐必发于声音，形于动静，人之道也。声音动静，性术之变⑳，尽于此矣。故人不耐无乐㉛，乐不耐无形。形而不为道，不耐无乱。先王耻其乱，故制《雅》、《颂》之声以道之，使其声足乐而不流㉜，使其文足论而不息㉝，使其曲直、繁瘠、廉肉、节奏足以感动人之善心而已矣㉞，不使放心邪气得接焉㉟。是先王立乐之方也㊱。是故乐在宗庙之中，君臣上下同听之则莫不和敬；在族长乡里之中㊲，长幼同听之则莫不和顺；在闺门之内，父子兄弟同听之则莫不和亲。故乐者，审一以定和㊳，比物以饰节㊴，节奏合以成文。所以合和父子君臣，附亲万民也，是先王立乐之方也。故听其《雅》、《颂》之声，志意得广焉；执其干戚，习其俯仰屈伸，容貌得庄焉；行其缀兆，要其节奏㊵，行列得正焉，进退得齐焉。故乐者，天地之命㊶，中和之纪㊷，人情之所不能免也。

夫乐者，先王之所以饰喜也㊸。军、旅、铁、钺者，先王之所以饰怒也。故先王之喜怒，皆得其侪焉㊹。喜则天下和之，怒则暴乱者畏之。先王之道，礼乐可谓盛矣。

子赣见师乙而问焉㊺，曰："赐闻声歌各有宜也。如赐者，宜何歌也？"师乙曰："乙，贱工也，何足以问所宜？请诵其所闻㊻，而吾子自执焉。宽而静，柔而正者，宜歌《颂》。广大而静，疏达而信者，宜歌《大雅》。恭俭而好礼者，宜歌《小雅》。正直而静，廉而谦者，宜歌《风》。肆直而慈爱爱者，宜歌《商》㊼。温良而能断者，宜歌《齐》。夫歌者，直己而陈德也㊽，动己而天地应焉，四时和焉，星辰理焉，万物育焉。故《商》者，五帝之遗声也，商之遗声也，商人识之㊾，故谓之《商》。《齐》者，三代之遗声也，齐人识之，故谓之《齐》。明乎商之音者㊿，临事而屡断；明乎齐之音者，见利而让。临事而屡断，勇也；见利而让，义也。有勇有义，非歌孰能保此？故歌者，上如抗，下如队[51]，曲如折，止如槁木，倨中矩，句中钩[52]，累累乎端如贯珠[53]。故歌之为言也，长言之也。说之[54]，故言之；言之不足，故长言之；长言之不足，故嗟叹之(155)；嗟叹之不足，故不知手之舞之(156)，足之蹈之也。”子贡问乐(157)。

【注释】

①奸：邪恶不正。②正：纯正不邪。③回邪：乖违邪辟。④分：分限、分界。⑤理：情理。⑥反：反省。和：调节。⑦类：指善类。⑧聪明：指耳目。⑨惰慢：轻薄下流。邪慢：邪伪怠慢。设置：指沾染。⑩百体：各种器官，各个部分。⑪从：随从。指伴奏。⑫奋：发扬。⑬动：引动。⑭五色成文：指五音构成乐曲。⑮八风：八方之风。指八风所应的八音。奸：冒犯。⑯百：言其多。⑰小大：声音大小高低。⑱经：纲纪。⑲伦：理，条理。清：井然有序。⑳血气：心气。㉑前一“乐”字音 yuè；后一“乐”字音 lè，快乐、高兴。㉒方：道义。㉓端：端正。㉔华：光华。㉕咏：曼声吟唱。㉖容：姿态。㉗情：指心志。文：文采，即乐曲旋律的变化。㉘饰：文饰，文采修饰。㉙治：从事、致力。㉚方：郑玄释作“舞之渐”。㉛始以著往：循环往复。㉜复：回复原位。乱：乐曲的最后一章。饬归：指像武王整饬师旅还回。㉝拔：指匆忙。此句指动作。㉞幽：深刻。隐：隐晦。此句指表情。㉟举：施行。㊱听：审辨。㊲生民：教养人民。㊳管：《史记·乐书》作“贯”，通贯。㊴经：常，指常态。㊵偩：《史记·乐书》作“顺”。郑玄释作“依象”。㊶兴：出。此句指上降下出的神灵。㊷精粗之体：孔颖达说是万物大小的形体。㊸领：孙希旦释作“统会”。㊹昭：昭明。㊺䜣：郑玄说，䜣读为熹，熹犹蒸也。蒸，蒸腾。㊻煦：温暖。指阳气温暖。妪（yù）：养育；禽类孵卵。㊼区萌：勾萌，蜷曲的萌芽。㊽觡（gé）：骨角。㊾昭苏：苏醒复生。㊿见注㊻。(51)殰（dú）：胎死腹中。(52)殈（xù）：卵未孵成而破裂。(53)童者：孙希旦说是国子。(54)魏文侯：晋国大夫毕万的后代。(55)端冕：古代朝服。端：玄端。冕：冠。古乐用于祭祀，祭时端冕，所以说端冕而听古乐。(56)进旅退旅：指众人共同动作，整齐划一。(57)正：纯正。广：宽舒。(58)会：会和。守：待。拊：用皮做袋，内装有糠，当节拍用器敲击。拊、鼓都是调节弦管乐器的。(59)文：鼓。(60)武：钟。(61)相：就是拊。因糠也叫相，故名。(62)讯：迅，迅疾。雅：乐器。郑玄说，状如漆桶，中有椎。(63)滥：充满、充斥。(64)优：徘优。侏儒：指丑角。(65)獶（náo）：郑玄说是猕猴。王念孙说是“糅”，混在一起。两说角度不同，实质相同。(66)疢（chèn）：灾患。祥：陈澔说，祥亦妖。(67)大当：孙希旦说是天地之间无不得其当。(68)莫：通“寞”，沉寂。(69)类：善恶的种类。这里指善类。(70)王：为王。(71)俾：通“比”。比配，能够相比。(72)靡：无。(73)施（yì）：延续。(74)滥：孔颖达释作“男女相偷窃”，即轻佻、不庄重。(75)燕女：孔颖达释作“燕安己之妻妾”，即沉溺情欲。(76)趋数：郑玄说“读为促速”。(77)敖辟：傲僻。乔：骄。(78)椌楬（qiāng qià）：柷敔。埙（xūn）：陶制吹奏乐器。其形上尖底平，大者如鹅卵，小者如鸡蛋。六孔，顶端为吹口。篪（chí）：古代的一种竹管乐器，像笛，八孔，横吹。孔数及尺寸说法不一。(79)狄：通“翟”。雉羽。(80)号：号令。(81)横：充满。(82)磬：郑玄说当为“罄”。孔颖达说：其声罄罄然。(83)辨：分辨节义。(84)致死：孔颖达说是不爱其死。(85)廉：品性端方。(86)滥：郑玄释作“揽聚”。即收敛。(87)会：会合。(88)畜：积。(89)讙：喧嚣。(90)进：促进。(91)宾牟贾：

人名。复姓宾牟，名贾。 ㊈武：指模仿武王伐纣故事的武舞。备戒：击鼓警众。已：太。 ㊈病：忧虑。 ㊈咏叹：拉长声音唱。 ㊈淫液：指乐声连绵不断。 ㊈逮：及。 ㊈蚤：早。 ㊈致：膝至地。宪：郑玄说读为"轩"。抬起。 ㊈淫：超过。商：商声主杀伐。 ⑩传：传授。指传授错误。 ⑩荒：迷乱。 ⑩居：坐下。 ⑩成：既成的事实。 ⑩成：郑玄说，每奏武曲一终为一成。 ⑩夹振：指武舞中两司马夹士卒两旁，振铎以作。振：振铎。驷：四。伐：一击一刺为一伐。 ⑩语：传说。 ⑩反：反还。 ⑩投：迁徙。 ⑩前人解说不一。《史记》载：使毕公释箕子之囚，复商容之位。取此说。商容：商贤臣。 ⑩弛：免除。 ⑪济：渡。 ⑪服：驱使。 ⑪建橐：郑玄说是"键橐"，闭藏兵甲。 ⑪贯：穿。 ⑪虎贲：勇猛。说：脱，解下。 ⑪斯须：片刻。 ⑪致：郑玄释作"深审"。 ⑪子：爱，像对子女一样地爱护。谅：诚信。油然：自然而然。 ⑪孙希旦说：久则体性自然，而无作为之劳，故曰"天"。 ⑫孙希旦说：天则神妙不测，而无拟议之迹，故曰"神"。 ⑫易慢：轻忽怠慢。 ⑫郑玄说：礼主其减，人所倦也。减：减损、减少。 ⑫郑玄说：乐主其盈，人所欢也。 ⑫进：自我勉励。 ⑫文：美好、美善。 ⑫反：自我抑制。 ⑫销：销衰。 ⑫放：流漫。 ⑫报：郑玄说"读为褒"，勉励。 ⑬性：人的性情。术：表达方式。 ⑬耐：能。 ⑬流：放浪。 ⑬论：考虑。指歌辞可以思索、品味。息：郑玄释作"谒"，孔颖达释作"止息"，均不切合。王梦鸥依《荀子·天论》作"谒"，释作"胡思乱想"，近是。 ⑬瘠：省约。廉：清脆。肉：圆润。节奏：作止。 ⑬放：放荡。 ⑬方：准则。 ⑬乡里：乡亲。 ⑬一：郑玄说是"人声"。孙希旦释作"宫声"，孙氏之说近是。一即指音乐的基准，乐器以此定音。 ⑬比物：郑玄说是乐器的配合。 ⑭要：会、合。 ⑭命：为，制作。指乐是天地阴阳之气制作而成。 ⑭纪：纲纪。 ⑭饰：假托、借用。 ⑭侪：齐。 ⑭子赣：从篇末题名及下文问者自称"赐"，可知此为子贡。师：乐工。乙：乐工的名。 ⑭诵：述说。 ⑭此句衍一"爱"字。 ⑭直己：端正自己的行为。陈德：用歌述说德行。 ⑭识：懂得。 ⑮明：通晓、明了。 ⑮方慤说：抗，声之发扬；队，声之重浊。 ⑮孙希旦说：倨是小折，勾是大折。 ⑮累累：系连不绝。 ⑮说：悦、高兴。 ⑮嗟叹：孙希旦说，歌之叹和流连者，谓之嗟叹。 ⑯不知：不知不觉。 ⑯这是篇题名。

【译文】

凡是邪恶不正的声音刺激，使人产生感应，就会有逆乱之气应和。这种逆乱之气成为既定事实，淫乐就出现了。纯正无邪的声音刺激，使人产生感应，就会有顺从之气应和。这种顺从之气形成既成事实，和乐就产生了。刺激和反应一唱一和，乖违、邪曲、正直，各自归到善恶的分界。万物的情理，都是同类的事物互相感应。所以君子要反省自己的情欲而调节自己的志向，比拟善类而成就自己的善行。邪僻、逆乱的声色不能存留在耳目中；淫侠、邪恶的乐礼不能和哀乐喜怒的情感沟通。轻薄下流、邪伪怠慢之气不沾染在身，使自己的身体的耳目鼻口心智各个部分，都按照顺从正直来施行道义。

然后表达为声音，用琴瑟加以文饰，武舞使用干戚，文舞用羽旄装饰，用箫管伴奏。发扬高尚品德的光辉，引动阴阳刚柔的和气，显示万物的情理。这样的乐，清明像天，广大像地，终始循环像四季，周旋回转像风雨，五音构成音节而有条理，八音依从音律而和谐，一切律调都有一定的度数。声音高低大小相成不悖，乐章有始有终相生不废。长短清浊先后唱和，更迭运用互为纲纪。因此乐的演奏条理井然，使人耳聪目明，心气平和，致易风俗，天下都可以安宁了。

所以说：乐就是快乐、高兴。君子快乐在获得道义，小人高兴在满足私欲。用道义来制止私欲，就可以快乐而不乱；因私欲而丢弃道义，就会迷惑而得不到快乐。所以君子反省自己的情欲来调节自己的志向，推广乐事来施行教化，乐教施行了，因而人们就会向往道义，由此可以看出人们的品德了。德行是本性的端正，乐是德行的光华。金石丝竹是作乐的器具。诗是抒发心志的，歌是曼声吟唱心志的，舞是心志在姿态上的表现。诗、歌、舞都发自内心，然后用乐器伴奏。所以乐表达的心志深远，但旋律的变化鲜明；蓄积内心的志气旺盛，而感动外物，变化神通；和顺的情感蓄积在心里而光华显露在外面。只有乐不可以弄虚作假。

乐是由内心活动而表现为声音的，声音是乐的形象。旋律节奏是声音的文饰。君子因心志而感动，喜欢乐的形象，致力于声音的文饰。大武将舞之前，击鼓警戒众人，由三举足开始起舞，一曲结束，再次循环往复，舞到结尾又回到原来的位置，动作敏捷但不匆忙，表情深刻但不隐晦。每个人为自己的志向而快乐，不厌弃道义，并能全面地施行道义，不放纵个人的情欲。所以心志显现的同时，道义也确立了，乐舞结束也就显示出德行的崇尚。君子因此更加喜欢行善，而小人也可因此审辨过错。所以说：教养人民的方法中乐是最重要的。

乐是施与，礼有往来。乐是快乐自生出来的，礼要回溯到它原来的起始。乐是表明内心和德性，礼是报答恩情而回溯起始的。所谓大辂，本是天子的车。龙旂九旒，本是天子的旗。青黑色甲缘的，本是天子的宝龟。附随牛群羊群，是天子回报来朝诸侯的礼物。

乐因情而作，所以心志不可改变；礼据理而定，因此道理不能变换。乐是同和合的，礼是异尊卑的，礼乐二端通贯了人情。穷究内心的本原，了解声音的变化，这是乐的情理；发扬诚信，清除虚伪，这是礼的常态。礼乐依顺自然的法则，通达神明的德行，降出上下的神灵，而凝聚成万物大大小小的形体，父子君臣的节限也统在礼乐中。所以，统治者兴起礼乐，自然的法则将因此而昭明。天地阳阴二气蒸腾融合，阳气温暖覆盖大地，养育人间万物。草木茂盛，植物伸出嫩芽，禽鸟振动翅膀，走兽角骼生成，蛰伏的虫豸苏醒复生，鸟类孵卵，兽类怀胎，胎生的不会死在腹中，卵生的不会破裂在地。乐的道理正归属于这样的自然法则。

乐不是指黄钟，大吕，弹唱，舞蹈，这都是乐的小事，所以国子们只学会歌舞。摆设筵席，陈列尊俎笾豆，以登堂下阶为礼的，这也是礼的小事，所以由执事人掌管。乐师能够分辨声律歌诗，但在下位面朝北对人弹奏。宗祝熟悉宗庙的礼仪，但行礼时跟在尸的后面。丧祝了解丧礼，却跟随在主人后面侍候。由此可见，成就道德的在上位，只学会技艺的在下位，将道德体现在行为上的在先，仅靠技艺完成事情的靠后。因此先王明白上下先后的道理，然后才可能为天下创制礼乐。

魏文侯请教子夏说："我穿着朝服听古乐，就担心躺下睡着了；可是听郑、卫的音乐，就不知道疲倦。请问：古乐为什么会使人那样，新乐又为什么能让人这样呢？"子夏回答说："现在说的古乐是许多人共同进退的整齐动作，再配上纯正宽舒的音乐。弦管乐器，都依从拊鼓的节奏。开始演奏时击鼓，乐舞结束时敲钟，用相来指挥结束乐曲，用雅来调节快速动作。君子据此论说、讲述古今的事情，诸如修身治家、平定天下等等。这就是古乐的表演。现在的新乐，跳舞的人弯曲着腰，充满奸邪的声音，使人们陷溺其中无法禁止。至于那些俳优丑角，男女混糅，父子不分。乐舞终结，不能论说，也不能讲述古今。这就是新乐的表演。现在您问的是乐，可您爱好的是音。乐和音相似，但不是一回事。"

文侯说："请问这是怎么回事？"子夏回答说："古时候，风调雨顺四季得当，人民有德而五谷丰盛，灾祸没有发生而妖祥也不出现，设立父子君臣名分，作为纲纪。纲纪正，天下安定。天下安定，就校正六律，调和五音，用乐器伴奏歌唱《诗》、《颂》。这就叫做德音，德音也就是乐。《诗经》说：'那德音是沉寂的，但德性能够显明。不但能够显明，而且合乎那德性。能做长上，能做君王，统治这样广大的国家，能够依循，能够相配，相配文王的德行，没有一点值得懊悔的地方。已经受到上帝的降福，一直降福到他的子孙。'这说的就是德音。现在你所喜欢的，大概是溺音吧？"

文侯说："请问溺音从哪儿来的呢？"子夏回答说："郑音轻佻，使人心志放荡；宋音耽情，使人心志沉溺；卫音急促，使人心志烦乱；齐音傲僻，使人心志骄逸。这四种音都偏重情欲而戕害人们的德性，因此祭祀不用这类音乐。《诗经》说：'肃穆徐缓的合奏，先祖要听的正是这种乐声。'肃肃，是恭敬的样子；雍雍，是和谐的表示。有了恭敬和谐的心志，什么事都可以做成。做国君的要谨慎，检点自己的好恶。国君喜欢的，臣下就要做；做官的干什么，百姓就跟着干。《诗经》说：'诱导百姓很容易。'说的就是这个意思。"

然后圣人制作小鼓、大鼓、柷、敔、埙、篪等乐器，这六种乐器发出的是德音之音。然后用钟、磬、琴、瑟来合奏，用干、戚、旄、狄来伴舞，这才是用于祭祀宗庙的音乐，是献、酬、酳、酢时的音乐，是排列贵贱的次序各得其宜的音乐，是告诉后世有尊卑长幼秩序的音乐。

钟的声音铿锵，可以立号令，听到号令可以壮气充满，壮气充满可以成就武事。统治者听到钟声就会思念武臣。石磬的声音磬磬，可以分辨节义，能分辨节义就可以不吝惜生命。统治者听到磬声，就会怀念为保卫国土而牺牲的部下。弦乐的声音哀怨，可以使人品性端方。品性端方，可以确立志节。统治者听到琴、瑟的声音，就会想念那些有志节的臣下。管乐的声音收敛，收敛可以使人想到会合，能会合可以聚合民众。统治者听到竽、笙、箫、管的声音，就会想念那些能聚合民众的属下。鼓、鼙的声音喧嚣，可以使人激动，激动可以促进民众。统治者听到鼓、鼙的声音就会眷念那些统率士卒的治下。统治者听音乐，不是只欣赏那铿锵的声音，而是那声音引出无穷的思念。

宾牟贾陪伴孔子坐时，孔子和他谈到了乐的事，说："《武》舞开始时击鼓警戒众人，时间那么长，为什么呢？"宾牟贾回答说："这是模仿武王忧虑得不到士众们的支持。"孔子说："为什么歌声拉得那么长，乐声连绵不断？"宾牟贾说："那恐怕是模仿当时武王还不能会合诸侯起事吧！"孔子说："那这么早就开始猛烈地手舞足蹈，为什么呢？"宾牟贾说："那是模仿趁此时机进行征伐。"孔子说："《武》舞右膝跪地，左膝抬起，为什么呢？"宾牟贾说："那不是《武》舞的跪。"孔子说："那歌乐的声音充满了杀气，为什么呢？"宾牟贾说："那也不是《武》舞的歌乐。"孔子说："如果不是《武》舞的歌乐，那是什么声呢？"宾牟贾说："有司传授错误而失去本来面目。如果不是这样，那就是武王志向迷乱，有意滥用兵力。"孔子说："是。我从苌弘那里听到的，也正像你说的这样。"

宾牟贾听到了连忙站起，离开席位向孔子请教说："我说的《武》舞击鼓警众那么长时间的理由，已经得到您的肯定。请问，《武》舞六成，每成都那么长时间，这是为什么呢？"孔子说："请坐下。我告诉你，乐舞是模仿既成事实的。持盾站立不动，表示武王伐纣不是以杀伐为目的；猛烈地手舞足蹈，表示采纳姜太公的主张，进行战争；《武》舞尾声时全体跪下，表示武功告成，周、召二公以文止武，共同辅政。

《武》舞的队列变化：第一成从原位向北行进，象征武王始出伐纣，到孟津会合诸侯；第二成，队列东进，象征消灭了商纣；第三成，队列向南，象征武王灭商南还；第四成，象征南方各诸侯国归入国界；第五成，队列分为二，象征周公治理左边的国土，召公统治右边的国土；第六成队列返回原位，象征天下诸侯尊崇天子。在《武》舞六成中，有时队列排为双行，两司马摇着铃铎，士卒用戈矛四次击刺，象征用强大武力征服了中国。有时分成两列行进，象征武功告成、周、召二公分治。开始时长时间站立在舞位上，象征着武王伐纣时等待诸侯。

再说，难道你没听说过牧野的传说吗？武王战胜了殷纣，把政权交还给商的后人。他还没下战车就把黄帝的后人封在蓟，把帝尧的后人封在祝，把帝舜的后人封在陈。下了战车，又把夏后氏的后人封在杞，把殷的后人迁徙到宋。为王子比干的墓堆土筑坟，派毕公释放被囚禁的箕子，行视贤臣商容并恢复了他的职位，免除百姓的徭役，一般的士人增加了一倍的俸禄。

武王战胜殷纣后，渡过黄河回到陕西，将驾兵车的马放到华山的南面，不再骑乘；将载重车的牛放到桃林的原野上，不再驱使；将兵器涂上牲血而收藏到府库里，不再使用；把盾牌、戈矛倒装起来，用虎皮包裹，把将帅派到各国做诸侯，并把这叫做'键橐'。这样做以后天下人都知道武王不再用兵了。解散了军队而举行郊射之礼，在东学射箭时用《狸首》之诗作节限，在西学射箭时用《驺虞》之诗为节限，停止贯穿皮革的猛射。大家穿裨衣，戴冠冕，腰间插着记事的笏板，勇猛的武士解下了刀剑。在明堂祭祀，百姓就知道孝敬；朝拜觐见，使诸侯知道做臣下；耕藉，使诸侯懂得敬奉。这五种是天下最重要的教化。在大学宴请三老、五更，天子要袒开上衣而亲自分割牲体，端着肉酱向他们献食，拿着酒杯向他们劝酒，天子戴着冕冠，拿着盾牌歌舞，这是教给那些诸侯懂得孝悌。像这样，周代的教化通达四海，礼乐交互通行，那模仿武王事功的《武》舞用那么长时间，不是很合适吗？"

君子说：人们不能片刻离开礼乐。能详审乐来调整身心，那和易、正直、慈爱、诚信的心理自然而然地产生了。有了这种心理，就会感到愉快，愉快就会安于现状，安于现状就能持久不息，持久不息就能由习惯成为自然，能成自然就可不见形迹。天不说话，但四时运行从不失信；神不发怒，但人们无不敬畏。这就是审乐来调理身心。详审礼来调节自身的言行，就可以举止言谈庄重恭敬，庄重恭敬就会使人感到严肃威重。内心稍有片刻不和不乐，那卑劣诡诈的想法就会趁机进入。外貌稍有片刻不庄不敬，那轻忽怠慢的念头也会趁机进入。所以乐是调理内心的，礼是调节外貌的。乐最和畅，礼最恭顺，一个人内心和畅而外貌恭敬，那人们看到他的脸色表情，就不敢和他抗争；看见他的仪容外表，就不敢有轻忽怠慢的念头。所以，德性的光辉发自于内心，百姓不敢不接受、不听从；行为的情理表现于外表，百姓也不敢不接受、不顺从。因此说，详审礼乐的道理，并加以实行，天下就没有难事了。

乐是调理内心的，礼是调节外貌的。所以，礼以减损为原则，防止人们倦怠；乐以充盈为原则，促使人们欢乐。礼减损，就要自我勉励，以自我勉励加强为美好；乐充盈，就要自我抑制，以自我抑制为美善。礼减而不能自我勉励，那礼道就衰退了；乐盈而不能自我抑制，那乐道就流漫了。所以礼道有勉励而乐道有抑制。行礼得到勉励，就使人乐于从事；举乐得到抑制，就使人心绪安宁。礼道有勉励，乐道有抑制，它们的意义是一样的。

乐就是欢乐，是人情不能抑制的。欢乐必然表现在声音和动作上，这是做人的自然道理。人的性情的表达方式，都可以从声音动作表现出来。所以，人不能没有欢乐，欢乐不能没有表达方式。如果表达方式不合道义，就会出现惑乱的事情。古代圣王认为惑乱是耻辱，所以制作《雅》、《颂》等乐声来引导人们，使人们的歌声充满欢乐而不放荡，歌辞可以品味而不至胡思乱想，使乐声的曲回直捷、繁多省约、清脆圆润、节奏作止能够感动人的善心就可以了。不能让放荡邪恶的心气与人心相沟通，这就是古代圣王立乐的准则。乐在宗庙中演奏，君臣上下同听，就无不和谐恭敬；在族长、乡亲中演奏，长幼同听，就无不和谐恭顺；在家中演奏，父子兄弟同听，就无不和谐亲密。所以，奏乐要审定一个基准来决定乐器的和声，配合乐器来文饰节奏，配合节奏再合成乐曲。父子君臣和睦，万民附归为一体，这就是古代圣王立乐的准则。所以，听《雅》、《颂》的乐声，可以使人志向远大；拿着斧和盾牌，练习俯仰屈伸，会使人仪容庄重；踏着舞位，合着节奏，能够使行列、动作整齐划一。因此说，乐是天地的和同，中和的纲纪，是人情无法抑制的。

乐是古代圣王借用来表达喜悦的，军旅铁钺是借用来表达愤怒的。所以，古代圣王的喜怒都能使天下齐一。圣王喜悦，天下就会附和响应；圣王愤怒，暴乱的人就会畏惧。古代圣王的治世措施中，礼乐可以说是最兴盛的。

子贡见到师乙时请教说："我听说学习唱歌要适合各人的性情，像我这样的，适合唱什么歌呢？"师乙说："我是个卑贱的乐工，怎么配得上您来问询适合唱什么歌？请允许我把听到的述说出来，请您根据自己的性情选择。我听说，宽厚、安静、和柔、正直的人，适合唱《颂》；志向远大而安静，疏朗通达而诚信的人，适合唱《大雅》；恭敬俭约而爱好礼法的人，适合唱《小雅》；正直而安静，廉洁而谦虚的人，适合唱《风》；肆直而慈爱的人，适合唱《商》；温良而决断的人，适合唱《齐》。歌唱是端正自己的行为，而用歌述说德行的。自己的心情抒发出来，天地、四季、星辰都相和应，万物也成长起来。所以，《商》是五帝时代的遗声，商代人懂得它，所以叫做《商》。《齐》是三代的遗声，齐国人懂得它，所以叫做《齐》。通晓商音的人，遇事常常能果断处理；明了齐音的人，遇到好处能推让。遇事能果断，这是勇敢；遇到好处就推让，这是道义。有勇敢又有道义，没有声歌，哪能保持这些美德？所以唱歌的人，高音上响，声高扬，震动人心；低音下响，声重浊，感动人意；声音回曲处如同中断；终止时如同槁木。小的回曲合乎矩尺，大的回曲合乎环钩。歌声系连不绝如同贯穿的珠子。所以，歌唱就是说话，是拉长声音说话。心里高兴，就要说；说还不尽兴，就拉长声音说；拉长声音说仍不尽兴，就叹和流连地唱；这样还不尽兴，就不知不觉地手舞足蹈起来了。"

杂 记 上①

　　诸侯行而死于馆②，则其复如于其国。如于道，则升其乘车之左毂，以其绥复。其輴有裧③，缁布裳帷，素锦以为屋而行④。至于庙门，不毁墙⑤，遂人，适所殡⑥，唯輴为说于庙门外。

　　大夫士死于道，则升其乘车之左毂，以其绥复。如于馆死，则其复如于家。大夫以布为輴而行⑦，至于家而说輴，载以輲车⑧，入自门，至于昨阶下而说车，举自阼阶，升适所殡。士輴，苇席以为屋，蒲席以为裳帷。

　　凡讣于其君，曰："君之臣某死。"父、母、妻、长子，曰："君之臣某之某死。"君讣于他国之君，曰："寡君不禄，敢告于执事。"夫人，曰："寡小君不禄。"太子之丧，曰："寡君之适子某死。"大夫讣于同国，适者⑨，曰："某不禄。"讣于士，亦曰："某不禄。"讣于他国之君，曰："君之外臣寡大夫某死。"讣于适者，曰："吾子之外私寡大夫某不禄，使某实⑩。"讣于士，亦曰："吾子之外私寡大夫某不禄，使某实。"士讣于同国，大夫，曰："某死。"讣于士，亦曰："某死。"讣于他国之君，曰："君之外臣某死。"讣于大夫，曰："吾子之外私某死。"讣于士，亦曰："吾子之外私某死。"

大夫次于公馆以终丧^⑪，士练而归，士次于公馆。大夫居庐，士居垩室。

大夫为其父、母、兄弟之未为大夫者之丧服如士服。士为其父、母、兄弟之为大夫者之丧服如士服。大夫之适子，服大夫之服。大夫之庶子为大夫，则为其父母服大夫服，其位与未为大夫者齿^⑫。士之子为大夫，则其父母弗能主也，使其子主之。无子，则为之置后。

大夫卜宅与葬日^⑬，有司麻衣、布衰、布带^⑭，因丧屦，缁布冠不蕤。占者皮弁^⑮。如筮，则史练冠、长衣以筮^⑯。占者朝服。

大夫之丧，既荐马^⑰。荐马者哭踊，出，乃包奠而读书^⑱。大夫之丧，大宗人相，小宗人命龟^⑲，卜人作龟。

复，诸侯以褒衣^⑳、冕服、爵弁服。夫人税衣、揄狄，狄、税素沙^㉑。内子以鞠衣^㉒、褒衣，素沙。下大夫以襢衣^㉓，其余如士。

复西上。大夫不揄绞^㉔，属于池下。

大夫祔于士，士不祔于大夫，祔于大夫之昆弟。无昆弟，则从其昭穆^㉕。虽王父母在亦然。妇祔于其夫之所祔之妃^㉖，无妃^㉗，则亦从其昭穆之妃。妾祔于妾祖姑，无妾祖姑，则亦从其昭穆之妾。男子祔于王父则配^㉘；女子祔于王母^㉙则不配。公子祔于公子。君薨，太子号称"子"，待犹君也。

有三年之练冠，则以大功之麻易之^㉚；唯杖、屦不易。有父母之丧，尚功衰^㉛，而祔兄弟之殇则练冠^㉜，祔于殇，称"阳童某甫^㉝"，不名，神也。

凡异居，始闻兄弟之丧^㉞，唯以哭对可也。其始麻，散带绖。未服麻而奔丧，及主人之未成绖也，疏者^㉟，与主人皆成之；亲者^㊱，终其麻带绖之日数^㊲。

主妾之丧^㊳，则自祔，至于练、祥，皆使其子主之。其殡、祭不于正室。君不抚仆、妾^㊴。女君死，则妾为女君之党服，摄女君，则不为先女君之党服。

闻兄弟之丧，大功以上，见丧者之乡而哭。适兄弟之送葬者弗及^㊵，遇主人于道，则遂之于墓^㊶。凡主兄弟之丧，虽疏亦虞之。凡丧服未毕，有吊者，则为位而哭，拜踊。大夫之哭大夫，弁绖；大夫与殡^㊷，亦弁绖。大夫有私丧之葛^㊸，则于其兄弟之轻丧，则弁绖。

为长子杖，则其子不以杖即位。为妻，父母在，不杖，不稽颡^㊹。母在，不稽颡。稽颡者，其赠也拜^㊺。违诸侯，之大夫^㊻，不反服。违大夫，之诸侯，不反服。

丧冠条属^㊼，以别吉凶。三年之练冠，亦条属，右缝，小功以下左，缌冠缫绖⁴⁸。大功以上散带。朝服十五升，去其半而緦，加灰，锡也。

诸侯相襚，以后路与冕服⁴⁹。先路与褒衣⁵⁰不以襚。遣车视牢具⁵¹，疏布輤⁵²，四面有章⁵³，置于四隅。载粻⁵⁴，有子曰⁵⁵："非礼也。丧奠，脯醢而已。"祭⁵⁶称"孝子"、"孝孙"。丧⁵⁷称"哀子"、"哀孙"。端衰⁵⁸、丧车，皆无等。

太白冠、缁布之冠，皆不蕤⁵⁹。委武玄、缟而后蕤。大夫冕而祭于公⁶⁰，弁而祭于己⁶¹。士弁而祭于公，冠而祭于己⁶²。士弁而亲迎，然则士弁而祭于己可也。

畅，臼以椈⁶³，杵以梧⁶⁴。枇以桑⁶⁵，长三尺，或曰五尺。毕用桑⁶⁶，长三尺，刊其柄与末⁶⁷。率带⁶⁸，诸侯大夫皆五采，士二采。醴者，稻醴也。瓮、甒、筲、衡⁶⁹，实见间，而后折入口。重用，既虞而埋之。

凡妇人，从其夫之爵位。小殓、大殓、启，皆辩拜⁷²。朝夕哭，不帷。无柩者不帷。

君若载而后吊之⁷³，则主人东面而拜，门右北面而踊。出待，反而后奠⁷⁴。

子羔之袭也⁷⁵，茧衣裳与税衣、纁袡为一⁷⁶，素端一，皮弁一，爵弁一，玄冕一⁷⁷。曾子曰："不袭妇服⁷⁸。"

为君使而死，公馆复；私馆不复。公馆者，公宫与公所为也。私馆者，自卿大夫以下之家也。公七踊⁷⁹，大夫五踊，妇人居间⁸⁰；士三踊，妇人皆居间。公袭：卷衣一，玄端一，朝服一，素积一，纁裳一，爵弁二，玄冕一，褒衣一，朱绿带，申加大带于上⁸¹。

小殓环绖，公、大夫、士一也。公视大殓，公升，商祝铺席，乃殓。鲁人之赠也，三玄二纁，广尺，长终幅。

吊者即位于门西⁸²，东面；其介在其东南，北面，西上，西于门。主孤西面⁸³。相者受命曰⁸⁴："孤某使某请事⁸⁵。"客曰："寡君使某，如何不淑⁸⁶！"相者入告，出曰："孤某须矣⁸⁷。"吊者入，主人升堂，西面。吊者升自西阶，东面，致命曰："寡君闻君之丧，寡君使某，如何不淑！"子拜稽颡，吊者降⁸⁸，反位。

含者执璧将命，曰⁸⁹："寡君使某含。"相者入告，出曰："孤某须矣。"含者入，升堂致命。子拜稽颡。含者坐委于殡东南⁹⁰，有苇席；既葬，蒲席。降，出反位。宰夫朝服⁹¹，即丧屦⁹²，升自西阶，西面坐取璧，降自西阶以东。

襚者曰："寡君使某襚。"相者入告，出曰："孤某须矣。"襚者执冕服，左执领，右执要，入，升堂致命曰："寡君使某襚。"子拜稽颡，委衣于殡东。

禭者降，受爵弁服于门内霤⑧，将命，子拜稽颡，如初。受皮弁服于中庭，自西阶受朝服，自堂受玄端，将命，子拜稽颡，皆如初。禭者降，出，反位。宰夫五人⑭举以东，降自西阶，其举亦西面。

上介赗⑮，执圭将命，曰："寡君使某赗。"相者入告，反命曰："孤某须矣。"陈乘黄大路于中庭⑯，北辀⑰，执圭将命。客使自下由路西。子拜稽颡，坐委于殡东南隅。宰举以东。凡将命，向殡将命，子拜稽颡。西面而坐，委之。宰举璧与圭，宰夫举禭，升自西阶，西面坐取之，降自西阶。赗者出，反位于门外。

上客临⑱，曰："寡君有宗庙之事，不得承事，使一介老某相执绋。"相者反命，曰："孤某须矣。"临者入门右，介者皆从之，立于其左，东上。宗人纳宾，升，受命于君，降曰："孤敢辞吾子之辱，请吾子之复位。"客对曰："寡君命，某毋敢视宾客，敢辞。"宗人反命曰："孤敢固辞吾子之辱。请吾子之复位。"客对曰："寡君命，某毋敢视宾客，敢固辞。"宗人反命曰："孤敢固辞吾子之辱。请吾子之复位。"客对曰："寡君命，使臣某毋敢视宾客，是以敢固辞。固辞不获命，敢不敬从。"客立于门西，介立于其左，东上。孤降自阼阶，拜之，升，哭，与客拾踊三。客出，送于门外，拜稽颡。其国有君丧，不敢受吊。

士丧有与天子同者三：其终夜燎，及乘人⑲，专道而行。

【注释】

①郑玄说：名曰"杂记"者，以其杂记诸侯以下至士之丧事。　②馆：主国安排的馆舍。　③輤（qiàn）：载柩车。裧（chān）：古代装饰柩车的裙缘，像鳖甲形状。　④裳帷：围绕载柩车四面的布。　⑤墙：孔颖达说是裳帷。　⑥所殡：指堂上。　⑦布：未染的白布。　⑧輴：郑玄说读为"辁"。　⑨适：郑玄说读为"匹敌"之敌，谓爵同者。　⑩实：郑玄释作"至"，孙希旦释作"告"。依孙说。　⑪指丧次在公馆的大夫、士。　⑫齿：同列、相同。　⑬宅：葬地。　⑭有司：大夫家臣。麻衣：大祥穿的丧服，用十五升的白布做的。　⑮皮弁：吉服。　⑯史：家臣中主持筮事的人。练冠：小祥冠。长衣：素色深衣。　⑰荐马：牵马入庙门，运送灵柩。　⑱包奠：包裹遣奠用的物品。读书：读赗。　⑲大宗人、小宗人：其说不一。王梦鸥释作"大夫家之族长及宗人"。此处依王说。命龟：转述命令告知卜人。　⑳褒衣：始命为诸侯及朝见时天子赏赐的品服。　㉑税衣：赤色边缘的黑衣。　㉒内子：卿之嫡妻。　㉓禒衣：下大夫妻的白色命服。　㉔见《丧大记》注。　㉕昭穆：指和所祔的人同辈的祖先。　㉖妃：配、配偶。指祖姑。　㉗无妃：指祖姑尚在。　㉘配：配享。　㉙女子：指未嫁女子。　㉚指三年丧期满一年时，又遇上大功的丧事，再加大功的麻绖。　㉛尚：还。㉜兄弟之殇：指大功亲属以下未成年而死的人。　㉝阳童：孙希旦说男子为殇。　㉞孔颖达说

是大功以上兄弟。　　㉟疏者：小功以下。　　㊱亲者：大功以上。　　㊲日数：指大功的丧期。

㊳主妾：主妇死而取代主妇地位的妾。　　㊴抚：抚尸。仆妾：孙希旦说是宫中臣仆内小臣、阁、寺等人的贱妾。　　㊵适：往、去。　　㊶之：到。　　㊷与殡：参与移殡。　　㊸私丧：郑玄说是妻子之丧。葛：已葬以葛代麻。　　㊹稽（qǐ）颡：居父母之丧时跪拜宾客之礼，以额触地，表示极大悲痛。　　㊺拜：古代表示敬意的一种礼节。行礼时，跪在地上，双手至地，低头与腰平齐。　　㊻违：离开。　　㊼条属：孙希旦说，在大祥以前丧冠是用一条布捆缚而固定在头上的，再把一条缨缝缀在右边，左边用来打结。这就是条属。条，指布条。属：连缀。　　㊽缨：澡，指漂洗，经过漂白。　　㊾后路：随从的车。　　㊿先路：卿大夫的座车。　　51遣车：送葬时载牲体的车。牢具：即包奠。　　52精：顶盖。　　53章：障蔽。　　54粻（zhāng）：粮食。指黍稷。　　55有子：孔子弟子有若。　　56祭：指吉祭。　　57丧：凶祭。　　58端衰：孔颖达说是丧服上衣缀六寸之衰于心前，故称。　　59蕤：结在领下的帽带的穗子。　　60冕：礼帽。　　61弁：文官的制帽。　　62冠：一般的帽子。　　63畅：陆德明说是"鬯"，郁鬯。椈：柏木。　　64梧：桐木。　　65枇：从锅中挑起牲体用的工具。　　66毕：木叉。　　67刊：削。　　68率（lù）带：不加缝边的帛带。　　69孔颖达说：瓮盛醯酱，瓶盛醴酒，筲盛黍稷。衡：木制的放瓮瓶之类的器物。　　70实：填充。见：孔颖达说是棺外的饰物，孙希旦说是棺饰帷荒一类的东西。折：上面放置席子用的木架。　　71重：见《檀弓》注。　　72辩：遍。　　73孔颖达说：这是君来吊臣之葬，柩已下堂，载在柩车，而君吊之。　　74指主人出去等待。　　75子羔：孔子弟子高柴。　　76茧衣裳：填入丝绵的上衣下裳。　　77玄冕：郑玄说或为玄冠，或为玄端。　　78浅红色滚边的黑衣是妇人服。　　79公：国君。踊：始死至大殓的哭踊。　　80居间：孔颖达说是妇人与丈夫更替哭踊，居宾主之间。　　81申加：添加。申：重复。　　82吊者：诸侯派来做吊的使者。　　83孤：嗣子。　　84相者：帮助料理丧事并传达话语的人。　　85请事：接待之事。　　86如何不淑：郑玄说是言君痛之甚，使某吊。　　87须：等待。　　88此句后依郑玄说脱一"出"字。　　89含者：奉命来赠含的人。将命：奉命。　　90坐：跪。委：放、置。　　91宰夫：孔颖达说宰是上卿，"夫"是衍字。　　92即：就。　　93郑玄说：把衣服交给禭者的是贾人。禭者一人捧送五次衣服。　　94宰夫五人分别捧着冕服、爵弁服、皮弁服、朝服、玄端。　　95赗：送给丧家助葬的车马等物。　　96乘黄：四匹黄马。大路：赗车。　　97北辀：车辕朝北。　　98上容：指使者。临：视。指使者想进去看看丧事料事如何，给以帮助，实际是为进去哭泣。　　99乘人：使人牵引柩车。

【译文】

　　诸侯到国外旅行，死在主国安排的馆舍里，他的招魂仪式，同在自己的国家一样，用他的衣服登屋向北招魂。如果死在路上，就登在他的乘车的左毂上，用车上他的引手绳招魂。载柩车上有顶盖，顶盖周围有垂边。用缁色的布围绕柩车，白锦作像宫室一样的屋，这样送他回国。到达殡宫门外，不拆除裳帷，就进入殡宫，到堂上，只把车上的顶盖拆下放在殡宫门外。

　　大夫士死在路上，就登上他的乘车的左毂用他的引手绳招魂。如果死在馆舍，那他的招魂仪式和在家里一样。大夫用未染的白布作为枢车的装饰，到家门外去掉饰物，用轮车来载枢，进家门到阼阶下，将尸体取下，从阼阶抬上放到停尸的地方，士的枢车用苇席作屋，蒲席作裳帷。

凡是臣子家有丧事，将噩耗报告给国君，说："您的臣子某某死了。"父、母、妻、长子死了，就说："您的臣子某某亲属死了。"为国君死亡讣告他国的国君，说："寡君不禄，敢告于左右。"如夫人死了，说："寡小君不禄。"太子去世，说："寡君的嫡子某某死了。"大夫死了，讣告同国的大夫，说："某人不禄。"讣告于士，相同。讣告于他国的国君，说："您的外臣寡大夫某某死了。"讣告于他国大夫，说："您的外国好友寡大夫某某不禄，派我来报丧。"讣告于士，相同。士死了，讣告于同国的大夫，说："某某死了。"讣告于士，相同。讣告于他国的国君，说："您的外臣某某死了。"讣告于他国大夫，说："您的外国好友某某死了。"讣告于他国的士，相同。

大夫遇到国君的丧事，要在国君馆舍的丧次守丧三年，然后回家。士只要一年就可回家。士也住在馆舍的丧次里，但与大夫不同：大夫在倚庐，士住垩室。

大夫为他的父母兄弟又不是大夫的人服丧，只依士礼穿丧服。士为他的父母兄弟是大夫的人服丧，也依士礼穿丧服。大夫的嫡子可依大夫的礼穿丧服。大夫的庶子是大夫，那就为他的父母服大夫的丧服。但庶子的地位与不是大夫的士相同。士的儿子是大夫，死了，他的父母不能为他主丧，让他的儿子主丧。没有儿子，就为他找个做后嗣的人。

大夫卜择葬地、葬期时，大夫的家臣穿白布深衣，吉布的衰和带，穿丧鞋，戴没有蕤的缁布帽子。卜人则戴皮弁。如果用筮，筮人戴白练冠、穿素色深衣而筮。卜人穿朝服。

大夫的丧事，在灵枢迁出庙时，牵马入门。孝子们见到牵马的人，就哭号踊脚。已经迁出庙，包裹遣奠的物品一同去埋葬。宣读附葬物品的名目。大夫的丧事，大宗人辅助主人卜葬地、葬期，小宗人将主人之命转告卜人，卜人用火烧龟甲占兆。

招魂时，诸侯用赐衣、冕服、爵服；诸侯夫人用有雉的图案的揄狄、赤边的黑色褖衣，白纱里子。卿的嫡妻用鞠衣、赐衣，素纱里子。下大夫的妻用白色命服。其余的人都像士妻一样用黑色褖衣。

招魂的时候，位置以西边为上位。大夫的灵车不用飘动的揄绞，把它系在池的下面。

大夫死后可袝于做士的祖先；士死不能袝祭于做大夫的祖先，而袝于祖先的兄弟做士的人。没有，就袝于祖先同辈做士的人。即使祖父母在世，也是这样。妇人要袝丈夫所袝的那个祖先的配偶。那个祖先如配偶尚在，就从属那个祖先同辈人的配偶而袝。妾要袝于祖父的妾。如祖父无妾，就从属祖父辈有妾的人的妾。男人袝于祖父，就要并祭祖母。没出嫁的女子袝于祖母时，就不必并祭祖父。国君的庶子袝于上一代国君的庶子。国君刚死，太子改称"子"，但对待他像对待国君一样。

为父母守丧，到练祭时，又遇到有大功的丧事，就改戴大功的麻绖，只有丧杖和绳屦不改换。为父母守丧，又在大功丧服期间，遇到未成年兄弟的厌祭时，只戴练冠，不加麻绖。未成年的人的厌祭，称"阳童字某某"，不称名，是因以鬼神之道待他。

凡是与兄弟分居异地的人，在刚听说他的死讯时，可以只用痛哭来回答报丧的人。刚开始穿孝时，散垂着腰上的麻带。没有穿孝而赶去奔丧的，和主人一起成服；如是堂兄弟，就和主人一起成服；如是亲兄弟，就要披麻戴孝到丧期结束。

妾代为主妇，她的丧事从卒哭次日袝祭起直到小祥、大祥的祭祀，都让她的儿子主持。殡祭时，不在正室而在侧室。国君不抚按臣仆和贱妾的尸体。主妇死，众妾仍要为主妇的家族服丧。代为主妇，就不为主妇的家族服丧。

听到兄弟的丧讯，凡是大功以上的亲属奔丧，见到兄弟住的地方就开始哭泣。和死者兄弟是朋友去参加送葬没有赶上，在路上遇到主人已经回来了，仍要走到墓地为止。凡是为朋友的兄弟主持丧事，尽管没有亲戚关系，但也要到丧事结束为止。凡是服丧没有结束，有人来吊问，就要设位而哭，拜而且踊。大夫哭吊大夫，在皮弁上加环绖。参与移殡，也是这样。大夫的妻子死了，卒哭之时，已换上葛衣。遇到远房兄弟的丧事，就在皮弁上加环绖去哭。

长子死了，父亲为他持丧杖，那么长子的儿子就不拿丧杖就孝子的位置了。父母在世，不为妻子持丧杖，有人吊丧也不再拜叩头。即使只有母亲在世，也不再拜叩头。需要叩头的，如接受赠物，也只拜不叩。离开诸侯，到大夫那里效力，不再为诸侯服丧；离开大夫，到诸侯那里效力，不再为大夫服丧。

丧冠有条属，用来分别吉凶。服丧三年的，一年后改戴练冠，也有条属，缝在右边上结于左。小功以下缝在左边。缌麻亲属的丧冠用经过漂白的麻布条作缨。大功以上的亲属，小殓以后散垂麻带不系。朝服用十五升（一千二百缕）的细布，减去一半就是缌麻。用石灰煮沤成的缌麻就是锡衰。

诸侯互相赠送死人殓葬用的衣物，可用随从的车和冕服，但不用座车和天子赏赐的品服。送葬的遣车要视包奠的多少来定。包奠上面有粗布顶盖，四面都有障蔽。包奠放在墓圹的四角。遣车上载有黍稷等粮食，有子说："这不合乎礼。丧事的奠祭只用肉干肉酱。"吉祭时称"孝子"、"孝孙"。凶祭时称"哀子"、"哀孙"。丧服、丧车没有等差。

白布冠、黑布冠，都没有结在颔下的帽带穗子。有冠卷的玄色、白色帽子，才有帽带穗子。大夫戴冕参加国君的祭祀，戴弁参加家祭。士戴弁参加国君的祭祀，戴冠参加家祭。士戴弁去迎亲，那么，士戴弁参加家祭也可以。

捣鬯的臼用柏木，杵用桐木做成，捞牲体用的大枇用桑木做成，长三尺，有的说是五尺。叉肉的木叉也用桑木，长三尺，削去把儿和叉尖。率带，诸侯大夫都用五色，士两色。醴酒是用稻米酿成，成瓮的醋酱、成坛的醴酒，一筲筲的黍稷放在桁上，填在圹壁和棺衣之间，然后把支架放在椁上，盖上席子，封上。暂代神主的"重"，在下葬后迎回死者灵魂，举行安神祭。有了正式的神主以后，就把它埋在祖庙门外东边的土里。

妇人的丧事，依从她丈夫爵位的高低为礼。小殓裹尸，大殓入棺，启殡移棺，要遍拜来吊的宾客。早晚哭泣时，堂上不用帷幕。已移棺埋葬，堂上不用帷幕。

国君如果在灵柩载到车上以后来吊问，那主人要退回宾位朝东拜谢，再在门右朝北哭踊。然后出门等候，国君离去，再回来祭奠。

子羔小殓时穿戴的是：丝棉的衣、裳和浅红色滚边的黑衣，素色衣裳，皮帽，制帽，黑冠。曾子说："不能穿妇人的衣服。"

为国君出使而死在公家的馆舍，要招魂；私人的馆舍不用。公馆，是公家指定招待的地方；私馆，是卿大夫以下的人的私宅，不能在私人家里招魂。国君的丧事，从刚死到大殓，哭踊七次，大夫五次，士三次，妇人与男人更替跳踊。

国君小殓时用衮衣一套，玄色衣裳一套，朝服一套，细褶白布衫一套，浅红色衣裳一套，爵弁两通，玄冕一套，赐衣一套，朱绿色杂带之上再加大带。

小殓时，头上加环绖，国君、大夫、士是相同的。国君来参加大殓，登堂，丧祝更换铺席，然后才移尸入殓。鲁国赠送死人的物品，用三黑色、两浅红色的帛，宽度只有一尺，长只有一幅。

诸侯派来做吊的使者，在大门的西边就位，面朝东；他的介站在他的东南方，面朝北，以西边为上。所有的人站在门的西边，不能对着门口。门内，孝子站在阼阶下面，面朝西。辅助料理丧事的相接受主人之命说："孝子某某让我出去接待。"吊问的客人说："敝国国君非常哀痛，派我来吊。"相进去报告，出来说："孝子某某在里面恭候。"吊问的人进入大门，孝子从东阶登堂，面朝西站立。吊问的人从西阶登堂，面朝东站立，表达来意说："敝国君听到贵国国君的不幸，敝国君非常哀痛，派我来吊。"孝子拜谢叩头，吊问的人下堂，出门返回原位。

奉命致"含"的人端着玉璧上前通报说："敝国君派我来致含礼。"相进去报告，出来说："孝子某某在里面恭候。"致含的人进入大门登堂，表达来意。孝子拜谢叩头。致含的人跪下，把玉璧放在苇席上；如此时已埋葬，用蒲席。致含的人下堂，出门，返回原位。上卿穿朝服，换上绳屦，从西阶登堂，面朝西，跪下取璧，然后再从西阶下去往东走。

奉命来赠襚的人上前说："敝国君派我来送襚。"相进内报告，出来说："孝子某某在内恭候。"送襚的人捧着冕服，左手提着衣领，右手托衣腰，进入大门，登堂表达来意说："敝国君派我来送襚。"孝子拜谢叩头，送襚人把冕服放在殡东。送襚人下堂，到门内正檐下，从贾人手中接过爵弁服，登堂，又说一遍，孝子拜谢叩头，然后又在中庭接过贾人手里的皮弁服，又在西阶接过朝服，在堂上接过玄端，登堂，继续一遍遍地说，孝子拜谢叩头，都和开始一样。然后送襚人下堂，出门，返回原位。主人这边宰夫五人从西阶登堂，跪在殡东，面朝西，一人捧着一件衣服，然后从西阶下堂。

上介进赗，拿着圭传话说："敝国君派我来送赗礼。"相进内报告，返回来答道："孝子某某在内恭候。"来人将四匹黄马拉的大车陈列在中庭，车辕朝北。拿圭的上介从大车西边下来，从西阶登堂，表明来意。孝子拜谢叩头。上介跪下把圭放在殡东南角。下堂，出门，回原位。上卿举着圭自西阶下堂，向东走去。凡转达来意，都是向殡（死者）转达，孝子拜谢叩头。凡放下礼物的，都是面朝西边的殡跪下安放。上卿举璧和圭，宰夫举襚服，都从西阶登堂，面朝西，跪下取物，再从西阶下堂。进赗的人出去，返回门外原位。

吊丧的使者来到，对相说："敝国君因有宗庙大事，不能亲自前来参与丧事，派遣一个老臣某某帮助牵引丧车。"相进内报告，返回来答道："孝子某某在内恭候。"使者从大门右边进来。介都在后跟着，站立在他的左边，以东边的为首。宗人负责接纳这些客人，要先登堂，从主人那受命。然后下堂，说："孝子某某不能承当你们的厚意，请你们回到原来的地方。"使者回答说：

"敝国君派我们来当差，我们不敢把自己看作宾客，请别客气。"宗人进内报告，返回后说主人不能接受。辞让三次后，客人只好恭敬从命，站立在门西边，介站在他的左边，以东为首。孝子从阼阶下堂，向他们拜谢，登堂，哭泣，和使者轮流跳踊三次。客人出门，孝子送到大门外拜谢叩头。国内有国君的丧事，臣下又有亲丧，不敢接受他国宾客来吊。

士的丧事，和天子丧事相同的地方有三个：出殡那天夜里彻夜灯火；不用马匹，而用人牵引柩车；由于人在路上避让柩车，柩车等于在专门的路上行进。

杂 记 下

有父之丧，如未没丧而母死[①]，其除父之丧也，服其除服[②]。卒事，反丧服。虽诸父昆弟之丧，如当父母之丧，其除诸父昆弟之丧也，皆服其除丧之服。卒事，反丧服。如三年之丧，则既颎[③]，其练、祥皆行。王父死，未练、祥而孙又死，犹是祔于王父也。

有殡[④]，闻外丧[⑤]，哭之他室。入奠，卒奠出，改服即位，如始即位之礼。

大夫士将与祭于公，既视濯[⑥]而父母死，则犹是与祭也。次于异宫，既祭，释服出公门外哭而归。其他如奔丧之礼。如未视濯，则使人告，告者反而后哭。如诸父、昆弟、姑、姊妹之丧，则既宿[⑦]则与祭。卒事，出公门，释服而后归。其他如奔丧之礼。如同宫，则次于异宫[⑧]。

曾子问曰："卿大夫将为尸于公，受宿矣，而有齐衰内丧，则如之何？"孔子曰："出舍乎公宫以待事[⑧]，礼也。"孔子曰："尸弁、冕而出[⑨]，卿、大夫、士皆下之。尸必式，必有前驱。"父母之丧，将祭[⑩]而昆弟死，既殡而祭。如同宫，则虽臣妾，葬而后祭。祭，主人之升降散等[⑪]，执事者亦散等。虽虞、祔亦然。

自诸侯达诸士，小祥之祭，主人之酢也哜之；众宾、兄弟则皆啐之[⑫]。大祥，主人啐之，众宾、兄弟皆饮之可也。凡侍祭丧者[⑬]，告宾祭荐而不食[⑭]。

子贡问丧[⑮]。子曰："敬为上，哀次之，瘠为下[⑯]。颜色称其情，戚容称其服。"请问兄弟之丧。子曰："兄弟之丧，则存乎书策矣[⑰]。君子不夺人之丧，亦不可夺丧也[⑱]。"孔子曰："少连、大连善居丧，三日不怠，三月不解，期悲哀，三年忧。东夷之子也。"三年之丧，言而不语[⑲]，对而不问；庐、垩室之中，不与人坐焉；在垩室之中，非时见乎母也，不入门。疏衰皆居垩室[⑳]，不庐。庐，严者也。

妻视叔父母㉑，姑、姊妹视兄弟，长、中、下殇视成人。亲丧外除㉒，兄弟之丧内除㉓。视君之母与妻，比之兄弟。发诸颜色者㉔，亦不饮食也。免丧之外，行于道路，见似目瞿㉕，闻名心瞿㉖。吊死而问疾，颜色戚容必有以异于人也。如此，而后可以服三年之丧。其余㉗则直道而行之㉘是也。

祥，主人之除也，于夕为期，朝服。祥因其故服㉙。子游曰："既祥，虽不当缟者必缟，然后反服。"

当袒㉚，大夫至，虽当踊，绝踊而拜之㉛，反，改成踊，乃袭。于士，既事成踊㉜，袭而后拜之，不改成踊。

上大夫之虞也，少牢。卒哭成事㉝，祔，皆大牢。下大夫之虞也，犆牲。卒哭成事，祔，皆少牢。祝㉞称卜葬、虞，子孙曰"哀"，夫曰"乃"，兄弟曰"某"，卜葬其兄弟曰"伯子某"。古者贵贱皆杖。叔孙武叔㉟朝，见轮人㊱以其杖关毂而辗轮者㊲，于是，有爵而后杖也。凿巾以饭㊳，公羊贾为之也㊴。冒者何也㊵？所以掩形也。自袭以至小殓，不设冒则形，是以袭而后设冒也。

或问于曾子曰："夫既遣而包其余，犹既食而裹其余与？君子既食则裹其余乎？"曾子曰："吾子不见大飨乎？夫大飨，既飨，卷三牲之俎归于宾馆㊶，父母而宾客之，所以为哀也！子不见大飨乎？"

非为人丧，问与？赐与？三年之丧，以其丧拜；非三年之丧，以吉拜㊷。三年之丧，如或遗之酒肉，则受之必三辞。主人衰绖而受之。如君命，则不敢辞，受而荐之。丧者不遗人㊸，人遗之，虽酒肉，受也。从父昆弟以下㊹，既卒哭，遗人可也。

县子曰："三年之丧如斩。期之丧如剡㊺。"三年之丧，虽功衰不吊㊻，自诸侯达诸士。如有服而将往哭之，则服其服而往。期之丧，十一月而练，十三月而祥，十五月而禫。练则吊。既葬，大功吊，哭而退，不听事焉㊼。期之丧，未葬，吊于乡人，哭而退，不听事焉。功衰吊，待事不执事。小功、缌，执事不与于礼。相趋也㊽，出宫而退。相揖也㊾，哀次而退。相问也㊿，既封而退。相见也[51]，反哭而退。朋友，虞、祔而退[52]。吊，非从主人也，四十者执绋；乡人五十者从反哭，四十者待盈坎[53]。

丧食虽恶必充饥。饥而废事[54]，非礼也；饱而忘哀，亦非礼也。视不明，听不聪，行不正，不知哀，君子病之[55]。故有疾饮酒食肉，五十不致毁，六十不毁，七十饮酒食肉皆为疑死[56]。有服，人召之食，不往。大功以下，既葬，适人，人食之，其党也食之，非其党弗食也。功衰，食菜果，饮水浆，无盐、酪^⑤。不能食食，盐、酪可也。孔子曰："身有疡则浴，首有创则沐^⑧，病则饮酒食肉。毁瘠为病，君子弗为也。毁而死，君子谓之无子。"

非从柩与反哭^⑨，无免于堩^⑩。凡丧，小功以上，非虞、祔、练、祥，无沐浴。疏衰之丧，既葬，人请见之，则见；不请见人。小功，请见人可也。大功不以执挚^⑪。唯父母之丧，不辟涕泣而见人。三年之丧，祥而从攻^⑫；期之丧，卒哭而从政；九月之丧，既葬而从政；小功、缌之丧，既殡而从政。

曾申问于曾子曰："哭父母有常声乎^⑬？"曰："中路婴儿失其母焉，何常声之有？"

卒哭而讳。王父母、兄弟、世父、叔父、姑、姊妹。子与父同讳^⑭。母之讳，宫中讳。妻之讳，不举诸其侧。与从祖昆弟同名则讳。

以丧冠者，虽三年之丧，可也。既冠于次^⑮，入哭踊三者三^⑯，乃出。大功之末^⑰，可以冠子，可以嫁子。父小功之末，可以冠子，可以嫁子，可以取妇。己虽小功，既卒哭，可以冠、取妻；下殇之小功则不可。

凡弁绖^⑱，其衰侈袂^⑲。父有服，宫中子不与于乐^⑳。母有服，声闻焉，不举乐。妻有服，不举乐于其侧。大功将至，辟琴瑟。小功至，不绝乐。

姑、姊妹，其夫死，而夫党无兄弟，使夫之族人主丧。妻之党，虽亲弗主。夫若无族矣，则前后家，东西家；无有^㉑，则里尹主之。或曰：主之，而祔于夫之党。

麻者不绅^㉒，执玉不麻。麻不加于采^㉓。国禁哭则止，朝夕之奠即位，自因也^㉔。童子哭不偯，不踊，不杖，不菲，不庐。孔子曰："伯母、叔母疏衰，踊不绝地。姑、姊妹之大功，踊绝于地。如知此者，由文矣哉！由文矣哉^㉕！"

世柳之母死^㉖，相者由左。世柳死，其徒由右相。由右相，世柳之徒为之也。

天子饭^㉗九贝；诸侯七，大夫五，士三。士三月而葬，是月也卒哭；大夫三月而葬，五月而卒哭；诸侯五月而葬，七月而卒哭。士三虞^㉘，大夫五，诸侯七。诸侯使人吊^㉙，其次含、襚、赗、临，皆同日而毕事者也，其次如此也^㉚。卿大夫疾，君问之无算；士一问之。君于卿大夫，比葬不食肉，比卒哭不举乐；为士，比殡不举乐。升正柩，诸侯执绋五百人，四绋皆衔枚^㉛，司马执铎，左八人，右八人，匠人执羽葆御柩^㉜。大夫之丧，其升正柩也，执引者三百人，执铎者左右各四人，御柩以茅^㉝。

孔子曰："管仲镂簋而朱纮，旅树而反坫，山节而藻棁，贤大夫也，而难为上也。晏平仲祀其先人，豚肩不掩豆，贤大夫也，而难为下也。君子上不僭上，下不逼下^⑭。"

妇人非三年之丧，不逾封而吊^⑮。如三年之丧，则君夫人归。夫人，其归也以诸侯之吊礼；其待之也若待诸侯然。夫人至，入自闱门^⑯，升自侧阶^⑰，君在阼。其他如奔丧礼然。嫂不抚叔，叔不抚嫂。

君子有三患：未之闻，患弗得闻也；既闻之，患弗得学也；既学之，患弗能行也。君子有五耻：居其位，无其言^⑱，君子耻之。有其言，无其行，君子耻之。既得之而又失之^⑲，君子耻之。地有余而民不足，君子耻之。众寡均而倍焉^⑳，君子耻之。

孔子曰："凶年则乘驽马。杞以下牲^㉑。"恤由之丧，哀公使孺悲之孔子学士丧礼。《士丧礼》于是乎书。子贡观于蜡，孔子曰："赐也乐乎？"对曰："一国之人皆若狂，赐未知其乐也。"子曰："百日之蜡，一日之泽，非尔所知也。张而不弛，文武弗能也；弛而不张，文武弗为也，一张一弛，文武之道也。"

孟献子曰^㉓："正月日至，可以有事于上帝；七月日至^㉔，可以有事于祖。"七月而禘，献子为之也。夫人之不命于天子，自鲁昭公始也^㉕。外宗为君、夫人^㉖，犹内宗也。

厩焚，孔子拜乡人为火来者。拜之，士一，大夫再。亦相吊之道也^㉗。孔子曰："管仲遇盗，取二人焉，上以为公臣，曰：'其所与游，辟也^㉘。可人也^㉙。'管仲死，桓公使为之服。宦于大夫者之为之服也，自管仲始也，有君命焉尔也。"

过而举君之讳^㉚，则起。与君之讳同，则称字。内乱不与焉，外患弗辟也。《赞大行》曰^㉛："圭，公九寸，侯、伯七寸，子、男五寸。博三寸，厚半寸。剡上，左右各寸半，玉也。藻^㉜，三采六等^㉝。"哀公问子羔曰："子之食奚当^㉞？"对曰："文公之下执事也^㉟。"

成庙则衅之，其礼：祝、宗人、宰夫、雍人^㊲，皆爵弁、纯衣^㊳，雍人拭羊^㊴，宗人祝之，宰夫北面于碑南^㊵，东上。雍人举羊升屋，自中，中屋南面刲羊，血流于前，乃降。门、夹室^㊶皆用鸡。先门而后夹室。其衈^㊷皆于屋下。割鸡：门当门，夹室中室。有司皆向室而立^㊸，门则有司当门北面。既事，宗人告事毕，乃皆退。反命于君曰："衅某庙事毕。"反命于寝，君南向于门内，朝服。既反命，乃退。路寝成，则考之而不衅。衅屋者，交神明之道也。凡宗庙之器，其名者成，则衅之以豭豚^㊹。

诸侯出夫人^㊺，夫人比至于其国，以夫人之礼行；至，以夫人入。使者将命曰：“寡君不敏⑯，不能从而事社稷、宗庙，使使臣某敢告于执事。”主人对曰：“寡君固前辞‘不教’矣⑰，寡君敢不敬须以俟命⑱。”有司官陈器皿⑲，主人有司亦官受之。妻出，夫使人致之曰：“某不敏，不能从而共粢盛，使某也敢告于侍者。”主人对曰：“某之子不肖⑳，不敢辟诛㉑，敢不敬须以俟命。”使者退，主人拜送之。如舅在则称舅。舅没则称兄。无兄则称夫。主人之辞曰：“某之子不肖。”如姑、姊妹亦皆称之。

孔子曰：“吾食于少施氏而饱㉒，少施氏食我以礼。吾祭，作而辞曰：‘疏食不足祭也。’吾飧，作而辞曰：‘疏食也，不敢以伤吾子。’”

纳币一束㉓，束五两，两五寻㉔。妇见舅姑，兄弟、姑、姊妹，皆立于堂下，西面，北上，是见已。见诸父，各就其寝。女虽未许嫁，年二十而笄，礼之，妇人执其礼㉕。燕则鬈首㉖。笄，长三尺，下广二尺，上广一尺，会去上五寸㉗。纰以爵韦六寸㉘，不至下五寸。纯以素㉙，训以五采㉚。

【注释】

①没丧：丧期结束。没，竟。　②除服：祥祭之服。　③颎（jiǒng）：草名，似苧，可以缉麻为布。郑玄说：无葛之乡，去麻则服颎。　④有殡：指父或母的灵柩尚在殡宫。　⑤外丧：指远方兄弟的丧事。　⑥视濯：祭祀前日检视祭器、祭品等是否新鲜干净。　⑦宿：祭前三日留宿宾客举行斋戒，然后参与祭祀。　⑧待事：等候公祭。　⑨弁冕：指士大夫的服饰。　⑩祭：指练、祥之祭。　⑪散等：历阶，一脚踩一层台阶而上。散：栗，即历。等：阶。　⑫唪、啐：郑玄说“皆尝也，唪至齿，啐至口。”　⑬侍：孔颖达说是“相与丧祭礼者”。祭丧：依郑注当为“丧祭”。　⑭荐：肉干、肉酱。　⑮问丧：问居父母之丧。　⑯瘠：面容憔悴。　⑰书策：书籍简策。　⑱指自己居丧行礼也要按照礼法，不可取消。　⑲语：告诉别人。　⑳疏衰：齐衰，期丧之服。　㉑视：比照。　㉒外除：指外表丧服去掉而悲哀仍存心中。　㉓内除：指内心的悲哀和外表的丧服一起去掉。　㉔指酒食之类。　㉕似：容貌和父母相似。瞿：吃惊的样子。　㉖名：和父母的名字相同。　㉗指期亲以下的。　㉘孔颖达说：直依丧之道理而行之于义。　㉙故服：指前一天晚上穿的朝服。　㉚当袒：指小敛、大敛时。　㉛绝踊：中止跳踊。　㉜既事：小敛、大敛之事结束。　㉝指卒哭之祭成为吉事。　㉞祝：称谓。　㉟叔孙武叔：鲁大夫叔孙州仇。　㊱轮人：制作车轮的匠人。　㊲关：穿。辁（huà）旋转。　㊳凿：穿孔。巾：覆盖死者面部的巾。　㊴公羊贾是士，凿巾饭含是失礼。　㊵冒：古时装殓死尸的套子。　㊶卷：卷包。　㊷丧拜、吉拜：郑玄说，稽颡而后拜叫丧拜，拜而后稽颡叫吉拜。　㊸遗（wèi）：馈赠。　㊹从父昆弟大功丧服。　㊺剡（yǎn）：削。　㊻功衰：已练祭之服。孔颖达说：小祥后衰，与大功同，故曰“功衰”。　㊼不听事：不等候主人进行袭殓等事。　㊽相趋：慕名而去吊丧。　㊾相揖：作揖之交。　㊿相问：有赠物往来。　51相见：交往较深。　52袝：王引之认为虞袝不在同天举行，“袝”为衍字。　53盈：填满。　54

废事：指不能行礼。　55病：忧虑。　56疑死：害怕因过哀生病而死掉。疑：郑玄释作"恐"。　57酪：醋酱之类。　58疡、创：疮。　59从柩：送葬。　60堲：道路。　61执挚：孙希旦说是接受宾客的礼物而拿在手中。　62政：指力役、徭役。　63常声：一定的声音。　64指儿子随着父亲而避讳。　65次：倚庐。　66三者三：一哭三踊进行三次。　67末：郑玄说是"卒哭"。孙希旦说：大功九月，小功五月，皆以卒哭后为末。　68弁绖：弁冠麻绖。　69侈：宽大。　70指不摆弄乐器。　71指所有和他左邻右舍的都是妻党。　72绅：大带、吉服。　73采：玄衣纁裳。　74自因：自己站在原先的位置上。　75由文：用礼文。　76世柳：鲁穆公时贤人。也作"泄柳"。　77饭：饭含。　78指士从埋葬到卒哭有三次虞祭。　79指吊邻国诸侯之丧。　80次：次序。　81枚：衔在口中用以防止喧哗的器具，形如筷子。　82羽葆：用鸟羽扎在木柄的头部，像盖子一样。葆：盖子。　83茅：编扎白茅而成，用以指挥。　84见《礼器》及《郊特性》。　85逾封：越过疆界。　86闱门：侧门。　87侧：旁。　88指没有和其职位相称的计划、谋略。　89指由于无能而失去职位。　90众：役用民众。倍：指别人的功绩倍于己。　91下牲：特豕特豚等。　92孟献子：鲁国大夫仲孙蔑。　93正月：周正月，即夏历十一月。日至：冬至。　94七月：周七月，即夏历五月。日至：夏至。　95郑玄说：周制同姓百世不通婚姻。鲁与吴同姓，鲁昭公娶吴孟子，不告诉天子，天子也不命。　96外宗：指出嫁异姓和自他姓嫁到宗内的妇人。　97这是指用吊礼来慰问遭受祸灾。　98辟：邪辟的人。　99可人：可用的人。　100过而举：由于一时的过错而说出来。　101赞大行：孔颖达说，《周礼》有《大行人》篇。作此《记》之前，另有书论说《大行人》之礼，其篇名谓之《赞大行》。赞：明。大行：官名，主管天子诸侯间的重大交际礼仪，也叫大行人。　102藻：衬玉器的垫子。　103三采：朱、白、苍三色。六等：一采一等，三采相间而为六等。等：行。　104郑玄说是问子羔的先人在哪个国君时开始出仕食禄。　105下执事：孙希旦说，下执事，谓士也。　106衅：古代用牲血祭祀的一种仪式。　107雍人：掌管祭祀中宰割祭牲及烹调的人。　108爵弁：士服。纯衣：玄衣纁裳。　109拭：擦拭。　110碑：庙内拴牲口的石碑。　111门：庙门。夹室：东西厢房。　112衈（ěr）：古代祭名，杀羽牲以祭。郑玄、孔颖达将此释作"先灭耳旁毛荐之"。孙希旦说"灭耳旁毛"之说，本无所据。而先衅后衈，《记》中实无此义。　113有司：孙希旦说是宰夫、宗人与祝。　114豭（jiā）豚：小公猪。　115出：弃逐、休掉。　116不敏：不才。　117郑玄说：前辞不教谓纳采时。　118孙希旦说：不敢嫁，以俟后命，冀其反。　119孙希旦说：夫人之器物，各有典主之官，会其官各以所典者陈之，主人亦使有司各以其官受之。　120肖：似。　121诛：责罚。　122少施氏：鲁惠公子施父之后。　123纳币：婚礼纳征。　124寻：八尺。　125妇人：在家的妇人，如伯母、叔母等。　126鬈（quán）首：郑玄、孔颖达、孙希旦等均说"分发为髻、纷"。纷：即结。王梦鸥说"犹今言双桃髻。"髻、结是否如王氏说，未详。　127会：韠的领缝，即束带之处。　128纰：韠的两旁。爵韦：见《玉藻》注。　129纯：韠的下端。素：孙希旦说是白色绫。　130绌（xún）：圆形饰带。

【译文】

父亲的丧期还没结束，母亲又死了，此时遇到为父除重服的日子，要改换轻服举行祥祭。祥祭完毕，再为母亲服重服。即使是在叔伯、兄弟的丧期中，又遇到父母的丧事，也要在除丧的日子改换除服。祭事完毕，再为父母服重服。如果父母的丧事，到了改换葛衣时，前丧的练祭、祥祭都可举行。祖父去世，还没到练祭、祥祭时孙子又死了，孙子的神主还是要祔于祖父。

父母的灵柩停在殡宫，听到远方兄弟去世的消息，应在别的房室中哭他，回到殡宫祭奠父母，祭毕出来，要改换丧服，按原先就位的礼仪就位哭泣。

大夫士参加公家的祭典，已经"视濯"了，遇到父母去世，就要参与祭奠直到结束，但要住在别的房室里。祭典结束，脱下祭服走出公门外，哭泣着回家。其他的礼节，如同奔丧。如还没有"视濯"，就让人报告国君。报告的人返回，然后为父母哭泣。如果是叔伯、兄弟、姑、姊妹去世，祭典已到斋戒了，就要参加祭奠之事。祭事结束，走出公门，脱下祭服然后奔丧回家。其他的礼节如同奔丧。如果祭祝中同住一处的，就要住到另外的地方。

曾子问："卿大夫将要充任国君祭祀时的尸，已经斋戒了，遇到叔伯、兄弟、姑、姊妹去世，那该怎么办呢？"孔子说："出去住在国君的馆舍等待祭典是合乎礼的。"又说："国君的尸穿士大夫服饰出来，卿大夫士都要下车表示敬意。尸必须凭轼行礼，也必须有在前面开路的人。"父母的丧期，将要到练祭、祥祭时，遇到分居异地的兄弟去世，要等到他的灵柩移入殡宫后，再举行练、祥的祭祀。如是同居一处的亲属，即使是臣妾去世，也要等到埋葬以后再举祭。祭祀时，主人登堂下堂，都是一脚踩一层台阶，执事的人也是这样。即使是葬后的虞祭、祔祭也是如此。

从诸侯直到士，小祥祭祀时主人饮宾客回敬的酒只略微沾唇。众宾兄弟的酒，稍微喝一点儿。大祥祭祀时，主人可以稍微饮一点儿，众宾兄弟就可以都喝掉。凡是帮助别人举行丧事祭奠，主人告宾进献干肉和酱时，宾客只做个样子而不吃。

子贡问丧礼。孔子说："首先是虔敬，其次是哀情，只是外貌憔悴为最下。脸色要和悲哀的心情相称，悲戚的表情和丧服的差等相合。"子贡又请教兄弟的丧事。孔子说："这种礼文，书籍简策上都有了。"君子不剥夺他人居丧行礼的权利，自己居丧行礼也必须按照礼法，不可取消。孔子说："少连和大连特别能守丧，父母刚死的三天里号哭不止，水浆不入口；三个月内朝夕祭奠，毫不松懈；周年时还是常常悲哀，想起父母就哭泣。过了三年仍然是憔悴忧戚的脸色。他俩是东夷地方的人。"在父母的三年丧期中，当别人问起时，可以说话，可以回答，但是不主动告诉别人，也不向别人发问。在倚庐和垩室里，

中华藏书

四书五经·最新校勘精注今译本

中国书店

不和别人在一起。周年后移到垩室中，如果不是按时去拜见母亲就不进家门。凡是服期年齐衰的人都住在垩室，不住倚庐。住在倚庐的礼节就更严格了。

居丧礼节，妻丧比照叔父母，姑、姊妹丧比照兄弟，长殇、中殇、下殇比照成年人。为父母守丧，到除服时外表的丧服去掉而内心悲戚尚存；为兄弟居丧，到除服时，外表的丧服和内心的悲戚就一起去掉了。为国君的母亲和妻服丧，比照兄弟。能使脸色发生变化的酒食之类不可以食用。除丧以后，走在路上，看到和双亲面貌相似的，听到和父母的名字相同的，还会恻隐含衰。哀悼死者，探问病人，悲戚的脸色一定和他人不同。这样的人，才可以服三年之丧。其他期亲以下的，依照丧事的道理去做就是了。

祥祭是丧主除服的祭祀。祥祭前一天晚上预告明日祭祀的时间，此时穿十五升布的白麻衣，像平时穿的深衣。祥祭时继续穿前一天晚上的衣服。子游说："到举行祥祭时，即使不能穿白麻衣的，也必须穿上。祥祭结束，反过来再服未完的丧服。"

在小殓、大殓时，主人赤膊哭踊，遇到大夫来吊，可以停止哭踊去拜谢大夫。拜毕回来，行完哭踊之礼，然后穿上衣服。如果来吊的人是士，就要在小殓或大殓的事情结束，哭踊已经完成，穿上衣服以后再拜谢他，不用改变哭踊的礼节。

上大夫的虞祭，用羊豕二牲。卒哭、祔庙的祭祀，都用牛羊豕三牲。下大夫的虞祭，用一豚。卒哭、祔庙的祭祀都用羊豕二牲。卜葬择日和虞祭的祝辞称谓：子或孙卜辞自称"哀某子"或"哀某孙"；丈夫为妻卜自称"乃某"；兄弟自称"某"。为兄弟卜葬，就称"某卜葬伯子某"或"某卜葬季子某"等。古时候不论尊卑贵贱的人都用丧杖。鲁国大夫叔孙州仇，有一次看见制作车轮的匠人用丧杖穿过车毂来滚动车轮。从这时起，规定有爵位的人才能用丧杖。士人在覆面巾上穿孔举行饭含之礼，是公羊贾开始这样做的。冒是什么？是用来遮掩死人形体的。从给死人穿衣，直到小殓，不用冒套住，形体就显现出来。所以穿衣后再加上冒。

有人问曾子说："出殡时已有遣奠，并且把剩下的食物包起来送葬，这不像是吃饱以后又把剩下的食物带走吗？君子吃饱以后是把剩下的带走吗？"曾子说："您大概没见过国君大摆宴席吧？宴会过后，要把没吃完的三牲卷包起来送到宾客居住的馆舍。包奠只是把父母当做一去不复返的宾客，这是表达悲哀心情的。您大概没见过大摆宴席吧？"

不是为了他人的丧事而馈赠，是指探问病人和赏赐吧？为父母守丧，接受他人馈赠，用丧拜来拜谢；不是居父母丧，就要用吉拜来拜谢。为父母守丧，如有人探问病情而赠送酒肉，接受时必须再三辞谢，然后丧主披麻戴孝接受下来。如果是国君的赏赐，就不敢推辞，接受以后先用来供祭。居丧的人不馈赠别人，别人馈赠给他的，即使是酒肉，也可以接受。叔伯兄弟以下的，举行卒哭的祭祀以后，馈赠别人也可以。

　　县子说："三年之丧，痛如刀割；期年之丧，痛如刀削。"守三年丧的人，虽然到了更换为大功丧服时，由于创痛在心，不去吊问别人。这是从诸侯到士都一样的。如有五服之内的亲人的丧事，必须去哭，但要改换相应的丧服。期年的丧事，十一个月举行练祭，十三个月举行祥祭，十五个月举行禫祭。练祭以后，可以出去吊丧，哭后就退出，不必等候主人进行袭殓等事。居期年之丧的人，没有下葬以前，到乡人家里吊丧，哭后就退出来，也不必等候丧事进行。居功衰丧的人出去吊丧，可以等候丧事进行，但不参与丧事的料理。居小功缌麻丧的人，出去吊丧，可以参与料理，但不参与馈奠。慕名前去吊丧的，灵柩出了殡宫就可以回去。作揖之交去吊丧的，灵柩出殡宫到门外举哀的地方就可以回去了。有赠物往来的，要送葬到墓地，到下棺封土后回去。交往较深的人，要到下葬以后，主人迎灵魂回家时再回去。如果是朋友，在举行安置神主的祭祀以后回去。吊丧的人并不是跟随在主人后面走来走去，而是要帮助主人做事。四十岁的人要拉绋牵引柩车。同乡的人，五十岁的可以不出力，下葬后就跟着丧主回家；四十岁的帮助填土到满坎，然后回去。

　　居丧吃的饭食虽然不好，必须用它来充饥。饿着肚子而影响了丧事，这就失礼了；吃饱肚子而忘掉了哀伤，这也是失礼。因哭泣悲伤而看不见，听不清，或是举止反常，麻木得不知悲哀，这些都是君子所担心的。因此，居丧的人有病可以喝酒吃肉，五十岁以上的人不要过于哀伤，六十岁以上的可以不必哀伤，七十岁以上的人可以喝酒吃肉，这都是害怕年老的人因丧事过哀生病而死掉。身有丧服，如果有人邀请吃饭，不要去。服大功以下丧服的人，下葬以后，可以到别人家去。人家请吃饭，如果是亲属就可以接受；不是亲属的不能接受。练祭以后，可以吃菜果，喝汤水，不用盐酪佐餐。如果吃不下饭，也可以用盐酪。孔子说："居丧的人身上头上有疮，就要洗澡、洗头；有病的人可以喝酒吃肉。哀伤憔悴而生重病，君子不愿这样做。因过度哀伤而送命，君子就认为那是使父母绝嗣了。"

　　孝子如果不是送葬和葬后回家，都不可以戴"免"走在路上。凡是居丧的人，小功丧服以上的，不是虞、祔、练、祥等祭日不能洗头、洗澡。齐衰之丧，已经下葬，有人请求见面，可以见他，但自己不请求见别人。小功之丧，可以请求见别人。大功之丧的人不接受宾客的见面礼物。只有父母的丧事，有人来吊丧，可以带着鼻涕眼泪见人。守三年之丧的人，在祥祭以后，就可以服徭役。期年之丧，卒哭以后就可以服徭役。大功九月之丧，下葬以后就可以服徭役。小功和缌麻之丧，移殡以后就可以服徭役了。

曾申问曾子说："哭父母之丧，是不是有一定的哭声？"曾子说："这就像小孩儿在路上找不到他的母亲了，这也会有一定的哭声吗？"

卒哭祭时开始避讳说出死者的名字。父亲避讳称已死的祖父母、兄弟、伯父叔父、姑和姊妹的名字。儿子随着父亲，也避讳称这些人的名字。母亲避讳的人名，全家人随着避讳。妻子避讳的人名，不在她身边说出来。如果那人和从祖兄弟同名就要避讳。

将行冠礼，遇到丧事，在成服的时候可以加冠。即使是三年之丧也可以。在丧次加冠以后，就进去对着灵柩哭踊，一哭三踊进行三次，然后退出。服大功的丧服，在卒哭以后，可以为儿子举行冠礼，可以嫁女儿。父亲服小功丧服，在卒哭以后，可以为儿子行冠礼，可以嫁女儿，也可以娶妻。自己虽是小功丧服，卒哭以后，可以加冠、娶妻。为下殇而服小功丧服的，本来属齐衰的亲属关系，卒哭以后，仍不能举行冠礼或婚礼。

凡是戴弁冠麻绖吊丧的人，他所穿的衰衣都是衣袖宽大的。父亲有丧服在身，家里人，可以摆弄乐器。母亲有丧服在身，只能听他人奏乐，而自己不可自弄琴瑟。妻有丧服在身，不要在她身边奏乐。在服大功丧服的人来访之前，把琴瑟收起来；如来访的人穿小功丧服，可以继续弹奏。

姑、姊妹的丈夫死了，既无子嗣，他的家族又没兄弟，就要请他的族人为他主丧。妻的家族，虽然是至亲，由于是外姓人也不能主丧。丈夫如果没有族人，就请前后左右的邻居主丧。如果连左邻右舍也没有，就由里尹主丧。有的说：妻的家族可以主丧，不过还要祔庙于丈夫的族属。

披麻戴孝的人不能用大带，拿着玉行礼的人不能戴麻绖、束麻带。麻衣不能套在吉服的外面。国家大祭，禁止哭泣，就要暂时中止早晚的哭奠，但还须站在原来的位置上。在丧期中，儿童哭泣不必拉长声，不跳踊，不用丧杖，不穿绳屦，不住倚庐。孔子说："伯母、叔母的丧事，要穿齐衰丧服，踊时要接连踩脚。姑、姊妹的丧事，要穿大功丧服，双脚交替踩踊。懂得这样做的人，真是能行礼了！真是能行礼了！"

世柳的母亲死了，有宾客来吊，相礼的人从左边出来；世柳死了，他的门徒从右边出来相礼。从右边出来相礼的人，是世柳的门徒们做出来的。

上古天子饭含用九个贝壳，诸侯七个，大夫五个，士三个。士死后三个月埋葬，在这个月卒哭；大夫死后三个月埋葬，五个月卒哭；诸侯死后五个月埋葬，七个月卒哭。从埋葬到卒哭的虞祭，士三次，大夫五次，诸侯七次。邻国诸侯死了，诸侯派人先行吊礼，其次是含、襚、赗、临，都是在同一天做完这些事的。它的次序就是上面说的这样。卿大夫有病，国君派人频繁探问；士只问候一次。国君对卿大夫的丧事，不到下葬以后不吃肉，不到卒哭以后不举乐。对于士，不到殡以后不举乐。诸侯出殡，朝祖庙时将灵柩抬高到祖庙的西阶上，正柩在两楹之间。牵引柩车有五百人，用四根粗绳索挽车，牵引的人口中都衔着枚，不能喧哗。司马拿着铃铎，左右各八个人，警告行人回避。匠人拿着羽葆走在前面引导方向。大夫出殡，也要将灵柩抬到西阶上，正柩。牵引柩车的有三百人，拿着铃铎的左右各四人，用白茅引导柩车。

孔子说："管仲用镂花的簋，朱红的帽带，对着门道立屏，设反爵的坫，画有山形和水藻的短柱，他的享用和国君一样，虽然是有才有德的大夫，但做他的国君太难了。晏平仲祭祀他的祖先，用的豚肩还遮不住豆。对祖先如此节俭，虽然是有才有德的大夫，但做他的下属太不容易了。君子是既不僭越上司，也不刻薄地对待下属。"

如果不是父母的丧事，妇人不到他国去吊丧。如果是父母的丧事，那么即使是国君夫人也得奔丧回去。不过国君夫人要按照诸侯的吊礼规格回去，她的祖国也要像对待诸侯那样对待她。夫人回到娘家，从侧门进去，登旁阶上堂，国君在阶的位置上。其他，如哭、踊、髽、麻，和奔丧的礼节一样。丈夫的弟弟死了，做嫂子的不抚按他的尸体哭泣；嫂了死了，做小叔子的也不抚按她的尸体哭泣。

君子有三个忧虑：没有听到的知识，忧虑没法儿听到了；已经听到的知识，忧虑没法儿学到；已经学到了，忧虑不能做到。君子有五种羞耻：身居某职位，又没有相应的意见、看法；只有某种意见、看法却不能实行；已经得到的职位，由于无能又失去了；治理的地域广大，但因流移逃亡，百姓的人数不多；役使民众，彼此均等，而他人功绩倍多于己。

孔子说："遇到灾荒饥馑年景，就只乘劣马，祭祀用特豕、特豚。"鲁国恤由的丧事，哀公派孺悲到孔子那里学习士丧礼，士丧礼从此就有记载了。子贡观看年终的蜡祭，孔子说："端木赐，你觉得有乐趣吗？"子贡回答说："全国的人都像发了疯似的，我不知道这有什么乐趣。"孔子说："他们劳苦了一年，才得到这一天的快乐，这个道理不是你所能理解的。只是紧张而不松弛，文王武王都做不到；只是松弛而不紧张，文王武王也不愿意做。有紧张，也有松弛，这是文王武王的办法。"

鲁国大夫孟献子说："周的正月冬至，可在南郊举行祭祀上帝的郊祭；七月夏至，可以祭祀祖先。"七月举行禘祭是孟献子做出来的。诸侯的夫人没有经天子任命，是从鲁昭公开始的。出嫁到异姓和自他姓嫁到宗内的妇人，为国君的夫人服丧期年，如同宗内的亲人一样。

马厩失火，孔子拜谢为火灾而来慰问的乡人。对士，一拜；对大夫，两拜。这也是相互吊问的方法。孔子说："管仲曾遇到盗贼，他从盗贼中选出两人，作为自己的臣下，后又推荐给齐桓公。齐桓公让他们做公臣，说：'他们是因与邪僻之人交游才做了盗贼，这两人是可用之才。'管仲死时，齐桓公让他俩为管仲服丧。曾做过大夫的家臣，又为大夫服丧，是从管仲开始的。因为这是有国君的命令。"

一时误说出国君的讳名，就立即站起表示歉意。和国君的讳名相同的人，可以称呼他的字。卿大夫不参与国内的祸乱，但对外来的侵犯就应以死抵抗。《赞大行》说："圭，公爵用的九寸长，侯、伯爵的七寸长，子、男爵的五寸长，宽三寸，厚半寸，上头的左右两角各斜向上削去半寸，是玉制的。衬玉器的垫子是朱、白、苍三色，一色两行，三色相间成为六行。"鲁哀公问子羔说："你家的人在哪个国君时做官，相当于什么等级？"子羔说："从卫文公时代开始做士。"

新庙建成举行血祭，祭礼是：祝、宗人、宰夫、雍人，都穿戴士人的玄衣纁裳和爵弁。雍人把羊揩拭干净，宗人检视一遍，宰夫面朝北站在拴牲口的石碑的南面、东边的首位上。雍人托举着羊从两阶之间登上屋顶，走到屋脊当中的地方，面朝南，然后宰羊，等到羊血流到屋檐下，雍人下来。在庙门和东西厢房等三个地方，都用鸡血祭，先祭门而后厢房。杀鸡取血在各自的屋下，把鸡血滴在门上和厢房当中。血祭厢房时，所有的执事人都面朝着房站立。血祭门时，所有的执事人都面朝北对着门。血祭结束，宗人宣布祭礼完成，众人都退出。然后向国君报告说："血祭某庙的事情已经结束。"报告的地方是在国君的住处，国君穿朝服面朝南站在门内。报告完毕，宗人就退出。如果是住处建成，就设盛宴招待宾客，而不举行血祭。血祭屋子是和神明沟通的方法。宗庙中使用的器物，其中重要的在完成后，用小公猪举行血祭。

诸侯弃逐他的夫人，从夫人启程直到她的祖国，都按国君夫人的礼节护送前行。到家还是按夫人的身份进去，护送的使者传话说："敝国国君不才，不能再跟随她共同主持社稷宗庙的事，因此派使臣某某向左右执事报告。"主事人这边回答说："敝国国君原本就说过她不聪明，缺少教导。现在既是这样，怎敢不遵从。"使者的随从官吏把她的陪嫁物品一一陈列出来，主人方面也派人一一收下。

丈夫弃逐妻子，派人到她娘家传话说："某不才，不能和她一齐奉祀祖宗，现在派我来报告给侍从的人。"主人回答："我的女儿这么不像样，不敢逃避责罚，怎能不从命。"使者退出，主人依礼拜送。男家的使者来传话时，如果这个被弃逐的妇人的公公还在，就说奉公公之命，没有公公就说奉兄长之命，没有兄长就说奉她丈夫之命。女家主人回答的话说："我的女儿不像样。"如果是姑、姊妹也都称呼名分。

孔子说："我在少施氏家吃饭，吃得很饱，因为他们以礼待我。我祭饭食时，他站起来说：'粗茶淡饭不值一祭。'我吃饭时，他又站起来说：'粗劣的饭食，不敢伤了您的胃口。'"

婚礼定聘纳的币，十个为一束。取其成双成对，两个两个地合卷为一两，一束就有五两。每两四丈长。妇人拜见公公婆婆、丈夫的兄弟、姑、姊妹，都要面朝西，站立在堂下，以北边为上位。新妇从南门进来，经过他们面前，这就算见过了，拜见伯父、叔父，要分别到他们住的房间。女子即使尚未许婚，到二十岁就举行成年之礼，为她行礼，由在家中的妇人主持。在家里日常居处时，就束发为结。古人的蔽膝，长三尺，下边宽二尺，上边宽一尺。上边束带处的"会"离上端五寸。两边用爵韦六寸，距下端五寸。用白绫滚边，带子是五色丝织的。

丧 大 记①

疾病，外内皆扫。君、大夫彻县，士去琴瑟。寝东首于北牖下②。废床③，彻亵衣，加新衣，体一人④。男女改服。属纩以俟绝气⑤。男子不死于妇人之手，妇人不死于男子之手。君夫人卒于路寝⑥，大夫世妇卒于适寝⑦，内子未命⑧则死于下室⑨，迁尸于寝，士之妻皆死于寝。

复，有林麓则虞人设阶⑩，无林麓则狄人设阶⑪。小臣复⑫，复者朝服。君以卷⑬，夫人以屈狄⑭；大夫以玄赪⑮，世妇以襢衣⑯；士以爵弁⑰，士妻以税衣⑱。皆升自东荣⑲，中屋履危⑳，北面三号，卷衣投于前，司服受之，降自西北荣。其为宾，则公馆复，私馆不复；其在野，则升其乘车之左毂而复㉑。复衣不以衣尸，不以殓。妇人复，不以袡㉒。凡复，男子称名，妇人称字。唯哭先复，复而后行死事。

　　始卒，主人啼㉓，兄弟哭，妇人哭踊㉔。既正尸㉕，子坐于东方㉖；卿、大夫、父、兄、子姓立于东方㉗；有司、庶士哭于堂下，北面㉘；夫人坐于西方；内命妇、姑、姊妹、子姓立于西方㉙；外命妇率外宗哭于堂上，北面㉚。大夫之丧，主人坐于东方，主妇坐于西方，其有命夫、命妇则坐㉛，无则皆立。士之丧，主人、父、兄、子姓皆坐于东方，主妇、姑、姊妹、子姓皆坐于西方。凡哭尸于室者，主人二手承衾而哭㉜。

　　君之丧未小殓，为寄公、国宾出㉝；大夫之丧未小殓，为君命出㉞；士之丧于大夫，不当殓而出。凡主人之出也，徒跣，扱衽，拊心，降自西阶。君拜寄公、国宾于位；大夫于君命，迎于寝门外，使者升堂致命，主人拜于下；士于大夫亲吊则与之哭，不逆于门外㉟；夫人为寄公夫人出，命妇为夫人之命出，士妻不当殓，则为命妇出。

　　小殓，主人即位于户内，主妇东面，乃殓。卒殓，主人冯之踊㊱，主妇亦如之。主人袒，说髦㊲，括发以麻；妇人髽，带、麻于房中。彻帷，男女奉尸夷于堂㊳，降拜；君拜寄公、国宾，大夫士拜卿大夫于位，于士旁三拜，夫人亦拜寄公夫人于堂上，大夫内子、士妻特拜命妇、泛拜众宾于堂上。主人即位，袭、带、绖、踊。母之丧，即位而免，乃奠。吊者袭裘，加武，带、绖㊴，与主人拾踊。君丧，虞人出木、角㊵，狄人出壶㊶，雍人出鼎，司马县之，乃官代哭㊷，大夫官代哭不县壶，士代哭不以官。君堂上二烛，下二烛，大夫堂上一烛，下二烛，士堂上一烛，下一烛。宾出，彻帷。哭尸于堂上，主人在东方，由外来者在西方㊸，诸妇南向。妇人迎客、送客不下堂，下堂不哭；男子出寝门外见人不哭。其无女主，则男主拜女宾于寝门内；其无男主，则女主拜男宾于阼阶下。子幼，则以衰抱之，人为之拜；为后者不在，则有爵者辞，无爵者人为之拜。在竟内则俟之，在竟外则殡葬可也。丧有无后，无无主。

　　君之丧：三日，子、夫人杖，五日既殡，授大夫、世妇杖㊹。子、大夫寝门之外杖㊺，寝门之内辑之㊻；夫人、世妇在其次则杖㊼，即位则使人执之。子有王命则去杖，国君之命则辑杖，听卜、有事于尸则去杖。大夫于君所则辑杖，于大夫所则杖。大夫之丧：三日之朝既殡，主人、主妇、室老皆杖。大夫有君命则去杖，大夫之命则辑杖。内子为夫人之命去杖㊽，为世妇之命授人杖。士之丧：二日而殡，三日之朝，主人杖，妇人皆杖。于君命、夫人之命如大夫，于大夫、世妇之命如大夫。子皆杖，不以即位。大夫士哭殡则杖，哭柩则辑杖。弃杖者，断而弃之于隐者。

始死，迁尸于床，衦用敛衾[49]，去死衣，小臣楔齿用角柶[50]，缀足用燕几，君、大夫、士一也。

管人汲[51]，不说繘[52]，屈之，尽阶不升堂，授御者；御者入浴，小臣四人抗衾[53]；御者二人浴，浴水用盆，沃水用枓[54]，浴用絺巾，挋用浴衣[55]，如它日；小臣爪足，浴余水弃于坎。其母之丧，则内御者抗衾而浴。

管人汲，授御者，御者差沐于堂上[56]。君沐粱，大夫沐稷，士沐粱。甸人为垼于西墙下[57]，陶人出重鬲[58]。管人受沐，乃煮之；甸人取所彻庙之西北厞薪[59]，用爨之。管人授御者沐，乃沐。沐用瓦盘[60]，挋用巾，如它日。小臣爪手剪须，濡濯弃于坎[61]。

君设大盘造冰焉[62]，大夫设夷盘造冰焉，士并瓦盘无冰，设床，襢笫，有枕。含一床，袭一床，迁尸于堂又一床，皆有枕席，君、大夫、士一也。

君之丧，子、大夫、公子、众士皆三日不食。子、大夫、公子、众士食粥，纳财[63]，朝一溢米，莫一溢米，食之无算[64]；士疏食水饮[65]，食之无算；夫人、世妇、诸妻皆疏食水饮，食之无算。大夫之丧，主人、室老、子姓皆食粥[66]；众士疏食水饮[67]；妻妾疏食水饮。士亦如之。既葬，主人疏食水饮，不食菜果；妇人亦如之。君、大夫、士一也。练而食菜果，祥而食肉。食粥于盛不盥[68]，食于篹者盥[69]，食菜以醯、酱，始食肉者先食干肉，始饮酒者先饮醴酒。期之丧，三不食；食疏食，水饮，不食菜果；三月既葬，食肉饮酒。期，终丧不食肉，不饮酒。父在，为母为妻，九月之丧，食饮犹期之丧也。食肉饮酒，不与人乐之。五月、三月之丧，一不食再不食可也。比葬，食肉饮酒，不与人乐之。叔母、世母、故主、宗子，食肉饮酒。不能食粥，羹之以菜可也；有疾，食肉饮酒可也。五十不成丧[70]，七十唯衰麻在身。既葬，若君食之，则食之；大夫、父之友食之，则食之矣。不辟粱肉，若有酒醴则辞。

小敛于户内，大敛于阼。君以簟席[71]，大夫以蒲席，士以苇席。小敛：布绞[72]，缩者一，横者三。君锦衾，大夫缟衾，士缁衾，皆一。衣十有九称[73]。君陈衣于序东；大夫士陈衣于房中；皆西领，北上，绞、紟不在列[74]。大敛：布绞，缩者三，横者五，布紟，二衾，君、大夫、士一也。君陈衣于庭，百称，北领，西上；大夫陈衣于序东，五十称，西领，南上；士陈衣于序东，三十称，西称，南上。绞、紟如朝服。绞一幅为三，不辟[75]；紟五福，无纮[76]。

小殓之衣，祭服不倒。君无襚，大夫、士毕主人之祭服，亲戚之衣受之，不以即陈。小殓，君、大夫、士皆用复衣、复衾；大殓，君、大夫、士祭服无算，君褶衣、褶衾⑦，大夫、士犹小殓也。袍必有表，不禅；衣必有裳，谓之一称。凡陈衣者，实之箧，取衣者亦以箧，升降者自西阶。凡陈衣不屈⑱，非列采不入⑲，绨、绤、纻不入⑳。凡殓者袒，迁尸者袭。君之丧，大胥是殓㉑，众胥佐之；大夫之丧，大胥侍之，众胥是殓；士之丧，胥为侍，士是殓。小殓、大殓，祭服不倒，皆左衽㉒，结绞不纽。殓者既殓必哭，士与其执事则殓，殓焉则为之一不食。凡殓者六人。君锦冒，黼杀㉓，缀旁七㉔；大夫玄冒，黼杀，缀旁五；士缁冒，赪杀，缀旁三。凡冒质长与手齐，杀三尺，自小殓以往用夷衾㉕，夷衾质、杀之裁犹冒也㉖。

君将大殓，子弁绖，即位于序端㉗；卿大夫即位于堂廉楹西㉘，北面东上，父兄堂下北面；夫人、命妇尸西，东面；外宗房中南面。小臣铺席，商祝铺绞、纻、衾、衣㉙，士盥于盘上。士举迁尸于殓上。卒殓，宰告，子冯之踊，夫人东面亦如之。大夫之丧，将大殓，既铺绞、纻、衾、衣，君至，主人迎，先入门右，巫止于门外。君释菜㉚，祝先入，升堂。君即位于序端；卿大夫即位于堂廉楹西，北面，东上；主人房外南面；主妇尸西，东面。迁尸，卒殓，宰告，主人降，北面于堂下，君抚之㉛，主人拜稽颡。君降，升主人冯之，命主妇冯之。士之丧，将大殓，君不在，其余礼犹大夫也。铺绞、纻踊，铺衾踊，铺衣踊，迁尸踊，殓衣踊，殓衾踊，殓绞、纻踊。君抚大夫，抚内命妇。大夫抚室老、抚侄娣。君、大夫冯父、母、妻、长子，不冯庶子；士冯父、母、妻、长子、庶子。庶子有子，则父母不冯其尸。凡冯尸者，父、母先，妻、子后。君于臣抚之，父母于子执之，子于父母冯之，妇于舅姑奉之，舅姑于妇抚之，妻于夫拘之，夫于妻、于昆弟执之㉜。冯尸不当君所。凡冯尸，兴必踊。

父母之丧，居倚庐㉝，不涂㉞，寝苫枕块㉟，非丧事不言。君为庐，宫之㊱，大夫、士襢之㊲。既葬，拄楣，涂庐，不予显者。君、大夫、士皆宫之。凡非适子者，自未葬，以于隐者为庐。既葬，与人立。君言王事，不言国事；大夫、士言公事，不言家事。君既葬，王政入于国，既卒哭而服王事；大夫、士既葬，公政入于家，既卒哭，弁、绖、带、金革之事无辟也。既练，居垩室㊳，不与人居。君谋国政，大夫、士谋家事。既祥，黝垩㊴。祥而外无哭者，禫而内无哭者，乐作矣故也。禫而从御，吉祭而复寝。期居庐，终丧不御于内者，父在为母为妻；齐衰期者，大功布衰九月者，皆三月不御于内。妇人不居庐，不寝苫。丧父母，即练而归；期、九月者，既葬而归。公之丧，大夫俟练，士卒哭而归。大夫、士父母之丧，既练而归。朔月、忌日，则归哭于宗室。诸父、兄弟之丧，既卒哭而归。父不次于子，兄不次于弟。

君于大夫、世妇大殓焉[100]，为之赐[101]，则小殓焉。于外命妇，既加盖而君至。于士，既殡而往，为之赐，大殓焉。夫人于世妇，大殓焉；为之赐，小殓焉。于诸妻，为之赐，大殓焉。于大夫、外命妇，既殡而往。大夫、士既殡而君往焉，使人戒之[102]，主人具殷奠之礼[103]，俟于门外。见马首，先入门右。巫止于门外，祝代之先。君释菜于门内，祝先升自阼阶，负墉南面。君即位于阼，小臣二人执戈立于前，二人立于后。摈者进[104]，主人拜稽颡。君称言，视祝而踊，主人踊。大夫则奠可也。士则出俟于门外，命之反奠，乃反奠。卒奠，主人先俟于门外，君退，主人送于门外，拜稽颡。君于大夫疾，三问之；在殡，三往焉；士疾，一问之；在殡，一往焉。君吊则复殡服。夫人吊于大夫、士，主人出迎于门外，见马首，先入门右。夫人入，升堂即位。主妇降自西阶，拜稽颡于下。夫人视世子而踊[105]，奠如君至之礼。夫人退，主妇送于门内，拜稽颡，主人送于大门之外，不拜。大夫君，不迎于门外[106]，入即位于堂下。主人北面[107]，众主人南面；妇人即位于房中。若有君命，命夫、命妇之命，四邻宾客，其君后主人而拜[108]。君吊，见尸、柩而后踊。大夫、士若君不戒而往，不具殷奠；君退必奠。

君大棺八寸，属六寸，椑四寸[109]；上大夫大棺八寸，属六寸；下大夫大棺六寸，属四寸；士棺六寸。君里棺用朱、绿[110]，用杂金鐕[111]；大夫里棺用玄、绿，用牛骨鐕；士不绿。君盖用漆，三衽三束；大夫盖用漆，二衽二束；士盖不用漆，二衽二束。君、大夫鬊、爪[112]实于绿中；士埋之。君殡用辁，欑至于上，毕涂屋；大夫殡以帱，欑置于西序，涂不暨于棺[113]；士殡见衽，涂上，帷之。熬[114]，君四种八筐[115]，大夫三种六筐[116]，士二种四筐[117]，加鱼、腊焉。

饰棺，君龙帷[118]，三池[119]，振容[120]。黼荒，火三列，黻三列。素锦褚[121]，加伪荒[122]。纁纽六[123]。齐，五采五贝。黼翣二，黻翣二，画翣二[124]，皆戴圭[125]。鱼跃拂池。君纁戴六[126]，纁披六[127]。大夫画帷，二池，不振容。画荒，火三列，黻三列。素锦褚。纁纽二，玄纽二。齐三采三贝。黻翣二，画翣二，皆戴绥。鱼跃拂池。大夫戴前纁后玄，披亦如之。士布帷，布荒，一池，揄绞[128]。纁纽二，缁纽二。齐，三采一贝。画翣二，皆戴绥。士戴前纁后缁，二披用纁。

君葬用辁[129]，四绋[130]，二碑[131]，御棺用羽葆[132]。大夫葬用辁[133]，二绋，二碑，御棺用茅[134]。士葬用国车，二绋，无碑，比出宫，御棺用功布[135]。凡封[136]，用绋去碑负引[137]，君封以衡[138]，大夫士以咸[139]。君命毋哗，以鼓封；大夫命毋哭；士哭者相止也。

君松椁，大夫柏椁，士杂木椁。棺、椁之间，君容柷，大夫容壶，士容瓬。君里椁、虞筐[140]，大夫不里椁，士不虞筐。

【注释】

①郑玄说：名曰“丧大记”者，以其记人君以下始死、小殓、大殓、殡葬之事。②牖：郑玄说，北牖下或为“北墉下”。墉：墙。 ③废床：王梦鸥说，本章盖本《既夕记》而夹杂其他记语以致头绪紊乱。王氏依《既夕记》删去“废床”。依王说。 ④体：指手脚。⑤属纩：人将死，在口鼻处放丝绵，以观察有无呼吸。 ⑥路寝：国君正寝。 ⑦适寝：大夫正寝。 ⑧内子：卿妻。未命：未受爵命。 ⑨下室：卿妻住处。 ⑩阶：梯子。 ⑪狄人：孙希旦说是“冬官之属”。 ⑫小臣：近臣。 ⑬卷：衮服。公爵以上的礼服。 ⑭屈狄：子、男爵的夫人的礼服。与上句为互言，是说公侯伯子男及其夫人都用礼服招魂。 ⑮赪：赤。指裳的颜色。 ⑯襢衣：世妇命服。 ⑰爵弁：士的礼服礼冠。 ⑱税衣：褖衣。士妻命服。 ⑲荣：屋檐两端上翘的部分，今通称飞檐。 ⑳危：屋脊。 ㉑毂：指车轮中心穿轴承辐的部分。 ㉒袡（rán）：古代女子出嫁时所穿的盛装。 ㉓啼：指很悲哀地痛哭，像婴儿失去母亲似的。主人：指嫡子和众子。 ㉔兄弟、妇人：指期丧以下的亲戚。 ㉕正尸：移尸到南窗下，头朝南。 ㉖子：指太子。 ㉗子姓：众子孙。 ㉘有司、庶士：孙希旦说是“三等之士”、“未命之士”。 ㉙内命妇：国君的世妇。子姓：女儿、孙女等。 ㉚外命妇：同姓卿大夫之妻。外宗：孙希旦说是“同宗之妇”。 ㉛命夫：古时称卿大夫和士。 ㉜承：奉、托。衾：盖尸的被子。 ㉝寄公：因失去国土而寄居他国的诸侯。国宾：做客的诸侯。 ㉞君命：国君派来吊襚的使者。 ㉟逆：迎。 ㊱冯之：孔颖达释作“服膺心上也”。服：通“伏”。膺：胸部。冯之就是伏在死者胸前。这是死者将殓时，亲属接触尸体的一种仪式。 ㊲说：脱。髦：幼时剪发而成，至年长就垂在两边，表明侍奉双亲永远有孩童之心。父死脱左髦，母死脱右髦。 ㊳夷：安放。 ㊴武：冠卷。 ㊵角：水斗。 ㊶壶：古时漏水计时的工具。㊷代：更替、轮流。 ㊸外来者：外来宾客。 ㊹世妇：孙希旦说是诸侯的次妇。 ㊺寝门：指殡宫的门。 ㊻辑：收敛、拿起。 ㊼次：妇人居丧之处。 ㊽内子：卿妻。 ㊾幠：覆。㊿柶：匙。 51管：孔颖达说是掌管馆舍的人。 52繘：打水用的绳子。 53抗：举。 54枓（zhǔ）：勺子。 55挋（zhèn）：擦干。 56差：搓。 57垼（yì）：用土坯临时搭成的灶。甸人：孙希旦说是“主田野者”。 58重鬲：悬挂在木架上的瓦瓶。 59厞（fèi）：隐蔽处。60中盘：瓦盘。 61濯：洗过头以后的脏汁。 62造：纳、放。 63纳财：郑玄释为“食谷。”64无算：指没有顿数，想吃就煮来吃。 65疏：粗。 66子姓：众子。 67众士：众家臣。 68盥：郑玄说是杯盂。 69篹（suǎn）：竹筥。 70成：完备。 71簟（diàn）：细苇席。 72绞（xiáo）：束死者所用的饰带。 73称（chèn）：一套。 74紟（jìn）：单被。 75辟：通“擘”，剖分。 76紞（dǎn）：缝在被头上的丝带。 77褶：袷，夹衣。 78不屈：舒

而不卷。　⑦列采：正色之服。　⑧絺、綌、纻：夏天穿的内衣。　⑧胥：郑玄说，胥当做"祝"。　⑧左衽：大小殓之衽在右而向左。　⑧冒：装殓尸体的套子。分上下两部分，上仍叫冒，或叫质，下叫杀。　⑧缀：带缀。　⑧夷衾：小殓时盖尸的被子。　⑧裁：制。　⑧序端：东边走廊的南头。　⑧堂廉：堂的南边廉棱之上。　⑧商祝：孙希旦说是"丧祝之习于商礼者"。　⑨释荣：郑玄说是祭门神。　⑨抚：按。　⑨孔颖达说：抚之，以手抚接尸心，身不服膺也。冯之，服膺心上也。奉之，捧当心上衣也。拘之，微引心上衣也。执之，执其心上衣也。冯者为重，奉次之，拘次之，执次之。　⑨倚庐：用木材倚靠在殡宫门外东墙上，用茅草覆盖在上面而成的居室。庐：简陋的房屋。　⑨不涂：不涂泥土。　⑨苫：草垫。　⑨宫：围墙。　⑨禩：没围墙。　⑨垩室：在中门外屋下垒土坯作居室，不涂饰。　⑨黝垩：孙希旦说，平治其土令黑，以垩涂墙壁令白。　⑩世妇：君的世妇。　⑩赐：加惠。　⑩戒：告诉。　⑩殷：大。　⑩摈：赞礼的人。　⑩世子：孙希旦说，世子是"女祝"之误。　⑩大夫君：大夫之臣称大夫为君。　⑩主人：嫡子。　⑩孙希旦说：若君命，则吊者升堂西面，大夫君当在中庭稽颡，主人北面于门内之右，在大夫之后，哭而不拜。　⑩椑（bì）：最里面的一层棺。在大棺和椑之间是属。　⑩绿：段玉裁《说文解字注·衣部》"裧"字注说：盖绿与琢皆字之误，古本三绿皆正作裧。裧（diāo）：用绢贴棺里。　⑪镨（zān）：缀器物的钉子。　⑫鬊（shùn）：乱发。　⑬此句注见《檀弓上》。横：丛积。上：棺上。帱：盖在棺上的棺衣。暨：及。　⑭熬：郑玄说是"煎谷"。　⑮四种：指黍、稷、稻、粱。　⑯三种：黍、稷、粱。　⑰二种：黍、稷。　⑱帷：郑玄说在旁曰帷，在上曰荒，皆所以衣柳。　⑲池：用竹制像承霤的装饰，裹以青布，挂在荒下。　⑳振容：绞缯做的像幡一样飘动的饰物。　㉑褚：屋。　㉒伪：郑玄说，当为"帷"。　㉓纽：连结荒和帷的纽带。　㉔画翣：画有云气图案的翣。　㉕戴：挂在翣的两角。　㉖戴：将灵柩与车架绑紧的带子。　㉗披：一头系着"戴"，一头伸出帷外，牵引用的带子。　㉘揄绞：类似振容的饰物。　㉙輴：载枢车。　㉚绋（fú）：下棺时的引绳。　㉛碑：用木制成的绕绋下棺之物。　㉜御棺：在前指挥，作为灵柩前行进止的节制。羽葆：在竿端插上鸟羽，用来指挥。　㉝辁：郑玄说当为"轻"字。轻、国均为载枢车。　㉞茅：同"旄"，用牦牛尾装饰的旗。　㉟功布：大功之布。　㊱封：定。下棺。　㊲指背碑站立牵引绳索。　㊳衡：用大木别进棺上皮带。　㊴咸：缄。束棺皮带。　㊵筐：俞樾认为是"匡"，虞是"安"，此意未详。

【译文】

　　病重以后，里里外外都要打扫，诸侯、大夫撤去悬乐，士将琴瑟收起。病人头朝东，躺在屋子北面的墙下。脱掉内衣，换上新衣，四肢都有人持着，因病人不能自己屈伸，脱换衣裳不方便。主人主妇改换服饰穿深衣。放团丝绵在弥留者的鼻孔边上，等他断气。男子不能在妇人手里断气，妇人也不能在男子手里断气。诸侯夫人要死在诸侯的正寝里，大夫的世妇也要死在大夫的正寝里，未受爵命的卿的妻子要死在自己的寝处，死后移尸到正寝，士的妻子都要死在正寝里。

招魂时，封邑附近有山林的，就由虞人设置梯子；附近没有山林的，就由狄人设置梯子。招魂的人，是死者的近臣，招魂的人穿朝服。用来招魂的衣服，上公用衮服，子男的夫人用屈狄，其余的君和夫人类推。大夫用的是玄衣赤裳，世妇用她的命服。士用他的礼服礼帽，士妻用她的命服。招魂的人从东面的飞檐上去，在屋的正中踩在屋脊上，用竿挑起衣服，朝着北面，大喊死者的名字三次。然后将衣服卷起掷下屋檐，掌管衣服的官吏接住，招魂的人从屋的西北角的飞檐下来。客死在异国的人，死在公家馆舍的招魂，死在私人馆舍的不招魂。死在郊外，就登上死者所乘车的左边车毂上招魂。招魂用的衣裳不再穿在尸体上，不能用它来装殓。招妇人的魂，不用她出嫁时穿的衣服。如果招男人魂，喊他的名；如是女人，就喊她的字。在丧礼程序中，只有哭在招魂之前，招魂以后才开始办理丧事。

病人刚断气，孝子们哀痛之极，像婴儿失去母亲似的呜咽啼哭，兄弟们则号哭，妇人们又哭又跺脚。诸侯之丧，尸体移到南窗下头朝南，太子坐在东边。卿大夫，父辈兄辈的亲属，众子孙站在东边；三等之士，未命之士在堂下面朝北哭泣；夫人坐在西边。同姓卿大夫的夫人率领同宗的妇女在堂上面朝北哭泣。大夫的丧礼，嫡子坐在东边，嫡子妇坐在西边。其他有命服的男女都坐着，没有命服的站立着。士人的丧礼，嫡子、父兄辈的亲属、众子孙都坐在东边；嫡子妇、姑、姊妹、女儿、孙女都坐在西边。凡在室内哭尸，嫡子用两手承托着被子哭泣，显出急欲见尸的样子。

国君的丧事，在还没小殓的时候，主人要为失去国土而寄寓本国的诸侯和来做客的诸侯出拜到庭；大夫的丧事，在还未小殓时，主人必须出迎国君派来的吊褆的使者。士的丧事，大夫来吊，只要不是正在小殓，主人要出迎。主人出来时，光着脚，把深衣前襟反掖进带子里，捶胸，从西阶下来。主人向站在门西的寄公、站在门东的国宾拜谢。大夫家对国君的使者，要到寝门外迎接，使者登堂转达国君的旨意，主人在堂下拜谢。士家对大夫亲自来吊拜后在西阶下对着宾客一起哭，不必到门外迎接。国君夫人为寄公夫人来吊出拜；大夫的命妇为夫人的使者出拜；只要不在小殓时，士妻为大夫的命妇来吊出拜。

小殓时，主人在户内就位，稍东，面向西；主妇脸朝东方，然后小殓。小殓完毕，主人凭尸号哭跺脚，主妇也一样。主人将左袖掖在右腋之下，露出胳膊，去掉象征孺子的髦发，用麻绳将头发束起。在房中，妇人露出发髻，去掉笄缅，用麻与发合成髻，并束麻经。这时撤掉堂上的帷幕，主人主妇抬着尸体安放在堂上两楹之间，然后下堂拜宾。国君拜寄公、国宾；大夫士对卿大夫，各就其位而拜；对众士，就向他们的方位拜三次。夫人在堂上拜寄公夫人，大夫没加爵服的妻妾、士的妻在堂上要向卿大夫的夫人单独礼拜，向士妻们广泛地礼拜就行了。主人就阼阶下位，披衣、束麻带、戴麻绖而踊脚。如果是母亲的丧事，就阼阶下位，头上加"免"，然后开始小殓的祭奠。吊问的宾客将皮裘罩衣的上衿掩着，在冠卷上加葛绖，束葛带，跟主人轮番踊踊。国君的丧事，虞人提供木柴、水斗，狄人提供漏水计时用的壶，雍人提供烧水的鼎，司马负责将壶挂起，然后属下按时间轮流哭泣。大夫家臣轮流哭泣，因人手少，不必悬壶计时。士没有属下，由亲友轮流哭泣。国君的丧事，堂上设置两根蜡烛，堂下两根。大夫，堂上一根，堂下两根。士，堂上、堂下各一根。宾客出门以后，就将堂上分别男女的帷幕掀开。在堂上哭尸，主人在东边，外宾客们在西边，妇人们都面向南。妇人迎送宾客都不下堂，即使因某些缘故下堂也不在堂下哭泣。男子出了寝门，看到人也不哭泣。没有主妇，就由主人在寝门内拜迎女宾；没有主人，就由主妇阼阶下拜迎男宾。要是嫡子年幼，就用衰服裹抱着他，由人代为礼拜。如果嫡子不在，有爵位的人来吊，要向他解释原因；没爵位的人来吊，就可以受吊而由旁人代拜。嫡子在国内就等他回来主丧；如在国外，那么由别人主持殡葬就行了。办丧事，可能没有嫡子孙主丧，但不可以没有主人。

国君的丧事：死后三天，孝子们和夫人开始用丧杖。过了五天已殡，嗣君给大夫、世妇丧杖。孝子们和大夫在殡宫门外用杖柱地，进入门内就把丧杖拿起来，夫人和世妇在她们居丧的房中可以用杖，堂上就位就让人拿着。太子接受天子的命令时要拿走丧杖，在别国诸侯来吊时将丧杖拿起来，在卜葬或尸的面前要去掉丧杖。大夫在嗣君的地方要拿起丧杖，在大夫的地方就可以用丧杖。大夫的丧事：死后三天的早晨已殡之后，主人、主妇、家臣之长都用丧杖。大夫的嗣子在接受国君的命令时就要拿开丧杖。有大夫来吊就把丧杖拿起来，大夫的夫人为接奉国君夫人的命令就要拿开丧杖，如是世妇的命令就让别人拿着丧杖。士的丧事：死后两天就殡，第三天早晨主人用丧杖。妇人都用。对国君和夫人的命令，如同大夫一样拿开丧杖。对大夫和世妇的命令，也如同大夫将丧杖拿起来。众子们都用丧杖，但不能拿着它就位行礼。大夫和士到殡宫哭时可以用丧杖，启灵以后，哭灵柩时就要把丧杖拿起来。大样以后不再用丧杖，把杖折断放在隐蔽的地方。

人刚死，把尸体移到南窗下的床上，把大殓时使用的被子盖在尸体上，去

中华藏书

四书五经·最新校勘精注今译本

中国书店

一五二八

掉死时穿的衣服，近臣用角质的羹匙撑开牙齿，用平时燕居的几拘束着脚，使它端正。国君、大夫、士都是这样。

由管人打水，不解掉打水绳索，将它屈叠在手里，捧着登上台阶，走到尽头但不上堂，交给侍御的人，由他端进去浴尸。四个近臣举起盖尸的被子，两个侍御的人洗浴尸体。洗浴的水放在盆里，舀水浇在尸体上，浴尸用细葛做的巾，用浴衣擦拭，就像生前一样。近臣为尸体修剪脚趾甲。把浴尸剩下的水倒在阶下的坑内。母亲去世，由四个妇人举起盖尸的被子，为她洗浴。

管人打水，交给侍御的人。他们在堂上用淘米的水为尸体洗头。国君用梁的水，大夫用稷的水，士也用梁的水。将洗头时，甸人在西墙下垒灶，陶人在木架悬挂瓦瓶，管人接过淘米水倒入瓦瓶煮起来，甸人从撤掉的正寝西北角外的隐蔽处拆些旧料，用它来当柴烧，管人把煮好的水交给侍御的人去给尸体洗头，洗头水用瓦盘盛着，用巾擦拭头和脸，就像生前一样。近臣为尸体修剪指甲和胡须，洗过头发的水倒在阶下的坑里。

国君死了洗浴以后，在床下放个大盘装冰，大夫用夷盘装冰，士用两个瓦盘并列装水，没有冰。床上有垫子但不铺席，有枕头。含的时候用一张床，穿衣时换一张床，移尸到堂上再换一张床，都有枕、席。国君、大夫和士都一样。

国君的丧事中，嗣子、大夫、庶子、众士，都是三天不吃饭。以后嗣子、大夫、庶子、众士喝稀粥，进食谷米，早上一把米，晚上一把米，没有顿数，随时需要就做了吃。众士是粗饭喝水，也不定数。夫人、世妇、妻妾，都吃粗饭、喝水，也不定顿数。在大夫的丧事中，嗣子、贵臣、众子都喝稀粥，属下的众家臣都吃粗饭喝水，妻妾也一样。在士的丧事中也是如此。

下葬以后，嗣子就吃粗饭、喝水了。但不吃蔬菜、果子，妇人们也这样。国君、大夫、士都一样。小祥练祭以后可以吃蔬菜果子，大祥以后可以吃肉，用杯碗盛稀粥喝，不必洗手。用手从竹筥中取饭吃要洗手。到可以吃蔬菜时，用醋酱腌渍吃。刚开始吃肉时先吃干肉，刚开始喝酒时先喝甜酒。服期丧，三顿不吃饭，然后吃粗饭、喝水，不吃蔬菜果子。三个月下葬后，可以吃肉喝酒，服期丧，到丧期结束都不吃肉，不喝酒。这是父亲在世而为母亲、为妻子服丧的缘故。九个月大功丧期，饮食节制同期丧一样。下葬后吃肉喝酒，但不和别人吃喝作乐。五个月的小功、三个月的缌麻丧期，一、两顿不吃饭。下葬前就可以吃肉喝酒了，但不和别人吃喝作乐。为叔母、伯母、旧主、宗子服丧可以吃肉喝酒。在规定喝稀粥的期间，生性不能喝粥的，可以吃饭和菜羹。有病，吃肉喝酒也可以。五十岁的人居丧，不必事事都照规矩办。七十岁的人居丧，只穿丧服就行了。下葬以后，如是国君让吃就可以吃，大夫给士、父亲的朋友给晚辈吃的，都可以吃。米饭和肉类可以吃，如果是烧酒、甜酒就要辞谢不喝。

小殓在户内举行，在堂前的东阶上举行大殓。小殓、大殓，床上都有席，国君用细苇席，大夫用蒲席，士用苇席。小殓时，穿衣、铺被子以后用来扎束尸体的布条，竖一横三。铺的被子，国君用织锦的，大夫是白帛的，士用生帛的，都只用一条。衣服用十九套。国君的殓衣陈列在堂上东夹室前，大夫士的殓衣陈列在房中，殓衣的衣领朝西，从北到南横列，布条和单被不在列。大殓时，用来扎束尸体的布条是竖三横五，两条单被。国君、大夫、士都一样。国君大殓用的衣服陈列在庭里，要用一百套，衣领朝北，从西往东横列。大夫衣服陈列在堂上东夹室前，要用五十套，衣领朝西，从南往北横列。士衣服也在堂上东夹室前，要用三十套，衣领朝西，从南往北横列。布条和单被的质地和朝服一样。大殓用的布条一幅裁成三条，末端不裁开。单被用五幅布拼成，不用被头上的丝带。小殓的十九套衣服，只有祭服不能倒放。殓时，国君不用赠送的衣服。大夫士只在自己的祭服用完时，才用赠送的凑足十九套。亲友送的接受后收起，不用来陈列。小殓时，国君、大夫、士用的衣被都有棉絮。大殓时，国君、大夫、士用的祭服不限数目。国君的衣服多，用夹衣、夹被。大夫士衣服少，还像小殓一样，用装有棉絮的衣被。入殓用的袍子必须有罩袍，不能只用单衣。有上衣就必须有下裳，叫做一套；陈列衣服的时候，要放在箱子里，取衣服时，要连箱子也一起端上来，再从西阶下去。陈列的衣服，不能折叠、卷曲，不是正色的，麻、纻布做的内衣不能陈列。从事小殓大殓的人赤膊，移动尸体的人穿着上衣。国君的丧事，由大祝亲手殓尸，众祝帮助。大夫的丧事，大祝指派，众祝亲手殓尸。士的丧事，祝指派，众士动手殓尸。小殓、大殓的时候，祭服不能倒放，衣襟向左开着，直接将布条打结，不用组。动手殓尸的人，在殓尸完毕必定哭泣。士和帮忙的人动手殓尸，殓毕要禁食一顿。殓尸有六个人。用冒套尸；国君上半身是织锦做的冒，下半身还画有斧文，旁边打七个结。大夫上半身用玄色的帛，下半身也有斧文，旁边打五个结。士的上半身用黑色的帛，下半身用浅红色的，旁边打三个结。凡是冒，上半身与手平齐，下半身长三尺。从小殓以后用的盖尸的夷衾像冒一样分上下和两色，裁制和冒相同。

国君将要大殓，嗣子戴皮弁加环绖，在东边走廊的南头就位。卿大夫就位于堂上南边、楹柱的西边，面朝北排列，以东为尊。父兄辈的族人在堂下，面朝北站着。夫人、命妇站在尸体的西边，面朝东。同宗的妇女站在房中，面朝南。近臣在席上铺席子，丧祝铺绞、衿、衾、衣；士在盘上洗手，然后拾起尸体移到殓服上。大殓完毕，太宰向主人报告。嗣子完成接触尸体的仪式后，就踊脚。夫人脸朝东，同嗣子一样。大夫的丧事到将大殓时，已经铺好绞、绗、衾、衣，国君来到，主人迎出去，先进门站在右边，与国君同来的巫站在门外，国君放下祭门神的祭品。祝先进门登堂，国君就位在东边走廊的南头，卿大夫在堂上南边楹柱西边就位，面朝北站立，以东为尊。主人站在房外，面朝南。主妇站在尸体西边，面朝东。移尸，殓毕，家宰报告，主人下阶，面朝北站在堂下。国君抚按尸体，主人再拜叩头。国君下堂，主人、主妇上堂伏尸。士的丧事到将大殓时，只是国君不在场，其余的礼节和大夫相同。在铺布条、单被时，主人主妇要跳踊；铺被、铺衣、移尸、穿衣，在裹被子、包单被、扎布条时都要跳踊。国君抚按大夫和内命妇的尸体；大夫抚按家臣和贵妾的尸体。国君、大夫要伏在父、母、妻、长子尸体的胸部，不伏庶子的尸体。士伏父、母、妻、长子、庶子的尸体胸部。庶子有儿子的，父母就不伏尸了。伏尸时，死者的父母在先，妻子儿女在后。国君对臣下尸体抚按。父母对儿子要抓着胸部的衣服，儿子对父母要伏尸。妇人对公婆要捧着胸部衣服，公婆对媳妇要抚按衣服。妻子对丈夫要扯着上衣，丈夫对妻子对兄弟是抓着上衣。伏尸要在国君不在场时。凡是伏尸痛哭的，站起来时必须跳踊。

父母的丧事，孝子要住在临时搭盖的倚庐里，不涂泥，睡草垫，枕土块，除了丧事外，什么也不说。国君住的倚庐，可以加上围墙。大夫士的倚庐袒露着。下葬后，可以将门楣支撑起来，在倚庐里不显眼的地方涂上泥。国君大夫士其实都可以在倚庐外加围墙。凡不是嫡子的，在没下葬前也在不显眼的地方搭倚庐。已经下葬，与别人站在一起谈论时，诸侯只谈论天子的事，不谈自己的国事；大夫士谈论公家的事，不谈自家的事。诸侯在下葬以后，天子的政令可在国内施行；卒哭以后就要为天子效力了。大夫士在下葬以后，国家的政令可以下达到家。卒哭后，仍要戴弁加葛绖葛带，但遇到战事就不能避开了。小祥以后，住在只用白土刷过的室内，不得留别人居住。诸侯可以思考国家政事，大夫可以考虑家事。大祥以后，可以平整殡宫的地面，粉刷墙壁。大祥过后，孝子已从倚庐搬进殡宫，殡宫外再也没有哭声。祔祭以后除服，屋内也没有哭声，这是因为可以奏乐的缘故。祔祭以后，可以让妇人服侍，因为吉祭以后又搬回寝室去住了。期丧，住在倚庐内，在丧期结束前不让妇人服侍，只限父亲在世，为母亲、为妻子服期丧的。九个月的大功布衰，只三个月不进寝室。妇人不住倚庐，不睡草垫、枕土块。父母去世，妇人奔丧回娘家，练祭以后就可以回夫家；如服期丧、大功丧服，下葬后就可以回夫家。国君的丧事，大夫在练祭以后、士在卒哭以后就可以回家了。大夫士是庶子的，遇到父母的丧事，在练祭以后就可以回家。以后只在月初、忌日，才到宗子的家中去哭。为叔伯、兄弟服丧，卒哭以后就可以回家。父亲不住在庶子的丧次，哥哥不住弟弟的丧次。

国君参加大夫、世妇的大殓。如表示有恩惠，就连小殓也参加。对卿大夫的命妇，在她大殓并被放进棺材后，国君才到场。对于士，在殡后才去。如果表示恩惠，连大殓也去参加。夫人参加世妇的大殓，如表示恩惠，连小殓也参加。夫人对各御妻，如要表示恩惠，去参加大殓。对大夫的命妇，在殓以后才去。大夫士在殡以后而国君才去，派人通知主人准备大奠的礼仪，在门外等候，一见君车的马头，先进门，站在右边等候。与国君随行的巫等在门外，祝在前引路，国君把祭门神的祭品放在门内。祝先登上阼阶，背着墙朝南站立。国君在阼阶就位。近臣二人拿着戈站在国君前面，另外二人站在后面。这时赞礼的人进来，领主人到堂下，主人再拜叩头。国君说些吊问的话，然后比照着祝而跳踊，主人也踊。如果死者是大夫，就可以接着举奠。如果是士，就出去等候在门外。国君命他返回来举奠，于是他尊命而行。举奠结束，主人先等候在门外，国君离去时，主人在门外送行，并再拜叩头。国君在大夫病重时，要三次探问；殡时也去三次。士病重，国君探问一次，殡时再去一次。国君在殡后来吊丧，主人要恢复殡前的装束。夫人到大夫士家吊丧，主人要出来到门外迎接，一见到夫人乘车的马头，先进门，站在右边等候。夫人进入后登堂就位。主妇从西阶下来，在阼阶下再拜叩头。夫人跟着女祝踊。举奠就和国君来时的礼节一样。夫人离去时，主妇送到门口，再拜叩头。主人送出门外但不下拜。大夫到他的家臣家去吊丧，家臣不必到门外迎接。大夫进入以后，在堂下就位。嫡子面向北，庶子面向南，妇人在房中就位，然后行礼。这时如有国君、命夫、命妇的使者，以及四邻宾客来吊丧，大夫君代主人拜谢，主人站在他的身后，哭而不拜。国君去吊丧，未殡时见到尸体，未葬时见到灵柩，然后才踊。大夫士在国君来吊丧时，如果事先不知，就不准备大奠礼仪，但在国君离开后，一定要行奠礼，报告死者。

诸侯的棺有三重：棺、属、椑。大棺八寸厚，属六寸厚，椑四寸厚。上大夫的棺有两重；棺、属。棺八寸厚，属六寸。下大夫也是两重：棺六寸，属四寸。士只有棺，六寸厚。诸侯的里棺用朱红色细绢衬里，用金属钉钉住。大夫的里棺用玄色的细绢衬里，用牛骨钉钉住。士不用衬里。棺盖、棺木之间的缝隙国君用漆涂合，每边用三个木楔，再用三条皮带捆住。大夫的棺盖、棺木的缝隙也用漆涂合，每边有两个木楔，用两条皮带捆住。士的棺盖、棺木的缝隙不用漆涂合，每边两个木楔，用两条皮带捆住。国君、大夫遗留的乱发、指甲放在棺材的衬里里面。士的就埋了。

诸侯的殡是将棺枢放在载棺枢的车上，四周用丛积的木头围起来，在棺上合拢，就像屋顶一样，用泥土涂好。大夫的殡是用棺衣盖在棺上，放在西墙下，三面用丛积的木头围起来，涂泥时不涂棺材。士的殡是挖坑放进棺材，露出木楔以上部分，用泥涂好，再用帷幕围着。煎熟谷物放在殡的周围，国君用黍、稷、粱、稻四种，分八筐盛放；大夫用黍、稷、粱三种，分六筐盛放。士黍、稷两种，分四筐盛放。都还要加上干鱼腊肉。

出葬时的棺饰：诸侯棺材四周挂有龙的图案的帷幕，前面、左右三处挂有像宫室承霤的池，后面有绞缯做的如幡飘动的饰物，上面盖有边沿有斧文的帷荒，中间还有三行火和己字相背的花纹图案，用白锦做成屋顶的样子加在帷荒上，用六只浅红色的纽连接好，顶上用五色丝做绥，挂五色贝壳，边上用两把画有斧的翣、两把画有"己"字相背图纹的翣，两把画有云气翣屏障着，翣角都装上圭。池下悬挂铜鱼，行进时铜鱼上下拂动。另外，用六条浅红色的帛带拥着棺材，绑在车架上。再用同色的六条帛带伸出帷外，让送葬的人牵引。大夫的棺材四周挂有画着云气的帷幕，前后挂着池，后面不用飘动的饰物。帷荒的边沿画有云气，中间有火和己字相背图纹各三行，白锦做的屋顶，连接上下的纽结两只浅红色，两只玄色。顶上用三色的绥，悬挂三串贝壳。画有己字相背图纹和云气图画的翣各二，屏障在棺材旁边。翣上都装有绥。池下挂铜鱼，行进时上下跳动像鱼拂动池。大夫捆棺材、绑车架的帛带前面是浅红色的，后面是玄色的。伸出帷外的帛带也是这样。士用白布做帷幕、帷荒，前面挂有池，池上有类似飘动饰物的揄绞。用两只浅红色、两只黑色的纽连接上下。顶上有三色的绥，只挂一串贝壳。有两面画有云气的翣。翣上装有绥。士用来捆棺材、绑车架的帛带前面是浅红色的，后面是黑色的。两条伸出帷外的帛带是浅红色的。

诸侯用辁车下葬，下定时用四条麻绳牵引，两座安置辘轳的碑，用羽葆来指挥，作为棺材的进停急缓的节度。大夫用轮车下葬，用两条引绳、两座碑，用旗指挥棺材。士用国车下葬，用两条引绳，不用碑，在启灵出殡宫时，用一块大功的布指挥送葬。下棺时，都是背碑而立牵引绳索。诸侯下棺用大木别在束棺的皮带下，再将绳索系在横木两端。大夫和士直接系在束棺的皮带上。国君下葬，命令禁止喧哗，用鼓声指挥下棺。大夫下棺，下令不要哭。士下棺只要互相劝告止住哭声就行了。

诸侯的椁用松木做，大夫的椁柏木做，士的椁用杂木做。棺椁之间的空隙，诸侯的可以容得下枊，大夫的可以容得下壶，士的可以容得下瓶。诸侯的椁有衬里，安有框子。大夫的椁没有衬里，士的椁不安框子。

祭 法①

祭法：有虞氏禘黄帝而郊喾，祖颛顼而宗尧②。夏后氏亦禘黄帝而郊鲧，祖颛顼而宗禹。殷人禘喾而郊冥③，祖契而宗汤。周人禘喾而郊稷，祖文王而宗武王。

燔柴于泰坛④，祭天也；瘗埋于泰折⑤，祭地也；用骍、犊。埋少牢于泰昭⑥，祭时也；相近于坎坛⑦，祭寒暑也。王宫，祭日也；夜明，祭月也；幽宗，祭星也；雩宗，祭水旱也⑧；四坎、坛，祭四方也。山林、川谷、丘陵，能出云为风雨，见怪物，皆曰神。有天下者，祭百神。诸侯，在其地则祭之，亡其地则不祭。

大凡生于天地之间者皆曰命，其万物死皆曰折，人死曰鬼。此五代之所不变也⑨。七代之所更立者，禘、郊、宗、祖，其余不变也。

天下有王，分地建国⑩，置都立邑，设庙、祧、坛、墠而祭之⑪，乃为亲疏多少之数⑫。是故，王立七庙、一坛、一墠：曰考庙，曰王考庙，曰皇考庙，曰显考庙，曰祖考庙，皆月祭之；远庙为祧，有二祧⑬，享尝乃止⑭。去祧为坛，去坛为墠。坛、墠，有祷焉祭之，无祷乃止。去墠曰鬼。诸侯立五庙、一坛、一墠：曰考庙，曰王考庙，曰皇考庙，皆月祭之；显考庙、祖考庙，享尝乃止。去祖为坛，去坛为墠。坛、墠，有祷焉祭之，无祷乃止。去墠为鬼。大夫立三庙、二坛：曰考庙，曰王考庙，曰皇考庙，享尝乃止。显考、祖考无庙，有祷焉，为坛祭之。去坛为鬼。适士二庙⑮、一坛：曰考庙，曰王考庙，享尝乃止。显考无庙，有祷焉，为坛祭之。去坛为鬼。官师一庙⑯：曰考庙。王考无庙而祭之。去王考为鬼。庶士、庶人无庙，死曰鬼。

王为群姓立社，曰大社。王自为立社，曰王社。诸侯为百姓立社，曰国社。诸侯自为立社，曰侯社。大夫以下，成群立社，曰置社⑰。

中華藏書

四书五经·最新校勘精注今译本

中国书店

王为群姓立七祀：曰司命，曰中霤，曰国门，曰国行，曰泰厉，曰户，曰灶；王自为立七祀。诸侯为国立五祀：曰司命，曰中霤，曰国门，曰国行，曰公厉；诸侯自立五祀。大夫立三祀：曰族厉[18]，曰门，曰行。适士立二祀：曰门，曰行。庶士、庶人立一祀，或立户，或立灶。

王下祭殇五：适子、适孙、适曾孙、适玄孙、适来孙。诸侯下祭三，大夫下祭二，适士及庶人祭子而止。

夫圣王之制祭祀也，法施于民[19]，则祀之；以死勤事，则祀之；以劳定国，则祀之；能御大灾，则祀之；能捍大患，则祀之。是故，厉山氏之有天下也，其子曰农，能殖百谷；夏之衰也，周弃继之，故祀以为稷。共工氏之霸九州也，其子曰后土，能平九州[20]，故祀以为社。帝喾能序星辰以著众；尧能赏均、刑法以义终；舜勤众事而野死。鲧障洪水而殛死[21]，禹能修鲧之功。黄帝正名百物以明民共财，颛顼能修之；契为司徒而民成；冥勤其官而水死；汤以宽治民而除其虐；文王以文治[22]；武王以武功去民之灾。此皆有功烈于民者也。及夫日月星辰，民所瞻仰也；山木、川谷、丘陵，民所取财用也。非此族也，不在祀典。

【注释】

①郑玄说：名曰“祭法”者，以其记有虞氏至周天子以下所制祀群神之数。　②禘、郊、宗、祖：四种祭名。　③冥：郑玄说是契的六世孙。　④泰：大。　⑤坛、折：堆土作为祭祀的地方。孙希旦说折是坎，而非堆土。　⑥泰昭：祭坛之名。郑玄说昭“亦谓坛”。　⑦相近：解说不一。郑玄说：当为“禳祈”，声之误。郑氏解释说：禳犹却也。祈，求也。寒暑不时，则或禳之，或祈之。孔颖达依郑说。孙希旦说：“相近”二字，《孔丛子》作“祖迎”，释为送往迎来。暂从郑说。　⑧王宫、夜明、幽宗、雩宗：郑玄均释作祭坛名，并说“宗”当为“禜”字之误。⑨五代：孙希旦说是“唐虞三代”。　⑩建国：封诸侯。　⑪墠（shàn），清除地面而不堆土。　⑫亲疏：孙希旦说，祖、祢为亲；远者为疏。指关系远近。多少：祭祀次数和规模。　⑬二祧（tiāo）：一昭一穆。　⑭享尝：四季的祭祀。　⑮适士：孙希旦说是“大宗世嫡为士者”。　⑯官师：孙希旦说是“三等之士”。　⑰成群：聚居。　⑱泰厉、公厉、族厉：孔颖达说，泰厉是古代帝王无后者的幽灵，公厉是古代诸侯无后者的幽灵，族厉是古代大夫无后者的幽灵。　⑲王梦鸥据《汉书·韦贤传》定“法”为“功”。王说是。　⑳平：治理。　㉑殛（jí）：通“极”，流放远方。　㉒文治：用礼乐法度、文章教化施政治民。

【译文】

祭法：有虞氏用禘礼祭黄帝，祭天时用帝喾配享；庙祭以颛顼为祖，尧为宗。夏后氏也用禘礼祭黄帝，祭天时用鲧配享；庙祭以颛顼为祖，禹为宗。殷人用禘礼祭帝喾，祭天时用冥配享；庙祭以契为祖，汤为宗。周人用禘礼祭帝喾，祭天时用后稷配享；庙祭以文王为祖，武王为宗。

在高大的土坛上焚烧祭品，使气通达于天，这是祭天。把祭品埋在高大的土坛下面，这是祭地，用小黄牛。将羊豕埋在泰昭的坛下，这是祭四时的神。在坎、坛禳祈，这是祭寒暑。在王宫祭太阳，在夜明祭月亮，在幽宗祭星宿，在雩宗祭水旱。在四坎、坛祭四方之神。山林、川谷、丘陵能够生成云气，风雨驰骤出现怪异的东西，都叫做神。执掌天下的人祭祀许多的神祇。诸侯只祭自己境内的神，失掉了国土就不祭了。

凡是生存在天地之间的都称为"命"。万物死去都叫做"折"。人死去叫做"鬼"。这些名称，唐虞夏殷周五代从来就没改变过。在七代中，发生变化的是禘、郊、宗、祖祭祀的对象，其余的没有变化。

天下出现了君王，就分划土地，封建诸侯，又为卿大夫设置都邑。在自己的封地内建立庙祧坛墠的祭祀制度并祭祀祖宗。祖宗有远近亲疏的不同，祭祀的次数、规模也各异。因此，君王建立七庙、一坛、一墠。七庙是：考庙、王考庙、皇考庙、显考庙、祖考庙，都是每月祭祀。祖考庙之上的祖庙叫"祧"，有昭穆二祧，只有四季的祭祀。在祧之上不受祧庙的祭祀而设坛祭。比坛祭还远的祖先不受坛祭，改为墠祭。坛和墠，有祈祷时就祭祀，没祈祷就不祭，不受墠祭的祖先的神主迁入石函，叫做"鬼"，只在禘祫祭祀时才祭。诸侯五庙、一坛、一墠。五庙是：考庙、王考庙、皇考庙，都是每月祭祀；显考庙、祖考庙，只有四季的祭祀。六世祖祭于坛，七世祖祭于墠。坛和墠，也是有祈祷就祭，无祈祷就不祭，八世祖没有墠祭，叫做"鬼"了。大夫三庙、二坛。三庙是：考庙、王考庙、皇考庙，只有四季的祭祀。显考、祖考没有庙，有祈祷时筑坛祭祀。六世祖就不受坛祭，叫做"鬼"了。嫡士二庙一坛。二庙是：考庙、王考庙，只有四季的祭祀。皇考没有庙，有祈祷时筑坛祭祀。显考不受坛祭，叫做"鬼"了。官师只有一个考庙。王考没有庙，在考庙并祭。王考之上叫做"鬼"了。庶士、庶民不建庙，死去就叫做"鬼"。

君王为众多族姓总立一个社庙，叫太社；君王自己立一个社，叫王社。诸侯给百姓立一个社，叫国社；诸侯自己立一个社，叫侯社。大夫以下的人、联合聚居的人共立一个社叫置社。

君王为众多族姓设立七祀：司命、中霤、国门、国行、泰厉、户、灶。君王自己设立七祀。诸侯为国设立五祀：司命、中霤、国门、国行、公厉。大夫设立三祀：族厉、门、行。嫡士立二祀：门、行。庶士、庶民立一祀，或立户，或立灶。

君王下祭未成人的死者有五：嫡子、嫡孙、嫡曾孙、嫡玄孙、嫡来孙。诸侯下祭三代，大夫下祭二代，嫡士和庶民只祭嫡系的殇子。

圣明君王制定祭祀的制度：有功于民的，为国家效力而死的，有开国功勋的，能够抗御大的灾害的，保卫庶民不受祸患的。这五种人死了，都要祭祀。因此，厉山氏执掌天下时，他的儿子叫农，会种植各种谷物。到了夏代衰亡，周人名叫弃的又继承了农的事业而被崇奉，成为祭祀社稷的"稷"。共工氏称霸九州，他的儿子叫后土，能够治理九州，也被人崇拜，成为祭祀社稷中的"社"。帝喾能够列星辰，使庶民有作息时间。尧能够公平地赏罚，最后让位给舜。舜为众人的事效力而死在苍梧的郊外。鲧为堵截洪水未成而被流放至死，他的儿子禹改正鲧的失误，治水成功。黄帝为百物定名称，使人们各有其业，各自谋生。颛顼又改进了黄帝的办法。契为司徒，使人民得到教育。冥致力职守而被水淹死。汤给人民宽松，除去夏代的暴虐。文王以礼乐法度、文章教化施政治民。武王用武力为民扫除祸患。这都是为人民立下功劳勋业的。此外，如日月星辰，是人民仰赖以识别四季的。山川、林谷、丘陵是人民的用度来源。不属于这一类的，不在祭祀之列。

祭　义①

祭不欲数②，数则烦③，烦则不敬。祭不欲疏④，疏则怠，怠则忘。是故，君子合诸天道，春禘、秋尝⑤。秋⑥，霜露既降，君子履之，必有凄怆之心，非其寒之谓也。春，雨露既濡，君子履之，必有怵惕之心⑦，如将见之。乐以迎来，哀以送往，故禘有乐而尝无乐。

致齐于内，散齐于外。齐之日，思其居处，思其笑语，思其志意，思其所乐，思其所嗜。齐三日，乃见其所为齐者。

祭之日，入室，僾然必有见乎其位⑧；周还出户⑨，肃然必有闻乎其容声；出户而听，忾然必有闻乎其叹息之声。是故，先王之孝也，色不忘乎目，声不绝乎耳，心志嗜欲不忘乎心。致爱则存，致悫则著。著、存不忘乎心，夫安得不敬乎？

君子生则敬养，死则敬享，思终身弗辱也。君子有终身之丧，忌日之谓也。忌日不用，非不祥也。言夫日，志有所至，而不敢尽其私也。

唯圣人为能飨帝，孝子为能飨亲。飨者，向也。向之，然后能飨焉。是故，孝子临尸而不怍⑩。君牵牲，夫人奠盎。君献尸，夫人荐豆。卿大夫相君，命妇相夫人。齐齐乎其敬也⑪，愉愉乎其忠也⑫，勿勿诸其欲其飨之也⑬！

文王之祭也，事死者如事生，思死者如不欲生，忌日必哀，称讳如见亲，祀之忠也。如见亲之所爱，如欲色然⑭，其文王与？《诗》云："明发不寐⑮，有怀二人⑯。"文王之诗也。祭之明日，明发不寐，飨而致之，又从而思之。祭之日，乐与哀半：飨之必乐，已至必哀。

仲尼尝，奉荐而进，其亲也悫，其行也趋趋以数。已祭，子赣问曰："子之言祭，济济漆漆然⑰；今子之祭，无济济漆漆，何也？"子曰："济济者，容也远也；漆漆者，容也自反也⑱。容以远，若容以自反也，夫何神明之及交？夫何济济漆漆之有乎？反馈乐成，荐其荐、俎，序其礼乐，备其百官，君子致其济济漆漆⑲，夫何恍惚之有乎⑳？夫言，岂一端而已，夫各有所当也。"

孝子将祭，虑事不可以不豫；比时具物㉑，不可以不备；虚中以治之㉒。宫室既修，墙屋既设，百物既备，夫妇齐戒、沐浴、盛服，奉承而进之。洞洞乎！属属乎！如弗胜，如将失之，其孝敬之心至也与！荐其荐、俎，序其礼乐，备其百官㉓，奉承而进之。于是谕其志意㉔，以其恍惚以与神明交，庶或飨㉕。庶或飨之，孝子之志也。

孝子之祭也，尽其悫而悫焉，尽其信而信焉，尽其敬而敬焉，尽其礼而不过失焉。进退必敬，如亲听命，则或使之也。孝子之祭可知也：其立之也，敬以屈㉖；其进之也，敬以愉；其荐之也，敬以欲。退而立，如将受命；已彻而退，敬齐之色不绝于面。孝子之祭也。立而不屈，固也㉗；进而不愉，疏也；荐而不欲，不爱也；退立而不如受命，敖也；已彻而退，无敬齐之色，而忘本也㉘。如是而祭，失之矣。

孝子之有深爱者必有和气；有和气者必有愉色；有愉色者必有婉容。孝子如执玉，如奉盈，洞洞属属然如弗胜，如将失之。严威俨恪㉙，非所以事亲也，成人之道也㉚。

先王之所以治天下者五：贵有德，贵贵，贵老，敬长，慈幼。此五者，先王之所以定天下也。贵有德，何为也？为其近于道也。贵贵，为其近于君也。贵老，为其近于亲也。敬长，为其近于兄也。慈幼，为其近于子也。是故，至孝近乎王，至弟近乎霸。至孝近乎王，虽天子，必有父；至弟近乎霸，虽诸侯，必有兄。先王之教，因而弗改，所以领天下国家也。

子曰："立爱自亲始，教民睦也。立敬自长始，教民顺也。教以慈睦，而民贵有亲；教以敬长，而民贵用命。孝以事亲，顺以听命，错诸天下㉛，无所不行。”

郊之祭也，丧者不敢哭，凶服者不敢入国门，敬之至也。祭之日，君牵牲，穆答君[32]，卿大夫序从[33]。既入庙门，丽于碑[34]，卿大夫祖而毛牛[35]，尚耳[36]，鸾刀以刲[37]，取膟膋[38]，乃退。爓祭，祭腥而退，敬之至也。

郊之祭，大报天而主日，配以月。夏后氏祭其暗，殷人祭其阳，周人祭日以朝及暗[39]。祭日于坛，祭月于坎[40]，以别幽明，以制上下。祭日于东，祭月于西，以别外内，以端其位。日出于东，月生于西[41]，阴阳长短，终始相巡[42]，以致天下之和。

天下之礼，致反始也，致鬼神也，致和、用也[43]，致义也，致让也。致反始，以厚其本也；致鬼神，以尊上也；致物用，以立民纪也；致义，则上下不悖逆矣；致让，以去争也。合此五者，以治天下之礼也，虽有奇邪[44]，而不治者则微矣。

宰我曰：“吾闻鬼神之名，不知其所谓。”子曰：“气也者，神之盛也[45]；魄也者，鬼之盛也；合鬼与神，教之至也[46]。”众生必死[47]，死必归土，此之谓鬼。骨肉毙于下[48]，阴为野土[49]。其气发扬于上，为昭明[50]，焄蒿[51]、凄怆[52]，此百物之精也，神之著也。因物之精，制为之极，明命鬼神[53]，以为黔首则[54]，百众以畏，万民以服。

圣人以是为未足也，筑为宫室，设为宗、祧，以别亲疏远迩，教民反古复始，不忘其所由生也。众之服自此，故听且速也。

二端既立[55]，报以二礼[56]：建设朝事，燔燎膻、芗[57]，见以萧光，以报气也。此教众反始也。荐黍稷，羞肝、肺、首、心，见间以侠甒[58]，加以郁鬯，以报魄也。教民相爱，上下用情，礼之至也。

君子反古复始，不忘其所由生也。是以致其敬，发其情，竭力从事以报其亲，不敢弗尽也。是故，昔者天子为藉千亩[59]，冕而朱纮，躬秉耒。诸侯为藉百亩，冕而青纮，躬秉耒，以事天地、山川、社稷、先古[60]，以为醴、酪、齐盛，于是乎取之，敬之至也。

古者天子诸侯必有养兽之官，及岁时[61]，齐戒沐浴而躬朝之。牺、牷、祭牲[62]，必于是取之，敬之至也。君召牛，纳而视之，择其毛而卜之，吉，然后养之。君皮弁、素积[63]，朔月、月半，君巡牲，所以至力，孝之至也。

古者天子诸侯必有公桑[64]、蚕室，近川而为之。筑宫，仞有三尺[65]，棘墙而外闭之。及大昕之朝[66]，君皮弁、素积，卜三宫之夫人、世妇之吉者，使入蚕于蚕室，奉种浴于川；桑于公桑，风戾以食之[67]。岁既单矣[68]，世妇卒蚕，奉茧以示于君，遂献茧于夫人。夫人曰："此所以为君服与？"遂副、袆而受之，因少牢以礼之。古之献茧者，其率用此与⑥？及良日⑦，夫人缫，三盆手⑦，遂布于三宫夫人、世妇之吉者使缫，遂朱、绿之，玄、黄之，以为黼黻、文章。服既成，君服以祀先王、先公，敬之至也。

君子曰："礼乐不可斯须去身。致乐以治心，则易、直、子、谅之心油然生矣。易、直、子、谅之心生则乐，乐则安，安则久，久则天，天则神。天则不言而信，神则不怒而威。致乐以治心者也。致礼以治躬则庄敬，庄敬则严威。心中斯须不和不乐，而鄙诈之心入之矣；外貌斯须不庄不敬，而慢易之心入之矣。故乐也者，动于内者也；礼也者，动于外者也。乐极和，礼极顺。内和而外顺，则民瞻其颜色而不与争也；望其容貌而众不生慢易焉。故德辉动乎内，而民莫不承听；理发乎外，而众莫不承顺。故曰：'致礼乐之道，而天下塞焉，举而措之无难矣。'乐也者，动于内者也；礼也者，动于外者也。故礼主其减，乐主其盈。礼减而进，以进为文；乐盈而反，以反为文。礼减而不进则销，乐盈而不反则放。故礼有报而乐有反。礼得其报则乐，乐得其反则安。礼之报，乐之反，其义一也⑫。"

曾子曰："孝有三：大孝尊亲，其次弗辱，其下能养。"公明仪问于曾子曰："夫子可以为孝乎？"曾子曰："是何言与！是何言与！君子之所谓孝者，先意承志⑬，谕父母于道。参直养者也，安能为孝乎？"

曾子曰："身也者，父母之遗体也。行父母之遗体，敢不敬乎？居处不庄，非孝也；事君不忠，非孝也；莅官不敬，非孝也；朋友不信，非孝也；战陈无勇⑭，非孝也。五者不遂，灾及于亲；敢不敬乎？亨、熟、膻、芗，尝而荐之，非孝也，养也。君子之所谓孝也者，国人称愿然曰：'幸哉有子如此。'所谓孝也已。众之本教曰孝，其行曰养。养，可能也，敬为难；敬，可能也，安为难⑮；安，可能也，卒为难⑯。父母既没，慎行其身，不遗父母恶名，可谓能终矣。仁者，仁此者也；礼者，履此者也；义者，宜此者也；信者，信此者也；强者，强此者也。乐自顺此生，刑自反此作。"

曾子曰："夫孝，置之而塞乎天地，博之而横乎四海⑰，施诸后世而无朝夕，推而放诸东海而准⑱，推而放诸西海而准，推而放诸南海而准，推而放诸北海而准。《诗》云：'自西自东，自南自北，无思不服⑲。'此之谓也。"

曾子曰："树木以时伐焉，禽兽以时杀焉。夫子曰：'断一树，杀一兽，不以其时，非孝也。'孝有三：小孝用力，中孝用劳，大孝不匮⑳。思慈爱忘劳，可谓用力矣。尊仁、安义，可谓用劳矣。博施、备物㉑，可谓不匮矣。父母爱之，喜而弗忘；父母恶之，惧而无怨㉚；父母有过，谏而不逆；父母既没，必求仁者之粟以祀之㉝。此之谓礼终㉞。"

乐正子春下堂而伤其足，数月不出，犹有忧色㉟。门弟子曰："夫子之足瘳矣㊱，数月不出，犹有忧色，何也？"乐正子春曰："善如尔之问也！善如尔之问也！吾闻诸曾子，曾子闻诸夫子，曰：'天之所生，地之所养，无人为大，父母全而生之，子全而归之，可谓孝矣。不亏其体，不辱其身，可谓全矣。故君子顷步而弗敢忘孝也㊲。'今予忘孝之道，予是以有忧色也。一举足而不敢忘父母，一出言而不敢忘父母。一举足而不敢忘父母，是故道而不径，舟而不游，不敢以先父母之遗体行殆。一出言而不敢忘父母，是故恶言不出于口，忿言不反于身。不辱其身，不羞其亲，可谓孝矣。"

昔者，有虞氏贵德而尚齿，夏后氏贵爵而尚齿，殷人贵富而尚齿，周人贵亲而尚齿。虞、夏、殷、周，天下之盛王也㊳，未有遗年者。年之贵乎天下久矣，次乎事亲也。是故，朝廷同爵则尚齿。七十杖于朝，君问则席。八十不俟朝，君问则就之，而弟达乎朝廷矣。行，肩而不并，不错则随。见老者则车、徒辟㊴；斑白者不以其任行乎道路，而弟达乎道路矣。居乡以齿，而老、穷不遗，强不犯弱，众不暴寡，而弟达乎州、巷矣。古之道，五十不为甸徒㊵，颁禽隆诸长者㊶，而弟达乎搜狩矣。军旅什伍㊷，同爵则尚齿，而弟达乎军旅矣。孝弟发诸朝廷，行乎道路，至乎州、巷，放乎搜狩㊸，修乎军旅㊹，众以义死之而弗敢犯也。

祀乎明堂㊺，所以教诸侯之孝也；食三老、五更于大学，所以教诸侯之弟也。祀先贤于西学，所以教诸侯之德也；耕藉，所以教诸侯之养也；朝觐，所以教诸侯之臣也。五者，天下之大教也。

食三老、五更于大学，天子袒而割牲，执酱而馈，执爵而酳，冕而总干，所以教诸侯之弟也。是故，乡里有齿，而老、穷不遗，强不犯弱，众不暴寡，此由大学来者也。

天子设四学，当入学而大子齿。天子巡守，诸侯待于竟，天子先见百年者。八十、九十者东行，西行者弗敢过㊻；西行，东行者弗敢过。欲言政者，君就之可也。

一命齿于乡里，再命齿于族，三命不齿。族有七十者，弗敢先。七十者，不有大故不入朝；若有大故而入，君必与之揖让，而后及爵者。

天子有善，让德于天；诸侯有善，归诸天子；卿大夫有善，荐于诸侯；士、庶人有善，本诸父母，存诸长老㊼；禄爵庆赏，成诸宗庙；所以示顺也。

昔者，圣人建阴阳天地之情，立以为《易》⑱。易抱龟南面⑲，天子卷冕北面，虽有明知之心，必进断其志焉，示不敢专，以尊天也。善则称人，过则称己。教不伐，以尊贤也。

孝子将祭祀，必有齐庄之心以虑事，以具服物，以修宫室，以治百事。及祭之日，颜色必温，行必恐，如惧不及爱然。其奠之也，容貌必温，身必屈，如语焉而未之然。宿者皆出⑳，其立卑静以正，如将弗见然，及祭之后，陶陶遂遂㉑，如将复入然。是故，悫善不违身，耳目不违心，思虑不违亲。结诸心，形诸色，而术省之；孝子之志也。

建国之神位：右社稷而左宗庙。

【注释】

①郑玄说：名曰"祭义"者，以其记祭祀、斋戒、荐羞之义也。　②数：频繁。　③烦：疲劳。　④疏：稀疏。　⑤禘：孙希旦说"禘当做礿，诸侯春祭之名"。　⑥秋：郑玄说，霜露既降，《礼》说在秋，此无秋字，盖脱尔。依郑说补。　⑦怵惕：惊惧。　⑧僾然：仿佛。位：依《说苑》当为"容"。此容字杂入下句"闻其容声"中，使"闻其容"悖误。　⑨周：转。　⑩怍：容色改变。　⑪齐齐：恭敬严整。　⑫愉愉：和颜悦色。　⑬勿勿：勉勉，殷勤。　⑭欲色：嗜好的样子。　⑮明发：天刚亮，指通宵达旦。　⑯有：又。二人：指父母。　⑰济（jǐ）济：祭祀时仪容。漆（qī）漆：庄敬恭谨的样子。　⑱自反：自己修正。　⑲君子：指百官。　⑳恍惚：即通神。　㉑此时：祭祀之时。　㉒虚中：心无杂念。　㉓此句重出。　㉔谕：愉，愉快。　㉕庶或：仿佛。　㉖屈：前屈。　㉗固：粗鄙、粗野。　㉘郑玄说："而"是衍字。　㉙俨恪：庄严恭敬。　㉚郑玄说：孝子不失其孺子之心。　㉛错（cù）：施行。　㉜穆：主祭人的嗣子。答：对。　㉝序从：按次序跟随着国君。　㉞丽：系、拴。　㉟祖：开。毛牛：取牛的毛。　㊱尚耳：以耳毛为上。　㊲刲（kuī）：剖割。　㊳膟（lù）：血。脊（liáo）：肠间脂肪。　㊴此处与《淮南子》略有不同。依本说。　㊵坎：坑。　㊶月生于西：孙希旦说，月晦后生明，始见于西方。　㊷巡：陆德明说"依注音沿"。沿：衔接。　㊸和用：郑玄说是"和""物"互文；孔颖达说"和谓百姓和谐，用谓财用丰足"。　㊹奇邪：奇异邪恶。　㊺盛：充盛。　㊻郑玄说是"此圣人教之至极"。　㊼众生：一切有生命的。　㊽毙：腐败、腐烂。　㊾阴：荫。郑玄说：言人之骨肉荫于地中为土壤。　㊿昭明：孙希旦说是"光景之著见"。　51焄（xūn）：香臭气味。蒿：气味发散。　52凄怆：使人感伤。　53明命：郑玄释为"尊名"。　54黔首：百姓。　55二端：指鬼神。　56二礼：报神报鬼之礼，详下文。　57见《郊特牲》注。见：间。　58侠甒：两甒玄酒。侠：两。　59藉：藉田。　60先古：先祖。　61岁时：每年按时。　62牺：色纯的牛。牷：肢体具完的牛。　63积：帻。　64公桑：公家种桑的地方。　65仞：墙七尺。　66大昕之朝：三月初一早晨。　67庋：干。食：喂养。　68岁既单：三月末，四月初。　69率：大体。　70良日：吉日。　71三盆手：在盆里浸手三次。　72此段已见《乐记》，不再注译。　73先意：在父母未说以前就已意会。承

志：按父母的意思去做。　　⑦战陈：战阵。　　⑦安：自然。　　⑦卒：终己一生。　　⑦溥（fū）：通“敷”，分布、散布。横：充溢、充满。　　⑧放：至。　　⑨思：助词。　　⑧匮：竭尽。孙希旦说“言其所及者远”。　　⑧博施：孙希旦释为“德教加于四海刑于百姓”。　　⑧惧：戒惧。指自我反省，谨慎行事。　　⑧仁者之粟：指自己得到的俸禄。　　⑧礼终：行礼终生。　　⑧忧：忧愁。　　⑧瘳（chōu）：病愈。　　⑧顷：郑玄说，顷当为跬。跬（kuǐ）：半步。　　⑧盛王：有高尚品德的君王。　　⑧辟：避让。　　⑨甸徒：田猎的差役。　　⑨颁：分发。隆：多。　　⑨什伍：士卒。五人叫伍，二伍叫什。　　⑨放：仿效、效法。　　⑨修：遵循。　　⑨明堂：郑玄说，明堂宗祀文王。　　⑨东行、西行：在路的东边、西边行走。　　⑨存：《正字通》注：同荐。　　⑨易：孙希旦说是“卜筮之书”。　　⑨易：卜筮的官吏。　　⑩宿者：助祭的宾客。　　⑩陶陶遂遂：思念结于心中又发散于外，即王梦鸥所说“恍恍惚惚”之意。

【译文】

祭礼不要频繁，频繁就会疲劳，疲劳了就会失去恭敬的心情。祭礼也不能稀疏，稀疏就使人怠慢，怠慢就会使人淡忘了。所以有才识的人就使它和自然运行的法则相配合：春天禘祭，秋天尝祭。秋天，霜露已经降临大地，有才识的人走在上面，一定会有凄凉的感觉，这种感情不是因为寒冷，而是思念故去的亲人。春天，雨露已经湿润了大地，有才识的人走在上面，必定会有惊醒的心情，好像将要见到重返人间的亲人。人们用欢乐的心绪迎接亲人到来，用悲哀的心绪送别亲人离去。所以春天禘祭用乐舞，而秋天尝祭就没有乐舞。

祭祀之前，要在寝处清洁调整身心。致斋三天，散斋七天。致斋那天，要思念死者生前的起居、笑语、兴趣、愿望、喜欢和嗜好的情形。致斋这三天，就要在脑海里显现出所要祭奉的亲人的形象。

祭祀那天，进入放置灵位的庙室，仿佛看到了亲人的面容。祭祀以后，转身出门，心情肃穆地像听到亲人说话的声音。出门之后，耳边还好似听到亲人叹息的声音。先王孝敬亲人，亲人的面容永不离他的眼里，亲人的声音永远响在他的耳边，亲人的心意爱好永远留在他的心里。对亲人表达爱心就要把他们留存在心里。表达诚信就能在脑海里显现亲人的形象。在心里留存显现亲人的形象，怎么能不恭敬呢？

君子在父母在世时恭敬赡养，去世后虔敬祭享，考虑的是一生都不辱没父母的名声。君子有一生的丧事，说的是每年父母忌日。忌日不做别的事，并非不吉利，而是说那天，非常思念父母，不愿去尽力做自己的事情。

只有圣人能祭祀上天，孝子能祭祀父母。飨，就是“向”的意思。诚心相向，然后神灵才能享受。由于这个原因，孝子站在尸的面前，脸色不会有变化。国君牵着祭牲，夫人进献盎齐。国君献尸，夫人献豆。卿大夫辅助国君，命妇辅助夫人。敬意表现为恭敬严整的动作，虔诚表现为和颜悦色的姿态，殷勤地期望着神灵能够享受。

文王举行祭祀，敬事死者如侍奉生者一样，思念死者时痛不欲生。忌日那天必定悲哀至极，提到父母的名字就像见到父母一样。奉献祭品时的诚恳，好像看到父母生前喜爱、嗜好的神色。这样做的大概只有文王吧？《诗经》说：直到天亮还没睡着，又是思念父母。这是怀念文王的诗句。祭祀的第二天，一夜不睡，备办百物让他们来尝，接着又思念他们。祭祀的那天，欢喜悲哀参半。亲人来享受当然高兴，享毕要离去又感到悲哀。

孔子举行尝祭，端着祭品献上亲人的灵位时，走路很快，步子急促。祭过以后，子赣问道："您说祭祀的时候，需庄重的仪容，庄敬恭谨的心情。现在您祭祀，不是这样子，为什么呢？"孔子说："仪容庄重是疏远的表情，恭敬是自己的修正。仪容庄重又自己修正，怎么能和神明相互沟通呢？怎么会有济济漆漆的样子呢？天子诸侯的祭祀，行礼以后返回室内行馈食之礼，乐到合舞而完成，进献笾、豆、熟食。排列礼乐次序，助祭人员齐备，表现出庄重的仪容，恭敬的心情，怎么会和神灵相互沟通呢？所以说，祭礼不只是一方面，而主人和来宾各有自己所应承当的事。"

孝子将要举行祭祀，一切事情都要预先考虑，到时所需器具物品，都要预备齐全。心里没有杂念，专心致志处理这些事情。庙宇已经修缮，墙屋间隔已经设置，执事人员齐备，夫妇斋戒沐浴，衣冠齐整，捧着祭品进前，恭恭敬敬，好像端不住，又好像要失手，孝敬之心到了极点。已经端着祭品献上，在这时，心情愉快，和神明相互沟通，仿佛神灵在享用祭品。仿佛神灵在享用祭品，这是孝子的心愿。

孝子祭祀，是竭尽诚心表现出诚心的行为，竭尽信念而表现出确信有神灵的样子，竭尽敬意而表现出敬事鬼神的举动，竭尽礼节而没有过失。进退时恭恭敬敬，仿佛在倾听双亲的吩咐，有什么要使唤。观看孝子祭祀就可以知道他的孝敬：孝子站立的时候，用前屈身体表示孝敬；端着祭品进献时，面色和悦表示孝敬；奉献祭品时，用想让神灵享受的心情表示孝敬。献完退后站立时，好像在听从父母的吩咐。撤去祭品退下时，恭敬庄重的神色一直留在脸上。孝子祭祀，站立时身体不前屈显得粗野；进献时面色不和悦显得疏远；奉献时不想让神灵享受是没有爱心；退后站立不像听从吩咐的样子是傲慢；撤去祭品退下时，脸上就没有恭敬庄重的神色，这是忘记了所祭的亲人。像这样祭祀是不对的。

孝子对亲人有深爱之心，自然会和气；有和气，自然会有愉快的神色；有了愉快神色，自然会表现出婉顺的样子。孝子祭祀进献时，像拿着贵重的玉器、端着满杯的水一样，恭恭敬敬，似乎拿不动，又怕失手打碎。做出威严、恭敬的样子，不是侍奉父母的态度，而是成人的仪容。

先王能够治理天下的原因有五个：一是尊重有德的人，二是尊重有社会地位的人，三是尊重老人，四是尊敬长者，五是爱护晚辈。这五个原因就是先王用来安定天下的。为什么尊重有德的人，是因为他切近天理人情。尊重有地位的人，是因为他靠近国君。尊重老人，是因为他近似父母。尊敬长者，因为他近乎长兄。爱护晚辈，因为他和子女无异。所以，至孝的人能感动人心而近于天下人归顺的"王"，至悌的人能抑强扶弱而近于众人佩服的"霸"。至孝的人近于王，是因为天子也要侍奉父母；至悌的人近于霸，是因为诸侯也会尊敬长兄。因为这个原因，先王的教化没有改变，并且用它来统治天下国家。

夫子说："树立仁爱之心从侍奉父母开始，这是教育人民慈睦；树立恭敬之心从尊敬长辈做起，这是教育人民和顺。教育人们慈睦，人们就知道亲情的可贵；教育人们敬长，人们就知道遵从长者的命令，用孝心来侍奉双亲，用遵从来接受命令，这样在天下施行，就没有行不通的事了。"

举行祭天的时候，有丧事的人家不敢哭号，穿丧服的人不敢进入国门。这是恭敬至极的事。宗庙祭祀的那天，国君牵着祭牲，他儿子面对着他，协助他，卿大夫按次序跟随在后。进入庙门，把祭牲拴在宗庙中庭的石碑上，卿大夫袒开衣服宰牛，取牛耳上的毛，以耳毛为上。再用鸾刀剖开牛腹，取血和肠间的脂肪献祭，然后退去。等到用血毛和半熟的肉祭祀完毕，就退去。这也是恭敬至极的事。

祭天，是报答自然的赐予，祭的主要对象是太阳，以月亮相配。夏后氏在日落时举行，殷人在天亮以后，周人从天亮到天黑。祭太阳在台上，祭月亮在坑内，用来区别明亮与幽暗，制定上下的分界。祭太阳在东郊，祭月亮在西郊，用来分别外内，端正位置。太阳升起在东方，月亮出现在西方。日月阳阴，昼短夜长，结束和起始互相衔接，达到天下的和谐。

天下的礼的意义有五：一是使人报答上天，二是沟通鬼神，三是财用丰足，四是建立伦理，五是辞谢谦让。报答上天，目的是厚重本始；沟通鬼神，目的是尊重上神；财用丰足，目的在建立纲纪；建立伦理使上下不发生悖逆；辞谢谦让，可以使人们去除争执冲突。兼具这五种意义，可以用来治理天下的礼，即使出现奇异邪恶，不能治理的事情就很少了。

宰我说："我听到鬼神的名称，不知道说的是什么。"孔子说："气是由于神的充盛生发在外而有的，魄是由于鬼的充盛生发在外而有的。合鬼神祭祀，是圣人教化的至极。"凡是有生命的必有一死，死后必然归于土中，这就叫做鬼。骨肉在地下腐烂，化作土壤。它的气散发飘扬到天空，成为显现的光景，香臭的气味，并使人感伤，这就是生物的精灵，成为可以显现的神。依照生物的精灵，制定为尊极的称呼，叫鬼神。作为百姓尊崇的对象，使天下的官民都畏惧敬服。

圣人认为这样做还不能表达感情，于是建筑宫室，作为宗庙、祧庙，用来区别亲疏远近，教导人们追溯、纪念始祖，不忘记自己从何而来。人们信服这种教导，很快就听从了。

鬼神的名称已经确立，就回报以两种礼仪。一是设置"朝践"的礼仪。把血腥的祭物放在香蒿上焚烧，气味中夹杂着火光，这是用气味报神，教育人们回返神气。二是设置"馈食"的礼仪，进献黍稷和肝肺首心，以及两壶酒，还有香草酒，这是用来回报鬼的，教育人们相亲相爱，上下都用人情处事。这是礼的至极。

君子回返本原，不忘自己从何而来。用这个方法表达自己的敬意，抒发自己的感情，竭尽能力去做事，回报父母生育的恩德，不敢不尽心尽力。从前，天子有藉田千亩，戴着有红色帽带的礼帽，亲自用耒耜耕种。诸侯有藉田百亩，戴着有青色帽带的礼帽，亲自用耒耜耕种，用谷物来供给祭祀天地、山川、社稷、祖先使用，祭祀用的酒浆、熟食，全是从这里取来。这才是恭敬至极。

古时候，天子诸侯一定有养兽的官吏。每年到一定时间，天子诸侯斋戒、沐浴，亲自去巡视祭牲。祭祀用的牲牛、牷牛，必须从这里取出，恭敬至极。国君命人取牛，进纳并察看，挑选牛的毛色并占卜决定，如果是吉兆，然后专门饲养。每月初一、十五，国君穿戴礼服去巡视。这样尽力去做，是孝敬至极的表现。

古时的天子诸侯，一定有自己的桑园和养蚕的地方。建筑一丈高的敞屋，墙上布有棘刺，把门反锁上。三月初一早晨，国君穿戴礼服，占卜选择后宫中有吉兆的夫人世妇，让她们到蚕室养蚕。她们捧着蚕种在河里漂一漂，再到桑园采摘桑叶，晾干桑叶用来喂蚕。三月末时，世妇结束养蚕，捧着蚕茧请国君检视，接着就把蚕茧献给夫人。夫人说："这就是用来为国君做祭服的吗？"

于是穿戴礼服首饰接受蚕茧，用羊豕二牲来祭它。古代献茧，大概都用这个礼仪？到了选定的吉日，夫人缫丝，在盆里泡了三次手，然后把蚕茧分发给有吉兆的夫人世妇，让她们缫丝。接着，就染成红绿黑黄等颜色，织成有图案花样的布料。祭服做成，国君穿上祭祀先王、先公。这是恭敬至极了。

曾子说："孝敬有三：最大的孝敬是使父母得到人们的尊敬；其次是不辱没父母的名声；最下等的是能供养双亲。"他的弟子公明仪问曾子说："您可以算是孝敬了吧？"曾子说："这是哪里的话，这是哪里的话。君子所谓的孝敬是，在父母没有表示以前，就知道他们的意思，提前就做了，又能使父母明白那是做人的道理。我只是能够供养父母的人，怎么能算是孝敬呢？"

曾子说："身体是父母给留下的。用父母给留下的身体去做事，怎敢不恭敬呢？日常起居不庄重，是不孝；为国君效力而不忠心，是不孝；为官却不谨慎，是不孝；朋友间缺乏信任，是不孝；作战没有勇气，是不孝。这五点不能做到，灾祸还会连累到父母。怎么敢不恭敬呢？烹熟食、烧膻芗，品尝之后献上，这不是孝敬，是供养。君子的所谓孝敬是让国人颂扬钦美，说：有这样的儿子真是福气啊！像这样，才是所谓的孝敬。教育众人的根本在行孝，表现在行为上叫'养'。养可能做得到，有敬意的养就难了；有敬意的养也许能做到，但做得自然就难了；做得自然大概能做到，但能够一生都这样就难了。父母去世后，自己能够谨慎行事，不给父母带来不好的名声，这就是能够终生行孝了。所谓仁，就仁在这里；所谓礼，就做到这样；所谓义，就是合乎这点；所谓信，就是证实这点；所谓强，就是强在此处。人间的快乐是依照这个而产生，社会的惩罚也是背离这点而出现。"

曾子说："孝，直立着就会充满天地，分散着就会充溢四海，施行后世也时时刻刻存在，推行到东、西、南、北四海的一切地方，都是效法的准则。《诗经》说：从西向东，从南到北，没有不遵从的。说的就是这个意思。"

曾子说："树木要在应该砍伐时砍伐，禽兽要在应该宰杀时宰杀。老师说：'砍伐一棵树，宰杀一只禽兽，不在该做的时候做了，是不孝。'孝有三：小孝用体力，中孝兼用心智，大孝能永远维持孝心。思念父母的慈爱，忘记了供养父母的劳累，可以说是用力了。尊崇仁德，习惯道义的行为，可以说是用劳了。把仁德的教育施行到四海，使人们都受到仁德的恩惠，可以说是不匮了。

父母喜爱自己，就高兴而且永远不忘；父母不喜欢自己，应自我反省而谨慎行事，没有怨言。父母有过错，可以劝谏但不违逆他们的意志。父母已经过世，必须用自己得到的俸禄来祭祀他们。这叫做行礼终生。"

乐正子春下堂时伤了脚，几个月没有出门，还是很忧愁。他的门下、弟子说："老师的脚不是好了吗？几个月不出门，还是很忧愁，为什么呢？"乐正子春说："你问得真好啊！你问得真好啊！我听曾子说过，曾子是听孔子说的，天地生养的万物中，没有比人更伟大的了。父母齐齐全全地生养了我们，子女又齐齐全全地归还给他们，这就是'孝'。没有毁坏缺损自己的身体，没有辱没自己的名声，这就是'全'。所以有才识的人走一步半步路也不敢忘记孝道。这次我却忘了孝道，因而有了忧愁。每走一步路，每说一句话，都不敢忘记父母。每走一步路，必然走大路不走小路，有船就不游水，不敢用父母留下的身体去做危险的事。每说一句话，必然不说难听的话，也不会招来别人的指责、辱骂。不辱没自身，不使父母难堪，可以说是孝了。"

以前，有虞氏时尊崇道德品行，并以年长者为上；夏后氏时尊崇功勋爵位，并以年长者为上；殷人尊崇财富俸禄，并以年长者为上；周人尊崇人伦亲情，并以年长者为上。虞、夏、殷、周是天下有高尚品德的君主，也没有忽视对年长者的尊尚。年长者被尊尚，是由来已久的了，而且仅次于侍奉双亲。因此，在朝廷上爵位相同就按年龄，老者在上。七十岁还没辞官的，可以挂着拐杖上朝，国君有询问的事就赐予他坐席。八十岁不在朝廷侍候，国君如有询问，就要到他家里请教。这就是悌道通行在朝廷了。走路时，不能和长者并肩前行。是兄辈就错后一些，是长辈就跟随在后面走。见到年长的人，乘车或走路，都要避让一旁。头发花白的人不挑着担子在路上走，要有人代劳。这样悌道就通行在道路上了。居位乡间，也要长者为先，不遗弃老的、穷的，强不欺弱，众不欺寡。这样悌道就通行在州巷了。古时候的规矩，五十岁以上的人不做田猎的差役，分发猎物时，年长的人多得。这样悌道就通行在狩猎中了。在军队士卒中，官职相同的，年长的为上。悌道也就通行在军队中了。孝悌的行为从朝廷产生，通行在道路上、州巷里，狩猎和军队中也效法遵循，众人可以为孝悌去死，这样就没有人敢侵犯了。

周人在文王庙举行祭祀，是用来教导诸侯孝敬父母。请年长的人在太学里宴饮，是用来教导诸侯敬事兄长。在小学里祭祀先代贤人，是教给诸侯做人的品德。在藉田里耕种，是教给诸侯终养父母的方法。举行朝觐的礼仪，是教给诸侯怎样做臣下。这五件事是执掌天下的人施行的最重要的教育。

在太学里宴请年老的人时，天子袒开衣服，分割牲体，拿着肉酱献食。食毕，拿着酒杯请漱口。戴冕持盾，率领臣下献舞。这是教给诸侯孝悌。所以乡间也尊尚年老的人，老的、穷的不遗弃，强不欺弱，众不欺寡，这都是从太学里学来的。

天子在京都的东西南北设立四代的学校，在入学时，太子也和学子们一样按年龄大小排列。天子巡守时，诸侯在自己国境上等待。天子到达，先看望年满百岁的人。八十、九十岁的人在路的东边行走，在路西并行的人不能超过他们。相反也是同样的。

八九十岁的人想谈论政事，国君应去拜访他。一命的官，还要和乡间的人按年龄排列大小；二命的官，要和族人论年龄大小；三命的官不再和族人按年龄大小排列。但七十岁以上的族人，还要让他在前。七十岁的人没有重大事情不入朝；如有重大事情到朝廷上，国君对他必须客气，然后才轮到爵位高的人。

天子做了好事，要把美德让给上天；诸侯做好事，应归功给天子；卿大夫做好事，归功给诸侯；士和百姓做了好事，应归功给父母和长辈的教导。得到爵位、俸禄等赏赐，要到宗庙祭告祖先。这都是表示顺从。以前，圣人立阴阳天地的吉凶变化，并写入专门记载这类现象的卜筮的书中。掌管卜筮的官吏抱着宝龟面朝南，天子穿戴衮冕面朝北，尽管天子洞察事理，也必须进前让他断定自己想做的事情。这是表示不敢专擅，尊崇上天。做了好事就说是别人做的，有过错就说是自己做的。这是使人不夸耀而尊敬比自己更贤德的人。

孝子将要举行祭祀，必然专心致志地考虑祭祀的事情。准备祭服祭品，修缮宗庙，处理一切事务。到祭祀那天，必须脸色温和，走路急促，好像害怕见不到亲人的样子。祭奠时，态度必须温和，身体前屈，好像在听亲人说话而还没听完的样子。到助祭的人都退出时，孝子还是静静站立在那儿，好像将要看不到亲人了。祭祀完毕，孝子恍恍惚惚，好像亲人会再次进来。因此，诚恳善良的态度一直留在脸上，所见所闻留在心上，思虑也一直留在亲人的身上。思念在内心，表现在外表，回忆着，反省着。这是孝子的心理。建立国家的神位，祭社稷的庙在右边，左边是祖宗的庙。

祭　统[①]

凡治人之道，莫急于礼[②]；礼有五经，莫重于祭。夫祭者，非物自外至者也[③]，自中出，生于心也，心怵而奉之以礼[④]。是故唯贤者能尽祭之义[⑤]。

贤者之祭也，必受其福。非世所谓福也。福者，备也；备者，百顺之名也。无所不顺者之谓备，言内尽于己而外顺于道也。忠臣以事其君，孝子以事其亲，其本一也。上则顺于鬼神，外则顺于君长，内则以孝于亲，如此之谓备。唯贤者能备，能备然后能祭。是故贤者之祭也，致其诚信与其忠敬，奉之以物，道之以礼[6]，安之以乐[7]，参之以时[8]，明荐之而已矣[9]，不求其为[10]。此孝子之心也。

祭者，所以追养继孝也[11]。孝者，畜也。顺于道，不逆于伦，是之谓畜。是故孝子之事亲也，有三道焉：生则养，没则丧，丧毕则祭。养则观其顺也，丧则观其哀也，祭则观其敬而时也。尽此三道者，孝子之行也。

既内自尽，又外求助，昏礼是也。故国君取夫人之辞曰[12]："请君之玉女与寡人共有敝邑，事宗庙、社稷。"此求助之本也。

夫祭也者，必夫妇亲之，所以备外内之官也。官备则具备：水草之菹，陆产之醢，小物备矣。三牲之俎，八簋之实，美物备矣。昆虫之异，草木之实，阴阳之物备矣。凡天之所生，地之所长，苟可荐者，莫不咸在，示尽物也。外则尽物，内则尽志，此祭之心也。

是故天子亲耕于南郊以共齐盛[13]，王后蚕于北郊以共纯服[14]；诸侯耕于东郊亦以共齐盛，夫人蚕于北郊以共冕服。天子诸侯非莫耕也，王后、夫人非莫蚕也，身致其诚信，诚信之谓尽，尽之谓敬，敬尽然后可以事神明。此祭之道也。

及时将祭，君子乃齐。齐之为言齐也，齐不齐以致齐者也。是故君子非有大事也，非有恭敬也，则不齐。不齐则于物无防也，耆欲无止也。及其将齐也，防其邪物，讫其耆欲，耳不听乐。故《记》曰"齐者不乐"，言不敢散其志也。心不苟虑，必依于道；手足不苟动，必依于礼。是故君子之齐也，专致其精明之德也[15]。故散齐七日以定之，致齐三日以齐之。定之之谓齐，齐者，精明之至也，然后可以交于神明也[16]。

是故先期旬有一日，宫宰宿夫人[17]，夫人亦散齐七日，致齐三日。君致齐于外，夫人致齐于内[18]，然后会于大庙。君纯冕立于阼，夫人副、祎立于东房。君执圭瓒裸尸[19]，大宗执璋瓒亚裸[20]。及迎牲，君执纼。卿大夫从，士执刍，宗妇执盎从，夫人荐涗水。君执鸾刀，羞哜，夫人荐豆。此之谓"夫妇亲之"。

及入舞，君执干戚就舞位。君为东上，冕而总干[21]，率其群臣以乐皇尸。是故天子之祭也，与天下乐之；诸侯之祭也，与竟内乐之。冕而总干，率其群臣以乐皇尸，此与竟内乐之之义也。

夫祭有三重焉[22]：献之属莫重于裸，声莫重于升歌，舞莫重于《武宿夜^㉓》。此周道也。凡三道者，所以假于外而以增君子之志也，故与志进退：志轻则亦轻，志重则亦重。轻其志而求外之重也，虽圣人弗能得也。是故君子之祭也，必身自尽也，所以明重也。道之以礼，以奉三重而荐诸皇尸，此圣人之道也。

夫祭有馂，馂者，祭之末也，不可不知也。是故古之人有言曰"善终者如始"，馂其是已。是故古之君子曰："尸亦馂鬼神之余"也。惠术也^㉔，可以观政矣。是故尸谡^㉕，君与卿四人馂。君起，大夫六人馂，臣馂君之余也。大夫起，士八人馂，贱馂贵之余也。士起，各执其具以出，陈于堂下，百官进^㉖，彻之，下馂上之余也。凡馂之道，每变以众，所以别贵贱之等，而兴施惠之象也。是故以四簋黍，见其脩于庙中也^㉗。庙中者，竟内之象也。祭者，泽之大者也。是故上有大泽，则惠必及下，顾上先下后耳^㉘，非上积重而下有冻馁之民也。是故上有大泽，则民夫人待于下流^㉙，知惠之必将至也，由馂见之矣。故曰："可以观政矣。"

夫祭之为物大矣^㉚，其兴物备矣^㉛。顺以备者也，其教之本与？是故君子之教也，外则教之以尊其君长，内则教之以孝于其亲。是故明君在上，则诸臣服从；崇祀宗庙、社稷，则子孙顺孝。尽其道，端其义，而教生焉。是故君子之事君也，必身行之：所不安于上，则不以使下；所恶于下，则不以事上。非诸人，行诸己，非教之道也。是故君子之教也，必由其本，顺之至也，祭其是与？故曰："祭者，教之本也已。"

夫祭有十伦焉：见事鬼神之道焉，见君臣之义焉，见父子之伦焉，见贵贱之等焉，见亲疏之杀焉，见爵赏之施焉，见夫妇之别焉，见政事之均焉，见长幼之序焉，见上下之际焉。此之谓十伦。

铺筵，设同几^㉜，为依神也。诏、祝于室，而出于祊，此交神明之道也。君迎牲而不迎尸，别嫌也。尸在庙门外则疑于臣，在庙中则全于君；君在庙门外则疑于君，入庙门则全于臣，全于子。故不出者，明君臣之义也。

夫祭之道，孙为王父尸，所使为尸者，于祭者子行也。父北面而事之，所以明子事父之道也。此父子之伦也。

尸饮五，君洗玉爵献卿；尸饮七，以瑶爵献大夫；尸饮九，以散爵献士及群有司。皆以齿，明尊卑之等也。

夫祭有昭穆，昭穆者，所以别父子、远近、长幼、亲疏之序而无乱也。是故有事于大庙，则群昭群穆咸在而不失其伦。此之谓亲疏之杀也。

古者明君爵有德而禄有功，必赐爵禄于大庙，示不敢专也。故祭之日，一献，君降立于阼阶之南，南向，所命北面，史由君右执策命之㉝，再拜稽首，受书以归，而舍奠于其庙㉞。此爵赏之施也。

君卷冕立于阼㉟，夫人副、袆立于东房。夫人荐豆执校㊱，执醴授之执镫㊲；尸酢夫人执柄㊳，夫人受尸执足。夫妇相授受，不相袭处，酢必易爵，明夫妇之别也。

凡为俎者，以骨为主。骨有贵贱。殷人贵髀，周人贵肩。凡前贵于后。俎者，所以明祭之必有惠也。是故贵者取贵骨，贱者取贱骨，贵者不重，贱者不虚，示均也。惠均则政行，政行则事成，事成则功立，功之所以立者不可不知也。俎者，所以明惠之必均也。善为政者如此。故曰："见政事之均焉。"

凡赐爵，昭为一，穆为一，昭与昭齿，穆与穆齿。凡群有司皆以齿。此之谓长幼有序。

夫祭有畀煇、胞、翟、阍者，惠下之道也㊴，唯有德之君为能行此。明足以见之，仁足以与之，畀之为言与也，能以其余畀其下者也。煇者，甲吏之贱者也。胞者，肉吏之贱者也。翟者，乐吏之贱者也。阍者，守门之贱者也。古者不使刑人守门。此四守者，吏之至贱者也。尸又至尊，以至尊既祭之末而不忘至贱，而以其余畀之，是故明君在上，则竟内之民无冻馁者矣。此之谓上下之际。

凡祭有四时：春祭曰礿，夏祭曰禘，秋祭曰尝，冬祭曰烝。礿、禘，阳义也，尝、烝，阴义也。禘者，阳之盛也。尝者，阴之盛也。故曰："莫重于禘、尝。"古者于禘也，发爵赐服，顺阳义也。于尝也，出田邑㊵，发秋政㊶，顺阴义也。故《记》曰："尝之日㊷，发公室，示赏也。"草艾则墨，未发秋政，则民弗敢草也。

故曰："禘、尝之义大矣，治国之本也，不可不知也。"明其义者，君也；能其事者，臣也。不明其义，君人不全；不能其事，为臣不全。夫义者，所以济志也㊸，诸德之发也。是故其德盛者其志厚，其志厚者其义章㊹，其义章者其祭也敬，祭敬则竟内之子孙莫敢不敬矣。是故君子之祭也，必身亲莅之，有故㊺，则使人可也。虽使人也，君不失其义者，君明其义故也。其德薄者其志轻，疑于其义而求祭，使之必敬也弗可得已。祭而不敬，何以为民父母矣！

夫鼎有铭，铭者，自名也，自名以称扬其先祖之美，而明著之后世者也㊻。为先祖者，莫不有美焉，莫不有恶焉，铭之义，称美而不称恶。此孝子孝孙之心也，唯贤者能之。铭者，论撰其先祖之有德善、功烈、勋劳、庆赏、声名㊼，列于天下，而酌之祭器，自成其名焉，以祀其先祖者也。显扬先祖，所以崇孝也。身比焉⑱，顺也。明示后世，教也。夫铭者，壹称而上下皆得焉耳矣⑲。是故君子之观于铭也，既美其所称，又美其所为。为之者，明足以见之，仁足以与之，知足以利之⑳，可谓贤矣。贤而勿伐㉑，可谓恭矣。

故卫孔悝之鼎铭曰㉒："六月丁亥，公假于大庙㉓。公曰：'叔舅㉔！乃祖庄叔㉕，左右成公，成公乃命庄叔随难于汉阳。即宫于宗周，奔走无射㉖。启右献公㉗，献公乃命成叔纂乃祖服㉘。乃考文叔，兴旧耆欲㉙，作率庆士㉚，躬恤卫国。其勤公家，夙夜不解。民咸曰："休哉㉛！"'公曰：'叔舅！予女铭，若纂乃考服㉜。'悝拜稽首，曰：'对扬以辟之勤大命施于烝彝鼎㉝。'"此卫孔悝之鼎铭也。

古之君子，论撰其先祖之美，而明著之后世者也，以比其身，以重其国家如此。子孙之守宗庙、社稷者，其先祖无美而称之，是诬也；有善而弗知，不明也㉞；知而弗传，不仁也。此三者，君子之所耻也。

昔者周公旦有勋劳于天下，周公既没，成王、康王追念周公之所以勋劳者，而欲尊鲁，故赐之以重祭。外祭则郊、社是也，内祭则大尝、禘是也。夫大尝、禘，升歌《清庙》，下而管《象》，朱干玉戚以舞《大武》，八佾以舞《大夏》㉟，此天子之乐也，康周公㊱，故以赐鲁也。子孙纂之，至于今不废，所以明周公之德，而又以重其国也。

【注释】

①郑玄说：名曰"祭统"者，以其记祭祀之本也。孙希旦说：祭有物有礼，有乐有时，而其本则统于一心，故以《祭统》名篇。　②急：首先、居前；要紧。　③物：孙希旦说，物犹事也。冠、昏、宾客之礼，皆先有其事于外，而后以我之心应之。唯祭则不然，乃由思亲之心先动于心中，而后奉之以理。　④怀：陈澔释作"心有感动"。　⑤尽：透彻、彻底。　⑥道：旅行、实行。　⑦安：安排。　⑧参：合。时：季节。　⑨明：尊敬、恭敬。　⑩为：指神灵祐助。　⑪追：补行。继：延续。　⑫取：娶。辞：孙希旦说是"纳采之辞"。　⑬共：供。下同，齐：粢。　⑭纯服：郑玄说纯服就是冕服，互言。　⑮精明：精诚、诚信。　⑯交：交互、相互。　⑰宿：郑玄说"读为肃"。肃：郑重告诉。　⑱外、内：孙希旦说是国君和夫人各自的正寝。　⑲祼：灌，指灌酒于地。　⑳亚：次于、接着。　㉑总：执、持。　㉒重：孔颖达释作"可重之事"。　㉓武宿夜：舞名。孙希旦说：像武王之师次孟津而宿。　㉔术：方法。　㉕逆：起身。　㉖百官：郑玄说是在祭礼中听差的执事人等。进：当做"餕"。　㉗脩：陆德明说，一本作"遍"。　㉘顾：只。　㉙民夫人：百姓一个个。下流：地位低贱。指下面。　㉚为物：郑玄释作"为礼"。　㉛兴物：郑玄释为"荐百品"。　㉜同几：祭祀鬼神以某妃匹配，共同一个几案，叫同几。　㉝史：内史。　㉞舍：释。　㉟卷：衮。　㊱校（xiáo）：通"骹"，豆的中央细而直的部分。　㊲醴：礼。镫：豆的校下圆形的脚。　㊳柄：爵为雀形，

以尾为柄。　㊴畀（bì）：赐予。燁（xuān）：古代制皮鼓的人。胞：掌宰割牲畜的人。翟：教羽舞的人。　㊵出田邑：王梦鸥依《月令》释作"演习军旅田猎"。王说是。　㊶秋政：刑杀的政令。　㊷依上句，可知此处脱漏一"禘"字。　㊸济：成就。　㊹章：彰，显明。　㊺故：大事。　㊻明著：显示。　㊼烈：业。　㊽比：并列、排列。　㊾壹：一次。上：祖先。下：后人。　㊿知：智。　⑤伐：夸耀。　⑥孔悝：卫国大夫。　⑥假：至、到。　⑥叔舅：郑玄说是"尊呼孔悝"，孔颖达说是"孔悝是异姓大夫，年幼故称"。实际上孔悝是卫庄公的外甥。　⑤乃：你。　⑥射（yì）：厌倦。　⑥右：祐助。　⑥纂：继承。服：服事、效力。⑥耆欲：应镛说是"以爱君忧国为耆欲"。　⑥作率：奋起而倡率。庆士：卿士。　⑥休：美、好。　⑥若：你。　⑥对：遂，完成。扬：宣扬。辟：显明。勤大命：殷勤尊大之命。指君命。彝鼎：法度之鼎。　⑥明：敬。　⑥八佾（yì）：八列舞队。　⑥康：襃扬伟大。

【译文】

在治理人民的措施中，没有比礼更要紧的。礼有五种，没有比祭礼更重要的。祭礼，不是外面有什么事情来了而相应出现的礼，而是发自人们的内心；内心有思亲的念头产生，并表现出来，就是祭礼。因此，只有贤德的人才能透彻了解祭礼的意义。

贤德的人举行祭礼，必定会得到福。这个"福"，不是人们所说的福。福就是备，备是百事顺利的名称。无所不顺叫做备，就是说竭尽内心的情感，表现出顺应天道的情理来。忠臣依此情理效力国君，孝子照此情理侍奉父母，忠和孝的本源是相同的，对上就顺从鬼神，对外就顺从君长，对内就孝敬双亲，这样上、外、内都顺从叫做备。只有贤德的人能做到无所不顺，能完全顺从然后才能够举行祭礼。所以贤德的人祭祀，是要表达自己的诚信和忠敬，供奉祭品，施行祭礼，安排声乐，合乎季节，恭敬地进献，不要求神灵的祐助。这才是孝子的心情。

祭礼，是用来补行对父母的赡养并延续孝敬父母的时间，所谓"孝"就是畜。顺从道义而不悖伦理，这就叫"畜"。所以孝子侍奉父母，有三个原则：父母活着的时候要赡养；去世了就要服丧；丧期结束就要祭祀。赡养是观察他是否顺从，服丧是观察他是否悲伤，祭祀是观察他是否孝敬，并观察他祭祀是否按时。做到这三个原则的，是孝子的行为。

内心已经是竭尽心意，在外还要求助异姓的人，这就是婚礼。国君娶夫人纳采时的言辞是："请求君的玉女，和寡人共同拥有敝邑，奉事宗庙社稷。"这就是请君帮助的目的。祭礼，必须夫妇两人亲自参与，来完备内外的职分，职分齐备，祭祀用的物品才会准备齐全。水产的腌菜，陆产的肉酱，小的物品备齐全了；置放俎上的牛羊豕三牲，八簋的黍稷，美味食物也齐全了；怪异的昆虫，奇异的山珍，阴阳食物也齐全了；凡是天生地长的如有可以奉献的，全都摆放出来，表示竭尽物品了。从外面要竭尽物品，从内心要竭尽心意，这才是祭祀的用心。所以天子亲自在南郊耕种，来供给祭祀用的黍稷；王后在北郊养蚕，来供给祭祀用的礼服。诸侯亲自在东郊耕种，也是用来供给祭祀用的黍稷；夫人在北郊养蚕，来供给祭祀用的祭服。天子诸侯不是没有人为他耕种，王后夫人也不是没有人为她养蚕，亲自去做是表达自己诚信的心情，诚信就叫做尽，尽就是敬，有敬尽然后才可以奉事神明，这是祭祀的原则。

快到祭期将要祭祀时，君子要先斋戒，斋戒就是说整齐身心，整齐身心里不整齐的东西而达到整齐。所以君子不是有祭祀，不是有恭敬时就不斋戒。不斋戒就无法阻止任何事情和嗜欲，到将要斋戒的时候，要防止邪恶的事情，停止嗜欲，不听音乐。所以《记》说：斋戒的人不举乐。这是说不敢分散自己的意念。心里没有杂念，必定依从道义；手脚不要乱动，必定依从礼法。因此君子的斋戒要专心致力于诚信的德性。用散斋七天、致斋三天来安定心志。安定心志叫做"斋"，斋是诚信至极的事情，有了诚信然后才能和神灵相互沟通。

祭祀前十一天，宫宰就郑重地通告夫人，夫人开始散斋七天，再致斋三天。国君的致斋在自己的正寝，夫人致斋也在自己的正寝，致斋完毕以后在太庙会面。国君穿祭服站在阼阶上，夫人穿戴起礼服、首饰站在东房里，国君拿着圭瓒在尸前行灌地之礼后，太宗拿着璋瓒接着行灌礼。到了迎接祭牲时，国君牵着绳子，卿大夫跟随着，士拿着草料，宗妇端着盎齐的酒，跟随夫人进献清酒。国君拿着鸾刀割取祭牲的内脏，献给尸来稍微尝一点儿，夫人献上用豆盛着的祭品，这就叫夫妇亲自参与。

到举行乐舞时，国君拿着斧和盾牌站在舞位上。国君是东边的上位，戴冕而持盾，带领臣下们跳舞，使祖考的代表人——皇尸感到快乐，所以天子祭祀，是和天下人共同欢乐；诸侯祭祀，是和他国内的人民同欢乐。戴冕持盾，带领臣下们跳舞，使皇尸快乐，这是和境内人民共同欢乐的意思。

祭礼有三个可以重视的事情：奉献这类的事情，以灌礼为最重要；在歌唱时，登堂歌唱《清庙》诗最重要；在舞蹈中，以《武宿夜》为最重要。这是周人的习惯。这三种重要的事情，都是借助外在表现，来增强君子的心志，故而和心志一同升降。心志轻忽就表现轻忽，心志庄重就表现庄重。心志轻忽而要求外表庄重，即使是圣人也做不到。所以君子祭祀，必须自己竭尽心意来表明庄重。用礼来引导人们奉行灌、歌、舞，并把它们奉献给皇尸，这是圣人的道理。

祭礼有"馂"这个内容。是祭祀的最后一项，不能不知道它的意义。古人有句话说："好的结束就像好的开始一样。"馂就是这种情况。尸起身以后，国君和卿四人吃尸剩余的食物。国君等起身以后，剩下的食物大夫六人吃，这是臣下吃国君剩余的。大夫们起身之后，士八人吃剩余食物，这是地位低下的吃地位高贵的剩余的食物。士起身，各自拿着自己的食具出来，把它陈列在堂下，执事的众人都来吃，然后再撤去，这是地位在下的人吃地位在上的人的剩余食物。吃剩余食物的方法，每降一次，共馂的人就增多，用来区别尊卑贵贱的等级，而出现施惠的景象。所以在庙中用四簋食物显现施惠的普遍。庙中的情形又反映国家的景象。祭礼，是报答神灵恩惠最重要的形式。上面有大恩惠，就一定会把恩惠普施下面，只是上面先得而下面后得罢了；而不是上面积蓄很多，下面却有冻饿的百姓。所以上面有大恩惠，那么百姓就一个个在下面等着，知道恩惠一定会普施到他们，这从馂食就可以看出来。因此说："可以观察政治情况。"

祭祀作为礼法，祭祀供奉的物品是十分完备的。上下和顺、祭品完备，是教化的基础。君子的教化，是教人们在外尊敬君长，在内孝敬父母。圣明的国君在上，臣子们都能服从；重视宗庙社稷的祭祀，子孙们都会孝顺。国君尽事上之道，端正君臣上下之义，教化也就产生了。所以君子侍奉国君，必须亲自去做，对上不适合的，就不要让下面的人去做；下面厌恶做的，就不要用它来事上；指责别人做的，自己却去做，这不是教化的道理。君子的教化，必须发自内心，极力顺行，祭礼大概是这样。所以说："祭礼是教化的基础。"

祭礼有十种意义：一是可以看到奉事鬼神的道理，二是可以看到君臣的身份，三是可以看到父子关系，四是可以看到贵贱的等差，五是可以看到亲疏关系的递次降减，六是可以看到爵赏施与，七是可以看到夫妇的区别，八是可以看到政事的均等，九是可以看到长幼的秩序，十是可以看到上下的分界。这就是十种意义。

祭祀时，安排筵席，摆设一个几案，是供鬼神倚靠用的。祝在室内告神，又到门外告神，这是与神灵沟通的办法。国君走出庙门迎接祭牲，但不出去迎尸，这是避开嫌疑。尸在庙门外仍然是国君的臣下，到庙门内才算代表尊神；国君在庙门外，仍旧是国君，到庙内才算是尊神的臣下。所以不出门迎尸，表明君臣不同的身份。

祭祀的办法，孙辈的人可以充当祖辈的尸。充当尸的人，对主祭的人来说就是儿子一辈的人。祭祀时父辈的人朝北礼拜子辈的人，是向子辈的人表明儿子奉侍父亲的道理。这就是父子的关系。

上公九献之礼，尸饮五献之后，国君清洗玉爵献卿；尸饮七献之后，国君清洗瑶爵献大夫；尸饮九献之后，国君用散爵献士和众执事人员，都按年龄大小排列秩序，以表明尊卑的等级。

祭礼中要分昭穆。昭穆是用来区别父辈、子辈、远亲、近亲、年龄大小的秩序而不发生混乱。因此在太庙祭祀，众多昭辈、穆辈的人都在一起，而不会弄乱辈分。这就是亲疏递降的意义。

古时圣明的君王把爵位封给有德的人，把俸禄赏给有功的人，封赏爵位俸禄必定在太庙阼阶的南边，朝南，被封赏的人朝北，主管简策的内史从国君右边过来，把册书给他。受封赏的人，拜了两拜，接受册书回去，在家庙内举行释奠之礼，报告祖宗，这是爵赏的施行。

祭祀时国君穿戴衮冕站立在阼阶上，夫人穿戴礼服首饰站立在东房。夫人进献豆的时候，握住豆的校。掌管礼物的人托住镫把豆送给夫人。尸回敬夫人时，手拿着爵的柄；夫人接受此爵时，手拿着爵足。主人主妇互相接受时，不能手拿同一部分，回敬时必须换爵，这是表明夫妇的区别。

凡是作为俎肉的，以骨体为主。骨体有贵贱的分别。殷人以髀骨为贵，周人以肩骨为贵。一般地说，前部骨体比后部贵重。俎肉表明祭祀的人一定都有好处。尊贵的人取用贵重的骨体，卑下的人取用低贱的骨体。尊贵的人不能拿两份，卑下的人也分得到，以显示公平。好处均分就会政事通行，政事通行做事就有成效，不可以不知道。俎肉的分配，表明好处必须均等。善于处理政事的人都是这样。所以说："可以看到政事的均等。"

祭祀旅酬时赐予酒爵，昭辈为一列，穆辈为一列，昭辈、穆辈各自按年龄大小排列。所有的执事人员都按年龄大小排列，这叫做长幼有序。

祭礼中分发祭祀求福用的肉给皮匠、屠夫、舞师、守门人，这是施惠给下人的办法。只有贤德的君主能够这样做。人们能够由此看到国君的清明，把仁惠施与下人。畀就是"给予"，能把祭祀用的剩肉给予下人。煇是制作铠甲小吏中低下的人；胞是屠宰小吏中低下的人；翟是舞师中低下的人；阍是守门人中低下的人。古时候不使用受过刑罚的人守门。这四种人，是小吏中最低下的人。尸是最尊贵的人。从最尊的人馂食而不忘最贱的人，并把剩下的食物分给他们，因此圣明国君在上，国内的百姓中没有挨饿受冻的人。这叫做上下的分界。

祭祀有四季的分别：春祭叫做礿，夏祭叫做禘，秋祭叫做尝，冬祭叫做烝。礿祭、禘祭，是阳的意义。尝祭、烝祭是阴的意义。禘，是阳气最盛。尝，是阴气最盛。所以说没有比禘尝二祭更重要的。古代在禘祭的时候，颁发爵位，赏赐车服，这是顺应阳气的意义；在尝祭的时候，让人们离开田邑演习军旅，发布刑杀的政令，这是顺应阴气的意义。所以《记》载有尝禘祭的日子，公家要发赏物，以表示奖励。尝祭的日子，割草的时候就开始施用较轻的刑罚。没有发布刑杀的政令，则庶民不敢割草。

所以说："禘祭、尝祭有重大意义，是治理国家的基础，不可以不知道。"明了这个意义，是国君；能做这些事的，是臣下。不明了这个意义，是国君的缺失；不能做这些事，是臣下的缺失。意义，是用来成就志向，产生各种德行的。德行高尚的，意志也坚定；意志坚定的，行为的意义就显明，祭祀时非常恭敬。祭祀恭敬，那国内的子孙没有不恭敬的，因此君长祭祀，必须亲自到场；如有重大事情，那派人去主持也可以的。虽然派人代替主持，国君没有失去他的意义，是因为他明了祭祀意义的缘故。德行浅薄的，意志轻忽，对祭祀的意义持怀疑态度，要求他在祭祀中必须恭敬，是不可能的。祭祀而不恭敬，怎么能做百姓的父母呢？

祭祀用的鼎，上面铸有铭文。所谓铭，就是自己留名，称扬自己先祖的美德，并在下面列出自己的名字，而显示给后世的人们。作为先祖的人，有美好的品行，也有错误的地方。铭文的意思，就是称扬美德，文饰错误，这是孝子孝孙的心愿，只有贤德的人才能做到。铭文要论述先祖的德行善事、功业、勋劳，受到的褒奖和赏赐，荣誉名声，一一列出，使天下的人知道，斟酌重要显赫的铸在祭器上，在下面写上自己的名字，用来祭祀自己的先祖。显扬先祖是推崇孝敬之心。自己的名字附到上面，是顺理而行。显示给年轻的人，是教育感化。铭文是一次称扬先祖、后人都能得到好处的文辞，因此有才识的人观看铭文，既赞美称扬的话语，又赞美制作铭文的行为。制作铭文的人，既能看到先祖的美德，又有仁爱之心参与这种行为，还有智慧，能利用铭文教化后人。真可以说是贤德了。贤德而又不夸耀，更可以说是谦恭了。

卫国大夫孔悝家的祭鼎铭文说："六月丁亥，卫庄公来到太庙，庄公说：'叔舅！你的祖先庄叔，在我祖先成公身边效力。成公离开国家的时候，命庄叔跟随他避难到汉水北边，后又跟随到京师，奔走劳苦而不厌倦。上天祐助我的祖先献公返国，献公就命你的祖先成叔继承庄叔而服侍他，你的父亲文叔，振作爱君忧国的志愿，奋起率领卿士们，带头为国家尽力。他日夜为国家效力，毫不懈怠。百姓都说："好啊！"'庄公又说：'叔舅！我命你把这个铭文刻在鼎器上，你应当继承你父亲的事业。'孔悝下拜叩头，说：'我将完成宣扬君命之事，把它刻在冬祭用的彝祭鼎上。'"这就是卫国大夫孔悝家祭鼎上的铭文。

古时有才识的人，论述自己先祖的美德，显示给后世的人，并附自己的名字，来咸重自己的国家，都是这样做的。子孙们中主持宗庙社稷的人，他的先祖无美德却加以称扬，这是虚妄不实；先祖有美德，子孙们却不知道，这是不敬；知道有美德，而不加以传扬，这就是没有仁爱之心。这三种事，都是有才识的人认为可耻的事。

以前，周公旦对天下有勋劳，周公去世，成王、康王为纪念周公对国家的勋劳，打算尊重他的鲁国的后裔，所以赐予他们可以使用最隆重祭祀的权力。对外祭祀，可以祭天地；对内祭祀，可以举行大规模的尝祭、禘祭。大规模的尝祭、禘祭，要登堂歌唱《清庙》之诗；堂下吹奏管乐、跳《象》舞；用红色盾牌和玉斧，跳《大武》舞；用八行舞队跳《大夏》舞。这是天子的乐舞。因为褒扬周公的伟大，所以赐予鲁国的。子孙继承下来，到现在没有废除，用来表明周公的德性，并且咸重自己的国家。

经　解①

孔子曰："入其国，其教可知也②。其为人也：温柔、敦厚，《诗》教也；疏通、知远③，《书》教也；广博、易良，《乐》教也；洁静、精微，《易》教也；恭俭、庄敬，《礼》教也；属辞、比事④，《春秋》教也。故《诗》之失愚⑤，《书》之失诬⑥，《乐》之失奢，《易》之失贼⑦，《礼》之失烦，《春秋》之失乱⑧。其为人也：温柔、敦厚而不愚，则深于《诗》者也⑨。疏通、知远而不诬，则深于《书》者也。广博、易良而不奢，则深于《乐》者也。洁静、精微而不贼，则深于《易》者也。恭俭、庄敬而不烦，则深于《礼》者也。属辞、比事而不乱，则深于《春秋》者也。"

天子者，与天地参，故德配天地，兼利万物，与日月并明，明照四海，而不遗微小。其在朝廷则道仁圣、礼义之序⑩，燕处则听《雅》、《颂》之音，行步则有环佩之声，升车则有鸾、和之音，居处有礼，进退有度，百官得其宜，万事得其序。《诗》云："淑人君子，其仪不忒。其仪不忒⑪，正是四国。"此之谓也。发号出令而民说谓之和，上下相亲谓之仁，民不求其所欲而得之谓之信，除去天地之害谓之义。义与信，和与仁，霸王之器也[12]。有治民之意而无其器，则不成。

礼之于正国也，犹衡之与轻重也，绳墨之于曲直也，规矩之与方圆也。故衡诚县[13]，不可欺以轻重；绳墨诚陈[14]，不可欺以曲直；规矩诚设，不可欺以方圆；君子审礼，不可诬以奸诈[15]。是故隆礼、由礼谓之有方之士[16]，不隆礼、不由礼谓之无方之民，敬让之道也。故以奉宗庙则敬，以入朝廷则贵贱有位，以处室家则父子亲、兄弟和，以处乡、里则长幼有序。孔子曰："安上治民，莫善于礼。"此之谓也。

故朝觐之礼，所以明君臣之义也。聘问之礼，所以使诸侯相尊敬也。丧祭之礼，所以明臣子之恩也。乡饮酒之礼，所以明长幼之序也。昏姻之礼，所以明男女之别也。夫礼禁乱之所由生，犹坊止水之所自来也[17]。故以旧坊为无所用而坏之者，必有水败[18]；以旧礼为无所用而去之者，必有乱患。故昏姻之礼废，则夫妇之道苦[19]，而淫辟之罪多矣[20]。乡饮酒之礼废，则长幼之序失，而争斗之狱繁矣。丧祭之礼废，则臣子之恩薄，而倍死、忘生者众矣[21]。聘、觐之礼废，则君臣之位失，诸侯之行恶，而倍畔、侵陵之败起矣[22]。

故礼之教化也微，其止邪也于未形，使人日徙善远罪而不自知也，是以先王隆之也[23]。《易》曰："君子慎始。差若毫厘[24]，缪以千里[25]。"此之谓也。

【注释】

①郑玄说：名曰"经解"者，以其记六艺政教之得失也。　②教：教化。政教风化，教育感化。　③疏通：通达。远：远古之事。　④属辞：连缀成文。比事：排列史事。　⑤失：孙希旦说是"不善学者之失"。失：不足。指学习经文超过节限引起的失误，而非经文本身有此不足。愚：愚钝。　⑥诬：毁誉不实。　⑦贼：悖谬不正。　⑧乱：妄作褒贬。　⑨深：孙希旦说是"学之而能深知其义"。　⑩道：导，导致。　⑪忒：偏差。　⑫霸王：霸和王。诸侯之长为霸，有天下者为王。　⑬衡：秤。诚：郑玄说，诚或作成。指称重量、弹墨线、画方圆的行为完成。县：悬，秤悬，即称重量。　⑭陈、设：郑玄说是"弹、画"。　⑮诬：欺。⑯隆：孙希旦释作"尊奉"。由：孙希旦释作"践覆"。方：道理。　⑰坊：防，堤防。　⑱败：毁坏。　⑲苦：指行事难。　⑳罪：犯法的行为。　㉑倍：背。　㉒倍畔：背叛。侵陵：侵凌、欺凌。　㉓隆：重，重视。　㉔毫厘：十丝为一毫，十毫为一厘。　㉕缪：错误。

【译文】

孔子说："到了一个国家，这个国家的教化就可以知道了。人民言辞温柔，性情忠厚，体现的是《诗》的教化；通达政事，知晓古事，体现的是《书》的教化；宽广博大，平易良善，体现的是《乐》的教化；圣洁宁静，明察秋毫，体现的是《易》的教化；恭顺节俭，庄重谨慎，体现的是《礼》的教化；撰写文辞记载历史，排比史实取得借鉴，体现的是《春秋》的教化。如若不能节制各种教化，就会产生各种不足。《诗》教的不足，在于易导致愚笨迟钝；《书》教的不足在于易导致毁誉不实；《乐》教的不足，在于易导致奢侈浪费；《易》教的不足，在于易导致悖谬不正；《礼》教的不足，在于易导致烦琐细碎；《春秋》教化的不足，在于易导致妄作褒贬。这个国家的人民如果既温柔忠厚而又不愚笨迟钝，就是深知《诗》教的意义；通达政事，知晓古事而又不毁誉不实，就是深知《书》教的意义；宽广博大，平易良善而又不奢侈浪费，就是深知《乐》教的意义；圣洁宁静，明察秋毫而又不悖谬不正，就是深知《易》教的意义；恭顺节俭，庄重谨慎而又不烦琐细碎，就是深知《礼》教的意义；连缀文字、排列史事而又不妄作褒贬，就是深知《春秋》教化的意义了。"

天子与天地并列为三，所以他的德性比并天地，万物同时受益，和太阳月亮同放光明，普照四海，无处不至。天子在朝廷上，就会导致仁圣、礼义有条理顺序；在安闲休息的地方，就听《雅》、《颂》一类的音乐；走路的时候，就有佩玉的音响节奏；登车的时候，就有车铃的音响节奏；起居有一定的礼仪，进退有一定的规矩，百官各得其所，万事都有条理。《诗经》说："我们的天子是个好人，举止行为没有偏差，因为没有偏差，所以是四方国家的榜样。"说的就是这个意思。发号施令而庶民高兴叫做"和"，上下相处亲密叫做"仁"。百姓没有要求就得到了想要的东西叫做"信"，去除人间的祸患叫做"义"。义与信，和与仁，是霸和王的工具。有治理庶民的意愿而缺乏必要的工具，那是不能成功的。

用礼来治理国家，就像用秤称重量，用绳墨来确定曲直，用规矩来画方圆。所以在用秤称重量时，是轻是重无法欺骗；用绳墨弹出墨线后，是曲是直不可蒙混；用规矩画出方圆时，是方是圆不能瞒哄。君子清楚礼仪，是不能用虚伪诡诈来诓骗的。因此尊奉并实行礼仪的人是懂道理的人，相反就是不懂道理的人。礼就是敬与让的道理。所以在宗庙里奉祀神灵就会虔敬，在朝廷上尊卑就有固定的位置，在家中相处时就能父子亲密，兄弟和睦，在乡、里长幼就有一定的规矩。孔子说："君上安宁，人民太平，没有不好好行礼的。"说的正是这个意思。

朝觐之礼是用来表明君臣之间的义理，聘问之礼是用来使诸侯互相尊敬，丧祭之礼是用来表达作为臣下或儿子的感恩之情，乡饮酒之礼是用来明确长辈晚辈的秩序，婚姻之礼是用来分辨男女的差别。这种种礼节是为禁止祸乱发生，就像堤防阻止洪水淹没；认为旧的礼仪没有用处而丢弃它，一定会有动乱和灾祸发生。婚姻之礼废弃，那就会没有长辈晚辈，并会发生无数争抢斗殴的官司。丧祭之礼废弃，为臣为子的情义就会淡薄，并会出现众多的背叛死者、忘记生者的人。聘问觐见之礼废弃，君臣的不同身份失去了，诸侯就会随意作恶，反叛或互相侵吞，战乱就发生了。

所以用礼实施教化是看不出来的，它能在邪恶的事情还没有形成的时候就加以制止，它可以让人每天在不知不觉中远离罪恶转向善良，因此先王都重视礼。《易经》说："君子在开始做事情时特别慎重，差误开始只有一丝一毫，最后会错到千里之远。"说的正是这个意思。

哀 公 问①

哀公问于孔子曰："大礼何如②？君子之言礼③，何其尊也！"孔子曰："丘也小人，不足以知礼。"君曰："否。吾子言之也。"孔子曰："丘闻之，民之所由生，礼为大④。非礼无以节事天地之神也⑤，非礼无以辨君臣、上下、长幼之位也，非礼无以别男女、父子、兄弟之亲，昏姻、疏数之交也⑥。君子以此之为尊敬然。然后以其所能教百姓，不废其会节⑦。有成事，然后治其雕镂、文章、黼黻以嗣⑧。其顺之，然后言其丧算，备其鼎、俎，设其豕、腊，修其宗庙，岁时以敬祭祀，以序宗族，即安其居，节丑其衣服，卑其宫室，车不雕几，器不刻镂，食不贰味，以与民同利。昔之君子之行礼者如此。"

公曰："今之君子，胡莫之行也⑨？"孔子曰："今之君子，好实无厌⑩，淫德不倦⑪，怠荒敖慢⑫，固民是尽⑬，午其众以伐有道⑭，求得当欲⑮，不以其所⑯。昔之用民者由前，今之用民者由后。今之君子莫为礼也。"

孔子侍坐于哀公，哀公曰："敢问人道谁为大⑰？"孔子愀然作色而对曰⑱："君之及此言也，百姓之德也⑲，固臣敢无辞而对⑳：人道政为大。"公曰："敢问何谓为政？"孔子对曰："政者，正也。君为正，则百姓从政矣。君之所为，百姓之所从也。君所不为，百姓何从？"公曰："敢问为政如之何？"孔子对曰："夫妇别，父子亲，君臣严，三者正，则庶物从之矣。"公曰："寡人虽无似也㉑，愿闻所以行三言之道，可得闻乎？"孔子对曰："古之为政，爱人为大。所以治爱人，礼为大。所以治礼，敬为大。敬之至矣，大昏为大，大昏至矣。大昏既至，冕而亲迎，亲之也。亲之也者，亲之也㉒。是故君子兴敬为亲，舍敬，是遗亲也。弗爱不亲，弗敬不正。爱与敬，其政之本与？”

公曰：“寡人愿有言然。冕而亲迎，不已重乎？”孔子愀然作色而对曰：“合二姓之好，以继先圣之后，以为天地、宗庙、社稷之主，君何谓已重乎？”公曰：“寡人固㉓，不固，焉得闻此言也？寡人欲问，不得其辞。请少进！”孔子曰：“天地不合，万物不生。大昏，万世之嗣也，君何谓已重焉？”孔子遂言曰：“内以治宗庙之礼，足以配天地之神明；出以治直言之礼㉔，足以立上下之敬。物耻足以振之㉕，国耻足以兴之㉖。为政先礼，礼其政之本与？”孔子遂言曰：“昔三代明王之政，必敬其妻子也，有道。妻也者，亲之主也，敢不敬与？子也者，亲之后也，敢不敬与？君子无不敬也，敬身为大。身也者，亲之枝也，敢不敬与？不能敬其身，是伤其亲；伤其亲㉗，是伤其本；伤其本，枝从而亡。三者，百姓之象也。身以及身，子以及子，妃以及妃㉘，君行此三者，则忾乎天下矣㉙，大王之道也㉚。如此则国家顺矣。”

公曰：“敢问何谓敬身？”孔子对曰：“君子过言则民作辞，过动则民作则。君子言不过辞，动不过则，百姓不命而敬恭。如是，则能敬其身，能敬其身，则能成其亲矣。”公曰：“敢问何谓成亲？”孔子对曰：“君子也者，人之成名也。百姓归之名，谓之君子之子，是使其亲为君子也㉛，是为成其亲之名也已。”孔子遂言曰：“古之为政，爱人为大。不能爱人，不能有其身；不能有其身，不能安土；不能安土，不能乐天；不能乐天，不能成其身㉜。”

公曰：“敢问何谓成身？”孔子对曰：“不过乎物㉝。”公曰：“敢问君子何贵乎天道也？”孔子对曰：“贵其不已，如日月东西相从而不已也，是天道也。不闭其久㉞，是天道也。无为而物成，是天道也。已成而明㉟，是天道也。”公曰：“寡人蠢愚冥烦㊱，子志之心也㊲。”孔子蹴然辟席而对曰㊳：“仁人不过乎物，孝子不过乎物。是故仁人之事亲也如事天，事天如事亲。是故孝子成身。”公曰：“寡人既闻此言也，无如后罪何㊴！”孔子对曰：“君之及此言也，是臣之福也。”

【注释】

①郑玄说：名曰“哀公问”者，善其问礼，著谥显之也。孔颖达说：此篇哀公所问凡有二事：一者问礼，二者问政。　②大礼：隆重的礼仪。　③君子：孙希旦说哀公说的“君子”是孔子，而孔子说的“君子”是行礼的君子。前者是“有才识的人”；后者是“对统治者的通称”。实际上除哀公的第一句问话中的“君子”像孙氏所说，以下对话中的“君子”均指统治者。否则，对话无从谈起。　④大：最重要。　⑤节：节制。　⑥疏数：孙希旦说是“交际往

来或疏或数"。数：密、频繁。　⑦会节：指行礼之人的礼节。　⑧嗣：延续。　⑨胡：为什么。　⑩实：郑玄释作"富"。　⑪德：通"得"，厌倦。　⑫怠荒：放荡懒惰。　⑬固：固执。尽：搜刮干净。　⑭午：即"忤"，违逆。　⑮当欲：满足个人欲望。　⑯所：道，方法、手段。　⑰人道：孙希旦释作"治人之道"。　⑱愀（qiǎo）：容色改变。　⑲德：郑玄释作"福"。　⑳辞：谦让。　㉑无似：郑玄释为"不肖"。　㉒孔颖达说：亲这个妇人，也是爱自己。　㉓固：固陋。　㉔直言：政教号令。　㉕物耻：孔颖达说是"臣之职事有可耻愧者"。　㉖国耻：孔颖达释作"谓君于治国有可耻愧"。　㉗亲：指有血统关系。　㉘妃：配偶。　㉙忾（qì）：达到、遍及。　㉚太王：文王的祖父，即古公亶父。　㉛亲：依下文知此"亲"指上一代人。　㉜孔子这段话的译文依据孔颖达的解释。有：保有、保护。　㉝不过乎物：孙希旦释为"于一事一物莫不有以止乎至善之地"。　㉞朱熹说：当从《家语》作"不闭而能外"。闭：阻塞。　㉟明：孔颖达释为"功之明著"。　㊱蠢愚：愚昧。冥烦：不能明理。　㊲志：知识。之：到。　㊳蹴然：恭敬的样子。　㊴罪：过错。

【译文】

哀公向孔子询问说："隆重的礼仪是怎样的？有才识的人为什么把礼说得那么重要呢？"孔子说："我是个见闻浅薄的人，还不能了解隆重的礼仪。"哀公说："不是这样的，请您还是谈谈吧。"孔子说："我听说，在人类生活中，礼是最重要的，没有礼，就不能节制奉事天地神明；没有礼，就无法区分君臣、上下、长幼的地位；没有礼，就不能分别男女、父子、兄弟的亲情关系；以及婚姻、交往的关系。君长因此把礼看得十分重要。然后用他了解的礼来教育百姓，使他们不至把行礼之人的礼节弄错。到礼教有成效时，然后文饰器物来延续礼法。依照这些，议论丧葬的月数，备办鼎俎等祭器，陈列牲体、干肉等祭物，修缮宗庙，每年按时举行严肃的祭祀，排定亲属的秩序。同时安置居处，穿俭朴的衣服，住低矮的房屋，车辆不加雕饰，器具不刻缕花纹，吃简单的饭食，和人民同享利益，以前的君子就是这样行礼。"

哀公问："现在的君长为什么没有人这样做呢？"孔子说："现在的君长贪婪爱财而没有满足的时候，过分图利也不感到厌倦，放荡懒惰又态度傲慢，固执地刮尽人民的资财，违逆众人的意志，侵犯政治清明的国家，只求个人欲望的满足，而且不择手段。以前的君长是用前面说的办法，现在的君长用的是后面的办法。现在的君长不肯行这个礼啊。"

孔子陪哀公坐着说话，哀公说："请问治理人民的措施中，什么最重要？"孔子脸色变得严肃起来，说："您谈到这个问题，真是百姓的福气了。鄙人冒犯地不谦让就回答您：在治理人民的措施中，政事最重要。"哀公问："请问什么叫做治理政事？"孔子回答说："政就是正。国君做得正，那么百姓就跟着做得正了。国君做的，就是百姓要跟着学的。国君不做，百姓跟谁学呢？"哀公说："请问如何治理政事呢？"孔子回答说："夫妇有分别，父子有亲情，君臣相敬重，这三件事做好了，那么其他许多事就可以做好了。"哀公说："我是个没有才德的人，但是希望听听实行那三句话的道理，可以说给我听听吗？"孔了回答说："古时候的人治理政事，爱护别人最重要。要做到爱护别人，施行礼仪最重要。施行礼仪，恭敬最重要。竭尽恭敬，以天子诸侯的婚姻为最重要。"

天子诸侯的婚姻是恭敬中最难做的了。结婚的时候，天子、诸侯要穿上冕服亲自去迎接，这是表示爱她。爱她也是爱自己。所以君子用敬慕的感情和她相爱，如果抛掉敬意，这就是失去了相爱的感情。没有爱慕就不能互相亲热；没有敬重，亲热就失去正道。亲爱是仁，敬重是义，爱和敬就是仁和义，不也就是政事的起点吗？

哀公说："我还有一句话想问您，天子诸侯穿冕服亲自去迎接，不是太隆重了吗？"孔子的脸色变得更加严肃，回答说："婚姻是结合两个不同的血统，来延续祖宗的后嗣，作为天地、宗庙、社稷的主人。您怎么能说太隆重了呢？"哀公说："我真是孤陋寡闻！不是因为这个原因，哪里能听到这番话呢。我想问，又找不到恰当的词语。现在请您接着说吧。"孔子就接着说："天气和土地不能互相配合，万物就不会生长。天子诸侯的婚姻，是延续后嗣到万代的，您怎么能说太隆重了呢？"孔子于是又说："夫妇对内主持宗庙祭祀的礼仪，能够和天地神明相配。对外掌管政教号令，能够确立君臣上下之间的恭敬。臣下的职事有愧于礼，国君治理政事有愧于礼，都能够用它来振作兴起，治理政事先有礼法，礼不也就是政事的起点吗？"孔子继续说道："从前，夏商周三代圣明君子治理政事，必定敬重他们的妻子。这是有道理的。妻子是奉事宗桃的主体，这可以不敬重吗？儿子是传宗接代的人，这可以不敬重吗？君长无不敬重，而尊重自己特别重要。自己是承接先后的关键，这可以不尊重吗？不能尊重自身，就是伤害了血统关系，而伤害了血统关系，就是伤害了根本，根本损害了，枝属也随着灭绝了。这三项，自己、妻子、儿子，百姓也像国君一样是都有的。由自己想到百姓自己，由自己的儿子想到百姓的儿子，由自己的配偶想到百姓的配偶，国君做到这三敬，那么天下的人都能做到三敬。这是太王实行的办法。能够这样，那么整个国家就都顺从了。"

哀公说："请问什么叫尊重自己？"孔子回答说："君长说错了话，人民就跟着说错话；做错了事，人民就会跟着效法，也做错事。君长说话、做事不能有过错。没有过错，君长不必发号施令，百姓就恭恭敬敬了。如果这样，就能尊重自己。能尊重自己，就能成就上代人的名誉。"哀公说："请问什么叫成就上代人的名誉？"孔子回答说："所谓君子，就是人有成就以后的名称。百姓送给君长的名称，叫做'君子之子'。这就使他的上代人成为君子了。这就是成就了上代人的名誉。孔子于是又说："古时的人治理政事，爱护别人最重要；不能爱护别人，别人就要伤害他，也就不能保护自身；不能保护自身，就要经常躲避、流移，而没有安定的居处；没有安定的居处，就会归罪于天，不能爱乐天道；不能爱乐天道，就不能愉快地做事，因而自己就不能有成就。"

哀公说："请问什么叫成就自己？"孔子回答说："做事都在义理之内没有越过界限。"哀公说："请问君长为什么要尊重自然的法则呢？"孔子回答说："尊重自然的不停运行。比如太阳月亮从东向西运行不停，这是自然的法则。运行无阻而且长久，这也是自然的法则。不见有所作为，万物却都能成长，这也是自然的法则。天生万物已能成就而且功绩显著，这也是自然的法则。"哀公说："我实在愚昧不能明理，您教给我许多知识。"孔子恭敬地离开座席回答说："仁人不超过事物的界限，孝子也不超越事物的界限。因此，仁人侍奉父母就像侍奉天一样，侍奉天也像侍奉父母一样。所以孝子能够成就自己。"哀公说："我听到了这番道理，恐怕将来还会有过错，该怎么办？"孔子回答说："您说出这番话，这是臣下的福音啊。"

仲尼燕居①

仲尼燕居，子张、子贡、言游侍，纵言至于礼。②子曰："居③！女三人者④。吾语女礼，使女以礼周流⑤，无不遍也。"子贡越席而对曰："敢问何如？"子曰："敬而不中礼谓之野⑥，恭而不中礼谓之给⑦，勇而不中礼谓之逆。"子曰："给夺慈仁⑧。"子曰："师！尔过，而商也不及。子产犹众人之母也，能食之，不能教也。"子贡越席而对曰："敢问将何以为此中者也？"子曰："礼乎礼。夫礼，所以制中也。"

子贡退，言游进曰："敢问礼也者，领恶而全好者与⑨？"子曰："然。""然则何如？"子曰："郊、社之义，所以仁鬼神也⑩。尝、禘之礼，所以仁昭穆也。馈、奠之礼，所以仁死丧也。射、乡之礼，所以仁乡党也。食、飨之礼，所以仁宾客也。"子曰："明乎郊、社之义，尝、禘之礼，治国其如指诸掌而已乎！是故以之居处有礼，故长幼辨也。以之闺门之内有礼，故三族和也⑪，以之朝廷有礼，故官爵序也。以之田猎有礼，故戎事闲也。以之军旅有礼，故武功成也。是故宫室得其度，量、鼎得其象⑫，味得其时，乐得其节，车得其式，鬼神得其飨，丧纪得其哀，辩说得其党，官得其体，政事得其施，加于身而错于前⑬，凡众之动得其宜。”

子曰："礼者何也？即事之治也。君子有其事必有其治。治国而无礼，譬犹瞽之无相与，伥伥乎其何之⑭？譬如终夜有求于幽室之中，非烛何见？若无礼，则手足无所错，耳目无所加，进退、揖让无所制。是故，以之居处，长幼失其别，闺门、三族失其和，朝廷、官爵失其序，田猎、戎事失其策，军旅、武功失其制，宫室失其度，量、鼎失其象，味失其时，乐失其节，车失其式，鬼神失其飨，丧纪失其哀，辨说失其党，官失其体，政事失其施，加于身而错于前，凡众之动失其宜。如此，则无以祖洽于众也⑮。"

子曰："慎听之！女三人者。吾语女，礼犹有九焉⑯，大飨有四焉。苟知此矣，虽在畎亩之中⑰，事之，圣人已。两君相见，揖让而入门，入门而县兴，揖让而升堂，升堂而乐阕，不管《象》、《武》、《夏》龠序兴⑱，陈其荐、俎，序其礼乐，备其百官，如此而后，君子知仁焉。行中规，还中矩，和、鸾中《采齐》，客出以《雍》，彻以《振羽》⑲，是故君子无物而不在礼矣。入门而金作⑳，示情也。升歌《清庙》，示德也。下而管《象》，示事也。是故古之君子，不必亲相与言也，以礼乐相示而已。"

子曰："礼也者，理也。乐也者，节也。君子无理不动，无节不作。不能《诗》，于礼缪。不能乐，于礼素㉑。薄于德，于礼虚。"子曰："制度在礼，文为在礼，行之，其在人乎？"子贡越席而对曰："敢问夔其穷与㉒？"子曰："古之人与？古之人也。达于礼而不达于乐，谓之素；达于乐而不达于礼，谓之偏。夫夔达于乐而不达于礼，是以传此名也，古之人也。"

子张问政。子曰："师乎，前！吾语女乎！君子明于礼乐，举而错之而已㉓。"子张复问。子曰："师！尔以为必铺几、筵，升降，酌、献、酬、酢，然后谓之礼乎？尔以为必行缀兆㉔，兴羽龠㉕，作钟鼓，然后谓之乐乎？言而履之，礼也。行而乐之，乐也。君子力此二者，以南面而立。夫是以天下太平也，诸侯朝，万物服体㉖，而百官莫敢不承事矣㉗。礼之所兴，众之所治也。礼之所废，众之所乱也。目巧之室㉘，则有奥、阼㉙，席则有上下，车则有左右，行则有随，立则有序，古之义也。室而无奥、阼，则乱于堂、室也。席而无上下，则乱于席上也。车而无左右，则乱于车也。行而无随，则乱于涂也。

立而无序，则乱于位也。昔圣帝、明王、诸侯，辨贵贱、长幼、远近、男女、外内，莫敢相逾越，皆由此涂出也。”三子者，既得闻此言也于夫子，昭然若发矇矣[30]。

【注释】

①郑玄说：名曰"仲尼燕居"者，善其不倦，燕居犹使三子侍之，言及于礼。著其字，言事可法。任铭善说：此篇记孔子泛言礼乐之事，而多及郊社禘尝食飨之义。　②纵言：广泛地谈论。　③居：郑玄说是"使之坐"。　④女：你们。　⑤周流：周游。　⑥中：合乎。野：粗鄙。　⑦给：交结。这里含有贬义。　⑧夺：混淆，与……相似。　⑨领：治，去除。全：保全。　⑩仁：对人亲善、仁爱。　⑪三族：郑玄说是父子孙三族。　⑫象：法。　⑬错：措置。　⑭伥伥：迷茫不知所措。　⑮祖洽：率先始合。祖：始。洽：合。　⑯九：泛指多数。　⑰指种庄稼的人。　⑱序兴：有次序地接连表演。　⑲采齐、雍、振羽：均为乐章名。　⑳金：指钟乐。　㉑素：器物无饰。指单调。　㉒穷：不通。　㉓错：交互施用。　㉔缀兆：乐队的排列位置。　㉕羽龠：雉羽和龠。古代文舞用的舞具和乐器。　㉖万物服体：孙希旦说是万事莫不顺其理。物：事。　㉗承事：奉行职务。　㉘目巧：郑玄说是"但用巧目善意作室，不由法度"。　㉙奥：房屋的西南角，泛指房屋深处隐蔽的地方。这里指房屋。　㉚矇：失明的人、盲人。

【译文】

仲尼在家休息，子张、子贡、子游在身边侍奉，谈论事情时说到了礼。孔子说："你们三人坐下，我告诉你们礼是怎样的，让你们凭借礼周游，可以遍及任何地方。"子贡应声越过座席说："请问先生，礼是怎样的呢？"孔子说："内心敬重而不合于礼，叫做粗鄙；外貌恭敬而不合于礼，叫做巴结；勇敢而不合于礼，叫做逆乱。"孔子说："巴结会混淆慈仁之德。"孔子又说："子张，你有些过火，可子夏又不够。郑国大夫子产对众人都有慈母心肠，只会喂养而不会教育孩子。"子贡又应声越过座席说："请问先生，怎么才算合适呢？"孔子说："就是那个礼呀！礼可以使一切行为恰到好处。"

子贡退下，子游上前说："请问先生，礼是不是就是去掉坏的，而保全好的呢？"孔子说："是的。"子游又问："可是这怎么做呢？"孔子说："郊祭、社祭的意义，是使鬼神得到仁爱。尝祭、禘祭的礼仪，是使昭穆得到仁爱。馈食、奠祭的礼仪，是使死者得到仁爱。乡射、乡饮酒的礼仪，是使乡党得到仁爱。食礼、飨礼，使宾客得到仁爱。"孔子又说："明白了郊祭、社祭的意义，尝祭、禘祭的礼仪，那么管理国家就像在手掌上指划那样。因此，居处有礼仪，所以长辈、晚辈就分清了。家族之内有礼仪，所以父子孙三族相处和睦。朝廷有礼仪，所以百官的爵位井然有序。田猎有礼仪，所以军事行动就熟练了。军队有礼仪，所以攻战就能成功。因为有礼，宫室就有适当的尺度，量具、鼎器有法定的制式，调和味道有相应的季节，音乐有快慢节拍，车辆有固定的形制，鬼神有各自的供献，丧制有适度的哀思，辩论有拥护自己的人，百官均有各自的职守，政事能够顺利实施，用礼加在身又措置在前，任何举动都能做得适度。"

孔子说："礼是什么呢？礼就是做事的方法。君子做事一定有自己的办法。治理国家而缺少礼，就像盲人失去了扶助的人，迷茫不知所措。又好像整天在暗室中摸索，没有灯烛怎么能看见呢？如果没有了礼，就会不知手脚怎么摆放，不知耳目应该听看什么，进前、退后、作揖、谦让都失去了尺度。因为失去了礼，在居处长辈、晚辈失去了分别，家室和宗族内失去了和睦，朝廷的官职爵位失去了秩序，打猎作战失去了策划，军队攻战失去了控制，宫室失去了尺度，量具鼎器失去了制式，调味失去了季节，音乐失去了节拍，车辆失去了形制，鬼神失去了供献，丧制失去了悲哀，辩论失去了拥护的人，官吏失去了职守，政事失去了执行。礼没有加在身又没有措置在前，一切举动都不合适了。如果这样，就没有办法聚合民众了。"

孔子说："你们三人仔细听着！我告诉你们，礼数很多，大飨只是一部分，如能知道这些礼数，即使他只是种地的人，就已是个圣人了。两国国君见面，彼此揖谢谦让进入大门，进门时钟鼓奏响。互相揖谢谦让登堂，登堂以后，奏乐停止。堂下的管乐奏起，就跳《象》舞、《大武》舞、《大夏》舞，文武舞蹈按次序接连跳起。陈列供献的仪器，排列礼乐的次序，执事人员齐备。这样，然后君子懂得了敬重。进退都合乎规矩。铃声相和合于《采齐》乐章的节拍。宾客离去，奏《雍》的乐章，撤席时奏《振羽》的乐章。因此君子的举动没有一处不合乎礼的，宾客进门鸣钟奏乐，表达欢乐的情意。登堂歌唱《清庙》之诗，表达赞美。下堂奏管乐，跳《象》舞，是表现祖先的功业。古代的君子不必相互说些谦让的话语，彼此之间的情谊用礼乐就可以表达了。"

孔子说："礼就是理，乐就是节。君子不做无理无节的事。不懂《诗》，行礼会有错误；不通音乐，行礼就单调。德行浅薄，行礼就虚假。"孔子说："一切制度在礼的范畴之内，一切修饰的行为也在礼的范畴之内，具体地实行这些，还要靠人来做。"子贡又应声越过坐席说："请问先生，夔懂得音乐，他对于礼不通吗？"孔子说："你说的是古代的那个人吗？是古代的那个人。

通晓礼仪而不通晓音乐的叫做素，通晓音乐而不能通晓礼仪的叫做偏。古代的那个夔，他通晓音乐却不通晓礼仪，因此就传出这种说法。他是古时候的人，不是现代的人。”

子张问到治理政事。孔子说：“子张！上回我没有告诉过你吗？君子了解礼乐，是把它们交互施用到治理政事上罢了。”子张没理解，又问一遍。孔子说：“子张，你以为一定要摆设筵席，倒酒端菜，互相劝酒，这才叫做礼吗？你以为一定要排列乐队，挥动雉羽，吹奏管龠，鸣奏钟鼓，这才叫做乐吗？说出来又可以做的叫做礼，做起来感到快乐的就是乐。君子因致力于礼乐而站在统治者的地位，因此天下也就太平了。各国诸侯来朝贺，万物各顺其理，百官也不敢不奉行职务。礼仪兴盛，社会太平；礼仪败坏，社会动乱。被看作设计巧妙的堂室有房屋有台阶，排列座席总有上下，乘坐车辆要分左右，走路有先后，站立有次序，这是自古以来的道理。建造堂室，而没有房屋台阶，堂和室就分不清了；座席没有上下，座位就杂乱了；乘坐车辆不分左右，车上就混乱了；走路不分先后，路上就乱套了；站立没有次序，位置也就错乱了。从前的圣帝、明王、诸侯，区分身份贵贱，年龄长幼，血缘远近，性别男女，家门内外，没有人敢超越界限，都是从这个道理出来的。”子张三人，从老师这里听到这番道理，就像失明的人重见光明，什么都清楚了。

孔子闲居①

孔子闲居②，子夏侍。子夏曰：“敢问《诗》云‘凯弟君子，民之父母③’，何如斯可谓民之父母矣？”孔子曰：“夫民之父母乎？必达于礼乐之原④，以致五至，而行三无，以横于天下。四方有败，必先知之。此之谓民之父母矣。”

子夏曰：“民之父母，既得而闻之矣，敢问何谓五至？”孔子曰：“志之所至，《诗》亦至焉；《诗》之所至，礼亦至焉；礼之所至，乐亦至焉；乐之所至，哀亦至焉。哀乐相生⑤，是故正明目而视之，不可得而见也。倾耳而听之⑥，不可得而闻也。志气塞乎天地⑦。此之谓五至。”

子夏曰：“五至既得而闻之矣，敢问何谓三无？”孔子曰：“无声之乐，无体之礼，无服之丧，此之谓三无。”子夏曰：“三无既得略而闻之矣，敢问何诗近之？”孔子曰：“‘夙夜其命有密⑧’，无声之乐也。‘威仪逮逮⑨，不可选也⑩’，无体之礼也。‘凡民有丧，匍匐救之’，无服之丧也。”

中華藏書

四书五经·最新校勘精注今译本

中国书店

子夏曰："言则大矣[11]，美矣，盛矣，言尽于此而已乎？"孔子曰："何为其然也，君子之服之也，犹有五起焉。"子夏曰："何如？"孔子曰："无声之乐，气志不违；无体之礼，威仪迟迟[12]；无服之丧，内恕孔悲[13]。无声之乐，气志既得；无体之礼，威仪翼翼[14]；无服之丧，施及四国。无声之乐，气志既从；无体之礼，上下和同[15]；无服之丧，以畜万邦[16]。无声之乐，日闻四方；无体之礼，日就月将[17]；无服之丧，纯德孔明。无声之乐，气志既起；天体之礼，施及四海；无服之丧，施于孙子。"

子夏曰："三王之德，参于天地，敢问何如斯可谓参于天地矣？"孔子曰："奉三无私以劳天下。"子夏曰："敢问何谓三无私？"孔子曰："天无私覆，地无私载，日月无私照，奉斯三者以劳天下[18]，此之谓三无私。其在《诗》曰：'帝命不违，至于汤齐。汤降不迟，圣敬日齐[19]。昭假迟迟[20]，上帝是抵。帝命式于九围[21]。'是汤之德也。天有四时，春秋夏冬，风雨霜露，无非教也。地载神气，神气风霆[22]，风霆流形[23]，庶物露生[24]，无非教也。清明在躬[25]，气志如神。耆欲将至[26]，有开必先。天降时雨，山川出云。其在《诗》曰：'嵩高维岳[27]，峻极于天[28]。维岳降神，生甫及申。维申及甫，维周之翰[29]。四国于蕃[30]，四方于宣[31]。'此文、武之德也。三代之王也，必先其令闻[32]。《诗》云'明明天子[33]，令闻不已'，三代之德也。'弛其文德[34]，协此四国'，大王之德也[35]。"子夏蹶然而起，负墙而立，曰："弟子敢不承乎！"

【注释】

①郑玄说：名曰"孔子闲居"者，善其无倦而不亵，犹使一弟子侍，为之说诗。著其氏，言可法也。　②闲居：郑玄说，退燕避人。　③《礼记》引《诗经》，文字、释义与今传《毛诗》多有不同，其中有的与经文意义颇不相谐，有牵强附会之感。　④原：起始、根源。　⑤此段译文主要依据孙希旦的解释。　⑥倾耳：侧耳静听。　⑦塞：充满。　⑧其：郑玄说，诗读其为基。基：谋。言君夙夜谋为政教以安民，民则乐之。此非有钟鼓之声。　⑨逮逮：安和的样子。　⑩选：挑。　⑪大：精湛。　⑫迟迟：从容不迫。　⑬恕：推己及人；仁爱。孔：很。指有同情心。　⑭翼翼：恭敬谨慎。　⑮和同：和睦同心。　⑯畜：收容、容纳。　⑰孔颖达说是"渐兴进"。　⑱劳（lào）：安抚。　⑲圣敬：明慧谨慎。　⑳昭假：虔诚祈祷。迟迟：长久样子。　㉑这句直译为：上天命九州效法成汤。也就是：上帝赐予成汤九州之国。㉒吕大临说：此衍"神气风霆"四字。　㉓霆：雷。　㉔庶：众。　㉕清明：清静光明。　㉖此句译文依孙希旦说。　㉗嵩：大而高。维：语气词。　㉘峻：高。　㉙甫：甫侯，即吕侯。申：申伯。　㉙翰：柱子，指栋梁。　㉚蕃：屏藩、屏障。　㉛宣：宣扬。　㉜令闻：好名声。　㉝明明：勤勉。　㉞弛：施、播。　㉟大王：文王之祖。　㊱蹶然：迅疾的样子。

孔子闲居在家，子夏在身边侍奉。子夏说："请教先生，《诗》说凯弟君子，民之父母，究竟怎样才可以叫做民之父母呢？"孔子说："你是问民之父母吗？他必须通晓礼乐的起始根源，达到'五至'，施行'三无'，在天下尽量施展，任何地方出现祸患，一定会事先知道。这就叫做民之父母。"

子夏说："民之父母已经领教了。还要请教您，什么叫五至？"孔子说："国君有忧民的心意，就会表现为好恶的感情，这种好恶又反映到制定的礼法上，有了礼法作节制就要有乐相配合，国君能与庶民同欢乐，民有灾祸，国君就能悲哀忧恤。凡物都是先生后死，所以先乐后哀，乐极生哀，哀极生乐，这就是哀乐相生。因此，端正明亮的眼睛看它，看不到；侧着耳朵静听，也听不到。国君施给庶民的恩惠，像气体充满天地。这就叫做五至。"

子夏说："五至也已经领教了。请问先生什么叫三无呢？"孔子说："没有声音的音乐，没有仪式的礼节，没有服制的丧事，这就叫三无。"子夏说："三无也大体上领教了。请问您，什么诗句最接近三无的含意？"孔子说："'从早到晚谋划政事，使民安乐，而寂静无声'，这是无声之乐；'态度礼貌和和气气，没有一点可挑剔的'，这是无体之礼；'人们遭到死丧之事，就急忙地赶去料理'，这是无服之丧。"

子夏说："这些话太精湛了！太好了！太充分了！再也没什么可说的了吧？"孔子说："怎么会这样呢？君子要做到这三无，还有五起。"子夏说："五起是怎么回事？"孔子说："第一，无声之乐不违反志气；无体之礼，态度从容不迫；无服之丧，富有同情心。第二，无声之乐，志气满足；无体之礼态度恭敬；无服之丧，恩惠施及四方。第三，无声之乐，君民志气相通；无体之礼，上下和睦同心；无服之丧，容纳万国。第四，无声之乐，传遍四方；无体之礼，日月兴进；无服之丧，德性纯一显明。第五，无声之乐，君民志气相应；无体之礼，遍及天下；无服之丧，恩惠施及后代。"

子夏说："禹、汤、文王三王的德行，和天地配合而为三。请教先生，怎样才算是和天地配合呢？"孔子说："要奉行三无私来安抚天下。"子夏说："请问什么叫三无私？"孔子说："像天覆盖下土一样没有私心，像地载育万物似的没有私心，像日月照亮人间一样没有私心。奉行这三种精神来安抚天下，这就叫做三无私。它体现在《诗经》里，就是：'天命没有差错，到成汤就天下统一。成汤承受天命，不敢怠慢，明慧谨慎在天天增长，虔诚祈祷长久不息，一心崇敬上帝，上帝就赐予成汤九州之国。'这是成汤的德行。上天无私，使四季循环，春生夏长秋收冬藏，风雨霜露化养万物。大地无私，负载生物的精气，风雷鼓荡在天地之间，万物生长繁育。圣人以它为法则，事事效法，作为政教。圣人自身有清静光明的德行，气志变化微妙如神。他想用恩德施惠庶民，上天为他开启端始，先为圣人生出辅佐贤臣。正如上天将降适时之雨，必先看到山川吐出的云气。它体现在《诗经》，就是：'又大又高的只有山岳，高大至极直插天际，高大的山降下神灵，生出甫侯、申伯那么伟大的人物，只有甫侯、申伯才是周朝的栋梁，四方国家得到他们的保护，君王的恩德宣扬四方。'这是文王、武王的德行。三代的王，必定是先有了好的名声。《诗经》说：'勤勉的天子，他的美誉是不停地传播着。'这是三代的德行。'传播他的美德，团结四方的国家。'这是周的太王的德行。"子夏听到这里，迅疾地跳起来，背对墙站立着，说："弟子怎么敢不接受这番教诲？"

坊　记①

子言之②："君子之道，辟则坊与③？坊民之所不足者也。大为之坊，民犹逾之，故君子礼以坊德，刑以坊淫，命以坊欲。④"

子云："小人贫斯约⑤，富斯骄⑥，约斯盗，骄斯乱。礼者，因人之情而为之节文⑦，以为民坊者也。故圣人之制富贵也，使民富不足以骄，贫不至于约，贵不慊于上⑧，故乱益亡。"

子云："贫而好乐，富而好礼，众而以宁者，天下其几矣！《诗》云：'民之贪乱，宁为荼毒。'⑨故制国不过千乘，都城不过百雉⑩，家富不过百乘。以此坊民，诸侯犹有畔者。"

子云："夫礼者，所以章疑别微，⑪以为民坊者也。故贵贱有等，衣服有别，朝廷有位，则民有所让。"

子云："天无二日，土无二王，家无二主，尊无二上，示民有君臣之别也。《春秋》不称楚越之王丧⑫，礼，君不称天，大夫不称君，恐民之惑也。《诗》云⑬：'相彼盍旦⑭，尚犹患之。'"

子云："君不与同姓同车，与异姓同车不同服，示民不嫌也。以此坊民，民犹得同姓以弑其君。"

子云："君子辞贵不辞贱，辞富不辞贫，则乱益亡。故君子与其使食浮于人也⑮，宁使人浮于食。"

子云："觞酒、豆肉，让而受恶，民犹犯齿。衽席之上，让而坐下，民犹犯贵。朝廷之位，让而就贱，民犹犯君。《诗》云：'民之无良，相怨一方。受爵不让，至于己斯亡'。"

子云："君子贵人而贱己，先人而后己，则民作让。故称人之君曰君，自称其君曰寡君。"

子云："利禄先死者而后生者⑯，则民不偝⑰；先亡者而后存者⑱，则民可以托⑲。《诗》云：'先君之思，以畜寡人⑳。'以此坊民，民犹偝死而号无告。"

子云："有国家者，贵人而贱禄，则民兴让；尚技而贱车㉑，则民兴艺。故君子约言，小人先言。"

子云："上酌民言㉒，则下天上施㉓。上不酌民言，则犯也㉔；下不天上施，则乱也。故君子信让以莅百姓，则民之报礼重。《诗》云：'先民有言，询于刍荛㉕。'"

子云："善则称人，过则称己，则民不争。善则称人，过则称己，则怨益亡。《诗》云：'尔卜尔筮，履无咎言㉖。'"

子云："善则称人，过则称己，则民让善。《诗》云：'考卜唯王㉗，度是镐京㉘。唯龟正之，武王成之。'"子云："善则称君，过则称己，则民作忠。《君陈》曰：'尔有嘉谋嘉猷㉙，入告尔君于内，女乃顺之于外。'"曰："此谋此猷，唯我君之德。"於乎！是唯良显哉！㉚

子云："善则称亲，过则称己，则民作孝。《大誓》曰：'予克纣㉛，非予武，唯朕文考无罪㉜。纣克予，非朕文考有罪，唯予小子无良。'"

子云："君子弛其亲之过㉝，而敬其美。《论语》曰：'三年无改于父之道，可谓孝矣。'高宗云：'三年其唯不言，言乃讙㉞'。"

子云："从命不忿，微谏不倦，劳而不怨，可谓孝矣。《诗》云：'孝子不匮㉟'。"

子云："睦于父母之党㊱，可谓孝矣。故君子因睦以合族。《诗》云：'此令兄弟㊲，绰绰有裕㊳；不令兄弟，交相为瘉㊴'。"

子云："于父之执㊵，可以乘其车，不可以衣其衣，君子以广孝也㊶。"

子云："小人皆能养其亲，君子不敬，何以辨？"

子云："父子不同位㊷，以厚敬也。《书》云：'厥辟不辟㊸，忝厥祖㊹'。"

子云："父母在，不称老，言孝不言慈，闺门之内，戏而不叹。君子以此坊民，民犹薄于孝而厚于慈。"

子云："长民者，朝廷敬老，则民作孝。"

子云："祭祀之有尸也，宗庙之有主也，示民有事也。修宗庙，敬祀事，教民追孝也[45]。以此坊民，民犹忘其亲。"

子云："敬则用祭器，故君子不以菲废礼[46]，不以美没礼[47]。故食礼，主人亲馈则客祭，主人不亲馈则客不祭。故君子苟无礼，虽美不食焉。《易》曰：'东邻杀牛[48]，不如西邻之禴祭实受其福[49]。'《诗》云：'既醉以酒，既饱以德。'以此示民，民犹争利而忘义。"

子云："七日戒，三日齐，承一人焉以为尸[50]，过之者趋走，以教敬也。醴酒在室，醍酒在堂，澄酒在下，示民不淫也。尸饮三，众宾饮一，示民有上下也。因其酒肉，聚其宗族，以教民睦也。故堂上观乎室，堂下观乎上。《诗》云：'礼仪卒度[51]，笑语卒获[52]'。"

子云："宾礼每进以让，丧礼每加以远。浴于中霤，饭于牖下，小敛于户内，大敛于阼，殡于客位，祖于庭，葬于墓，所以示远也。殷人吊于圹，周人吊于家，示民不偝也。"子云："死，民之卒事也，吾从周。以此坊民，诸侯犹有薨而不葬者。"

子云："升自客阶，受吊于宾位，教民追孝也。未没丧[53]，不称君，示民不争也。故鲁《春秋》记晋丧曰：'杀其君之子奚齐，及其君卓[54]。'以此坊民，子犹有弑其父者。"

子云："孝以事君，弟以事长，示民不贰也。故君子有君不谋仕[55]，唯卜之日称二君[56]。丧父三年，丧君三年，示民不疑也。父母在，不敢有其身，不敢私其财，示民有上下也。故天子四海之内无客礼，莫敢为主焉。故君适其臣，升自阼阶，即位于堂，示民不敢有其室也。父母在，馈献不及车马，示民不敢专也。以此坊民，民犹忘其亲而贰其君。"

子云："礼之先币、帛也，欲民之先事而后禄也。先财而后礼则民利[57]，无辞而行情则民争[58]，故君子于有馈者弗能见，则不视其馈。《易》曰：'不耕获，不菑畬[59]，凶。'以此坊民，民犹贵禄而贱行。"

子云："君子不尽利以遗民[60]。《诗》云：'彼有遗秉[61]，此有不敛穧[62]，伊寡妇之利[63]。'故君子仕则不稼，田则不渔，食时不力珍[64]。大夫不坐羊，士不坐犬[65]。《诗》云：'采葑采菲[66]，无以下体[67]。德音莫违[68]，及尔同死。'以此坊民，民犹忘义而争利，以亡其身。"

子云："夫礼，坊民所淫，章民之别，使民无嫌，以为民纪者也。故男女无媒不交，无币不相见，恐男女之无别也。以此坊民，民犹有自献其身[69]。

《诗》云：'伐柯如之何⑦？匪斧不克。取妻如之何，匪媒不得。''艺麻如之何？横从其亩⑪。取妻如之何？必告父母'。"

子云："取妻不取同姓，以厚别也。故买妾不知其姓，则卜之。以此坊民，鲁《春秋》犹去夫人之姓曰'吴'，其死曰'孟子卒'。"

子云："礼，非祭，男女不交爵。以此坊民，阳侯犹杀缪侯而窃其夫人⑫，故大飨废夫人之礼。"

子云："寡妇之子，不有见焉⑬，则弗友也，君子以辟远也。故朋友之交，主人不在，不有大故则不入其门⑭。以此坊民，民犹以色厚于德。"

子云："好德如好色，诸侯不下渔色⑮，故君子远色，以为民纪。故男女授受不亲，御妇人则进左手，姑、姊妹、女子已嫁而反，男子不与同席而坐。寡妇不夜哭。妇人疾，问之，不问其疾。以此坊民，民犹淫佚而乱于族⑯。"

子云："昏礼，婿亲迎，见于舅姑⑰，舅姑承子以授婿⑱，恐事之违也。以此坊民，妇犹有不至者⑲。"

【注释】

①郑玄说：名"坊记"者，以其记六艺之义所以坊人之失者也。陆德明说：坊音防。孙希旦说：此篇言先王以制度坊民之事。坊同"防"，防水或御敌的狭长建筑物。引申为防范、规范。　②子：任铭善《礼记目录后案》说，此"子"不指孔子而言，盖战国诸子之语。其弟子记之，皆称子也。南齐大儒刘瓛说《缁衣》公孙尼子作。《坊记》《表记》《缁衣》中的"子"究竟为何人，除征引《论语》节可知非孔子外，其他篇节尚无定论。因此这三篇译文中的"子"姑且译作"孔子"。在此作一总的说明。　③辟：孔颖达释作"譬如"。　④命：政令。　⑤约：窘迫。斯：就。　⑥骄：骄奢。　⑦节文：节制整理。　⑧慊（qiǎn）：怨恨、不满。　⑨宁：必定。荼毒：伤害。　⑩雉：高一丈、长三丈为一雉。　⑪章：辨别、区分。　⑫称：述说。　⑬这是逸诗。　⑭盍旦：夜鸣求旦之鸟。　⑮食：俸禄。浮：超过。　⑯利禄：财利荣禄。　⑰倍：背弃。　⑱亡者：在国外的人。存者：留在国内的人。　⑲托：寄托。　⑳畜：《诗经》作"朂"，勉励。　㉑车：郑玄说是"车服"。　㉒酌：取。　㉓下：指庶民。　㉔犯：触犯。　㉕刍荛：樵夫，砍柴的人。刍：草。荛：柴。　㉖履：《诗经》作体，卦体。咎言：不吉利的话。　㉗考：稽考。　㉘度：谋划。　㉙嘉：好。猷：方法。　㉚良显：良善显明。　㉛克：战胜。　㉜文考：指武王之父文王。　㉝弛：忘记。　㉞谨：郑玄说当做"欢"。　㉟匮：匮乏、缺少。　㊱党：亲族。　㊲令：善。　㊳绰绰：宽裕的样子。　㊴瘝：病。　㊵执：志同道合的朋友。　㊶广：传播。　㊷同位：尊卑相等。　㊸辟：君主。　㊹忝：辱。　㊺追：补行。　㊻菲：菲薄。　㊼没：过。　㊽东邻：郑玄说是"纣国中"。　㊾西邻：文王国中。　㊿承：奉事。　51卒：完全。　52获：恰到好处。　53没丧：终丧。　54此事见《左传》僖公九年、十年。　55君子：国君的儿子。　56二：贰，副贰。　57财：

指币帛。利：贪图。　　⑤辞：孙希旦说是宾主相接之辞。行情：用币帛表达情谊。　　⑨灾畲：《尔雅》说：田一岁曰灾，三岁曰畲。　　⑥尽：取尽。　　⑥秉：禾把。　　⑥稢（jì）：割后散铺在田间的谷物。　　⑥伊：是、这。　　⑥力：力求。　　⑥郑玄说：古时杀牲吃肉坐它的皮，坐皮表明牲已杀掉。　　⑥莳、菲：菜名。　　⑥下体：根部。　　⑥德音：美好的话语。　　⑥指不待媒妁、币聘而奔人的人。　　⑩柯：斧柄。　　⑪从：纵。　　⑫缪侯宴飨阳侯，阳侯看上缪侯的夫人，于是阳侯就灭了缪国，占有缪侯夫人。　　⑬有见：郑玄说是睹其才艺。　　⑭大故：郑玄说是丧病。　　⑮郑玄说是诸侯不内娶于国中。　　⑯淫佚：纵欲放荡。乱于族：郑玄说是犯非妃匹。　　⑰舅姑：指女方父母，即外舅姑。　　⑱承：引，引取。　　⑲不至：不随夫以行。

【译文】

孔子说："君子的道，不就像是堤防吗？它是防范人们不够仁义的行为的。防范是那么严密，人们还有超过它而做邪僻之事的。所以君子用礼教来作道德上的防范，用刑罚来防范淫邪的行为，用政令来防范人们邪恶的欲望。"

孔子说："小人因贫穷而窘迫，富贵就骄奢。窘迫就会去偷盗，骄奢就会去犯上作乱。礼就是顺应人情而制定的节制整理的标准，作为人们的规范。所以圣人制定富贵的制度，使人们富有但达不到骄奢的程度，贫穷但不至于窘迫，地位尊贵而不会对君主不满。犯上作乱的事情也就减少了。"

孔子说："贫穷而喜好乐，富有而爱好礼，家口众多而能安宁度日，像这样的人天下能有几个呢！《诗经》说：'人们贪婪而作乱，必定受到伤害，古代的制度，诸侯国不能有超过千辆兵车的赋税，国都的城墙不能超过百雉，卿大夫家不能有超过百辆兵车的收入。用这个办法来防范人们，诸侯还有反叛的。"

孔子说："礼是用来辨别嫌疑和隐微的，把它作为人们的规范。所以贵贱有等级，衣服有区别，朝廷有秩序，人们互相谦让。"

孔子说："天上没有两个太阳，地上没有两个君主，一家没有两个主人，尊上的人只有一个，这是对人民表示有君臣的分别。《春秋》不载楚越国君的丧事。礼法中，对诸侯不能称作天，为避天子；对大夫不能称作君，为避诸侯。这是恐怕人们迷惑误会。《逸诗》说：'看那只盍旦鸟，夜鸣求旦，人们还厌恶它。'何况僭君的人。"

孔子说："君主不和同姓的人同乘一辆车，和不同姓的人乘一车，也要穿不同的衣裳，向人们表示不要疑惑以至误认。用这种办法来防范人们，人们还有同姓杀君主的。"

孔子说："君子推崇尊贵而不推辞卑贱，推辞富有而不推辞贫穷，这样作乱的事也就减少了。因而君子使俸禄超过人的才能，不如使才能超过所得的俸禄。"

孔子说："一觞酒一豆肉，推让再三然后接受粗恶的那份，这样人们还有侵犯长者的。衽席上也再三推让然后坐在下位，这样，人们还有侵犯尊贵的。朝廷上的位次，再三谦让然后站立在卑贱的位置，这样，人们还有侵犯君主的。《诗经》说：'人们缺少善良的德行，在背地里互相埋怨，接受爵位也不谦让，到头来只有使国家覆亡'。"

孔子说："君子尊重别人而贬损自己，先人而后己。这样人们就兴起谦让的风气。因此称呼别人的君主为君，对人称呼自己的君主为寡君。"

孔子说："利益和荣誉先给死去的人，然后再给生存的人，这样人们才不会背弃死者；先给在国外的人，然后再给国内的人，这样人们才会有所寄托。《诗经》说：'经常思念死去的君主，来勉励自己，'用这种方法来防范，人们还是背弃死者，使老弱哭号无处控告。"

孔子说："掌管国家的人，尊重人才而轻视爵禄，这样人们就兴起谦让风气。重视技艺而轻视车服，这样人们就兴起学习技艺的风气。所以君子要少说话多做事，小人没做事就说大话了。"

孔子说："君上能够听取人民的意见而行事，对人民来说就是上天的施恩。君上不能够听取人民的意见，就会触犯人民；人民感受不到君上的恩惠，就会混乱。所以君上用诚实谦让来对待人民，人民给他的回报之礼必定厚重。《诗经》说：'古时候的人有句话说，有事要请教砍柴的人'。"

孔子说："有好事就说是别人做的，有过错就说是自己做的，这样人们就没有争执。有好事就说是别人做的，有过错就说是自己做的，这样埋怨也就减少了。《诗经》说：'卜筮兆卦的卦体，本来就没有不吉利的话'。"

孔子说："有好事就说是别人做的，有过错就说是自己做的，这样人们就会推让好处。《诗经》说：'稽考于龟而卜的人是武王，他谋划的是镐京的事，龟兆决定这个谋划，武王完成这件事情'。"孔子说："有好事就说是君主做的，有过错就说是自己做的，这样人们就会兴起忠诚的风气。《尚书·君陈》说：'你有好的谋略和方法，进去告诉你的君主'。"但你照这个在外面实行时就谦称："这个谋略和方法，是我们有德的君主想出来的。"啊！是君主之德良善显明。

孔子说："有好事就说是父母做的，有过错就说是自己做的，这样人们就会兴起孝顺的风气。《尚书·太誓》说：'我战胜了殷纣，不是靠我的武力，是因为我父亲本来无罪；如果殷纣打败了我，这并不是我父亲有罪，而是我的不肖'。"

孔子说："君子应该忘记父母过错，但要敬重他们的优点。《论语》说：'父亲死了三年，儿子仍然不改变父亲的主张，可以说是孝顺了。'殷高宗说：'居丧三年不发布政令，发布了人们就会欢呼喜悦'。"

孔子说："听从父母的教诲，不能有不满的表示；含蓄地劝谏父母，不可抱怨疲倦；侍奉劳苦，不能有怨言，这就叫做孝。《诗经》说：'孝子是永远不会缺少的。'"

孔子说："和父母的亲族相处和睦，可以叫做孝了。所以君子因和睦而会聚宗族。《诗经》说：'这些善良的兄弟，能使生活宽裕和气；那些不善良的兄弟，互相伤害'。"

孔子说："对于父亲的志同道合的朋友，可以乘他的车子，不可以穿他的衣裳。君子这样做是侍奉孝道。"

孔子说："小人都能养活他的双亲，君子如只能养活而不孝敬双亲，那和小人有什么区别？"

孔子说："父亲和儿子不处在同等地位，这是增强敬意的表示。《尚书》说：'作为君主，不像个君主，而与臣下相互亵渎，那就辱及祖先了'。"

孔子说："父母在世，儿子不敢称老，只谈论如何孝敬，不企求对自己的慈爱；内室之中，可以说笑，不能忧叹。君子用这种办法规范人们，但是人们还是孝敬的稀少，要求慈爱的众多。"

孔子说："作为人民君长的人，在朝廷上要尊敬老人，人民就兴起孝敬的风气。"

孔子说："祭祀时有尸，是因为他是宗庙的主人，这是对人民表示尊敬的事。修缮宗庙，恭敬祭祀的事，是教育人民补行孝道。用这种办法来规范人们，人们还是有忘记父母的。"

孔子说："尊敬宾客就使用祭器款待。所以君子不因待客物品少、没达到礼就废弃行礼；也不因物品丰盛超过了礼而废弃行礼。所以食礼规定：主人亲自馈送，客人要祭；主人不亲自馈送，客人就不祭。所以君子如果遇到无礼的接待，即使美味食品也不吃。《易经》说：'殷国杀牛祭祀，不如文王杀猪祭祀，切实受到福祐。'《诗经》说：'已经喝醉了酒，已经饱尝了恩德。'用这种办法来指示人们，人们还是争利忘义。"

孔子说："七日的散斋，三日的致斋，以奉事一个作尸的人。士大夫看到他就下车疾行回避，这是教育人们恭敬。醴酒摆在室中，醍酒摆在堂上，清酒摆在堂下，味薄的在室中，味厚的在堂下，这是指示人们不沉湎于酒中。尸喝三次，众宾喝一次，这是告诉人们有尊卑上下之分。借祭祀的酒肉，会聚宗族，这是教给人们要和睦相处。所以堂上的人，以室内的人为准则，堂下的人以堂上的人为准则。《诗经》说：'礼仪完全合乎法度，谈笑也都恰到好处'。"

孔子说："行宾礼时，每次前进都加以推让；行丧礼，每到一个阶段就离家远一些。浴尸在中霤，饭含在窗下，小殓在户内，大殓在堂上主位，停灵在殡宫，祖奠在庙庭，埋葬在坟墓，这就是表示越来越远。殷人在墓地吊问，周人在家中吊问，这是向人们表示不弃死者。"孔子说："死是人生最后一件事，在家吊问安慰生者较为合理，我依从周人的作法。用这种方法规范人们，诸侯还有死后不成丧的。"

孔子说："反哭的时候，死者的儿子从西阶登堂，在宾位接受吊问，这是教导人们补行孝道。三年丧事未完，诸侯不称为'君'，这是告诉人们不急于争取君位。所以鲁国《春秋》记载晋国的丧事说：'里克杀了他国君的儿子奚齐和他的国君卓。'用这种办法规范人们，人们还有杀自己父亲的。"

孔子说："用对待父亲的孝敬奉事君主，用对待兄长的孝悌奉事长上，这是向人民表示对君主没有二心。所以君主的儿子在国君尚在的时候不谋求官位，只在代父卜筮的时候自称君主的副贰。父亲死了要守丧三年，国君死了也守丧三年，这是向人们表示尊崇君主无可怀疑。父母在世，儿子不敢专有自己的身体，不敢私藏自己的财物，这是向人们表示尊卑上下的分别。所以天子在国内没有做客的礼，没人敢作天子的主人。所以国君到他的臣下那里，从主人的台阶登堂，在堂上就位，这是主人向人们表示不敢有自己的房屋。父母在世，赠送或进献给别人的礼物，不能有车马之类的贵重物品，这是向人们表示不敢专有家中的财产。用这种办法规范人们，人们还有忘掉父母而背叛君主的。"

孔子说："相见之礼，是先相见，然后奉上币帛。这是希望人们先做事而后得到利禄。先奉上礼物，然后行礼，就会使人们贪图好处没有相互交往的辞令，而只用礼物表达情谊，这样就会使人们争夺利禄。所以君子在有人赠送礼物的时候，不能和那个人见面，就不看那个礼物。《易经》说：'不耕就想有收获，刚开垦的田地不经过耕种就想变成肥沃的良田，是不吉利的。'用这种办法来规范人们，人们还是看重利禄而轻视礼义。"

孔子说："君子不要取尽利益，应留一部分给人民。《诗经》说：'那里有

中华藏书

四书五经·最新校勘精注今译本

中国书店

落下的禾把，这里有丢掉的谷穗，这都是留给寡妇的利益。'君子做官就不种田，种田就不打鱼。吃饭的时候不求美味，大夫无故不杀羊，士无故不杀狗。《诗经》说：'采摘葑菲，不要连根拔掉。我们不要违背这美好的话语，要生死与共。'用这种方法规范人们，人们还是有忘义争利，以致死掉的。"

孔子说："礼是用来防范人们贪淫好色的。明辨男女并加以区别。不然男女无别，族姓不明，就会产生嫌疑，因此把礼定为人们奉行的纲纪。因此男女之间，不经过媒人就不能交往，也不知道彼此的名字。没经过订婚手续，男女不能私自相见，这是怕男女双方没有分别。用这种办法规范人们，人们还是有私奔的。《诗经》说：'怎样才能砍伐一根斧柄呢？没有斧头就不行。怎样才能娶到妻子呢？没有媒人不行。''怎样才能种麻呢？那得先把地耕成纵横的田垅。怎样才能娶到妻子呢？必须先要禀告父母。'"

孔子说："娶妻不娶同一姓氏的女子，是重视宗族的区别。所以买妾不知道她的姓氏，就要占卜。用这种办法来规范人们，可是据鲁国《春秋》载鲁昭公娶夫人，就去掉了夫人的姓而只说来自吴国（吴与鲁同为姬姓）。到她死的时候，只说'孟子（夫人的名字，非姓）死了'。"

孔子说："礼法规定，不是祭祀，主人主妇不轮流敬酒。用这种办法规范人们，可是阳侯杀掉了缪侯而占有他的夫人。因此，诸侯大飨之礼就不要夫人参加了。"

孔子说："寡妇的儿子，如果不是看到他真有才艺，就不要和他交朋友，君子要避免嫌疑，远离是非。所以朋友之间的交往，如主人不在家，没有丧病等大事，就不要进他家的大门。用这种方法规范人们，人们还是有把色看得比德重的。"

孔子说："爱好道德应像爱好美色一样。诸侯不娶本国女子为妻，因而君子把远离美色作为人们的纲纪，男女不亲手传递物件。为女人驾车的男人要用左手在前，这样身体就稍微背向女人。姑、姐妹等，已经出嫁而回娘家时，男人不和她们同席而坐。寡妇不在夜里哭泣。女人有病，应该问候她，但不要问是什么病。用这种办法来规范人们，人们还是纵欲放荡而犯乱伦常。"

孔子说："举行婚礼前，新郎要亲自去接新娘，见到新娘的父母时，他们把女儿亲手交给新郎，并告诫女儿不要奉事不周到。用这种办法规范人们，女人还有不肯随丈夫回家去的。"

中庸①

天命之谓性②，率性之谓道，修道之谓教。道也者，不可须臾离也，可离非道也。是故君子戒慎乎其所不睹，恐惧乎其所不闻。莫见乎隐，莫显乎微，故君子慎其独也。喜怒哀乐之未发，谓之中；发而皆中节，谓之和。中也者，天下之大本也③；和也者，天下之达道也。致中和，天地位焉，万物育焉。

仲尼曰："君子中庸，小人反中庸。君子之中庸也，君子而时中④，小人之中庸也，小人而无忌惮也。⑤"

子曰："中庸其至矣乎！民鲜能久矣⑥！"

子曰："道之不行也，我知之矣：知者过之，愚者不及也。道之不明也，我知之矣：贤者过之，不肖者不及也。人莫不饮食也，鲜能知味也。"

子曰："道其不行矣夫！⑦"

子曰："舜其大知也与⑧！舜好问而好察迩言⑨，隐恶而扬善⑩，执其两端⑪，用其中于民，其斯以为舜乎！⑫"子曰："人皆曰'予知'，驱而纳诸罟擭陷阱之中⑬，而莫之知辟也。人皆曰'予知'，择乎中庸，而不能期月守也⑭。"

子曰："回之为人也，择乎中庸，得一善，则拳拳服膺而弗失之矣⑮。"子曰："天下国家可均也⑯，爵禄可辞也，白刃可蹈也⑰，中庸不可能也。"

子路问强。子曰："南方之强与？北方之强与？抑而强与⑱？宽柔以教，不报无道，南方之强也，君子居之⑲。衽金革⑳，死而不厌㉑，北方之强也，而强者居之。故君子和而不流㉒，强哉矫㉓！中立而不倚，强哉矫！国有道㉔，不变塞焉㉕，强哉矫！国无道，至死不变，强哉矫！"

子曰："素隐行怪㉖，后世有述焉㉗，吾弗为之矣。君子遵道而行，半途而废，吾弗能已矣㉘。君子依乎中庸，遁世不见知而不悔，唯圣者能之。"

君子之道费而隐㉙。

夫妇之愚㉚，可以与知焉㉛，及其至也，虽圣人亦有所不知焉。夫妇之不肖，可以能行焉；及其至也，虽圣人亦有所不能焉。天地之大也，人犹有所憾㉜。故君子语大，天下莫能载焉；语小，天下莫能破焉㉜。《诗》云："鸢飞戾天㉝，鱼跃于渊。"言其上下察也。君子之道，造端乎夫妇㉞；及其至也，察乎天地。㉟

子曰："道不远人。人之为道而远人，不可以为道。《诗》云：'伐柯，伐柯，其则不远㊱。’执柯以伐柯，睨而视之㊲，犹以为远。故君子以人治人，改而止。忠恕违道不远㊳，施诸己而不愿，亦勿施于人。君子之道四㊴，丘未能一焉：所求乎子，以事父，未能也；所求乎臣，以事君，未能也；所求乎弟，以事兄，未能也；所求乎朋友，先施之，未能也。庸德之行㊵，庸言之谨，有所不足，不敢不勉，有余不敢尽。言顾行，行顾言，君子胡不慥慥尔㊶！”

君子素其位而行㊷，不愿乎其外。素富贵，行乎富贵；素贫贱，行乎贫贱；素夷狄，行乎夷狄；素患难，行乎患难：君子无入而不自得焉。在上位不陵下㊸，在下位不援上㊹，正己而不求于人，则无怨，上不怨天，下不尤人。故君子居易以俟命，小人行险以侥幸㊺。子曰："射有似乎君子；失诸正鹄㊻，反求诸其身。"

君子之道，譬如行远必自迩㊼，譬如登高必自卑。《诗》曰："妻子好合，如鼓瑟琴㊽；兄弟既翕㊾，和乐且耽㊿。宜尔室家(51)，乐尔妻帑(52)。"子曰："父母其顺矣乎！"

子曰："鬼神之为德，其盛矣乎！视之而弗见，听之而弗闻，体物而不可遗。使天下之人齐明盛服(53)，以承祭祀。洋洋乎如在其上(54)，如在其左右。《诗》曰：'神之格思(55)，不可度思！矧可射思(56)！'夫微之显，诚之不可掩如此夫。"

子曰："舜其大孝也与！德为圣人，尊为天子，富有四海之内。宗庙飨之，子孙保之。故大德必得其位，必得其禄，必得其名，必得其寿。故天之生物，必因其材而笃焉。故栽者培之，倾者覆之。《诗》曰：'嘉乐君子(57)，宪宪令德(58)。宜民宜人，受禄于天。保佑命之，自天申之(59)。'故大德者必受命。"

子曰："无忧者，其惟文王乎！以王季为父，以武王为子，父作之，子述之。武王缵大王、王季、文王之绪(60)，壹戎衣而有天下(61)，身不失天下之显名。尊为天子，富有四海之内。宗庙飨之，子孙保之。武王末受命，周公成文、武之德，追王大王、王季，上祀先公以天子之礼。斯礼也，达乎诸侯大夫，及士庶人。父为大夫，子为士；葬以大夫，祭以士。父为士，子为大夫；葬以士，祭以大夫。期之丧，达乎大夫。三年之丧，达乎天子。父母之丧，无贵贱，一也。"

子曰："武王、周公，其达孝矣乎！夫孝者，善继人之志，善述人之事者也。春秋修其祖庙，陈其宗器(62)，设其裳衣(63)，荐其时食。宗庙之礼，所以序昭穆也；序爵，所以辨贵贱也；序事，所以辨贤也；旅酬下为上，所以逮贱也；燕毛(64)，所以序齿也。践其位，行其礼，奏其乐，敬其所尊，爱其所亲，事死如事生，事亡如事存，孝之至也。郊社之礼，所以事上帝也。宗庙之礼，所以祀乎其先也。明乎郊社之礼、禘尝之义，治国其如示诸掌乎⑥！"

哀公问政。子曰："文武之政，布在方策⑥。其人存，则其政举；其人亡，则其政息⑥。人道敏政⑥，地道敏树⑥。夫政也者，蒲卢也⑩。故为政在人⑪，取人以身，修身以道，修道以仁。仁者人也，亲亲为大；义者宜也，尊贤为大。亲亲之杀⑫，尊贤之等，礼所生也。在下位不获乎上，民不可得而治矣！故君子不可以不修身；思修身，不可以不事亲；思事亲，不可以不知人；思知人，不可以不知天。"

"天下之达道五⑬，所以行之者三。曰：君臣也，父子也，夫妇也，昆弟也，朋友之交也，五者天下之达道也。知、仁、勇三者，天下之达德也，所以行之者一也。或生而知之，或学而知之，或困而知之，及其知之，一也。或安而行之，或利而行之，或勉强而行之，及其成功，一也。"子曰："好学近乎知，力行近乎仁，知耻近乎勇。知斯三者，则知所以修身；知所以修身，则知所以治人；知所以治人，则知所以治天下国家矣。"

凡为天下国家有九经⑭，曰：修身也，尊贤也，亲亲也，敬大臣也，体群臣也，子庶民也，来百工也，柔远人也⑮，怀诸侯也⑯。修身则道立，尊贤则不惑，亲亲则诸父昆弟不怨，敬大臣则不眩⑰，体群臣则士之报礼重，子庶民则百姓劝，来百工则财用足，柔远人则四方归之，怀诸侯则天下畏之。齐明盛服，非礼不动，所以修身也；去谗远色，贱货而贵德，所以劝贤也；尊其位，重其禄，同其好恶，所以劝亲亲也；官盛任使，所以劝大臣也；忠信重禄，所以劝士也；时使薄敛，所以劝百姓也；日省月试，既禀称事⑱，所以劝百工也；送往迎来，嘉善而矜不能⑲，所以柔远人也；继绝世，举废国，治乱持危，朝聘以时，厚往而薄来，所以怀诸侯也。凡为天下国家有九经，所以行之者一也。

凡事豫则立⑳，不豫则废。言前定则不跲㉑，事前定则不困，行前定则不疚，道前定则不穷。在下位不获乎上，民不可得而治矣；获乎上有道：不信乎朋友，不获乎上矣；信乎朋友有道：不顺乎亲，不信乎朋友矣；顺乎亲有道：反诸身不诚，不顺乎亲矣；诚身有道：不明乎善，不诚乎身矣。诚者，天之道也；诚之者，人之道也。诚者不勉而中，不思而得，从容中道㉒，圣人也。诚之者，择善而固执之者也。

博学之，审问之，慎思之，明辨之，笃行之。有弗学，学之弗能，弗措也㉓；有弗问，问之弗知，弗措也；有弗思，思之弗得，弗措也；有弗辨，辨之弗明，弗措也；有弗行，行之弗笃，弗措也。人一能之己百之，人十能之己千之。果能此道矣，虽愚必明，虽柔必强。

自诚明，谓之性。自明诚，谓之教。诚则明矣，明则诚矣。

唯天下至诚[84]，为能尽其性；能尽其性，则能尽人之性；能尽人之性，则能尽物之性；能尽物之性，则可以赞天地之化育[85]；可以赞天地之化育，则可以与天地参矣[86]。

其次致曲[87]。曲能有诚，诚则形，形则著，著则明，明则动，动则变，变则化。唯天下至诚为能化。

至诚之道，可以前知。国家将兴，必有祯祥[88]；国家将亡，必有妖孽。见乎蓍龟，动乎四体[89]。祸福将至：善，必先知之；不善，必先知之。故至诚如神。

诚者自成也，而道自道也。诚者物之终始，不诚无物。是故君子诚之为贵。诚者非自成己而已也，所以成物也。成己，仁也；成物，知也。性之德也，合外内之道也，故时措之宜也。

故至诚无息。不息则久，久则征[90]，征则悠远，悠远则博厚，博厚则高明。博厚，所以载物也；高明，所以覆物也；悠久，所以成物也。博厚配地，高明配天，悠久无疆。如此者，不见而章，不动而变，无为而成。天地之道，可一言而尽也：其为物不贰，则其生物不测。天地之道：博也，厚也，高也，明也，悠也，久也。今夫天，斯昭昭之多[91]，及其无穷也，日月星辰系焉[92]，万物覆焉。今夫地，一撮土之多，及其广厚，载华岳而不重[93]，振河海而不泄[94]，万物载焉。今夫山，一卷石之多[95]，及其广大，草木生之，禽兽居之，宝藏兴焉。今夫水，一勺之多[96]，及其不测，鼋鼍、蛟龙、鱼鳖生焉[97]，贷财殖焉[98]。《诗》云："维天之命，於穆不已！[99]"盖曰天之所以为天也。"於乎不显[100]，文王之德之纯！"盖曰文王之所以为文也，纯亦不已。

大哉圣人之道！洋洋乎发育万物，峻极于天。优优大哉[101]！礼仪三百，威仪三千。待其人而后行。故曰苟不至德，至道不凝焉[102]。故君子尊德性而道问学[103]，致广大而尽精微，极高明而道中庸。温故而知新，敦厚以崇礼。是故居上不骄，为下不倍；国有道，其言足以兴；国无道，其默足以容。《诗》曰："既明且哲，以保其身。"其此之谓与！

子曰："愚而好自用[104]，贱而好自专[105]，生乎今之世，反古之道。如此者，灾及其身者也。"非天子，不议礼，不制度，不考文。今天下车同轨[106]，书同文，行同伦。虽有其位，苟无其德，不敢作礼乐焉；虽有其德，苟无其位，亦不敢作礼乐焉。子曰："吾说夏礼，杞不足征也。吾学殷礼，有宋存焉。吾学周礼，今用之，吾从周。"

王天下有三重焉，其寡过矣乎！上焉者虽善无征⑩，无征不信，不信民弗从；下焉者虽善不尊⑩，不尊不信，不信民弗从。故君子之道：本诸身，征诸庶民，考诸三王而不缪，建诸天地而不悖，质诸鬼神而无疑，百世以俟圣人而不惑，质诸鬼神而无疑，知天也；百世以俟圣人而不惑，知人也。是故君子动而世为天下道，行而世为天下法，言而世为天下则。远之则有望，近之则不厌。《诗》曰："在彼无恶，在此无射。庶几夙夜⑩，以永终誉⑩！"君子未有不如此而蚤有誉于天下者也。⑪

仲尼祖述尧舜⑫，宪章文武⑬；上律天时⑭，下袭水土⑮。譬如天地之无不持载⑯，无不覆帱⑰，譬如四时之错行，如日月之代明⑱。万物并育而不相害，道并行而不相悖，小德川流，大德敦化⑲，此天地之所以为大也。

唯天下至圣为能聪明睿智，足以有临也⑳；宽裕温柔，足以有容也㉑；发强刚毅，足以有执也；齐庄中正，足以有敬也；文理密察，足以有别也。溥博渊泉㉒，而时出之。溥博如天，渊泉如渊。见而民莫不敬，言而民莫不信，行而民莫不说。是以声名洋溢乎中国，施及蛮貊㉓。舟车所至，人力所通；天之所覆，地之所载；日月所照，霜露所队；凡有血气者，莫不尊亲，故曰配天。

唯天下至诚，为能经纶天下之大经㉔，立天下之大本，知天地之化育。夫焉有所倚㉕？肫肫其仁㉖！渊渊其渊㉗！浩浩其天㉘！苟不固聪明圣知达天德者㉙，其孰能知之㉚？

《诗》曰："衣锦尚纲㉛。"恶其文之著也。故君子之道，暗然而日章㉜；小人之道，的然而日亡㉝。君子之道淡而不厌，简而文，温而理，知远之近，知风之自㉞，知微之显，可与入德矣。《诗》云："潜虽伏矣，亦孔之昭！"故君子内省不疚，无恶于志。君子之所不可及者，其唯人之所不见乎！《诗》云："相在尔室，尚不愧于屋漏㉟。"故君子不动而敬，不言而信。《诗》曰："奏假无言㊱，时靡有争。"是故君子不赏而民劝，不怒而民威于铁钺㊲。《诗》曰："不显惟德㊳！百辟其刑之㊴。"是故君子笃恭而天下平。《诗》云："予怀明德，不大声以色㊵。"子曰："声色之于以化民，末也。"《诗》曰："德輶如毛㊶"，毛犹有伦㊷；"上天之载㊸，无声无臭"，至矣！

【注释】

①郑玄说：名曰"中庸"者，以其记中和之为用也。儒家以中庸为最高的道德标准。

②性：本性。郑玄说：天所命生人者也是谓性。　③大本：根本。　④时：时时刻刻。　⑤忌惮：顾忌畏惧。　⑥鲜（xiǎn）：少。　⑦其：恐怕。　⑧知：智。　⑨迩言：浅近的话。　⑩隐：隐去。　⑪执：抓住。⑫斯：这。　⑬纳：进、落入。罟（gǔ）：捕捉鱼和鸟兽的网。攫（huò）：装有机关的捕兽木笼。　⑭期（jī）：周期。指一周年、一整月、一昼夜。守：坚持。　⑮拳拳：诚恳的样子。服膺（yīng）：牢牢记在心里。　⑯均：平定治理。　⑰白刃：锋利的刀。蹈：踩、踏。　⑱抑：或者。而：尔，你。　⑲居：属于。　⑳衽：卧席。金：武器。革：盔甲。　㉑厌：悔恨。　㉒流：放纵、迁就。　㉓矫：刚强的样子。　㉔有道：指政治清明。　㉕塞：闭塞、不通，指穷困。　㉖素：应为"索"，寻求。　㉗述：遵循。　㉘已：停止。　㉙费而隐：广泛而精微。　㉚夫妇：非指夫妻，而是指匹夫、匹妇，即平民男女。　㉛与：使。　㉜破：剖析。　㉝鸢（yuān）：鸷鸟名，俗称鹞鹰。戾（lì）：至。　㉞造端：开始。　㉟察：通"际"。　㊱则：准则、样子。　㊲睨（ní）：斜视。　㊳恕：推己及人。违：离。　㊴指孝、悌、忠、信。　㊵庸：平常、日常。　㊶胡：什么。慥（zào）：郑玄说是"守实言行相应之貌"。　㊷素：处在。　㊸陵：欺凌。　㊹援：攀援、巴结。　㊺侥幸：求利不止，意外获得成功或免于不幸。　㊻正鹄（zhèng gǔ）：射的，箭靶中心。正、鹄皆为射的，正大于鹄。一说正、鹄都是捷黠的鸟，很难射中，因以为名。　㊼辟：譬。　㊽鼓：弹奏。　㊾翕（xì）：和睦的意思。　㊿帑（nú）：通"孥"，儿女。　53齐明：在祭祀前斋戒沐浴，以示虔敬。　54洋洋乎：舒缓飘浮的样子。　55格：至、来。思：语气词。　56矧（shěn）：况且。射（yì）：通"致"，厌倦。　57嘉乐：欢喜快乐。　58宪宪：原诗作"显显"，光明的样子。令德：美德。　59申：重复、一再。　60缵（zuǎn）：继承。绪：事业。　61壹：《尚书》作"殪"，灭绝。戎：大。衣：郑玄说"衣读如殷"。《尚书》正作"殷"。　62宗器：祭器。　63裳衣：郑玄说是"先祖之遗衣服"。　64毛：头发。　65示：通"视"。　66布：陈述。这里指书面的陈述，即记载。方策：方册、典籍。　67息：消失。　68人道：为人的道理。指以人施政。敏：敏捷、迅速。　69树：种植。　70蒲卢：其说不一。沈括说是蒲苇，陆佃说是瓠瓜，郑玄说是土蜂。从文义看，讲成蒲苇，其义可解。依沈说。　71孔颖达说"欲为善政者在于得贤人"。　72杀：等差。　73怀：怀柔、安抚。　77眩：迷乱。　78既廪：郑玄说"既读饩"。饩廪：粮食之类的生活物资。　79矜：怜悯、同情。　80豫：事先准备。　81跲（jiá）：窒碍。　82从容：举动。　83措：废置、舍弃。　84孔颖达说：谓一天下之内至极诚信为圣人。　85赞：助。　86参：叁，并立为三。　87致：推究。曲：孔颖达说是"细小之事"。　88祯：吉祥。　89四体：四肢。指人的动作。　90征：验证。　91指天是由点点光明积累起来的。　92系：悬系。　93华岳：西岳华山。　94振：郑玄说"振犹收"，收容。　95指山是由区区小石堆积起来的。　97鼋（yuán）：大鳖。鼍（tuó）：又名猪婆龙，或称扬子鳄。　98殖：生长、繁殖。　99穆：肃穆。　100於乎：呜呼。不显：丕显，光明显赫。　101优优：和适、宽裕。　102凝：郑玄说"凝犹成"。　103道：施行、实行。　104自用：自以为是。　105自专：独断专行。　106轨：车的两轮之间的距离。　107上焉者：指周代以前的礼仪制度。　108下焉者：指地位低下的圣人。　109庶几：差不多、几乎。　110终：众。　111蚤：早。　112祖述：宗尚、效法。　113宪章：效法。　114律：遵循、依据。　115袭：因袭。　116持载：承载。

⑪覆帱（dào）：覆盖。 ⑱代：轮流、交替。 ⑲敦化：以淳朴化育万物。 ⑳临：统管、治理。 ㉑容：包容。 ㉒博：广大。渊泉：深远。 ㉓蛮貊（mò）：泛指少数民族。 ㉔经纶：整理丝缕，理出丝绪叫经，编丝成绳叫纶，统称经纶。引申为筹划治理国家大事。大经：大法、常规。 ㉕倚：偏倚。 ㉖肫（zhūn）肫：郑玄说读如"忳忳"，诚恳。 ㉗渊渊：水深的样子。 ㉘浩浩：旷远的样子。 ㉙固：确实。 ㉚孰：谁。 ㉛尚：加在上面。絅（jiǒng）：用枲麻一类的纤维织成布做的罩衫。 ㉜暗：暗淡，不鲜艳。 ㉝的然：鲜明的样子。的：鲜明。 ㉞风：教化。 ㉟屋漏：房子的西北角。古人设床在屋的北窗旁，因西北角上开有天窗，日光由北照射入室，故称屋漏。这里借指日光，比喻光明。 ㊱奏假：祈祷。 ㊲铁钺（fū yuè）：刑戮的器具。铁：铡刀，腰斩的刑具。钺：古兵器，用于砍杀。 ㊳不显：大显。 ㊴百辟：众诸侯。 ㊵指疾言厉色。 ㊶辀（yóu）：轻。 ㊷伦：类，同类。 ㊸载：《小尔雅》释作"行"，运行。

【译文】

天赋予人的气质就是性，依顺本性的发展就是道，把道加以修明并施行就是教化。道，是不可以片刻离开的。如果可以离开，那就不是道了。所以君子在别人看不到的地方也警惕谨慎，在别人听不到的地方也畏惧小心。隐蔽的东西没有不被发现的；细微的东西没有不显露出来的。所以君子在一人独处的时候要谨慎。人的喜怒哀乐的感情没有表示出来叫做中，表示出来合乎法度叫做和。中是天下万物的根本，和是天下通行的准则，达到中和，天地就各居自己的位置，万物也就生长了。

孔子说："君子的言行合于中庸，小人的言行违反了中庸，君子的中庸是时时刻刻都合于中和，小人的违反中庸是他们无所顾忌和畏惧。"

孔子说："中庸是最高的道德标准了。人们很少能做到，已经很久了。"

孔子说："中庸之道不能实行，我知道原因了：聪明的人实行时超过了它，愚笨的人没有达到它。中庸之道不被人了解，我知道原因了：贤德的人要求过高，不肖的人要求太低。人没有不吃不喝的，但很少有人能品出它的滋味。"

孔子说："中庸之道恐怕不能实行了！"

孔子说："舜大概算是极聪明的人吧！他喜欢请教别人，而且喜欢详审那些浅近的话。他隐去别人的不足，宣扬别人的长处，抓住过与不及这两个极端加以调和，用中庸之道去引导人们，大概这就是舜所以成为舜的原因吧！"

孔子说："人们都说'我聪明'，却在利欲的驱使下像禽兽那样落入捕网、木笼和陷阱中，而且不知道躲避。人们都说'我聪明'，选择了中庸之道，却连一个月也不能坚持。"

孔子说："颜回为人，选择了中庸之道。他得到这一善道，就牢牢记在心里，不把它忘掉。"

孔子说："天下国家可以平定治理，爵位俸禄可以辞掉，锋利的刀刃可以踩踏上去，中庸之道不容易做到。"

子路请教怎么才算"刚强"。孔子说："你问的是南方人的刚强，还是北方人的刚强，或者是你这样的刚强呢？用宽厚温和的态度教育别人，不报复别人的横暴无理，这是南方人的刚强。君子就属于这类。枕着刀枪、穿着盔甲睡觉，在战场拼杀至死而不悔，这是北方人的刚强。强悍的人属于这类。所以君子随和而又迁就，这才是刚强！君子中立而不偏不倚，这才是刚强！国家太平、政治清明时，君子不改变穷困时的操守，这才是刚强！国家混乱、政治黑暗时，君子到死不改变操守，这才是刚强！"

孔子说："寻求隐僻的道理，去做怪异事情，虽然后世有人遵循他们，但我不做这样的事。君子遵循中庸之道行事，半途而废，但我不能中途停止。君子依循中庸之道行事，避开了人世不被人们了解却不悔恨，只有圣人才能这样。"

君子的中庸之道，广泛而又精微。

平民男女虽然愚昧，但日常道理可以使他们知道。如果论及这些道理的高深之处，即使圣人也有不懂得的。平民男女虽然不贤，但日常道理可以实行。如果要达到这些道理的最高境界，即使是圣人也有不能达到的。天地是广阔无边的，那人们还有不满足的地方。因此，君子所行的中庸之道，就大处讲，天下没有可以承载的；就小处说，天下没有人能够剖析。《诗经》说："鸢鹰展翅飞上天，鱼儿跳跃在深渊。"这是说对上对下都能详察。

君子的中庸之道，开始于平民男女，达到最高境界，就和天地相互交接了。

孔子说："中庸之道并不远离人们。有人在行道时使它远离人们，不可以叫做中庸之道。《诗经》说：'砍斧柄呀砍斧柄，样子就在你面前。'拿着斧柄做样子来砍斧柄，斜着眼睛就可以看见斧柄，还认为离得远。所以君子用人的道理来管人，直到改正为止。忠和恕离中庸之道不远，不愿意别人给自己的，也不要加给人家。君子的行为准则有四项，我一项也没能完全做到的。像要求儿子那样孝顺父母，我没能完全做到；像要求臣子那样效忠国君，我没能完全做到；像要求弟弟那样敬爱兄长，我没能完全做到；要求朋友讲信用，我没能首先做到。平常道德的实行，日常言语的谨慎，我都有不足的地方，不敢不勉力去做；做得好的，也不敢说做够了。言语要顾及行动，行动也要顾及言语。能这样做，君子还有什么言行不相应的呢！"

君子处在自己的地位上行事，不做分外的事情。处在富贵的地位上，就做在富贵地位上应做的事；处在贫贱的地位上，就做在贫贱地位上的事；处在夷狄的地位上，就做在夷狄地位上应做的事；处在患难中，就做在患难中应做的事；君子无论处在什么地位，没有不悠然自得的。处在上位，不欺凌下位的人；居于下位，不巴结上位的人。自己正直就不会乞求别人，这样就没有怨恨，上不怨天命，下不归罪别人。所以君子安处自己的地位以等待天命的安排，小人则做冒险的事情以求得意外成功或免除不幸。孔子说："射箭的道理有点像君子做人的道理，没有射中靶子，回过头来从自己身上找原因。"

君子实行中庸之道，就像走远路，一定要从近处开始；就像登高，一定要从低处开始。《诗经》说："和妻子情投意合，如同弹奏琴瑟。兄弟感情融洽，和睦相处又尽兴。妥善安排好你的家庭，妻子儿女就高兴。"孔子说："像这样的家庭，父母就会心情舒畅了。"

孔子说："鬼神表现的功德，真是美好啊！看它看不见，听它没声音。它体现在万物中，而且不能把它遗忘。鬼神可以使天下的人，在祭祀前斋戒沐浴，穿戴华丽的衣冠，敬奉祭祀它们。鬼神好像舒缓漂浮在人们的上空，又好像在人们的左右。《诗经》说：'神灵降临行迹难测，怎么可以厌倦呢？'鬼神隐匿虚无，又明显至极，诚心不可掩盖就像这样啊！"

孔子说："舜可算是一个大孝子吧！他有圣人的品德，有天子的尊贵，四海之内都是他的财富。死后在宗庙中享受祭献，子子孙孙永远保持祭祀。所以，大仁大德的人必然会获得应有的地位，必然会享有应得的俸禄，必然会得到应有的名声，而且必然会获得高寿。所以，天生万物，必定要依据自身的材质来决定是否厚施，能栽培就一定栽培，要倾覆的就只能倾覆。《诗经》说：'欢喜快乐的君子，具有光明的美德，能任用贤臣能安定庶民，从上天那得到福禄。上天保祐，福禄能永远享受。'所以，大仁大德的人必然会得到上天之命而成君王。"

孔子说："无忧无虑的人，大概只有文王吧！王季是他的父亲，武王是他的儿子。父亲开创了基业，武王继承了他的事业。武王继承太王、王季、文王的事业，消灭了殷商而取得天下。不仅本身没有失去显赫于天下的名声，而且被尊为天子，四海之内都是他的财富。死后在宗庙中享受祭献，子子孙孙永远保持祭祀。

中华藏书

四书五经·最新校勘精注今译本

中国书店

武王晚年才接受上天之命为天子，周公完成了文王、武王的德业，追尊太王、王季为王，用天子的礼节追祭祖先。这种礼节一直通达到诸侯、大夫以及士人、庶民。父亲是大夫，儿子是士人，父亲去世用大夫的礼节安葬，用士的礼节祭祀。父亲是士人，儿子是大夫，父亲去世，用士的礼节安葬，用大夫的礼节祭祀。一年的丧期，到大夫为止。三年的丧期，一直通行到天子。父母的丧期，不分贵贱都是一样的。"

　　孔子说："武王和周公，他们应该算是达到孝了。孝就是很好地继承前人的遗志，很好地完成前人未完成的事业。在四季的祭祀时，要修缮祖庙，陈列祭器，摆设先王遗留下来的衣裳，进献时鲜的食品。宗庙的礼节是用来排列昭穆的；排列爵位的次序，为的是分辨贵贱；排列执事人员的秩序，是为了区别各人的才能；在众人劝酒的时候，晚辈要为长辈举杯，目的是使恩意延及地位低下的人。饮宴时按头发的黑白来定座位，是为了表明年龄长幼。站立在祭祀的位置上，行祭祀的礼节，奏祭祀的音乐，尊敬那些应该尊敬的人，热爱那些应该亲近的人，侍奉死去的人如同侍奉活着的人，侍奉亡故的人就像侍奉生存着的人，这才是尽孝到极点。祭祀天地的礼节是用来侍奉上帝；宗庙的礼节是用来祭祀祖先。明白了祭祀天地的礼节和夏祭、秋祭的意义，那么治理国家就像看手掌上的东西那样容易啊！"

　　鲁哀公问治理国家。孔子说："文王、武王的政治主张，典籍中有记载。文王、武王那样的人存在，他们的政治主张就能实行；文王、武王那样的人不存在，他们的政治主张就消失了。以人施政的道理在于使政治迅速昌明，以沃土种植树木的道理在于使树木迅速生长。以人施政就像蒲苇容易生长那样容易取得成效。所以，治理政事在于得到贤人，得到贤人在于国君的自身修养。自身修养要靠道德，道德修养要靠仁爱。所谓仁，就是人和人之间相亲爱而以爱自己的亲人为最重要。所谓义，就是人们相处要适当，而以尊敬贤人为最重要。爱自己的亲人和尊敬贤人有等差，这都是礼仪产生出来的。处在下位的人得不到上面的支持，就不可能治理好民众。所以，君子不能不修养自身；想修养自身，不能不侍奉好亲人；想侍奉好亲人，不能不了解人；想了解人，不能不了解自然的法则。"

　　"天下共行的道有五种，实行这些道的美德有三种。君臣、父子、夫妇、兄弟、朋友交往，这五种就是天下共行的道。智慧、仁爱、勇敢，这三种就是天下共行的美德。实行这些道和美德的方法是专一。有的人生来就懂得这些道理，有的人学习以后才懂得这些道理，有的人在艰难窘迫中经过学习懂得了这些道理。到了懂得的时候，结果是同样的。有的人心安理得地去实行这些道理，有的人是看到了好处才去实行这些道理，有的人是勉强去实行这些道理。到获得成功的时候，效果也是一样的。"孔子说："爱好学习接近智慧，努力行善接近仁德，知道耻辱就接近勇敢。懂得这三种，就懂得修养自身；懂得修养自身，就懂得治理别人；懂得治理别人，就懂得治理天下国家。"

凡是治理天下国家有九条法则：修养自身，尊重贤人，热爱亲人，尊敬大臣，体恤群臣，爱民如子，招集各种工匠，安抚远方百姓，怀柔四方诸侯。修养自身，道德就能树立；尊重贤人，遇事不会迷惑；热爱亲人，伯叔父、兄弟就不会怨恨；尊敬大臣，就不会迷乱；体恤群臣，士人的报答之礼就会厚重；爱民如子，百姓就会更加努力；招集各种工匠，财用就会充足；安抚远方百姓，四方的人就会归顺；怀柔四方诸侯，天下的人就会畏服。斋戒沐浴，穿戴着华丽的衣冠，不合乎礼的事情不做，这就是修养自身；摒弃说别人坏话的人，远离女色，轻视钱物而重视道德，这是劝勉贤人的方法；加升他们的爵位，厚赐他们的俸禄，和他们的好恶相同，这是劝勉人们热爱自己亲人的方法；大臣下属众多，足够他差使命令，这是劝勉大臣的方法；忠信待士，厚禄供养他们，这是劝勉士人的方法；按季节使用百姓，赋税要减轻，这是劝勉百姓的方法；每天省察，每月考查，发给粮米要和工效相称，这是劝勉各种工匠的方法；承续断绝世系的诸侯，复兴覆灭的国家，治理混乱的秩序，扶持危难的国家，按时朝问聘问，送礼厚重，收礼菲薄，这是怀柔诸侯的方法。凡是治理天下国家的有九条法则，实行法则只是诚心专一。

任何事情，有准备就能成功，没准备就会失败。讲话之前就定好，讲起话来就不会发生窒碍。做事之前就定好，做起事来就不会艰难窘迫。行动之前就定好，行动起来就不会产生内疚。实行道德之前就定好，实行起来就不会行不通。处在下位的人得不到上面的支持，就不可能治理好民众。想得到上面的支持有方法：交友要讲信用，如果朋友不相信自己，就不会得到上面的支持；要使朋友相信自己也有方法：对父母要孝顺，如果不能孝顺父母，就不会得到朋友的信任；孝顺父母也有方法：要使自己诚实，如果不能使自己诚实，就不会孝顺父母；使自己诚实也有方法：显示自己善良，如果不能显示出自己的善良，就不会使自己诚实。诚实是上帝赋予的道理，实行这个诚实是为人的道理。诚实的人，不用勉强就会处事得当，不用思虑就能言谈合适，举动合乎中庸之道，这就是圣人。实行这个诚实，必须选择善道而且牢固把握。

广泛地学习，详尽地研究，慎重地思考，清楚地辨别，忠实地执行。不学也就算了，学了却不能掌握，不要停止；不问也就罢了，问了却不清楚，不要停止；不思考也就算了，思考了却没结果，不要停止；不辨别也就罢了，辨别了却不明白，不要停止；不做也就算了，做了却不彻底，不要停止。别人一次能做好，我做一百次；别人十遍能做好，我做一千遍。果真能按这个道理去做，即使是愚蠢的人也一定会变聪明，即使是柔弱的人也一定会变刚强。

由诚实而明察事理，这叫做天性；由明察而达到诚实，这叫做教化。诚实就能明察，明察就能诚实。

只有天下至诚的圣人，才能尽量发挥自己的本性；能尽量发挥自己的本性，就能尽量发挥人的本性；能尽量发挥人的本性，就能尽量发挥万物的本性；能尽量发挥万物的本性，就可以赞助天地自然生成和长育万物；可以赞助天地自然生成和长育万物，就可以和天地并立为三。

那些次于圣人的贤人，能推究细小事物的道理，由此也可以达到诚实，诚实就会表现出来，表现出来就会日益显著，日益显著就会光明磊落，光明磊落就会感动别人，别人受到感动就会改变恶习，改变恶习就会使社会产生好的教化。只有天下至诚的人才能化恶为善，改移旧俗。

有了至诚之道，可以预先知道未来的事情。国家将要兴盛，一定会有吉祥的预兆。国家将要灭亡时，一定有妖孽作怪。这可从蓍草、龟甲的占卜和人的仪容、动作中发现、察觉。祸福即将来临之前，吉凶一定能预先知道。所以说有了至诚之道就像神灵一样。

诚就是完成自身的品德修养，道就是引导自己走向完成修养的道路。诚贯穿在万物的始终，没有诚就没有万物。所以，君子把诚看作是高贵的品德。诚，不是完成自身的修养就完了，而是使万物都得到完成。完成自己的修养就是仁，使万物得到完成就是智，仁和智是天赋的美德，综合了成己、成物的内外规律，因此经常实行无不合适。

至诚是不间断的，不间断就可以长久延续，长久延续就可以得到验证，得到验证就更加悠久长远，悠久长远就能广博深厚，广博深厚就能高超明智。广博深厚，可以承载万物；高超精明，可以覆盖天下万物；悠久长远，可以使万物生长。广博深厚与地相配，高超精明与天相配，悠久长远像天地那样无边无际。像这样，没有表现却自然彰显，没有行动却万物变化，无所作为却获得了成功。

天地的法则用一句话就可以概括：它自身诚一不贰，化育万物，不可测度。天地的法则是：广博、深厚、高超、精明、悠久、长远。现在拿天来说，它由点点光明所积累，以至无穷无尽，日月星辰悬系在上面，覆盖着万物。现在拿地来说，它由一撮撮泥土所积累，以至广博深厚，承载华山而不觉得沉重，收容河海而不泄漏，万物被承载在大地上。拿山来说，它由区区小石堆积起来，以至广阔高大，草木生长在山上，禽兽栖居在山中，宝藏也从山里发掘出来。拿水来说，它由一勺勺的水积蓄起来，以至深广莫测，鼋、鼍、蛟、龙、鱼、鳖都生长在水中，各种财货也都从水中生出。《诗经》说："想那天道在运行，庄严肃穆，永不停息。"大概说的是天之所以成为天的道理。"啊，多么显赫、光明，文王的品德纯正。"大概说的是文王之所以成为文王，纯洁的品德常行不止。

伟大啊，圣人的道德！它充满在天地间，使万物生长发育，它高达苍天。真是宽裕伟大啊，礼的大纲三百条，礼的细节三千条，等待圣人出来实行。所以说：如果不是至德的人，圣人的至极之道不能实行。因此君子尊崇德性，从事学问，使德性和学问日益广大，竭尽精细隐微，达到高超精明的境界，遵循不偏不倚的中庸之道。温习旧有知识，获得新的理解和体会；为人忠厚而崇尚礼仪。所以身居高位的人不骄傲，身处下位的人不违背上司。国家政治清明，他的言语可以使国家兴盛；国家政治黑暗，他的沉默可以使自己安身。《诗经》说："既明达又聪慧，可以保全自己。"大概说的就是这个意思吧！

孔子说："愚蠢的人喜欢自以为是，卑贱的人喜欢独断专行。生活在当今的时代，却要恢复古代的道理，像这样的人，灾祸就会降到他的身上。"不是天子，不议论礼制，不制定法度，不考订文字。现在天下统一，车轮之间的距离相同，书写的文字形体相同，行为的伦理道德相同。虽然有天子的位置，如果没有美德，不敢制作礼乐；虽有美德，如果没有天子的地位，也不敢制作礼乐。孔子说："我解说夏代的礼法，夏的后裔杞国不能作为验证；我学习殷代的礼法，有殷的后裔宋国存在；我学习周代的礼法，正是现在使用的，我遵从周礼。"

君子统治天下有三件重要的事情：议礼，制度，考文。如能做好，那过失就少了。周以前的礼制，虽然好，但得不到验证。无法验证，民众就不相信。不相信，民众就不听从。处在下位的圣人，主张虽好，但没有尊贵的地位，民众也不相信。不相信，民众也就不听从。所以君子治理天下的原则，要以自身为根本，在平民百姓中得到验证，用夏商周三代的礼制来考查而没有谬误，建立在天地间而没有违背，得到鬼神的证实而没有疑问。等到百代以后圣人出来也不会有疑惑。得到鬼神证实而没有疑问，这是懂得天理；等到百代以后圣人出来也不会有疑惑，这是知道人情。所以君子的举动世世代代作为天下人的法度，言行世世代代作为天下人的准则。远离他的有仰慕之心，离得近的没有厌倦之意。《诗经》说："诸侯在国内无人怨恨，来到朝廷无人讨厌。日夜勤勉，众口赞誉，美名永存。"君子中没有不这样做却先有美名流传天下的。

仲尼宗尚尧舜，效法文王武王，上要依据天时的规律，下要因袭水土的习性。比如天地，没有什么不能承载，没有什么不能覆盖。比如四季的交错运行，太阳月亮的轮流照耀。天地间万物共同生长却不互相妨碍，天地之道同时运行却不会相互违逆。小德如江河长流不息，大德以淳朴化育万物，这就是天地伟大之处。

只有天下最圣明的人，才能聪明智慧，足以治理民众；宽裕温柔，足以包容一切；奋发坚强，刚健坚毅，足以掌管天下大事；庄重中正，足以得到人们的尊敬；条理清晰，详审明察，足以辨别是非。圣人的美德广博深远，时常会表现出来，就像天空那样广阔，像潭水那样幽深。表现在仪容上，百姓无不敬佩；表现在言谈中，百姓无不信服；表现在行为上，百姓无不喜悦。因此，圣人的美名充满中原，传播到少数民族地区。凡船只车辆和人力所能到达，上天覆盖，大地承载，日月照耀，霜露降下的地方，凡是有血气的人，没有不尊敬和亲近圣人的。所以说圣人的美德可以和天相配。

只有天下至诚的人，才能谋划天下的大法常规，才能树立天下的根本，了解天地化育万物的道理。这哪里会有偏倚呢？他的仁心那样诚挚，思虑像潭水那样幽深，美德像苍天那样广阔，如果不是确实聪明智慧而通达天赋美德的人，谁又能了解他呢？

《诗经》说："穿上锦服罩单衣。"这是因嫌恶锦服的文彩太鲜明了。所以，君子的为人之道是：外表暗淡无色而美德日渐彰显。小人的为人之道是：外表色彩鲜明，但渐渐地消亡了。君子的为人之道还在于：外表素淡而不使人厌恶，简朴而有文彩，温和而又有条理，知道远是从近开始的，知道教化别人从自己做起，知道隐微的东西会逐渐显露，这样就进入圣人的美德中了。《诗经》说："虽然潜伏在深水中，还是看得很明显。"所以，君子在内心省察自己，就不会内疚，不会有愧心。君子不会被别人赶上，是因为他在别人看不见的地方也省察自己。《诗经》说："看你独自在室内，做事光明无愧。"所以，君子还没行动就已经怀着恭敬谨慎的心情，没说话就已经诚信在心了。"心中默默地暗自祈祷，现在不会再争抢。"所以，君子不必赏赐而民众就受到了鼓励，不必发怒而民众害怕他胜过刑戮的威严。《诗经》说："道德的力量最显赫，各方诸侯奉为法则。"所以，君子笃实恭敬就能使天下平定。《诗经》说："我怀念文王的美德，从来不疾言厉色。"孔子说："用疾言厉色去感化人民，这是没抓住根本。"《诗经》说："美德轻如羽毛。"羽毛虽轻，还有可以比拟的同类；"上天的运行，无声无息"。这就是最高境界了！

表　记①

子言之："归乎！君子隐而显，不矜而庄，不厉而威，不言而信。"

子曰："君子不失足于人②，不失色于人③，不失口于人④。是故君子貌足畏也⑤，色足惮也⑥，言足信也。《甫刑》曰⑦：'敬、忌而罔有择言在躬⑧。'"

子曰："裼、袭之不相因也⑨，欲民之毋相渎也。"

子曰："祭极敬⑩，不继之以乐⑪。朝极辨⑫，不继之以倦。"

子曰："君子慎以辟祸，笃以不掩⑬，恭以远耻。"

子曰："君子庄敬日强，安肆日偷⑭。君子不以一日使其躬儳焉如不终日⑮。"

子曰："齐戒以事鬼神，择日月以见君，恐民之不敬也。"

子曰："狎侮死焉而不畏也⑯"。

子曰："无辞不相接也，无礼不相见也，欲民之毋相亵也。《易》曰：'初筮告。''再三渎，渎则不告。'"

子言之："仁者，天下之表也。义者，天下之制也。报者⑰，天下之利也。"

子曰："以德报德，则民有所劝。以怨报怨，则民有所惩⑱。《诗》曰：'无言不雠⑲，无德不报。'《大甲》曰：'民非后，无能胥以宁⑳；后非民，无以辟四方㉑。'"

子曰："以德报怨，则宽身之仁也㉒。以怨报德，则刑戮之民也。"

子曰："无欲而好仁者，无畏而恶不仁者，天下一人而已矣。是故君子议道自己，而置法以民。"

子曰："仁有三，与仁同功而异情。与仁同功，其仁未可知也。与仁同过，然后其仁可知也。仁者安仁，知者利仁，畏罪者强仁。仁者右也，道者左也㉓。仁者人也，道者义也。厚于仁者薄于义，亲而不尊；厚于义者薄于仁，尊而不亲。道有至义有考㉔。至道以王，义道以霸，考道以为无失。"

子言之："仁有数㉕，义有长短小大㉖，中心憯怛㉗，爱人之仁也。率法而强之，资仁者也㉘。《诗》云：'丰水有芑㉙，武王岂不仕㉚，诒厥孙谋㉛，以燕翼子㉜，武王烝哉㉝。'数世之仁也。《国风》曰：'我今不阅㉞，皇恤我后㉟。'终身之仁也。"

子曰："仁之为器重，其为道远。举者莫能胜也，行者莫能致也。取数多者，仁也。夫勉于仁者，不亦难乎！是故君子以义度人，则难为人；以人望人，则贤者可知已矣。"

子曰："中心安仁者，天下一人而已矣。《大雅》：'德𫐐如毛㊱，民鲜克举之㊲，我仪图之㊳。唯仲山甫举之㊴，爱莫助之。'《小雅》曰：'高山仰止㊵，景行行止㊶。'"子曰："《诗》之好仁如此。向道而行，中道而废㊷，忘身之老也。不知年数之不足也，俛焉日有孳孳㊸，毙而后已。"

子曰："仁之难成久矣。人人失其所好，故仁者之过易辞也㊹。"子曰："恭近礼，俭近仁，信近情，敬让以行，此虽有过，其不甚矣。夫恭寡过，情可信，俭易容也㊺。以此失之者，不亦鲜乎！《诗》曰：'温温恭人，唯德之基。'"

子曰："仁之难成久矣，唯君子能之。是故君子不以其所能者病人，不以人之所不能者愧人㊻。是故圣人之制行也，不制以己，使民有所劝勉愧耻，以行其言。礼以节之，信以结之，容貌以文之，衣服以移之㊼，朋友以极之㊽，欲民之有壹也㊾。《小雅》曰：'不愧于人，不畏于天。'是故君子服其服，则文以君子之容；有其容，则文以君子之辞㊿；遂其辞51，则实以君子之德52。是故君子耻服其服而无其容，耻有其容而无其辞，耻有其辞而无其德，耻有其德而无其行。是故君子衰绖则有哀色，端冕则有敬色，甲胄则有不可辱之色。《诗》云：'维鹈在梁53，不濡其翼。彼记之子54，不称其服。'"

子言之："君子之所谓义者，贵贱皆有事于天下。天子亲耕，粢盛、秬鬯以事上帝55，故诸侯勤以辅事于天子。"

子曰："下之事上也，虽有庇民之大德，不敢有君民之心，仁之厚也。是故君子恭俭以求役仁56，信让以求役礼，不自尚其事，不自尊其身，俭于位而寡于欲57，让于贤，卑己而尊人，小心而畏义58，求以事君，得之自是，不得自是，以听天命。《诗》云：'莫莫葛藟59，施于条枚60。凯弟君子61，求福不回62。'其舜、禹、文王、周公之谓与？有君民之大德，有事君之小心。《诗》云：'唯此文王，小心翼翼，昭事上帝63，聿怀多福64。厥德不回，以受方国65。'"

子曰："先王谥以尊名，节以壹惠66，耻名之浮于行也。是故君子不自大其事，不自尚其功，以求处情；过行弗率，以求处厚；彰人之善⑥，而美人之功，以求下贤。是故君子虽自卑而民敬尊之。"

子曰："后稷，天下之为烈也⑧。岂一手一足哉？唯欲行之浮于名也，故自谓便人⑥。"

子言之："君子之所谓仁者，其难乎！《诗》云：'凯弟君子，民之父母。'凯以强教之，弟以说安之，乐而毋荒，有礼而亲，威庄而安，孝慈而敬，使民有父之尊，有母之亲。如此而后可以为民父母矣，非至德其孰能如此乎？今父之亲子也，亲贤而下无能；母之亲子也，贤则亲之，无能则怜之。母亲而不尊，父尊而不亲。水之于民也，亲而不尊，火尊而不亲。土之于民也，亲而不尊，天尊而不亲。命之于民也⑩，亲而不尊，鬼尊而不亲。"

子曰："夏道尊命⑦，事鬼敬神而远之，近人而忠焉⑫。先禄而后威，先赏而后罚，亲而不尊。其民之敝⑬，惷而愚⑭，乔而野⑮，朴而不文⑯。殷人尊神，率民以事神，先鬼而后礼，先罚而后赏，尊而不亲。其民之敝，荡而不静，胜而无耻。周人尊礼尚施⑰，事鬼敬神而远之，近人而忠焉。其赏罚用爵列⑱，亲而不尊。其民之敝，利而巧⑲，文而不惭⑳，贼而蔽㉑。"

子曰："夏道未渎辞㉒，不求备，不大望于民，㉓民未厌其亲。殷人未渎礼，而求备于民。周人强民㉔，未渎神，而赏爵、刑罚穷矣㉕。"

子曰："虞、夏之道寡怨于民，殷、周之道不胜其敝。"

子曰："虞、夏之质，殷、周之文，至矣。虞、夏之文不胜其质，殷、周之质不胜其文。"

子言之曰："后世虽有作者，虞帝弗可及也已矣。君天下，生无私，死不厚其子，子民如父母，有僭怛之爱，有忠利之教，亲而尊，安而敬，威而爱，富而有礼，惠而能散。其君子尊仁畏义㉖，耻费轻实㉗，忠而不犯，义而顺㉘，文而静，宽而有辨。《甫刑》曰：'德威惟威，德明惟明。'非虞帝其孰能如此乎？"

子言之："事君先资其言㉙，拜自献其身㉚，以成其信。是故君有责于其臣，臣有死于其言。故其受禄不诬㉛，其受罪益寡㉜。"

子曰："事君，大言入则望大利，小言入则望小利㉝。故君子不以小言受大禄，不以大言受小禄。《易》曰：'不家食吉㉞。'"

子曰："事君不下达㉟，不尚辞，非其人弗自㊱。《小雅》曰：'靖共尔位，正直是与。神之听之，式谷以女㊲。'"

子曰："事君远而谏则谄也，近而不谏则尸利也㊳。"

子曰："迩臣守和^{⑨⑨}，宰正百官^{⑩⑩}，大臣虑四方。"

子曰："事君欲谏不欲陈^{⑩①}。《诗》云：'心乎爱矣，瑕不谓矣^{⑩②}；中心藏之，何日忘之？'"

子曰："事君难进而易退，则位有序；易进而难退，则乱也。故君子三揖而进，一辞而退，以远乱也。"

子曰："事君三违而不出竟，则利禄也。人虽曰不要^{⑩③}，我弗信也。"

子曰："事君慎始而敬终。"

子曰："事君可贵可贱，可富可贫，可生可杀，而不可使为乱。"

子曰："事君，军旅不辟难，朝廷不辞贱。处其位而不履其事，则乱也。故君使其臣，得志则慎虑而从之，否则孰虑而从之^{⑩④}，终事而退，臣之厚也。《易》曰：'不事王侯，高尚其事。'"

子曰："唯天子受命于天，士受命于君。故君命顺则臣有顺命，君命逆则臣有逆命。《诗》曰：'鹊之姜姜，鹑之贲贲，人之无良，我以为君。'"

子曰："君子不以辞尽人^{⑩⑤}，故天下有道，则行有枝叶；天下无道，则辞有枝叶。是故君子于有丧者之侧，不能赙焉，则不问其所费；于有病者之侧，不能馈焉，则不问其所欲；有客不能馆，则不问其所舍。故君子之接如水，小人之接如醴。君子淡以成，小人甘以坏。《小雅》曰：'盗言孔甘^{⑩⑥}，乱是用馂^{⑩⑦}。'"

子曰："君子不以口誉人，则民作忠。故君子问人之寒则衣之，问人之饥则食之，称人之美则爵之。《国风》曰：'心之忧矣！于我归说^{⑩⑧}。'"

子曰："口惠而实不至，怨灾及其身^{⑩⑨}，是故君子与其有诺责也，宁有已怨^{⑩⑩}。《国风》曰：'言笑晏晏^{⑪①}，信誓旦旦^{⑪②}。不思其反^{⑪③}，反是不思，亦已焉哉！'"

子曰："君子不以色亲人。情疏而貌亲，在小人则穿窬之盗也与^{⑪④}？"

子曰："情欲信，辞欲巧。"

子言之："昔三代明王，皆事天地之神明，无非卜筮之用，不敢以其私亵事上帝。是故不犯日月，不违卜筮。卜筮不相袭也。大事有时日^{⑪⑤}，小事无时日^{⑪⑥}，有筮。外事用刚日，内事用柔日^{⑪⑦}。不违龟筮。"

子曰："牲牷、礼乐、齐盛^{⑪⑧}，是以无害乎鬼神，无怨乎百姓。"

子曰："后稷之祀易富也^{⑪⑨}，其辞恭，其欲俭，其禄及子孙。《诗》曰：'后稷兆祀，庶无罪悔，以迄于今。'"子曰："大人之器威敬。天子无筮，诸侯有守筮^{⑫⑩}。天子道以筮，诸侯非其国不以筮，卜宅寝室。天子不卜处大庙。"

子曰："君子敬则用祭器。是以不废日月，不违龟筮，以敬事其君长。是以上不渎于民，下不亵于上。"

【注释】

①郑玄说：名曰"表记"者，以其记君子之德见于仪表。　②失足：举止不庄重。　③失色：容貌不庄重。　④失口：言语容仪不戒慎。　⑤畏：敬服。　⑥惮：敬畏。　⑦《甫刑》：《尚书》篇名。孔颖达说也称《吕刑》。　⑧忌：戒忌。同：无。躬：自己。　⑨因：沿袭、承接。郑玄说：礼盛者以袭为敬，礼不盛者以裼为敬。　⑩极：尽。　⑪继：继续、延续。乐：欢乐。　⑫辨：辨治、治理。　⑬掩：困迫。　⑭安：安乐。肆：恣肆、放肆。偷：苟且。　⑮佻：轻贱。　⑯狎：轻狎。侮：侮慢。此句主语郑玄、孔颖达均理解为"小人"，王梦鸥释作"在上位的人"。从王说。　⑰报：郑玄释作"礼"。孔颖达说：礼尚往来，相反报物得其利。　⑱惩：鉴戒、警戒。　⑲雠：回答、反应。　⑳胥：相。　㉑辟：君，指君临。　㉒仁：郑玄说，亦当言民，声之误。　㉓右、左：右手、左手。　㉔郑玄说此句应为"道有至有义有考"。　㉕数：吕大临说，数世之仁，终身之仁，此所施远近之数，故曰"仁有数"。　㉖长短大小：吕大临说，义无定体，长短小大唯共所宜。　㉗憯：忧伤。怛（dá）：痛苦。　㉘资：用，利用。　㉙芑（qǐ）：通"杞"，枸杞。　㉚仕：事。　㉛诒：留下。　㉜燕：安乐。翼：辅助。　㉝烝：君。　㉞阅：容纳。　㉟皇：暇，工夫。恤：顾及、顾念。　㊱辑：轻。　㊲鲜：很少。克：能。　㊳仪：揣度。图：思考。　㊴仲山甫：周宣王大臣。　㊵仰：仰望。止：语尾助词。　㊶景行（háng）：大路。　㊷废：力气废竭。　㊸俾（miǎn）焉：努力、勤勉的样子。孳孳：不懈怠。　㊹辞：辩解。　㊺容：容纳、接纳。　㊻病、愧：郑玄说是"罪咎之"。　㊼移：改变。　㊽极：极致、穷尽。　㊾壹：专心于善道。　㊿辞：辞气，言词声调。　51遂：完成。　52实：充实。　53鳏：鳏鸠。梁：鱼梁，一种捕鱼设置。　54记：《诗经》作"其"。　55粢：杜预说是"黍稷"。盛：指把粢放在器皿里。粢：黑黍。　56役：为、做。　57俭于位：孙希旦说是不求处尊位。　58畏：敬服。　59莫莫：茂密的样子。葛藟：葛藤。　60施：指缠绕。条：树干。枚：树干。　61凯弟：和易近人。　62回：违。　63昭：光明。　64聿：语助词。怀：招来。　65方国：指诸侯国。　66节：剪裁，指节取、摘取。　67彰：宣扬。　68烈：功业。　69便人：郑玄说是"便习于此事之人"。　70命：政令。　71尊命：尊重政教，勤于民事。　72忠：竭尽。　73敝：政教衰败。　74憃（chōng）：蠢笨。　75乔：骄傲。野：放肆。　76朴：粗鄙。　77尚：爱好。　78郑玄说：以尊卑为差。　79利：贪巧，虚浮不实。　80文：文饰。　81贼：伤害。蔽：蒙蔽。　82渎：烦渎，烦琐。　83大望：赋税重大而责望于民。　84强：强劝。　85穷：孔颖达释作"穷极繁多"。　86君子：孔颖达说是虞朝之臣。　87费：靡费、浪费。实：财货。　88义：尽君臣之义。　89资：郑玄说是"谋"，即考虑。　90拜：受命。　91诬：虚妄不实。　92罪：过失。　93人：郑玄说"人或为人"。　94郑玄说：君有大蓄积，不与家食之而已，必以禄贤者。贤有大小，禄有多少。　95不下达：郑玄说是"不以私事自通于君"。　96自：从。　97式：用。谷：俸禄。以：与。女：汝、你。　98尸利：如尸之只受享祭而无所事事，比喻受禄而不尽职

责。　⑨迩臣：侍御、仆从等近臣。和：郑玄说是"调和君事"。　⑩宰：冢宰。　⑩欲：应该。陈：宣扬。　⑩瑕：何，为什么。　⑩要：企求。　⑩孰：熟。　⑩尽人：孙希旦说是"决人之贤否"。　⑩孔：特别。　⑩馂（tán）：进食。引申为增加。　⑩原文里"归说（shuì）"与"归处""归息"同义。　⑩怨灾：埋怨。　⑩已：拒绝。　⑪晏晏：和悦温柔的样子。　⑫旦旦：诚恳的样子。　⑬反：违背、违反。　⑭窬（yú）：通"逾"，越过。　⑮大事：有事于大神。　⑯小事：有事于小神。　⑰见《曲礼》注。　⑱牷：纯色。齐：粢。　⑲富：郑玄释作"备"，准备、备办。　⑳守筮：守国之筮，国家有事就用。

【译文】

孔子身在他国，不被任用，说："还是回去吧！君子虽然隐处在下面，但道德显著。君子不必矜持就自然庄重，不必严厉就有威仪，不必说话，别人就会相信。"

孔子说："君子待人举止庄重，容貌庄严，言语谨慎。所以君子的仪容令人敬服，面色令人敬畏，言语令人信任。《尚书·甫刑》说：'外表恭敬，内心戒忌，使自己没有让人挑剔的言语。'"

孔子说："行礼时的服饰，或以露出裼衣为敬，或以衣上加衣为敬，不相承接，那是为使人民不要互相混杂。"

孔子说："祭礼要尽力表达敬意，虽饮酒旅酬，但不以欢乐为目的；朝廷政事要尽力治理，虽然疲劳，但不能因倦怠了事。"

孔子说："君子用言行谨慎来避免祸患，用修养笃厚来解除困迫，用恭敬待人来远离耻辱。"

孔子说："君子庄重恭敬，德性才会一天天地增强，安乐放肆，性情就会一天天地苟且。君子不允许自己的身心有一日的轻贱，好像连一天也无法过去似的不能长久。"

孔子说："斋戒以后奉祀鬼神，选择日子然后朝见国君，这样做怕的是人们失去恭敬之心。"

孔子说："做上司的人轻狎侮慢，用死来相威胁，君子也不会畏惧。"

孔子说："诸侯朝聘之时，没有话说就不交谈，没有礼物就不相见，这样做是使人民不互相轻慢而恭敬。《易经》说：'初次占筮就要告诉问卜的人。''再三地问就不恭敬了，不恭敬就不再告诉。'"

孔子说："仁是天下人的标准仪范，义是天下人的行为法度，礼是天下人的利益。"

孔子说："以好处回报别人对自己的好处，那么人们就会受到勉励；以怨恶来报复别人对自己的怨恶，那么人们就会得到警戒。《诗经》说：‘说话不会没反应，施德不会没报答。’《太甲》说：‘人民没有君主，不能互相安宁；君主没有人民，也不能君临四方。’”

孔子说：“以好处来报答别人给自己带来怨恶的，是苟息祸患来容身的人；以怨恶来报答别人对自己的好处的，是应该处以刑罚或处死的人。”

孔子说：“没有私欲、爱好仁德的人，无所畏惧、厌恶不仁的人，天下只有少数这样的人。因此君子谋议道理先从自己开始。施置法度于民也先从自己开始。”

孔子说：“仁德的行为有三种：安仁，利仁，强仁。三者泛爱众人的效果相同而实情各异。和仁的效果相同，都是泛施博爱，那行仁的实情就不能知道了；从和仁的利害关系来看，可以知道行仁的实情。仁德的人安于行仁；智慧的人，知道行仁的利益并想得到它；犯了罪怕受惩罚的人，勉强地行仁。仁就像人的右手，施用推行非常方便；道就像人的左手，施用推行略感勉强。仁就是人情相爱，施以恩德；道就是裁断合适，措置得宜。看重仁的人对道轻视，对人亲爱而缺少尊敬；看重道的人对仁轻视，对人尊敬而缺少亲爱。道有兼行仁义的至极的道，有裁断适度的道，有稽考的道。施行兼行仁义的至极之道的人，可以成为天下之王；施行裁断适度的道，可以为诸侯之长而称霸；施行稽考的道，遇事不会轻率妄动，可以避免过失。”

孔子说：“仁和义都有数和长短大小的区别。遇到事情，心中感到忧伤痛苦，是爱人的仁者；依循法度，勉强行仁，是利用仁德达到自己的目的。《诗经》说：‘武王怎不惦念天下的事，就像丰水有枸杞一样。武王给他的子孙留下了良好的计谋，使他们得到安乐。武王真是个伟大的君主啊！’这就是嘉惠若干世代的仁。《国风》说：‘连我都不能容纳，哪有工夫顾及我的后代。’这就是随自我死亡而结束的仁。”

孔子说：“仁像非常重的器具，非常远的道路，没有人举得起重器，也没有人能走完这条路，取举重器、走远路的数多的作为仁。这样勉力于仁，不是很困难吧？因此君子如用义的标准衡量人，就很难有人够得上这个；如用一般的标准来求人，就可以知道谁是贤德的人了。”

孔子说：“心中能够安于行仁的人非常少。《大雅》说：‘道德如同羽毛一样轻，但很少有人能举起它。我揣度思考，只有仲山甫能举起，人们虽然爱他，但不能帮助他。’《小雅》说：‘高山是大家仰望的，大路是众人行走的。’”孔子说：“《诗经》爱好仁德到这种地步。向着大路前行，到了中途力极疲顿，不能继续前进就停止了，忘了自己身体衰老。也不知还能活多久，仍旧每天努力不懈地前行，到死方休。"

孔子说："行仁而难成功由来已久了！人人都失去了他的爱好，所以行仁之人的过错，很容易辩解。"孔子说："恭敬接近礼，节俭接近仁，诚实接近人情，恭敬谦让地做事，即使有过错，也不会是大错。能够恭敬，可以少出错；以情待人，可以使人信赖；日用节俭，使人易于接纳。这样做而有过错，不是很少有的事吗？《诗经》说：'温和恭敬才是道德的基础。'"

孔子说："行仁而难成功由来已久了，只有君子能够成功。所以君子不用自己能做到的事责备人，不用人们做不到的事怪罪人。所以圣人规范别人的行为，不以自己的能力为规范标准，是使人们互相劝勉，知愧知耻，实行圣人的教诲。用礼来节制他们，用信用来笼络他们，用温和的容貌来润泽他们，用衣裳服饰来改变他们，用朋友情义劝勉鼓励他们，使他们穷尽于道，这都是希望他们专心善道。《小雅》说：'待人没有惭愧的地方，对上天也不畏惧。'所以君子们穿上了自己的服装，还要用君子的仪容来文饰；有了仪容，还要以君子的辞气来文饰；辞气清雅，还要用君子的德性来充实。因此君子为只有服饰而缺乏仪容感到羞耻，为只有仪容而缺乏辞气感到羞耻，为只有辞气而缺乏美德感到羞耻，为只有美德而缺乏行为感到羞耻。因而君子穿了丧服就会有悲哀的气色；穿了朝服就会有恭敬的神情；穿上盔甲就会有不可侵犯的表情。《诗经》说：'鹈鹕栖在鱼梁上，居然没有弄湿翅膀。那些没有德行的贵族们，真不配穿他那一身好衣裳。'"

孔子说："君子的所谓义，无论尊卑贵贱，天下每个人都有要恭敬从事的事情。天子尊贵，也要举行亲耕的仪式，用黍稷、香酒供奉上帝，而诸侯也勤勉地辅佐侍奉天子。"

孔子说："下属侍奉上司是理所当然的事。上司虽有庇护人民的大德，思考、做事也不敢超出自己的权力地位。这才是厚重的仁德。因此君子恭敬节俭来做仁德的事，诚实谦让来做礼义的事，不把自己的事放在重要地位，不认为自己是高贵的，不要求居于尊贵的地位而清心寡欲，谦让贤人，贬抑自己而尊崇别人，小心谨慎而敬服道义，希望用这种态度来得到国君的信任。得到了这样做，得不到也这样做，听由天命安排。《诗经》说：'正像茂密的葛藤缠绕住枝干，和易近人的君子，求福修德，不违先祖之道。'这大概说的就是舜、禹、文王和周公吧？有作为人民君长的高尚品德，又有从事君长事务的细心。《诗经》说：'这位周文王恭敬小心光明磊落地奉事上帝，招来许多的福祉，他有德而不违先祖之道，天下的诸侯都来归附。'"

孔子说："先王用尊崇的声誉加封号给死去的人，只节取那个人的一件美善行为来定谥号，为的是不使名声超过品行。因此君子不夸耀自己做的事情，不推崇自己的功绩，目的在求实。有了过失行为，不让别人跟着照样做，目的在宽厚仁慈地待人。宣扬别人的好处，赞美别人的功绩，目的在对贤良的人表示敬意。所以君子虽然自己贬低自己，但人民却尊敬他。"

孔子说："后稷是天下创立功业的人，他创始农业，受益的何止一两个人。但为了使实际的行为超过名声，所以自称是个熟悉稼穑诸事的人。"

孔子说："君子所说的仁，做到它是太难了！《诗经》说：'和易近人的君子是人民的父母。'君子用仁政教育、感化他们，使他们快乐又自强不息，和易顺从又高高兴兴。人民快乐而不荒废事业，有礼仪而不失亲爱，威严庄重而不失安宁，孝顺慈爱而不失恭敬。使人民尊敬自己像对待父亲一样，亲近自己像对待母亲一般，这样然后可以做人民的父母。不是有最高尚的道德，怎么能够这样呢？现在的父亲爱子女，是亲爱有才有德的，轻视无能的；母亲亲爱子女，有才有德的就亲爱，无能的就怜惜他。因此母亲亲近但没尊严，父亲有尊严却难以亲近。水对于人们来说，是可亲近而无尊严的；火，有尊严却不能亲近；土地载养万物，却被人践踏，可亲近而无尊严；天覆盖万物，有尊严却不能亲近。政令是教育人民的，可亲近而行，却无尊严；神道严敬，降人祸福，有尊严，神道无形却不能亲近。"

孔子说："夏代为政之道是勤于民事，敬奉鬼神，却使它远离政教，通达人情，而竭尽心意。以俸禄为重要，威怒为次要；以赏赐为重要，刑罚为次要，所以夏代的政令亲近而无尊严。到了政教衰败时，人民就变得蠢笨愚昧，骄傲放肆，粗鄙而无文彩。殷人推崇神灵，君王带领人民信奉鬼神，重视鬼神而轻视礼法，注重刑罚而忽视赏赐，所以殷人的政令有尊严而不亲近。到了政教衰败的时候，人民就变得放荡而不守本分，只求得胜而不知羞耻。周人推崇礼法，爱好施与，敬奉鬼神而使它远离政教，通达人情，竭尽心意，奖赏处罚用爵位的高低作差等，所以周人的政令亲近而无尊严。到政教衰败时，人民就变得贪利取巧，文过饰非而不知羞愧，互相伤害，互相蒙骗。"

孔子说："夏代的政教，政令之词不烦琐，对人民不要求齐备，赋税轻简，人民没有厌弃亲情。殷人礼法简约，却对人民要求齐备。周人强劝人民奉行政教，虽未烦渎鬼神，但赏赐爵位，刑罚穷极繁多。"

孔子说："虞夏的政教单纯质朴，人民很少怨恨。殷周的政教华丽繁杂，衰败得无法收拾。"

孔子说："虞夏的单纯质朴，殷周的华丽繁杂，都达到极点。虞夏的华丽繁杂不能胜过单纯质朴，殷周的单纯质朴无法胜过华丽繁杂。"

孔子说："后代虽有兴盛之王，再也不可能赶上虞舜了。他治理天下，生前无私心，死后也不厚待他的儿子，对待人民如待父母，有夹杂忧愁痛苦的爱心，有实心利民而进行的教育，容易接近而又有尊严，身心安定而能够恭敬，既有威严又有仁爱，生活富足不失礼仪，施惠于人而无偏心。他的臣下尊行仁道，顾畏义理，以靡费为羞耻，对财货不计较，忠心耿耿而不犯上，尽君臣之义而顺从，文雅而稳重，既宽容又有分寸。《甫刑》说：'道德威严使人敬畏，道德的光明使人贤明。'不是虞舜怎么能做到这个地步？"

孔子说："臣子服事君主，自己先考虑好要说的话。拜受君命而献出自己的一切，以实现自己说过的话。因此君主可以责成臣下，臣下鞠躬尽瘁地实现自己的诺言。所以臣下接受俸禄，功禄相当。做的事与说过的话相符，过失也就很少。"

孔子说："服事君主，谋立大事，人们就希望有大的利益；谋立小事，人们就希望有小的利益。所以君子不因谋立小事成功而接受大的俸禄，也不因谋立大事成功而接受小的俸禄。《易经》说：'君主有大的积蓄，必然作为俸禄给予贤德之人。'"

孔子说："服事君主要正直，不要把自己的私事通报君主，不要说漂亮话。不是正直的人引荐，不从这里随便进身。《小雅》说：'恭谨地从事你的职守，爱好的只是正直。神明听到这一切，会赐给你俸禄爵位的。'"

孔子说："服事君主，与君主疏远的人越级谏争，就近于谄媚；在君主身边的人不谏争，就像祭祀的尸一样只受享祭而无所事事。"

孔子说："侍御、仆从等近臣，要尽调和君主事情的责任；冢宰整饬治理百官；卿大夫等大臣要谋虑四方的事情。"

孔子说："服事君主，君主有过失应该劝谏而不应该宣扬。《诗经》说：'心里实在很爱护他，为什么不忠告他呢？劝谏藏放心里，什么时候都不应该忘掉啊！'"

孔子说："服事君主，难于晋升可是辞职很快，这样，官位就有秩序了。容易晋升却不愿辞职，这样就混乱了。因此君子做客，三次揖谢然后进门，告辞一次就要离去。这样就免于混乱。"

孔子说："服事君主，多次与君主意见不和还不肯离国而去，就是贪图利禄。即使有人说他没有企求，我也不相信。”

孔子说：“服事君主，开始的时候要谨慎，并尽心尽意地做到底。”

孔子说：“服事君主，君主可以使他尊贵或卑贱，可以使他富贵或贫穷，可以使他生存或死亡，但不可使他成为乱臣贼子，违背义理。”

孔子说：“服事君主，战争时不逃避艰难的任务；平时在朝廷，不推辞卑贱的事情；处在那个位置而不从事那个事情，就混乱了。所以君主让臣下做他应做的事，就要慎重考虑再听从。不是臣下能做的事，就要深思熟虑后再听从。将事情做完而后告退，这是臣下的忠厚。《易经》说：‘不是服事王侯，而是尊崇事业。’”

孔子说：“只有天子是上天任命的，官吏是由天子任命的。所以君主的命令顺应人道，臣下就会顺从；君主的命令违反人道，臣下就不会听命。《诗经》说：‘鹊鸟在上面姜姜争斗，鹌鸟在下面贲贲争斗，人间也是上下争斗，我们却让他做了君主。’”

孔子说：“君子不因一个人的辞令而决定他是否贤良。天下有道德规范时，人们做的比讲的多；天下失去道德规范时，人们说的就比做的多。所以君子跟那些有丧事的人站在一起，如果不能赠送钱帛，就不要问他花费多少；在有病的人旁边时，如果不能馈赠，就不要问他需要什么；有客人来，如果没有地方让他住，就不要问他住在什么馆舍。所以君子之间的交往淡薄如水，小人之间的交情浓厚如甜酒。君子交往淡薄，却能相辅相成；小人交情浓厚，但是会把事情搞坏。《小雅》说：‘坏话特别甜蜜，却更增加混乱。’”

孔子说：“君子不用空话讨人好感，那人民就会兴起忠实的风气。君子问人是否寒冷，就送衣裳给他；问人是否饥饿，就送食物给他；问某人品德是否高尚，就准备任用他。《国风》说：‘你这样使人忧虑，还是跟我回去休息吧。’”

孔子说：“许给人家好处而不兑现，一定会引起对许诺人的怨恨。因此君子与其对人负有承诺的责任，不如受人埋怨。《国风》说：‘起初和颜悦色，说说笑笑，赌咒发誓表示真诚，不想想后果。后果如果相反，那就什么都完了！’”

孔子说：“君子不装模作样讨人喜欢，如果感情已疏远却外表很亲密，在小人方面不就是钻墙洞的小偷吗？”

孔子说：“情理确实，言辞要有技巧。”

孔子说：“以前夏商周三代圣明君王都侍奉天地等神明，一切都由占卜决定，不敢用自己的私意亵渎上天，所以不冲犯不吉的日子，不违背占卜的指示。卜、筮二者不能重复。郊、禘等祭祀有规定的日子占卜，小的祭祀没有固定时间，并且只有筮。祭祀天地神祇用刚日，宗庙之祭用柔日。不能违背龟筮的指示。"

孔子说："没有杂色的祭牲，礼乐仪式以及黍稷等祭品，都是适合于鬼神的，同时又是百姓愿意的。"

孔子说："后稷的祭祀很容易备办，因此他的言辞恭敬，欲望简单，他的福禄都施及子孙了。《诗经》说：'自从后稷开始祭祀，几乎没有什么缺憾，一直到今天还是这样。'"

孔子说："居高位的人，所用的器具有威严并受到敬重。天子不用筮，诸侯有守国的筮。天子出行用筮，诸侯不在自己的国内不用筮。搬家或迁移寝处用卜。天子到诸侯国，一定住在太庙里，不用卜。"

孔子说："君子尊敬别人就用祭祀的器具。因此，人民都按规定来卜筮进见长上的日子，不违背卜筮的指示，恭敬地对待君长。所以君长对人民有尊严，下属对上司也不敢怠慢。"

缁 衣①

子言之曰："为上易事也，为下易知也，则刑不烦矣②。"

子曰："好贤如《缁衣》③，恶恶如《巷伯》④，则爵不渎而民作愿⑤，刑不试而民咸服⑥。《大雅》曰：'仪、刑文王⑦，万国作孚⑧。'"

子曰："夫民教之以德，齐之以礼，则民有格心⑨。教之以政，齐之以刑，则民有遁心⑩。故君民者子以爱之，则民亲之；信以结之⑪，则民不倍⑫；恭以莅之，则民有孙心。《甫刑》曰：'苗民匪用命，制以刑，唯作五虐之刑⑬，曰法。'是以民有恶德，而遂绝其世也。"

子曰："下之事上也，不从其所令，从其所行。上好是物，下必有甚焉者矣。故上之所好恶，不可不慎也，是民之表也⑭。"

子曰："禹立三年，百姓以仁遂焉⑮，岂必尽仁？《诗》云：'赫赫师尹，民具尔瞻。'《甫刑》曰：'一人有庆⑯，兆民赖之⑰。'《大雅》曰：'成王之孚，下土之式⑱。'"

子曰："上好仁，则下之为仁争先人。故长民者章志⑲，贞教⑳，尊仁，以子爱百姓，民致行己以说其上矣。《诗》云：'有梏德行㉑，四国顺之。'"

子曰："王言如丝，其出如纶[22]，王言如纶，其出如绋[23]。故大人不倡游言[24]：可言也不可行，君子弗言也。可行也不可言，君子弗行也。则民言不危行[25]，而行不危言矣。《诗》云：'淑慎尔止[26]，不愆于仪[27]。'"子曰："君子道人以言，而禁人以行，故言必虑其所终，而行必稽其所敝，则民谨于言而慎于行。《诗》云：'慎尔出话，敬尔威仪。'《大雅》曰：'穆穆文王[28]，於缉熙敬止[29]。'"

子曰："长民者衣服不贰[30]，从容有常[31]，以齐其民，则民德壹。《诗》云：'彼都人士，狐裘黄黄。其容不改[32]，出言有章，行归于周[33]，万民所望。'"

子曰："为上可望而知也，为下可述而志也[34]，则君不疑于其臣，而臣不惑于其君矣。尹吉曰[35]：'惟尹躬及汤[36]，咸有壹德[37]。'《诗》云：'淑人君子，其仪不忒[38]。'"

子曰："有国家者章善瘅恶[39]，以示民厚，则民情不贰。《诗》云：'靖共尔位[40]，好是正直。'"

子曰："上人疑则百姓惑[41]，下难知则君长劳。故君民者章好以示民俗，慎恶以御民之淫[42]，则民不惑矣。臣仪行[43]，不重辞[44]，不援其所不及[45]，不烦其所不知[46]，则君不劳矣。《诗》云：'上帝板板[47]，下民卒瘅。'《小雅》曰：'匪其止共[48]，惟王之邛[49]。'"

子曰："政之不行也，教之不成也，爵禄不足劝也，刑罚不足耻也。故上不可以亵刑而轻爵。《康诰》曰：'敬明乃罚[50]。'《甫刑》曰：'播刑之不迪[51]。'"

子曰："大臣不亲，百姓不宁，则忠敬不足，而富贵已过也。大臣不治，而迩臣比矣。故大臣不可不敬也，是民之表也；迩臣不可不慎也，是民之道也。君毋以小谋大，毋以远言近，毋以内图外，则大臣不怨，迩臣不疾，而远臣不蔽矣。叶公之顾命曰[52]：'毋以小谋败大作[53]，毋以嬖御人疾庄后[54]，毋以嬖御士疾庄士大夫、卿、士[55]。'"

子曰："大人不亲其所贤，而信其所贱，民是以亲失，而教是以烦[56]。《诗》云：'彼求我则[57]，如不我得。执我仇仇[58]亦不我力[59]。'《君陈》曰：'未见圣，若己弗克见[60]；既见圣，亦不克由圣[61]。'"

子曰："小人溺于水[62]，君子溺于口，大人溺于民，皆在其所亵也[63]。夫水近于人而溺人，德易狎而难亲也，易以溺人。口费而烦[64]，易出难悔，易以溺人。夫民闭于人而有鄙心[65]，可敬不可慢，易以溺人。故君子不可以不慎也。《大甲》曰：'毋越厥命以自覆也[66]。''若虞机张[67]，往省括于厥度则释[68]。'

《兑命》曰：'惟口起羞⑥⑨，惟甲胄起兵，惟衣裳在笥⑦⑩，惟干戈省厥躬。'《大甲》曰：'天作孽，可违也⑦①；自作孽，不可以逭⑦②。'尹吉曰⑦③：'惟尹躬天⑦④，见于西邑⑦⑤夏，自周有终⑦⑥，相亦惟终⑦⑦。'"

子曰："民以君为心，君以民为体。心庄则体舒⑦⑧，心肃则容敬⑦⑨。心好之，身必安之；君好之，民必欲之。心以体全，亦以体伤；君以民存，亦以民亡。《诗》云：'昔吾有先正⑧⑩，其言明且清，国家以宁，都邑以成，庶民以生。谁能秉国成⑧①？不自为正，卒劳百姓。'《君雅》曰：'夏日暑雨⑧②，小民惟曰怨。资冬祁寒⑧③，小民亦惟曰怨。'"

子曰："下之事上也，身不正，言不信，则义不壹，行无类也⑧④。"子曰："言有物而行有格也⑧⑤，是以生则不可夺志，死则不可夺名。故君子多闻，质而守之⑧⑥；多志，质而亲之⑧⑦；精知，略而行之⑧⑧。《君陈》曰：'出入自尔师虞⑧⑨，庶言同。'《诗》云：'淑人君子，其仪一也⑨⑩。'"

子曰："唯君子能好其正⑨①，小人毒其正⑨②。故君子之朋友有向⑨③，其恶有方⑨④。是故迩者不惑，而远者不疑也。《诗》云：'君子好仇⑨⑤。'"

子曰："轻绝贫贱，而重绝富贵，则好贤不坚，而恶恶不著也。人虽曰不利，吾不信也。《诗》云：'朋友攸摄⑨⑥，摄以威仪⑨⑦。'"

子曰："私惠不归德⑨⑧，君子不自留焉。《诗》云：'人之好我，示我周行⑨⑨。'"

子曰："苟有车，必见其轼；苟有衣，必见其敝。人苟或言之，必闻其声；苟或行之，必见其成。《葛覃》曰：'服之无射⑩⑩。'"

子曰："言从而行之，则言不可饰也。行从而言之，则行不可饰也。故君子寡言而行，以成其信，则民不得大其美而小其恶。《诗》云：'白圭之玷⑩①，尚可磨也。斯言之玷，不可为也。'《小雅》曰：'允也君子⑩②，展也大成⑩③。'《君奭》曰：'在昔上帝，周田观文王之德⑩④，其集大命于厥躬。'"

子曰："南人有言曰：'人而无恒，不可以为卜筮。'古之遗言与？龟筮犹不能知也⑩⑤，而况于人乎！《诗》云：'我龟既厌，不我告犹。'《兑命》曰：'爵无及恶德，民立而正事。''纯而祭祀⑩⑥，是为不敬。事烦则乱，事神则难⑩⑦。'《易》曰：'不恒其德，或承之羞。''恒其德侦，妇人吉，夫子凶⑩⑧。'"

【注释】

①郑玄说：名曰"缁衣"者，善其好贤者厚也。孙希旦说：此篇言君上化民，人臣事君，及立身行己之道。其曰《缁衣》者，取次章之语以名篇。任铭善说：此篇实《表记》之下篇。

②烦：繁多。 ③《缁衣》：《诗经·郑风》篇名。这首诗讲人们拥戴郑武公，为他做缁衣的事。但后人多不相信。缁衣：卿大夫到官署穿的私朝朝服。 ④《巷伯》：《诗经·小雅》篇名，讲一个寺人因谗言受害，要把这个好说谗言的恶人扔给豺狼虎豹吃掉。巷伯，即指寺人，内廷的小官。 ⑤渎：滥，混杂。愿：老实、谨慎。 ⑥试：使用。 ⑦仪刑：效法、法式。 ⑧孚：诚信、信用。 ⑨格心：向善的心。格：至。 ⑩遁心：逃避刑罚的心。遁：逃。 ⑪结：团聚、联合。 ⑫倍：背叛。 ⑬虐：残暴。 ⑭表：标准、仪范。 ⑮遂：成就、成效。 ⑯庆：善、美。 ⑰赖：获取。 ⑱式：榜样、模范。 ⑲长民：做民众君长。章：表明。 ⑳贞：正。 ㉑梏：直，正直。 ㉒纶（lún）：比丝粗的绳子。 ㉓绋（fú）：绳索。 ㉔倡：提倡、宣扬。游言：虚浮，不切实的话。 ㉕危：高、超。 ㉖淑：善。止：容止，形貌举动。 ㉗愆：过失。仪：礼仪。 ㉘穆穆：仪表美好。 ㉙於：赞美声。缉熙：品德光明正大。敬：谨慎负责。止：语气助词。 ㉚不贰：不重复。 ㉛从容：举动。常：常法、常规。 ㉜容：容貌、仪容。 ㉝周：郑玄说“忠信为周”。 ㉞述：述说、叙述。志：知道、了解。 ㉟吉：当为“告”，即古文“诰”。伊尹诰太甲，故称“尹诰”。 ㊱躬：自己、自我。 ㊲壹德：纯一的道德。 ㊳忒：差错。 ㊴瘅（dǎn）：憎恨。 ㊵靖：恭谨。 ㊶疑：好恶不明。 ㊷御：阻止、禁止。 ㊸仪行：效法国君的行为。 ㊹重辞：多说话。 ㊺援：援引、引用。 ㊻烦：烦扰。 ㊼板板：邪僻乖戾，反复无常。 ㊽匪：非。止：职位。共：通“恭”，恭敬，指忠于职守。 ㊾邛（qióng）：使……辛劳。 ㊿敬：慎重。明：严明。 (51)播：施用、施行。之：郑玄说是衍字。迪：道理。 (52)叶：孙希旦说：叶当做“祭”字之误也。叶公：祭公，即祭公谋父。顾命：快要死时而说。 (53)小谋：小臣之谋。大作：大臣之所为。 (54)嬖御人：嬖宠之妾。疾：嫉恨。 (55)大夫卿士：解说不一。王梦鸥依郑注、俞樾之注定为此四字是误入正文的注文。依王说。 (56)烦：混乱。 (57)则：语尾助词。 (58)执：持、拿，指对待。仇（qiú）仇：傲慢的样子。 (59)力：信用。 (60)克：能够。 (61)由：用。 (62)溺：沉湎无节制。 (63)亵：亲近。 (64)口费：郑玄说是口多空言且繁数。 (65)闭：不通。人：指人道。 (66)越：倾覆。覆：毁败。 (67)机：弩箭的发动机关。 (68)省：察看。括：通“栝”，箭的末端。度：射击的目标。 (69)羞：羞辱、耻辱。 (70)衣裳：朝服、祭服。 (71)违：躲避、避开。 (72)逭（huàn）：逃避。 (73)尹吉：尹诰。 (74)天：郑玄说，天当为“先”字之误。但郑玄说是指伊尹的先祖。孔颖达说《尚书·太甲》说尹之往见夏之先君，是身之往先见，非谓尹之先祖。此处依孔说。 (75)西邑：指夏的都邑，因在殷都亳的西边，故称。 (76)周：忠信。 (77)相：辅佐的臣下。 (78)庄：通达。 (79)肃：庄重。 (80)先正：先世贤臣。 (81)秉：持，执掌。 (82)暑：炎热。雨：潮湿。 (83)资：郑玄释作“至”。祁：是。 (84)类：比较。 (85)物：证据。格：旧法。 (86)质：对、验证。守：吕大临说是“服膺弗失”。 (87)亲之：吕大临说是“学问不厌”。 (88)略：大略、大致。 (89)师：众人。虞：谋度、意见。 (90)仪：通“义”，道义、义理。 (91)正：正直公正的行为。 (92)毒：憎恶、憎恨。 (93)向：同类。 (94)方：同样。 (95)仇：匹配。 (96)攸：所以。摄：佐理、辅助。 (97)威仪：礼仪、仪节。 (98)归：归属。 (99)周行：大道。 (100)射：厌倦。 (101)玷：缺点。 (102)允：诚实。 (103)展：真诚。

(104)周：遍。田：郑玄、王夫之均将“田”作“申”解。申：重复、反复。 (105)犹：道。郑玄说是"不告以吉凶之道"。　⑩纯：郑玄说，纯或为"烦"。　⑩这里引《尚书·兑命》文辞，郑玄曾依原文加以阐发，孙希旦则在郑玄的基础上再加扩展。此句的译文即依孙说。　⑩侦：正。孔颖达说：妇人不自专，常须向正于人，故得吉。夫子，男子也。当须自专，权干于事，若问正于人失男子之道，故为凶。

【译文】

孔子说："在上位的人不苛刻待人，那么臣下们侍奉起来就容易；在下位的人无奸诈之心，那么君长就容易了解他们的心情。这样触犯刑法的事就不会繁多。"

孔子说："如果爱护贤人像《缁衣》描写的那样，嫉恨坏人像《巷伯》描写的那样，那么爵位就不会滥赏，而民众也就老实谨慎，不使用刑罚，民众就都听从了。《大雅》说：'效法周文王，世上各国就会兴起诚实的风气。'"

孔子说："用道德教育民众，用礼义来约束他们，那么民众就有向善的心愿。用政令来教导他们，用刑罚来约束他们，那么民众就有逃避的念头。所以作为民众君长的人，能够用爱护子女的感情爱护民众，那么民众就会亲近他们；能够用信用来团聚民众，那么民众就不会背叛他们；恭敬地对待民众，那么民众就会顺从君长。《甫刑》说：'苗人不听命，用刑罚制裁他们，制订五种残暴的刑法而称作"法"。'因此民众品德低劣，以致最终竟绝了后嗣。"

孔子说："下属对待上司，不是听从他的命令，而是跟随他的行动去做。上司爱好这种东西，下属必定更厉害。所以上司的好恶，不能不慎重，因为他是民众的表率。"

孔子说："禹成为首领三年，百姓在仁德方面已有成效，难道他们本来都是仁人吗？《诗经》说：'赫赫有名的尹太师，人们都在注视着你。'《尚书·甫刑》说：'天子一个人有善行，千千万万的人都得到了好处。'《大雅》说：'周成王的诚信威望，是天下的榜样。'"

孔子说："君长爱好仁德，那么下属争先恐后去做仁的事情。所以作为民众君长的人应表明行仁的志向，用正道教育民众，尊崇仁德，像对待子女一样爱护百姓，民众都尽力去做来获得君长的欢心。《诗经》说：'有正直的德行，四方的人们都会顺从他。'"

孔子说："君王说的话，本来只像丝那么细，传到臣民耳朵时就像绳子那么粗了；君王说的话像绳子那么粗，传到臣民耳朵里就像绳索那么粗了。因此执政的人不能提倡说虚浮、不切实的话。说出来做不到的话，君子不说；做得出来却不敢说的事，君子不做。这样，民众就不会说得多做得少，也不会做的坏事超过说的好话了。《诗经》说：'好好谨慎你的举止，不要犯过失触犯礼仪。'"

孔子说："君子用言语引导人向善，用行动禁止人作恶。所以说话一定要考虑它的后果，行动必须考虑它的弊端。这样民众对言谈、行动都很谨慎。《诗经》说：'谨慎你说出的话，尊重你的威严仪表。'《大雅》说：'仪表美好的文王啊，品德光明正大，谨慎负责。'"

孔子说："作为民众君长的人，衣服有固定，举动有常规，以此约束他的民众，那民众的道德才会齐一。《诗经》说：'那些西都的人士，个个穿着黄色的狐裘皮衣，仪容不变，出口成章，行为以忠信为本，他们是万民仰望的。'"

孔子说："作为君长不隐藏自己的感情，使人一望可知，作为下属率诚奉上，行为叙述可知，这样国君不怀疑他的臣下，臣下也不会不了解他的国君。《尹诰》说：'只有伊尹自己和汤都有纯一的道德。'《诗经》说：'善人君子的仪容是不会有差错的。'"

孔子说："执掌国家政权的人，要表彰善良，憎恨丑恶，向民众显示为善，这样民众向善才会一心一意。《诗经》说：'恭谨地从事你的职守，爱好的只是正直。'"

孔子说："君长好恶不明，百姓就要迷惑；下属的心情难以知晓，就会使君长操劳。所以作为民众君长的人，表明自己的爱好，以指示民众风格的趋向，谨慎表明自己的憎恶，以阻止民众的奢侈，这样民众就不会迷惑了。臣子效法国君的行为，不多说话，不援引那些他力不能及的事，不要用他不知道的事情来烦扰，这样国君就不辛劳了。《诗经》说：'国君反复无常，臣民都会憎恶。'《小雅》说：'不在自己的职位上忠于职守，只会使国君辛劳。'"

孔子说："政令不能施行，教化没有成功，是因为爵位俸禄不能勉励人，刑罚处理又不能使人感到羞耻。所以君长不可以滥施刑罚，不能随便封爵予人。《康诰》说：'慎重严明地施用刑罚。'《甫刑》说：'刑罚的施行一定要有道理。'"

孔子说："大臣不亲近国君，民众生活不安宁，这样忠诚和恭敬都不够，可是富贵已超过他们应得的了。大臣不治理政事，而近臣联群结党欺蒙国君。所以国君不可以不尊敬大臣，他们是民众的表率，不可以不审慎地选择近臣，他们是民众的门径。国君不要跟小臣商议大臣的事，不要跟远臣谈近臣的事，不要同内臣图谋外臣的事，这样大臣没有怨恨，近臣不会嫉恨，远臣也不会被蒙蔽而不能通达于上。祭公谋父临死时说：'不要用小臣计谋败坏大臣的作为，不要因宠爱的妃妾嫉恨庄重的皇后，不要因宠信的臣子而排斥庄重的忠臣。'"

孔子说："执政的人不亲近贤德的人，却相信那些卑鄙的人。民众因此亲近失德的人，教化也跟着混乱了。《诗经》说：'国君请求我时，好像怕得不到我；我答应了，却摆出傲慢的样子，也不再信任我。'《尚书·君陈》说：'没有见圣道的时候，好像自己永远也不能看见了；已经见过圣道，却不能用圣道做事。'"

孔子说："小人喜欢水就沉溺在水里，君子喜欢议论就沉溺在言谈中，执政的人沉溺于民众不正风气中，都是太密切而失去戒心。水与人密切，却能淹死人；有道德的人容易接近，但难以亲密起来，易接近却难亲密就使人像溺水一样；喜欢说空话，而且繁多琐碎，容易出口却很难追悔，空话易出难悔就使人像溺水一样。民众不通道理，却用心鄙诈，国君对他们只能恭敬，却不可怠慢，不然就使民众心生怨言，国君陷于怨言之中就像使人溺水一样。所以君子对这些不可不谨慎。太甲说：'不可倾覆他的命令，使自己毁败。''就像田猎的人把弩箭的发动机关张开，仔细察看，使箭矢对准目标再发射。'《尚书·兑命》说：'嘴巴讲话时要慎重，口出不当就会招致羞辱；甲胄是抵御侵略的武器，但也会引起战争；朝衣祭服，应该用来行礼，不可胡乱赏给他人，不然不如放在箱子里；干戈武器是用来征伐不义的，也须自我反省，不要妄加于人而害人。'太甲说：'上天降下灾难，不可以避开；自己招来的灾祸，却逃避不开。'《尹诰》说：'伊尹自己以前曾亲眼看到夏代西邑的政治，夏代始终用忠信治人，辅佐的臣子也能享受天命。'"

孔子说："民众把国君当做一个人的心脏，国君把人民当做一个人的身体。心情通达就会身体舒适，心情严肃就会容貌举止恭敬。心里有所爱好，身体一定能习惯；国君有所爱好，民众必定也想得到。心因身体保护得以不受损害，也会因身体不健全而受到伤害，国君因有民众才能存在，也会因民众的不满而灭亡。《诗经》说：'以前我们有先世的贤臣，他说话通达而且公正，在他的治理下国家得到安宁，城邑也建造起来，民众过着富足的生活，现在谁能主持国家的事情呢？那些执政的人，自己不能成为贤臣，只是使百姓更加辛劳。'《尚书·君雅》说：'夏天炎热又潮湿，小民只知埋怨天热；到了冬天寒冷起来，小民也要抱怨。'"

孔子说："下属对待上司，行为不端正，讲话没信用，那就道义不专，无法比较。"孔子说："说话要有证据，而且行为要有法则。所以生存时不能被迫改变志向，死去也不会被剥夺名声。所以君子应多听别人的意见，验证之后就牢记心中，衷心信服；多多见识，验证之后，要不厌其详地学习；知识要精深，但只是约略使用。《君陈》说：'政教出入，应采纳众人的意见，使众人看法相同并去施行。'《诗经》说：'善人君子，他们的义理是纯一的。'"

孔子说："只有君子爱好正直、公正的行为，小人就憎恶它。所以君子的朋友都是同一类的，有着共同的好恶。因此接近君子的人不会使他产生迷惑，远离君子的人也没什么怀疑。《诗经》说：'君子喜欢言行相配的朋友。'"

孔子说："轻率地和贫贱的朋友绝交，而郑重地和富贵朋友绝交；好贤的心不坚定，嫉恶的行为不显明，即使有人说这种人不是为私利，我也不会相信。《诗经》说：'朋友之间互相辅佐着，就是因为那个礼仪。'"

孔子说："私自把恩惠给人，而不涉及道德，君子不会留下。《诗经》说：'喜欢我的人，把大道指示给我。'"

孔子说："如果有了车，一定可以看到车前的横木；如果有了衣裳，一定会看到他穿的破烂；一个人在说话，一定会听到他的声音；真的做事时，一定会看到成效。《葛覃》说：'穿细葛粗葛的衣服都不厌倦。说的就是这个意思吧。'"

孔子说："随着说出的话去做，那说出的话就不能掩饰；随着做出的事而说，那做出的事就不能掩饰。所以君子不多说话，而是用行动来成就他的诚实。这样民众就不能夸大他的优点而使他的缺点变小。《诗经》说：'诚实的人才是君子，真诚的人才能有大成就，'《君奭》说：'以前上天曾普遍、反复地观察周文王的德行，因文王有诚信，将天命降到他的身上。'"

孔子说："南方人有句话说，人如果没有恒心，不可以为他占卜。这也许是古人留下来的谚语吧？那种人的吉凶，连龟筮神明也不能知道，何况凡人呢？《诗经》说：'占卜多了，神龟都厌烦了，再也不告诉我吉凶之道了。'《尚书·兑命》说：'如果把爵位赐给人，并让他做卿大夫，就要选择有恒心而行正道的人。''如果是没有恒心的人，专门求问鬼神，则极不恭敬。他的事情繁多，会扰乱典礼，侍奉鬼神也就难以得到福祐了。'《易经》说：'不使德行有恒，就会受到羞辱。恒常德行，要问正与人，对妇人是吉，对男人是凶。'"

奔　丧①

奔丧之礼：始闻亲丧，以哭答使者，尽哀；问故，又哭尽哀。遂行，日行百里，不以夜行；唯父母之丧见星而行，见星而舍②；若未得行，则成服而后行③。过国至竟，哭，尽哀而止。哭辟市朝，望其国竟哭，至于家，入门左，升自西阶，殡东，西面坐，哭尽哀，括发、袒，降，堂东即位，西向哭，成踊，袭绖于序东，绞带④，反位，拜宾，成踊，送宾，反位。有宾后至者，则拜之、成踊、送宾皆如初。众主人、兄弟皆出门，出门哭止，阖门，相者告就次⑤。于又哭⑥，括发、袒、成踊；于三哭⑦，犹括发、袒、成踊。三日成服⑧，拜宾送宾皆如初。奔丧者非主人，则主人为之拜宾送宾。

奔丧者自齐衰以下，入门左，中庭北面，哭尽哀，免、麻于序东，即位袒，与主人哭，成踊。于又哭、三哭，皆免、袒。有宾，则主人拜宾送宾。丈夫、妇人之待之也，皆如朝夕哭位，无变也。奔母之丧，西面哭尽哀，括发、袒，降，堂东即位，西向哭，成踊，袭、免、绖于序东，拜宾送宾，皆如奔父之礼。于又哭，不括发。

妇人奔丧，升自东阶，殡东，西面坐，哭尽哀。东髽⑨，即位，与主人拾踊⑩。

奔丧者不及殡，先之墓，北面坐，哭尽哀。主人之待之也⑪，即位于墓左，妇人墓右，成踊，尽哀，括发⑫，东即主人位，绖、绞带，哭，成踊。拜宾，反位，成踊，相者告事毕。遂冠归，入门左，北面，哭尽哀，括发、袒，成踊，东即位，拜宾、成踊。宾出，主人拜送，有宾后至者，则拜之、成踊、送宾如初。众主人、兄弟皆出门，出门哭止，相者告就次。于又哭，括发，成踊。于三哭，犹括发，成踊。三日成服，于五哭⑬，相者告事毕。为母所以异于父者，壹括发⑭，其余免以终事，他如奔父之礼。齐衰以下不及殡，先之墓，西面哭尽哀，免、麻于东方，即位，与主人哭，成踊，袭。有宾则主人拜宾送宾。宾有后至者，拜之如初。相者告事毕。遂冠归，入门左，北面哭尽哀，免、袒，成踊，东即位，拜宾，成踊。宾出，主人拜送。于又哭，免、袒，成踊。于三哭，犹免、袒，成踊。三日成服，于五哭，相者告事毕。

闻丧不得奔丧，哭尽哀；问故，又哭尽哀。乃为位⑮，括发、袒，成踊，袭、绖、绞带即位，拜宾，反位，成踊。宾出，主人拜送于门外，反位。若有宾后至者，拜之、成踊、送宾如初。于又哭，括发、袒，成踊。于三哭，犹括发、袒，成踊。三日成服，于五哭，拜宾送宾如初。若除丧而后归，则之墓，哭，成踊。东括发、袒、绖⑯，拜宾，成踊，送宾，反位，又哭尽哀，遂除。于家不哭，主人之待之也，无变于服，与之哭，不踊。自齐衰以下，所以异者，免、麻。

凡为位，非亲丧，齐衰以下皆即位，哭尽哀，而东免、绖，即位，袒，成踊，袭，拜宾，反位，哭，成踊，送宾，反位。相者告就次。三日五哭^⑰，卒。主人出送宾，众主人、兄弟皆出门，哭止，相告者事毕。成服，拜宾。若所为位家远，则成服而往。

齐衰，望乡而哭；大功，望门而哭；小功，至门而哭；缌麻，即位而哭。

哭父之党于庙^⑱；母、妻之党于寝；师于庙门外；朋友于寝门外；所识于野张帷。

凡为位不奠。

哭天子九，诸侯七，卿大夫五，士三。

大夫哭诸侯，不敢拜宾。诸臣在他国，为位而哭，不敢拜宾。与诸侯为兄弟，亦为位而哭。

凡为位者壹袒。

所识者吊，先哭于家而后之墓，皆为之成踊，从主人北面而踊。

凡丧，父在父为主；父没，兄弟同居，各主其丧^⑲；亲同，长者主之；不同，亲者主之。

闻远兄弟之丧，既除丧而后闻丧，免、袒，成踊，拜宾则尚左手^⑳。

无服而为位者^㉑，唯嫂叔及妇人降而无服者麻^㉒。

凡奔丧，有大夫至，袒，拜之，成踊，而后袭；于士，袭而后拜之。

【注释】

①郑玄说：名曰"奔丧"者，以其居他国闻丧奔归之礼。奔，著其急，即表现出急迫而尽快赶回去的样子。　②此句与《曾子问》中"见星而行者，唯罪人与奔父母之丧者乎"相矛盾。王梦鸥据《书钞》引《祭统》篇说，在"见星而行"前脱漏"不避昼夜，齐衰之丧"八字。王说是。　③成服：丧礼大殓后，死者亲属按同死者关系的亲疏，穿着应服的丧服，叫作成服。　④绞带：绞合苴麻而成的腰带。　⑤次：倚庐。　⑥又哭：第二天哭灵。　⑦三哭：第三天哭灵。　⑧三日：三哭的次日。　⑨髽：妇人的丧髻，麻发合结。　⑩拾：更替、轮流。　⑪主人：在家主办丧事的儿子。　⑫孙希旦说：括发不言袒，文略。　⑬五哭：成服日之哭为四哭，次日再哭为五哭。　⑭壹括发：指刚进家门哭时括发。　⑮为位：叙列亲疏的位置。主人的位置在阼阶下西面。　⑯东：郑玄说东即主人位。　⑰五哭：始闻丧为位就次一哭，接连两天每天朝夕各一哭。卒：停止。　⑱党：郑玄说是族类无服者。　⑲各主其丧：各为自己的妻子做丧主。　⑳尚左手：吉拜。　㉑郑玄说：虽无服，犹吊服加麻，袒，免，为位哭。　㉒妇人降而无服者：出嫁的族姑姊妹。

【译文】

　　奔丧的礼节：刚听到父母去世的噩耗，用哭声来回报使者，充分发泄心中的悲哀；然后问明父母去世的缘由，又尽情地哭泣。于是就动身，白天行程一百里，不在夜里赶路。只有奔父母的丧事不分昼夜，齐衰以下的丧事在早晨看得见星光时就上路，到傍晚又见到星光时才在馆舍过夜。如果不能立即动身，就在过三天成服以后再上路。穿过国境时，停下来痛哭，发泄了悲哀为止。哭时，要避开市场和官府厅堂。看到自己国家的国境要痛哭不绝，抵达家门，从门的左边进去，从西阶登堂，在灵柩东面坐，对着灵柩尽情痛哭，这时要去冠用帛束发，赤膊、下堂在东边就位，朝西痛哭，踊踊，然后在东面廊下加上麻经，束的是绞合苴麻而成的腰带，再返回原来的位置，拜谢宾客，送宾客到门口，又回到位置上。这时，有迟到的宾客，就要向他们拜谢，踊踊，送宾客，就和刚才所做的一样。然后父亲的庶子和堂兄弟们都走出门外，出了门就停止哭泣，将殓宫的门关上，赞礼的相说该到倚庐去了。在第二天哭灵时，仍要用帛束发，赤膊、踊踊，第三天哭灵时，还要如此。三天以后成服，拜宾送宾都和原来一样。奔丧的人如果不是主人，那么主人仍要拜宾送宾。

　　奔丧的人如是服齐衰以下的亲属，从门的左边进去，在庭中朝北尽情痛哭，然后到廊下作"免"的装束，腰上束麻带，就位赤膊，跟随主人哭踊。在第二、第三天哭灵时都要赤膊，有宾客到，就由主人拜宾送宾。主人、主妇等待奔丧的人，都要朝夕哭泣，位置不用改变。奔母亲的丧事，登堂向西对灵柩尽情痛哭，用帛束发、赤膊，下堂到东面就位，向西哭泣，踊踊，披麻戴孝都在东廊，拜宾送宾，都和奔父亲丧事一样，在第二天哭灵时不束发。

　　妇人奔丧，从东阶登堂，在灵柩东面朝西坐，尽情痛哭，在东廊下去𬘘，露出发髻，到东阶就位，和主人轮流踊踊。

　　奔父丧的人没有赶上停殡，就先到墓地，朝北坐，尽情痛哭。代主丧事的人，在墓左就位，妇人在墓右，踊踊，尽情痛哭，用帛束发，在东面就主人位，戴上麻经束好麻带，痛哭、踊踊，拜谢宾客，回到原位，踊踊。赞礼的相说墓地的事已经完毕。于是戴上帽子回家，从门的左边进去，朝北尽情痛哭，去冠束发、赤膊，踊踊，就东阶下的主位，拜谢宾客，踊踊。宾客出门，主人拜送。有迟到的宾客，主人就向他们拜谢，踊踊，和原先一样拜送宾客。庶子和堂兄弟们都走出门去，出门就停止哭泣，赞礼的相说该到倚庐去了。在第二天哭灵的时候，仍旧束发、踊踊。在第三天哭灵时，还是如此。三天以后成服，在第五次哭泣时，赞礼的相说殓宫的事已完毕。为母奔丧与为父奔丧不同的是，只在刚进家门时用帛束发，其他时间作"免"的装束，一直到事情完毕，其他和奔父丧的礼节相同。奔齐衰以下丧事的人没赶上停殡，先到墓地，朝西尽情痛哭，在墓东作"免"的装束，束麻带，就位，和主人一道哭泣，踊踊，穿上衣服。有宾客来，主人就拜宾送宾。如有迟到宾客，拜宾送宾和原先一样，赞礼的相说墓地的事情完毕。于是戴上帽子回家，从门的左边进去，朝北尽情痛哭，作免的装束，赤膊，踊踊，东阶下就位，拜谢宾客，踊踊。宾客出去，主人拜送。在第二天哭灵时，作免，赤膊，踊踊。在第三天哭灵时还是如此。三天以后成服，在第五次哭泣时，赞礼的相就说殡宫的事已经完毕。

听到父母去世的噩耗而不能奔丧，尽情痛哭。然后问明去世的缘故，又是尽情痛哭。于是排列哭踊的位置。主人去冠、束发、赤膊，踊踊，穿衣，戴麻绖，束麻带，就位，拜宾，返回原位，踊踊。宾客出门，主人拜送到门外，再返回原位。如果有迟到的宾客，拜谢，踊踊，送宾和原先一样。第二天哭灵时，束发，赤膊，踊踊。第三天哭灵仍旧如此。三天以后成服，在第五次哭泣时，要像原来一样拜宾送宾。如果除丧以后才回来，就到墓地去，痛哭，踊踊，在墓东束发，赤膊，戴麻绖，拜宾，踊踊，拜送宾客，返回原位，又尽情痛哭，然后除服，在家就不再哭了。代主丧事的人等待奔丧的主人，仍穿除丧以后的衣裳，不改变服装。与他一起哭，但不踊踊。齐衰以下的亲属这种情况，不同的是只用"免"的装束，在衣裳之外束上麻带。

凡是就列亲疏位置的，只要不是父母的丧事，而是齐衰以下的，都是就位尽情痛哭，在东廊下作"免"的装束，束上麻带，就位，赤膊，踊踊，穿上衣裳，拜谢宾客，返回原位，痛哭、踊踊，然后拜送宾客，再回原位。赞礼的相说该到倚庐去了。三天五哭停止后主人出门送宾客，庶子和堂兄弟们也都出门，停止哭泣。赞礼的相说哭灵的事已经完毕。成服以后，主人照样拜送宾客。如果不是主人，就位人的家又离得远，就可成服以后再去。

奔丧时，服齐衰的人，在看到家乡时开始哭不绝声；服大功的人，在看到家门时开始哭不绝声；服小功的人，到了门口开始哭不绝声；服缌麻的人就位才哭。

同族而无服的人死了，到祖庙哭他；母亲妻子的族人死了，在寝处哭他；哭老师在庙门外面；哭朋友在寝处门外；泛泛之交就在野外搭帷幕哭他。

凡是就列亲疏的位置为亲人去世而痛哭，不致奠。

为天子哭九次，诸侯七次，卿大夫五次，士三次。

中華藏書

四书五经·最新校勘精注今译本

中国书店

大夫在他国就位哭以前的国君，不敢以主人自居，所以不拜送宾客。出使他国的臣下，就位哭自己的国君，也不敢以主人自居而拜送宾客。诸侯在他国的兄弟就位而哭，也是如此。

凡在他国就位哭泣，只在听到噩耗当天赤膊。

相识的人来不及在停殡时赶到，先到丧家去哭，然后到墓地，都要为他踊踊，是跟随主人朝北而踊。

凡是办丧事，父亲健在的，由父亲做主；父亲去世的，兄弟们住在一起，就是各自主持自己的妻子儿女的丧事；和死者亲疏关系相同，由年长的主持；亲疏关系不同的，由关系最亲近的人主持。

听到远房兄弟去世，是已经除丧以后才听到的，作"免"的装束，赤膊、踊踊。但拜宾时是用吉拜的方式左手在右手外面。

没有丧服关系而就列亲疏位置来哭的，只有叔嫂之间，族姑姊妹之间，将吊服的葛绖改为麻绖。

凡是奔丧，有大夫来吊问，主人要赤膊，然后拜宾，踊踊之后再穿上衣服；士来吊问，穿上衣服之后再拜宾。

问　丧①

亲始死②，鸡斯③，徒跣，扱上衽④，交手哭⑤。恻怛之心⑥，痛疾之意⑦，伤肾、干肝、焦肺，水浆不入口，三日不举火，故邻里为之糜粥以饮食之。夫悲哀在中，故形变于外也。痛疾在心，故口不甘味，身不安美也⑧。

三日而殓，在床曰尸，在棺曰柩。动尸举柩，哭踊无数。恻怛之心，痛疾之意，悲哀志懑气盛⑨，故袒而踊之，所以动体安心下气也。妇人不宜袒，故发胸、击心、爵踊⑩，殷殷田田，如坏墙然⑪，悲哀痛疾之至也。故曰⑫：辟踊哭泣，哀以送之⑬，送形而往，迎精而反也。其往送也，望望然⑭，汲汲然⑮，如有追而弗及也。其反哭也，皇皇然⑯，若有求而弗得也。故其往送也如慕，其反也如疑。

求而无所得之也，入门而弗见也，上堂又弗见也，入室又弗见也，亡矣丧矣，不可复见已矣！故哭泣辟踊，尽哀而止矣。心怅焉怆焉⑰，惚焉忾焉⑱，心绝志悲而已矣。祭之宗庙，以鬼享之，徼幸复反也。

成圹而归，不敢入处室，居于倚庐，哀亲之在外也。寝苦枕块，哀亲之在土也。故哭泣无时，服勤三年⑲，思慕之心，孝子之志也，人情之实也。

或问曰："死三日而后殓者何也？"曰："孝子亲死，悲哀志懑，故匍匐而哭之，若将复生然，安可得夺而殓之也？故曰：三日而后殓者，以俟其生也。三日而不生，亦不生矣，孝子之心亦益衰矣，家室之计，衣服之具，亦可以成矣，亲戚之远者亦可以至矣。是故圣人为之断决，以三日为之礼制也。"

或问曰："冠者不肉袒，何也？"曰："冠至尊也，不居肉袒之体也，故为之免以代之也。然则秃者不免，伛者不袒，跛者不踊，非不悲也，身有锢疾^⑳，不可以备礼也，故曰'丧礼唯哀为主'矣。女子哭泣悲哀，击胸伤心，男子哭泣悲哀，稽颡触地无容，哀之至也。"

或问曰："免者以何为也？"曰："不冠者之所服也^㉑。《礼》曰：'童子不缌，唯当室缌^㉒。'缌者其免也，当室则免而杖矣。"

或问曰："杖者何也？"曰："竹、桐一也^㉓。故为父苴杖，苴杖，竹也。为母削杖，削杖，桐也。"或问曰："杖者以何为也？"曰："孝子丧亲，哭泣无数，服勤三年，身病体羸，以杖扶病也。则父在不敢杖矣，尊者在故也。堂上不杖，辟尊者之处也。堂上不趋，示不遽也^㉔。此孝子之志也，人情之实也，礼义之经也。非从天降也，非从地出也，人情而已矣。"

【注释】

①郑玄说：名曰"问丧"者，以其记善问居丧之礼所由也。郑氏解释不全。任铭善说：此篇言始死、殓、虞、庐苫、哭泣之义，又设答问以明免杖之义。　②亲：父母。　③鸡斯：郑玄说当为"笄纚"，声之误也。笄：骨簪。纚：用来束发的布帛。　④上衽：深衣下裳的前幅。　⑤交手：两手拊胸。　⑥恻怛：悲痛、痛苦。　⑦痛疾：伤悼。　⑧安美：安逸舒服。　⑨懑：烦闷。　⑩爵踊：像雀在跳跃，足不离地。　⑪王梦鸥说："殷殷田田"是击心的声音，"如坏墙"是击心之声和击心之状，"坏"即"培"，而益土筑墙就叫坏墙。王说是。　⑫故曰：孙希旦说是"引《孝经》说以证之"。　⑬送：送柩。　⑭望望然：瞻望的样子。　⑮汲汲然：急促之情。　⑯皇皇然：心意彷徨。　⑰怅：怅恨。怆：凄怆。　⑱惝：恍惚。怳：怳叹。怅怆惝怳，都是无可奈何的样子。　⑲勤：忧劳。　⑳锢疾：指无法治愈的疾病。　㉑不冠：未冠。　㉒当室：无父兄而主家的人。　㉓一：义理相同，道理一样。　㉔孔颖达说：堂上不为丧趋，示父以闲暇，不促遽。

【译文】

父母刚刚去世时，孝子要去掉冠，留下簪子和束发的帛，光着脚，把深衣下裳的前幅披进腰带里，两手交叉在胸前痛哭。那种痛苦悲伤的心意，会使肾脏受损、肝脏枯干、肺脏焦躁，一点儿水也不喝，三天不生火做饭，因此邻里们煮稀粥给他喝。这是因为心中有了悲哀，因而形体容貌都发生了变化。悲伤的心意存在心中，所以吃不出味道，觉得身上的穿戴也不安适舒服。

士死三天而入殓。死者在床上叫尸，装进棺材就叫柩。殡殓移动尸体，出殡运送时，就要尽情地哭号和踯踊。痛苦悲伤的心意，使得悲哀、烦闷、血气充塞着，因而赤膊并踯踊，这样做可以活动肢体，安定情绪，发散闷气。妇人赤膊不合适，所以只敞开一点胸口，捶击心胸，像雀鸟一样双脚齐跳，砰砰砰地像筑墙似的，悲哀痛苦到了极点。所以《孝经》说：捶胸踯踊，痛哭流涕，用悲哀的心情来送死者。把身体送走，而迎回的是魂魄。

在送葬时，瞻望着前面，心情急促，好像追赶父母而又追不上。在返回路上哭泣时，心意彷徨，就像请求父母回来而没有得到允许似的。所以送葬时，孝子就像小孩子追随父母哭喊似的；返回时，好像又担心神灵是否会跟他回家而迟疑不前。

祈求父母回家而得不到允诺，一进家门看不到父母了，来到堂上也看不到，进入寝处还是什么也看不到。没有了！死了！再也看不到了！所以哭喊，捶胸，踯踊，尽力地发泄自己的悲痛。怅恨，凄怆，恍惚，忾叹，绝望和悲哀而已。在宗庙里把他们当做神灵来祭飨，希望他们的魂魄侥幸能够回来。

下葬后将墓圹填平回来了，不愿住在寝处，而住在用木架和茅草搭成的草房里，这是哀痛父母还在外面。睡在草垫上，枕着土块，这是哀痛父母躺在地下。因而经常哭泣，忧伤劳心三年，这种思念父母的心情，是孝子的心愿，是感情的真实流露。

有人问："为什么死去三天以后才入殓呢？"回答说："孝子死了父母，悲哀烦闷，所以要趴在尸体上哭泣，好像父母就要复活似的，怎么可以夺过尸体而入殓呢？因此说：三天以后才入殓，目的是使死者复活。三天还不复活，就不会活了，孝子的信心也就丧失了。到第三天，家里的准备，衣服等物也都完成了。远道的亲戚也可以赶到了。因此，圣人为此决定把三天的期限作为礼制。"

有人问："戴冠的时候为什么不能赤膊呢？"回答是："冠是最尊贵的，不能戴在赤膊的人的头上。所以为赤膊的人做'免'来代替。但是，没头发的人不免，驼背的人不赤膊，瘸腿的人不踯踊，这不是不悲伤，而是他们有无法治愈的毛病，不能完全实行这种礼节。因而说：丧礼仅以哀痛为根本。女子哭泣悲哀，要捶击心胸；男子哭泣悲哀，要磕头到地，这都是悲哀到了极点的表现。"

有人问："什么情况下要'免'呢？"答道："去掉冠，就要服免。《礼》说：'小孩子不为远亲服缌麻丧服，只有自己当家的人才为远亲服缌麻。'服缌麻的人，要免。自己当家的人就要免而且有时还要用杖。"

有人问："杖是用什么做的？"回答说："用竹用桐的义理是一样的。所以为父亲的丧事用表面粗黑的杖，是竹子做的；为母亲的丧事用去皮的杖，是桐木做的。"

有人问："居丧为什么要用杖呢？"回答道："孝子死去父母，经常哭泣，忧愁劳心三年，身体病弱，因此用杖支撑病体。但是父亲在就不能拄杖，因为尊长在，不敢表现衰弱的样子。堂上不能拄杖，要避开尊长的地方；堂上也不能快走，表示不急促。这是孝子的心愿，是感情的真实流露，是合乎礼义的行为。这不是天上降下来的，也不是地上升出来的，只是人的自然感情而已。"

服　问①

《传》曰："有从轻而重"，公子之妻为其皇姑②；"有从重而轻"，为妻之父母；"有从无服而有服"，公子之妻为公子之外兄弟③；"有从有服而无服"，公子为其妻之父母。《传》曰："母出则为继母之党服，母死则为其母之党服。"为其母之党服，则不为继母之党服。

三年之丧既练矣，有期之丧既葬矣，则带其故葛带，绖期之绖，服其功衰。有大功之丧亦如之。小功无变也。

麻之有本者④，变三年之葛⑤。既练，遇麻断本者⑥，于免绖之，既免去绖，每可以绖必绖，既绖则去之。

小功不易丧之练冠，如免，则绖其缌、小功之绖，因其初葛带⑦。缌之麻不变小功之葛，小功之麻不变大功之葛，以有本为税⑧。

殇长、中⑨，变三年之葛，终殇之月算⑩，而反三年之葛。是非重麻，为其无卒哭之税。下殇则否。

君为天子三年，夫人如外宗之为君也⑪。世子不为天子服⑫。君所主：夫人，妻，大子嫡妇⑬。大夫之适子为君、夫人、大子，如士服⑭。

君之母非夫人，则群臣无服，唯近臣及仆、骖乘从服，唯君所服服也。公为卿大夫锡衰以居⑮，出亦如之，当事则弁绖。大夫相为亦然。为其妻，往则服之，出则否。

凡见人无免绖⑯，虽朝于君无免绖。唯公门有税齐衰⑰。《传》曰："君子不夺人之丧[18]，亦不可夺丧也。"《传》曰："罪多而刑五，丧多而服五。上附下附，列也。"

【注释】

①郑玄说：名曰"服问"者，以其善问以知有服而遭丧所变易之节。　②公子：诸侯国君的庶子。皇姑：公子之母。　③外兄弟：表兄弟。　④麻之有本：指大功以上。大功以上为带，麻根保留，合纠为带。　⑤三年之葛：指小功的首绖。　⑥麻断本：指小功以下。　⑦因：沿用。　⑧税（tuì）：改变。　⑨见《檀弓》注。　⑩月算：月数。　⑪外宗：国君的诸姑及姊妹之女。　⑫郑玄说是"远嫌"，不服，与畿外之民同。　⑬主：主持丧事。妻：王梦鸥说是大夫之妻。　⑭郑玄说：士为国君服三年，为国君夫人和太子服一年。　⑮锡衰：细麻布做的丧服。　⑯免：免除。　⑰税：通"脱"，脱下。　⑱夺：剥夺。

【译文】

《大传》谈到服术中的"从服"，有本应服轻孝的，而要服重孝。如国君庶子的妻子，要为不是自己婆婆的国君的正妻服重孝。有本应服重孝的，而服轻孝。如丈夫为妻子的父母服丧，本应与妻子相同，但是妻子要服齐衰一年，而丈夫只服缌麻三个月。有本来不应有孝服的，而有了孝服。如公子的妻子，本与公子的表兄弟无服，但嫁与公子，也要为丈夫的表兄弟服丧。有本应有丧服的，而没有了丧服。如公子应为其妻的父母服缌麻三个月，因他不是嫡子，因此就无服。《大传》还说到"从服"中的"属从"，如是母亲被弃逐，就要为继母的亲属服丧。如是母亲死了，就要为母亲的亲属服丧。凡是为自己母亲的亲属服丧，就不为继母的亲属服了。

三年的丧期已经到了周年，举行练祭并改服轻丧，这时又遇上期年之丧并已埋葬完毕，就仍束旧丧的葛带，戴期年的首绖，穿大功的丧服。大功的丧服也正像这样。小功的丧事，不改换丧服。

大功以上的丧服，改换丧服要用小功的首绖。已经举行了练祭，遇到小功之丧，在括发时要用小功之绖。殓殡以后，不再括发，就去掉首绖。每到该用绖时就须用绖。已经用过了，就可以去掉它。

小功亲属不改换练祭之后的练冠，如果括发，就要用缌麻和小功的麻绖，继续束原先的葛带。缌麻的麻带不能改换小功的葛带，小功麻带不能改换大功的葛带。只有大功以上的丧事要改换。

三年的丧期遇到长殇、中殇，仍需改换丧服。到殇服的月数结束，还要恢复原来的葛服。这不是重视麻服，是因为殇没有卒哭之后的改换丧服。下殇就不必这样。

国君要为天子服丧三年，国君夫人比照国君的表亲妇人为国君服丧的规矩为天子服期年丧服。国君的太子不为天子服丧。国君为他的夫人、大夫的妻子、太子的正妻主持丧事。大夫的嫡子为国君、国君夫人、太子服丧，如同士为这些人服丧一样。

国君的母亲不是正妻，那群臣没有丧服。只有国君左右的阉寺之类的臣子以及驾驭车马的人，随着国君所服的丧服而服。国君为卿大夫的丧事，服锡衰，在宫内或出外都这样。如有吊问之事，就在弁上加绖。大夫们对同僚的丧事也是这样。如果是大夫的妻子，去他家时要在弁上加绖，出来以后就去掉。

凡是居丧的人，见到人时不必去掉首绖，即使是朝见国君，也不去掉。只有进入公门才脱下丧服。《传》说："君子不剥夺别人的守丧孝心，也不可以剥夺别人守丧。"《传》又说："罪刑虽多，止于五刑。丧服虽多，止于五服。重者上附于重，轻者下附于轻，各从自己的等列。"

间　传①

斩衰何以服苴②？苴，恶貌也，所以首其内而见诸外也③。斩衰貌若苴，齐衰貌若枲④，大功貌若止⑤，小功、缌麻容貌可也。此哀之发于容体者也。

斩衰之哭若往而不反，齐衰之哭若往而反，大功之哭三曲而偯⑥，小功、缌麻哀容可也。此哀之发于声音者也。

斩衰唯而不对，齐衰对而不言，大功言而不议，小功、缌麻议而不及乐。此哀之发于言语者也。

斩衰三日不食，齐衰二日不食，大功三不食，小功、缌麻再不食，士与殓焉则一不食。故父母之丧既殡食粥，朝一溢米⑦，莫一溢米；齐衰之丧疏食水饮，不食菜果；大功之丧不食醯、酱；小功、缌麻不饮醴酒。此哀之发于饮食者也。

父母之丧既虞、卒哭，疏食水饮，不食菜果；期而小祥，食菜果；又期而大祥，有醯、酱；中月而禫，禫而饮醴酒。始饮酒者先饮醴酒，始食肉者先食干肉。

父母之丧，居倚庐，寝苫枕块，不说绖、带；齐衰之丧，居垩室⑧，苄剪不纳⑨；大功之丧，寝有席；小功、缌麻，床可也。此哀之发于居处者也。

父母之丧既虞、卒哭，柱楣剪屏⑩，苄剪不纳；期而小祥，居垩室，寝有席；又期而大祥，居复寝；中月而禫，禫而床。

斩衰三升^⑪，齐衰四升、五升、六升^⑫，大功七升、八升、九升，小功十升、十一升、十二升，缌麻十五升去其半^⑬。有事其缕^⑭，无事其布，曰缌。此哀之发于衣服者也。

斩衰三升，既虞、卒哭，受以成布六升^⑮，冠七升。为母疏衰四升，受以成布七升，冠八升。去麻服葛，葛带三重^⑯。期而小祥，练冠、缘缘，要绖不除。男子除乎首，妇人除乎带。男子何为除乎首也？妇人何为除乎带也？男子重首，妇人重带。除服者先重者，易服者易轻者^⑰。又期而大祥，素缟、麻衣^⑱。中月而禫，禫而纤^⑲，无所不佩。

易服者何为易轻者也？斩衰之丧既虞、卒哭，遭齐衰之丧。轻者包^⑳，重者特^㉑。既练，遭大功之丧，麻、葛重^㉒。

齐衰之丧既虞、卒哭，遭大功之丧，麻、葛兼服之^㉓。

斩衰之葛，与齐衰之麻同^㉔；齐衰之葛，与大功之麻同；大功之葛，与小功之麻同；小功之葛，与缌之麻同。麻同则兼服之。

兼服之服重者，则易轻者也。

【注释】

①郑玄说：名曰"间传"者，以其记丧服之间轻重所宜。　②苴（jū）：结子的大麻。苴色苍黑，皮粗糙难看。　③首：本、始。　④枲（xǐ）：不结子的大麻。枲色苍而黑浅。　⑤止：不动于喜乐之事。　⑥三曲：郑玄说一举声而三折。偯（yǐ）：哭的余声曲折悠长。　⑦溢：古容量单位。《小尔雅·广量》说："一手之盛谓之溢。"大致等于一把米。　⑧垩室：用土坯垒成的房子。　⑨苄（xià）：蒲苹。　⑩柱（zhǔ）：支撑、拄持。楣：门楣。　⑪升：郑玄说布八十缕为升。布幅相同，升数越多，布越细。　⑫齐衰、大功、小功等丧服，因其中有不同区别，因而升数有几种。　⑬孙希旦说：吉布十五升，而丧衰则极于小功十二升而止。十三升、十四升之布不用为衰者，以其升数与吉布相近，不可为吉凶之别，故缌麻用十五升去其半而为之。　⑭事：用石灰把麻丝或麻布煮沤得柔软洁白。　⑮受：渐减而承受。成布：六升以上之布才有布的样子，称为成布，三、四、五升之布，缕既精疏，不成布。　⑯三重：四股绞合而成，看似三重。　⑰易服：已服重服，又遇轻丧，改换本服。　⑱麻衣：用十五升布制成的麻衣。　⑲纤：郑玄说黑经白纬曰纤。　⑳轻者：男子腰带，妇人首绖。　㉑重者：男子首绖，妇人腰带。　㉒麻重：练祭后男子除首绖，留腰带；妇人除腰带，留首绖。如此时又遭大功之丧，男子受麻绖，又改葛带为麻带；妇人受麻带，又改葛绖为麻绖，叫麻重。葛重：大功既虞卒哭之后，男子、妇女所服均为葛绖葛带。叫葛重。　㉓麻兼服：齐衰卒哭后，男子妇人均服葛绖葛带。新遭大功之丧，男子的腰带改为大功的麻带，头上仍是齐衰的葛绖。妇人反此。所以有麻有葛。　㉔孔颖达说：后服之麻与前服之葛粗细相同，则得服后麻，兼服前葛。

【译文】

斩衰丧服为什么要用苴做绖呢？因为结了子的麻，颜色苍黑，粗糙难看，这是始于内部而表现于外部的结果。服斩衰丧服的人，面目苍黑，就像苴的颜色；服齐衰丧服的人，面目浅黑，就像枲的颜色；服大功的人，面目好像僵化了，没有喜乐的表情。服小功和缌麻的人，保持平时的表情就可以了。这是以容貌体态来表现悲痛的方式。

服斩衰的人衰哭是声嘶力竭，气绝以致接续不上，服齐衰的人衰哭，气绝但还可以稍微接续上。服大功的人衰哭，不是竭力哭喊，哭泣的余声曲折悠长。服小功、缌麻的人衰哭，只要有衰哭的样子就行。这是从哭声来表现悲痛的方式。

服斩衰的人在别人问询时只发出"唯唯"的声音而不说话；服齐衰的人可以回答，但自己不主动说话。服大功的人，可以说话，但不议论。服小功、缌麻的人，可以议论，但不说享乐的事。这是从言语来表现悲痛的方式。

服斩衰的人三天不吃饭，服齐衰的人两天不吃，服大功的人三顿不吃，小功、缌麻两顿不吃。士人参与小殓之事，那么一顿不吃饭。父母的丧事在殡以后开始喝粥，早晨一把米，晚上一把米。齐衰的丧事，殡以后吃的是粗食，喝的是白水，不吃蔬菜果子。大功的丧事，不吃酱醋一类的调料。小功、缌麻的丧事，不能喝甜酒。这是从饮食来表现悲痛的方式。

父母的丧事，在举行安神祭和卒哭祭以后，就可以吃粗饭、喝白水了，但不能吃蔬菜、果子。一周年举行小祥祭之后，可以吃菜果。两周年举行大祥祭之后，可以用酱醋一类的调料。大祥以后间隔一月举行禫祭，禫祭以后可以喝甜酒了。开始喝酒要先喝甜酒，开始吃肉要先吃干肉。

遇到父母的丧事，住在中门之外用木头茅草搭成的草房里。睡在草垫上枕着土块，不能去掉麻绖麻带。齐衰的丧事，住在用土坯垒起的室里，睡在剪齐了边而不编纳的席子上。大功的丧事，睡觉可以用平日的席子。小功、缌麻的丧事，可以睡在寝室里的床上。这是以居处来表现悲痛的方式。

父母的丧事，在安神祭、卒哭祭以后，可以支撑起草房的门楣，剪齐作为屏障的茅草，可以睡在剪齐了边而不编纳的席子上。一周年小祥祭后，可以住在用土坯垒起的室内，睡觉可以用普通的席子。两周年大祥祭后，可以搬回寝处去住。间隔一个月举行禫祭，就可以睡床了。

斩衰丧服用三升的布制作，齐衰丧服有四升、五升、六升三种。大功丧服有七升、八升、九升三种。小功丧服有十升、十一升、十二升三种。缌麻丧服用十五升细缕去掉半数织成的细疏的布，是经过煮沤的。织成布后不再煮沤的麻布就是缌。这是用丧服麻布的粗细来表现悲痛的方式。

为父亲服的斩衰是三升的粗衰，在安神祭、卒哭祭之后，就渐减而服受六升以上的成布，衰冠用七升的布。为母服的粗衰，是四升的布，在安神卒哭后，渐减而服受七升的成布，冠用八升的布。此时麻经麻带换成葛经葛带。葛带是四股绞合而成，看似三重。一周年小祥祭，用素练做冠，练衣可以用浅红色滚边，男子腰间的葛带不去掉。男子除服是从头上的除起，妇人先从腰带除起。为什么男子先从头上除起，而妇人先从腰上除起呢？这是因为男子服重在首，妇人服重在腰。除服的时候，先除去重的。如果已有重服，又遇到轻丧，需改变原来的丧服，就只改换轻的。两周年举行大祥祭，改换为生绢制的冠，穿十五布的麻衣。间隔一个月举行禫祭，以后戴黑经白纬的冠，身上可以悬挂饰物。

什么是易服呢？已有重服，又遇轻丧，改换部分重服适应轻丧的需要。如已有斩衰的丧事，在安神和卒哭之后，又遇到齐衰的丧事，丧服中轻的以新包旧，重的部位表现原丧服的特点。练祭以后，又遇到大功的丧事。那么丧服先是麻经、麻带重叠。大功卒哭之后，又是葛经葛带重叠了。

齐衰的丧事，在安神和卒哭祭以后，又遇到大功的丧事，或是葛经麻带，或是麻经葛带，同时服受。

斩衰的葛经葛带，粗细和齐衰的麻经麻带相同。齐衰的葛经葛带，粗细和大功的麻经麻带相同。大功的葛经葛带，粗细和小功的麻经麻带相同。小功的葛经葛带，粗细和缌麻的麻经麻带相同。原有的葛，与新服的麻相同，就可以兼用。

兼服是重要的部分仍用葛，次要的部分改用麻。

三 年 问[①]

三年之丧何也？曰：称情而立文[②]，因以饰群[③]，别亲疏、贵贱之节，而弗可损益也。故曰："无易之道也。"

创巨者其日久，痛甚者其愈迟。三年者，称情而立文，所以为至痛极也。斩衰、苴杖，居倚庐，食粥，寝苦枕块，所以为至痛饰也。

三年之丧，二十五月而毕[④]，哀痛未尽，思慕未忘，然而服以是断之者，岂不送死有已，复生有节也哉⑤！

凡生天地之间者，有血气之属必有知⑥，有知之属莫不知爱其类。今是大鸟兽⑦，则失丧其群匹⑧，越月逾时焉，则必反巡过其故乡，翔回焉，鸣号焉，踯躅焉⑨，踟蹰焉⑩，然后乃能去之。小者至于燕雀，犹有啁噍之顷焉⑪，然后乃能去之。故有血气之属者莫知于人，故人于其亲也，至死不穷。将由夫患邪淫之人与？则彼朝死而夕忘之，然而从之，则是曾鸟兽之不若也⑫。夫焉能相与群居而不乱乎？将由夫修饰之君子与？则三年之丧，二十五月而毕，若驷之过隙⑬，然而遂之⑭，则是无穷也。故先王焉为之立中、制节，壹使足以成文理，则释之矣⑮。

然则何以至期也⑯？曰：至亲以期断。是何也？曰：天地则已易矣，四时则已变矣，其在天地之中者，莫不更始焉，以是象之也。

然则何以三年也？曰：加隆焉尔也。焉使倍之⑰，故再期也。

由九月以下何也？曰：焉使弗及也。

故三年以为隆，缌、小功以为杀，期、九月以为间⑱。上取象于天，下取法于地，中取则于人，人之所以群居和壹之理尽矣⑲。

故三年之丧，人道之至文者也。夫是之谓至隆。是百王之所同，古今之所壹也，未有知其所由来者也。

孔子曰："子生三年，然后免于父母之怀⑳。"夫三年之丧，天下之达丧也㉑。

【注释】

①郑玄说：名曰"三年问"者，善其问以知丧服年月所由。任铭善说：此篇荀子所作，在《荀子·礼论篇》，为《礼记》者刺取而钞合之，名之曰"三年问"。　②称（chèn）：各当其宜。　③饰：章表、表明。群：指五服之亲。　④丧至二十五月大祥，大祥到禫（二十七月）期间，所穿非丧之正服，因此说二十五月而毕。　⑤复生：除丧而恢复生者原来的生活。节：时间、时期。　⑥血气：指有血液和气息的动物。·　⑦是：依《荀子·礼论》当做"夫"。　⑧群匹：同类、伙伴。　⑨踯躅（zhí zhú）：徘徊不走。　⑩踟蹰（chí chú）：来回走动。　⑪顷：少时、片刻。　⑫曾：连。　⑬驷之过隙：形容时间短暂，过得很快。　⑭遂：延续、穷尽。　⑮释：去掉、除掉。　⑯期：一周年。　⑰焉：乃、则、就。　⑱间：中。　⑲和壹：和谐一致。　⑳免：离开。　㉑达：通行。

【译文】

三年的丧期是依据什么呢？答道：是随着内心哀痛的程度制定的礼法，以此来表明五服的关系，区别出亲疏贵贱的界限，不能任意增减，所以说："这是不能改变的原则。"

创伤深重，复原的日子就要拖长。痛苦厉害，愈合的时间就要延迟。守丧三年是随内心哀痛程度判定的礼法，就是为了极痛的哀痛之情。穿斩衰丧服，拄着竹杖，住在临时搭在东墙边的草屋里，喝稀粥，睡草垫，枕土块，这都是极度哀痛的表现。

问：三年的丧期，二十五个月就结束了。孝子的哀痛未尽，思慕之情仍未忘怀，可是服丧时间因此截断，难道不是表示对死者的感情有结束的时候，可以恢复生者原来的生活吗？

答道：天地间的生物中有血气的动物就有感觉，有感觉就没有不爱它的同类的。就说大的鸟兽吧，如果它失去自己的同伴，过一个月，过一个季节，一定会返回来巡绕的，经过老巢，会盘旋、鸣号、徘徊而不肯离去。即使小的像燕子、麻雀，失掉同伴，也会啁啾片刻，然后才会飞走。有血气的动物中感情最丰富的是人，所以人类对他的父母，会终身怀念的。如果由那些心术不端，放荡不羁的人去做，那么他早晨死了父母，到晚上就忘了。如依着他们制定礼法，那就连禽兽也不如了。人们怎么能过群体生活而不乱呢？如果依那些修身养性的君子们，三年的丧期，二十五个月就结束了，时间特别短暂，要是他们的感情继续下去，那就要无穷无尽了。所以先王于是对此折中制定节限，使大家能够有相同的礼文仪节，人们到时就可以除丧了。

问：依据什么定一周年的时间呢？回答说：最亲的亲人以周年为截止时间。这是依据什么呢？回答说：经过一年，天地和四季都已经循环一次，天地间的草木也都开始更生。丧期就比照这个，定一周年为限。

问：那么为什么有的丧服要到第三年才满期呢？回答说：为了使它更加隆重，因而就延长一倍的时间，所以要到第三年（满两年）才除服。

问：为什么有的丧期在九个月以下呢？答道：有的亲属不是至亲，丧期就不到一周年了。

斩衰三年是最隆重的礼节，缌麻三月，小功五月是依次减少到最低限度的礼节，齐衰周年和大功九个月是取其中间。上下取法于天地的运转变化，中而依据人类的感情。人们以此维系群体生活，和谐一致的道理，就全部表现出来了。

所以守丧三年是人类生活规范中最完善的，也是最隆重的。这是历代圣王从古到今都共同遵守的。由于由来已久，不知道从什么时候开始的。

孔子说："孩子三岁以后才离开父母的怀抱。"孩子为父母服丧三年是天下通行的丧期。

深　衣①

古者深衣②，盖有制度，以应规、矩、绳、权、衡。

短毋见肤③，长毋被土④，续衽钩边⑤，要缝半下⑥。袼之高下⑦，可以运肘⑧；袂之长短，反诎之及肘⑨。带，下毋厌髀⑩，上毋厌胁⑪，当无骨者⑫。

制：十有二幅，以应十有二月，袂圆以应规，曲袷如矩以应方⑬，负绳及踝以应直⑭，下齐如权、衡以应平。故规者，行举手以为容，负绳、抱方者⑮，以直其政，方其义也。故《易》曰："坤六二之动，直以方也。"下齐如权、衡者，以安志而平心也。五法已施，故圣人服之。故规、矩取其无私，绳取其直，权、衡取其平。故先王贵之。故可以为文，可以为武，可以摈、相，可以治军旅。完且弗费，善衣之次也⑯。

具父母、大父母⑰，衣纯以缋⑱。具父母，衣纯以青。如孤子⑲，衣纯以素。纯袂、缘、纯边⑳，广各寸半。

【注释】

①郑玄说：名曰"深衣"者，以其记深衣之制也。深衣，连衣裳而纯之以采者。　②深衣：孔颖达说，深衣衣、裳相连，被体深邃，故谓之深衣。其实，"深衣"就是长衣。　③肤：前人解释多含混。王夫之释作"踝骨"，与形象资料反映的深衣长短一致。依王说。　④被：覆盖。⑤续：连接。衽：在前幅左右两旁，用布连接，以遮蔽前后际，叫做衽。钩：曲绕。边：衽之交掩的地方。　⑥要缝：腰部衣、裳相缝合的地方。半下：下摆的一半。　⑦袼：袖子和上衣在腋下接缝处。　⑧运：活动。　⑨诎：指折回。　⑩髀（bì）：髀骨、胯骨。厌（yà）：压。⑪胁：胁骨。　⑫无骨者：髀上胁下的地方。　⑬曲袷（jié）：方领，袷：相交的衣领。　⑭负绳：背缝。衣之背缝与裳之背缝，上下相当，如绳之正，故名。踝：郑玄说是脚跟。　⑮方：矩。　⑯善衣：朝服、祭服。　⑰具：完备。大父母：即祖父母。⑱纯：衣服的滚边。缋：彩色的花纹图案。　⑲孤子：三十岁时已无父之人。　⑳纯袂：袖口滚边。缘：裳的下摆。纯边：衣裳的侧边。

【译文】

古时的深衣，有一定的制式尺度，来应合规、矩、绳、权、衡。

深衣的长短有一定尺寸，不要短得露出踝骨，也不要长得拖在地上。裳的两边有衽，穿时两衽交叠曲绕，腰身的宽度，相当于裳的下摆的一半。袖子和上衣在腋下缝合处的高低，以可使肘部活动自如为标准。袖子的长短，除臂长外，其余部分反折过来，可到肘部。大带，下边不要盖到胯骨，上边不要盖到肋骨，应相当于肋骨下胯骨上的没有骨头的地方。

深衣的裁制：用布十二幅，以应合一年有十二个月。袖子是圆形，以应合圆规。相交的衣领是方形，以应合方矩。背缝长达脚跟，以应合直道。裳的下摆像秤及秤砣以应合公平。所以袖子应合圆规，是因为行动以举手作为表示。背负着绳，怀抱着矩，使其政治公平，义理正直。所以《易经》说："坤卦六二爻的动态，公平而且方正。"裳的下摆像秤及秤砣，则为了安定去向而平定心情。规、矩、绳、权、衡五法已经表现在深衣上了，所以圣人才穿它。规是取其公正无私之义，绳是取其正直之义，权、衡是取其平稳之义，所以先王很看重它。深衣，做文事时可以穿，做武事时可以穿，做傧相时可以穿，领兵时也可以穿，完备又不浪费材料，是朝服祭服以外最好的衣服了。

父母和祖父母同时健在的人，穿的深衣用彩色花纹来滚边。只父母健在的人，穿的深衣用青色来滚边。未满三十父亲已去世的人，穿的深衣用白色来滚边。袖口，裳的下摆，裳边的滚边，都是一寸半宽。

投　壶①

投壶之礼：主人奉矢②，司射奉中③，使人执壶。

主人请曰："某有枉矢、哨壶④，请以乐宾。"宾曰："子有旨酒、嘉肴，某既赐矣，又重以乐⑤，敢辞⑥。"

主人曰："枉矢、哨壶不足辞也，敢固以请。"宾曰："某既赐矣，又重以乐，敢固辞。"主人曰："枉矢、哨壶不足辞也，敢固以请。"宾曰："某固辞不得命，敢不敬从。"

宾再拜受，主人般还⑦，曰："辟。"主人阼阶上拜送，宾般还，曰："辟。"

已拜，受矢，进即两楹间⑧，退反位，揖宾就筵。

司射进度壶，间以二矢半⑨，反位，设中，东面，执八算兴⑩。

请宾曰⑪："顺投为入⑫，比投不释⑬，胜饮不胜者。正爵既行⑭，请为胜者立马⑮，一马从二马⑯。三马既立，请庆多马。"请主人亦如之。

命弦者曰⑰："请奏狸首，间若一⑱。"大师曰⑲。"诺。"

左右告矢具^⑳，请拾投^㉑。有入者，则司射坐而释一算焉。宾党于右，主党于左。

卒投，司射执算曰^㉒："左右卒投，请数。"二算为纯^㉓，一纯以取；一算为奇^㉔。遂以奇算告，曰："某贤于某若干纯^㉕。"奇则曰"奇"，钧则曰"左右钧^㉖"。

命酌曰："请行觞。"酌者曰^㉗："诺。"当饮者皆跪，奉觞曰："赐灌^㉘。"胜者跪曰："敬养^㉙。"

正爵既行，请立马，马各直其算^㉚。一马从二马^㉛，以庆。庆礼曰："三马既备，请庆多马。"宾主皆曰："诺。"正爵既行，请彻马。

算多少视其坐^㉜。筹，室中五扶^㉝，堂上七扶，庭中九扶。算长尺二寸。壶：颈修七寸^㉞，腹修五寸，口径二寸半，容斗五升^㉟。壶中实小豆焉，为其矢之跃而出也^㊱。壶去席二矢半。矢以柘若棘，毋去其皮。

鲁令弟子辞曰^㊲："毋怃^㊳，毋敖^㊴，毋背立，毋逾言^㊵！背立、逾言有常爵^㊶。"薛令弟子辞曰："毋怃，毋敖，毋背立，毋逾言！若是者浮^㊷！"

鼓：○□○○□□○○○□。半，○□○○□○○○□□○□。○ 鲁鼓^㊸：○□○○○□□○□○○□□○○□。半，○□○○□□○。○薛鼓：取半以下为投壶礼，尽用之为射礼。

司射、庭长及冠士立者皆属宾党^㊹，乐人及使者^㊺、童子皆属主党。

鲁鼓：○□○○□○□。半，○□○○□○○○○□□○。

薛鼓：○□○□○○○○□○○□○○□○○□○○□。半，○□○□○○○○□○^㊻。

【注释】

①郑玄说：名曰"投壶"者，以其记主人与客燕饮讲论才艺之礼。　②奉：捧。　③中：孙希旦说，中，盛算之器，盖刻木为兕鹿之形，而凿其背以受算。　④枉矢：不直的矢。哨壶：《说文》说"哨"为"口不容"，姚际恒解释为"口小不能容矢"，王梦鸥释作"蹙口""窄"的意思。许、姚、王三说一义。哨壶是口部狭小不能容矢的壶，这是主人的谦辞。　⑤重（chóng）：加上，表示更进一层。　⑥辞：推辞、辞谢。　⑦般还：回旋，即转过身去。⑧即：到，靠近。　⑨王念孙认为此句为衍文，结合上下文意，王说是。　⑩算：古代用以计数的筹码。桂馥说：其算法用竹，径一分，长六寸。　⑪请：告。　⑫顺投：矢头进入。　⑬释：放，将筹码放下，即算数。这是赢的表示。　⑭正爵：胜者请不胜者饮酒之爵。　⑮马：郑玄释作"胜算"，即胜的筹码。　⑯陆德明说：这五字是"俗本"所有。陆德明、孔颖达所见定本皆无，从陆、孔说。　⑰弦者：乐工。　⑱间若一：乐节的前后之间，速度快慢如一，

中华藏书　四书五经·最新校勘精注今译本　中国书店

即快慢相同。　⑲大师：乐工之长。　⑳左右：左指主人，右指宾客。　㉑拾：更替、轮流。　㉒执算：手中拿着剩余的筹码。　㉓纯：全、偶，成双成对。　㉔奇（jī）：单，一枝。　㉕贤：胜。　㉖钧：相等。　㉗酌者：郑玄说是胜党之弟子。　㉘灌：饮。　㉙养：取用。　㉚直：放置、措置。　㉛从：从属，并入。　㉜坐：指饮宴在座的人。每人四算。　㉝筹：矢。扶：古代计算长度的单位，相当于四指并列的宽度。　㉞修：长。　㉟容：容积。　㊱跃：跳、弹。　㊲鲁：鲁国。　㊳忔（hū）：怠慢。　㊴敖：骄傲。　㊵逾言：远言语，王梦鸥说是大呼小叫。　㊶常爵：平常用以罚酒的酒器。　㊷浮：用满杯酒罚人。　㊸郑玄说此鲁薛击鼓之节。圆者击鼙，方者击鼓。　㊹庭长：司正，即饮酒时监察仪法的人。　㊺乐人：奏乐的人。　㊻郑玄说，这两份鼓谱与前面不同，故放在后面。

【译文】

投壶的礼法：主人捧着投壶用的矢，司射捧着放筹码的中，一个人拿着壶。

主人对宾客说："我有不直的矢，窄口的壶，用它来使宾客娱乐。"宾客说："您有美酒好菜，已经赏赐我们了，再加上娱乐，真不敢当。"

主人说："不直的矢，窄口的壶，不值得客气，请你们一定要参加。"宾客说："我们已经接受您的赏赐了，再加上娱乐，我们还是不敢当。"

主人说："不直的矢，窄口的壶，不值得你们客气。我还是坚决请你参加。"宾客说："我们一再辞谢您不答应，只好恭敬地从命了。"

宾客答应了，就在西阶上向北拜谢，主人转过身去，说："避。"主人在阼阶上拜送矢，宾客也转过去，说："避。"

宾客再拜已接受了矢，辅助的人也把矢交给主人，进入到两楹之间设席，主人退回到原位，然后揖请宾客就位。

司射进入堂上量度放壶的地方，放好之后返回司射之位，把放筹码的中摆设好，面向东，拿着八枝算站立着。

司射告诉宾客说："矢头投进的才算入。主宾交替投矢，一方连续投，投进也不算数。胜的一方让不胜的一方喝罚酒。喝完罚酒，为胜的一方立马，如一方得了三马，就为多马喝庆贺的酒。请主人也这样做。"

司射吩咐奏乐的乐工说："请演奏《狸首》的曲子，速度快慢如一，不要有快有慢。"乐工之长答应说："是。"

司射告诉左右的主宾们说，矢已经准备好，请双方交替投壶。有投入的，司射就坐下，在"中"上放一枝算。投壶时，宾客们在右边，主人及子弟们在左边。

投壶结束，司射拿着剩余的筹码说："双方都投完了，请统计。"二枝算为一纯，一纯一纯地从中上取下筹码，用右手取，再交到左手，十纯作一堆，放在地上。单独的一枝叫做奇。统计之后，司射就把多出的码报出来，说："某方胜某方多少纯。""奇"就说"奇"，不分胜负就说"左右相等"。

司射斟酒说："请胜方子弟为负方斟酒。"胜方的子弟说："是。"斟好之后，应该受罚的一方都跪下捧着酒杯说："承蒙赐饮。"胜方也跪下来，说："敬请取用。"

喝罚酒以后，司射吩咐立马，马放置在各方的筹码前，以立三马为限。如一方得一马，一方得二马，就把一马并入二马来庆贺。庆礼时，司射说："三马已经齐备，请斟酒为多马的一方庆贺。"宾主都说："是。"喝酒以后，就将立马撤去。

算的数量多少看在座的人数来定，每人四支。矢的长度不一，在室中投，用五扶长的；在堂上投，用七扶长的；在庭中投，用九扶长的。算长一尺二寸。壶：颈长七寸，腹深五寸，口径二寸半，容积为一斗五升。壶中放有小豆，防止矢反跳出来。壶放在离席两矢半远的地方。矢是用柘木和棘木做的，不去掉皮。

鲁国投壶之时，司射吩咐堂下双方弟子说："不要怠慢，不要骄傲，不要背对堂前站着，不要大呼小叫。如果背对堂前，大呼小叫，要罚酒一杯。"薛国投壶之时，司射吩咐双方弟子说："不要怠慢，不要骄傲，不要背对着堂前站立，不要大呼小叫，如有这些行为，要受罚。"

投壶时击鼓的节奏：○□○○○□□○○○□。半，○□○□○○○□□○○□□。○是鲁国的鼓谱：○□○○○□□○○○□□○○○□□○○□○。半，○□○○○□□。○是薛国的鼓谱：取半以下的这段鼓谱是投壶礼，全谱使用的是射礼。

司射、司正和站着观礼的成年人，都属于宾客一派；奏乐的人和仆人、孩子都属于主人一派。

鲁国鼓谱：○□○○□□○○。半，○□○□○○○□○；薛国鼓谱：○□□○○○○□□○□○○○○□□○○○□○，半，○□○□○○○○□○。

儒　行[1]

鲁哀公问于孔子曰："夫子之服，其儒服与？"孔子对曰："丘少居鲁，衣逢掖之长②；长居宋，冠章甫之冠③。丘闻之也，君子之学也博，其服也乡④。丘不知儒服。"

哀公曰："敢问儒行。"孔子对曰："遽数之不能终其物⑤，悉数之乃留⑥。更仆⑦，未可终也。"

哀公命席，孔子侍，曰："儒有席上之珍以待聘⑧，夙夜强学以待问⑨，怀忠信以待举，力行以待取。其自立有如此者。"

儒有衣冠中⑩，动作慎；其大让如慢⑪，小让如伪；大则如威⑫，小则如愧；其难进而易退也，粥粥若无能也⑬。其容貌有如此者。

儒有居处齐难⑭，其坐起恭敬；言必先信，行必中正；道涂不争险易之利⑮，冬夏不争阴阳之和⑯；爱其死以有待也，养其身以有为也。其备豫有如此者⑰。

儒有不宝金玉，而忠信以为宝；不祈土地，立义以为土地；不祈多积，多文以为富⑱；难得而易禄也⑲，易禄而难畜也⑳。非时不见，不亦难得乎！非义不合，不亦难畜乎！先劳而后禄，不亦易禄乎！其近人有如此者。

儒有委之以货财㉑，淹之以乐好㉒，见利不亏其义；劫之以众㉓，沮之以兵㉔，见死不更其守；鸷虫攫搏㉕，不程勇者㉖；引重鼎㉗，不程其力；往者不悔，来者不豫；过言不再㉘，流言不极㉙；不断其威，不习其谋㉚。其特立有如此者。

儒有可亲而不可劫也；可近而不可迫也；可杀而不可辱也。其居处不淫㉛，其饮食不溽㉜，其过失可微辨而不可面数也。其刚毅有如此者。

儒有忠信以为甲胄，礼义以为干橹㉝；戴仁而行㉞，抱义而处㉟；虽有暴政，不更其所。其自立有如此者。

儒有一亩之宫㊱，环堵之室㊲；筚门圭窬㊳，蓬户瓮牖㊴；易衣而出㊵，并日而食㊶；上答之不敢以疑㊷，上不答不敢以谄。其仕有如此者。

儒有今人与居，古人与稽；今世行之，后世以为楷；适弗逢世，上弗援㊸，下弗推㊹。谗谄之民，有比党而危之者㊺，身可危也，而志不可夺也；虽危，起居㊻竟信其志㊼，犹将不忘百姓之病也。其忧思有如此者。

儒有博学而不穷，笃行而不倦；幽居而不淫㊽，上通而不困；礼之以和为贵，忠信之美，优游之法㊾；慕贤而容众，毁方而瓦合㊿。其宽裕有如此者。

儒有内称不辟亲，外举不辟怨，程功积事㉛，推贤而进达之，不望其报，君得其志。苟利国家，不求富贵。其举贤援能有如此者。

儒有闻善以相告也，见善以相示也；爵位相先也，患难相死也；久相待也，远相致也。其任举有如此者。

儒有澡身而浴德，陈言而伏；静而正之，上弗知也；粗而翘之(52)，又不急为也；不临深而为高，不加少而为多；世治不轻，世乱不沮(53)；同弗与，异弗非也。其特立独行有如此者。

儒有上不臣天子，下不事诸侯；慎静而尚宽，强毅以与人(54)，博学以知服(55)；近文章(56)，砥砺廉隅(57)；虽分国，如锱铢，不臣不仕。其规为有如此者。

儒有合志同方，营道同术；并立则乐，相下不厌；久不相见，闻流言不信。其行本方立义，同而进，不同而退。其交友有如此者。

温良者，仁之本也。敬慎者，仁之地也。宽裕者，仁之作也。孙接者，仁之能也。礼节者，仁之貌也。言谈者，仁之文也。歌乐者，仁之和也。分散者，仁之施也。儒者兼此而有之，犹且不敢言'仁'也。其尊让有如此者。

儒有不陨获于贫贱(58)，不充诎于富贵(59)；不慁君王(60)，不累长上(61)，不闵有司(62)。故曰'儒'。今众人之命儒也妄，常以儒相诟病。"

孔子至舍，哀公馆之，闻此言也，言加信，行加义，终没吾世，不敢以儒为戏。

【注释】

①郑玄说：名曰"儒行"者，以其记有道德者所行也。 ②逢：宽大。掖：腋下。 ③章甫：殷代帽子的名称。 ④乡：乡俗。 ⑤物：事情。 ⑥悉：全部。留：久。 ⑦仆：侍御之人。 ⑧有：为、是。 ⑨夙夜：朝夕、早晚。 ⑩中：适中。不异于众，不流于俗。 ⑪慢：傲慢。 ⑫威：通"畏"，畏惧。 ⑬粥粥：柔弱的样子。 ⑭齐难：郑玄说是，齐庄可畏难。 ⑮险：通"俭"，指省力。 ⑯阴阳之和：孔颖达说是冬暖夏凉之处。 ⑰豫：预备，预先有所准备。 ⑱多文：多学六艺之文。 ⑲禄：养，供养。 ⑳畜：罗致。 ㉑委：赠送。 ㉒淹：淹没、浸渍。 ㉓劫：威逼。 ㉔沮：恐吓。 ㉕鸷虫：猛兽。攫搏：搏斗。 ㉖程：估量、量度。 ㉗引：举。 ㉘过言：错误的话。 ㉙极：穷尽，即追究。 ㉚习：了解、熟悉。 ㉛淫：奢侈。 ㉜溽：味道浓厚。 ㉝干橹：小盾、大盾。 ㉞戴：尊崇。 ㉟抱：指信守。 ㊱亩：长宽各十步的面积。宫：墙垣。 ㊲环：周围。堵：一版长、五版高为一堵。一版（板）长度为多少，其说不一。 ㊳筚门：荆竹编成的门。圭窬（yú）：穿墙而过的像圭形的旁门。 ㊴蓬户：蓬草编成的门。瓮牖：把破瓮嵌入墙壁作窗子。 ㊵衣：孔颖达说合家共一衣。王梦鸥说：可能是参加隆重宴会较体面的"外出服"。 ㊶并日而食：郑玄说二日用一日食，即一天的饭分做两天吃。 ㊷上答之：郑玄说是君应用其言，即采纳接受他们的建议。 ㊸援：引荐。 ㊹推：举荐。 ㊺危：陷害。 ㊻起居：指日常生活。 ㊼信：通"申"，伸张、申明。 ㊽幽居：独处。 ㊾优游：宽和、宽厚。 ㊿瓦合：瓦器而相合。此句是说：儒者身虽方正，毁屈己之方正，下同凡众，如同与瓦器相合。 (51)程：考核、衡量。

积：功业。　52粗：粗略、大略。翘：陈澔说与"招其君之过"的"招"同。举、举其过而谏之。　53沮：败坏。　54与人：和人交往。　55服：行。　56文章：礼乐法度。　57砥砺：磨砺。廉：棱。隅：角。　58陨获：郑玄说是困迫失志之貌。　59充诎：因充裕而失节。　60恩：玷辱。　61累：负累。　62闵：郑玄说是"病"，以己为病。指刁难。　63妄：孙希旦释作"无实"，未尝有儒之实。　64话病：讥刺。

【译文】

鲁哀公问孔子说："先生穿的衣裳，大概是儒者的服装吧？"孔子回答说："我小时候住在鲁国，穿的是腋下肥大的衣服。长大以后住在宋国，戴的是殷时的章甫帽。我听说：君子的学问广博，衣服都要随乡入俗。我不知道什么是儒者的服装。"

鲁哀公说："请您讲讲儒者的行为。"孔子回答说："匆匆忙忙地数说，不能把儒者的行为讲完。如果一一地讲，需要很长时间，讲到侍御的人换班，也讲不完。"

鲁哀公让人设席，孔子陪侍，说："儒者是席上的珍品以等待别人的聘用，朝夕努力学习以等待别人的请教，心怀忠心以等待别人的举荐，勉力而行以等待别人的录用。儒者的自修立身是这样的。

儒者的穿戴适中，不异于众，不流于俗，行为谨慎。对大事推让不受，好像很傲慢。对小事也推让不受，好像很虚伪。做大事考虑再三，好像心有畏惧。做小事也不放纵，好像心里有愧。他们难于进取，却易于退让，柔弱的样子像是无能，儒者的容貌是这样的。

儒者平时的起居，严肃而不易做到，坐立恭敬，讲话有信用，行为不偏不倚。在路途上，不争省力而易走的路。冬天夏天，不争冬暖夏凉的地方，爱惜生命以等待时机来临，保养身体准备有所作为。儒者做事预先有所准备是这样的。

儒者不把金玉当做宝贝，却把忠信当做珍宝，不求有土地，而把多学诗书等作为财富。儒者难以得到却容易供养，容易供养却难以罗致。不在适当的时候见不到儒者，不是很难得到吗？不是正义的事情就不会合作，不是很难罗致吗？先效力而后得俸禄，不是很容易供养吗？儒者接近人情是这样的。

把钱财物品送给他，用玩乐爱好浸渍他，儒者不会见利而使义受到损害。用众多的人来威逼他，用武器来恐吓他，儒者不会怕死而改变操守。遇到猛兽与之搏斗，不估量自己的勇力。举重鼎，也不估量自己的力量。过去的事情不追悔，未来的事情不预备。错误的话不说两次，流言也不追究。经常保持威严，但不熟悉谋略。儒者独特的立身是这样的。

儒者可以亲密，却不可以利用。可以接近但不能逼迫。可以杀掉，却不能被侮辱。居住的地方不奢侈，饮食的味道单薄。有过失可以含蓄地示意，不能当面一一指出。儒者的刚强坚毅是这样的。

儒者用忠信作为盔甲，礼义作为盾牌。尊奉信守仁义去行动、处事。即使遇到暴虐的统治，也不改变信奉的仁义。儒者的自立是这样的。

儒者居住之处占地面积长宽各十步，房屋周围一堵宽，正门是荆竹编成的，圭形的旁门，用蓬草塞着，用破瓮嵌窗户。换身衣裳才能出门，两天才吃一天的粮。长官采纳他的建议，不敢怀疑自己的能力；长官不采纳，也不敢巴结谄媚。儒者做官是这样的。

儒者和同时代的人生活，而稽考古人的行为。当时的行为，后世作为楷模。正好没碰上政治清明的时代，上边没人引荐，下边没人推举，谗言谄媚的人结成群党陷害他。生命可受到伤害，但改变不了他的志向，日常生活受到干扰，却能伸展他的志向，还没有忘记百姓的疾苦。儒者的忧思是这样的。

儒者学问广博而不休止，行为纯一而不倦怠；独处时不放纵自己，通达于上而不离道义；礼以和谐为贵，以忠信为美，以宽厚为法度；仰慕贤人而容纳众人，像陶瓦一样方圆随时。儒者的宽容是这样的。

儒者举荐人才，对内不避亲属，对外不避怨恨之人，考核功业、推举贤人而使他得到任用，不希图报答，国君能借助贤人发展他的志向。有利于国家，儒者不贪图富贵。儒者举荐贤人、引荐能人是这样的。

儒者听到有益的话就告诉别人，见到有益的事也告知别人。有爵位，互相推让。有患难，争相效死。自己将升迁，如朋友未升，就等待一起升迁。自己得志，朋友在他国不得志，路途遥远也要设法招来。儒者的任用举荐是这样的。

儒者洗浴身心，沐浴道德，是为正己。陈述自己的看法，而伏听国君的采纳。安静而谨守正道，不为国君所知。国君有过失，委婉地提出并加以劝谏，不急于去做。得志后不在地位卑下的人面前显示自己，不在功绩少的人面前炫耀自己。社会安定，群贤并处，不轻视自己。世道混乱，不败坏自己的操守。不和见解相同的人结党，对见解不同的人也不要诋毁。儒者立身行为与众不同是这样的。

儒者上不做天子的臣下，下不做诸侯的官吏。谨慎安静而崇尚宽厚，刚强坚毅来和人交往，广博学习以知道自己所应做的，接近礼乐法度，磨炼自己。

即使把国家分给他，在他看来是锱铢小事，不做别人臣下和官吏。儒者的规矩行为是这样的。

儒者交朋友，要有相同的志趣方向，研究道艺有相同的方法。彼此有建树都感到欢乐，互相不得志时也不厌恶。很久没有见面，听到流言也不相信。行为本于方正，建立在道义上。志向相同就在一起，志向不同就分开。儒者交朋友是这样的。

温和善良是仁的根本。恭敬谨慎是仁的实质。宽容是仁的兴起。谦逊亲切是仁的能力。礼节是仁的外表。言谈是仁的文章。歌乐是仁的和谐。分散是仁的施行。儒者兼有这几种美德，还不敢谈论仁。儒者的恭敬谦让是这样的。

儒者不因贫贱而困迫失志，不因富贵而骄奢失节。不因君王的玷辱、上司的负累、官吏的刁难而违背道德。所以才叫做'儒'。现在的众人自称为儒者，未曾有儒者之实，所以为人轻视，经常用儒者相讥刺。"

孔子从卫国返回。鲁哀公招待他住在馆舍，听到这番言语之后，说话更讲信用，行为更加合理。哀公说："我这一生，再也不敢拿儒者开玩笑了。"

大　学①

大学之道②，在明明德③，在亲民④，在止于至善⑤。

知止而后有定⑥，定而后能静，静而后能安，安而后能虑，虑而后能得。

物有本末，事有终始。知所先后，则近道矣。

古之欲明明德于天下者，先治其国。欲治其国者，先齐其家。欲齐其家者，先修其身。欲修其身者，先正其心。欲正其心者，先诚其意。欲诚其意者，先致其知⑦。致知在格物⑧。

物格而后知至，知至而后意诚，意诚而后心正，心正而后身修，身修而后家齐，家齐而后国治，国治而后天下平。

自天子以至于庶人，壹是皆以修身为本⑨。

其本乱⑩而末治者否矣。其所厚者薄，而其所薄者厚，未之有也。

此谓知本，此谓知之至也。

所谓诚其意者，毋自欺也，如恶恶臭⑪，如好好色⑫，此之谓自谦⑬，故君子必慎其独也。小人闲居为不善，无所不至，见君子而后厌然⑭，掩其不善，而著其善。人之视己，如见其肺肝然，则何益矣。此谓诚于中⑮，形于外⑯，故君子必慎其独也。曾子曰："十目所视，十手所指，其严乎！"富润屋⑰，德润身，心广体胖[18]，故君子必诚其意。

《诗》云："瞻彼淇澳[19]，菉竹猗猗[20]。有斐君子[21]，如切如磋[22]，如琢如磨[23]，瑟兮僩兮[24]，赫兮喧兮[25]。有斐君子，终不可諠兮[26]！""如切如磋"者，道学也。"如琢如磨"者，自修也，"瑟兮僩兮"者，恂慄也[27]。"赫兮喧兮"者，威仪也。"有斐君子，终不可諠兮"者，道盛德至善，民之不能忘也。

《诗》云："於戏[28]，前王不忘！"君子贤其贤而亲其亲，小人乐其乐而利其利，此以没世不忘也[29]。

《康诰》曰[30]："克明德[31]。"《大甲》曰："顾諟天之明命[32]。"《帝典》曰："克明峻德[33]。"皆自明也。

汤之《盘铭》曰[34]："苟日新，日日新，又日新。"《康诰》曰："作新民。"《诗》曰："周虽旧邦[35]，其命惟新。"[36]是故君子无所不用其极。

《诗》云："邦畿千里[37]，惟民所止[38]。"《诗》云："缗蛮黄鸟[39]，止于丘隅[40]。"子曰："于止，知其所止，可以人而不如鸟乎！"《诗》云："穆穆文王[41]，於缉熙敬止[42]！"为人君，止于仁；为人臣，止于敬；为人子，止于孝；为人父，止于慈；与国人交，止于信。

子曰："听讼，吾犹人也。必也使无讼乎！"无情者不得尽其辞[43]。大畏民志，此谓知本。

所谓修身在正其心者：身有所忿懥[44]，则不得其正；有所恐惧，则不得其正；有所好乐，则不得其正；有所忧患，则不得其正。心不在焉，视而不见，听而不闻，食而不知其味。此谓修身在正其心。

所谓齐其家在修其身者：人之其所亲爱而辟焉[45]，之其所贱恶而辟焉[46]，之其所畏敬而辟焉，之其所哀矜而辟焉[47]，之其所敖惰而辟焉[48]。故好而知其恶，恶而知其美者，天下鲜矣。故谚有之曰："人莫知其子之恶，莫知其苗之硕。"此谓身不修不可以齐其家。

所谓治国必先齐其家者，其家不可教而能教人者，无之。故君子不出家而成教于国。孝者，所以事君也；弟者，所以事长也；慈者，所以使众也。《康诰》曰"如保赤子[49]"，心诚求之，虽不中，不远矣。未有学养子而后嫁者也。一家仁，一国兴仁；一家让，一国兴让；一人贪戾，一国作乱：其机如此。此谓一言偾事[50]，一人定国。尧、舜帅天下以仁，而民从之。桀、纣帅天下以暴，而民从之。其所令反其所好，而民不从。是故君子有诸己而后求诸人[51]，无诸已而后非诸人[52]，所藏乎身不恕，而能喻诸人者，未之有也。故治国在齐其家。《诗》云："桃之夭夭[53]，其叶蓁蓁[54]；之子于归[55]，宜其家人[56]。"宜其家人，而后可以教国人。《诗》云："宜兄宜弟[57]。"宜兄宜弟，而后可以教国人。《诗》云："其仪不忒[58]，正是四国[59]。"其为父子兄弟足法[60]，而后民法之也。此谓治国在齐其家。

所谓平天下在治其国者：上老老而民兴孝[61]，上长长而民兴弟[62]，上恤孤而民不倍[63]，是以君子有絜矩之道也[64]。

所恶于上，毋以使下；所恶于下，毋以事上；所恶于前，毋以先后；所恶于后，毋以从前；所恶于右，毋以交于左；所恶于左，毋以交于右：此之谓絜矩之道。

《诗》云："乐只君子[65]，民之父母。"民之所好好之，民之所恶恶之，此之谓民之父母。

《诗》云："节彼南山[66]，维石岩岩[67]，赫赫师尹[68]，民具尔瞻[69]。"有国者不可以不慎，辟则为天下僇矣[70]。《诗》云："殷之未丧师[71]，克配上帝。仪监于殷[72]，峻命不易[73]。"道得众则得国，失众则失国。是故君子先慎乎德。有德此有人，有人此有土，有土此有财，有财此有用[74]。德者本也，财者末也。外本内末[75]，争民施夺。是故财聚则民散，财散则民聚。是故言悖而出者[76]，亦悖而入；货悖而入者[77]，亦悖而出。《康诰》曰："惟命不于常[78]。"道善则得之，不善则失之矣。《楚书》曰："楚国无以为宝，惟善以为宝。"舅犯曰："亡人无以为宝，仁亲以为宝。"

《秦誓》曰[79]："若有一个臣，断断兮无他技[80]，其心休休焉[81]，其如有容焉。人之有技，若己有之；人之彦圣[82]，其心好之。不啻若自其口出[83]，实能容之[84]，以能保我子孙黎民，尚亦有利哉！人之有技，媢疾以恶之[85]；人之彦圣，而违之俾不通[86]。实不能容，以不能保我子孙黎民，亦曰殆哉[87]！"唯仁人放流之，迸诸四夷[88]，不与同中国。此谓唯仁人为能爱人，能恶人。见贤而不能举，举而不能先[89]，命也[90]。见不善而不能退[91]，退而不能远，过也。好人之所恶，恶人之所好，是谓拂人之性[92]，灾必逮夫身[93]。是故君子有大道[94]，必忠信以得之，骄泰以失之[95]。

生财有大道。生之者众，食之者寡，为之者疾，用之者舒[96]，则财恒足矣。仁者以财发身，不仁者以身发财[97]。未有上好仁而下不好义者也，未有好义其事不终者也，未有府库财非其财者也。孟献子曰："畜马乘[98]，不察[99]于鸡豚；伐冰之家[100]，不畜牛羊；百乘之家[101]，不畜聚敛之臣。与其有聚敛之臣，宁有盗臣。"此谓国不以利为利，以义为利也。长[102]国家而务财用者，必自小人矣。彼为善之，小人之使为国家，灾害并至。虽有善者，亦无如之何矣！此谓国不以利为利，以义为利也。

【注释】

①郑玄说：名曰"大学"者，以其记博学可以为政也。　②道：政治主张或思想体系。　③明：显明。明德：高尚的品德。　④亲：通"新"。革除旧习。　⑤止：到达。至善：善的最高境界。　⑥止：到达的地方。　⑦致：达到。　⑧格物：推究事物的原理。　⑨壹是：一切。　⑩乱：紊乱。　⑪前一"恶"字音 wù，厌恶。　⑫前一"好"字音 hào，喜爱。好色：美色。　⑬谦：郑玄说"读为慊"。慊（qiè）：满足。　⑭厌（yā）：遮掩。　⑮诚：诚实、真实。这里指想法、意念。　⑯形：显露、表现。　⑰润：修饰，使有光彩。　⑱胖（pán）：宽舒、舒坦。　⑲澳（yù）：水边地。　⑳猗（yī）猗：优美茂盛的样子。　㉑斐：有文采的样子。　㉒磋（cuō）：把象牙磨制成器物。　㉓琢：雕刻。　㉔瑟：庄重。僩（xiàn）：郑玄释作"严栗"。　㉕赫：光明。喧：显赫。　㉖諠：忘记。　㉗恂慄：谦恭谨慎。　㉘於戏（wūhū）：即"呜呼"。　㉙没世：终身、永远。　㉚《康诰》：《尚书·周书》中的篇名。　㉛克：能够。明：崇尚。　㉜顾：顾念、想念。諟：是、此。明命：即明德。　㉝《帝典》：《尚书》中的篇名，即《尧典》。峻：大、高。　㉞盘：青铜制的盥洗用具。　㉟邦：国，指诸侯国。　㊱命：天命。　㊲邦畿（jī）：古代指直属天子管辖的区域，即京都地区。　㊳惟：是。止：居住。　㊴缗（mín）蛮：鸟鸣声。　㊵止：栖息。　㊶穆穆：态度端庄恭敬的样子。　㊷於：叹词。缉熙：指美德光明的样子。敬：崇敬。止：语尾助词。　㊸无情：情况不真实。辞：指狡辩的话。　㊹身：当做"心"，心志、忿懥（fèn zhì）：愤怒。　㊺之：同"于"。辟：偏。　㊻贱恶：鄙视厌恶。　㊼哀矜：怜悯同情。　㊽敖惰：简慢。　㊾赤子：初生的婴儿。　㊿偾事：败坏事情。偾（fèn）：败坏、覆亡。　51诸："之于"的合音。指具有这些善德。　52非：指责。　53夭夭：茂盛的样子。　54蓁（zhēn）蓁：叶子茂盛的样子。　55之：这。子：指出嫁的姑娘。于归：古代称女子出嫁。　56宜：和睦。　57指兄弟相处和睦融洽。　58忒：差错。　59正：匡正。　60法：可以效法的楷模。　61前一"老"字是动词，尊敬。　62前一"长"字是动词，敬爱。　63倍：背。　64絜（xié）矩：指道德上的表率作用。絜：量度。　65只：语气词。　66节：高峻的样子。南山：终南山。　67岩岩：山石堆积的样子。　68赫赫：显赫。　69具：都。　70辟：偏差。僇（lù）：杀戮。　71师：众，指民众。　72仪监：原诗作"宜鉴"。宜：应。鉴：借鉴。　73峻命：指天命。峻：大。　74用：用度。　75指本末倒置。　76悖：违背情理。　77货：指财富。　78常：常规。　79《秦誓》：《尚书》中的篇名。　80断断：忠厚老实的样子。　81休休：宽容的样子。　82彦圣：指美德。　83啻（chì）：只。　84实：确实、实在。　85媢（mào）：嫉妒。　86俾（bǐ）：使。通：通达。　87殆：危险。　88迸：通"屏"，驱逐。　89先：尽早。　90命：郑玄说"命读为慢"，怠慢。　91退：离去，指摒弃。　92拂：违背。　93灾：灾祸。逮：及。　94大道：常理正道。　95骄泰：傲慢奢侈。　96舒：缓慢。　97孔颖达说：仁人有财务于施与，以起身成其令名。　98乘（shèng）：古时一车四马为一乘。　99察：细究，指计较。　100伐冰之家：郑玄说"卿大夫以上丧用冰"。　101百乘之家：指有封地、可以出兵车百辆的卿大夫。　102长（zhǎng）：执掌。

　　大学的目的，在于显明高尚的品德，在于使人们革除旧习，在于达到善的最高境界。

　　知道达到的境界，然后才有确定的志向，有确定的志向，然后才能心静，心静然后才能安稳，安稳然后才能思虑，思虑然后才能达到善的最高境界。

　　世上的事物都有本末终始，明确它们的先后次序，那就接近于道了。

　　古时候想显明高尚的道德于天下的人，首先要治理好自己的国家；想治理好自己国家的人，首先要提高自己的修养；想要提高自身修养的人，首先要端正自己的心志；想要端正心志的人，首先要使自己的意念诚实；想意念诚实的人，首先要获得知识。获得知识的方法在于穷究事物的原理。

　　将事物的原理一一穷究，然后才有知识；有了知识，然后才能意念诚实；意念诚实，然后才能心志端正；心志端正，然后才能使自身有修养；自身有修养，然后家庭才能整治好；家庭整治好，然后才能把国家治理好；国家治理好，然后才能平定天下。

　　从天子到百姓，一切都以修养自身为根本。

　　根本紊乱了而末节想治理好是不可能的。应该重视的反而轻视，应该轻视的却很重视，从来没有过。

　　这就叫做知道根本，这才叫做了解彻底。

　　所谓意念诚实，就是说不要自己欺骗自己，如同厌恶臭气那样厌恶邪恶，就像喜爱美色那样喜爱善良。这样才能说心安理得，所以君子必定谨慎一人独处时的行为。那些小人，在平日生活中什么坏事都干得出来。他们见到君子以后就遮遮掩掩地掩盖他们干的坏事，显出一副善良的样子。别人看他们，像看到他们的五脏六腑一样，遮遮掩掩又有什么益处！这就叫做内心有什么意念，就会在外表上表现出来。所以君子必定谨慎一人独处时的行为。曾子说："大家的眼睛在看着你，大家用手在指着你，厉害得很啊！"财富可以修饰房屋，道德可以修饰人身，心胸宽广可以使身体舒坦，所以君子一定要做到意念诚实。

　　《诗经》中说："瞧那淇水弯曲的河岸边，绿竹优美茂盛。那富有文采的君子，治学修身，就如同切割骨器、琢磨玉器那样认真精细，仪表庄重威严，品德光明显赫。那富有文采的君子，使人永远不能忘记啊！"诗中的"如切如磋"，说的是治学严谨；"如琢如磨"，说的是自身修养；"瑟兮僴兮"，说的是谦恭谨慎；"赫兮喧兮"，说的是仪表威严；"有斐君子，终不可諠兮"，说的是高尚的品德达到善的最高境界，百姓们不会忘记他。《诗经》中说："啊！前代君王的德行永远不会忘记。"君王尊崇热爱前代贤人亲人，百姓也享受他们带来的安乐，得到了利益。这就是永远不会忘记的原因。

《康诰》说："能够崇尚美德。"《太甲》说："经常想念上天赋予的美德。"《帝典》说："能够显明大德。"这都是说要自己发扬它。

商汤的盘器上刻着："如果能每天更新，就天天更新，每天不间断。"《康诰》说："振作商的遗民，使他们悔过自新。"《诗经》说："周国虽是一个老诸侯国，但接受的使命是全新的。"所以统治者，没有一处不用尽心机的。

《诗经》说："方圆千里的京都，百姓聚居在那里。"《诗经》说："缗蛮地叫着的黄鸟，栖息在草木茂密的山湾。"孔子说："黄鸟栖息时，知道它所应栖息的地方。难道人还不如鸟么？"《诗经》说："端庄恭敬的周文王啊，光明的美德使人们崇敬。"做君主的要做到施行仁政，做臣子的要做到尊敬君主，做儿子的要做到孝顺父母，做父亲的要做到慈爱，与国人交往要做到诚实。

孔子说："审理诉讼，我像其他人一样，一定要使人们不再诉讼！"奸诈不实的人不能让他说尽狡辩的话。让人们畏服盛德，没有诉讼，这就叫做知道根本。

所谓修养自身，在于端正自身的心志。内心有所愤怒，心志就不可能端正；内心有所恐惧，也不可能端正；内心有所喜好，也不可能端正；内心有所忧虑担心，也不可能端正。思想不集中，看到了就像没看见，听到了如同没听见，吃东西都不知道味道。这就是修养自身，在于端正心志。

所谓整治家庭，就在于修养自身。人们对自己亲近的人往往有偏爱，对自己鄙视的人往往有偏见，对自己所敬畏的人往往会有偏意，对自己怜悯同情的人往往有偏心，对自己所简慢的人往往有偏见。所以喜欢一个人又知道他的缺点，厌恶一个人又了解他的优点，这样的人天下少有啊！

所以谚语说："没有人知道自己孩子的坏处，没有人知道自己禾苗的茂盛。"

这就叫自身缺乏修养，就不能够整治好自己的家庭。

所谓治理国家，必须首先整治自己的家庭，就是说，自己的家人都不能教育好却能教好别人的人，是没有的。所以统治者不出家门，却能在国内完成对国人的教育。孝敬父母，就是要用这种态度侍奉国君；敬爱兄长，就是要用这种态度侍奉长上；慈爱幼小，就是要用这种态度使唤民众。《康诰》说："保护人民就像保护婴儿一样。"诚心实意地去体会婴儿的心情，虽不能完全中意，但差不远。从来没有女子先学会养育儿女然后才出嫁的。国君一家仁爱，全国就兴起仁爱的风气；国君一家谦让，全国就兴起谦让的风气；如果国君一人贪利凶暴，全国就会犯上作乱：国君的作用就是这样。这就叫做一句话可以败坏事业，一个人的行为可以安定国家。尧、舜用仁政来统率天下，民众就跟随他们讲仁爱。桀、纣用暴政来统率天下，百姓也就跟随他们悖逆作乱。他们的命令和他们的好恶相反，百姓就不会听从。所以说，统治者自己有这些善德，然后才能要求别人行善；自己没有这些恶习，然后才能批评别人作恶。自己心中没有恕道，却去教导别人实行恕道，这是从来没有的。所以治理国家就在于整治自己的家庭。《诗经》说："茂盛的桃树开着鲜艳的花朵，这位姑娘出嫁了，能与婆家和睦相处。"能和一家人和睦相处，然后才能教育国人。《诗经》说："兄弟之间相处和睦融洽。"能够和兄弟和睦融洽，然后才可以教育国人。《诗经》说："他的仪容没有差错，能够匡正四方的国家。"国君作为父子兄弟能够成为楷模，然后百姓才会效法他。这就叫做治理国家，在于整治好自己的家庭。

所谓使天下平定在于治理好国家，是因为国君尊敬老人，民众就会兴起孝敬的风气；国君尊敬长上，民众就会兴起敬爱兄长的风气；国君怜爱孤儿，民众就不会抛弃幼小。所以统治者在道德上应有表率作用。

厌恶上司或下属的言谈举止，就不要用这种言谈举止对待下属或上司；憎恶前面或后面的人的作为，就不要用来施加到后边或前面的人的身上；嫌恶左边或右边的人的举动，就不要用来施加在右边或左边的人身上。这就叫做道德上的表率作用。

《诗经》说："快乐啊君子，你是民众的父母。"国君应当喜爱民众所喜爱的东西，应该憎恶民众所憎恶的东西。这才叫做民众的父母。

《诗经》说："高峻的终南山，层层岩石不可攀，权势显赫的尹太师，国人的眼睛都在注视着你。"执掌国家大权的人，不可以不慎重。如有偏差，就为天下的人所不容。

《诗经》说："殷代没有丧失众人支持时，能够和上天相配合。应以殷商的失败为借鉴，因为天命是不易获得的。"国君有道就会得到民众的支持，就会得到国家；失掉民众的拥护，也就失去了国家。所以，国君首先在道德上要慎重。有道德才会有人，有人才会有国土，有国土才会有财富，有财富才会有用度。道德是根本，财富是末节。国君把道德、财富本末倒置，就会使民众相互争斗、抢夺。因此，国君只知聚敛财富，那民众就会离散；把财富散发给民众，就会使民众聚集在周围。用违背情理的言语出口责备别人，别人也会用同样的言语来回敬；用违背情理的手段得到的财富，也会被别人用同样的手段夺去。《康诰》说："天命没有一定的常规。"有善德就能得到天命，没有就会失去天命。《楚书》说："楚国没有什么可以作为宝贝的，只有把善当做宝贝。"重耳的舅舅狐偃说："逃亡在外的人没有什么可以作为宝贝的，只有把对父母仁爱当做宝贝。"

《秦誓》说："如果有一个臣子，忠厚老实却没有其他才能，但他心地宽容，能够容纳他人。别人有才能，就像自己有才能一样；别人有美德，他心中很喜欢。不只是像从他口中说出的那样，而是确实能容纳别人，任用他能保护我的子孙和民众，还是很有好处的啊！别人有才能，嫉妒和憎恶人家；别人有美德，就压抑人家；使他的美德不能被国君了解。实在不能容纳人家，任用他不能保护我的子孙和民众。这实在太危险了！"只有仁德的人才会把这种人流放，驱逐到边远的地方，不让他们和贤能的人同住在中原各国。这就叫仁德的人才能爱护人，憎恶人。看到贤良的人，却不能举荐他，举荐却又不能尽早一些，就是怠慢。看到不好的人却不能摒弃他，摒弃了又不能把他放逐到边远地方，这是错误。喜爱人们所憎恶的，憎恶人们所喜爱的，这就叫违背了人的本性，灾祸一定会降临到他的身上。所以国君治国有个常理正道，忠诚老实才能得到它，而傲慢奢侈就会失掉它。

增殖财富有个重要方法，就是生产的人多，消费的人少，做事要努力，花费要缓慢，这样财富就会永远充足了。仁德的人靠施财而使自己有美名，没有仁德的人会不惜用自己的名誉去聚敛财富。没有国君爱好仁义而臣民不爱好仁义的，没有爱好仁义而不帮助国君完成他的事业的，也没有爱好仁义而不把国家府库当做自家府库保护的。孟献子说："拥有四匹马的车辆的大夫，不去计较鸡豚的小利；能够凿冰丧祭的大夫，不应豢养只知聚敛财富的家臣。与其有聚敛财富的家臣，宁可有盗窃府库的家臣。"这就是说，治理国家不应以自己的私利为利益，而应以道义为利益。执掌国家而致力于聚敛财富的人，必然是从小人那里受到影响。那些小人以此讨好国君，如国君用那些小人治理国家，那么天灾人祸就同时到来。到那时，即使是有才能的人，也对这没有办法。这就叫做治理国家不能把自己的私利作为利益，而应以道义为利益。

中華藏書

四书五经·最新校勘精注今译本

中国书店

冠 义①

凡人之所以为人者，礼义也。礼义之始，在于正容体②、齐颜色、顺辞令。容体正、颜色齐、辞令顺，而后礼义备。以正君臣、亲父子、和长幼。君臣正、父子亲、长幼和，而后礼义立。故冠而后服备，服备而后容体正、颜色齐、辞令顺。故曰："冠者，礼之始也。"是故古者圣王重冠。

古者冠礼筮日、筮宾③，所以敬冠事。敬冠事，所以重礼，重礼所以为国本也。

故冠于阼，以著代也④。醮于客位，三加弥尊，加有成也⑤。已冠而字之，成人之道也。见于母，母拜之；见于兄弟，兄弟拜之；成人而与为礼也。玄冠、玄端，奠挚于君⑥，遂以挚见于乡大夫、乡先生⑦，以成人见也。

成人之者，将责成人礼焉也⑧。责成人礼焉者，将责为人子、为人弟、为人臣、为人少者之礼行焉。将责四者之行于人，其礼可不重与？

故孝、弟、忠、顺之行立，而后可以为人；可以为人，而后可以治人也。故圣王重礼。故曰："冠者，礼之始也，嘉事⑨之重者也。"是故古者重冠，重冠故行之于庙。行之于庙者，所以尊重事⑩。尊重事而不敢擅⑪重事。不敢擅重事，所以自卑而尊先祖也。

【注释】

①郑玄说：名曰"冠义"者，以其记冠礼成人之义。　②容体：吕大临说是"动乎四体者"，即举止、举动。颜色：面容、脸色。辞令：言语、言谈。　③宾：主持加冠之礼的人。④著：表明。代：将代其父而为家长。　⑤见《郊特性》注。　⑥奠：置、放。挚：见面礼物。　⑦乡大夫：在乡而有官爵的人。乡先生：乡中告老还乡的卿大夫。　⑧责：要求。　⑨嘉事：郑玄说是嘉礼。五礼：吉、凶、军、宾、嘉。冠礼属嘉礼。　⑩重事：大事。　⑪擅：专擅。

【译文】

人之所以是人，是因为有礼义。礼义的起始，在于举止端正，态度端庄，言谈恭顺。举止端正，态度端庄，言谈恭顺，然后礼义才算齐备。用这些使君臣各安其位，父子相亲，长幼和睦。君臣各安其位，父子相亲，长幼和睦，然后礼义才算建立。所以行冠礼以后才算服饰完备，服饰完备然后才举止端正，态度端庄，言谈恭顺。所以说："冠礼是礼的起始。"因此古代圣王很重视冠礼。

古时行冠礼，要用蓍草占卜日期和主持冠礼的人。这是为了对行冠礼的事表示恭敬；对行冠礼之事表示恭敬，因而重视礼法，重视礼法是立国之本。

在阼阶行加冠礼，是用来表明他将要代替他父亲成为家长。请他在客位上并向他敬酒，加冠三次，是勉励他有所成就。已行冠礼就要用他的字称呼他，这是对待成人的道理。见了母亲，拜见母亲，母亲要答拜；见了兄弟，兄弟要再次拜见他；这是因为他已是成人，而跟着他行礼。戴上玄冠，穿好朝服去拜见国君，将礼物放在地上，以表示不敢直接交给国君。又拿着礼物去拜见乡大夫、乡先生，都是以成人的身份拜见。

已经是成人，就要求他行成人之礼，要求他行成人之礼，就是要求他作为儿子、兄弟、臣下、晚辈有合乎礼的行为。将要要求他用这四种身份的行为待人，那么冠礼怎么可以不重视呢？

为人子要孝，为人弟要悌，为人臣要忠，为人晚辈要顺，这样才可以处世为人。可以为人了，以后就可以管理别人。所以圣王重视冠礼。因此说："冠礼是礼的起源，是嘉礼中最重要的。"古时候很重视冠礼，因为重视冠礼，所以在宗庙举行；在宗庙举行，是尊重大事。尊重大事就不敢专擅大事，不敢专擅大事是因为辈分低微并尊重祖先。

昏　义①

昏礼者②，将合二姓之好，上以事宗庙，而下以继后世也。故君子重之。是以昏礼纳采、问名、纳吉、纳征、请期③，皆主人筵几于庙④，而拜迎于门外，入揖让而升，听命于庙⑤，所以敬慎、重正昏礼也。

父亲醮子而命之迎⑥，男先于女也。子承命以迎，主人筵几于庙，而拜迎于门外。婿执雁入，揖让升堂，再拜奠雁，盖亲受之于父母也。降出，御妇车，而婿授绥，御轮三周，先俟于门外⑦。妇至，婿揖妇以入，共牢而食，合卺而酳，所以合体同尊卑，以亲之也。

敬慎重正而后亲之，礼之大体，而所以成男女之别，而立夫妇之义也。男女有别，而后夫妇有义；夫妇有义，而后父子有亲；父子有亲，而后君臣有正。故曰："昏礼者，礼之本也。"

夫礼始于冠，本于昏，重于丧、祭，尊于朝、聘，和于乡、射。此礼之大体也。

夙兴，妇沐浴以俟见。质明⑧，赞见妇于舅姑⑨，妇执笄、枣、栗、段脩以见⑩。赞醴妇⑪，妇祭脯、醢，祭醴⑫，成妇礼也。舅姑入室，妇以特豚馈，明妇顺也。厥明⑬，舅姑共飨妇以一献之礼⑭，奠酬⑮，舅姑先降自西阶，妇降自阼阶，以著代也⑯。

成妇礼，明妇顺，又申之以著代⑰，所以重责妇顺焉也⑱。妇顺者，顺于舅姑，和于室人⑲，而后当于夫⑳，以成丝麻、布帛之事，以审守委积、盖藏㉑。是故妇顺备而后内和理㉒，内和理而后家可长久也。故圣王重之。

是以古者妇人先嫁三月，祖庙未毁㉓，教于公宫㉔，祖庙既毁㉕，教于宗室㉖，教以妇德、妇言、妇容㉗、妇功。教成，祭之㉘，牲用鱼，芼之以萍藻㉙，所以成妇顺也。

古者天子后立六宫、三夫人、九嫔、二十七世妇、八十一御妻，以听天下之内治㉚，以明章妇顺㉛，故天下内和而家理㉜。天子立六官、三公、九卿、二十七大夫、八十一元士，以听天下之外治，以明章天下之男教，故外和而国治。故曰："天子听男教，后听女顺；天子理阳道，后治阴德；天子听外治，后听内治。教顺成俗，外内和顺，国家理治，此之谓盛德。"

是故男教不修，阳事不得㉝，适见于天㉞，日为之食；妇顺不修，阴事不得，适见于天，月为之食。是故日食则天子素服而修六官之职，荡天下之阳事㉟；月食则后素服而修六宫之职，荡天下之阴事。故天子之与后，犹日之与月，阴之与阳，相须而后成者也㊱。天子修男教，父道也。后修女顺，母道也。故曰："天子之与后，犹父之与母也。"故为天王服斩衰，服父之义也。为后服资衰㊲，服母之义也。

【注释】

①郑玄说：名曰"昏义"者，以其记娶妻之义，内教之所由成也。　②昏礼：郑说娶妻之礼，以昏为期，因名焉。　③纳采：纳采择之礼，即男家向女家送一只雁，表示求亲。问名：问女子姓氏，以便回家占卜吉凶。纳吉：男家在祖庙卜得吉兆，通报女家。纳征：纳吉之后，择日具书，遣人送聘礼到女家，女家接受后复书，婚姻乃定。纳征无雁，其余皆用雁。请期：男家派人到女家请以婚期，男家决定后通知女家。　④主人：指女方父母。　⑤指女方父母先祭告宗庙，然后出庙门迎接男家派来的人。　⑥醮：单方面敬酒，受方不必回敬。　⑦郑玄说：新郎先驾车走三圈，然后交给驾车人，自己再乘车先回，在门外等候。　⑧质明：天刚亮的时候。　⑨赞：协助行礼的妇人。　⑩笄：指竹器，盛枣栗段等。枣、栗献给公公，段脩献给婆婆。　⑪赞醴妇：孙希旦说是"赞为舅姑酌醴以礼妇"。　⑫祭醴：祭醴于地。　⑬厥明：馈豚第二天。　⑭孙希旦说：凡食礼，主人献宾，宾酢主人，主人又自酌饮毕，更爵以酬

宾，为一献。此飨妇之礼，舅献而姑酬，故曰"共食妇以一献之礼"。　⑮奠酬：妇向舅姑献酬，姑受爵奠于荐左。　⑯著：表明。代：代姑为主妇。　⑰申：重申。　⑱重：郑重。责：要求做到。　⑲室人：家中的人。　⑳当（dàng）：适合。　㉑审：周密。守：守护。委积：储备。盖藏：掩盖藏聚之物。　㉒和理：和谐顺从。　㉓祖庙未毁：同高祖以下，五服之内。　㉔公宫：孔颖达说是官家之宫。　㉕祖庙既毁：非同一高祖以下，五服之外。　㉖宗室：大宗、小宗之家。　㉗容：装饰、打扮。功：纺织、刺绣、缝纫等事。　㉘之：指女所出之祖。　㉙萍：做羹的菜。郑玄说：鱼、萍藻，皆水物，阴类。　㉚听：掌管。　㉛明章：申明表白。　㉜王梦鸥认为此句殊不成语法，应作"以明章天下之妇顺，故内和而家理"。王说是。　㉝事：道。得：当。　㉞适（zhé）；通"谪"，指天象变异。　㉟荡：清除。　㊱相须：互相配合，相依。　㊲资：郑玄认为应作"齐"，音咨。

【译文】

　　婚礼是结两姓之间的欢好。对上要传宗接代以从事宗庙祭祀；对下来说，要生儿育女以继续后世。因此君子看重它。因为看重，在纳采、问名、纳吉、纳征、请期的日子，男家的使者来时，女方的父母要在庙中摆设筵席，然后走出庙门外拜迎。进入庙门，互相揖让而登堂，在两楹之间听受男家使者所传的辞命。这样做是使婚礼恭敬、谦慎、隆重而正大光明。

　　男方父亲亲自向儿子敬酒，并吩咐他去迎娶新妇。这是表示男方主动。儿子接受父命去迎亲，女方父母在庙中摆设酒席，并到庙门外拜迎女婿。女婿捧着雁走进去，互相揖让而登堂，再拜，献雁，这是奉父母之命。下堂出来，把新妇坐的车驾好。然后女婿拉住绥登车，驾车，转了三圈以后，就把它交给驾车人。新郎自己另乘车先回去并等候在门外。新妇到了，女婿向新妇作揖，一同进入。吃饭时，夫妇共用同一种饭食，合饮一个酒杯。这样做是表示合为一体、尊卑一致地相亲相爱。

　　经过恭敬、谨慎、隆重而又正大光明的婚礼以后才去爱她，是礼的原则，并同时形成男女分别，建立夫妇的道义。男女有分别，然后夫妇才有道义；夫妇有道义，然后父子能够亲爱；父子亲爱，然后君臣各安其位。因此说，婚礼是礼的根本。

　　礼是以冠礼为起始，婚礼为根本，丧祭为重要，以朝觐、聘问为尊敬，以乡饮酒礼和射礼为和谐，这就是礼的原则。

　　清早起来，新妇梳妆打扮，等候拜见公婆。天刚亮的时候，协助行礼的妇人带新妇去见公婆。新妇拿着装有枣栗和干肉的竹器去拜见，将枣栗献给公公，将干肉献给婆婆。助礼的妇人代公婆把醴酒赐给新妇，新妇在席上祭肉酱和醴酒，就完成了做媳妇的礼仪。公婆回到居室，新妇献上一只小猪，表明做媳妇的柔顺。第二天，公婆共同用一献之礼赐予新妇，新妇回敬公婆，但不酬酢。饮毕，公婆先从西阶下去，新妇从主人之阶下去。这表明新妇将代替婆婆做主妇了。

完成了做新妇的礼仪，表明了新妇的柔顺，又重申表示她取代婆婆做主妇。所以郑重要求她做到新妇的柔顺。新妇的柔顺就是顺从公公婆婆，与家人和睦相处，这样才适合于丈夫。经管丝麻布帛的事情，周密管好家中的财物。所以有了新妇的柔顺，然后家中才和谐顺从；家中和谐顺从，然后家庭才可以长久。故而圣明之王重视妇人的柔顺。

古代女子在出嫁前三个月，如果她的高祖宗未迁，就在官家的宫内接受婚前教诲；如果已经迁走，就在宗子的祠堂里接受婚前的教诲，教给她妇人的德性贞顺，言辞适当，装饰打扮，织布缝纫等等。教成以后祭告祖先。祭祀时用鱼作祭品，用萍藻作羹，成就了妇人的柔顺。

古代天子在王后的下面设六宫、三夫人、九嫔、二十七世妇、八十一御妻，掌管天下的内部治理。申明表白妇人的柔顺，因而天下内部和谐、家庭安定。天子设六官、三公、九卿、二十七大夫、八十一元士，用来掌管天下的外部治理，申明表白天下臣民的政教，因而外部和谐，国家大治。所以说："天子掌管臣民的政教，王后掌管妇人的柔顺；天子治理阳刚之道，王后治理阴柔之德；天子掌握外部治理，王后掌管内部职责。教诲柔顺形成习俗，内外和谐顺从，国家得到有条理的治理，这就叫做盛德。"

因此政教不能修治，阳刚之道不当，上天就会出现异常天象，产生日食；如妇人柔顺不能修治，阴柔之道不当，上天也会出现异常天象，产生月食。遇到日食，天子穿纯白的衣服，整治六官职事，以清理天下的阳事；遇到月食，王后就穿纯白的衣服，整治六宫的职事，以清理天下的阴事，所以天子与王后好比太阳与月亮，阳与阴，互相配合然后天下事才可成功。天子修治政教是父道；王后修治妇人的柔顺是母道。所以说："天子与王后好比父亲和母亲。"所以天子去世，他的臣下为他服斩衰丧服，这和为父服丧同样意思；王后去世，臣下为她服齐衰丧服，这和为母服丧同样道理。

乡饮酒义 [①]

乡饮酒之义：主人拜迎宾于庠门之外 [②]，入三揖而后至阶，三让而后升，所以致尊让也。盥洗扬觯，所以致洁也③。拜至、拜洗、拜受、拜送、拜既④，所以致敬也。尊让、洁、敬也者，君子之所以相接也。君子尊让则不争，洁、敬则不慢。不慢不争，则远于斗、辨矣⑤，不斗、辨，则无暴乱之祸矣，斯君子所以免于人祸也。故圣人制之以道。

乡人、士、君子⑥，尊于房户之间⑦，宾主共之也。尊有玄酒，贵其质也。羞出自东房，主人共之也⑧。洗当东荣⑨，主人之所以自洁而以事宾也。

宾主，象天地也⑩。介、僎，象阴阳也⑪。三宾，象三光也⑫。让之三也，象月之三日而成魄也⑬。四面之坐，象四时也。

天地严凝之气⑭，始于西南而盛于西北，此天地之尊严气也⑮，此天地之义气也。天地温厚之气⑯，始于东北而盛于东南，此天地之盛德气也⑰，此天地之仁气也。主人者尊宾，故坐宾于西北，而坐介于西南以辅宾。宾者，接人以义者也，故坐于西北；主人者，接人以仁、以德厚者也，故坐于东南；而坐僎于东北，以辅主人也。仁义接，宾主有事，俎、豆有数，曰圣。圣立而将之以敬曰礼，礼以体长幼曰德。德也者，得于身也。故曰："古之学术道者⑱，将以得身也。是故圣人务焉。"

祭荐、祭酒⑲，敬礼也。啐肺⑳，尝礼也㉑。啐酒㉒，成礼也。于席末㉓，言是席之正，非专为饮食也，为行礼也，此所以贵礼而贱财也㉔。卒觯，致实于西阶上㉕，言是席之上，非专为饮食也，此先礼而后财之义也。先礼而后财，则民作敬让而不争矣。

乡饮酒之礼，六十者坐，五十者立侍以听政役，所以明尊长也。六十者三豆，七十者四豆，八十者五豆，九十者六豆，所以明养老也。民知尊长养老，而后乃能入孝弟；民入孝弟，出尊长养老，而后成教；成教而后国可安也。君子之所谓孝者，非家至而日见之也㉖，合诸乡射，教之乡饮酒之礼，而孝弟之行立矣。

孔子曰："吾观于乡而知王道之易易也㉗。"

主人亲速宾及介㉘，而众宾自从之㉙，至于门外，主人拜宾及介，而众宾自入，贵贱之义别矣。

三揖至于阶，三让，以宾升㉚，拜至，献、酬辞让之节繁㉛；及介，省矣㉜。至于众宾，升受、坐祭、立饮，不酢而降，隆杀之义辨矣㉝。

工人㉞，升歌三终，主人献之㉟。笙入三终㊱，主人献之。间歌三终㊲，合乐三终，工告乐备，遂出。一人扬觯，乃立司正焉㊳，知其能和乐而不流也㊴。

宾酬主人，主人酬介，介酬众宾，少长以齿，终于沃、洗者焉㊵，知其能弟长而无遗矣④¹。

降，说屦升坐，修爵无数④²。饮酒之节，朝不废朝④³，莫不废夕④⁴。宾出，主人拜送，节文终遂焉④⁵，知其能安燕而不乱也。

贵贱明，隆杀辨，和乐而不流，弟长而无遗，安燕而不乱，此五行者，足以正身安国矣。彼国安而天下安，故曰："吾观于乡，而知王道之易易也。"

乡饮酒之义，立宾以象天，立主以象地，设介、僎以象日月，立三宾以象三光。古之制礼也，经之以天地，纪之以日月，参之以三光，政教之本也。

亨狗于东方④⁶，祖阳气之发于东方也④⁷。洗之在阼，其水在洗东，祖天地之左海也④⁸。尊有玄酒，教民不忘本也。

宾必南向。东方者春，春之为言蠢也④⁹，产万物者圣也⑤⁰。南方者夏，夏之为言假也⑤¹，养之、长之、假之，仁也。西方者秋，秋之为言愁也⑤²，愁之以时察⑤³，守义者也。北方者冬，冬之为言中也，中者藏也。是以天子之立也，左圣向仁，右义储藏也⑤⁴，介必东向，介宾主也。主人必居东方。东方者春，春之为言蠢也，产万物者也。主人者造之，产万物者也。月者三日则成魄，三月则成时。是以礼有三让，建国必立三卿。三宾者，政教之本，礼之大参也。

【注释】

①郑玄说：名曰"乡饮酒义"者，以其记乡大夫饮宾于庠序之礼，尊贤养老之义。　②庠：乡学。　③洁：清洁。　④拜至：主人在宾初至而拜之。拜洗：拜主人为己洗爵。拜受：主人献宾，宾于西阶上拜受爵。拜送：宾既受爵，主人于阶上拜送。拜既：宾饮卒爵而拜。⑤斗：争胜。辨：言词争论。指诉讼。　⑥乡人：乡大夫。士：州长、党正。君子：卿、大夫、士。　⑦尊：酒樽。　⑧共：供。　⑨洗：盥洗用的器皿，形似浅盆，青铜或陶制。荣：飞檐，屋檐两头翘起的部分。　⑩孙希旦说：宾者，主人之所敬事，象乎天之尊。主人以礼下人，象乎地之卑，故曰宾主象天地。　⑪孙希旦说：介僎以辅宾主之礼，犹阴阳以助天地之化，故曰介僎象阴阳。　⑫三宾：郭嵩焘说是宾、介、众宾。宾介像日月，众宾像群星。三光：日月星。　⑬三日：朔后三日。魄：月初出或将没时的微光。　⑭严凝：寒冷。　⑮尊严：庄重威严。　⑯温厚：温和宽厚。　⑰盛德：盛美道德。　⑱术道：学术道艺。　⑲祭荐：主人献宾，宾即席祭所荐脯醢。　⑳哜（jì）：尝。　㉑尝礼：宾既祭酒，起，取俎上之肺，尝之。　㉒啐（cuì）：饮酒入口。　㉓席末：席的西头。　㉔贵礼：指席上祭荐、祭酒。贱财：指席末啐酒。　㉕致实：把酒喝光，即干杯。　㉖家至：到每家每户去。　㉗乡：指乡饮酒礼。易易：极其容易。　㉘速：请。　㉙据敖继公说：主人邀请宾介后，先回去，众宾都到宾的门外，等候和宾一同前往。　㉚以：带领、引导。　㉛繁：盛。　㉜省：稍减。　㉝隆：丰厚。辨：别。　㉞工：乐正。　㉟之：指乐正。　㊱笙：吹笙之人。　㊲间：更迭、轮

流。　㊳司正：饮酒时监察仪法的人。　㊴和乐：和谐欢乐。流：失礼。　㊵沃洗者：指拿着盛水的洗供主宾介等人盥洗的人。　㊶弟：少。　㊷修爵无数：不计爵数。　㊸朝：晨临朝视事。　㊹夕：晚回治私家之事。　㊺节文：礼节文饰。　㊻东方：堂的东北。　㊼祖：效法。　㊽指效法天地之东为海。左海：东海。　㊾蠢：蠢动，生长的样子。　㊿圣：通达。　51假：大。　52愁：郑玄说，愁读为揫。揫：收敛。　53察：郑玄说，犹察察，严杀之貌。　54偝（bèi）：背对着。　55造：就、到。　56参：依据、根据。

【译文】

　　乡饮酒的仪式，主人在乡学门外拜迎宾客，宾客进门以后，作揖三次之后到达阶前，彼此推让三次而后登阶，这是为了表示尊重和谦让对方。洗手，洗杯然后举杯饮酒，这是为了清洁。宾客到来而主人拜迎，主人洗爵而宾客拜谢，主人献酒而宾客拜受，宾客接受而主人拜送，宾客干杯而主人拜谢，这是为了表达敬意。尊重，谦让，清洁，恭敬，君子们以此互相交往。君子能够尊重谦让就不会争斗，清洁恭敬就不会怠慢。不怠慢又不争斗，就不会有争胜诉讼的事情，不争胜诉讼就没有暴乱的祸患了。这就是君子用来避免人为祸患的办法，因此圣人用礼来加以限制。

　　乡大夫，州长党正及卿大夫士们行乡饮酒礼时，酒尊放在房户之间，表示宾客和主人共用。尊里放有水，这是以质朴为贵。菜肴从东房端出来，这表示是主人供给的。盥洗用的"洗"放在东边屋檐下，这原是主人自己清洁用的，现在用来敬事宾客。

　　宾与主象征天与地，介与僎象征阴与阳，宾、介、众宾像日月星。推让三次像月朔后三日逐渐复明。位置摆成四面对坐，象征春夏秋冬四季。

　　天地寒冷之气，由西南方开始，到西北方最强盛，这是天地间的庄重威严之气，是天地间的义气。天地温和宽厚之气，从东北方开始，到东南方最强盛，这是天地间的盛美道德之气，是天地间的仁气。主人尊重宾客，所以让宾客坐在西北方，介坐在西南方辅助宾客。宾客是以义来待人的，因此坐在西北。主人是以仁德宽厚待人的，因此坐在东南方。让僎坐在东北方，辅助主人。仁义互相交接，宾客和主人各安其所，俎豆合乎数目叫做有通明识见。已有通明识见又恭敬奉行，叫做礼。用礼来使长幼身体力行叫做德。德就是身体力行之所得。所以说："古时学习学术道艺的人，就是要身心有所得，所以圣人要尽力实行。"

　　宾客在席上祭主人献上的酱和酒，是尊重主人的敬礼。尝一口肺，是宾客的尝礼。喝一口酒，是成就主人的成礼。饮酒时在席的西头。这是说设席的目的，不是专为吃喝，而是为了行礼，这就是重视礼而轻视物。干杯时在西阶之上，这是说设席不是专为吃喝，这就是先礼而后财的义理。先礼后财，民众就会兴起恭敬谦让的风气，并且没有争斗了。

乡饮酒礼，六十岁的人坐，五十岁的人站着侍奉，听候差遣，这表示尊重长辈。六十岁的人有菜三豆，七十岁的四豆，八十岁的五豆，九十岁的六豆，这表明奉养老人。民众懂得了奉养老人，然后才能孝顺父母，善事兄长。民众在家孝顺父母，善事兄长，出外奉养老人，然后教化成立。教化成立然后国家才能安定。君子所说的"孝"，不是到每家每户去宣扬，也不是天天训诫。只要在乡射时把他们集中起来，教给他们乡饮酒礼，孝悌的德行就建立起来了。

孔子说："我观看过乡饮酒礼，就知道王者的教化极易推行。"

主人亲自邀请宾和介，而众宾到主宾的门外，等候跟随他前去。到主人门外，主人拜迎宾和介，又作揖请众宾客入内。从礼数的差异就分辨出尊卑贵贱了。

主人、宾客三次揖让后走到阶前，三次谦让后，主人登阶，引导宾客登上。主人用三揖三让拜谢客人的到来，斟酒献与宾客，宾客回敬主人，主人又斟酒自饮并劝客饮，推辞谦让的礼节特别多。主人和介之间，礼节稍减。至于众宾，登阶接受献酒，坐着饮，不回敬主人就下阶。礼节由隆重到渐次减少的义理就可以分别出来了。

乐正带人进入，登堂歌唱三首诗，主人向乐正献酒。吹笙的人进来。在堂下吹奏三首诗的曲子，主人向吹笙的人献酒。唱与吹的人又轮流地一唱一吹，各三首。然后又一吹一唱合演，各三首。乐正告诉说乐歌已经演唱齐备，于是就出去。主人的属下一人举杯，表示众人可以喝酒了。于是就让一个当司正，监察饮酒时的仪法。这样就可以知道乡饮酒能够和谐欢乐而又不失礼的原因了。

宾先饮然后劝主人饮，主人又劝介饮，介又劝众宾饮，按年龄大小的顺序饮酒，一直到侍奉盥洗的人为止，这就可以看出乡饮酒时年龄大小都不会遗漏。

撤俎之后，众人下堂，脱鞋之后再登堂而坐，彼此劝酒，不计爵数。饮酒的限度是早上不能耽误早朝，晚上不能耽误回家治事。宾客离去，主人要拜送，依照礼节进行到底。这就可以知道乡饮酒能够安乐而不混乱的原因了。

地位的尊卑贵贱能够分明，礼节的隆重递减可以区别，和谐欢乐而不失礼仪，年龄大小都不遗忘，燕乐而有节制，这五种德性是可以修正身心而安定国家的。国家安定，天下就安定。所以说："我观看过乡饮酒礼，就知道王者的教化极易推行。"

乡饮酒的礼节，设宾象征天，设主象征地，设立介僎象征日月，设立三宾象征日月星。古代制定礼法，以天地为经，以日月为纪，用三光来辅助，这是政治教化的本源。

在堂的东北烹狗，是效法阳气产生在东方。"洗"放在主人阶上，所用的水放在洗的东边，是效法天地的东边是海。酒尊里放有水，是教育民众不忘本源。

宾必须向南坐。东方是春天的位置，春的意思就是生长。生产万物，是生气通达的缘故。南方是夏天的位置，夏的意思就是长大，生育万物、生长万物、壮大万物就是仁。西方是秋天的位置，秋的意思是收敛。依照时节的肃杀来收敛，是守义。北方是冬天的位置，冬的意思就是内，内就是收藏，所以天子站立的时候，左边是圣，面向着仁，右边是义，背依着藏。介必定面向东，在宾主之间，以通达情意。主人必定位于东方。东方是春天，是生长，是生产万物。主人就此位，是因为他供给万物来奉献宾客。月亮在朔后三日逐渐复明，三个月就成为一个季节。因此，行礼推让三次，建立国家必定设三个卿位，乡饮酒设立三宾。这是政治教化的本源，也是礼的最大依据。

射　义①

古者诸侯之射也②，必先行燕礼；卿、大夫、士之射也③，必先行乡饮酒之礼。故燕礼者，所以明君臣之义也。乡饮酒之礼者，所以明长幼之序也。

故射者，进退周旋必中礼④，内志正，外体直，然后持弓矢审固⑤，持弓矢审固，然后可以言中，此可以观德行矣。

其节⑥：天子以《驺虞》为节，诸侯以《狸首》为节，卿大夫以《采苹》为节，士以《采蘩》为节⑦。《驺虞》者，乐官备也⑧。《狸首》者，乐会时也⑨。《采苹》者，乐循法也。《采蘩》者，乐不失职也。是故天子以备官为节，诸侯以时会天子为节，卿大夫以循法为节，士以不失职为节。故明乎其节之志，以不失其事，则功成而德行立。德行立则无暴乱之祸矣，功成则国安。故曰："射者，可以观盛德也。"

是故古者天子以射选诸侯、卿、大夫、士。射者，男子之事也，因而饰之以礼乐也。故事之尽礼乐，而可数为，以立德行者莫若射，故圣王务焉。

是故古者天子之制：诸侯岁献，贡士于天子⑩，天子试之于射宫。其容体比于礼⑪，其节比于乐，而中多者，得与于祭；其容体不比于礼，其节不比于乐，而中少者，不得与于祭。数与于祭而君有庆⑫，数不与于祭而君有让⑬；数有庆而益地，数有让而削地。故曰："射者，射为诸侯也。"是以诸侯君臣尽志于射以习礼乐。夫君臣习礼乐而以流亡者，未之有也。

故《诗》曰："曾孙侯氏⑭，四正具举⑮。大夫君子，凡以庶士，小大莫处⑯，御于君所。以燕以射，则燕则誉⑰。"言君臣相与尽志于射以习礼乐，则安则誉也。是以天子制之，而诸侯务焉。此天子之所以养诸侯而兵不用，诸侯自为正之具也⑱。

孔子射于矍相之圃⑲，盖观者如堵墙。射至于司马⑳，使子路执弓矢出延射㉑，曰："贲军之将㉒，亡国之大夫㉓，与为人后者，不入，其余皆入。"盖去者半，入者半。又使公罔之裘、序点扬觯而语㉔。公罔之裘扬觯而语曰："幼壮孝弟㉕，耄耋好礼㉖，不从流俗㉗，修身以俟死，者不？在此位也。"盖去者半，处者半㉘。序点又扬觯而语曰："好学不倦，好礼不变，旄、期称道不乱㉙，者不？在此位也。盖廑有存者㉚。"

射之为言者绎也㉛，或曰舍也㉜。绎者，各绎己之志也。故心平体正，持弓矢审固，持弓矢审固则射中矣。故曰："为人父者以为父鹄㉝，为人子者以为子鹄，为人君者以为君鹄，为人臣者以为臣鹄。"故射者，各射己之鹄。故天子之大射谓之射侯。射侯者，射为诸侯也。射中则得为诸侯，射不中则不得为诸侯。

天子将祭，必先习射于泽㉞。泽者，所以择士也。已射于泽，而后射于射宫，射中者得与于祭，不中者不得与于祭。不得与于祭者有让，削以地，得与于祭者有庆，益以地，进爵、绌地是也㉟。

故男子生，桑弧，蓬矢六，以射天地四方㊱。天地四方者，男子之所有事也。故必先有志于其所有事，然后敢用谷也，饭食之谓也。

射者，仁之道也。射求正诸己，己正而后发，发而不中则不怨胜己者，反求诸己而已矣。孔子曰："君子无所争，必也射乎！揖让而升下，而饮，其争也君子。"

孔子曰："射者何以射？何以听？循声而发㊲，发而不失正鹄者㊳，其唯贤者乎！若夫不肖之人，则彼将安能以中？"《诗》云："发彼有的㊴，以祈尔爵。"祈，求也，求中以辞爵也。酒者，所以养老也，所以养病也。求中以辞爵者，辞养也。

①郑玄说：名曰"射义"者，以其记燕射、大射之礼，观德行取于士之义。任铭善《礼记目录后案》说："疑《目录》'燕射'字当做'乡射'，谓此篇兼记《仪礼·乡射礼》、《大射仪》二篇之义耳。" ②诸侯之射：大射。 ③卿、大夫、士之射：乡射。 ④中：合乎、符合。 ⑤审固：瞄准。 ⑥节：节限、节度。歌唱《诗》中篇什，作为射箭时间的节限，每歌一终为一节。 ⑦《驺虞》《采苹》《采蘩》为《召南》篇名。《狸首》是逸诗。 ⑧《驺虞》之诗比喻贤才众多，足以备朝廷选官之用。 ⑨会时：按时朝见天子。 ⑩贡：贡品。士：通"事"。 ⑪容：面容。体：体态。比：合。 ⑫庆：祝贺、表扬。 ⑬让：责备。⑭依孔颖达说，"侯氏"即诸侯，"曾孙"是王之曾孙，即出身于王室的诸侯。 ⑮四正：正爵四行。四行：献宾、献公、献卿、献大夫。 ⑯莫处：郑说是无安居其官次。 ⑰则燕：安乐。则誉：有名誉。 ⑱正：匡正。 ⑲鄩相：地名。 ⑳先行饮酒礼，将射，就以司正为司马。 ㉑延：邀请。 ㉒贲（fèn）：覆败。 ㉓亡国：亡君之国。 ㉔公罔、序：姓。裘、点：名。扬：举。语：述说义理。 ㉕幼：二十岁。壮：三十岁。 ㉖耄：六十岁。耋：七十岁。 ㉗流俗：流行于世且不合礼的习俗。 ㉘处：留。 ㉙旄：八九十岁。期：百岁。称：述说。 ㉚厪：同"仅"。 ㉛绎（shì）：通"释"。发：抒发。 ㉜舍（shè）：放出。 ㉝鹄（gǔ）：箭靶中心。此句意为：做父亲的，把箭靶中心作为自己的目标，射中则表明自己有能力做父亲。人子、人君、人臣，与人父相同道理。 ㉞泽：习射选士之宫。 ㉟绌：减损、减少。 ㊱此句注释见《内则》。 ㊲循声：依照节拍。发：射。 ㊳正鹄：二者为箭靶中心。郑说：画布曰正，栖皮曰鹄。 ㊴的（dì）：靶心。

【译文】

古代诸侯举行大射礼时，一定先举行燕礼。卿大夫士举行乡射礼时，一定先举行乡饮酒礼。燕礼是表明君臣之间的大义。乡饮酒礼是表明长幼之间的秩序。

射箭的人，前进、后退，左右转动，一定要合乎礼。内心意志坚定，外表身体挺直，然后拿弓搭箭瞄准箭靶。拿弓搭箭瞄准箭靶，这样才可以说射中目标。这一系列动作就可以看出一个人的道德行为了。

射箭时的节度：天子用《驺虞》这首诗为节度；诸侯用《狸首》这首诗为节度；卿大夫用《采苹》这首诗为节度；士用《采蘩》这首诗为节度。《驺虞》是赞颂百官齐备的，《狸首》是赞颂诸侯按时朝见天子的，《采苹》是赞颂能依循法度的，《采蘩》赞颂尽职尽责的。所以天子以百官齐备为节度，诸侯以按时朝见为节度，卿大夫以依循法度为节度，士以尽职尽责为节度。所以明确节度的专一，忠于职守，那么就功业成就，道德行为也就建立起来了。道德行为建立就没有暴乱的祸患了，功业成就国家就安宁了。所以说："射礼可以用来观察道德是否高尚。"

因此，古时候的天子用射箭来挑选诸侯、卿、大夫、士。射箭是男子所从事的事情，因而用礼乐来修饰它。用一种事就可以囊括礼乐，还能够经常去做，用来建立道德行为的，没有比射箭更合适的了。圣明的先王因此要这样做。

古时候天子的制度：诸侯每年敬献贡物给天子，天子在射宫考校诸侯的箭术。如果射箭时面容、体态合于礼，节度合于乐并射中的多，就可以参与天子的祭祀；面容、体态不合于礼，节度不合于乐并射中的少，不能够参与天子的祭祀。多次参与祭祀的诸侯就能得到褒扬，多次未能参与祭祀的诸侯就会受到斥责。多次得到褒扬就可增加封地，多次受到斥责就会削减封地。所以说："射箭就是射做诸侯。"因此，诸侯君臣都用尽心于射箭来学习礼乐。君臣学习礼乐却出奔或亡国的，从来没有过。

所以《诗经》说："身为王者后裔的诸侯，举行燕礼时要正爵四行。有德行的人，从大夫到庶士，都离开官府，到国君的处所来侍奉。先燕礼后射礼，既得到快乐，又落得好名声。"这就是说，君子相互之间用尽心尽意地射箭来学习礼乐，既得到安宁，又有好名声。天子制定这个办法，而诸侯尽力去做。这是天子辖治诸侯、兵戈不用、使诸侯自己匡正行为的手段。

孔子在瞿相的园地举行射礼，围着观看的人好像一堵墙。射礼行至司正转为司马时，孔子让子路拿着弓箭出来邀请射箭的人，说："败军之将，失掉国土的大夫和作别人后嗣的人不准入圈，其余的都可以进来。"听到子路的话，走掉一半，进入一半。孔子又让公罔裘、序点举起酒杯阐明义理。公罔裘举杯说："二三十岁时能孝顺父母，敬爱兄弟；到六七十岁时爱好礼法，不随从流行于世且不合礼的习俗，修养身心至死为止。如果有这样的人，请在这个地方。"结果走掉了一半，留下一半。序点又举杯说："爱好学习而不厌倦，爱好礼法永不改变，到八九十岁，以至百岁时仍述说道义而不迷乱。如果有这样的人，请在这个地方。"结果，仅剩几个人了。

射的意思就是"释"，或者是"舍"。释就是各自抒发自己的志向。所以心情平定，身体正直的人能够拿弓搭箭瞄准。拿弓搭箭瞄准，就可以射中了。因此说："做父亲的，就把靶心作为父亲的目标。做儿子的，做国君的，做臣下的，都要把它作为自己的目标。"所以射箭是各自射自己的目标。天子的大射叫做"射侯"。射侯就是射做诸侯。射中就能做诸侯，射不中就不能做诸侯。

天子将要祭祀，一定要先在泽宫中练习射箭，泽宫是挑选士的地方。在泽宫射毕以后，就在射宫继续射。射中的能够参与天子祭祀，射不中的不能参与天子祭祀。不能参与祭礼的受到斥责，并削减封地；能够参与祭礼的得到褒扬，并增加封地。晋爵削地说的就是这个。

男子出生三日，家门左边悬挂桑弧，用蓬草做的六支箭，由背负孩子的人代向天地四方射去。天地四方是男子从事大大小小事情的地方。所以一定要先对天地四方之事有志向，然后才可以食用谷，也就是饭食。

射箭是仁人的义理。射时先要求自己心平体正，然后才射出去，射不中就不能埋怨超过自己的人，反而要寻找自己的不足。孔子说："有德行的人无所争求，如果有，一定是射箭，射箭前要揖拜谦让然后才登堂，射毕又下堂共同饮酒，他们的争求有君子风度。"

孔子说："射箭的人怎么能够边射边听？依照节拍射出，并能射中目标的，只有贤德的人才行啊！如果是不肖之人，那他怎么能够射中呢？"《诗》说："对准那个目标去射，祈求免受你的罚酒。"祈，就是求。祈求射中而辞谢罚酒。酒是奉养老人和病人的。祈求射中而辞谢罚酒就是推辞别人的奉养，以示有德行的人无所争求。

燕　义①

古者周天子之官有庶子官②。庶子官职诸侯、卿、大夫、士之庶子之卒③，掌其戒令④，与其教治⑤，别其等⑥，正其位⑦。国有大事⑧，则率国子而致于大子，唯所用之。若有甲兵之事，则授之以车甲，合其卒伍，置其有司⑨，以军法治之，司马弗正。凡国之政事，国子存游卒⑩，使之修德学道，春合诸学⑪，秋合诸射，以考其艺而进退之。

诸侯燕礼之义：君立阼阶之东南，南向，尔卿大夫⑫，皆少进，定位也⑬。君席阼阶之上，居主位也。君独升立席上，西面特立，莫敢适之义也⑭。

设宾主，饮酒之礼也。使宰夫为献主⑮，臣莫敢与君亢礼也⑯。不以公卿为宾⑰，而以大夫为宾，为疑也⑱，明嫌之义也。宾入中庭，君降一等而揖之，礼之也。

君举旅于宾⑲，及君所赐爵⑳，皆降，再拜稽首，升成拜，明臣礼也。君答拜之，礼无不答，明君上之礼也。臣下竭力尽能以立功于国，君必报之以爵禄，故臣下皆务竭力尽能以立功，是以国安而君宁。礼无不答，言上之不虚取于下也。上必明正道以道民㉑，民道之而有功㉒，然后取其什一，故上用足而下不匮也。是以上下和亲而不相怨也。和宁，礼之用也㉓。此君臣上下之大义也。故曰："燕礼者，所以明君臣之义也。"

席：小卿次上卿，大夫次小卿，士、庶子以次就位于下㉔。献君，君举旅行酬，而后献卿；卿举旅行酬，而后献大夫；大夫举旅行酬，而后献士；士举旅行酬，而后献庶子。俎、豆、牲体、荐、羞，皆有等差，所以明贵贱也。

【注释】

①郑玄说：名曰"燕义"者，以其记君臣燕饮之礼，上下相尊之义。燕：通"宴"，宴饮。　②庶子官：掌管公卿大夫士之子的官吏。　③职：职掌、管理。卒：《周礼》作"倅"。倅（cuì）：副，指公卿大夫的非嫡子。　④戒令：命令。　⑤教治：教育管理。　⑥等：材艺之优劣。　⑦位：位序之高下。　⑧大事：指祭祀、征伐、会同之事。　⑨有司：将帅。　⑩存：留。游卒：国子、庶子中未做官的人。　⑪合：聚合。　⑫王梦鸥据《燕礼》认为此篇"尔卿"之后应有"卿西向北上；尔大夫"一句。王说是。尔：同"迩"，近。揖之而使之进。　⑬定位：定燕朝之常位，即卿向西，大夫向北。　⑭适：匹敌、相当。　⑮宰夫：膳夫。为献主：为主而献宾。　⑯亢：通"伉"，匹敌、相当。饮酒之礼，必立宾主以行献酬。君宴其臣，因臣不敢与国君抗礼，特意使膳夫代他做主以献宾，可尽宴饮之欢。　⑰公：四命之孤。卿：上大夫。　⑱为疑：公卿地位已尊，再加上为宾之尊，会使国君生疑。而用大夫为宾，就无此类事，所以说是"明嫌"。　⑲举旅：举旅酬之爵。旅：众。　⑳赐爵：孙希旦说，国君为卿、大夫、士举旅，众人所用之觯，都是国君所赐。　㉑正道：正确的道理、原则。　㉒道：引导。这里指被引导。　㉓用：运用。　㉔燕礼，宾席牖间，最尊；上卿在宾东近君，次于宾；小卿在宾西，又次于上卿；大夫在小卿西，又次于小卿。　㉕牲体：俎实，俎上所盛之物。荐：豆、笾。羞：庶羞。孙希旦说：公与宾荐、俎、庶羞备有；卿大夫有荐、羞而无俎；士以下又无羞，唯荐而已，是其等差。

【译文】

古代周天子设立的官职中有庶子官。庶子官管理诸侯、卿、大夫、士的庶子之事，掌管庶子的期会，斋戒的誓会，参与庶子的教育管理，区别庶子的位序高下。国家有祭祀、征伐、期会之事，庶子官就带领国子们来到太子面前，听太子的指挥使用。如果有战争，就把兵车盔甲发给他们，集合兵卒由他们带领，安排好手下的将帅，用军法管理这一切。由于国子、庶子们属太子管辖，司马也不能统辖他们。凡有关国政大事，如力役徇徒之类，国子庶子中未有官职的留下，不必参加，以便使他们修习德行，学习道艺。春天聚集在大学，秋天聚集在射宫，以考察他们的技艺来决定他们进升或斥退。

诸侯饮宴群臣的仪式：国君站立在阼阶的东南方，面向南揖拜卿，让卿靠近自己。卿朝西，从北面上来。国君又揖拜大夫，让他靠近，大夫们者稍微向前，面向北，众人都站在燕朝的常位上。国君的坐席设在阼阶上面，居于主人的位置。国君独自登上阼阶站立在席上，面向西独自站立，这表示没有人敢于和他匹敌。

设立宾主，是饮酒的礼节，国君让膳夫代他做主而敬献宾客，因为臣下们没有人敢于和国君对等行礼。不用公卿为宾，而用大夫为宾是为不让国君产生疑虑，用这个方法明嫌。身为臣下的宾客进入中庭，国君要走下一级台阶并拱手行礼，这是以礼来对待宾客。

国君举杯向宾客劝酒，并向臣下赐爵劝饮。宾客及臣下都走到堂下，他们就再拜叩头，完成礼节。这是表明臣下的礼数。国君起来答拜，因为行礼不能不答拜，这是表明君上的礼数。臣下竭尽能力为国立功，国君必定以爵位俸禄回报他们，因而臣下都力争竭尽能力为国立功，因此国家、君主得到安宁。行礼不能不答拜，是说君上不能白白地从臣下那里得到效力。君上必须明了正确的道理原则来引导民众，民众就跟随引导而取得成效，然后国家从中抽取十分之一，因此君上国库充足而民众生活也不匮乏。上下和乐亲密，互相没有怨恨。和乐安宁是礼制运用的结果。这是君臣上下的大义。所以说："燕礼是用来表明君臣的大义的。"

饮酒时坐席的位次：宾席在户牖之间，位最尊；上卿在宾席东边，小卿次于上卿在宾席的西边，大夫又次于小卿，在小卿坐席的西边，士和庶子依次序坐在阼阶之下。饮酒时，膳夫为献主，先献给国君，国君饮后举杯向在座的人劝饮。再后膳夫向卿献酒，卿饮后举杯劝饮。再后膳夫向大夫献酒，大夫饮后举杯劝饮。然后膳夫向士献酒，士饮后举杯劝饮。最后又向庶子献酒，因庶子地位低下，便不劝饮。俎豆、牲体、荐羞，都因地位不同而有区别。这是用席次、献酒、食用等差别区分尊卑贵贱。

聘　义①

聘礼，上公七介，侯伯五介，子男三介，所以明贵贱也。介绍而传命②，君子于其所尊弗敢质③，敬之至也。三让而后传命，三让而后入庙门，三揖而后至阶，三让而后升，所以致尊让也。

君使士迎于竟④，大夫郊劳⑤，君亲拜迎于大门之内而庙受，北面拜贶⑥，拜君命之辱，所以致敬也。敬让也者，君子之所以相接也⑦。故诸侯相接以敬让，则不相侵陵。

卿为上摈，大夫为承摈⑧，士为绍摈⑨。君亲礼宾，宾私面私觌⑩，致饔饩⑪，还圭、璋，贿赠⑫，飧、食、燕，所以明宾客君臣之义也。

故天子制诸侯⑬，比年小聘，三年大聘，相厉以礼⑭。使者聘而误⑮，主君弗亲飨食也，所以愧厉之也。诸侯相厉以礼，则外不相侵，内不相陵。此天子之所以养诸侯，兵不用而诸侯自为正之具也。

以圭、璋聘，重礼也。已聘而还圭、璋，此轻财而重礼之义也。诸侯相厉以轻财重礼，则民作让矣。主国待客，出入三积⑯，饩客于舍，五牢之具陈于内⑰，米三十车，禾三十车，刍薪倍禾，皆陈于外，乘禽日五双⑱，群介皆有饩牢，一食，再飧，燕与时赐无数，所以厚重礼也。古之用财者不能均如此，然而用财如此其厚者，言尽之于礼也。尽之于礼，则内君臣不相陵，而外不相侵，故天子制之而诸侯务焉尔。

聘、射之礼，至大礼也，质明而始行事⑲，日几中而后礼成，非强有力者弗能行也。故强有力者将以行礼也，酒清人渴而不敢饮也，肉干人饥而不敢食也，日莫人倦，齐庄、正齐而不敢解惰⑳，以成礼节，以正君臣，以亲父子，以和长幼。此众人之所难，而君子行之，故谓之有行。有行之谓有义，有义之谓勇敢。故所贵于勇敢者，贵其能以立义也；所贵于立义者，贵其有行也；所贵于有行者，贵其行礼也。故所贵于勇敢者，贵其敢行礼义也。故勇敢强有力者，天下无事则用之于礼义，天下有事则用之于战胜。用之于战胜则无敌，用之于礼义则顺治。外无敌，内顺治，此之谓盛德。故圣王之贵勇敢、强有力如此也。勇敢、强有力而不用之于礼义、战胜，而用之于争斗，则谓之乱人。刑罚行于国，所诛者乱人也。如此，则民顺治而国安也。

子贡问于孔子曰："敢问君子贵玉而贱珉者何也㉑？为玉之寡而珉之多与？"孔子曰："非为珉之多故贱之也，玉之寡故贵之也。夫昔者君子比德于玉焉，温润而泽，仁也。缜密以栗㉒，知也。廉而不刿㉓，义也。垂之如队，礼也。叩之，其声清越以长㉔，其终诎然㉕，乐也。瑕不掩瑜，瑜不掩瑕，忠也。孚尹旁达㉖，信也。气如白虹㉗，天也。精神见于山川㉘，地也。圭、璋特达㉙，德也。天下莫不贵者，道也。《诗》云：'言念君子㉚，温其如玉㉛。'故君子贵之也。"

【注释】

①郑玄说：名曰"聘义"者，以其记诸侯之国交相聘问之礼，重礼轻财之义。　②绍：接续。　③质：怠慢。　④竟：国境。　⑤劳：慰劳。　⑥贶（kuàng）：赐赠之物。　⑦接：接待、交往。　⑧承摈：承副上摈。　⑨绍摈：接续承摈。　⑩私面：以个人身份会见主国卿大夫。私觌：以个人身份拜见主国国君。　⑪饔：杀牲。饩（xì）：馈活牲畜。　⑫贿：素色纱绢。　⑬制：订立制度。　⑭厉：勉励、激励。　⑮误：礼节有误。　⑯积：孙希旦说是刍米之属，供宾客道路之需。　⑰五牢：饪一牢，腥二牢，饩二牢。　⑱乘禽：乘行群匹之禽，雁鹜之属。　⑲质明：天刚亮的时候。　⑳齐（zhāi）庄：恭敬。正齐：整齐。　㉑珉：似玉的美石。　㉒缜：细致。密：精密。栗：坚实。　㉓廉：棱角。刿：伤。　㉔清越：乐声清澈激扬。　㉕屈：声音戛然绝止的样子。　㉖孚尹：玉色晶莹通明。　㉗气：光气。白虹：白色长虹。　㉘精神：天地万物之精气。　㉙特达：朝聘。　㉚言：助词，用在动词前，无意义。君子：诗中指丈夫。　㉛温：指容貌温和。

【译文】

行聘礼时，上公用七个介，侯伯用五个介，子男用三个介，这是用来表明尊卑贵贱的。由介一个接一个地传达聘君的话，君子对他所尊敬的人不敢怠慢，这是最尊敬的表示。宾推让三次然后传命，推让三次然后进入庙门，揖让三次然后走到阶前，又推让三次以后登上台阶，用此来表达尊敬谦让心情。

主君派士到国境迎接使者，又派大夫到郊外慰劳他们。使者到达后，主君亲自在大门内拜迎，并在庙中接受使者所传达的来意，面朝北拜受使者带来的赠物，又拜谢使者的国君派他们前来的盛情，用此来表达敬意。敬让是君子互相交往接待的方法。所以诸侯之间用敬让来互相交往，就不会互相侵犯欺凌了。

接待使者时，卿是上摈，大夫是承摈，士是绍摈。主君亲自以礼待使者，使者以个人身份会见主国卿大夫，以个人身份拜见主国国君。国君又派卿把饔饩送馆舍，退还使者所执作为信物的圭璋，同时把一束素色纱绢赠送给使者。主君又用飨礼、食礼及燕礼款待使者。这些是用来表明宾客君臣之间的道义的。

所以天子为诸侯订立制度，每年派大夫互相聘问，每三年派卿互相聘问，以礼来互相勉励。如果使者来聘问时，礼节有了差误，主君就不亲自对使者行飨食礼。以此来使使者感到惭愧并得到勉励。诸侯相互以礼来勉励，那么就不会对外相互侵犯，对内互相欺凌。这就是天子用来统治诸侯，不动兵戈而使诸

中華藏書

四书五经·最新校勘精注今译本

中国书店

侯自己互相匡正的手段。

用圭璋作聘问之物，是重礼的表示。已经聘问完毕而主君退还圭璋，这是轻视财物而重视礼仪的意思，诸侯之间以轻财重礼互相勉励，那么民众就会兴起谦让之风。做主人的国家对待客人，在他出入国境时三次致送刍米之物，把饔饩送到客人住的馆舍，将五牢摆列在馆舍门内。另外三十车米，三十车禾，以及超过禾一倍的喂马匹的草料，摆列在馆舍门外。每天送雁鹜五双，所有的介都有饩牢。在朝廷上举行一次食礼，两次飨礼，举行燕礼时赏赐礼物无数，这是重视聘问之重礼的缘故。古时候使用财物不能每次都这样，但聘礼使用财物要如此厚重，是因为要极尽礼义。能够极尽礼义，那么国内君臣不互相欺凌，国外不会互相侵略，因此天子为他们订立制度而诸侯尽力去做。

聘礼、射礼是最重大的礼。在天刚亮时，开始行礼之事，几乎中午才完成，不是强健有力的人不能做到。强健有力的人都应该行礼。酒已澄清，人们也口渴了但不敢喝；肉已干燥，人们也饥饿了但不敢吃。太阳落山，人们都疲倦了，但都恭敬、整齐，不敢有丝毫懈惰。用这种精神完成礼节，匡正君臣，父子相亲，长幼相和。这是众人难以做到的，可是君子却做到了，所以称君子为有行，有行就是有义，有义就是勇敢。勇敢可贵，就贵在树立正义。树立正义可贵，就贵在有行。有行可贵，就贵在敢于施行礼义。所以勇敢可贵，就贵在敢于施行礼义。勇敢而强健有力的人，在天下无事的时候，就用在礼义上；天下有事时，就用在战争克敌上。用在战争克敌上就会无敌于天下，用在礼义上就会顺利治理天下。国外无敌人，国内得顺治，这就叫做盛德。所以圣明的王者如此看重勇敢而强健有力。勇敢而强健有力，不用在礼义和战争克敌，却用在争强斗狠上，这叫做乱人。刑罚在国内施行，所要诛杀的就是乱人。这样做了，民众就能顺从治理而国家就能安定了。

子贡问孔子说："为什么有德行的人都看重玉而鄙夷似玉的美石呢？是因为玉少而美石多吗？"孔子说："不是因为美石多而鄙夷它，也不是因为玉少而看重它。从前有德行的人把德行比作玉，玉温和柔润而有光泽，像仁者的德性。细致精密而坚实，像智者的德性。有棱角但不伤害人，像义者的德性。佩玉悬垂坠下，像君子好礼，谦恭下人。敲打它，玉的声音清彻激扬，韵调悠长，到最后戛然而止，始终如一，就像君子对待乐的态度。玉的瑕疵遮盖不住玉的美好，玉的美好也掩饰不了它的瑕疵，就像忠诚之人毫不掩饰。玉色晶莹通明，光彩通达四旁，就像信实的人发于内心。玉的光气如同白色长虹，直达于天，就像上天无所不覆。玉的精气显现在山川之间，就像地无所不载。朝聘用玉制的圭璋为凭信，就像有德行的人的品德。天下都以玉为贵，这是人们尊崇道德规范。《诗》说：'真思念那好人啊，他的容貌温和，就像玉一样。'正因为这样，所以君子都看重玉。"

丧服四制①

凡礼之大体②，体天地，法四时，则阴阳③，顺人情，故谓之礼。訾之者④，是不知礼之所由生也。夫礼吉凶异道，不得相干，取之阴阳也。丧有四制⑤，变而从宜，取之四时也。有恩有理，有节有权，取之人情也。恩者仁也，理者义也，节者礼也，权者知也。仁、义、礼、知，人道具矣。其恩厚者其服重，故为父斩衰三年，以恩制者也。门内之治恩掩义⑥，门外之治义断恩⑦。资于事父以事君而敬同⑧，贵贵尊尊⑨，义之大者也。故为君亦斩衰三年，以义制者也。

三日而食，三月而沐，期而练，毁不灭性⑩，不以死伤生也。丧不过三年，苴衰不补⑪，坟墓不培⑫。祥之日鼓素琴⑬，告民有终也⑭，以节制者也。资于事父以事母而爱同，天无二日，土无二王，国无二君，家无二尊⑮，以一治之也。故父在为母齐衰期者，见无二尊也。

杖者何也？爵也。三日授子杖，五日授大夫杖，七日授士杖。或曰"担主⑯"，或曰"辅病⑰"。妇人童子不杖，不能病也。百官备，百物具，不言而事行者⑱，扶而起。言而后事行者⑲，杖而起。身自执事而后行者⑳，面垢而已㉑。秃者不髽，伛者不袒，跛者不踊，老病不止酒肉。凡此八者，以权制者也。

始死，三日不怠㉒，三月不解㉓，期悲哀，三年忧，恩之杀也。圣人因杀以制节，此丧之所以三年，贤者不得过，不肖者不得不及。此丧之中庸也，王者之所常行也。

《书》曰"高宗谅暗㉔，三年不言"，善之也㉕。王者莫不行此礼，何以独善之也？曰：高宗者，武丁。武丁者，殷之贤王也。继世即位，而慈良于丧㉖。当此之时，殷衰而复兴，礼废而复起，故善之。善之，故载之《书》中；而高之，故谓之高宗。三年之丧，君不言。《书》云："高宗谅暗，三年不言。"此之谓也。然而曰"言不文"者㉗，谓臣下也。

礼：斩衰之丧，唯而不对；齐衰之丧，对而不言；大功之丧，言而不议；缌、小功之丧，议而不及乐。

父母之丧，衰冠、绳缨、菅屦^㉘，三日而食粥，三月而沐，期十三月而练冠，三年而祥。比终兹三节者^㉙，仁者可以观其爱焉，知者可以观其理焉，强者可以观其志焉。礼以治之，义以正之，孝子、弟弟、贞妇皆可得而察焉^㉚。

【注释】

①郑玄说：名曰"丧服四制"者，以其记丧服之制取于仁义礼知也。　②大体：本质、要点。　③则：依照、效法。　④訾：诋毁。　⑤制：法度、制度。　⑥门内：指血缘亲属关系。恩掩义：恩重而义轻。　⑦门外：指社会关系，包括政治关系。义断恩：义重而恩轻。⑧资：借、用。　⑨贵贵尊尊：尊贵那些尊贵之人。　⑩性：身体。　⑪补：缝补。　⑫培：添土。　⑬素琴：没有装饰的琴。　⑭终：尽。　⑮尊：尊奉。指一家之中不能两人做主。⑯担（dān）：承受。　⑰辅：帮助。　⑱指天子诸侯。　⑲指大夫士。　⑳指庶人，一般人。㉑面垢：面有尘垢之容。　㉒不怠：始死哭泣不止，水浆不入口。　㉓不解：不懈、不倦。㉔谅暗：一说为天子诸侯居丧之称；一说为居丧之所。　㉕善：称赞。　㉖慈良：孝顺善良。　㉗文：文饰。　㉘绳缨：斩衰冠的缨。菅屦：斩衰之草鞋。　㉙比：及、到。三节：始死至三个月而沐为一节；期年为一节；三年除丧为一节。　㉚第一个"弟"字意为"悌"。

【译文】

概括礼的本质，就是效法天地自然，取法四季变化，仿效阴阳之分，顺应人类感情，所以称它为"礼"。有人诋毁礼，这是不了解礼的产生由来。礼分吉凶，并且原则不同，二者不相干涉，这是取之于阴阳的义理。丧服有四种法度，不断变化并趋从适宜，这是取之于四季的更替。有恩情有理性，有节限有权变，这是取之于人情。恩情出于仁，理性出于义，节限出于礼，权变出于智。有了仁义礼智，人类的道德规范就完备了。

对恩情厚重的人，为他服重丧。所以为父亲去世要服斩衰丧服三年。这是以恩情为法度。亲属的丧事料理，恩重而义轻。除血缘之外的社会关系，其丧事料理义重而恩轻。用服侍父亲的态度来服侍国君，敬爱之情相同，尊贵那些尊贵之人是义中最重的，所以为国君也服斩衰丧服三年。这是以义理为法度。

亲丧三天才可以吃粥，三个月才能洗头，周年练祭时改换丧服，极为哀痛但不能损害身体，也不能因亲人故去而伤害生者。丧期不超过三年，苴麻的斩衰丧服破了不再缝补，坟墓也不添土。到大祥之日，可以弹奏素琴，告诉人们哀痛有了尽头。这是以节限为法度。用服侍父亲的态度来服侍母亲，仁爱之情是相同的。但天无二日，地无二王，一国没有两个国君，一家不能两人做主，以尊贵归于一而加以统治。所以父亲在世，为母亲服齐衰丧服一年，正表现出家无二尊。

哀杖是什么呢？哀杖是哀主的爵位。天子诸侯三日授杖，大夫五日授杖，士七日授杖。有人说杖是"担主"，意为承受主的病体。有人说哀杖是"辅病"，意思是帮助丧主病体站立。妇人儿童不会哀痛而病，所以不用哀杖。各执事人等和物品都已齐备。不用发话就有人办事的天子诸侯等人，必须有人扶持而站起。发话之后才有人办事的大夫士等人，拄着哀杖站起。自己亲自掌管并做事的庶人等，不用哀杖，只是面容有尘垢表示哀伤罢了。另外秃头的人不髽，驼背的人不袒，瘸腿的人不踊，老人、病人不需停用酒肉等食物。这八种情况都是以权变为法度。

亲人刚死，三天哭泣不止，水浆不入。三个月内哀哭不停。周年以后祭奠时表达哀痛。到了三年除服时只是忧伤在心。这是恩情随时间渐久而逐渐减弱。圣人据此判定丧礼的节限，这就是为父守丧三年的由来。贤德之人不能超过，不肖之人也不可以不达到，这是丧礼的不偏不倚。王者经常这样做。《尚书》说"高宗守丧，三年不言"，这是称赞他，王者没有不实行这种礼的。那么，为什么单单称赞他呢？可以回答说：高宗就是武丁，武丁是殷贤王。他继承王位即位时，孝顺而善良地守丧，在这个时候，殷朝衰微，因他而再次兴盛；礼教废弛，因他而再次兴起，因而称赞他。称赞他，所以写入《尚书》中，并加以推崇，称他为高宗。三年守丧，君王不言，《尚书》说"高宗谅暗，三年不言"，说的就是这件事。然而说"言不文"的，指的是臣下。

依礼：服斩衰丧服的人，只发出"唯唯"的声音而不答话；服齐衰丧服的人，虽可答应别人，但不主动说话；服大功丧服的人，可以说话，但不和别人谈论；服缌麻、小功丧服的人，可以谈论，但不谈论享乐之事。

父母的丧事要披麻戴孝，三天后才吃粥，三个月后才洗头，十三个月周年时换练冠。满了二年不到三年时举行大祥之祭。到过完这三个阶段时，可以看见仁者的仁爱，智者的理智，强者的意志。用礼来约束，用义来匡正，是否孝顺之子、孝悌之弟、贞节之妇，都可以由此而察看出来。

春秋左传

【春秋】左丘明

隐　公

传　惠公元妃孟子①。孟子卒②，继室以声子③，生隐公。宋武公生仲子④，仲子生而有文在其手⑤，曰"为鲁夫人"，故仲子归于我⑥。生桓公而惠公薨⑦，是以隐公立而奉之⑧。

【注释】

①惠公：鲁国国君，名弗湟，隐公、桓公之父，在位四十六年而卒。元妃：国君第一次所娶的正夫人，即元配。孟子：孟为排行，即老大。古时以"孟、仲、叔、季"排行，或作"伯、仲、叔、季"。子，宋国姓。孟子为宋国女子，是当时出嫁后的名字，常以排行冠于姓氏之上。下文中的"仲子"亦同此。　②卒：去世。据《礼记·曲礼下》所载："天子死曰崩，诸侯曰薨，大夫曰卒，士曰不禄，庶人曰死。"　③继室：续娶。此处用作动词。声子：宋国女，孟子的侄女。春秋时婚俗，诸侯娶妻，女方常以其妹妹或侄女陪嫁，称为媵。元妃死，则以媵为继室，但尚不能视为正室夫人。声，谥号。　④宋武公：宋国国君，名司空。宋，子姓，都城在今河南省商丘县，为殷商后裔。仲子：宋武公之女，鲁惠公继配夫人，鲁桓公之母。　⑤文：文字，或解为花纹、图形。　⑥归：出嫁。我：鲁国，即鲁惠公。　⑦薨：去世。见前注。　⑧隐公：鲁惠公继室声子所生，名息姑。立：此指隐公行国君之政，即摄政。奉之：奉戴桓公。时桓公为太子，年尚幼，隐公遵照其父遗嘱，帅国人奉戴桓公为君。

【译文】

鲁惠公的第一个妻子是孟子。孟子去世后，惠公又娶了声子为继室，生了隐公。宋武公生了仲子。仲子生下时手掌上有一花纹，形似"鲁"字。宋武公说："这孩子将来会成为鲁国的夫人。"因此仲子后来嫁给了鲁惠公。后来生了桓公，惠公去世后，暂由隐公摄政，以奉戴桓公。

隐公元年

经　元年春王正月。三月，公及邾仪父盟于蔑。夏五月，郑伯克段于鄢。秋七月，天王使宰咺来归惠公、仲子之赗。九月，及宋人盟于宿。冬十有二月，祭伯来。公子益师卒。

传　元年春，王周正月①，不书即位，摄也②。

三月，公及邾仪父盟于蔑③，邾子克也④。未王命，故不书爵⑤。曰"仪父"，贵之也。公摄位而欲求好于邾，故为蔑之盟。

夏四月，费伯帅师城郎⑥。不书，非公命也。

初，郑武公娶于申⑦，曰武姜⑧。生庄公及共叔段⑨。庄公寤生⑩，惊姜氏，故名曰寤生，遂恶之。爱共叔段，欲立之。亟请于武公⑪，公弗许。及庄公即位，为之请制⑫。公曰："制，岩邑也⑬，虢叔死焉⑭，佗邑唯命⑮。"请京⑯，使居之，谓之京城大叔⑰。祭仲曰⑱："都城过百雉⑲，国之害也。先王之制⑳：大都不过参国之一㉑，中五之一，小九之一。今京不度㉒，非制也，君将不堪。"公曰："姜氏欲之，焉辟害㉓？"曰："姜氏何厌之有㉔？不如早为之所㉕，无使滋蔓，蔓难图也。蔓草犹不可除，况君之宠弟乎？"公曰："多行不义必自毙㉖，子姑待之。"

既而大叔命西鄙、北鄙贰于己㉗。公子吕曰㉘："国不堪贰㉙，君将若之何？欲与大叔，臣请事之；若弗与，则请除之。无生民心。"公曰："无庸㉚，将自及。"大叔又收贰以为己邑，至于廪延㉛。子封曰："可矣，厚将得众㉜。"公曰："不义不昵㉝，厚将崩。"

大叔完聚㉞，缮甲兵㉟，具卒乘㊱，将袭郑。夫人将启之㊲。公闻其期，曰："可矣！"命子封帅车二百乘以伐京㊳。京叛大叔段，段入于鄢㊴，公伐诸鄢。五月辛丑㊵，大叔出奔共㊶。

书曰："郑伯克段于鄢。"段不弟㊷，故不言弟；如二君，故曰克；称郑伯，讥失教也；谓之郑志㊸。不言出奔，难之也。

遂置姜氏于城颍㊹，而誓之曰："不及黄泉，无相见也。"既而悔之。

颍考叔为颍谷封人㊺，闻之，有献于公㊻，公赐之食，食舍肉㊼。公问之，对曰："小人有母，皆尝小人之食矣，未尝君之羹，请以遗之㊽。"公曰："尔有母遗，繄我独无㊾！"颍考叔曰："敢问何谓也㊿？"公语之故，且告之悔。对曰："君何患焉？若阙地及泉[51]，隧而相见[52]，其谁曰不然[53]？"公从之。公入而赋[54]："大隧之中，其乐也融融[55]！"姜出而赋："大隧之外，其乐也洩洩[56]！"遂为母子如初。

君子曰："颍考叔，纯孝也，爱其母，施及庄公[57]。《诗》曰[58]：'孝子不匮[59]，永锡尔类[60]。'其是之谓乎。"

秋七月，天王使宰咺来归惠公、仲子之赗[61]。缓，且子氏未薨[62]，故名。

天子七月而葬，同轨毕至[63]。诸侯五月，同盟至[64]。大夫三月，同位至[65]。

士逾月，外姻至㊌。赠死不及尸㊍，吊生不及哀㊎，豫凶事㊏，非礼也。

八月，纪人伐夷㊐。夷不告，故不书。

有蜚㊑。不为灾，亦不书。

惠公之季年㊒，败宋师于黄㊓。公立，而求成焉㊔。九月，及宋人盟于宿㊕，始通也㊖。

冬十月庚申㊗，改葬惠公。公弗临㊘，故不书。

惠公之薨也，有宋师，太子少，葬故有阙㊙，是以改葬。

卫侯来会葬㊚，不见公，亦不书。

郑共叔之乱，公孙滑出奔卫㊛。卫人为之伐郑，取廪延。郑人以王师、虢师伐卫南鄙㊜。请师于邾。邾子使私于公子豫㊝，豫请往，公弗许，遂行。及邾人、郑人盟于翼㊞。不书，非公命也。

新作南门。不书，亦非公命也。

十二月，祭伯来㊟，非王命也。

众父卒㊠。公不与小敛㊡，故不书日。

【注释】

①王周正月：王，周天子。周，周历。春秋时代各国所用历法不一，有夏历，殷历，周历。三历岁首月建不同，夏历正月建寅，殷历正月建丑，周历正月建子。此周正月即今夏历十一月。　②摄：摄政。　③邾仪父：邾国国君。盟：会盟，订约。此处用作动词。蔑：鲁国地名，即姑蔑，在今山东省泗水县东部。　④邾子克：即仪父。　⑤爵：爵位，君主国家所封的等级，古有公、侯、伯、子、男五等之说。　⑥费（bì）伯：鲁国大夫。郎：地名，在今山东鱼台县东北。　⑦郑武公：郑国国君，名掘突，武公是死后的谥号。郑：国名，在今河南新郑县一带，姬姓。申：国名，姜姓，在今河南省南阳县。　⑧武姜：即武公之妻姜氏，庄公、共叔段之母。武，表明其夫为武公；姜，表明其母家姓姜。　⑨庄公：即郑伯，武公长子。共叔段：即太叔段，武公次子，名段。共：国名，在今河南省辉县市。　⑩寤生：逆生，即难产。寤通"牾"。　⑪亟（qì）：屡次。　⑫制：地名，又名虎牢，在今河南省荥阳县西。　⑬岩邑：险邑。邑，城邑。　⑭虢（guó）叔：东虢国君，为郑所灭。虢：国名，在今河南省荥阳县。　⑮佗：同"他"。　⑯京：地名，郑国城邑，在今河南省荥阳县东南。　⑰大叔：即太叔，叔段的尊称，大同"太"。叔段被称为太叔，是因为他是郑庄公的第一个弟弟。　⑱祭仲：即祭足，郑国大夫。祭（zhài）：地名，祭仲的食邑，在今河南省中牟县境内。　⑲都城：都，都邑；城，城墙。雉：古时度量名称，长三丈，高一丈。　⑳制：制度，规度。　㉑叁国之一：即国都的三分之一。参同"叁"。　㉒不度：不合法度。　㉓辟：同避，逃避。　㉔何厌之有：即"有何厌"的倒装。厌，满足。之，结构助词，将宾语提前，无义。　㉕所：处所。　㉖毙：跌跤。　㉗既而：不久。西鄙、北鄙：边境二邑。鄙，边境的城邑。贰：两属，

即从属二主。㉘公子吕：人名，郑国大夫，字子封。㉙堪：忍受，容忍。㉚无庸：不用。庸通“用”。㉛廪延：郑国邑名，在今河南省延津县北。㉜厚：指势力雄厚。㉝昵：亲近，团结。㉞完聚：完，坚固城郭；聚，聚集粮草。㉟缮：修整。㊱具：准备。㊲启：开启，即开城门。㊳乘（shèng）：车一辆称为一乘。㊴鄢：地名，在今河南省鄢陵县。㊵五月辛丑：即五月二十三日。㊶共：原诸侯国名，后为卫国别邑，在今河南辉县市。㊷不弟：即不像兄弟。弟又通“悌”。㊸郑志：即郑庄公的意志。㊹城颍：郑国地名，在今河南省临颍县西北。㊺封人：镇守边疆的地方官。封，疆界。㊻献：送物于人。㊼舍：放置。舍肉，即将肉放置一边。㊽遗（wèi）：馈，给予。㊾繄（yī）：语气助词。㊿敢：谦词，有冒昧的意思。(51)阙（jué）：同“掘”，挖。(52)遂：用作动词，即掘作隧道。(53)其：语气副词，此处表示疑问语气。(54)赋：赋诗。(55)融融：和乐的样子。(56)泄泄（yì yì）：舒畅的样子。(57)施（yì）：延及。(58)《诗》：指《诗经》。下面两句引自《诗经·大雅·既醉》。(59)匮：缺乏，尽。(60)锡：通“赐”。(61)天王：即周平王姬宜臼。宰咺（xuǎn）：人名，周王室臣子。归：通“馈”。赗（fèng）：送财物给人办丧事。(62)子氏：即仲子。(63)同轨：车轨辙迹相同者，此指诸侯。(64)同盟：订立盟约的诸侯。(65)同位：爵位相同者。(66)外姻：有婚姻关系的亲戚。(67)尸：停柩待葬之时通称为“尸”。(68)哀：自始死至返哭（古礼，葬后返庙而哭），其间主人最为悲哀。(69)豫：通“预”。(70)纪：国名，姜姓。故城在今山东省寿光县南。夷：国名，妘姓。故城在今山东省即墨县西。(71)蜚（fěi）：一种有害的飞虫。(72)季：末。(73)黄：宋国的城邑，故城在今河南省民权县东。(74)成：媾和。(75)宿：国名，风姓，故城在今山东省东平县东南。(76)通：通好。(77)庚申：十四日。(78)临：临丧哭泣。(79)阙：缺失，不完备。(80)卫侯：卫国国君，姬姓。(81)公孙滑：人名，共叔段之子。(82)虢：西虢国，故城在今河南省陕县境内。此时东虢已灭。(83)邾子：即邾子克。公子豫：鲁国大夫。(84)翼：地名，属邾国。(85)祭伯：人名，周王朝卿士。祭为其食邑，在今河南省郑州市东北，与前祭仲之食邑为两地。(86)众父：即公子益师，字众父，鲁孝公之子。(87)小敛：给死者穿衣称为小数，入棺为大敛。

【译文】

元年春季，周历正月。《春秋》没有记载隐公即位一事，因为他只是摄政。

三月，隐公与邾仪父在蔑地结盟。邾仪父就是邾子克。因为邾子尚未正式受周王室册封，所以《春秋》未记载他的爵位。称其为“仪父”，是表示尊重他。隐公因为摄政而想和邾国结好，因此两国在蔑地举行了盟会。

夏季四月，鲁大夫费伯率领军队在郎地筑城。《春秋》没有记载此事，是因为费伯筑城并不是奉隐公之命。

当初，郑武公从申国娶一妻子，名叫武姜。武姜生了庄公和共叔段。生庄公时出现了难产，姜氏受到惊吓，就给庄公取名叫“寤生”，并因此而讨厌他。姜氏宠爱共叔段，想立他为太子。多次请求武公，武公没答应。等到庄公即位，姜氏请求把制这个地方封给共叔段。庄公说："制，是一个险要的城邑。虢叔曾经死在那里。如果要求其他地方，随您挑选。"姜氏又请求京城，庄公同意了，就让共叔段住在那里，称之为京城太叔。郑国大夫祭仲说："都邑的城墙超过了百丈，就会成为国家的祸害。先王规定的制度是，大的都邑不超过国都的三分之一，中等的不超过五分之一，小邑不超过九分之一。现在，京城已经超过规定，不合制度，国君将难以承受。"庄公说："姜氏要这样做，我哪里能够避免这场祸害呢？"祭仲说："姜氏哪里会满足？不如对共叔段早做处理，以免他像野草一样滋生蔓延。一旦蔓延开来就难以对付了。蔓延的野草尚且难以铲除，更何况是国君受宠的弟弟呢？"庄公说："不义之事做多了，必然自己栽跟头。您就等着瞧吧！"

不久，太叔命令西部和北部边境二邑同时也听命于自己。公子吕说："一国不能容有二君，国君打算怎么办？如果想把君位让给太叔，就请允许我前去侍奉他。如果不想给他，就请您把他除掉。以免让百姓生有二心。"庄公说："不必如此，他将咎由自取。"太叔进而把二邑收归自己所有，并逐步扩展到廪延一带。公子吕说："可以动手了。土地扩大了，就会得到更多的民心。"庄公说："对国君不义，对兄长不敬，土地越多，崩溃就越快。"

太叔修治城郭，积聚粮草，整治装备武器，充实士卒战车，准备偷袭郑都。姜氏则作为内应帮助打开城门。庄公听说太叔起兵的日期后说："可以动手了。"于是命令公子吕率领二百辆战车攻打京城。京城的人都背叛了太叔。太叔只好逃到鄢地，庄公又领兵攻打鄢地。五月二十三日，太叔又逃到共国。

《春秋》中对此事记载为："郑伯克段于鄢。"太叔不讲孝悌，所以不称他为庄公之弟；兄弟相争，如同两国国君交战一样势不两立，所以称为"克"；称庄公为"郑伯"，是讥讽他对弟弟有失教诲；这也表明庄公早就有了杀弟之心。所以不写太叔"出奔"，是表示责难庄公。

事后庄公把姜氏安置到城颍居住，并发誓说："不到黄泉，决不再见。"但不久就后悔了。

当时，颍考叔正镇守颍谷，听说此事后，借献礼之机求见庄公。庄公赐给他食物吃。吃饭时，颍考叔把肉挑出来放在一边。庄公问是什么意思，他回答说："小人家有老母，一向都是吃小人供奉的食物，还从未尝过国君的东西。请允许我把这些肉带回去给她品尝。"庄公说："你有母亲可孝敬，我偏偏没有！"颍考叔问："请问这是什么意思？"庄公说明了原因，表示已经感到后悔。颍考叔回答说：“国君何必对此忧虑？如果掘地见到泉水，你们在隧道中相见，又有谁说这不是黄泉相见呢？”庄公听从了颍考叔的建议。他进入隧道，吟诗道：“来到隧道中，心中好欢畅。”姜氏走出隧道，也吟道：“走出隧道外，心情真愉快。”从此母子和好如初。

君子对此评论说：“颍考叔是一个至纯的孝子，孝敬自己的母亲，并且还影响到庄公。《诗经》说：‘孝子之孝无穷尽，永远赐予你同类。’说的就是这种情况吧！”

秋季七月，周天子派宰咺来馈赠惠公和仲子的丧葬礼品。惠公去世已一年有余，太晚了，仲子还没有死，又为时过早，都不合适，因此《春秋》直书宰咺的名字。

天子去世七个月安葬，诸侯都要参加葬礼。诸侯去世五个月安葬，同盟的诸侯都要参加葬礼。大夫去世三个月安葬，爵位相同的人都要参加葬礼。士去世一个月安葬，姻亲都要参加葬礼。葬礼之后，再向死者赠送礼品，向生者表示哀悼，以及在人尚未去世就预先赠送丧葬礼品的，都不合乎礼。

八月，纪国人讨伐夷国。夷国没有前来报告，因此《春秋》没有记载此事。

鲁国发现了螽盘虫，但没有造成灾害，因此《春秋》也不记载。

惠公晚年，曾在黄地打败了宋国。隐公即位后要求和宋人讲和。九月，在宿地和宋人结盟，两国开始通好。

冬季十月十四日，改葬了惠公。隐公只是摄政，所以没有以丧主的身份临丧哭泣。因此，《春秋》也就没有记载。

惠公去世时，正遇鲁国和宋国交战，太子桓公又年幼，葬礼不够完备，所以现在才改葬。

卫桓公前来参加葬礼，没有见到隐公。因此《春秋》也就不予记载。

郑国的共叔段叛乱后，他的儿子公孙滑逃到卫国，卫国人帮助他攻打郑国，夺取了廪延。郑国人率领周天子和虢国的军队攻打卫国的南部边境。又请求邾国出兵。邾子派人私下和鲁国大夫公子豫商量，公子豫请求出兵救援，隐公不同意，公子豫便自己去了，和邾国、郑国在翼地结了盟。《春秋》没有记载此事，就是因为这不是出于隐公的命令。

鲁国重新建造了国都的南门。《春秋》对此没有记载，也是因为不是出于隐公的命令。

十二月，祭伯来到鲁国，他此行不是奉周天子的命令。

众父去世。隐公没有前去参加小敛，因此《春秋》没有记载众父的去世日期。

隐公二年

经　二年春，公会戎于潜。夏五月，莒人入向。无骇帅师入极。秋八月庚辰，公及戎盟于唐。九月，纪裂繻来逆女。冬十月，伯姬归于纪。纪子帛、莒子盟于密。十有二月乙卯，夫人子氏薨。郑人伐卫。

传　二年春，公会戎于潜①，修惠公之好也。戎请盟，公辞②。
莒子娶于向③，向姜不安莒而归④。夏，莒人入向，以姜氏还。
司空无骇入极⑤，费庈父胜之⑥。
戎请盟。秋，盟于唐⑦，复修戎好也。
九月，纪裂繻来逆女⑧，卿为君逆也。
冬，纪子帛、莒子盟于密⑨，鲁故也。
郑人伐卫，讨公孙滑之乱也⑩。

【注释】

①戎：华戎，原为西方少数民族，春秋时，一部分进入中原，与华夏族杂处。潜：鲁国地名，在今山东省济宁市西南。　②辞：谢绝。　③莒：国名，己姓，都城在今山东省莒县。向：国名，姜姓，在今山东省莒县南。　④向姜：向国女。　⑤司空无骇：鲁国卿士。司空，官名，鲁有司空、司马、司徒三卿。无骇为公子展之孙，展禽（柳下惠）之父。极：鲁附庸国。　⑥费庈（qín）父：即费伯，鲁国大夫。　⑦唐：鲁国地名。　⑧纪裂繻：纪国卿士。逆：迎娶。　⑨纪子帛：即纪裂繻，字子帛。密：莒国地名，在今山东省昌邑县东南。　⑩公孙滑之乱：公孙滑为太叔段之子，叔段失败，滑奔卫，卫人为之伐郑，取廪延。见隐公元年传。

【译文】

二年春季，隐公在潜地会见戎人，这是为了重修惠公时期的友好关系。戎人请求结盟，被隐公谢绝了。

莒子从向国娶了向姜为妻，向姜不安心在莒国居住，又回到了向国。夏季，莒国人进入向国，又把向姜带了回来。

鲁国的司空无骇攻入极国，费庈父灭了极国。

戎人请求结盟。秋季，在唐地结盟，这是鲁国为了和戎人重修旧好。

九月，纪国的裂繻前来迎娶隐公的女儿，这是卿为国君迎亲。

冬季，纪子帛、莒子在密地结盟，这是为了缓和鲁国和莒国的关系。

郑国人攻打卫国，以讨伐公孙滑的叛乱。

隐公三年

经　三年春王二月，己巳，日有食之。三月庚戌，天王崩。夏四月辛卯，君氏卒。秋，武氏子来求赙。八月庚辰，宋公和卒。冬十有二月，齐侯、郑伯盟于石门。癸未，葬宋穆公。

传　三年春，王三月壬戌①，平王崩②。赴以庚戌③，故书之。

夏，君氏卒。声子也。不赴于诸侯，不反哭于寝④，不祔于姑⑤，故不曰薨。不称夫人，故不言葬，不书姓。为公故，曰君氏。

郑武公、庄公为平王卿士。王贰于虢⑥，郑伯怨王，王曰："无之"。故周、郑交质⑦，王子狐为质于郑⑧，郑公子忽为质于周⑨。王崩，周人将畀虢公政⑩。四月，郑祭足帅师取温之麦⑪。秋，又取成周之禾⑫。周、郑交恶。

君子曰："信不由中⑬，质无益也。明恕而行⑭，要之以礼⑮，虽无有质，谁能间之⑯？苟有明信，涧溪沼沚之毛⑰，蘋蘩蕴藻之菜，筐筥锜釜之器⑱，潢汙行潦之水⑲，可荐于鬼神⑳，可羞于王公，而况君子结二国之信，行之以礼，又焉用质？《风》有《采蘩》、《采蘋》㉑，《雅》有《行苇》、《泂酌》㉒，昭忠信也㉓。"

武氏子来求赙㉔，王未葬也。

宋穆公疾㉕，召大司马孔父而属殇公焉㉖，曰："先君舍与夷而立寡人㉗，寡人弗敢忘。若以大夫之灵㉘，得保首领以没㉙，先君若问与夷，其将何辞以对？请子奉之，以主社稷㉚，寡人虽死，亦无悔焉。"对曰："群臣愿奉冯也㉛。"公曰："不可。先君以寡人为贤，使主社稷，若弃德不让，是废先君之举也㉜，岂曰能贤？光昭先君之令德㉝可不务乎㉞？吾子其无废先君之功㉟。"使公子冯出居于郑㊱。八月庚辰㊲，宋穆公卒。殇公即位。

君子曰："宋宣公可谓知人矣。立穆公，其子飨之㊳，命以义夫㊴。《商颂》曰㊵：'殷受命咸宜㊶，百禄是荷㊷。'其是之谓乎！"

冬，齐、郑盟于石门㊸，寻卢之盟也。庚戌㊹，郑伯之车偾于济㊺。

卫庄公娶于齐东宫得臣之妹㊻，曰庄姜，美而无子，卫人所为赋《硕人》

也⑰。又娶于陈⑱，曰厉妫，生孝伯，早死。其娣戴妫生桓公⑲，庄姜以为己子。

公子州吁⑳，嬖人之子也㉑，有宠而好兵。公弗禁，庄姜恶之。石碏谏曰㉒："臣闻爱子，教之以义方㉓，弗纳于邪。骄、奢、淫、泆㉔，所自邪也。四者之来，宠禄过也㉕。将立州吁，乃定之矣，若犹未也，阶之为祸㉖。夫宠而不骄，骄而能降，降而不憾㉗，憾而能眕者，鲜矣㉘。且夫贱妨贵㉙，少陵长㉚，远间亲㉛，新间旧，小加大㉜，淫破义，所谓六逆也㉝。君义，臣行，父慈，子孝，兄爱，弟敬，所谓六顺也㉞。去顺效逆，所以速祸也㉟。君人者将祸是务去㊱，而速之，无乃不可乎？"弗听。其子厚与州吁游㊲，禁之，不可。桓公立，乃老㊳。

【注释】

①王三月：即周历三月。壬戌：二十四日。　②崩：天子死为崩（详见前注）。③赴：讣告。庚戌：十二日。　④反哭：古礼，葬后返回宗庙而哭。反通"返"。寝：寝庙，宗庙。古代宗庙分两部分，前面祭祀的地方叫"庙"，后面停放牌位和先人遗物的地方叫"寝"，合称"寝庙"。　⑤祔：后死者附祭于宗庙的一种仪式。姑：丈夫之母，即婆婆。　⑥贰：不专一。虢：这里指西虢公（详见隐公元年注）。　⑦质：人质，以人为抵押品，春秋、战国时多盛行。　⑧王子狐：周平王的儿子。　⑨公子忽：郑庄公太子。　⑩畀（bì）：给予。⑪祭足：即祭仲。温：周王畿内小国，在今河南省温县南。　⑫成周：周王的城邑，为周公所建，故城在今河南省洛阳市东。　⑬信：人言。中：同"衷"。　⑭恕：宽恕，体谅。　⑮要（yāo）：约束。　⑯间：离间。　⑰毛：草木通称。此指野菜。　⑱筥（jǔ）：圆形竹筐。方者为筐，圆者为筥。锜（qì）：三足锅。有足者为锜，无足者为釜。　⑲汙（wù）：积水。大者为潢，小者为汙。行潦：道路上所积的雨水。　⑳荐：进献。与下句"羞"同义。　㉑《风》：指《诗经·国风》。《采蘩（fán）》、《采蘋》：均为《诗经·国风》中篇名。　㉒《雅》：此指《诗经·大雅》。《行苇》、《泂（jiǒng）酌》：均为《诗经·大雅》篇名。　㉓昭：显明。　㉔武氏子：即武氏之子。武氏，周王室大夫。赗（fù）：助丧的财物。　㉕宋穆公：宋国国君，名和，宋武公之子，宣公弟，继其兄为国君。　㉖大司马孔父：宋国官名，孔父，名嘉，又称孔父嘉，正考父之子，孔丘的祖先。属：嘱托。"属"同"嘱"。殇公：宋宣公之子，名与夷，继穆公为国君。　㉗先君：指宋宣公。舍：废弃。　㉘灵：福。　㉙保首领：意即善终。领，颈项。没：终，即死。　㉚社稷：国家。社，土地神；稷，谷神。古代君主均祭祀社稷，后遂以社稷指代国家。　㉛冯：人名，穆公之子，即宋庄公。　㉜举：荐举。　㉝光昭：发扬光大。令德：美德。令，美好。　㉞务：尽力从事。　㉟吾子：对称代词，即"你"，既表恭敬，又表亲昵。其：句中语气词，表示期望或命令。　㊱公子冯：即穆公之子。　㊲庚辰：十五日。　㊳飨：同"享"。　㊴命以义：其命出于道义。　㊵《商颂》：《诗经》中颂扬殷商祖先建国立业的诗篇。　㊶咸：都，全。宜同"义"。　㊷百禄：各种福禄。荷：承受。

㊸齐，国名，姜姓，太公望之后，都城在今山东省临淄县北。春秋后期，君权由田氏取代，称为田齐。石门：齐国地名，在今山东省长清县西南。　㊹庚戌：十二月无庚戌日，恐有误。　㊺偾（bì）：颠覆。济：济水，古代四渎之一。　㊻卫庄公：卫国国君，名扬。东宫得臣：古时太子居东宫，故称太子为东宫。得臣，齐太子名，与庄姜同母，齐庄公嫡长子。　㊼《硕人》：《诗经·国风》篇名。　㊽陈：国名，妫姓，虞舜的后代，都城在今河南省淮阳县。　㊾娣：妹妹。　㊿州吁：卫庄公之子。　五一嬖（bì）：宠妾。　五二石碏（què）：卫国大夫。　五三义方：道义。　五四洗：通“逸”，放荡。　五五过：过分。　五六阶：阶梯。这里用作动词，即为祸乱制造阶梯。　五七憾：恨。　五八眕（zhěn）：克制。鲜：少。　五九妨：害。　六十陵：驾凌。陵通“凌”。　六一间：因离间而取代。　六二加：凌驾。加通“驾”。　六三六逆：六种违背道义的行为。即“贱妨贵，少陵长，远间亲，新间旧，小加大，淫破义”。　六四六顺：六种顺合道义的行为。即“君义，臣行，父慈，子孝，兄爱，弟敬”。另据《管子·五辅》篇：“圣王饬此八礼，以导其民。八者各得其义，则为人君者中立而无私，为人臣者忠惠而不党，为人父者慈惠以教，为人子者孝弟以肃，为人兄者宽裕以惠，为人弟者比顺以敬，为人夫者敦懞以固，为人妻者劝勉以贞。”与此略同。　六五速：动词，使动用法。速祸，即加速祸患到来。　六六将祸是务去：即“将务去祸”的倒装句式。　六七游：交往。　六八老：告老退休。

【译文】

三年春季，周历三月二十四日，周平王去世。讣告上写的是十二日，因此《春秋》也就记为十二日。

夏季，君氏去世。君氏就是声子。因为她去世时没有向诸侯发讣告，安葬之后既没有返回祖庙哭祭，也没有把神位安放在婆婆的神位旁边，所以《春秋》称“卒”不称“薨”。又因为不称她为“夫人”，所以没有记载安葬的情况，也没有记载她的姓。但因为她是隐公的生母，所以称之为“君氏”。

郑武公和郑庄公都做过周平王的卿士。平王打算把权力同时分给虢公一部分，庄公因此对平王有所不满，但平王对他说：“没有这回事。”为此王室和郑国还互换了人质，王室把王子狐送到郑国做人质，郑国则把公子忽送到王室做人质。平王去世后，周人拟将政权交给虢公。四月，郑国的祭足率军抢收了温地的麦子。秋季，又抢收了成周的谷子。从此，王室和郑国结下了仇恨。

君子对此评论说：“如果信任不是出自内心，即使互换人质也没有用处。若能彼此谅解而后行事，并主动接受礼的约束，即使没有人质，又有谁能离间他们呢？假若有诚信之心，即使是沟溪、沼池中的野草、浮萍、白蒿、蕴藻一类的野菜，筐、莒、锜、釜一类的器具以及积聚和流动的水，都可以用来祭祀鬼神，进献王公，更何况君子是要缔结两国之间的信任，只要依礼行事，又何须什么人质？《国风》中有《采繁》、《采蘋》，《小雅》中有《行苇》、《泂酌》，都是用以昭明这种忠信之道的诗篇。"

武氏的儿子前来鲁国求取周平王的助丧之物，因为平王还没有安葬。

宋穆公病重，召见大司马孔父，把殇公托付给他，并说："先君舍弃儿子与夷而立我为君，此恩此德我不敢忘记。如果我能托大夫的洪福，得以善终的话，先君假如问起与夷，我怎么回答他呢？请您一定要事奉与夷主持国政。这样，我也就死而无憾了。"孔父回答说："群臣可是都愿意事奉国君的儿子冯啊。"穆公说："不能这么做。先君认为我贤能，才让我主持国政。如果我背离先君之德而不让位，就废弃了先君的贤德之举，怎么说是贤能呢？发扬先君的美德，能不尽力而为吗？希望您不要废弃先君的功业！"于是让公子冯前往郑国居住。八月庚辰这一天，宋穆公去世。殇公即位。

君子对此评论说："宋宣公可以说是知人善任了。立了兄弟穆公为君，但他的儿子最终仍旧取得了君位。这大概是因为他的遗命符合道义吧。《商颂》说：'殷王传授王位，兄终弟及，都合于道义，因此他们得到了各种福禄。'说的就是这种情况吧！"

冬季，齐国和郑国在石门会盟，是为重修从前在卢地结下的友好。某日，郑庄公的车子行走时翻到了济水里。

卫庄公娶了齐国太子得臣的妹妹为妻，她叫庄姜，庄姜貌美但未生儿子，卫国人便为她作了《硕人》一诗。庄公又从陈国娶厉妫为妻，生了孝伯，但孝伯很小就死了。厉妫的妹妹戴妫生了桓公，庄姜把桓公当做自己的儿子对待。

公子州吁是庄公宠妾的儿子，受到庄公的溺爱，又喜欢动武。庄公不加禁止，庄姜却很讨厌他。石碏劝告庄公说："我听说宠爱儿子，应以道义教育他，以免走了邪路。骄横、无礼、纵欲、放荡，是走上邪路的开始。这四种恶习的养成，是由于过分宠爱和享乐。如果您打算立州吁为太子，就请尽快决定；如果还不能定，就会酿成祸患，那种受宠而不骄、骄横而能甘心地位下降、位降而不怨恨、怨恨而能克制安分的人是少有的。卑贱欺压尊贵，年少凌辱年长，疏远挑拨亲近，新人离间旧人，弱小欺侮强大，淫乱破坏道义，这是六逆。国君行事合乎道义，臣子奉命而行，父亲慈爱，子女孝顺，兄长友爱，弟弟恭敬，这是六顺。舍弃六顺而效法六逆，就会加速祸害的到来。作为国君，务必尽力消除祸患，而如今却要加速它的到来，恐怕不行吧？"庄公不听。石碏的儿子石厚常与州吁来往，石碏禁止，但石厚不听。后来卫桓公即位，石碏便告老辞官了。